lone

GW01471584

SUR LA ROUTE
de l'OUEST
AMÉRICAIN

LES MEILLEURS
ITINÉRAIRES

ÉDITION ÉCRITE ET ACTUALISÉE PAR

Sara Benson
Nate Cavalieri
Beth Kohn

SYMBOLES UTILISÉS DANS CE GUIDE

✓	Bon à savoir	📖	Histoire et culture	📷	La photo souvenir
S	À combiner avec	👪	Famille	🏃	Balade à pied
	Parole d'expert	🍷	Gastronomie	🍴	Se restaurer
	Vaut le détour	🌳	Plein air	🛏	Se loger

📞	Numéro de téléphone	❄	Climatisation	📋	Menu en anglais
🕐	Horaires d'ouverture	@	Accès Internet		Familles bienvenues
P	Parking	🛜	Wi-Fi		
🚭	Non-fumeur	🥗	Végétarien		Animaux acceptés
		🏊	Piscine		

LÉGENDE DES CARTES

Routes
- Itinéraire
- Détour
- Itinéraire combiné
- Itinéraire à pied
- Route à péage
- Autoroute
- Route principale
- Route secondaire
- Petite route
- Chemin
- Chemin non goudronné
- Place/zone piétonne
- Escalier
- Tunnel
- Passerelle
- Sentier

Limites et frontières
- Pays
- Province/État
- Falaise/Escarpement

Population
- ⊛ Capitale (pays)
- ◉ Capitale (État/province)
- ● Grande ville
- • Petite ville/village

Transports
- ✈ Aéroport
- Cable car/Funiculaire
- P Parking
- Train/Rail
- Tramway
- M Métro

Itinéraires
- **1** Numéro de l'itinéraire
- **9** Étape
- 🏃 Balade à pied
- ➜ Détour

Indicateurs routiers
- **97** US National Hwy
- **5** US Interstate Hwy
- **44** State Hwy
- **99** California State Hwy

Hydrographie
- Rivière
- Rivière intermittente
- Marais/Mangrove
- Canal
- Eau
- Lac asséché/salé/intermittent
- Glacier

Topographie
- Plage
- Cimetière (chrétien)
- Cimetière (autre religion)
- Parc
- Forêt
- Réserve
- Zone urbaine
- Terrain de sport

SOMMAIRE

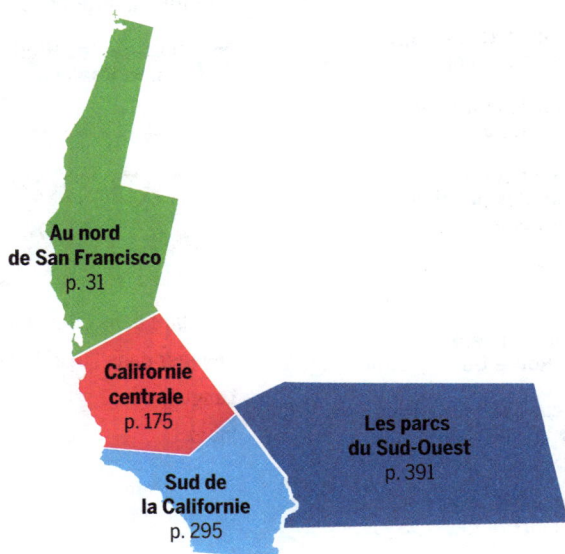

Au nord de San Francisco p. 31

Californie centrale p. 175

Sud de la Californie p. 295

Les parcs du Sud-Ouest p. 391

Sommaire suite

ROAD-TRIP PRATIQUE

Routes Mythiques

Repérez l'indication "Route mythique" au fil de ce guide, qui signale nos itinéraires favoris.

Yosemite National Park Cascade (itinéraire 21)

BIENVENUE DANS

L'OUEST AMÉRICAIN

Le Grand Ouest, et plus particulièrement la Californie, surnommée le "Golden State", a toujours attiré les ambitieux en quête de gloire et de fortune. Mais les voyageurs, eux, viennent dans l'Ouest pour ses paysages légendaires et ses routes impressionnantes. Ils y découvrent au passage un art de vivre, des petits restaurants sympas, une cuisine fusion et des produits régionaux qui donnent envie de s'attarder et de prendre le temps de découvrir plus à cœur cette Amérique authentique, au gré des routes secondaires.

Au fil des 42 itinéraires de ce guide, vous voyagerez de la côte Pacifique, battue par les vents et riche en faune, aux séquoias géants de Big Sur et de la Californie du Nord, jusqu'au littoral de l'Oregon. Vous filerez sur la Route 66, passerez des déserts perdus de SoCal (Sud californien) et des villes fantômes de la ruée vers l'or aux légendaires parcs nationaux de Yosemite, Zion, Brice, Monument Valley et Yellowstone. Sans oublier de bucoliques vallées viticoles, Sonoma et Napa en tête, et d'autres pépites œnologiques méconnues...

Ces suggestions vous emmèneront aussi bien sur les larges avenues qui bordent l'océan que sur les petites routes de l'arrière-pays. Pour une première découverte de l'Ouest, choisissez l'une de nos 11 "routes mythiques", qui offrent les expériences les plus mémorables du Grand Ouest.

➜

OUEST AMÉRICAIN
Routes Mythiques

5

34

ROUTE MYTHIQUE, C'EST-À-DIRE ?

Si tous les itinéraires de ce guide dévoilent le meilleur de l'Ouest américain, 11 d'entre eux nous apparaissent comme indémodables, de grands classiques. Ces "routes mythiques" vous mèneront au cœur des sites les plus remarquables et vers les expériences les plus typiques de l'Ouest américain. Retrouvez-les sur la carte de la page suivante et repérez l'indication "Route mythique" au fil de ce guide.

5 **Dans les vignobles de la Napa Valley** La plus prestigieuse région viticole du pays accueille des centaines de domaines.

28 **Disneyland et les plages de l'Orange County** À Laguna Beach, sable chaud, galeries d'art et un centre-ville agréable à découvrir à pied.

34 **De passage dans la vallée de la Mort** L'étendue désertique et salée de Eadwater, le point le plus bas d'Amérique du Nord.

MAISANT LUDOVIC / HEMIS.FR / GETTY IMAGES ©

28

CALIFORNIE
Routes Mythiques

OREGON

UTAH

MONTANA

WYOMING

Crow Indian Reservation

Big Horn Mountains

Navajo Indian Reservation

Grand Staircase-Escalante National Monument

Manti-La Sal National Forest

Dixie National Forest

Kaibab National Forest

Grand Canyon National Park

Cedar City

Las Vegas

Page

Cannonville

Grand

Nephi

Billings

Livingston

Thermopolis

Riverton

Butte

Bozeman

Dillon

Yellowstone National Park

Jackson

Grand Teton National Park

Idaho Falls

14

90

15

89

---

14 **La côte de l'Oregon par la Highway 101**
Échappée sur la côte de l'Oregon, entre observation des baleines, visites de phares et dégustations de fruits de mer. **7 JOURS**

5 **Dans les vignobles de la Napa Valley**
Vignobles de carte postale et grandes tables émaillent ce terroir béni des dieux. **2-3 JOURS**

14 **Du Grand Teton au Yellowstone**
Faune extraordinaire, geysers puissants et paysages montagneux composent cet itinéraire dédié aux parcs nationaux. **7 JOURS**

23 **Ruée vers le Gold Country par la Highway 49**
En route pour les hauteurs et les villes minières historiques des pionniers de Californie. **3-4 JOURS**

21 **Yosemite et Sequoia & Kings National Parks**
Sommets déchiquetés, prairies de fleurs sauvages et séquoias géants parent la majestueuse Sierra Nevada. **5-7 JOURS**

Beatty

Furnace Creek

Death Valley National Park

Stovepipe Wells Village

▲ Mt Whitney (4 421 m)

Panamint Springs

▲ Telescope Peak (3 367 m)

Tecopa

Kings Canyon National Park

Sequoia National Forest

Sequoia National Park

Sierra National Forest

Mammoth Lakes

Mono Lake

Yosemite National Park

Fresno

Pinnacles National Monument

Ventana Wilderness

San Joaquin River

Kings River

Reno

Truckee

Carson City

Nevada City

Placerville

Coloma

Volcano

Columbia

Sonora

Angels Camp

Jackson

Sutter Creek

Napa

Sonoma

Chico

South Yuba River State Park

Stockton

San Jose

Palo Alto

Sacramento

St Helena

Yountville

Calistoga

Santa Rosa

San Rafael

Berkeley

Oakland

San Francisco

Santa Cruz

Monterey

Big Sur

Sacramento River

Clear Lake

Mendocino National Forest

Leggett

Fort Bragg

Mendocino

Point Arena

Point Reyes National Seashore

Sierra Nevada

Brookings

Crescent City

Arcata

Eureka

Flagstaff

Tinto National Forest

Mesa

Prescott

Phoenix

Casa Grande

Kingman

Hualapai Indian Reservation

Needles

Goffs

Mojave National Preserve

Bake

Amboy

Mojave Desert

39 Voyage au Grand Canyon
Bottes et chapeaux à Wickenburg, panoramas de Jerome et conquête du Grand Canyon. **4-5 JOURS**

38 La traversée des Four Corners
Un circuit dans les parcs et paysages les plus vastes et sauvages du Sud-Ouest. **10 JOURS**

Sonoyta

Yuma

Mexicali

Barstow

Victorville

San Bernardino

Palm Springs

Los Angeles

Santa Monica

Malibu

Long Beach

Anaheim

Seal Beach

Newport Beach

Huntington Beach

Laguna Beach

San Clemente

Cleveland National Forest

Oceanside

La Jolla

San Diego

Tijuana

Catalina Island

San Clemente Island

Santa Barbara

Mojave

Bakersfield

Kern River

Paso Robles

San Luis Obispo

Morro Bay

Pismo Beach

Channel Islands

1 Pacific Coast Highway
Road-trip océanique cheveux au vent, entre littoral impétueux et forêts de séquoias. **7-10 JOURS**

34 De passage dans la vallée de la Mort
Villes minières fantômes du grand Ouest, étrange patrimoine géologique et fascinantes vues panoramiques. **3 JOURS**

28 Disneyland et les plages de l'Orange County
Saluez Mickey avant de parcourir la côte de l'"OC" (Orange County). **2-4 JOURS**

32 Cheveux au vent sur la Route 66
Flânez dans le désert, puis foncez vers LA au fil d'icônes rétros. **3-4 JOURS**

OCÉAN PACIFIQUE

0 ___ 100 km
0 ___ 50 miles

Carton (encart)

Pueblo

Taos

Santa Fe

Albuquerque

NOUVEAU-MEXIQUE

Monticello

Durango

38

San Juan National Forest

Santa Fe National Forest

Socorro

Moab

Farmington

Gallup

Navajo Indian Reservation

ARIZONA

Fort Apache Indian

Page

Grand Staircase-Escalante National Monument

Flagstaff

Dixie National Forest

Cedar City

Kaibab National Forest

Grand Canyon National Park

38

Prescott

NEVADA

Caliente

Lake Mead

Grand Canyon

Kingman

Hualapai Indian Reservation

Las Vegas

Lake Mead

Lake Mohave

Les incontournables de l'Ouest américain, et nos itinéraires pour y accéder.

OUEST AMÉRICAIN
À NE PAS MANQUER

Forêts de séquoias

Renouez avec la nature : embrassez un séquoia ! Ces géants se dressent dans le ciel de la côte Ouest, de Big Sur aux confins de l'Oregon. Vous pourrez passer en voiture à leur pied, et même au travers de certains de leurs troncs titanesques transformés en attractions pour touristes motorisés. Rien de tel que d'aller voir les *redwoods* (forêts de séquoias) de près pour mesurer l'immensité de ces vénérables aïeux.

Le Redwood National Park est le point d'orgue de l'**itinéraire 10 : Les géants de la Redwood Coast.**

ITINÉRAIRES

Séquoia géant Séquence émotion dans le Jedediah Smith Redwoods State Park (itinéraire 10)

Golden Gate Bridge L'emblématique pont de San Francisco

Golden Gate Bridge

Sortez de San Francisco par la grande porte : le fameux pont du Golden Gate. Observez les cargos qui naviguent entre ses pylônes et gravez pour toujours dans votre mémoire ce panorama à 360° sur les paysages sauvages des Marin Headlands, les lointains gratte-ciel et le rocher d'Alcatraz. Empruntez cette prouesse de l'architecture du XXe siècle via l'**itinéraire 1 : Pacific Coast Highway.**

ITINÉRAIRES 1 2 30

Palm Springs

Cette oasis au milieu du désert brille de toutes ses paillettes depuis les beaux jours de Hollywood. Ici, on se la joue comme les stars : on paresse au bord de la piscine de l'hôtel et on sirote des cocktails du crépuscule jusqu'à l'aube. Ce programme ne serait pas complet sans une cure détox dans les sources chaudes d'un spa ou sur les sentiers de randonnée, entre désert et forêts, accessibles par le téléphérique, suivez l'**itinéraire 36 : Palms to Pines Scenic Byway.**

ITINÉRAIRES 35 36

Disneyland

En 1955, Walt Disney fit construire son "royaume enchanté" sur des orangeraies. Soixante ans plus tard, toutes les stars des dessins animés continuent de défiler gaiement sur Main St, et les feux d'artifice illuminent toujours le château de la Belle au bois dormant. Impossible de bouder son plaisir quand on voit les étoiles dans les yeux des enfants. Rendez-vous avec Mickey sur l'**itinéraire 28 : Disneyland et les plages de l'Orange County.**

ITINÉRAIRE 28

Yosemite National Park Vue imprenable depuis Glacier Point

LES PLUS BELLES ROUTES PANORAMIQUES

Pacific Coast Highway (PCH) Ouvrez le toit de la décapotable, direction la Hwy 1 dans l'Orange County. **Itinéraires** `1` `28`

Avenue of the Giants Roulez au cœur des plus vastes forêts primaires de séquoias du monde. **Itinéraires** `1` `9`

Kings Canyon Scenic Byway Dans les entrailles du plus profond canyon de la Sierra Nevada. **Itinéraire** `21`

Rim of the World Scenic Byway Lacs étincelants et panoramas étourdissants à chaque virage. **Itinéraire** `33`

Ebbetts Pass Scenic Byway Enchaînez cols de montagne et hauts sommets, du Gold Country au lac Tahoe. **Itinéraire** `24`

Yosemite National Park

Dans ce "grand temple", comme l'appelait le naturaliste John Muir, tout semble plus imposant qu'ailleurs, que ce soient les cascades rugissantes, les immenses dômes de granit ou les forêts de séquoias. Pour des panoramas à couper le souffle, grimpez jusqu'à Glacier Point sous la pleine lune ou prenez de l'altitude jusqu'au col de Tioga, au fil de l'**itinéraire 21 : Yosemite et Sequoia & Kings Canyon National Parks.**

ITINÉRAIRE `21`

15

À NE PAS MANQUER ★

Big Sur La Pacific Coast Hwy (PCH)

Big Sur

Derrière ses forêts de
séquoias, la côte bohème
de Big Sur révèle ses secrets
à qui sait les apprécier :
sources chaudes, cascades
secrètes et plages au sable
moiré de violet ou recelant
de gros morceaux de jade…
N'oubliez pas de lever
les yeux pour apercevoir
des condors de Californie
s'élançant des falaises
vers l'océan. Cap sur
l'**itinéraire 15 : Big Sur.**

ITINÉRAIRES `1` `15`

LES PETITES VILLES LES PLUS CHARMANTES

Bolinas Ce bout du monde
balnéaire, dans le Marin County,
n'est plus tout à fait un secret.
Itinéraire `2`

Calistoga Décontraction
rafraîchissante et sources chaudes
détoxifiantes en pleine Napa Valley.
Itinéraire `5`

Avila Beach Pour sa belle
promenade de planches, ses
boutiques décalées et sa jetée de
carte postale. **Itinéraires** `1` `18`

Bodie La ville fantôme officielle du
Far West californien. **Itinéraire** `22`

Arcata Un bastion de la contre-
culture écolo au cœur de la région
des *redwoods*. **Itinéraires** `1` `12`

Lake Tahoe Kayak sur des eaux translucides

Santa Monica La grande roue du Santa Monica Pier

Lake Tahoe

L'été, ses eaux limpides invitent à la baignade, au kayak et à la plaisance, tandis que les sentiers sillonnant les pinèdes de ses berges font la joie des vététistes et des randonneurs. L'hiver, on regagne son chalet pour faire rôtir des marshmallows dans la cheminée après une journée de ski ou une randonnée à raquettes dans les montagnes. **L'itinéraire 20 : La boucle du lac Tahoe** vous attend en toute saison.

ITINÉRAIRE 20

Monterey

Découvrez une facette plus sauvage de la côte californienne : celle de la péninsule de Monterey, si bien décrite par John Steinbeck. Vous ferez la connaissance de la faune locale en embarquant pour une croisière d'observation des baleines ou en visitant l'excellent aquarium de Monterey, aménagé dans une ancienne conserverie de Cannery Row. Le plus ancien phare de la côte est aussi au programme de **l'itinéraire 17 : Monterey, Carmel et environs.**

ITINÉRAIRES 1 17

Santa Monica

Laissez derrière vous les embouteillages de Los Angeles : cap sur les plaisirs de la plage de Santa Monica. Au menu des festivités : cours de surf, grande roue à énergie solaire, aquarium high-tech, concerts sur la jetée, ou tout simplement, promenade les pieds dans l'écume de l'océan. Sans oublier le coucher du soleil sur le Pacifique, magique ! Allez, filez sur **l'itinéraire 32 : Cheveux au vent sur la Route 66.**

ITINÉRAIRES 1 32

19

Joshua Tree National Park

La silhouette épineuse de l'arbre de Josué est l'emblème de ce parc où convergent les déserts de Mojave et du Colorado. Le parc est l'une des meilleures destinations de Californie pour l'escalade – de tout niveau – et les randonneurs apprécieront les haltes à l'ombre des palmiers des oasis. Au printemps, l'**itinéraire 35 : Les oasis de Palm Springs et de Joshua Tree** offre en prime le spectacle miraculeux des fleurs dans le désert.

ITINÉRAIRE `35`

Sonoma Valley

Sur ce patchwork de vignes caressées par le soleil et d'exploitations s'étendant à perte de vue, la richesse du terroir est plus prisée que les trésors d'un collectionneur d'art. Au fil de cette route des vins, vous dégusterez parfois les grands crus directement du tonneau, sous une modeste cabane. À consommer avec modération et en toute simplicité grâce à l'**itinéraire 6 : La route des vins de la Sonoma Valley.**

ITINÉRAIRE `6`

À gauche **Joshua Tree National Park** Les emblématiques arbres de Josué
Ci-dessous **San Diego et ses plages** Les montagnes russes de Mission Beach

Les plages de San Diego

Laissez-vous éblouir par la blancheur du sable de Coronado avant d'aller vous offrir une barbe à papa et un tour sur les montagnes russes de Mission Beach. Plus au nord, La Jolla fait sa belle, entre falaises et plages, et inaugure le chapelet hétéroclite des stations balnéaires de l'opulent North County. Quelle que soit votre plage californienne de rêve, vous la trouverez le long de l'**itinéraire 29 : La divertissante côte de San Diego.**

ITINÉRAIRES `1` `29`

NON, CE N'EST PAS UN MIRAGE

Géant de papier Une statue géante du bûcheron légendaire Paul Bunyan attire l'automobiliste vers ce parc à touristes… pardon, à thème. **Itinéraire** `10`

Solvang Un village danois en pleine Californie, kitsch et moulin compris. **Itinéraires** `19` `30`

Elmer's Place L'étrange exposition d'arbres "à bouteilles" d'Elmer Long, sur la mythique Route 66. **Itinéraire** `32`

Dinosaures de Cabazon Attention, à la sortie de Palm Springs, reptiles préhistoriques en béton. **Itinéraire** `36`

21

ENVIE DE...

Sonoma Valley Dégustation à l'ombre (itinéraire 6)

Plages

Avec plus de 1 770 km de côte, la Californie nous gâte. Au nord, entre vagues déchaînées et bassins creusés dans la roche, l'ambiance est aux longues promenades méditatives. Pour des plages plus télégéniques – et plus bling-bling –, cap sur le sud de l'État, SoCal pour les intimes.

28 **Disneyland et les plages de l'Orange County** Plus de 65 km de littoral, où surf, sable et soleil règnent en maîtres.

29 **La divertissante côte de San Diego** Chic ou bohème ? À vous de choisir l'ambiance de votre destination balnéaire.

18 **Environs de San Luis Obispo** Tranquillité et décontraction sur les plages de la côte centrale.

10 **Les géants de la Redwood Coast** Péninsules rocheuses et piscines naturelles – les otaries apprécient aussi.

Histoire

On dit souvent que c'est l'or qui a emballé la locomotive de l'histoire de l'Ouest. Pas faux, mais les Amérindiens, les missions espagnoles, les *pueblos* mexicains et de nombreuses vagues d'immigration successives ont également marqué la chronique.

23 **Ruée dans le Gold Country par la Highway 49** Mettez vos pas dans ceux des chercheurs d'or et des bandits du XIXe siècle.

30 **El Camino Real, sur la route des missions californiennes** À travers l'"Alta California", sur la piste des colons espagnols et des missionnaires catholiques.

34 **De passage dans la vallée de la Mort** C'est ici qu'orpailleurs et pionniers vinrent se brûler les ailes.

3 **Road-trip sismique** Le grand séisme de 1906 à San Francisco reste dans les mémoires. En Californie, la tectonique des plaques est à l'œuvre partout.

Bonne chère

À la carte des cuisiniers stars figurent les produits des meilleurs cultivateurs, pêcheurs et éleveurs de l'Ouest. Les verres ne sont pas en reste, grâce aux fameux vins des vallées de Napa et de Sonoma, mais aussi d'autres vignobles à découvrir.

4 **La balade gourmande d'Alice Waters** Un circuit dans la baie de San Francisco à la rencontre des marchés et de la cuisine de Californie.

6 **La route des vins de la Sonoma Valley** Plus rustique que sa cousine Napa, un délicieux assemblage de vignes et de fermes.

7 **Bohemian Highway et la Russian River** Les blancs perlants font sauter les bouchons aux côtés de vins élevés en biodynamie, notamment des pinots noirs et zinfandels vieilles vignes.

19 **Pays viticole de Santa Barbara** Suivez les héros du film *Sideways* et découvrez la richesse des grands millésimes californiens.

Sur la Lune ? Non, dans les **Alabama Hills**, avec la Sierra Nevada en toile de fond (itinéraire 22)

Partir sur la route avec des enfants

La Californie accueille les petits à bras ouverts. Seuls soucis pour les parents : les tartiner régulièrement de crème solaire et leur montrer autre chose que les grands parcs d'attractions.

28 Disneyland et les plages de l'Orange County Petits et grands s'éclatent comme des fous à Disneyland et California Adventure, et s'émerveillent sous le soleil de la Hwy 1.

21 Yosemite et Sequoia & Kings Canyon National Parks Séquoias, cascades et animaux sauvages : des souvenirs à vie.

20 La boucle du lac Tahoe Un road-trip paisible, presque au ralenti et un objectif simple : baignade l'été ou ski l'hiver.

29 La divertissante côte de San Diego Coast Après un tour au San Diego Safari Park, emmenez les petits à Legoland et vos ados sur les plages de surfeurs.

Parcs nationaux et parcs d'État

Des milieux naturels d'une formidable diversité : entre forêts de séquoias noyées dans la brume, sommets enneigés et réserves marines traversées de baleines, vous avez l'embarras du choix.

21 Yosemite et Sequoia & Kings Canyon National Parks Ne manquez pas ces stars de la Sierra Nevada, leurs prairies de fleurs sauvages, leurs forêts et leurs panoramas montagneux.

10 Les géants de la Redwood Coast À vous les plages, les lagunes paisibles peuplées d'oiseaux migrateurs et les géants incontestés du règne végétal.

13 Volcanic Legacy Scenic Byway Laissez-vous éblouir par les lacs de montagne, les volcans, les sources chaudes et les cascades rugissantes.

35 Les oasis de Palm Springs et de Joshua Tree Une aura mystique flotte sur ces paysages arides ponctués d'îlots de végétation.

Routes de campagne

Loin des autoroutes embouteillées de la côte, semez la foule pour vous perdre dans des paysages spectaculaires, entre sommets déchiquetés, rivières impétueuses et lacs placides.

12 Trinity Scenic Byway Vous apercevrez peut-être les emblématiques pygargues à tête blanche durant vos parties de pêche au bord des lacs.

22 Eastern Sierra Scenic Byway Le Far West, le vrai, du mont Whitney à la ville fantôme de Bodie, et plus loin encore.

24 Ebbetts Pass Scenic Byway Traversez la Sierra Nevada par les petites routes vers le lac Tahoe.

33 Big Bear Lake et la Rim of the World Scenic Byway Sur la route du lac de Big Bear, négociez les virages serrés avec prudence et profitez du spectacle vertigineux des canyons.

Climat

Arcata
Meilleure période
Mai-sept

San Francisco
Meilleure période
Avr-oct

Yosemite Village
Meilleure période
Avr-oct

Las Vegas
Meilleure période
Janv-déc

Los Angeles
Meilleure période
Avr-oct

Palm Springs
Meilleure période
Déc-Avr

Climat désertique
Climat sec
Étés chauds à très chauds, hivers doux
Étés chauds à très chauds, hivers froids

Quand partir

Haute saison (juin-août)

» Flambée des prix de l'hébergement, de +50% à +100%.

» Fréquentation et tarifs plus élevés encore lors des grandes vacances et jours fériés.

» L'été est la basse saison dans le désert, les températures dépassant les 38°C (100°F) décourageant nombre de visiteurs.

Saison intermédiaire (avr-mai et sept-oct)

» Affluence et tarifs en baisse, surtout sur la côte et en montagne.

» Le printemps est généralement plus pluvieux que l'automne.

» Températures assez douces et journées ensoleillées.

Basse saison (nov-mars)

» Hébergement à prix plancher dans les grandes villes et sur la côte.

» Horaires restreints dans de nombreux sites touristiques.

» Températures fraîches et fortes pluies, occasionnant parfois des glissements de terrain qui bloquent les routes côtières.

» Chaînes obligatoires pour rouler en montagne ; d'importantes chutes de neige peuvent entraîner la fermeture de certaines routes.

» L'hiver correspond à la haute saison dans les déserts du sud de la Californie.

Budget quotidien

Moins de 75 $

» Camping : 20-40 $

» Repas dans des *diners* et des cafés routiers : 10-20 $

» Repas à prix doux sur les marchés

» Plages et musées les jours de gratuité ("free days")

75-200 $

» Chambre double dans un motel ou hôtel 2 étoiles : 75-150 $

» Restaurants simples ou de catégorie moyenne : 20-40 $

» Entrée dans un parc d'attractions : 40-100 $

Plus de 200 $

» Hébergement 3 étoiles : à partir de 150 $ la nuit en haute saison, et plus pour la vue sur l'océan

» Entrée-plat-dessert dans un grand restaurant : 75 $ hors vin

Alimentation

Diners et cafés routiers Nombreux, simples et bon marché… mais uniquement en dehors des villes.

Gargotes de plage Repas décontractés à base de burgers, milkshakes et fruits de mer, avec vue sur l'océan.

Parcs d'attractions et parcs naturels Cuisine de cafétéria, souvent chère et sans intérêt, ou pique-nique à préparer soi-même.

Végétariens Les restaurants savent généralement s'adapter aux régimes alimentaires spécifiques.

Nous avons classé les établissements en fonction du prix moyen de leur plat principal :

$	moins de 10 $
$$	10-20 $
$$$	plus de 20 $

Hébergement

Motels et hôtels Choix pléthorique le long des *highways* fréquentées et dans les grandes zones touristiques.

Camping et chalets (cabins) Vaste gamme, du plus spartiate au luxueux "glamping".

B&B Des adresses pittoresques et romantiques, mais aussi chères ; dans la plupart des villes côtières et bourgades de montagne.

Auberges de jeunesse Hébergement simple et bon marché, cantonné presque exclusivement aux grandes villes.

Classement des établissements en fonction du prix moyen d'une double avec sdb privative :

$	moins de 100 $
$$	100-200 $
$$$	plus de 200 $

Heures d'ouverture

Banques 8h30-16h30 lun-ven (parfois jusqu'à 17h30 ven), 9h-12h30 sam

Bureaux de poste 9h-17h lun-ven (parfois 9h-12h sam)

Magasins 10h-18h lun-sam, 12h-17h dim (fermeture plus tardive dans les centres commerciaux)

Restaurants 7h-10h30, 11h30-14h30 et 17h-21h30 tlj (parfois plus tard ven-sam)

Pourboire

Le pourboire est obligatoire, sauf service calamiteux. Ajoutez 18-20% à l'addition au restaurant, 15% à une course en taxi, 1 $ par boisson dans les bars et 2 $ par bagage pour les porteurs.

Sites Web

Lonely Planet (www. lonelyplanet.fr). Infos et forum.

California Travel and Tourism Commission (www.visitcalifornia.fr). Infos pratiques et agenda pour organiser son périple.

Arriver dans l'Ouest américain

Los Angeles International Airport

Location de voiture Les grands loueurs offrent un service de navette vers leurs parkings, éloignés de l'aéroport.

Navettes partagées en porte-à-porte 16 à 25 $ l'aller (réservation recommandée).

Taxi 30 à 50 $ hors pourboire et 30 min à 1 heure pour Santa Monica, Hollywood ou le centre de Los Angeles.

Bus Prendre le Shuttle C (navette gratuite) pour rejoindre le LAX City Bus Center (terminal des bus urbains) ou le bus Metro FlyAway (7 $) pour Downtown Los Angeles (centre-ville).

San Francisco International Airport

Location de voiture Les loueurs se trouvent au SFO Rental Car Center (accès par la ligne bleue de l'AirTrain, gratuit).

Navettes partagées en porte-à-porte 15-18 $ l'aller (réservation recommandée).

Taxi 35-50 $ hors pourboire et 30 à 50 min pour rejoindre la plupart des quartiers de San Francisco.

Train Le BART (8,10 $, 30 min jusqu'au centre de SF) circule toutes les 20 minutes. La gare BART est accessible par l'AirTrain depuis tous les terminaux.

Voir aussi les chapitres *Conduire dans l'Ouest américain* (p. 450) et *Voyager dans l'Ouest américain* (p. 456).

LES GRANDES VILLES

SAN FRANCISCO

Partez à l'assaut de l'abrupte topographie de "Frisco" en *cable car*, zigzaguez dans les virages de Lombard St, sillonnez l'immense Golden Gate Park et traversez l'emblématique Golden Gate Bridge. Tous ces incontournables cochés dans votre liste, arpentez les quartiers décalés pour apprécier pleinement la capitale californienne de l'anticonformisme.

Se déplacer

Évitez la voiture dans le centre-ville. Les fameux *cable cars* sont lents mais offrent de superbes panoramas (aller simple 6 $). Les tramways et bus du réseau MUNI circulent plus vite mais se font rares après 21h (billet 2 $). Les trains à grande vitesse du réseau BART (billet à partir de 1,75 $) couvrent la région de la Baie. En taxi, comptez 2,75 $ du mile (1,6 km), plus 3,50 $ de prise en charge.

Se garer

Les places de stationnement dans la rue sont rares et les agents sans pitié ; les parcmètres acceptent les pièces de monnaie, parfois les cartes bancaires, et les horodateurs prennent les deux. Comptez 35-50 $ pour une nuit de parking à l'hôtel. En centre-ville, les parkings facturent au minimum 2,50 $ l'heure et 25 $ la journée.

San Francisco Architecture victorienne

Se restaurer

Le Ferry Building et les quartiers de Mission District et de South of Market (SoMa) sont plébiscités par les gastronomes. Pensez aussi aux marchés de la ville. Rendez-vous à North Beach pour de la cuisine italienne, à Chinatown pour des dim sums, à Mission District pour des saveurs mexicaines et dans Sunset ou Richmond pour un grand mix asiatique.

Se loger

La marina est proche de l'ambiance familiale du front de mer et du Fisherman's Wharf. Le centre-ville et Union Square sont plus chers, mais pratiques pour rayonner à pied. Évitez Civic Center et Tenderloin, peu sûrs.

Sites Web

San Francisco Travel (www.sanfrancisco. travel). Infos générales, agenda des manifestations et réservations hôtelières.

SF Station (www.sfstation.com). Vie culturelle et nocturne, restaurants, shopping.

Lonely Planet (www.lonelyplanet.fr). Conseils et forums de voyageurs.

Itinéraires incluant San Francisco :

1 2 3 4 3D

Retrouvez tous nos conseils et bonnes adresses dans les guides Lonely Planet. www.lonelyplanet.fr

27

Los Angeles Un sosie d'Elvis sur Hollywood Blvd

LOS ANGELES

Bienvenue dans l'extravagante LA, capitale mondiale des rêves de gloire et des mirages hollywoodiens. Culte de la célébrité, blondes botoxées, embouteillages titanesques et secousses sismiques : vous croyez avoir tout vu. C'est oublier que LA est aussi la ville la plus cosmopolite de Californie, où les nouveaux arrivants renouvellent en permanence le paysage urbain, la scène artistique et l'offre culinaire.

Se déplacer

Les Angelenos sont accros à l'auto. Leurs autoroutes sont engorgées en permanence, et plus encore aux heures de pointe. Le réseau Metro (billet 1,50 $) gère les lignes de bus, de métro et de *light-train*, (trams), avec un service restreint les soirs et les week-ends. Les minibus DASH (aller simple 50 ¢) sillonnent le centre-ville ; la compagnie de Santa Monica Big Blue Bus (billet 1 $) couvre l'ouest de LA. En taxi, comptez 2,80 $ par mile (1,6 km), plus 2,85 $ de prise en charge.

Se garer

Il est très difficile de se garer. Les parcmètres acceptent les pièces et parfois les cartes bancaires. Les services de voituriers (5-10 $ + pourboire) sont très répandus. Comptez 25 à 40 $ pour une nuit de parking à l'hôtel.

Se restaurer

LA a été la première ville prise de la folie des *food trucks*. Vous trouverez toutes les cuisines du monde en centre-ville (Downtown), avec en prime aux alentours Little Tokyo, Chinatown, Thai Town et Koreatown, ainsi que des saveurs latinos dans East LA. Les tables branchées se concentrent à Hollywood, Mid-City, Santa Monica et Venice.

Se loger

Les amateurs de plage choisiront Venice ou Santa Monica. Long Beach est pratique pour visiter Disneyland et l'Orange County. Les oiseaux de nuit vénèrent Hollywood, tandis que les fans de culture n'ont d'yeux que pour Downtown.

Sites Web

LA Inc (www.discoverlosangeles.com). Le site de l'office du tourisme municipal.

LA Weekly (www.laweekly.com). Agenda art et spectacles, restos et sorties.

Itinéraires incluant Los Angeles : 1 30 32

San Diego La ville depuis Coronado

SAN DIEGO

Les San Diegans ont la prétention d'habiter "la ville la plus agréable d'Amérique". Difficile de leur donner tort, quand on sait que la région est caressée par un climat idyllique et une moyenne de 22°C toute l'année. Ajoutez à cela des plaisirs pour tous les goûts, des musées et jardins de Balboa Park aux folles soirées du Gaslamp Quarter, en passant bien sûr par la plage.

Se déplacer

La voiture est le principal moyen de locomotion des habitants. Les bus, trams et trains du réseau MTS couvrent toute l'agglomération (aller simple 2,25 ou 2,50 $, pass 1 journée 5 $), mais circulent moins les soirs et week-ends. En taxi, comptez 2,30 $ par mile (1,6 km), plus 2,20 $ de prise en charge.

Se garer

Les places de stationnement dans la rue sont une denrée rarissime. La plupart des parcmètres ne prennent que les pièces mais les horodateurs acceptent pièces et cartes bancaires. Les services de voiturier et les parkings publics et privés en centre-ville démarrent à 10 $. Comptez 20-40 $ la nuit de parking à l'hôtel.

Se restaurer

Au menu : cuisine créative dans Gaslamp Quarter, tables exotiques et fusion à Hillcrest, poissons et microbrasseries dans les quartiers balnéaires. Avec en plus, un peu partout, la cuisine mexicaine et les fameux tacos au poisson façon San Diego.

Se loger

Les hôtels de luxe et les hôtels design (boutique hôtels) se concentrent dans le centre-ville et dans Gaslamp Quarter. Vous trouverez les chaînes hôtelières et les motels dans Old Town (vieille ville) et, dans les terres, dans Mission Valley. L'offre est plus riche dans les villes balnéaires proches des attractions familiales, entre Coronado et Carlsbad au nord.

Sites Web

San Diego.org (www. sandiego.org). Le site de l'office du tourisme municipal.

San Diego Reader (www. sandiegoreader.com). Agenda culturel, artistique et noctambule.

Itinéraires incluant San Diego : 1 29 30

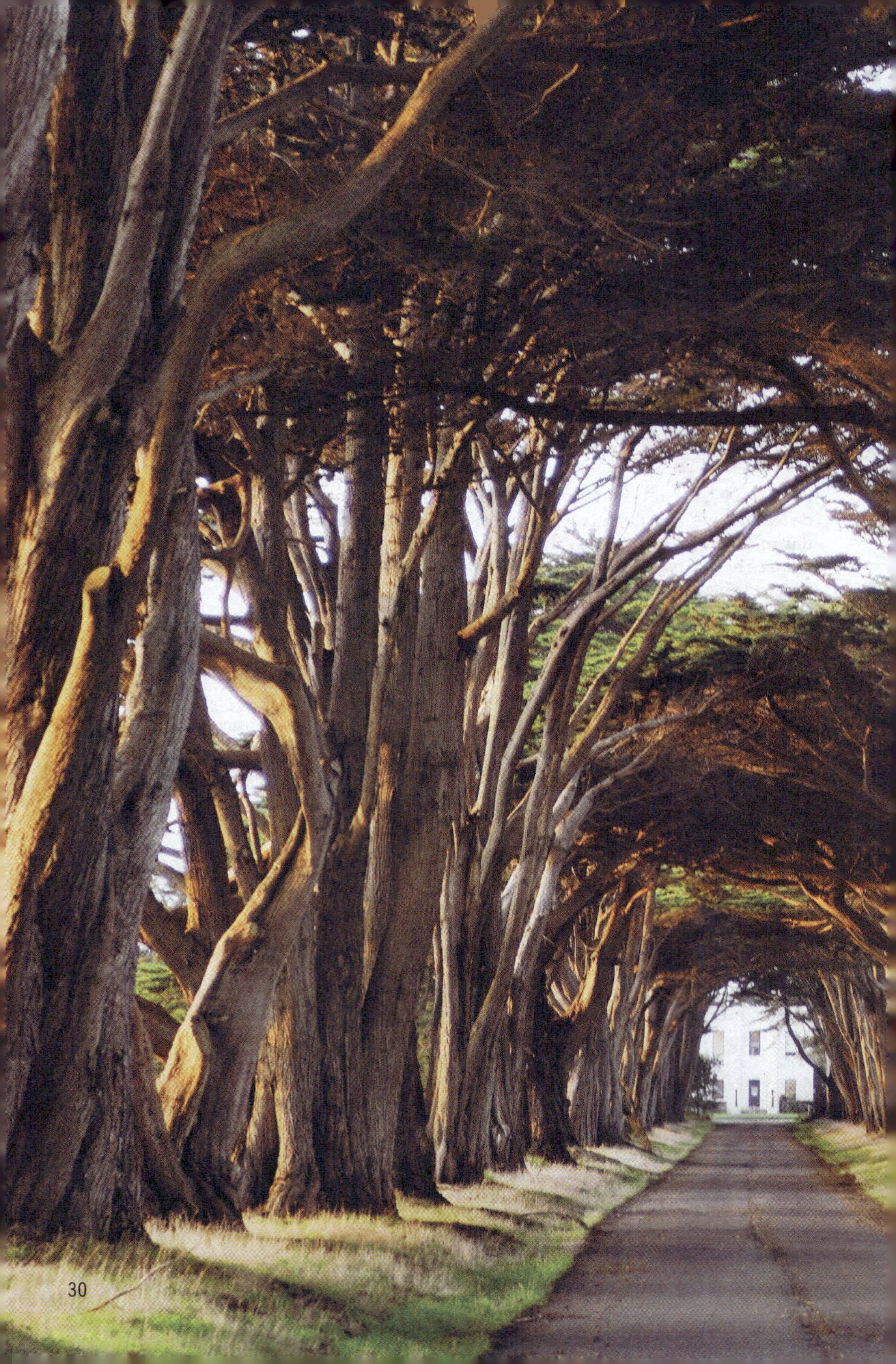

Au nord de
San Francisco

MÊME BÂTIE SUR UNE FAILLE QUI FAIT RÉGULIÈREMENT TREMBLER LA VILLE, San Francisco est le pilier du nord de la Californie, région à l'étonnante diversité naturelle. Des plages sauvages de la Lost Coast aux berges désertes de la Russian River, des séquoias immenses aux sommets volcaniques, les paysages et les routes sont ici prodigues de merveilles.

Dame Nature a également doté la région d'une terre généreuse envers les gourmets. Les visiteurs filent souvent tout droit vers les cabernets et les vins pétillants de la Napa Valley, mais les amateurs sont tout aussi choyés dans les vallées de Sonoma, de Dry Creek et d'Anderson, plus détendues et moins commerciales. Un bain dans des sources chaudes vient parfaire une journée placée sous le signe de l'épicurisme.

Point Reyes National Seashore (Vaut le détour, p. 42)
NIK WHEELER / CORBIS ©

Au nord de San Francisco

✓ **À NE PAS MANQUER**

Point Arena
Grimpez les 145 marches jusqu'à la lanterne du plus haut phare de Californie encore accessible au public grâce à l'itinéraire **1**.

Conzelman Rd
Panoramas fabuleux sur San Francisco et l'océan Pacifique, et anciennes casemates creusées à flanc de collines : c'est sur l'itinéraire **2**.

Domaine viticole de Gundlach-Bundschu
Viticulture durable, cave gigantesque et pique-nique au bord d'un lac, tout cela sur l'un des plus vieux domaines de Sonoma et sur l'itinéraire **6**.

Cottage Red Door
Ne serait-ce que pour prendre une douche sous les pommiers, on adore ce cabanon de la Philo Apple Farm, clou de l'itinéraire **8**.

Heart Lake
Une petite marche, et à vous la baignade dans le Heart Lake, réchauffé par le soleil de juillet, avec, en bonus, une vue sublime sur le mont Shasta : l'itinéraire **13** vous y mènera.

La côte de Big Sur Falaises vertigineuses et océan tumultueux

Route Mythique

Pacific Coast Highway

1

La palme de nos road-trips californiens suit sur 1 600 km les lacets de la côte Pacifique : à vous les plages, les petits restos de poissons et les couchers de soleil de carte postale sur l'océan.

TEMPS FORTS

ARRIVÉE

14

Eureka

850 miles/1 368 km

Redwood National Park
Enlacer des séquoias géants

Mendocino

10

550 miles/885 km

San Francisco
Sa baie, sa brume, son pont mythique... et sa fantaisie

Monterey

7

350 miles/563 km

Hearst Castle et ses environs
Manoir extravagant et colonie d'éléphants de mer

5

210 miles/338 km

Santa Barbara
Plages à foison et escapades œnologiques vers la route des vins

● Los Angeles

San Diego ● **DÉPART**

7-10 JOURS
850 MILES/ 1 368 KM

PARFAIT POUR...

LE MEILLEUR MOMENT

Toute l'année, mais de juillet à octobre pour profiter d'un maximum d'ensoleillement.

LA PHOTO SOUVENIR

Le Golden Gate sur la baie de San Francisco.

LE MEILLEUR TRONÇON

De Santa Barbara à Monterey, via Big Sur.

Pacific Coast Highway

1

C'est la grande évasion : quittez les autoroutes embouteillées pour découvrir la Californie côté océan et à votre rythme – une fois lancé, s'éloigner un peu trop longtemps de l'azur devient un crève-cœur. Officiellement, seul un court tronçon ensoleillé de la Hwy 1 traversant les comtés d'Orange et de Los Angeles peut prétendre à l'appellation Pacific Coast Highway (PCH). Mais qui s'en soucie, quand la Hwy 1 et la Hwy 101 déroulent devant vous des rubans de route qui n'ont rien à lui envier ?

ARRIVÉE

Crescent City
Mt Shasta (4 321 m)

14 Redwood National Park
p. 122   Arcata
13 Eureka
Fortuna
Redding
Red Bluff
Leggett

Mendocino et Fort Bragg
12 Willits
Clearlake
Point Arena ses environs **11**
Santa Rosa
Bodega Bay
Fairfield
Point Reyes National Seashore
Oaklan
p. 42
San Francisco **10**
San Jose
p. 58
Santa Cruz **9**
Monterey **8**
p. 202

OCÉAN PACIFIQUE

---

1 San Diego

Tout commence dans l'extrême sud de la Californie, où la jolie bourgade balnéaire de **Coronado** est reliée à San Diego et au continent par une longue langue de sable blanc, le **Silver Strand**. Les inconditionnels de *Certains l'aiment chaud* reconnaîtront la façade de l'**Hotel del Coronado**, qui accueillit aussi des présidents américains, des célébrités et des têtes couronnées – dont

Édouard VIII d'Angleterre, resté dans les mémoires pour avoir abdiqué pour les beaux yeux d'une intrigante de Coronado, Wallis Simpson. Après avoir flâné dans le dédale de ce palais à tourelles, rendez-vous au Babcock & Story Bar pour un cocktail avec vue sur l'océan.

Quittez la péninsule par le **Coronado Bay Bridge**, qui déroule ses courbes sur plus de 3 km. Un détour par **Balboa Park** (promenade p. 318), puis vous filerez vers l'ouest et le sud jusqu'à Point Loma et au **Cabrillo National**

0   100 km
0   50 miles

OREGON

IDAHO

NEVADA

Susanville

Chico

Reno

Carson City

Lake Tahoe

Yuba City

Placerville

South Lake Tahoe

Sacramento

Stockton

Yosemite National Park

Inyo National Forest

Modesto

Merced

Sierra National Forest

Kings Canyon National Park

Beatty

Watsonville

Fresno

Salinas

Sequoia National Park

Mt Whitney (4 421 m)

Death Valley National Park

Visalia

Hearst Castle et ses environs

Sequoia National Forest

Ridgecrest

7

Paso Robles

Bakersfield

Pismo Beach

San Luis Obispo

Guadalupe

Santa Maria

6

Barstow

Los Padres National Forest

Santa Clarita

Santa Barbara

5

Ventura

Malibu

Oxnard

p. 336

4

Los Angeles

Santa Monica

Long Beach

3

Anaheim

p. 220

Huntington Beach
Laguna Beach

2

San Clemente

Oceanside

29

San Diego

1

DÉPART

Tijuana

p. 318

MEXIQUE

Monument (www.nps.gov/cabr ; 5 $/véhicule ; 9h-17h, dernière entrée 16h30 ;) : ce monument à la gloire des premiers explorateurs espagnols de la côte Ouest, flanqué d'un phare du XIXe siècle, offre une vue époustouflante sur la baie. Au nord de **Mission Beach**, où un parc d'attractions à l'ancienne côtoie le gigantesque SeaWorld, le littoral cossu de **La Jolla** s'ouvre sans crier gare, prélude au chapelet de cités balnéaires du North County.

p. 46

La route De La Jolla, vous roulerez 50 miles (80 km), d'abord par la route côtière, puis par l'I-5 qui pénètre dans l'Orange County (alias "OC") et croise la base des marines de Camp Pendleton et les étonnants tétons de la centrale nucléaire de San Onofre. Sortez à San Clemente et descendez l'Avenida del Mar jusqu'à la plage.

À COMBINER AVEC

15 Big Sur
Perdez-vous sur le littoral sauvage de Big Sur, de Hearst Castle jusqu'à la bourgade pittoresque de Carmel-by-the-Sea, sur la péninsule de Monterey.

29 La divertissante côte de San Diego
En préambule à votre road-trip le long du Pacifique, rien de tel que quelques jours d'acclimatation autour de San Diego.

Newport Beach et de Huntington Beach, sacrée "Surf City USA" (voir p. 303 et p. 331). Quittez la Hwy 1 vers l'ouest, à hauteur de Naples, jusqu'à Long Beach, à environ 45 miles (72 km) de San Clemente.

2 San Clemente

Plutôt conservateur, l'Orange County fait figure d'exception dans une Californie surtout connue pour sa décontraction et son progressisme. Toutefois, villes balnéaires propices aux tournages de films et de séries télévisées mises à part, il demeure, hors des sentiers battus, quelques poches de *beach culture* californienne à l'ancienne, dont San Clemente : des légendes vivantes du surf, des fabricants de planches haut de gamme et le magazine *Surfer* en font l'une des ultimes gardiennes de l'esprit surf du comté. Vous pourrez vous adonner à ce sport roi, ou simplement piquer une tête, sur la grande plage jouxtant le San Clemente Pier. À quelques encablures de la mer, la **Surfing Heritage Foundation** (www.surfing heritage.com ; 101 Calle Iglesia ; entrée sur don ; ⏲11h-17h) expose les planches de quelques-uns des plus grands surfeurs, de Duke Kahanamoku à Kelly Slater.

La route » Cap sur le nord par l'I-5, qui rejoint la Hwy 1 près de Dana Point. Vous passerez non loin de l'opulent village d'artistes de Laguna Beach, des étendues sauvages du Crystal Cove State Park, du port de plaisance de

3 Long Beach

À Long Beach, les deux stars sont le **Queen Mary** (www.queenmary.com ; 1126 Queens Hwy ; adulte/enfant à partir de 25/14 $; ⏲10h-18h lun-jeu, jusqu'à 19h ven-dim), paquebot britannique majestueux ancré ici en permanence, et le gigantesque **Aquarium of the Pacific** (www.aquarium ofpacific.org ; 100 Aquarium Way ; adulte/enfant 25/14 $; ⏲9h-18h ; 🚻), immersion high-tech dans un monde sous-marin peuplé de requins et de méduses. Mais ces étoiles font un peu trop d'ombre au **Long Beach Museum of Art** (www.lbma.org ; 2300 E Ocean Blvd ; adulte/ enfant 7 $/gratuit ; ⏲11h-17h ven-dim, 11h-20h jeu), belle demeure du XXe siècle, face à l'océan, dédiée au modernisme californien et à l'art contemporain, et au **Museum of Latin American Art** (www.molaa. org ; 628 Alamitos Ave ; adulte/ enfant 9 $/gratuit ; ⏲11h-17h mer et ven-dim, 11h-21h jeu), qui expose des artistes latino-américains d'aujourd'hui.

🛏 p. 46

La route » Prudence dans les virages aux vues somptueuses de la Palos Verdes Peninsula. De retour sur la Hwy 1, vous longerez les plages télégéniques de South Bay, contournerez l'aéroport de Los Angeles et Marina del Rey, et filerez toujours vers le nord vers Venice (p. 332), Santa Monica (p. 346) et enfin Malibu, à plus de 50 miles (80 km) de Long Beach.

4 Malibu

Laissant derrière elle Los Angeles et ses embouteillages, la Hwy 1 poursuit son bonhomme de chemin vers le nord et Malibu. Peut-être vos songes se frangeront-ils d'or à contempler, depuis les plages publiques, les propriétés fermées des célébrités hollywoodiennes. À défaut d'entrer chez les people, visitez la **Getty Villa** (www.getty.edu ; 17985 Pacific Coast Hwy ; 15 $/véhicule, parking sur réservation ; ⏲10h-17h mer-lun), perchée sur une colline au milieu de jardins tirés au cordeau, et sa collection d'antiquités grecques, romaines et étrusques. Sur la Malibu Lagoon State Beach, à l'ouest du Malibu Pier, cher aux surfeurs, l'**Adamson House** (www.adamsonhouse. org ; 23200 Pacific Coast Hwy ; adulte/enfant 7/2 $; ⏲11h-15h mer-sam, dernière visite 14h) est une villa hispano-mauresque décorée de somptueux azulejos issus de l'artisanat local. Il faudra reprendre la route pour suivre la côte vers l'ouest, là où les Santa Monica Mountains dévalent dans l'océan, pour profiter des fameuses plages de Malibu que sont Point Dume, Zuma ou Leo Carrillo.

✕ p. 46

La route >> La Hwy 1 pénètre dans le Ventura County au niveau de Point Mugu en serpentant le long de l'océan. À Oxnard, rejoignez la Hwy 101 direction nord : vous passerez par Ventura, d'où partent des excursions en bateau pour les Channel Islands, et atteindrez Santa Barbara à un peu plus de 70 miles (112 km) du Malibu Pier.

TEMPS FORT

⑤ Santa Barbara

Face à l'océan, Santa Barbara est bénie par un climat paradisiaque et une enfilade de plages idylliques où les surfeurs côtoient amateurs de cerf-volant et promeneurs de chiens (voir notre promenade p. 220). Son architecture méditerra-néenne emblématique est à voir sur **State St**, dans le centre-ville, ou bien depuis le **County Courthouse** (www.santabarbaracourthouse.org ; 1100 Anacapa St ; entrée libre ; ⏰8h30-16h30 lun-ven, 10h-16h30 sam-dim), tribunal de style hispano-mauresque dont la tour domine les toits de tuiles rouges, avec au sud le front de mer animé et les quais du **Stearns Wharf** (www.stearnswharf.org ; 🚻) et au nord l'église de la mission espagnole (p. 323), bâtie en 1786. Les cieux cléments de la région profitent aussi à la viticulture, comme en témoignent, à 45 minutes de route par la Hwy 154 (direction nord-ouest), les domaines de la Santa Ynez

Valley (p. 214), rendue célèbre dans le film *Sideways* (2004). Rendez-vous pour des dégustations à **Los Olivos,** avant de reprendre Foxen Canyon Rd vers le nord pour découvrir d'autres domaines, puis rallier la Hwy 101.

✕ 🛏 p. 46

La route >> Filez vers le nord par la Hwy 101, rapide, ou offrez-vous un crochet vers l'ouest via la Hwy 1 qui louvoie le long de la côte et passe par Guadalupe, porte d'entrée vers les plus importantes dunes côtières d'Amérique du Nord. Les deux axes routiers se rejoignent à Pismo Beach, à 100 miles (160 km) au nord de Santa Barbara.

⑥ Pismo Beach

Cité balnéaire typiquement californienne, Pismo Beach déroule une longue plage indolente où il fait bon nager et surfer et, au coucher du soleil, se promener sur la jetée. Après avoir dégusté *clam chowder* (soupe de palourdes) et petite friture dans l'un des cafés décontractés, remontez derrière la plage pour

profiter de l'ambiance bon enfant du bowling, des salles de billard et des bars, ou avalez 10 miles (16 km) de plus sur la Hwy 101 jusqu'au **Sunset Drive-In** (www.fairoakstheatre.net ; 255 Elks Lane, San Luis Obispo ; 🚻), où, les pieds posés sur le tableau de bord, vous pourrez voir deux films hollywoodiens à succès en vous régalant de popcorns : plaisir vintage garanti !

✕ p. 46

La route >> La Hwy 101 continue vers le nord : après San Luis Obispo, bifurquez sur la Hwy 1 vers l'ouest jusqu'à la silhouette immanquable du Morro Rock pointant hors de Morro Bay (p. 210). Au nord de Cayucos, la Hwy 1 traverse des paysages agricoles et ne rejoint la côte qu'au niveau de Cambria. Encore 10 miles (16 km) vers le nord, et vous voilà à Hearst Castle, à environ 60 miles (97 km) de Pismo Beach.

TEMPS FORT

⑦ Hearst Castle et ses environs

À San Simeon, dressé sur son promontoire, le **Hearst Castle** (📞info 805-927-2020,

---

PRUDENCE SUR LA ROUTE

Un épais brouillard tombe parfois sur les zones côtières : n'hésitez pas à rouler doucement, voire à vous arrêter sur le bas-côté si la visibilité est trop faible. Le long des falaises, prenez garde aux chutes de pierres et aux coulées de boue. Pour tout savoir des conditions de circulation, y compris les fermetures de certains axes (assez fréquentes lors des pluies hivernales) et les travaux en cours, appelez le 📞800-427-7623 ou rendez-vous sur www.dot.ca.gov.

Route Mythique

PAROLE D'EXPERT
AMY STARBIN,
SCÉNARISTE
ET MAMAN,
LOS ANGELES

Pour une pause revigorante dans votre traversée de LA par la côte, faites halte en famille au **Santa Monica Pier** (www.santamonicapier.org). Non seulement la plage et l'océan y sont très beaux, mais c'est aussi l'occasion d'aller voir de plus près la vie marine à l'**aquarium** (www.healthebay.org) et de faire un tour sur le vieux manège du film *L'Arnaque* avec Paul Newman et Robert Redford (1973) ou sur la grande roue qui tourne à l'énergie solaire.

Ci-dessus : Piscine du Hearst Castle
À gauche : Phare de Trinidad
À droite : À l'ombre des séquoias

réservation 800-444-4445 ; www.hearstcastle.org ; visite adulte/enfant à partir de 25/12 $; ⊙ tlj, horaires par tél) **est le plus célèbre monument californien à la fortune et à l'ambition. Au début du XXᵉ siècle, le magnat de la presse William Randolph recevait les stars de Hollywood et les têtes couronnées dans cette propriété excentrique agrémentée d'antiquités importées d'Europe, de piscines étincelantes et de jardins fleuris. Pensez à réserver, notamment pour les reconstitutions historiques nocturnes lors des fêtes de fin d'année.**

À environ 4,5 miles (7 km) plus au nord par la Hwy 1, garez-vous au niveau du point de vue signalisé et empruntez la promenade de planches pour observer l'importante **colonie d'éléphants de mer** installée ici à l'année. Non loin, la **Piedras Blancas Light Station** (www.piedrasblancas.org ; visite adulte/enfant 10/5 $; ⊙ horaires par tél) et son phare occupent un site spectaculaire.

✕ ⌂ p. 47

La route ≫ Faites le plein d'essence avant de vous enfoncer, plus au nord, dans les forêts de séquoias du littoral sauvage de Big Sur (p. 179) : dans ces paysages de vertigineuses falaises, les infrastructures touristiques sont rares. La Hwy 1 file vers le nord jusqu'à la péninsule de Monterey (voir p. 196), à environ trois heures de route et 100 miles (160 km) du Hearst Castle.

8 Monterey

Big Sur relâche son emprise sur la route littorale, et voilà notre Hwy 1 qui dévale doucement vers la baie de Monterey. La bourgade de pêcheurs de Monterey fut immortalisée par John Steinbeck, et si Cannery Row est aujourd'hui un piège à touristes, on l'emprunte sans hésiter pour rejoindre le fascinant **Monterey Bay Aquarium** (📞billets 866-963-9645 ; www.montereybayaquarium. org ; 886 Cannery Row ; adulte/enfant 33/20 $; 🕐10h-17h ou 18h tlj, horaires étendus l'été ; 📶♿) : cette ancienne conserverie de sardines, en lisière d'une réserve marine nationale, donne à voir dans ses bassins toutes sortes de créatures aquatiques. Partez ensuite explorer le vieux Monterey grâce à notre promenade (p. 202).

🍴 p. 47

La route » Les 45 miles (72 km) jusqu'à Santa Cruz sont assez vite avalés. La Hwy 1 suit le croissant de la baie de Monterey, en passant par la réserve naturelle d'Elkhorn Slough, près du port de Moss Landing, les champs de fraises et d'artichauts de Watsonville et tout un chapelet de villages balnéaires du Santa Cruz County.

9 Santa Cruz

Ici perdure l'esprit *flower power* des années 1960, et les vans des surfeurs locaux arborent des autocollants marqués "Keep Santa Cruz weird" ("Santa Cruz déjantée *forever*"). Près de l'océan, une ambiance désuète émane du parc d'attractions **Santa Cruz Beach Boardwalk** (📞831-423-5590 ; www.beachboardwalk. com ; 400 Beach St ; entrée libre, manèges 3-5 $; 🕐horaires par tél ; ♿), au carrousel datant de 1911 et aux montagnes russes en bois des années 1920, classées monument historique.

"Anomalie gravitation-nelle" et summum du kitsch, le parc **Mystery Spot** (📞831-423-8897 ; www. mysteryspot.com ; 465 Mystery Spot Rd ; 5 $, parking 5 $; 🕐tlj, horaires variables ; ♿) affole les boussoles et les niveaux à bulle avec ses constructions bâties à des angles plus qu'improbables et ses effets d'optique ; réservations, horaires et accès par téléphone.

🛏 p. 47

La route » Merveille que ces 75 miles (120 km) qui se déroulent de Santa Cruz à San Francisco, via Pescadero, la Half Moon Bay et Pacifica, où la Hwy 1 croise la topographie spectaculaire du Devil's Slide (p. 188). Coulez-vous dans la circulation dense à partir de Daly City et restez sur la Hwy 1 vers le nord pour entrer dans San Francisco par le Golden Gate Park.

> ↱ **VAUT LE DÉTOUR**
> **POINT REYES**
>
> **Point de départ :** 🔟 San Francisco
> Beauté brute, la **Point Reyes National Seashore** (www.nps.gov/pore ; entrée libre ; 🕐aube-minuit ; ♿) est une zone protégée qui attire mammifères et oiseaux marins, mais aussi d'innombrables naufrages. C'est ici que Francis Drake, profitant des réparations de son galion, le *Golden Hind*, en 1579, revendiqua la contrée au nom de la couronne d'Angleterre. Suivez Sir Francis Drake Blvd vers l'ouest jusqu'au bout de la péninsule et au phare battu par les vents, d'où l'on peut voir les baleines lors de leur migration hivernale. Le phare est à environ 10 miles (16 km) à l'ouest de Point Reyes Station, par la Hwy 1 longeant la côte du Marin County.

TEMPS FORT

🔟 San Francisco

Les embouteillages sont un choc après ces centaines de kilomètres ondoyants, avalés en douceur face à l'océan, mais ne désespérez pas : la Hwy 1 traverse le plus grand espace vert de la ville, le **Golden Gate Park** (www.golden-gate-park. com ; ♿🎡). On pourrait y passer la journée entière, entre les serres du Conservatory of Flowers, l'arboretum, les jardins botaniques, la **California Academy of Sciences** (www.calacademy.org ; 55 Music Concourse Dr ; adulte/enfant 30/20 $; ⏰9h30-17h lun-sam, 11h-17h dim ; 🚻) et l'élégant **de Young Museum** (www.famsf.org/deyoung ; 50 Hagiwara Tea Garden Dr ; adulte/enfant 10 $/ gratuit ; ⏰9h30-17h15 mar-dim), imaginé par les architectes suisses Herzog & de Meuron. (Pour une découverte de Chinatown et de North Beach, reportez-vous p. 58). Reprenez ensuite la Hwy 1 vers le nord, direction le **Golden Gate Bridge**. Sentinelle Art déco gardant la baie de San Francisco, ce pont emblématique doit son nom au détroit qu'il enjambe. Garez-vous sur le parking côté nord ou sud, et empruntez la voie piétonne pour immortaliser le paysage.

🍴 🛏 p. 47

La route ≫ Après Sausalito, quittez la Hwy 101 à Marin City pour la lenteur et les merveilleux zigzags de la Hwy 1 longeant la côte du Marin County (p. 51). Un ruban ininterrompu de route littorale court ensuite sur 210 miles (338 km) jusqu'à Mendocino (via Bodega Bay). À un peu plus de la moitié du trajet, au nord de Point Arena, ne manquez pas l'embranchement dans Lighthouse Rd, qui mène au phare de Point Arena.

----

⑪ Point Arena et ses environs

Une fois passées les flottilles de pêche de

Q **PAROLE D'EXPERT**
GRIZZLY CREEK REDWOODS STATE PARK

Pour de belles forêts de séquoias peu fréquentées, cap sur le **Grizzly Creek Redwoods State Park** (www.parks.ca.gov ; 8 $/véhicule ; ⏰aube-crépuscule ; 🚻). Ce parc, certes plus modeste que d'autres, a l'avantage de son isolement et son aspect préservé. Autour de Cheatham Grove, de beaux tapis d'oxalides s'étendent sous les arbres, et l'été, plusieurs spots invitent à la baignade dans la Van Duzen River. Ici furent tournées des scènes du *Retour du Jedi*. Au nord de l'Avenue of the Giants, quittez la Hwy 101 pour la Hwy 36, et continuez vers l'est sur 17 miles (27 km).

Richard Stenger, ranger à la retraite

Bodega Bay et la colonie de phoques de **Jenner**, la route pénètre dans les grands espaces agricoles du nord de la Californie. La Hwy 1 se fait à nouveau sinueuse à travers les parcs de la Sonoma Coast, qui abondent en sentiers de randonnée, dunes et plages, et recèlent également réserves sous-marines, forêts de rhododendrons et un comptoir de trappeurs russes du XIXe siècle. À **Sea Ranch**, ne laissez pas les luxueuses résidences secondaires vous dissuader d'emprunter les chemins publics et les escaliers qui rejoignent les plages désertes et la côte rocheuse. Plus au nord, gardant depuis 1908 ce coin battu par des vents formidables, le **Point Arena Lighthouse** (www.pointarenalighthouse.com ; 45500 Lighthouse Rd ; adulte/enfant 7,50/1 $; ⏰10h-15h30,

jusqu'à 16h30 fin mai-début sept ; 🚻) est le seul phare de Californie au sommet duquel on peut monter. Faites un tour par le musée, puis montez à 35 mètres pour admirer la lentille de Fresnel, la vue sur la mer et la faille de San Andreas.

🛏 p. 47

La route ≫ Ce sont 56 miles, soit une heure de Hwy 1 et trois rivières à franchir (Navarro, Little et Big Rivers), qui séparent l'embranchement de Point Arena Lighthouse et Mendocino. En route, il fait bon s'accorder une pause sur une plage ventée, dans un parc naturel sillonné de sentiers et/ou dans l'un des nombreux villages face à l'océan.

----

⑫ Mendocino et Fort Bragg

Au sommet d'un superbe promontoire, la mignonne bourgade de **Mendocino** attire avec ses maisons très Nouvelle-Angleterre, dotées de jardins fleuris aux clôtures de bois blanc et de citernes individuelles en séquoia. Sur une spectaculaire avancée au-dessus du Pacifique, ce village longtemps tourné vers l'exploitation du bois et le commerce maritime fut "découvert" par les artistes et la bohème des années 1950, et sa beauté lui a valu de servir de cadre à plus de 50 films. Quand vous aurez fait le tour des boutiques de souvenirs et des galeries d'art – on trouve de tout, sculptures en bois flotté ou confitures maison –, filez vers le nord pour découvrir **Fort Bragg**, son humble port de pêche et sa microbrasserie. En chemin, arrêtez-vous pour une petite balade sur l'"escalier écologique" et le minuscule sentier forestier de la **Jug Handle State Natural Reserve** (www.parks.ca.gov ; Hwy 1 ; accès libre ; ☼ aube-crépuscule ; 📷).

🍴 🛏 p. 47

La route ≫ À quelque 25 miles (40 km) au nord de Mendocino, Westport est l'ultime hameau de ce tronçon désolé de la Hwy 1. Rejoignez la Hwy 101 direction nord au niveau de Leggett : 90 miles (145 km) vous séparent d'Eureka, avec un détour par l'Avenue of the Giants, voire, si vous avez le temps, par la Lost Coast (pour ces deux sites, voir p. 115).

---

⑬ Eureka

La Hwy 101 se déroule le long du **Humboldt Bay National Wildlife Refuge** (www.fws.gov/humboldtbay), étape importante sur le couloir de migration Pacifique des oiseaux, avant d'atteindre Eureka. Dans le centre de cette bourgade assoupie, qui dut jadis sa richesse au rail, ne manquez pas l'opulente **Carson Mansion** (143 M St), construite dans les années 1880 par un magnat du bois et agrémentée d'extravagants pignons, tourelles victoriennes et détails façon maison en pain d'épice. Classée parc historique, la menuiserie **Blue Ox Millworks** (www.blueoxmill.com ; 1 X St ; adulte/enfant 7,50/3,50 $; ☼9h-17h lun-sam) fabrique toujours des éléments de style victorien en utilisant les techniques traditionnelles et du matériel du XIXᵉ siècle. De retour dans le port d'Eureka, embarquez sur le **Madaket** (📞707-445-1910 ; www.humboldtbay maritimemuseum.com ; en bas de C St ; adulte/enfant 18/10 $; ☼mi-mai à début oct, horaires par tél), bateau bleu et blanc de 1910, pour une croisière-apéro au coucher du soleil : son bar est le plus petit établissement autorisé de Californie.

🛏 p. 47

La route ≫ Continuez vers le nord sur la Hwy 101 qui frôle Arcata, ville universitaire tendance hippie (promenade

---

p. 122), et les embranchements vers la Trinidad State Beach et Patrick's Point State Park (voir p. 126 et p. 128). La Hwy 101 émerge des frondaisons au niveau des marais du Humboldt Lagoons State Park (p. 128) et continue vers le nord et Orick, à un peu plus de 40 miles (64 km) d'Eureka.

TEMPS FORT

⑭ Redwood National Park

Vous atteignez enfin le **Redwood National & State Parks** (www.nps. gov/redw, www.parks.ca.gov ; accès 1 jour au Redwood State Park 8 $/véhicule ; 📷) ! Pour trouver la voie vers les séquoias géants (*redwood trees*), rendez-vous au **Kuchel Visitor Center** (☼10h-16h, jusqu'à 17h nov-mars ; 📷), installé face à la mer juste au sud d'Orick. Vous aurez alors les cartes en main pour aller à la rencontre des plus grands arbres au monde, dans des futaies comme la **Lady Bird Johnson Grove** ou la majestueuse **Tall Trees Grove** (permis "accès véhicule + randonnée" gratuit mais obligatoire).

D'autres forêts spectaculaires et préservées se dressent sur les 8 miles de la **Newton B. Drury Scenic Parkway**, aux côtés de prairies verdoyantes, où paissent des wapitis de Roosevelt. Libre à vous, maintenant, d'enchaîner sur l'itinéraire 10 pour monter jusqu'à Crescent City, dernière étape avant l'Oregon.

Eureka Carson Mansion

Se restaurer et se loger

San Diego ❶

Voir aussi l'itinéraire 29, p. 316.

✖ C Level   Poisson et fruits de mer $$

(☎619-298-6802 ; www.islandprime.com ;
880 Harbor Island Dr ; plats 15-30 $; ⏱11h-tard).
On apprécie la belle vue sur la baie, mais aussi
le soin accordé aux salades et poissons grillés,
comme à ce généreux sandwich au homard dans
un pain au levain avec cheddar et piment jalapeño.

🛏 Pearl Hotel   Boutique-hôtel $$

(☎619-226-6100, 877-732-7573 ; www.
thepearlsd.com ; 1410 Rosecrans Ave, Point Loma ;
ch 129-205 $; ❄🐾🛜🖥). Dans ce motel au style
fifties, les chambres ont l'attrait d'apaisants tons
bleu-vert, d'une déco inspirée du surf, et des
aquariums. L'ambiance est très animée autour
de la piscine – mieux vaut avoir le sommeil lourd.

Long Beach ❸

🛏 Hotel Varden   Boutique-hôtel $$

(☎562-432-8950, 877-382-7336 ; www.
thevardenhotel.com ; 335 Pacific Ave ; ch 119-
149 $; ❄@🛜). Dans les petites chambres
de cet établissement Art déco du centre-ville,
lavabos minuscules, lits douillets et blancheur
immaculée. À deux rues de l'enfilade de
restaurants de Pine Ave.

Malibu ❹

✖ Neptune's Net
      Poisson et fruits de mer $$

(www.neptunesnet.com ; 42505 Pacific
Coast Hwy ; plats 6-20 $; ⏱10h30-20h lun-jeu,
jusqu'à 21h ven, jusqu'à 20h30 sam-dim ; 🅿🐾).
Commandez un *fish and chips* dans ce routier
des années 1950 et attablez-vous à une table
de pique-nique entre des motards en Harley
et des gamins revenant de la plage.

Santa Barbara ❺

Voir aussi l'itinéraire 19, p. 219.

✖ Santa Barbara Shellfish
Company   Poisson et fruits de mer $$

(www.sbfishhouse.com ; 230 Stearns Wharf ; plats
5-19 $; ⏱11h-21h). "Directement de la mer à
l'assiette (en passant par la poêle)" : tel pourrait
être le slogan de cette gargote au bout de la jetée,
qui offre depuis 25 ans une vue imprenable sur
l'océan et une excellente bisque de homard.

🛏 El Capitán
Canyon   Bungalows, camping $$

(☎805-685-3887, 866-352-2729 ; www.
elcapitancanyon.com ; 11560 Calle Real, Goleta ;
tente "safari" 155 $, yourte 205 $, bungalows
225-355 $; 🛜🖥🅿). Sur la plage d'El Capitán,
à 25 minutes du centre-ville par la Hwy 101 et
dans une zone interdite aux véhicules, découvrez
le "glamping" ou camping "glamour". Les
bungalows au bord du ruisseau sont équipés
de matelas divins et d'une kitchenette, et
à l'extérieur d'un feu de bois.

🛏 Hotel Indigo   Boutique-hôtel $$

(☎805-966-6586, 877-270-1392 ; www.indigo
santabarbara.com ; 121 State St ; ch 155-250 $;
❄@🛜🖥). Entre le centre-ville et la plage, cet
hôtel chic et très charmant a tout bon : œuvres
d'art contemporain de bon goût, patios sur le toit
et touches design écolo du genre mur végétalisé.

Pismo Beach ❻

Voir aussi l'itinéraire 18, p. 211.

✖ Splash Cafe   Poisson et fruits de mer $

(www.splashcafe.com ; 197 Pomeroy Ave ; plats
4-12 $; ⏱8h-20h30 dim-jeu, jusqu'à 21h ven-sam,
horaires restreints l'hiver ; 🅿). En remontant
depuis la jetée, vous repérerez à sa devanture
bleu vif ce café relax, réputé pour sa *clam chowder*
(soupe de palourdes) servie directement dans
des petits pains ronds.

Hearst Castle et ses environs 7

✗ Sebastian's General Store   Marché $

(442 San Simeon Rd ; plats 6-12 $; ⏱11h-17h
mer-dim, service jusqu'à 16h). De l'autre côté de
la Hwy 1, ce minuscule marché voisin du Hearst
Castle propose boissons fraîches, burgers et vins
de l'Hearst Ranch, d'imposants sandwichs traiteur
et des salades : parfait pour un pique-nique sur la
plage de San Simeon Cove.

🛏 Blue Dolphin Inn   Hôtel $$

(☎805-927-3300 ; www.cambriainns.com ;
6470 Moonstone Beach Dr ; d avec petit-déj 159-
329 $; 🤶🚻🐾). Un seul étage, des tons sable
et de l'ardoise pour cet hôtel face à la promenade
maritime, qui loue des chambres confortables
aux cheminées des plus romantiques.

Monterey 8

Voir aussi l'itinéraire 17, p. 201.

✗ Monterey's Fish House   Poisson et fruits de mer $$$

(☎831-373-4647 ; 2114 Del Monte Ave ; plats 12-
35 $; ⏱11h30-14h30 lun-ven, 17h-21h30 tlj ; 🚻).
Sous l'œil de pêcheurs siciliens (en photos sur
les murs), découvrez une cuisine de la mer qui
mêle produits extra-frais et inspirations fusion
(huîtres au barbecue, encornets à la mexicaine...)
Ambiance décontractée ; réservation impérative.

Santa Cruz 9

🛏 Pelican Point Inn   Appartements $$

(☎831-475-3381 ; www.pelicanpointinn-santacruz.
com ; 21345 E Cliff Dr ; ste 109-199 $; 🚻). Proches
de la Twin Lakes State Beach, prisés par les
familles, ces appartements rétros, simples
mais spacieux, ont tout ce qu'il faut, y compris
la kitchenette et l'accès Internet haut débit.

San Francisco 10

Voir aussi l'itinéraire 2, p. 56.

✗ Greens   Végétarien $$

(☎415-771-6222 ; www.greensrestaurant.com ;
Fort Mason Center, Bldg A ; plats 7-20 $; ⏱11h45-
14h30 mar-ven, 11h-14h30 sam, 10h30-14h dim,
plus 17h30-21h lun-sam, 🍴). Dans une ancienne
caserne de l'armée, savourez la vue sur le pont
du Golden Gate et une cuisine californienne bio
et végétarienne, dont les produits viennent pour
l'essentiel d'une ferme bouddhiste du Marin County.

🛏 Argonaut Hotel   Boutique-hôtel $$$

(☎415-563-0800 ; www.argonauthotel.com ;
495 Jefferson St ; ch à partir de 300 $; ❄@🤶
🦽🐾). Aménagé dans une conserverie non loin du
Fisherman's Wharf, cet hôtel à la déco nautique
est doté de poutres centenaires, de miroirs-hublots
et de chambres pour voyageurs à mobilité réduite.

Point Arena et ses environs 11

🛏 Mar Vista Cottages   Cabanes $$

(☎707-884-3522, 877-855-3522 ; www.marvista
mendocino.com ; 35101 S Hwy 1, Gualala ; cabane
175-295 $; 🤶🦽🐾). Des cabanes de pêcheurs,
oui, mais des années 1930 et rénovées avec style.
L'escapade détente à la mer idéale, à Anchor Bay,
au sud de Point Arena.

Mendocino et Fort Bragg 12

Voir aussi l'itinéraire 8, p. 113.

✗ North Coast Brewing Co   Microbrasserie $$

(www.northcoastbrewing.com ; 444 N Main St ;
plats 10-30 $; ⏱11h30-21h30 dim-jeu, jusqu'à 22h
ven-sam). Hamburgers et pommes gaufrettes à l'ail
sont d'excellents classiques pour accompagner
la bière, brassée artisanalement sur place. Arrivez
tôt pour avoir une table, ou installez-vous au bar.

🛏 Shoreline Cottages   Motel, cottages $$

(☎707-964-2977 ; www.shoreline-cottage.com ;
18725 Shoreline Hwy, Fort Bragg ; d 115-165 $; 🤶
🦽🐾). Chambres et cottages sans prétention,
avec cuisine, lecteur DVD et snacks offerts, autour
d'une belle pelouse où batifolent des chiens.

Eureka 13

🛏 Carter House Inns   Hôtel, B&B $$

(☎707-444-8062 ; www.carterhouse.com ; 301
L St ; ch/ste avec petit-déj à partir de 180/295 $;
🤶). Les chambres de l'hôtel Carter possèdent
du linge haut de gamme et tout le confort
moderne, mais vous pourrez aussi réserver un
petit nid d'amour dans l'une des autres demeures
historiques. Sur place, le Restaurant 301 est
la meilleure table d'Eureka pour une cuisine
typique de la région avec accords mets/vins.

San Francisco
À Chinatown, dépaysement et animation garantis

La boucle San Francisco, Marin County, Napa Valley

2

Un grand tour de la baie pour découvrir l'inimitable San Francisco, les paysages sauvages du Marin County et les fameux vignobles de la Napa Valley et ceux, plus confidentiels, de la Sonoma Valley.

TEMPS FORTS

65 miles/105 km

Point Reyes
Un petit phare de bout du monde, beaucoup de vent, et la vue des baleines passant au loin : magique

153 miles/246 km

Napa Valley
Conclusion œnologique dans la star des régions viticoles

Glen Ellen

Sonoma

Petaluma

Point Reyes Station

Olema

9

6

20 miles/32 km

Muir Woods
À l'ombre des séquoias géants dans cette forêt ancestrale

4

2

DÉPART/ ARRIVÉE

San Francisco

Marin Headlands
Une vue époustouflante sur la baie et le pont de San Francisco depuis les hauteurs de la péninsule

8 miles/13 km

**4-5 JOURS
253 MILES/407 KM**

PARFAIT POUR...

LE MEILLEUR MOMENT

Avril à octobre, pour un temps sec et doux.

LA PHOTO SOUVENIR

D'un seul regard, embrassez Alcatraz, le Pacifique, le Golden Gate Bridge et San Francisco depuis Conzelman Rd.

À L'OMBRE DES GÉANTS

Au pied des immenses séquoias des Muir Woods, la nature remet l'homme à sa place.

49

2

La boucle San Francisco, Marin County, Napa Valley

Laissez-vous d'abord griser par les charmes citadins et cosmopolites de San Francisco avant de traverser le mythique Golden Gate Bridge. À partir de là, les paysages s'ensauvagent, et le Marin County, entre collines ondulées, forêts de séquoias géants et littoral tourmenté, s'impose comme une bouffée d'air frais. Plus au nord vous attendent les vignobles de Napa et de Sonoma, où un doux soleil donne naissance à quelques-uns des plus grands crus de Californie.

❶ San Francisco

En deux journées bien remplies, vous pourrez explorer le **Golden Gate Park**, rencontrer les lions de mer du **Fisherman's Wharf**, flâner dans les rues de **Chinatown** et profiter des terrasses du quartier italien de **North Beach**. N'oubliez pas d'aller voir les peintures murales de **Mission District** (Balmy Alley) et profitez-en pour dévorer un burrito gargantuesque.

Il vous faudra faire la queue au terminus

de Powell St (à l'angle de Market St) pour une balade en **cable car** (www.sfmta.com ; trajet 6 $). C'est ensuite en bateau que vous rejoindrez le rocher et la fameuse prison d'**Alcatraz** (☎415-981-7625 ; www.alcatrazcruises.com, www.nps.gov/alcatraz ; adulte/enfant 28/17 $, en soirée 35/20,50 $; ⏱centrale d'appels 8h-19h ; départ des ferries du Pier 33 toutes les 30 min 9h-15h55, puis 18h10 et 18h45). L'été, réservez en ligne au moins deux semaines à l'avance.

Au pied de Market St, vous saliverez à la seule vue des stands de restauration du **Ferry Building** (www.ferrybuildingmarketplace.com ; One Ferry Building ;

À COMBINER AVEC

5 **Dans les vignobles de la Napa Valley**

De la ville de Napa, enfoncez-vous vers le nord de la Napa Valley et laissez la Hwy 29 égrener un chapelet de restaurants gastronomiques, une ville thermale et d'autres superbes vignobles.

6 **La route des vins de la Sonoma Valley**

De Glen Ellen, prenez la Hwy 12 vers le nord ou le sud, et rejoignez des domaines viticoles plus discrets ou Sonoma et son patrimoine historique.

⏱10h-18h lun-ven, 9h-18h sam, 11h-17h dim), temple des gourmets, où se tient aussi un marché de producteurs les mardis, jeudis et samedis matin : idéal pour découvrir la corne d'abondance californienne, ses traiteurs et ses produits bios.

Au **Castro Theatre** (☎415-621-6120 ; www.castrotheatre.com ; 429 Castro St ; adulte/enfant 10/7,50 $), cinéma historique, le public s'enflamme quand l'orgue gigantesque surgi de scène retentit en attendant le film ; les somptueuses décorations et les lustres imposants sont au diapason de la programmation art et essai.

Si vous avez plus de temps à consacrer à San Francisco, rendez-vous p. 58 pour d'autres idées.

🍴 🛏 p. 56

La route ❱❱ Cap sur le nord, via l'emblématique Golden Gate Bridge, non sans faire une pause pour se balader autour du Vista Point côté Marin County. Sortez à Alexander Ave et serrez à gauche pour passer sous la route et rejoindre Conzelman Rd, sur la crête qui embrasse la baie. Vous êtes à 2 miles (3 km) de Hawk Hill, où la route passe à sens unique.

TEMPS FORT

2 **Marin Headlands**

Pour les amateurs d'ornithologie, **Hawk Hill** constitue une étape (avec grimpette) obligatoire. Autour de fortifications de la Seconde Guerre

mondiale, sur une crête venteuse offrant un superbe panorama sur Rodeo Lagoon et jusqu'à Alcatraz, des nuées de rapaces se retrouvent ici lors de leur migration, entre la fin de l'été et le début de l'automne.

Continuez vers l'ouest jusqu'au bout de Conzelman Rd, environ 2 miles (3 km) plus loin, puis prenez à gauche vers la baie. Troisième phare érigé sur la côte Ouest, le **Point Bonita Lighthouse** (www.nps.gov/goga/pobo.htm ; ⏱12h30-15h30 sam-lun) fut achevé en 1855, mais, dressé sur un site trop élevé pour être visible dans le brouillard, il fut descendu environ 20 ans plus tard à son emplacement actuel. Trois après-midi par semaine, on peut emprunter le tunnel sombre (creusé de main d'homme) et le sentier abrupt d'environ 800 mètres pour rejoindre le phare. En contrebas du pont suspendu qui mène à la lentille de Fresnel, les phoques lézardent sur les rochers.

La route ❱❱ Continuez vers le nord sur Field Rd et ses falaises avec vue puis prenez Bunker Rd direction ouest (le panneau indique San Francisco) après le Marin Headlands Visitor Center. Après le tunnel à circulation alternée, prenez à gauche dans Alexander Ave jusqu'à Sausalito.

3 **Sausalito**

Autour d'un petit port abrité sur la baie,

les coquettes maisons de Sausalito dévalent gentiment une colline verdoyante au pied de laquelle s'étend un centre cossu. De presque partout, la ville jouit d'une vue panoramique sur San Francisco et Angel Island.

Juste sous la tour nord du Golden Gate Bridge, à East Fort Baker, le **Bay Area Discovery Museum** (www.baykidsmuseum.org ; adulte/enfant 10/8 $; ⏰9h-16h mar-ven, 10h-17h sam-dim ; ♿) est un excellent musée conçu spécifiquement pour les enfants : faisant la part belle à l'interactivité, il offre, entre autres aménagements, un atelier sur les vagues, un petit tunnel sous-marin et une vaste aire de jeux en plein air.

🍴 p. 56

La route ≫ Suivez la Hwy 101 direction nord jusqu'à la Hwy 1 – en longeant Richardson Bay, vous verrez au passage d'adorables maisons flottantes. La Hwy 1 (à deux voies) grimpe à travers une zone essentiellement résidentielle : au bout de 3 miles (moins de 5 km), suivez les pancartes indiquant Muir Woods par la Panoramic Hwy.

- - - - - - - - - - - - - - -

TEMPS FORT

④ Muir Woods

Il n'y a guère que dans le nord de la Californie qu'il est donné de déambuler sous de si hautes cimes ; les **Muir Woods** (www.nps.gov/muwo ; adulte/enfant 7 $/gratuit ; ⏰8h-crépuscule) forment la forêt de séquoias ancestraux la plus proche de San Francisco. Au début du siècle, des projets d'exploitation forestière furent contrecarrés

par William Kent, un parlementaire et naturaliste qui acheta une parcelle au bord de la Redwood Creek, avant d'en céder 120 hectares au gouvernement fédéral en 1907. En 1908, le président Roosevelt classa le site "monument national", baptisé en hommage au naturaliste John Muir, qui fonda le Sierra Club, association de protection de la nature.

Les Muir Woods sont très fréquentés, surtout le week-end. Pourtant, une petite marche suffit généralement pour semer

↱ VAUT LE DÉTOUR
CHEZ PANISSE

Point de départ : ① San Francisco

Pionnier du "Gourmet Ghetto" de Berkeley et inventeur de la cuisine californienne moderne, le célébrissime restaurant **Chez Panisse** (📞restaurant 510-548-5525, café 510-548-5049 ; www.chezpanisse.com ; 1517 Shattuck Ave, Berkeley ; menu restaurant 65-100 $, plats café 18-29 $; ⏰restaurant soir lun-sam, café midi et soir lun-sam), fondé par Alice Waters, reste une table incontournable pour tout gastronome attaché aux produits frais, locaux et bios. Chic mais sans chichis, il occupe une accueillante demeure de style Arts and Crafts : au rez-de-chaussée, le restaurant propose des menus fixes, et le café à l'étage est plus décontracté et un peu moins cher. Réservez plusieurs semaines à l'avance.

Sausalito

la foule et rejoindre des sentiers bordés d'arbres géants et riches de superbes panoramas. Sur place, un charmant café, avec en-cas bios et boissons chaudes, revigore les jours de brouillard.

La route » Cap sur le sud-ouest par Muir Woods Dr (direction Muir Beach/Stinson Beach) pour rallier la Hwy 1/ Shoreline Hwy qui serpente vers le nord dans des paysages spectaculaires face au Pacifique. Longez Bolinas Lagoon, souvent prisé des phoques et, à marée basse, des oiseaux ; prenez la première à gauche juste après la lagune. Encore à gauche, et Olema Bolinas Rd vous conduira dans le centre de Bolinas.

⑤ Bolinas

Inutile de chercher un panneau "Bolinas" : à force de voir la signalisation démontée par les habitants de cette localité privée, les autorités ont renoncé à la remplacer. Écrivains, musiciens et pêcheurs forment aujourd'hui la population de cette communauté balnéaire assoupie qu'on appelait Jugville du temps de la ruée vers l'or. Vous rejoindrez la plage via Wharf Rd ou Brighton Ave.

Les randonneurs bifurqueront d'Olemas Bolinas Rd à gauche dans Mesa Rd qu'ils suivront sur 8 km (5 miles) jusqu'au Palomarin Trailhead, point de départ de belles marches littorales à travers le **Point Reyes National Seashore**. Si le soleil tape fort, emportez des provisions d'eau et une serviette de bain et filez au **Bass Lake**, un agréable lac d'eau douce accessible par une randonnée d'environ 5 km le long de la côte. Poussez 2,5 km plus loin, et vous découvrirez les fantastiques cascades d'**Alamere Falls**, qui se jettent sur la plage du haut d'une falaise de 15 mètres.

✖ p. 56

53

La route » Reprenez la Hwy 1 sur 12 miles (19 km) vers le nord à travers Olema Valley. Juste après Olema, empruntez Sir Francis Drake Blvd direction ouest (et Inverness) sur 23 miles (37 km) en suivant les panneaux "lighthouse". Ici, des rapaces guettent juchés sur les poteaux de vieux ranchs de carte postale, et la route ondoie au gré des collines, vers l'océan.

TEMPS FORT

6 Point Reyes

Tout au bout de Sir Francis Drake Blvd, cette avancée de 16 km sur le Pacifique est une terre sauvage et isolée, battue par les vents. Le **Point Reyes Lighthouse** (☎415-669-1534 ; www.nps.gov/pore ; ☺lanterne 14h30-16h jeu-lun, centre d'accueil et autres salles 10h-16h30 jeu-lun) se dresse en bas d'un escalier de plus de 300 marches. Les alentours de ce beau phare constituent, localement, l'un des meilleurs postes d'observation des baleines : les baleines grises y approchent de la côte lors de leur migration annuelle de l'Alaska vers la basse Californie, de janvier à avril environ – mais c'est de mi-janvier à mi-mars que vous aurez le plus de chances de les voir. En prime, il arrive toute l'année qu'on aperçoive des baleines à bosse et des rorquals.

À savoir : les week-ends et jours fériés de fin décembre à mi-avril, la route menant au phare est fermée aux véhicules de particuliers ; les visiteurs doivent prendre une navette depuis Drakes Beach.

🍴 🛏 p. 57

La route » Revenez sur vos pas sur Sir Francis Drake Blvd et reprenez la Hwy 1, vers le nord. Peu après le hameau de Point Reyes Station, vous prendrez à droite dans Point Reyes-Petaluma Rd et atteindrez 19 miles plus loin Petaluma, après une éventuelle halte dégustation de brie chez Marin French Cheese. Au passage à niveau, tournez à droite dans Lakeville St, qui devient la Hwy 116. Roulez jusqu'à Arnold Dr, tournez à droite dans Petaluma Ave et filez sur la Hwy 12 vers le nord.

7 Glen Ellen

Vous voilà dans la **Sonoma Valley**, et le ton est donné : on se presse chez **BR Cohn** (www.brcohn.com ; 15000 Sonoma Hwy ; dégustation 10 $, déductibles des achats, bouteille 16-55 $; ☺10h-17h), dont le fondateur fut manager des Doobie Brothers, groupe phare des années 1970, avant de se reconvertir ici dans la production bio de succulentes huiles d'olive et de vins fins – dont un magnifique cabernet sauvignon. En automne, il organise même des concerts de bienfaisance où se produisent des groupes comme Lynyrd Skynyrd et, bien sûr, les Doobies.

Le bien nommé **Little Vineyards** (www.littlevineyards. com ; 15188 Sonoma Hwy ; dégustation 5 $, bouteille 17-35 $; ☺11h-16h30 jeu-lun ; 🚲), petit domaine viticole familial, ne manque pas de charme avec son vénérable bar à dégustation auquel Jack London s'accouda jadis. Le salon de dégustation ravira les œnophiles agoraphobes, et la terrasse sur le vignoble invite au pique-nique. Entre autres rouges, vous trouverez du syrah, du *petite sirah*, du zinfandel, du cabernet et divers assemblages.

🍴 p. 57

**PAROLE D'EXPERT
MAMMIFÈRES
MARINS**

Pour observer la faune marine du Marin County, Anne Bauer, directrice de l'éducation au **Marine Mammal Center** (www.tmmc.org) nous confie quelques-uns de ses bons spots :

» Point Reyes National Seashore (Chimney Rock et Point Reyes Lighthouse) pour les baleines grises

» Bolinas (Duxbury Reef, Bolinas Lagoon), Marin Headlands (autour de Point Bonita) et Point Reyes National Seashore (Limantour Estero) pour les phoques

» Point Reyes National Seashore (Sea Lion Overlook) pour les lions de mer

La route » Reprenez la Hwy 12 vers le sud, puis cap sur l'est par la Hwy 12/121. Roulez ensuite vers le nord sur la Hwy 29, et prenez la sortie Downtown Napa/First St. Suivez les panneaux direction Oxbow Public Market.

---

8 Napa

Dans le centre-ville, près de la rivière, l'**Oxbow Public Market** (www.oxbowpublicmarket.com ; 610 et 644 First St ; ☻9h-19h lun-sam, 10h-17h dim ; 🚲🅿) met tous les sens en éveil, entre café bio fraîchement torréfié et sandwichs-baguette à la canneberge aux germes de petits pois et fontine. Découvrez la saucisse de bœuf au comptoir du **Five Dot Ranch** (www.fivedotranch.com), famille d'éleveurs depuis sept générations, qui privilégie l'élevage au pâturage, holistique et durable, en limitant le stress animal. En dessert, laissez-vous tenter par les glaces bios inventives de **Three Twins Ice Cream** (www.threetwinsicecream.com), comme la "Strawberry Je Ne Sais Quoi", succulent contraste entre texture crémeuse et pointe d'acidité du vinaigre balsamique.

La route » Quittez Napa par la jolie Hwy 29 (St Helena Hwy) vers le nord sur 12 miles (19 km), jusqu'à Oakville, en passant par ce repaire de gourmets qu'est Yountville.

LA DÉGUSTATION POUR LES NULS

On peut apprécier une dégustation sans rien y connaître au vin. Commencez par humer les arômes du nectar en portant le verre à votre nez. Puis faites tourner doucement le vin dans le verre et examinez sa robe (couleur) avant de l'absorber et d'analyser les sensations en bouche. Rien n'oblige à finir son verre – vous risquez même de saturer vos papilles. Des seaux sont à disposition pour vider votre verre en vue de la proposition suivante.

TEMPS FORT

9 Napa Valley

L'immense domaine quasi industriel et surfréquenté de **Robert Mondavi** (www.robertmondavi.com ; 7801 Hwy 29, Oakville ; visite 15-25 $, bouteille 19-150 $; ☻10h-17h) organise des visites passionnantes pour qui n'y connaît pas grand-chose au vin. Avec les superbes concerts programmés l'été (du classique au jazz en passant par le R&B et les sons latinos), c'est là la seule raison d'y faire halte.

À quelques centaines de mètres au sud, juste après Oakville Grocery, prenez à gauche Oakville Cross Rd sur 2,5 miles (4 km), au milieu des vignobles, jusqu'à la route des vins du **Silverado Trail**. Un cadre bucolique et de bons crus vous attendent 2,5 miles (4 km)

plus loin vers le sud sur le domaine de **Robert Sinskey** (☎707-944-9090 ; www.robertsinskey.com ; 6320 Silverado Trail, Napa ; dégustation 25 $, bouteille 22-95 $; ☻10h-16h30), propriété d'un chef cuisinier. Dans une salle de dégustation aux airs de cathédrale (pierre, bois de séquoia et teck), on découvre les vins (pinot, merlot et cabernet bios, grands cépages alsaciens, vin gris, cabernet franc ou rosé sec) accompagnés de petits en-cas.

🍴 🛏 p. 57

La route » Reprenez le Silverado Trail vers le sud jusqu'à Napa, puis continuez vers le sud par la Hwy 121 (Sonoma)/29 (Vallejo) avant de prendre à droite dans la Hwy 12/121 (Sonoma) direction ouest. Restez sur la Hwy 12/121 jusqu'à la Hwy 37, que vous prendrez direction ouest jusqu'à la Hwy 101. De la Hwy 101, vous êtes à 20 miles (32 km) de San Francisco via le Golden Gate Bridge.

Se restaurer et se loger

San Francisco ❶

✖ Bi-Rite Creamery — Glacier $

(☎415-626-5600 ; www.biritecreamery.com ; 3692 18th St ; glace 3,25-7 $; ☺11h-22h dim-jeu, 11h-23h ven-sam). On fait la queue jusqu'au coin de la rue pour déguster la légendaire glace caramel au beurre salé nappée de chocolat fondu de cette institution, fondée en 1940. Et le tout, bio, s'il vous plaît !

✖ Cotogna — Italien $$

(☎415-775-8508 ; www.cotognasf.com ; 490 Pacific Av ; plats 14-24 $; ☺12h-15h et 19h-22h lun-sam ; 🖋). Le chef Michael Tusk a largement mérité son James Beard Award (récompense culinaire suprême aux États-Unis) en 2011 : dans ses plats de pâtes rustiques et ses croustillantes pizzas, l'équilibre des saveurs est magique ! Réservez ; le menu du soir à 24 $ est l'une des meilleures affaires de San Francisco.

✖ Slanted Door — Vietnamien, californien $$

(☎415-861-8032 ; www.slanteddoor.com ; 1 Ferry Bldg ; plats midi 13-24 $, soir 18-36 $; ☺midi et soir). Ingrédients californiens, influences européennes et inspiration vietnamienne à la table du chef primé Charles Phan, vue sur la baie étincelante en prime. Sur réservation, ou bien en vente à emporter au stand Open Door.

🛏 Galleria Park — Boutique-hôtel $$

(☎415-781-3060 ; www.jdvhotels.com ; 191 Sutter St ; ch 189-229 $; ❄ @ 🛜). En centre-ville, cet hôtel de 1911 est agrémenté d'œuvres d'art contemporain, d'un beau mobilier et de touches colorées. Certaines chambres (ainsi que leur lit) sont un peu exiguës, mais on aime le linge Frette, les oreillers en duvet, les opulentes sdb, le vin gracieusement offert à l'apéritif et, surtout, la qualité du service. Les chambres sur Sutter St sont plus bruyantes, mais plus lumineuses.

🛏 Good Hotel — Hôtel $$

(☎415-621-7001 ; www.thegoodhotel.com ; 112 7th St ; ch 109-169 $; @ 🛜 ✈). Dans un ancien motel et un appart-hôtel tous deux relookés, le Good Hotel affiche son credo recyclage : têtes de lit en bois de récupération, bouteilles détournées en luminaires et couvertures en polaire faite de plastique recyclé et de chutes de tissu. La déco, pimpante, évoque une résidence universitaire stylée. La rue bruyante et le quartier interlope sont deux gros bémols : demandez une chambre à l'arrière. Location de vélos et accès à la piscine de l'Americania juste en face.

Sausalito ❸

✖ Avatar's — Indien $$

(www.enjoyavatars.com ; 2656 Bridgeway Blvd ; plats 10-17 $; ☺11h-15h et 17h-21h30 lun-sam ; 🖋 🖐). Mêlant ingrédients mexicains, italiens et caribéens, cette cuisine indienne fusion clame une "confusion ethnique" éblouissante de saveurs et d'inventivité : audacieux, l'enchilada pendjabie au curry de patate douce et les raviolis épinards-champignons à la sauce crémeuse mangue et pétales de roses ! Propositions adaptables à tous les régimes alimentaires (végétalien, sans gluten, etc.).

✖ Fish — Poisson et fruits de mer $$

(www.331fish.com ; 350 Harbor Dr ; plats 13-25 $; ☺11h30-20h30 ; 🖐). Sandwichs aux fruits de mer, huîtres et *crab rolls* au crabe de Dungeness et beurre bio à déguster sur des tables de pique-nique en séquoia face à Richardson Bay. Ce champion de la pêche durable propose en saison un délicieux saumon sauvage, mais bannit le saumon d'élevage. Règlements en espèces uniquement.

Bolinas ❺

✖ Bolinas People's Store — Marché $

(14 Wharf Rd ; ☺8h30-18h30 ; 🖋). Cette formidable épicerie coopérative, derrière le foyer municipal, vend produits bios, soupes fraîches et excellents *tamales* (papillotes de feuilles de maïs). Tables disposées dans la cour ombragée. Allez fourrager aussi dans la Free Box, une cabane pleine de vêtements et autres objets qui n'attendent qu'une deuxième vie.

✖ Coast Café   Américain $$

(📞415-868-2298 ; www.coastcafebolinas.com ;
46 Wharf Rd ; plats 10-22 $; 🕐11h30-15h et
17h-20h mar-mer, jusqu'à 21h jeu-ven, 8h-15h
et 17h-21h sam, jusqu'à 20h dim ; 🖋 🚼 🍽).
C'est l'unique "vrai" restaurant de Bolinas :
on s'arrache les places sur la terrasse fleurie
pour manger un *fish and chips*, des huîtres
chaudes ou des pancakes au babeurre
accompagnés d'un merveilleux café.

Point Reyes ⑥

✖ Tomales Bay Foods
et Cowgirl Creamery   Marché $$

(www.cowgirlcreamery.com ; 80 4th St,
Point Reyes Station ; 🕐10h-18h mer-dim ; 🖋).
Sur ce marché installé dans une grange, vous
trouverez fromages affinés, produits bios et
tout le nécessaire pour pique-niquer. Lait de
production locale et bio et fromages à pâte
molle fabriqués avec de la présure non animale.
Souvent, on peut voir les fromagers à l'œuvre
derrière une grande vitrine près de l'entrée.

🛏 Point Reyes
Hostel   Auberge de jeunesse $

(📞415-663-8811 ; www.norcalhostels.org/reyes ;
dort/ch 24/68 $; 📶). Accessible par Limantour Rd,
auberge rustique composée de grands bâtiments
avec dortoirs confortables à l'avant, grandes
baies vitrées et jardins avec jolie vue, et d'une
toute nouvelle bâtisse HQE dotée de 4 chambres
privatives. Dans une belle vallée à 2 miles (3 km) de
l'océan, entouré d'excellents sentiers de randonnée,
c'est le seul hébergement du parc.

Glen Ellen ⑦

✖ Vineyards Inn
Bar & Grill   Espagnol, tapas $$

(www.vineyardsinn.com ; 8445 Sonoma Hwy 12,
Kenwood ; plats 8-20 $; 🕐11h30-21h30 ; 🖋).

Hamburgers bios, poissons de ligne, paella,
ceviche et fruits et légumes cultivés en
biodynamie sur le ranch du chef : des recettes
classiques, mais quel délice ! Bar très bien fourni.

Napa Valley ⑨

✖ Ad Hoc   Américain moderne $$$

(📞707-944-2487 ; www.adhocrestaurant.
com ; 6476 Washington St, Yountville ; menu
48 $; 🕐soir mer-lun, 10h30-14h dim). Encore
une belle réussite de Thomas Keller, le pape
de la gastronomie à Yountville. On savoure
ici ses recettes de cuisine familiale préférées
dans des menus uniques à 4 plats (pas de
changement possible, sauf régime alimentaire
spécifique). Le week-end, vente à emporter le
midi, juste derrière, à l'**Addendum** (🕐11h-14h
jeu-sam), qui sert aussi des viandes grillées :
menu du jour publié sur le compte Twitter @
AddendumatAdHoc.

🛏 Hotel St Helena   Hôtel historique $$

(📞707-963-4388 ; www.hotelsthelena.net ;
1309 Main St, St Helena ; ch avec/sans sdb
125-235/105-165 $; ❄🛜). En plein centre-
ville, cet hôtel de 1881, au charme décati et
au mobilier d'époque, loue des chambres
minuscules mais au tarif avantageux (surtout
celles avec sdb commune). Pas d'ascenseur.

🛏 Maison Fleurie   B&B $$$

(📞707-944-2056 ; www.maisonfleurienapa.
com ; 6529 Yount St, Yountville ; ch avec
petit-déj 145-295 $; ❄🛜🛝). Dans une belle
maison-relais de poste centenaire, recouverte
de lierre, 13 chambres décorées dans un style
champêtre évoquant la campagne française.
Petit-déjeuner copieux, vin et amuse-gueules
l'après-midi et Jacuzzi.

SE DÉGOURDIR
LES JAMBES
SAN
FRANCISCO

Départ/arrivée Chinatown Gate

Distance 4,3 km

Durée 4-5 heures

Armez-vous de bonnes chaussures
et affûtez votre regard :
au programme de cette flânerie,
de beaux styles architecturaux,
un quartier chinois labyrinthique
et de superbes panoramas,
mais aussi quelques œuvres
polémiques, de la street-food
alléchante et des perroquets
en liberté.

Compatible avec les itinéraires :

`1` `2` `3` `4` `30`

Chinatown Gate

La **Dragon Gate** (angle Bush St et Grant Ave),
offerte par Taiwan en 1970, marque
l'entrée de Chinatown. La rue qui
s'ouvre ici était jadis un haut lieu de
la prostitution, mais le quartier fut
totalement réinventé dans les années 1920
par des hommes d'affaires chinois éclairés
qui firent travailler des architectes sur un
style "Chinatown Deco" emblématique.
Les omniprésentes boutiques sont idéales
pour quelques souvenirs bon marché.

La promenade ≫ De Dragon Gate, grimpez
Grant Ave, bordée de réverbères aux dragons,
jusqu'à Old St Mary's Sq. Quelques rues après
la vénérable église Old St Mary's Church, tournez
à gauche dans Clay St.

Chinese Historical Society
of America Museum

L'accueillant **Chinese Historical Society
of America Museum** (☎415-391-1188 ; www.
chsa.org ; 965 Clay St ; adulte/enfant 5/2 $, gratuit
1er mar du mois ; ⊙12h-17 mar-ven, 11h-16h sam)
présente la vie des immigrés chinois à
travers l'histoire, de la ruée vers l'or à la Beat
Generation en passant par la construction
du chemin de fer transcontinental.
De l'autre côté de la cour, une gracieuse
bâtisse, construite en 1932 pour accueillir
le centre YWCA de Chinatown, abrite
les expositions temporaires.

La promenade ≫ Revenez sur vos pas, dépassez
Stockton St puis prenez à gauche Spofford Alley,
où Sun Yat-sen ourdit en 1911 le renversement de la
dernière dynastie chinoise et où cliquettent toujours
les tuiles de mah-jong. Tournez ensuite à droite
dans Washington St, puis à gauche dans Ross Alley.

Golden Gate
Fortune Cookie Factory

Les cinéphiles reconnaîtront sans doute
Ross Alley (aussi appelée Old Chinatown
Alley), où furent tournés notamment
Karaté Kid 2 et *Indiana Jones et le
temple maudit*. Au n°56, vous lirez votre
avenir dans les messages délivrés par les
fortune cookies encore tout chauds de
la **Golden Gate Fortune Cookie Factory**
(56 Ross Alley ; entrée libre ; ⊙8h-19h) ; on peut
imprimer des augures personnalisés
contre une somme modique.

La promenade ›› Prenez Jackson St à droite puis Grant St à gauche. Là, plusieurs boulangeries chinoises vendent des *char siu bao* fumantes (brioches au porc). Coupez par Jack Kerouac Alley, où erra jadis le plus célèbre des beatniks.

City Lights Bookstore

Depuis que le libraire Shigeyoshi Murao et le poète Lawrence Ferlinghetti eurent en 1957 le courage de défendre la publication du recueil *Howl and Other Poems* d'Allen Ginsberg, alors jugé obscène, la librairie **City Lights** (www.citylights. com ; 261 Columbus Ave ; 10h-minuit) est un monument du quartier. À l'étage, posez-vous dans le "Fauteuil du poète" avec vue sur Jack Kerouac Alley, ou entretenez votre esprit contestataire dans les rayons Muckracking ("révélations à scandale") et Stolen Continents ("continents volés"). En sortant, vous pourrez commencer votre lecture devant une bière au Vesuvio.

La promenade ›› En quittant la librairie, prenez à droite dans Columbus, puis bifurquez légèrement à droite dans Grant St. Après 5 rues, sur votre droite montent les escaliers de Greenwich St.

Coit Tower

Étonnant projectile de 64 mètres de haut, au sommet de Telegraph Hill, la **Coit Tower** (415-362-0808 ; Telegraph Hill ; accès libre, ascenseur 5 $; 10h-18h) est un hommage aux pompiers de la ville. Lors de son achèvement en 1934, une controverse éclata autour des fresques du hall, évoquant le style de Diego Rivera, alors jugées communistes. Pour les voir, cachées dans la cage d'escalier de la tour, suivez la visite guidée du samedi, à 11h.

La promenade ›› Descendez les marches des Filbert Steps : vous croiserez des perroquets sauvages et des villas bien cachées. Sur Levi's Plaza, prenez à droite dans l'Embarcadero jusqu'au Ferry Building.

Ferry Building

Bâtiment historique, le **Ferry Building** fut une importante plate-forme de transports. Traiteurs artisanaux, producteurs bios et boutiques de prestige en font aujourd'hui une halte appétissante pour les gourmets.

La promenade ›› Descendez Market St. avant de prendre à droite Bush St pour rejoindre l'entrée de Chinatown.

Great 1906 Earthquake and Fire

105th Anniversary

San Francisco Lotta's Fountain, point de rencontre des rescapés du séisme de 1906

Road-trip sismique

3

Les grands séismes qu'a connus la Californie ont marqué les mémoires : remontez-en le fil au gré des failles de San Andreas et de Hayward Fault qui déchirent la Baie.

TEMPS FORTS

Point Reyes Station

2

35 miles/56 km

Point Reyes National Seashore
Wapitis, phoques, baleines et rapaces se bousculent autour de la faille de San Andreas

Berkeley

DÉPART

0 mile/0 km

1

4

Daly City

ARRIVÉE

San Francisco
Secousses et tremblements de terre rythment l'histoire de Frisco

80 miles/129 km

Oakland
Tester son équilibre dans la ville où traîna Jack London

Palo Alto

San Jose

Santa Cruz

Aptos

3 JOURS
250 MILES/402 KM

PARFAIT POUR...

LE MEILLEUR MOMENT
Températures clémentes et pluies rares de mars à octobre.

LA PHOTO SOUVENIR
Sur l'Earthquake Trail, à Point Reyes, la clôture disjointe matérialise la puissance des plaques tectoniques.

UN BAR DE GUINGOIS
Non, vous n'êtes pas pompette : c'est le Heinold's First & Last Chance Saloon qui est sacrément de travers.

61

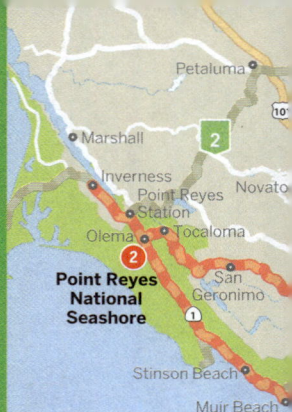

3 Road-trip sismique

La Californie est marquée par une activité sismique intense, et le grand tremblement de terre de 1906, à San Francisco, reste un moment-clé de l'histoire de l'État. C'est tout un système de failles invisibles qui sillonne la Baie. Invisibles ? Pas pour qui sait où regarder : suivez le guide !

TEMPS FORT

❶ San Francisco

La ville est une destination en soi pour les touristes sismologues amateurs, une grande partie de San Francisco ayant été détruite par le tremblement de terre de 1906 et le grand incendie qui suivit.

Descendez Market St en direction du Ferry Building jusqu'au croisement avec Kearny St et 3rd St. Ici, la **Lotta's Fountain**, de 1875, fut en 1906 un point de rencontre pour les survivants, et des habitants s'y retrouvent encore chaque année à l'heure fatidique de 5h12, à la date anniversaire du séisme. Au bout de Market St, le **Ferry Building** vit son sort bouleversé par le séisme de 1989, dit de Loma Prieta. Parmi les lourds dégâts causés dans toute la Baie, la secousse de 7,1 de magnitude détruisit l'autoroute surélevée qui défigurait l'Embarcadero. Les travaux de reconstruction lui substituèrent le beau boulevard planté qu'on peut voir aujourd'hui, et le Ferry Building fut transformé pour accueillir l'un des meilleurs marchés bios et gourmet du pays.

Pour notre promenade, voir p. 58.

✕ 🛏 p. 67

La route ❯❯ Filez vers le nord par le Golden Gate Bridge et prenez la Hwy 1. Après Stinson

Beach, la route longe la faille de San Andreas, qui forme comme une flèche creusée dans la vallée. Juste après le panneau stop à Olema, suivez les pancartes marron "Point Reyes National Seashore" jusqu'au centre d'accueil, sur Bear Valley Rd.

TEMPS FORT

❷ Point Reyes National Seashore

Le parc national qui recouvre une grande partie de cette péninsule abrite des wapitis en liberté, d'innombrables mammifères marins et une foule variée de rapaces et de lynx. Près d'Olema, à proximité du **Bear Valley Visitor Center** (centre d'accueil du parc ; www. nps.gov/pore ; Bear Valley Rd, Point Reyes Station ; entrée libre ; ⊙9h-17h lun-ven, 8h-17h sam-dim ; ♿), part l'Earthquake Trail, un petit sentier

À COMBINER AVEC

2 **La boucle San Francisco, Marin County, Napa Valley**
Ponctuez votre expédition d'étapes œnologiques, en poursuivant vers le nord par la Hwy 101 depuis Point Reyes ou San Francisco.

16 **La long de la Highway 1 jusqu'à Santa Cruz**
Au programme, phares historiques, fermes bios et plages abritées.

d'interprétation sur le séisme de 1906 ; il conduit à deux clôtures en bois qui autrefois n'en faisaient qu'une et que la tectonique a écartées de près de 5 mètres.

À quelques kilomètres plus au nord, l'**estuaire de Tomales Bay** submerge la faille de San Andreas. Tout en longueur (12 miles, 20 km), cet étroit bras de mer grouille de phoques. **Blue Waters Kayaking** (☎415-669-2600 ; www. bwkayak.com ; location de kayak 2/4h 50/60 $), à Inverness et en face, à Marshall, propose plusieurs circuits dans cette baie et loue des kayaks pour explorer plages isolées et anfractuosités rocheuses.

🍴🛏 p. 67

La route » Regagnez le panneau stop d'Olema et prenez Sir Francis Drake Blvd sur 15 miles (24 km) vers le sud-est. À San Rafael, vous rejoindrez l'I-580 et prendrez la direction d'East Bay en passant par le pont Richmond-San Rafael. Continuez vers le sud sur la Hwy 580/80, et sortez à University Ave pour atteindre le campus de Berkeley.

❸ Berkeley

Repaire d'intellectuels et de contestataires parmi les plus actifs des États-Unis, cette ville universitaire mêle jeunes idéalistes et progressistes grisonnants. Le campus se prête à la balade, et non loin, Telegraph Ave aligne boutiques et restaurants bon marché.

Il n'y a toutefois pas eu que des génies à l'œuvre à Berkeley. Bâti en 1923, le **Memorial Stadium**, le stade de l'université de Berkeley, dresse ses 71 000 sièges en gradins pile sur la faille de Hayward ! Inspiré du Colisée de Rome, il occupe un site spectaculaire dans le Strawberry Canyon, avec en toile de fond les forêts des Berkeley Hills. Des travaux récents ont permis, moyennant 321 millions de dollars, de s'assurer que le stade pourrait résister à un séisme de forte magnitude. Une année sur deux, il accueille un grand événement du football américain universitaire : "Big Game", le derby Berkeley contre Stanford.

🍴 p. 67

La route » Vers le sud, par College Ave puis Claremont Ave, rejoignez la Hwy 24/980. Restez 3,5 miles (5,6 km) sur l'autoroute, toujours vers le sud, et prenez la sortie Jackson St jusqu'au front de mer d'Oakland, sur Jack London Sq.

TEMPS FORT

❹ Oakland

Sur Jack London Sq, commencez par tester votre équilibre au **Heinold's First & Last Chance Saloon** (www. firstandlastchance.com ; 48 Webster St), un bar construit en 1883 en bois récupéré sur un navire baleinier, qui a chaviré lors du grand séisme de 1906. Vous n'avez même pas encore commandé votre bière que, déjà, le sol semble tanguer ? Rassurez-vous, tout est normal : le bâtiment est effectivement incliné à 20%. Le saloon s'enorgueillit aussi d'avoir compté parmi ses habitués l'écrivain Jack London.

À 1,5 mile (2,5 km) au nord-ouest, dans West Oakland, 42 personnes périrent lors du séisme de 1989 dans l'effondrement de la Cypress Fwy, dont les images terribles ont marqué les mémoires. Le **Cypress Freeway Memorial Park**, au croisement de 14th St

FRAGILE GÉNIE CIVIL

La baie de San Francisco se caractérise par un risque sismique très élevé. Le séisme de 1989 causa ainsi de graves dommages au **San Francisco-Oakland Bay Bridge** (www.baybridgeinfo. org), dont un petit tronçon du segment oriental s'effondra. Aujourd'hui, la plupart des pièces métalliques du pont suspendu ont été restaurées, et un tout nouvel ouvrage est en construction pour remplacer le segment oriental.

Oakland Heinhold's First & Last Chance Saloon

et Mandela Pkwy, rend hommage aux victimes et aux sauveteurs. Une imposante sculpture métallique rappelle la destruction de cette autoroute à deux niveaux, remplacée en 2005 par un beau *parkway* (route bordée d'espaces verts). Sur un mur, l'inscription "15 seconds" souligne la brièveté – et la puissance – de la catastrophe.

La route 》 Continuez vers le sud par l'I-880 jusqu'à San Jose, et rejoignez la Hwy 17, qui devient une 4-voies tout en lacets. À Santa Cruz, prenez la Hwy 1 South sur 6 miles (9,5 km) et sortez à State Park Dr. Bifurquez vers le nord en repassant au-dessus de la

Hwy et prenez à droite dans Soquel Dr. À 0,5 mile (800 m), tournez à gauche dans Aptos Creek Rd : le parc est à 4 miles (6,5 km).

- - - - - - - - - - -

❺ Aptos

Jouxtant le village cossu d'Aptos, le **Forest of Nisene Marks State Park** (www.parks.ca.gov ; Aptos Creek Rd ; parking 8 $; 🚹 🐾), ancien site d'exploitation forestière jusque dans les années 1920, déroule ses sentiers entre forêts de séquoias et anciens camps de bûcherons jusqu'aux sommets de la chaîne côtière des monts Santa Cruz, dont le pic de **Loma Prieta**, donna son nom

au séisme de 1989. Sur le sentier d'Aptos Creek Trail, un panneau marque l'épicentre du tremblement de terre, tandis que diverses fissures sont visibles le long du Big Slide Trail. La nature ici paisible et verdoyante invite à méditer sur les prochains dérapages de la faille de San Andreas.

La route 》 Revenez sur vos pas jusqu'à la Hwy 1 North et roulez vers l'ouest jusqu'à Santa Cruz.

- - - - - - - - - - -

❻ Santa Cruz

Les vieux bâtiments en briques du centre-ville, construits sur des berges sablonneuses, ne purent

65

PAROLE D'EXPERT
DEROSE WINERY

Quand je sillonne le nord de la Californie sur la piste des failles géologiques, j'adore m'offrir une pause œnologique chez **DeRose Winery** (www.derosewine.com), à Hollister. Ce domaine se trouve dans une belle vallée dessinée par la faille de San Andreas elle-même, son bâtiment principal est construit pile sur la déchirure – et ses vins déchirent ! L'endroit a pour moi une portée symbolique : loin de vivre en sursis sur leurs terres sismiques, les Californiens y prospèrent.

Susan Elizabeth Hough, sismologue à l'United States Geological Survey de Pasadena

La route ❯❯ Suivez les lacets champêtres de Page Mill Rd vers le nord jusqu'à la Hwy 280 North, autre belle route bordée de lacs d'azur et de sommets léchés par le brouillard. Au bout de 20 miles (32 km), prenez la sortie Skyline Blvd/Pacifica, où un magnifique paysage côtier se laisse entrevoir à travers les arbres. Bifurquez vers l'ouest dans Manor Dr, puis vers le nord par Palmetto Ave. Serrez enfin à gauche sur Westline Dr direction Mussel Rock Park.

résister au séisme de 1989, et une grande partie du Pacific Garden Mall fut détruite ou démolie par la suite. Santa Cruz a cependant tenu bon, et de vieilles échoppes comme la librairie **Bookshop Santa Cruz** (www.bookshopsantacruz.com ; 1520 Pacific Ave ; ⏰9h-22h dim-jeu, 9h-23h ven-sam ; 🚻), qui déménagea sous une tente sur un parking pendant des mois après la catastrophe, témoignent de la résilience locale.

À une rue de là, au carrefour entre Water St, Pacific Ave et Knight St, la **Town Clock** se dresse sur une petite place. Le beffroi historique résista bien en 1989, mais ses aiguilles arrêtées à 5h04 précises furent pendant plusieurs semaines, jusqu'à réparation de l'horlogerie, un cruel rappel de la tragédie. Une plaque sur le monument rend hommage aux victimes.

🍴🛏 p. 67

La route ❯❯ Au nord, reprenez la Hwy 17 jusqu'à la sortie Summit Rd (vous êtes alors à 20 km environ au nord de la Hwy 1). Bifurquez vers l'ouest par la bretelle pour rejoindre Skyline Blvd/Hwy 35, vers le nord : les 20 miles (32 km) suivants, sur la crête, offrent des vues époustouflantes sur les monts Santa Cruz. Vous prendrez ensuite Page Mill Rd vers l'est pour environ 1,5 mile (2,4 km) jusqu'au parking de Los Trancos.

7 Palo Alto

Les abords du bucolique Skyline Blvd abondent en parcs séduisants, dont la **Los Trancos Open Space Preserve** (www.openspace.org ; Page Mill Rd ; 🚻🎫), ensemble de collines ondoyantes et boisées traversé par la faille de San Andreas. Jalonné de panneaux sur la tectonique à l'œuvre ici, le San Andreas Fault Trail est un sentier facile de 1,5 mile (2,4 km) qui sait exploiter le paysage à des fins pédagogiques.

🍴 p. 67

8 Daly City

Le grand séisme de San Francisco avait pour épicentre **Mussel Rock**, un groupe de rochers qui se dressent dans l'océan à Daly City. C'est ici que le 18 avril 1906, la faille de San Andreas lâcha après plusieurs siècles de contraintes tectoniques accumulées. Ce tremblement de terre, estimé à 8,3 sur l'échelle de Richter, reste parmi les plus violents des États-Unis.

En face des rochers s'étend **Mussel Rock Park** (120 Westline Dr ; 🚻🎫), grand espace vert littoral où le chaos géologique est palpable : le terrain est sablonneux, instable, et les rues alentour striées de petites failles issues de celle de San Andreas. Sur Westline Dr, de nombreuses habitations résidentielles sont fragilisées. Concluez votre périple en découvrant la "grotte secrète" au bord de l'eau.

Se restaurer et se loger

San Francisco ❶

✖ Ferry Building   Marché, gastronomie $$

(www.ferrybuildingmarketplace.com ; 1 Ferry Building ; 🚇). Cette grande halle est un véritable temple à la gastronomie "durable" où se mêlent comptoirs de grands chefs et petits plats haut de gamme à emporter, avec en prime un marché de producteurs les mardis et jeudis de 10h à 14h et les samedis de 8h à 14h.

🛏 Orchard Garden Hotel   Boutique-hôtel $$

(📞415-399-9807 ; www.theorchardgardenhotel.com ; 466 Bush St ; ch 179-249 $; ❄ @ 🛜). Bois issu d'une gestion forestière durable, produits d'entretien sans substances chimiques, tissus recyclés, chambres au calme apaisant... Voilà le premier hôtel 100 % écolo de San Francisco, le confort en prime : on apprécie les touches luxe dans les chambres, tels ces oreillers en duvet et le linge en coton égyptien, et le beau toit-terrasse.

Point Reyes National Seashore ❷

✖ Bovine Bakery   Boulangerie $

(11315 Hwy 1 ; ⏰6h30-17h lun-jeu, 7h-17h sam-dim). Ne quittez pas la ville sans avoir testé cette boulangerie, sans doute la meilleure de tout le comté : la bear claw ("patte d'ours", généreuse pâtisserie à l'amande) et le café bio font un excellent petit-déjeuner.

✖ Osteria Stellina   Italien $$

(📞415-663-9988 ; www.osteriastellina.com ; 11285 Hwy 1 ; plats 15-25 $; ⏰11h30-14h30 et 17h-21h ; 🍴). Une table spécialisée dans la cuisine italienne rustique, avec notamment pizzas, pâtes et viandes du Niman Ranch. Rendez-vous le jeudi pour une soirée lasagnes et musique live ; le week-end, réservation impérative.

🛏 Holly Tree Inn   Auberge, cottages $$

(📞415-663-1554 ; www.hollytreeinn.com ; Silver Hills Rd, Point Reyes Station ; ch avec petit-déj 130-180 $, cottages 190-265 $). En retrait de Bear Valley Rd, de jolies chambres rustiques avec parquet et 3 cottages décorés avec goût nichés dans un superbe environnement. Le Sea Star Cottage est un petit nid romantique, installé au bout d'une jetée sur la Tomales Bay.

Berkeley ❸

✖ Gather   Américain $$

(📞510-809-0400 ; www.gatherrestaurant.com ; 2200 Oxford St ; plats midi 10-17 $, soir 14-19 $; ⏰11h30-14h lun-ven, 10h-14h30 sam-dim, plus 17h-22h tlj ; 🍴). L'adresse idéale pour réconcilier végétariens gourmets et gastronomes locavores, et dans une déco faite de bois de récupération et de plantes grimpantes qui dégringolent au-dessus de la cuisine ouverte : les assiettes associent produits locaux et viandes issues d'élevages raisonnés. Le soir, réservez.

Santa Cruz ❻

✖ El Palomar   Mexicain $$

(1336 Pacific Ave ; plats 7-27 $; ⏰11h-23h ; 🚇). Deux constantes ici : la foule des commensaux et la grande qualité de la cuisine. Les classiques mexicains sont là (testez le ceviche de fruits de mer), tout comme les margaritas parfumées. Les tortillas sont préparées sur place, dans la cour couverte, par de charmantes cuisinières.

🛏 Sunny Cove Motel   Motel $$

(📞831-475-1741 ; www.sunnycovemotel.com ; 21610 E Cliff Dr ; ch 90-200 $; ❄ 🐾). Sans être renversant, ce petit motel impeccablement tenu, à deux pas d'une crique, à l'est du centre-ville, loue des chambres et des suites avec kitchenette simples mais bon marché.

Palo Alto ❼

✖ Palo Alto Creamery   Diner vintage $$

(www.paloaltocreamery.com ; 566 Emerson St ; plats 7-20 $; ⏰7h-22h, horaires étendus sam-dim). Institution haut de gamme du centre-ville, ce magnifique diner de 1923, avec chromes étincelants et box rouges, est réputé pour ses milkshakes, ses généreux burgers et ses tartes maison.

Ferry Building
Des produits bios gastronomiques à profusion

La balade gourmande d'Alice Waters

4

La balade gourmande de la chef réputée Alice Waters, pionnière de la cuisine californienne et du mouvement Slow Food, révèle la quintessence des produits régionaux. Elle s'achève par un dîner dans son restaurant, Chez Panisse.

TEMPS FORTS

90 miles/145 km

Point Reyes National Seashore
Un pique-nique de délicieux produits artisanaux au grand air de la côte

Vacaville
DÉPART

Fairfield

4

Stinson Beach

7 **ARRIVÉE**

5

Oakland

San Francisco

Ferry Building
L'épicentre des gourmets de la Baie

145 miles/233 km

Berkeley
Conclure en beauté chez Panisse, l'un des chouchous d'Alice

157 miles/253 km

3 JOURS
157 MILES/253 KM

PARFAIT POUR...

LE MEILLEUR MOMENT

La fin de l'été, pour l'abondance des produits de la ferme.

LA PHOTO SOUVENIR

Le phare, les falaises et l'horizon infini du Point Reyes National Seashore.

EN-CAS GOURMAND

Huîtres, pain de chez Acme (une référence !) et fromage de la Cowgirl Creamery à la Hog Island Oyster Company.

69

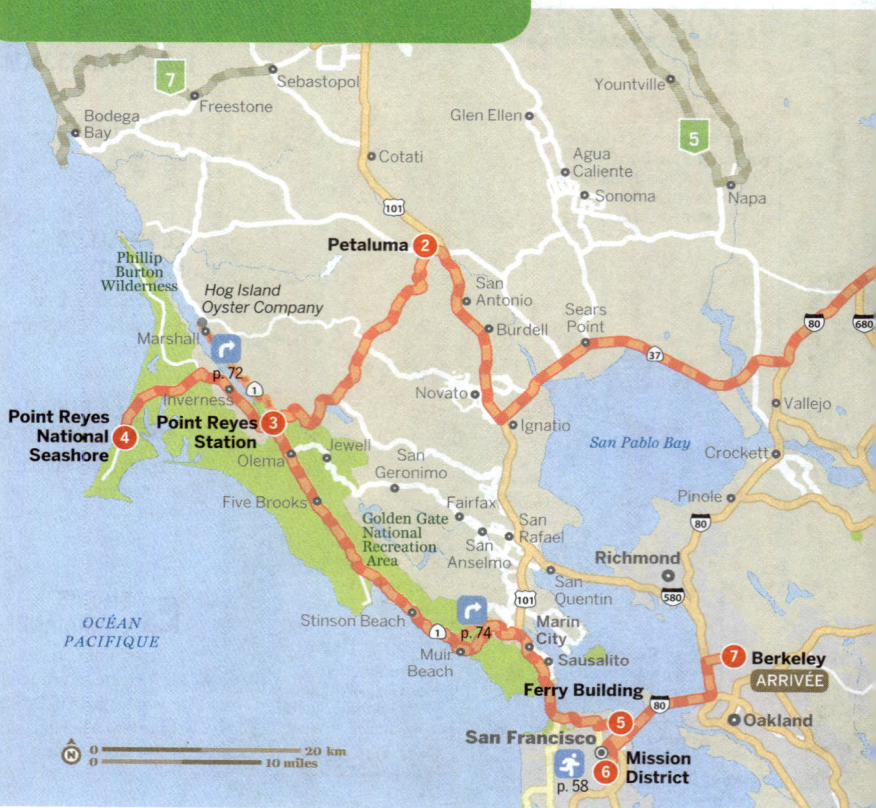

La balade gourmande d'Alice Waters

4

Cette boucle autour de la baie de San Pablo nous emmène dans les allées de marchés réputés et chez de petits producteurs, tous choisis avec soin par Alice Waters, reine de la cuisine californienne. Une balade dans le Point Reyes National Seashore fait office d'amuse-bouche à cet itinéraire placé sous le signe du coup de fourchette.

❶ Vacaville

L'itinéraire débute dans cette ferme dont les produits sont la source d'inspiration de la carte de Chez Panisse. Gérée par Alexis Koefoed, la **Soul Food Farm** (www.soulfoodfarm.com ; 6046 Pleasant Valley Rd ; 👣) fournit volailles et œufs à de grands restaurateurs de la baie. Alice Waters a des trémolos dans la voix lorsqu'elle évoque les poulets de l'espèce "Freedom Rangers", élevés en plein air sur un domaine de 18 hectares.

"Je l'ai cuisiné à la maison. J'ai l'habitude de la bonne volaille, mais jamais je n'en avais mangé d'aussi délicieuse aux États-Unis. La chair était goûteuse, savoureuse. Une révélation ! Ça m'a rappelé le poulet que j'avais mangé 35 ans auparavant en France." Récupérez des œufs dans le frigo en fin de circuit et laissez l'argent dans un pot. "Ces œufs sont sensationnels ! On a vraiment l'impression de payer pour la bonne cause".

La route ›› De Vacaville, prenez l'I-80 vers le sud pendant 20 min, puis la sortie vers la Hwy 37, qui mène à Novato en contournant les marais de la baie de San Pablo. Ensuite, cap au nord sur 20 miles (32 km) jusqu'à Petaluma par la Hwy 101.

❷ Petaluma

Aux portes des élégantes maisons victoriennes de Petaluma, la **Green String Farm** (www.greenstringfarm. com ; 3571 Old Adobe Rd ; ⏱10h-17h hiver, jusqu'à 18h l'été) est une autre bonne adresse d'Alice Waters. Bob Cannard, qui n'utilise aucun engrais chimique, est à la pointe de l'agriculture durable de la région de North Bay depuis 30 ans. Vous pourrez goûter au fruit de son labeur – produits de saison, fromage, noix – à la boutique de la ferme. Plutôt que de lutter contre les mauvaises herbes avec des herbicides, on les laisse ici coexister avec des plantes tapissantes et des plantations de céréales, afin de créer un écosystème symbiotique qui produit certes des récoltes moindres, mais un sol plus riche. Les seuls désherbants ici sont des moutons. Vous rencontrerez peut-être aussi des membres du Green String Farm Band, aux chansons certifiées "sans pesticide", voire Bob lui-même. "Bob fait des merveilles avec ces terres", s'extasie Alice.

La route ›› Suivez la Point Reyes-Petaluma Rd sur 19 miles (30 km) à l'ouest de la ville en direction de Point Reyes Station.

❸ Point Reyes Station

Entourée de fermes laitières et de ranchs, Point Reyes Station est devenu un repaire d'artistes dans les années 1960. Son nom est synonyme de galeries d'art, de boutiques de

---

🔗 À COMBINER AVEC

5 Dans les vignobles de la Napa Valley

Sillonnez les routes de campagne de la région viticole la plus célèbre du pays, berceau également de certains des meilleurs restaurants de Californie. Pour venir, traversez North Bay sur l'I-80, puis prenez la Lincoln Hwy vers l'ouest.

7 Bohemian Highway et la Russian River

Profitez de la nonchalance et du charme rural de North Bay, en mettant cap au nord via le Golden Gate Bridge. Faites ensuite le tour des vergers, vignobles et hôtels rustiques de la Bohemian Hwy.

VAUT LE DÉTOUR
HOG ISLAND OYSTER COMPANY

Point de départ : ❸ Point Reyes Station

À 10 minutes au nord de Point Reyes Station, un embranchement conduit à la **Hog Island Oyster Company** (📞 415-663-9218 ; www.hogislandoysters. com ; 20215 Hwy 1, Marshall ; 12 huîtres 13-16 $, accès aire de pique-nique 8 $; ⏰ 9h-17h lun-dim). Le décor se limite à quelques tables de pique-nique, des barbecues et un petit guichet où l'on vend des huîtres réputées et quelques autres provisions. Vous pourrez acheter les huîtres à emporter – "rien de tel que de les déguster sur la plage", affirme Alice Waters – ou vous attabler sur place. Il est possible d'emprunter des couteaux à huîtres et d'apprendre à les ouvrir et à les faire griller moyennant un petit supplément. Pensez à réserver, ce pique-nique étant aussi mémorable que très couru. Prenez la Hwy 1 au nord de Point Reyes Station et repérez le panneau indiquant la Hog Island Oyster Company, au bord de la baie.

souvenirs et d'excellentes adresses gastronomiques. Commencez par jouer des coudes parmi les cyclistes du dimanche pour vous offrir une miche croustillante de Brickmaiden Bread, pain cuit au feu de bois à la **Bovine Bakery** (11315 Hwy 1 ; ⏰ 6h30-17h lun-jeu, 7h-17h sam-dim). Descendez ensuite le pâté de maisons jusqu'à la grange restaurée qui abrite la **Cowgirl Creamery at Tomales Bay Foods** (www. cowgirlcreamery.com ; 80 4th St ; ⏰ 10h-18h mer-dim ; 🚗 🚌), une fromagerie réputée. Au printemps, ne ratez pas le St Pat, un fromage rond et moelleux enveloppé de feuilles d'ortie. Le Mt Tam (disponible toute l'année) est également excellent. Visite guidée le vendredi matin (5 $) et épicerie fine.

🍴 🛏 p. 76

La route ≫ Suivez la direction du Point Reyes National Seashore, au sud sur la Hwy 1, de l'autre côté de Tomales Bay.

TEMPS FORT

❹ Point Reyes National Seashore

D'après Alice Waters, il suffit de descendre la côte jusqu'au **Point Reyes National Seashore** (www. nps.gov/pore ; Bear Valley Rd ; ⏰ 9h-17h lun-ven, à partir de 8h sam-dim) pour dénicher le coin idéal où pique-niquer. "Grimpez en haut des falaises et, en chemin, trouvez-vous un petit endroit tranquille près de Bolinas et Inverness, ou le long du superbe Point Reyes National Seashore." D'une beauté sauvage,

la péninsule ventée attire mammifères marins et oiseaux migrateurs. Les 285 km² de plages permettent aussi de faire de belles randonnées et de camper. Pour un panorama magique, suivez le sentier du **Earthquake Trail** au départ du bureau du parc, à Bear Valley.

🛏 p. 76

La route ≫ En quittant le parc, on suit la Hwy 1 bordée d'eucalyptus, vers le sud, en direction de Stinson Beach. La vue sur l'océan Pacifique est sublime. Si l'on ne s'arrête sur aucune plage en chemin, on est de retour de l'autre côté du Golden Gate Bridge en une heure et demie environ. Du pont, suivez la Hwy 101, qui traverse la ville jusqu'à Broadway St, que vous prendrez à droite, en direction du front de mer.

TEMPS FORT

❺ Ferry Building

Du centre du Golden Gate Bridge, on aperçoit la tour de l'horloge du Ferry Building, qui rassemble une foule de produits bios et gourmands. "Il faut bien sûr y aller le samedi", précise Alice Waters. Quelque 80 familles de producteurs et 40 artisans des métiers de bouche s'installent alors autour du bâtiment. Tomates séchées, kimchi bio, c'est presque un trop-plein de richesses. Pas pour notre guide : "Nous devons envisager la nourriture comme un droit, non un privilège", affirme-t-elle sans ambages. Des

Hog Island Oyster Company Huîtres sur le grill

marchés plus petits ont lieu le mardi et le jeudi. Si votre voyage ne coïncide pas avec un jour de marché, pas d'inquiétude : 35 producteurs locaux sont installés à l'intérieur. "On y trouve des marchands exceptionnels. C'est l'un des rares endroits où s'approvisionner en vrais bons produits de toutes sortes, par exemple des viandes et volailles de la Soul Food Farm et de chez Prather Ranch Meat. Et puis bien sûr, des fromages de la Cowgirl Creamery, du pain de chez Acme Bread, et de l'huile d'olive de chez McEvoy Olive Oil." Alice est dithyrambique sur ce dernier. "Ils ont mis beaucoup d'énergie à choisir les meilleures

variétés d'arbres pour ce terroir du sud de Petaluma. On voit apparaître nombre de petits producteurs d'huile d'olive, mais McEvoy a donné le *la*." Pour une balade plus approfondie dans San Francisco, reportez-vous p. 58.

✕ 🛏 p. 76

La route ≫ Du Ferry Building, empruntez Market St vers le sud et tournez à droite dans Valencia St, cœur de Mission District.

------

6 **Mission District**
Ce quartier branché, fief de nombreux restaurants tenus par les émules d'Alice Waters, est un incontournable de la scène gastronomique locale. Nul établissement

n'incarne mieux ces valeurs que l'excellent **Zuni Café** (☎415-552-2522 ; www.zunicafe.com ; 1658 Market St, San Francisco ; plats 15-30 $; ⏲11h30-minuit mar-sam, 11h-23h dim), avec ses grillades et pizzas au feu de bois. Alice se sent ici "comme chez elle". Si elle admet que l'ambiance est très différente de celle de Chez Panisse, elle précise que "le Zuni vise juste. Il sert de la vraie cuisine". À son ton soudain des plus sérieux, on comprend que c'est le plus beau des compliments. Elle le réserve à une poignée d'étudiants passés par ses cuisines et à des chefs qui partagent son état d'esprit à l'égard de "la cause". Les menus qu'elle

↱ **VAUT LE DÉTOUR**
MUIR WOODS

Point de départ : **4** **Point Reyes National Seashore**
Les **Muir Woods** (www.nps.gov/muwo ; adulte/enfant 7 $/gratuit ; ⏲8h-crépuscule), à 12 miles (19 km) au nord du Golden Gate Bridge, abritent les séquoias géants les plus proches de San Francisco. La balade facile baptisée **Main Trail Loop** (1 mile ; 1,6 km) passe par **Cathedral Grove** et ses arbres millénaires, et revient par **Bohemian Grove**, où se dresse l'arbre le plus haut du parc (77 m). Un peu plus ardu, le **Dipsea Trail** (7 miles ; 11 km) grimpe sur la chaîne côtière pour redescendre à Stinson Beach, traversant une partie des Muir Woods.

Un agréable café sert des produits bios et des boissons chaudes. Le mieux reste toutefois de monter jusqu'au superbe *beer garden* du **Nature Friends Tourist Club** (www.touristclubsf.org ; ⏲13h-17h 1er, 3e et 4e week-ends du mois), qui surplombe les Muir Woods et le Mt Tamalpais.

En voiture, suivez la Hwy 1 jusqu'à **Muir Beach**, puis, de la Panoramic Hwy, tournez dans Ridge Avenue. Garez-vous dans l'allée gravillonnée au bout de la route et lancez-vous dans la marche en descente de 0,3 miles (500 m). De la Panoramic Hwy, on peut aussi randonner sur le **Sun Trail**, soit une demi-heure de marche presque entièrement sur terrain plat avec vue sur l'océan et les Muir Woods.

Pour plus de précisions sur les Muir Woods, voir p. 52.

LES PETITS PROTÉGÉS D'ALICE

"Lorsque vous avez un restaurant depuis 37 ans, beaucoup de gens passent par vos cuisines." Parmi les élèves d'Alice installés à San Francisco, Michael Tusk sert des plats fusion italo-français au Quince, tandis que Gayle Pirie officie aux fourneaux du Foreign Cinema, une salle de cinéma gastronomique du Mission District. Les restaurants plus décontractés sont situés de l'autre côté de la baie. C'est le cas de Pizzaiolo et Boot & Shoe Service (p. 77), pizzerias dirigées par Charlie Hallowell à Oakland. Autres suggestions : la cuisine californienne sans chichis de Camino (p. 77), et Bakesale Betty (p. 77), où Alison Barakat sert un sérieux prétendant au titre de meilleur sandwich au poulet du monde.

admire ? "Les menus de saison, sans aucun doute. Et bien sûr, préparés avec des produits locaux. Je cherche des gens qui utilisent des produits et des viandes bios. Je veux du bœuf nourri à l'herbe, des légumes et du pain bios, des gens qui se soucient des agriculteurs et des éleveurs. Je cherche des... puristes."

✖ ▭ p. 77

La route ▸▸ De Mission District, le trajet est direct avec l'I-80, par le San Francisco-Oakland Bay Bridge jusqu'à Berkeley.

TEMPS FORT

❼ Berkeley

Si San Francisco compte quelques excellentes tables, c'est à Berkeley, de l'autre côté de la baie, qu'Alice Waters a lancé sa révolution gastronomique.

Commencez par le **marché de Berkeley** (Center St ; ⏱10h-15h sam), géré par l'Ecology Center depuis 1987. Vous y croiserez peut-être notre guide en personne. "Ne manquez pas les tortillas bios de Prima Vera, ni l'étal d'Annabelle – La Tercera –, avec ses sublimes légumes italiens et sa *puntarella* (pousses de chicorée)..." À l'extrémité ouest du "Gourmet Ghetto" – quartier qui a marié les idéaux des années 1960 à un goût prononcé pour la grande cuisine –, suivez le parfum du pain à la cannelle jusqu'à l'**Acme Bread Company** (☎510-524-1327 ; 1601 San Pablo ; ⏱8h-18h lun-sam, 8h30-15h dim). C'est là que Steve Sullivan, élève de Chez Panisse, a lancé ce que les gourmets locaux

qualifient de "révolution du pain à San Francisco". Enfin, joyau du Gourmet Ghetto et ultime étape incontournable : **Chez Panisse** (☎restaurant 510-548-5525, café 510-548-5049 ; www.chezpanisse.com ; 1517 Shattuck Ave ; menu restaurant 65-100 $, plats café 18-29 $; ⏱restaurant soir lun-sam, café midi et soir lun-sam). Sans prétention, la salle de restaurant en rez-de-chaussée sert une cuisine mémorable. Le café de l'étage, un peu moins formel, est emblématique des principes d'Alice Waters. La cuisine étant ouverte, les convives peuvent jeter un œil en coulisses (en fin de soirée, vous pourrez peut-être même les visiter). Réservation plusieurs semaines à l'avance.

✖ ▭ p. 77

Se restaurer et se loger

Point Reyes Station ❸

✕ Bovine Bakery
Boulangerie $

(11315 Hwy 1 ; ⏱6h30-17h lun-jeu, 7h-17h sam-dim). Ne partez pas sans avoir goûté un délice de cette boulangerie, peut-être la meilleure du Marin County. Rien de tel qu'une "bear claw" ("patte d'ours", une viennoiserie sucrée) et un café bio pour bien commencer la journée.

✕ Cowgirl Creamery at Tomales Bay Foods
Épicerie fine, fromagerie $$

(☎415-663-9335 ; www.cowgirlcreamery.com ; 80 4th St ; ⏱10h-18h mer-dim ; 🅿). Une épicerie fine dans une grange, pour s'approvisionner en délicieux fromages, victuailles de pique-nique et produits bios. Réservez pour la démonstration de fabrication artisanale de fromage, avec dégustation (ven 11h30, 5 $). Le lait bio est produit localement et tous les fromages à pâte molle sont fabriqués à la présure végétarienne.

🛏 Point Reyes Hostel
Auberge de jeunesse $

(☎415-663-8811 ; www.norcalhostels.org/reyes ; dort/ch 24/68 $; 🛜📶🅿). Tout près de Limantour Rd, dans une jolie vallée isolée à 3 km de l'océan, cette auberge de jeunesse affiliée HI d'aspect rustique décline une atmosphère chaleureuse, avec grandes fenêtres panoramiques et vues sur les collines. Belles randonnées dans les alentours.

Point Reyes National Seashore ❹

🛏 Point Reyes National Seashore Campgrounds
Camping $

(☎415-663-8054 ; www.nps.gov/pore/planyourvisit/campgrounds.htm ; empl tente 15 $). Pour les amoureux de nature, Point Reyes compte 4 sites de camping avec toilettes sèches, eau et tables. Réservations recommandées, acceptées jusqu'à 3 mois à l'avance. Rejoindre les campings nécessite entre 3 et 10 km de marche.

Ferry Building ❺

✕ Ferry Building
Commerces de bouche $$

(☎415-693-0996 ; www.ferrybuildingmarketplace.com ; One Ferry Building ; ⏱10h-18h lun-ven, 9h-18h sam, 11h-17h dim ; 🅿). Autrefois un carrefour des transports, ce terminal de ferries reconverti abrite aujourd'hui un emporium dédié à la gastronomie.

✕ Ferry Building Farmers Market
Marché $

(☎415-693-0996 ; www.ferrybuildingmarketplace.com ; One Ferry Building ; ⏱10h-14h mar et jeu, 8h-14h sam ; 🅿). Déployant ses étals autour de l'extrémité sud du bâtiment, ce marché de producteurs vend les meilleurs produits de la région.

✕ McEvoy Ranch
Huile d'olive $

(☎415-291-7224 ; www.mcevoyranch.com ; One Ferry Building, emplacement n°16 ; ⏱9h-18h lun-sam, 10h-17h dim). Outre ses fameuses huiles d'olive, cette boutique du Ferry Building propose des produits bios et des oliviers en pot.

✕ Prather Ranch Meat Company
Boucherie $

(☎415-391-0420 ; www.prmeatco.com ; One Ferry Building, emplacement n°33 ; ⏱10h-19h dim-ven, 8h-18h sam). Le meilleur boucher de la région de la Baie. L'adresse prône une approche bio, éthique et naturelle.

🛏 Orchard Garden Hotel
Boutique-hôtel $$

(☎415-399-9807 ; www.theorchardgardenhotel.com ; 466 Bush St ; ch 179-249 $; ❄📶🛜). Le premier hôtel entièrement écolo de San Francisco. Chambres calmes, bien insonorisées, touches luxueuses (draps en coton égyptien, choix d'oreiller...) et jardin bio sur le toit.

Mission District 6

✖ Foreign Cinema   Californien $$$

(☎415-648-7600 ; www.foreigncinema.com ;
2524 Mission St ; plats à partir de 25 $). Les plats
savoureux comme l'espadon truffé sont l'atout
des lieux, à déguster sur fond de projections
cinématographiques dans la cour (films
classiques, de Luis Buñuel et François Truffaut
notamment, et contemporains).

✖ Quince   Italien $$$

(☎415-278-3700 ; www.quincerestaurant.
com ; 470 Pacific Ave ; menu 4 plats/dégustation
95/140 $; ⏱17h30-22h lun-ven). Le menu
dégustation est divin mais pas à la portée de
tous. Composé de 4 plats, il fait parfois honneur
au Liberty Duck (canard au radis et au miel).
Les gourmets moins argentés se rabattront
sur la très belle carte du lounge.

✖ Zuni Café   Américain $$$

(☎415-552-2522 ; www.zunicafe.com ;
1658 Market St ; plats 15-30 $; ⏱11h30-minuit
mar-sam, 11h-23h dim). Ambiance conviviale et
cuisine simple mais divinement exécutée. Le
brunch est l'un des meilleurs de San Francisco.

⇔ Hotel Vitale   Hôtel de luxe $$$

(☎415-278-3700 ; www.hotelvitale.com ;
8 Mission St ; ch à partir de 319 $; 📶). Derrière
une hideuse façade, un hôtel tendance avec
des éléments rappelant le modernisme des
années 1950, des accessoires de luxe dernier
cri et un spa.

Berkeley 7

✖ Bakesale Betty   Boulangerie $

(www.bakesalebetty.com ; 5098 Telegraphe Ave,
Oakland ; pâtisseries à partir de 2 $, sandwichs
6,50-9 $; ⏱11h-14h mar-ven ; 🍴). Expatriée
australienne et élève de Chez Panisse, Alison
Barakat (coiffée d'une perruque bleue, son signe
distinctif) voit les clients s'aligner en nombre à
sa porte pour ses succulents scones, ses sablés
à la fraise et ses sandwichs au poulet frit.

✖ Boot & Shoe Service   Pizzeria $$

(☎510-763-2668 ; www.bootandshoeservice.com ;
3308 Grand Ave ; pizza à partir de 10 $; ⏱17h30-
22h mar-jeu, 17h-22h30 ven-sam, jusqu'à 22h dim).
Les clients se pressent pour se régaler de pizzas
au feu de bois, de cocktails originaux et d'antipasti
inventifs concoctés avec des produits frais issus
de l'agriculture durable.

✖ Camino   Américain $$$

(☎510-547-5035 ; www.caminorestaurant.com ;
3917 Grand Ave, Oakland ; plats 13-26 $; ⏱10h-14h
sam-dim, 17h30-22h lun et mer-sam, 17h-22h dim).
Un feu de cheminée, des tables communes en bois
de récupération, une cuisine à la fois rustique
et sophistiquée et des cocktails de saison.

⇔ Hotel Shattuck
Plaza   Boutique-hôtel $$$

(☎510-845-7300 ; www.hotelshattuckplaza.
com ; 2086 Allston Way ; ch 219-259 $; ❄ @ 📶).
Récemment réaménagé, ce joyau centenaire
du centre-ville abrite une réception éclairée de
rouge par des vitraux italiens, du papier peint
de style victorien et... un symbole de la paix
incrusté dans le sol.

Napa Valley
Ondulations de vignobles

Dans les vignobles de la Napa Valley

5

Le berceau du Wine Country est réputé pour ses cabernets sauvignons, ses domaines à l'architecture parfois pompeuse et sa gastronomie. Au menu : bon vin, bonne chère et hôtels de standing.

TEMPS FORTS

76 miles/122 km

Silverado Trail
Une petite route transversale jalonnée de dizaines de vignobles

6

St Helena

Yountville **8** ARRIVÉE

1

DÉPART

Calistoga
Un bain d'eau minérale ou de boue chaude dans l'un des spas de la ville thermale

25 miles/40 km

Napa
Pivot de la vallée devenu cité d'art et de gastronomie

0 mile/0 km

2-3 JOURS
76 MILES/122 KM

PARFAIT POUR...

LE MEILLEUR MOMENT
Mai pour l'accalmie d'avant l'été, septembre/octobre pour l'animation des vendanges.

LA PHOTO SOUVENIR
Le panache d'eau chaude de l'Old Faithful Geyser.

UNE PETITE FOLIE
Si vous réussissez à réserver, régalez-vous à la French Laundry de Thomas Keller.

5 Dans les vignobles de la Napa Valley

La première région viticole américaine s'est hissée au plus haut niveau mondial. Les collines émaillées de chênes centenaires prennent une teinte mordorée sous le soleil d'été et les vignes tapissent les coteaux à perte de vue. La vallée compte d'innombrables domaines, mais c'est néanmoins la qualité qui la distingue. Certains affirment que les vins produits dans cet avant-poste de l'excellence culinaire de San Francisco rivalisent avec ceux du vignoble français…

Robert Louis Stevenson State Park
Mt St Helena (1 324 m)
128
6 miles (9,6 km) vers
7
p. 87
Petrified Forest et Safari West
7
Calistoga
6
29
Bothe-Napa Valley State Park
Las Posadas State Forest
Angwin
Deer Park
101
St Helena
5
Lake Hennessey
128
Berryessa Park
Lake Berryessa
Spanish Flat
Sugarloaf Ridge State Park
Rutherford
4
29
Oakville
3
Santa Rosa
12
Kenwood
Annadel State Park
Yountville
2
ARRIVÉE
8
Silverado Trail
Rohnert Park
Glen Ellen
Jack London State Historic Park
6
Napa River
29
121
Cotati
Agua Caliente
121
101
Penngrove
12
El Verano
Sonoma
Napa
1
DÉPART
10 km
5 miles
N

❶ Napa

Pivot de la vallée, cette ville n'était jadis qu'un ensemble de boutiques, de cottages victoriens et d'entrepôts en bord de rivière. Mais l'envolée des prix de l'immobilier a entraîné un apport de fonds qui l'a transformée en cité des arts et de la gastronomie. Son attraction phare, l'**Oxbow Public Market** (www.oxbow publicmarket.com ; 610 1st St ; ⏱9h-19h lun et mer-sam, jusqu'à 20h mar, 10h-18h dim ; 🍴✒), est le repaire des gastronomes grâce à ses produits régionaux, bios

À COMBINER AVEC

6 La route des vins de la Sonoma Valley

La Hwy 12/121, principal relais entre les vallées de Napa et de Sonoma, donne accès à des domaines plus modestes et aux sites californiens historiques de Sonoma.

7 Bohemian Highway et la Russian River

De Calistoga, continuez vers l'ouest sur la Hwy 128. Baignade en eau douce, domaines ruraux et observation des animaux vous attendent le long de cette côte sauvage.

et de saison. Au menu de ce marché gourmet, notamment : huîtres de Hog Island, sandwichs vénézuéliens au pain de maïs, délicieuse cuisine mexico-californienne ("Cal-Mex") et glaces bios. Soirée de quartier le mardi avec de nombreuses réductions ; marché de producteurs les mardis et samedis matin ; concerts le vendredi soir.

À l'ouest du centre-ville, des moutons en métal broutent l'herbe des vignobles de Carneros dans le parc **Di Rosa** (📞707-226-5991 ; www.dirosaart.org ; 5200 Sonoma Hwy ; ⏱galerie 9h30-15h mer-ven, sur rdv sam). Sur 90 ha, il réunit une des plus belles collections d'œuvres du nord de la Californie, exposées en galerie ou en plein air. Réservation conseillée pour les visites guidées.

🍴🛏 p. 88

La route ›› Yountville s'étend à 9 miles (14 km) au nord de Napa par la Hwy 29, bordée de vignobles et de basses collines.

❷ Yountville

Cet ancien relais de poste, devenu un incontournable auprès des "foodies", un nombre impressionnant de restaurants étoilés au Michelin. S'il y a de bons hôtels, on s'ennuie ferme le soir. On loge ici plus pour ne pas avoir à reprendre la route après un dîner bien arrosé. Pensez à réserver pour ne pas rester sur votre faim !

Dans un esprit chic, **Ma(i)sonry** (📞707-944-0889 ; www.maisonry.com ; 6711 Washington St ; ⏱9h-22h) occupe une maison en pierre de 1904, transformée en espace d'exposition rustico-moderne consacré au mobilier, à l'art et au vin. Le soir, après dîner, on se rassemble dans l'élégant salon d'extérieur pour déguster de bons crus autour du feu.

Le **Napa Valley Museum** (📞707-944-0500 ; www.napavalleymuseum.org ; 55 Presidents Circle ; adulte/enfant 5/2,50 $; ⏱10h-17h mer-lun), espace moderniste de 3 700 m² proche de California Dr, retrace l'histoire de la culture locale, notamment au travers de tableaux. Emplacements propices au pique-nique à l'extérieur.

🍴🛏 p. 88

La route ›› Cap sur le nord et Oakville sur 4 miles (6 km) via la Hwy 29. La voie ferrée du Napa Valley Wine Train borde le côté ouest de la route.

❸ Oakville

N'était sa fameuse épicerie fine, on traverserait aisément la minuscule Oakville (71 habitants), en plein cœur des vignes, sans même s'en apercevoir.

La **Robert Mondavi Winery** (📞888-766-6328 ; www.robertmondavi.com ; 7801 Hwy 29 ; visite 15-25 $, bouteille 19-150 $; ⏱10h-17h), énorme domaine quasi industriel, est extrêmement fréquentée. Pour autant, la propriété est superbe et l'établissement propose une intéressante gamme de visites et dégustations pour les néophytes. Les 400 hectares de vignes sont cultivés de manière écologique.

✕ p. 88

La route » Les rangées de vignes disparaissent au loin en continuant sur 2 miles (3 km) vers le nord via la Hwy 29.

- - - - - - - - - - -

4 **Rutherford**

La minuscule Rutherford (164 habitants) doit sa notoriété à ses domaines viticoles. La vue sur la vallée est spectaculaire chez **Mumm Napa** (☎800-686-5272 ; www.mummnapa. com 8445 Silverado Trail ; dégustation 7-25 $; ⏱10h-16h45 ; 🐾), qui élève d'honorables

vins pétillants à déguster sur une terrasse couverte de vigne vierge. Ici, pas de rendez-vous, et l'on peut éviter la foule moyennant un supplément de 7 $ pour la terrasse réservée à la dégustation.

Des chemins serpentent à travers les jardins et les vergers du **Frog's Leap** (☎707-963-4704 ; www.frogsleap.com ; 8815 Conn Creek Rd ; visite et dégustation 20 $, bouteille 18-42 $, ⏱sur rdv ; 🐾🐾), bordant une ferme et une grange de 1884. Le sauvignon blanc est le vin le plus connu de ce domaine à l'ambiance bon enfant, mais le merlot mérite qu'on s'y intéresse, sans oublier un cabernet sec et sobre, atypique dans ce terroir. Vins exclusivement bios. Vous pourrez cueillir des pêches en juillet.

Round Pond (☎888-302-2575 ; www.roundpond. com ; 875 Rutherford Rd ; dégustation 25 $, bouteille 24-95 $; ⏱sur rdv) propose de sublimes accords mets-vins dans un patio

en pierre avec vue sur les vignes. Mention spéciale aux dégustations d'huile d'olive et de vinaigre de vin, inclues dans les visites guidées du moulin à huile (30 $).

La route » St Helena est à 4 miles (6 km) au nord de Rutherford, sur la Hwy 29. Le trafic ralentit parfois énormément avant d'atteindre le premier feu tricolore du centre-ville.

- - - - - - - - - - -

5 **St Helena**

La circulation s'est tarie ? Cela signifie que vous êtes arrivé à St Helena (hé-*li*-na). Les boutiques cossues jalonnant Main St (Hwy 29) donnent le ton de cette ville chic. Son centre historique invite à la promenade et au lèche-vitrine, mais si stationner relève de l'exploit les week-ends d'été.

Propriété de l'ancien ambassadeur en Autriche de l'administration Clinton, **Hall** (☎707-967-2626 ; www.hallwines. com ; 401 St Helena Hwy ; dégustation 15-25 $, bouteille 22-80 $; ⏱10h-17h30 ; 🐾) est spécialisé dans le cabernet franc, le sauvignon blanc, le merlot et le cabernet sauvignon. L'édifice, qui a reçu un prix pour sa haute qualité environnementale, se double d'un jardin orné de sculptures abstraites et d'une aire de pique-nique à l'ombre des mûriers (où déguster du vin au verre). Visite 45 $,

VIGNOBLES DE LA NAPA VALLEY

Le cabernet ("cab") est roi à Napa. Aucun autre cépage n'a un pouvoir aussi évocateur dans la région et ne se vend aussi cher. Chaque viticulteur lui réserve de belles parcelles. Il côtoie d'autres variétés aimant la chaleur, comme le sangiovese et le merlot.

Les vins de Napa, aux nuances complexes et élégantes, méritent leur réputation d'excellence. Les domaines de Napa vendent des vins à laisser vieillir, tandis que ceux de Sonoma sont à consommer sans attendre.

EN VOITURE DANS LA VALLÉE

» La Napa Valley mesure 30 miles (48 km) de long, 5 miles (8 km) à son point le plus large (la ville de Napa) et 1 mile (1,6 km) à son passage le plus étroit (Calistoga). Deux routes la parcourent selon un axe nord-sud : la Hwy 29 (ou St Helena Hwy) et, 1,6 km plus à l'est, le joli Silverado Trail. Remontez par l'une, et empruntez l'autre au retour.

» L'American Automobile Association (AAA) a classé la Napa Valley au 8ᵉ rang des villégiatures rurales américaines les plus embouteillées. Les week-ends d'été et d'automne, la circulation est cauchemardesque, surtout sur la Hwy 29 entre Napa et St Helena. À bon entendeur...

» Les routes reliant les vallées entre le Silverado Trail et la Hwy 29 – y compris les bourgades de Yountville, Oakville et Rutherford – sont champêtres et moins fréquentées. Côté paysage, l'Oakville Grade et Trinity Rd (qui mène au sud-ouest à la Hwy 12 dans la Sonoma Valley) sont étroites, sinueuses et splendides (mais traîtresses par temps de pluie). Mt Veeder Rd traverse une belle campagne à l'ouest de Yountville.

» Les contrôles de police sont très fréquents ; la sobriété est de mise.

dégustation au tonneau comprise.

Le **Silverado Museum** (☎707-963-3757 ; www. silveradomuseum.org ; 1490 Library Lane ; entrée libre ; ⊙12h-16h mar-sam) réunit des souvenirs de Robert Louis Stevenson. En 1880, l'écrivain, malade, désargenté et inconnu, vécut dans un baraquement abandonné de l'ancienne mine de Silverado, au mont St Helena, avec sa femme, Fanny Osbourne. Son roman *La Route de Silverado* s'en inspire. Pour rejoindre le musée, prenez à l'est de la Hwy 29 au niveau du feu tricolore d'Adams St et traversez la voie ferrée.

Le château en pierre (1889) du **Culinary Institute of America at Greystone** (☎707-967-

2320 ; www.ciachef.edu/ california ; 2555 Main St ; plats 25-29 $, démonstrations culinaires 20 $; ⊙restaurant 11h30-21h, démonstrations culinaires 13h30 sam-dim) regroupe une boutique d'ustensiles et de livres de cuisine, un restaurant raffiné et un café. Des démonstrations culinaires et des cours d'œnologie orchestrés par de grands noms sont organisés le week-end.

✕ ⊨ p. 89

La route » Les arbres réapparaissent dans le paysage de vignes, 8 miles (13 km) plus au nord, via la Hwy 29.

- - - - - - - - -

TEMPS FORT

6 Calistoga

La ville la moins embourgeoisée de la vallée apporte une rafraîchissante bouffée de simplicité avec sa grand-rue à l'ancienne bordée de petits commerces et ses promeneurs de tous styles. Calistoga est

SUR RENDEZ-VOUS

Une législation locale stricte empêche nombre d'exploitations viticoles de Napa d'accueillir les visiteurs à l'improviste. À moins de vous y rendre exclusivement pour acheter, vous devrez prendre rendez-vous par téléphone dans certains domaines. Fixez un rendez-vous et organisez votre journée en fonction.

PAROLE D'EXPERT
DALIA CEJA,
CEJA VINEYARDS

Indian Springs
(☎707-942-4913 ; www.
indianspringscalistoga.com ; 1712 Lincoln Ave,
Calistoga ; ⏰8h-21h). **Le spa d'Indian
Springs est idéal pour se détendre.
On peut prendre un bain de boue
à la lavande et à la camomille,
puis plonger dans une immense
piscine naturelle d'eau minérale.
Par une froide journée d'automne,
j'adore nager dans la piscine, où la
température peut atteindre 37°C.**

Ci-dessus : Castello di Amorosa
À gauche : Bain de boue, Indian Springs
À droite : Dégustation de vin, Robert Mondavi
Winery

indissociable de l'eau minérale éponyme, mise en bouteilles ici depuis 1924. Ses sources et ses geysers lui ont valu le surnom de "sources chaudes de l'Ouest". Prévoyez une visite dans l'un des spas de la ville, dont la spécialité est le bain de boue chaude à base de cendres volcaniques du mont St Helena voisin.

Il a fallu 14 ans pour construire le **Castello di Amorosa** (707-967-6272 ; www.castellodiamorosa.com ; 4045 Hwy 29 ; dégustation 18-28 $, bouteille 20-125 $, visite adulte/enfant 33/23 $; sur rdv ;), réplique fidèle d'un château italien du XIIe siècle, avec douves, murs en pierre de taille, plafonds décorés de fresques d'artisans italiens, catacombes romaines en briques avec voûtes à croisées d'ogives et salle de torture dotée d'instruments d'époque. Il est possible de déguster sans rendez-vous, mais la visite vaut vraiment la peine. Les vins comptent d'honorables cépages italiens, dont un mélange toscan velouté.

Version plus modeste de celui de Yellowstone, l'**Old Faithful Geyser** (707-942-6463 ; www. oldfaithfulgeyser.com ; 1299 Tubbs Lane ; adulte/ enfant 10 $/gratuit ; 9h-18h l'été, jusqu'à 17h en hiver ;) projette un panache d'eau brûlante de 18 à

Route Mythique

30 m de haut toutes les 30 minutes. L'ambiance est typique des sites touristiques américains, avec des expositions explicatives peintes artisanalement, une aire de pique-nique et un petit zoo avec lamas. Au nord de Calistoga, via la Hwy 128 vers l'ouest et Tubbs Lane ; coupons de réduction disponibles partout en ville.

✗ ⛌ p. 89

La route » Retournez sur la Hwy 128 et tournez à droite dans la Petrified Forest Rd que vous parcourerez sur 4 miles (6 km).

- - - - - - - - - - - - - -

❼ Petrified Forest et Safari West

Il y a trois millions d'années, une éruption volcanique au mont St Helena recouvrit de cendres et de boue une forêt de séquoias entre Calistoga et Santa Rosa. Les arbres tombèrent tous dans la même direction. Au fil des millénaires, les troncs se pétrifièrent et l'érosion les mit progressivement à nu. On découvrit les premières souches de la **Petrified Forest** (📞707-942-6667 ; www.petrifiedforest.org ; 4100 Petrified Forest Rd ; adulte/enfant 10/5 $, coupons de réduction en ligne ; 🕐9h-19h l'été, jusqu'à 17h en hiver) en 1870. Un monument rend

LES SPAS DE CALISTOGA

Les établissements thermaux avec sources chaudes et bains de boue ont fait la réputation de Calistoga. La boue se compose de cendres volcaniques et de tourbe. Plus la teneur en cendres est élevée, mieux c'est. Le soin dure de 1 heure à 1 heure 30 et coûte de 70 à 90 $. On commence à demi immergé dans la boue chaude, avant de se plonger dans de l'eau minérale chaude. Puis vient le bain de vapeur et un enveloppement complet. Avec un massage, comptez au moins 130 $.

Les bains se prennent seul ou, dans certains spas, en couple. Il existe aussi des enveloppements à l'argile fine (appelés bains "fango", ils s'adressent à ceux qui rechignent à s'immerger dans la boue), des enveloppements aux herbes, des bains aux algues et divers massages. On trouve parfois des coupons de réduction au Visitors Center. Réservation obligatoire partout, surtout les week-ends d'été.

Indian Springs (📞707-942-4913 ; www.indianspringscalistoga.com ; 1712 Lincoln Ave ; 🕐8h-21h). Le plus ancien hôtel-spa de Calistoga possède des baignoires en ciment pour les bains de boue, et extrait sa propre cendre. Immense piscine d'eau de source chaude pour les soins.

Spa Solage (📞707-226-0825 ; www.solagecalistoga.com ; 755 Silverado Trail ; 🕐8h-20h). Spa cossu, sobre et sophistiqué, doté de cabines pour deux et d'un bar à boue "fango". Également au programme : chaises "zéro gravité" pour des enveloppements complets et piscine avec maillot optionnel.

Dr Wilkinson's Hot Springs (📞707-942-4102 ; www.drwilkinson.com ; 1507 Lincoln Ave ; 🕐8h30-17h30). En activité depuis 50 ans, ce spa met plus de tourbe dans sa boue.

Mount View Spa (📞707-942-6877 ; www.mountviewhotel.com ; 1457 Lincoln Ave ; 🕐9h-21h). Spa de 12 salles offrant la gamme complète de prestations traditionnelles, parfait pour ceux qui préfèrent s'enduire de boue plutôt que de s'immerger.

Calistoga Spa Hot Springs (📞707-942-6269 ; www.calistogaspa.com ; 1006 Washington St ; 🕐rdv 8h30-16h30 mar-jeu, jusqu'à 21h ven-lun ; ♿). Bains de boue et massages traditionnels dans un motel pourvu de deux immenses **piscines** (🕐10h-21h) où les enfants peuvent s'amuser (forfait piscine 25 $).

↱ VAUT LE DÉTOUR
ROBERT LOUIS STEVENSON STATE PARK

Point de départ : ⑥ Calistoga

Le cratère inactif du mont St Helena marque la fin de la vallée, à 8 miles (13 km) au nord de Calistoga via la Hwy 29. Nichée au cœur du **Robert Louis Stevenson State Park** (☎707-942-4575 ; www.parks.ca.gov), la crête est souvent enneigée l'hiver. La montée ardue (5 miles ; 8 km) jusqu'au sommet, à 1 324 m, est récompensée par une vue portant à plus de 300 km les journées d'hiver dégagées. Vérifiez les conditions météorologiques avant de partir. Le Table Rock Trail (2,2 miles, ou 3,5 km aller, au sud du parking situé au sommet) offre aussi une superbe vue sur la vallée. Les températures sont les plus agréables de février à mai, saison des fleurs sauvages, mais la région n'est jamais aussi belle qu'à l'automne, quand les vignobles changent de couleur.

Le parc abrite la Silverado Mine, où Stevenson passa sa lune de miel en 1880.

hommage à la visite de Robert Louis Stevenson en 1880, qu'il décrit dans *La Route de Silverado*.

À 4 miles vers l'ouest (6 km ; la Petrified Forest Rd devient alors la Porter Creek Rd), zèbres, guépards et autres animaux de la jungle évoluent sur les 162 ha de la réserve **Safari West** (☎707-579-2551 ; www.safariwest.com ; 3115 Porter Creek Rd ; adulte 68-78 $, 3-12 ans 32 $, -3 ans 15 $; 👶). Des safaris en Jeep de 3 heures (sur réservation) permettent de les apercevoir. On traverse aussi à pied une volière et un espace réservé aux lémuriens. Un café est ouvert sur réservation uniquement, midi et soir. Possibilité de passer la nuit dans la réserve, dans de coquettes **tentes-bungalows** (avec petit-déj 200-295 $).

**La route ›› ** Retournez à Calistoga et parcourez 1 mile (1,6 km) vers le sud sur la Hwy 29/128, puis tournez à gauche dans Lincoln Ave, que vous remontez sur 1 mile vers le nord jusqu'au Silverado Trail. Au milieu des vignes, roulez sud-est sur 21 miles (34 km) le long de la jolie route du Silverado Trail.

TEMPS FORT

⑧ Silverado Trail

Le Silverado Trail, entre Calistoga et Napa, est jalonné d'une bonne trentaine d'établissements viticoles. À ses confins septentrionaux, et tranchant avec le snobisme de Napa, les sympathiques propriétaires du **Lava Vine** (☎707-942-9500 ; www.lavavine.com ; 965 Silverado Trail ; dégustation 10 $, déductibles des achats ; ⏲10h-17h, rdv recommandé ; 👶🐾) proposent une dégustation festive d'excellents vins, à marier avec des en-cas parfois tout juste sortis du barbecue. Les enfants peuvent jouer à l'extérieur pendant les agapes des parents. Apportez un pique-nique.

L'un des plus anciens domaines de Napa,

Regusci (☎707-254-0403 ; www.regusciwinery.com ; 5584 Silverado Trail ; dégustation 15-25 $, bouteille 36-125 $; ⏲10h-17h ; 🐾) date des dernières années du XIXe siècle. Ses 70 ha de vignes se déploient autour d'une cave centenaire où sont élevés des crus dans l'esprit bordelais. Situé du côté est de la vallée, plus tranquille, c'est une bonne adresse de repli quand la circulation est dense, plus haut. Pas de rendez-vous obligatoire et une agréable aire de pique-nique s'étend à l'ombre des chênes.

Darioush (☎707-257-2345 ; www.darioush.com ; 4240 Silverado Trail ; dégustation 18-35 $, bouteille 40-80 $; ⏲10h30-17h) a vu grand : colonnes, mobilier signé Le Corbusier, tapis persans et murs en travertin. Réputé pour son cabernet, le domaine propose aussi des 100% chardonnay, merlot et shiraz. Réservez la dégustation vin-fromage.

Se restaurer et se loger

Napa ❶

✘ Alexis Baking Co — Café $

(☎707-258-1827 ; www.alexisbakingcompany.
com ; 1517 3rd St ; plats 6-10 $; ◷7h30-15h lun-ven,
7h-15h sam, 8h-14h dim ; ♿ ✎). Notre adresse
favorite : œufs brouillés, mueslis, sandwichs
au pain *focaccia*, café et *lunch box* à emporter.

✘ Ubuntu — Végétarien $$

(☎707-251-5656 ; www.ubuntunapa.com ;
1140 Main St ; plats 14-18 $; ◷soir tlj, midi sam-
dim ; ✎). La carte végétarienne de ce restaurant
étoilé au Michelin mise sur les produits d'un jardin
bio. L'ensemble, bien pensé, ravira les gourmands
en 4 ou 5 petits plats. Plus de 100 vins bios
au choix.

🛏 Avia Hotel — Hôtel $$

(☎707-224-3900 ; www.aviahotels.com ;
1450 1st St ; ch 149-249 $; ❄ @ 🛜).
L'établissement le plus récent du centre-ville
de Napa (2009) a des airs d'hôtel d'affaires,
avec d'élégantes chambres décorées dans
un style rétro chic seventies. Proche à pied
des bars et restaurants.

Yountville ❷

✘ Bouchon Bakery — Boulangerie $

(☎707-944-2253 ; www.bouchonbakery.com ;
6528 Washington St ; plats 3-9 $; ◷7h-19h).
Délicieuses pâtisseries françaises et café corsé,
à consommer en terrasse ou à emporter.

✘ Étoile — Californien $$$

(☎707-944-8844 ; www.chandon.com ;
1 California Dr ; plats midi 26-31 $, plats soir
32-36 $; ◷11h30-14h30 et 18h-21h jeu-lun).
Le restaurant étoilé du domaine Chandon est
tout indiqué pour un long déjeuner au milieu
des vignes, et pour combiner visite d'une
exploitation et bon repas.

✘ French Laundry — Californien $$$

(☎707-944-2380 ; www.frenchlaundry.com ;
6640 Washington St ; menu service compris 270 $;
◷soir tlj, midi sam-dim). Quintessence de
la gastronomie californienne, la "blanchisserie
française" de Thomas Keller est un must.
Réservation 2 mois à l'avance par téléphone
à 10h tapant, ou sur le site OpenTable.com
à minuit pile. Préférez le second service, celui
de 19h étant parfois un peu expéditif.

🛏 Napa Valley Railway Inn — Auberge $$

(☎707-944-2000 ; www.napavalleyrailwayinn.
com ; 6523 Washington St ; ch 125-260 $;
❄ @ 🛜 ♿). Logez dans un wagon réaménagé
de deux trains stationnés à quai. Peu d'intimité
(pensez aux bouchons d'oreilles) mais tarifs
modérés.

🛏 Poetry Inn — Auberge $$$

(☎707-944-0646 ; www.poetryinn.com ;
6380 Silverado Trail ; ch avec petit-déj 650-1400 $;
❄ 🛜 ♿). Les 3 chambres de cette auberge au
luxe discret, haut perchée dans les collines à
l'est de Yountville, ont une vue imprenable sur la
vallée. Décor de style Arts and Crafts (style fin
XIXe-XXe siècle, proche de l'Art nouveau), balcon,
cheminée, beau linge de lit et vaste sdb avec
douches intérieure et extérieure. Romantique...

Oakville ❸

✘ Oakville Grocery & Cafe — Épicerie fine $$

(www.oakvillegrocery.com ; 7856 Hwy 29 ;
◷8h-17h30). L'épicerie fine autrefois
incontournable du Wine Country pratique
désormais des tarifs excessifs tout en
proposant un choix plus restreint. Fromages,
charcuteries, pains, olives et vins restent
toutefois excellents. Tables en terrasse (sinon,
demandez conseil pour un bon emplacement
de pique-nique).

St Helena 5

✕ Farmstead   Américain moderne $$$

(📞707-963-9181 ; www.farmsteadnapa.com ;
738 Main St ; plats 16-26 $; 🕙11h30-21h). Dans
une immense grange à la charpente apparente,
avec banquettes en cuir et véranda où se
balancent les rocking-chairs, priorité à une
cuisine simple au feu de bois et aux ingrédients
de la ferme.

✕ Gott's Roadside
(Taylor's Auto Refresher)   Hamburgers $$

(📞707-963-3486 : www.gottsroadside.com ;
933 Main St ; plats 8-15 $; 🕙10h30-21h ; 👶).
Installez-vous dans l'herbe pour déguster les
burgers, salades fraîcheur et calamars frits
100% naturels de ce drive-in traditionnel, dont
l'ancien nom, "Taylor's Auto Refresher", figure
encore sur le panneau routier. Évitez la queue
le week-end en commandant par téléphone.

🛏 El Bonita Motel   Motel $$

(📞707-963-3216 ; www.elbonita.com ;
195 Main St ; 119-179 $; ❄@🛜🏊👶). Les
chambres tendance de ce motel très couru se
réservent longtemps à l'avance (les plus calmes
donnent sur l'arrière). Jardin agréable, Jacuzzi,
sauna.

🛏 Meadowood   Resort $$$

(📞707-963-3646 ; www.meadowood.com ;
900 Meadowood Lane ; ch à partir de 600 $;
❄@🛜🏊👶). Dans un vallon planté de pins
et dissimulant de nombreuses possibilités de
randonnée, ce resort chic très "Country Club"
abrite des chambres disséminées dans des
bâtiments en bois blanc entourant une pelouse
de croquet. Mention spéciale celles à flanc
de colline avec cheminée. Les chambres avec
vue sur la pelouse manquent d'intimité mais
conviennent aux familles.

Calistoga 6

✕ Calistoga Inn
& Brewery   Américain $$

(📞707-942-4101 ; www.calistogainn.com ;
1250 Lincoln Ave ; plats midi 9-13 $, plats soir 14-
26 $; 🕙11h30-15h et 17h30-21h). Les habitants
se pressent dans le *beer garden* le dimanche.
En semaine, nous préférons l'accueillante
salle rustique et ses grandes tables en chêne,
où savourer un bœuf braisé ou autres plats
américains simples. Concerts le week-end
en été.

✕ Jolé   Californien $$

(📞707-942-5938 ; www.jolerestaurant.com ;
1457 Lincoln Ave ; menu 4 plats 50 $, plats 15-
20 $; 🕙17h-21h dim-jeu, jusqu'à 22h ven-sam).
Les petites assiettes de recettes du terroir du
chef-propriétaire changent au gré des saisons :
sole du pays aux raisins de Napa acidulés, choux
de Bruxelles caramélisés aux câpres, strudel
de pommes Baldwin bios et sa glace au caramel
maison. Réservation indispensable.

🛏 Dr Wilkinson's Motel
& Hideaway Cottages   Motel, cottages $$

(📞707-942-4102 ; www.drwilkinson.com ;
1507 Lincoln Ave ; ch 149-255 $, cottages 165-
270 $; ❄🛜👶). Bon rapport qualité/prix pour
ce motel rétro années 1950, dont les chambres
bien tenues donnent sur l'une des 3 piscines
(dont une couverte). Possibilité de louer des
cottages simples, avec cuisine, au Hideaway
Cottages affilié. Bains de boue sur demande.

🛏 Indian Springs Resort   Resort $$$

(📞707-942-4913 ; www.indianspringscalistoga.
com ; 1712 Lincoln Ave ; ch motel 229-299 $,
bungalows 259-349 $, bungalows 2 ch 359-419 $;
❄🛜👶🏊). Resort à l'ancienne typique, avec
bungalows donnant sur une pelouse centrale
plantée de palmiers et équipée de jeux (palets,
boules), de hamacs et de barbecues. Bungalows
(jusqu'à 6 personnes), chambres haut de gamme
de type motel, et immense piscine alimentée
en eau de source.

Sonoma Valley Une région bucolique
émaillée de vignes et de fermes

La route des vins de la Sonoma Valley

6

Flanqués de collines ensoleillées et de vastes vignobles, les fermes et domaines haut de gamme aux allures modestes de la Sonoma Valley se prêtent à une agréable excursion.

TEMPS FORTS

17 miles/27 km

Glen Ellen
Petite par sa taille mais grande par ses dégustations de vins et de bons produits

Kenwood
ARRIVÉE

19 miles/30 km

7 6

Jack London State Historic Park
Le souvenir de Jack London hante les sentiers du parc

9 miles/14 km

Sonoma
Sa mission XIXᵉ, ses allées arborées, ses salles de dégustation... une pause bienvenue

4

DÉPART

**2 JOURS
32 MILES/51 KM**

PARFAIT POUR...

LE MEILLEUR MOMENT

En septembre/octobre pour assister au foulage du raisin, de mai à octobre pour le temps sec et chaud.

LA PHOTO SOUVENIR

Un souvenir du passé à Mission San Francisco Solano de Sonoma.

SOUVENIR GOURMAND

L'huile d'olive extra vierge à l'ambroisie de Figone's Olive Oil.

6

La route des vins de la Sonoma Valley

Ses habitants l'appellent "Slow-noma". Contrairement à Napa, personne ici ne se formalisera si vous conduisez un tacot et votez Vert. Principale ville de la bucolique vallée du même nom, longue de 27 km, Sonoma est une bonne base pour découvrir le Wine Country. À une heure seulement de San Francisco, elle révèle un beau patrimoine, ses monuments du XIXᵉ siècle bordant la plus grande place urbaine de l'État.

❶ **Cornerstone Gardens**

Au sud de Sonoma, les **Cornerstone Gardens** (☏707-933-3010 ; www.cornerstonegardens.com ; 23570 Arnold Dr ; accès libre ; ⏲10h-16h; ♿) exposent le travail d'architectes-paysagistes réputés et avant-gardistes. Prévoyez une heure de balade au milieu de ses espaces inventifs et conceptuels. Repérez l'énorme chaise bleue, au bord de la route.

✕ p. 97

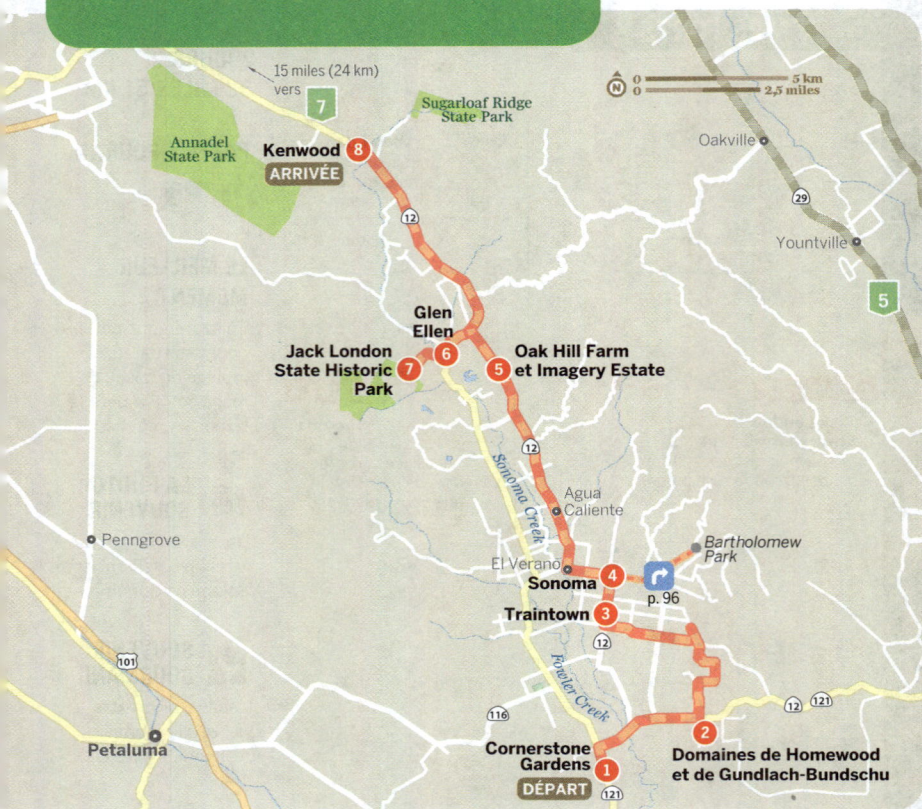

La route » Dirigez-vous vers le nord via la Hwy 121, suivez-la sur 3 miles (5 km) tandis qu'elle bifurque vers l'est. Prenez au sud dans Burndale Rd. Le domaine de Homewood est sur votre gauche, à hauteur du drapeau américain.

❷ Domaines de Homewood et de Gundlach-Bundschu

"Plus le vin est rouge, meilleur il est" : telle est la devise de **Homewood** (☎707-996-6353 ; www.homewoodwinery.com ; 23120 Burndale Rd à hauteur de la Hwy 121/12 ; dégustations gratuites, bouteille 18-32 \$; ☺10h-16h ; 🐾), domaine

À COMBINER AVEC

5 Dans les vignobles de la Napa Valley

La Hwy 12/121, principal relais entre les vallées de Napa et Sonoma, donne accès à des domaines viticoles haut de gamme, des spas et des tables raffinées.

7 Bohemian Highway et la Russian River

De Kenwood, cap à l'ouest via la Hwy 12 pour des baignades en rivière, de beaux domaines viticoles et des promenades dans les forêts de séquoias ou sur les plages du Pacifique.

sans prétention dont la salle de dégustation est un simple garage. Le vigneron élève de délicieux portos et des grenache, mourvèdre et syrah. Renseignez-vous sur les "dégustations verticales", qui permettent de goûter des vins issus des mêmes vignes mais de millésimes différents. De Homewood, repartez vers le nord dans Burndale Rd jusqu'à Napa Rd, que vous prenez brièvement à gauche, avant de tourner à droite dans Denmark St.

Derrière une façade de château de conte de fées, **Gundlach-Bundschu** (☎707-938-5277 ; www.gunbun.com ; 2000 Denmark St ; dégustation 10 \$, bouteille 22-40 \$; ☺11h-16h30) est l'un des plus anciens domaines de la vallée. Fondé en 1858 par le bavarois Jacob Gundlach, le domaine est à la pointe du développement durable. Outre le riesling et le gewürztraminer, "Gun-Bun" a surtout été le premier producteur américain de merlot 100%. Visite guidée sur réservation des caves abritant 2 000 tonneaux (20 \$). L'endroit est agréable pour pique-niquer et randonner.

La route » Rebroussez chemin dans Denmark St jusqu'à Napa Rd, que vous prendrez vers l'ouest jusqu'à la Hwy 12. Parcourez la Hwy 12/Broadway vers le nord sur 400 m jusqu'à Traintown.

❸ Traintown

Les enfants raffolent de **Traintown** (☎707-938-3912 ; www.traintown.com ; 20264 Broadway ; ☺10h-17h tlj en été, ven-dim mi-sept/fin mai), un petit parc d'attractions doté d'un mini-train à vapeur effectuant un circuit de 20 minutes (5,25 \$). Les attractions incluent des manèges anciens (2,75 \$ le tour), dont un carrousel et une grande roue.

La route » Continuez sur la Hwy 12/Broadway sur 1 mile (1,6 km) vers le nord.

TEMPS FORT

❹ Sonoma

Prélassez-vous quelques heures sur la place principale, dotée d'allées arborées et d'une aire de jeux, et entourée de commerces, de restaurants et de salles de dégustation. Le **Sonoma State Historic Park** (☎707-938-1519 ; www.parks.ca.gov ; adulte/enfant 3/2 \$; ☺10h-17h mar-dim) est un must pour les amateurs d'histoire. La **mission San Francisco Solano de Sonoma** (E Spain St), à l'angle nord-est de la place, fut érigée en 1823, notamment afin d'empêcher l'avancée des colons russes implantés sur la côte, à Fort Ross. Il s'agit de la 21e et dernière mission californienne et de la seule construite pendant la période mexicaine (les Espagnols fondèrent les autres). La chapelle, à ne pas manquer, date de 1841.

Le général Vallejo fit bâtir les **Sonoma Barracks** (E Spain St ; ⏰tlj) entre 1836 et 1840 pour héberger les troupes mexicaines à Sonoma, alors partie de la *Alta California* mexicaine depuis l'indépendance du Mexique en 1821. Le 14 juin 1846, cette caserne en adobe fut le bastion de la révolte de 30 colons américains, qui proclamèrent la République californienne indépendante en plantant leur bannière figurant un ours (le *Bear Flag* ; voir l'encadré ci-dessous). Les troupes américaines reprirent le contrôle de la République un mois plus tard, avant d'abandonner la caserne pendant la Ruée vers l'or, laissant Vallejo la transformer en exploitation viticole en 1860.

Non loin, la fromagerie **Vella Cheese Co** (☎707-928-3232 ; www.vellacheese. com 315 2nd St E) est réputée depuis les années 1930 pour ses fromages Dry Jack, mais a produit aussi de bons Mezzo Secco enrobés de cacao.

🍴 🛏 p. 97

La route » Dirigez-vous vers le nord par la Hwy 12 sur 5 miles (8 km), jusqu'à l'Oak Hill Farm.

- - - - - - - - - - - - - - - - - -

⑤ Oak Hill Farm et Imagery Estate

À l'extrémité sud de Glen Ellen, l'**Oak Hill Farm** (☎707-996-6643 ; www.oakhillfarm.net ; 15101 Sonoma Hwy ; ⏰11h-18h mer-dim avr-déc ; ♿) déroule des centaines d'hectares de fleurs et de plantations bios, ourlés de bois de chênes et d'arbustes *manzanitas*. L'ancienne ferme laitière, rebaptisée Red Barn Store, permet de remplir ses paniers de fleurs, d'herbes aromatiques et d'autres denrées bios cueillies dans les champs. Selon la saison, goûtez les tomates anciennes, les citrouilles et les prunes.

Un peu plus au nord sur la Sonoma Hwy, on trouve à l'**Imagery Estate** (☎707-935-4515, 877-550-4278 ; www.imagerywinery. com ; 14335 Sonoma Hwy ;

WALTER BIBIKOW/JAI / CORBIS ©

dégustation 10-15 $; ⏰10h-16h30) des étiquettes de bouteilles de vin dessinées par des artistes locaux. Elles changent en fonction des cépages et des crus. Une galerie

LA "BEAR FLAG REPUBLIC"

Sonoma a une riche histoire. La ville fut en juin 1846 le théâtre de la deuxième rébellion américaine, qui opposa certains de ses habitants aux autorités provinciales mexicaines, alors maîtres de la région. Lorsque le général Mariano Guadalupe Vallejo déporta tous les étrangers de Californie, les colons frontaliers américains occupèrent le fort de Sonoma (Sonoma Barracks) et déclarèrent l'indépendance. Ils surnommèrent la Californie "Bear Flag Republic", du nom de leur étendard orné d'un ours.

La République ne dura guère. La guerre américano-mexicaine éclata un mois plus tard, et la Californie fut annexée par les États-Unis. La révolte donna cependant son drapeau à l'État. Il arbore les mots "California Republic" (République californienne) et un ours brun. Le général Vallejo fut emprisonné, puis revint à Sonoma, où il joua un rôle majeur dans le développement de la région.

Jack London State Historic Park Ruines de la Wolf House

abrite l'intégralité de la collection, soit plus de 200 pièces déclinant le thème du Parthénon, symbole du domaine. Très doux, les vins à base de viognier et de moscato sont très appréciés. Tous sont certifiés élevés en biodynamie.

La route » Continuez vers le nord sur la Hwy 12 sur environ 3 miles (5 km), avant de piquer au sud dans Arnold Dr jusqu'à Glenn Ellen.

TEMPS FORT

❻ Glen Ellen

Quelle que soit votre teneur en cacao favorite, vous la trouverez au **Wine Country**

Chocolates Tasting Bar (☎707-996-1010 ; www. winecountrychocolates.com ; 14301 Arnold Dr ; 👪). Mention spéciale aux truffes au champagne et au cabernet.

Les néophytes pourront s'initier à l'élevage du vin et à la culture biodynamique à la **Benziger Winery** (☎888-490-2739 ; www. benziger.com ; 1883 London Ranch Rd, Glen Ellen ; dégustation 10-20 $, circuit adulte avec dégustation/enfant 20/5 $, bouteille 15-80 $; ⏰10h-17h ; 👪). L'intéressante visite "Tram tour", sans réservation, comprend un circuit à travers des vignobles bios et une dégustation de

4 vins. Ensuite, jetez un œil dans les caves et sur les cabernets. Vous apprendrez au passage la différence entre agriculture biologique et biodynamique : cette dernière tend à atteindre un équilibre avec tout l'écosystème, et va plus loin que les pratiques bios. Le vin produit à grande échelle est correct (misez sur les réserves), mais on vient surtout pour la visite.

✕ 🛏 p. 97

La route » De la Benziger Winery, parcourez 800 m vers l'ouest via la London Ranch Rd jusqu'au Jack London State Historic Park.

> ↱ **VAUT LE DÉTOUR**
> **BARTHOLOMEW PARK**

Point de départ : ④ Sonoma Plaza

Au bord de Castle Rd et à l'est de Sonoma, le **Bartholomew Park** (☎707-935-9511 ; www. bartholomewpark.org ; 1000 Vineyard Lane) réjouira les amateurs de plein air. Ce parc de 150 ha permet de pique-niquer à l'ombre de gigantesques chênes et offre 5 km de sentiers de randonnée, avec vue panoramique jusqu'à San Francisco. Outre une bonne cave et un petit musée, on pourra y voir la Palladian Villa, réplique début XXe siècle de la résidence d'origine du comte Haraszthy, vigneron pionnier de Sonoma. Ouverte de 12h à 15h, les samedis et dimanches, elle est gérée par la **Bartholomew Foundation** (☎707-938-2244).

⑦ Jack London State Historic Park

Napa a Robert Louis Stevenson, Sonoma a Jack London. Ce **parc** (☎707-938-5216 ; www. jacklondonpark.com ; 2400 London Ranch Rd, Glen Ellen ; parking 8 $; ⊙10h-17h ven-lun ; ♿) de 567 ha évoque les dernières années de l'écrivain. Tour à tour pêcheur à Oakland, chercheur d'or en Alaska, navigateur dans le Pacifique et romancier, Jack London (1876-1916) finit par devenir agriculteur. Il acheta le Beauty Ranch en 1905, dans lequel il s'installa en 1910. Pendant la construction de la demeure de ses rêves, surnommée la "Wolf House", il patienta avec sa seconde épouse, Charmian, dans un petit cottage, non loin du chantier. Mais en 1913, la demeure fut détruite par un incendie alors qu'elle était presque achevée. Anéanti, l'écrivain envisagea de la rebâtir, mais mourut avant. Sa veuve fit construire la House of Happy Walls, reconvertie en musée, à 800 m à pied des ruines de la Wolf House en passant devant la tombe de London. D'autres sentiers contournent la ferme jusqu'au cottage. Des kilomètres de chemins (certains accessibles à VTT) serpentent au milieu des chênes, entre 200 et 700 m d'altitude.

La route >> Retournez vers l'est la Hwy 12, et parcourez 3 miles (5 km) vers le nord jusqu'à la Wildwood Farm and Sculpture Garden.

⑧ Kenwood

Sculptures abstraites en plein air, plantes exotiques, érables japonais et araignées en métal se côtoient à la **Wildwood Farm and Sculpture Garden** (☎707-833-1161, 888-833-4181 ; www.wildwoodmaples. com ; 10300 Sonoma Hwy ; ⊙10h-16h mer-dim, 10h-15h mar), un must pour les amateurs de plantes.

Tenu en famille, **Figone's Olive Oil** (☎707-282-9092 ; www.figoneoliveoil. com ; 9580 Sonoma Hwy ; ⊙10h30-17h30) cultive ses propres olives et presse son huile extra vierge. Goûtez aux huiles parfumées aux agrumes (citrons Meyer, oranges sanguines) et aux exquis vinaigres balsamiques.

Domaine culte, **Kaz** (☎707-833-2536 ; www. kazwinery.com ; 233 Adobe Canyon Rd, Kenwood ; dégustation 5 $, bouteille 20-48 $; ⊙11h-17h ven-lun ; ♿👶) travaille les assemblages, réalisés dès le foulage et non à la fermentation, avec le fruit de tout le vignoble bio. Il propose des crus moins connus (alicante bouchet, lenoir) et un bon cabernet-merlot. Les enfants ont droit à du jus de raisin avant d'aller jouer à l'arrière, tandis que vous passez les vins en revue.

Se restaurer et se loger

Cornerstone Gardens ❶

🍴 Fremont Diner — Américain $

(2698 Fremont Dr/Hwy 121 ; plats 8-11 $; ⏱8h-15h lun-ven, 7h-16h sam-dim ; 🚻). On fait la queue le week-end dans ce *diner* locavore en bord de route. Après avoir passé commande au comptoir, on se régale de pancakes à la ricotta et au sirop d'érable, de poulet, de gaufres, de *po'boys* (sandwichs) aux huîtres et de délicieux barbecues. Venez tôt pour éviter la foule.

Sonoma ❹

🍴 Café La Haye — Américain moderne $$

(📞707-935-5994 ; www.cafelahaye.com ; 140 E Napa St ; plats 15-25 $; ⏱17h30-21h mar-sam). L'une des meilleures tables de Sonoma pour sa cuisine américaine contemporaine à base d'ingrédients provenant d'un rayon de moins de 100 km. On est au coude à coude dans la petite salle, et le service est parfois négligent, mais la simplicité proprette et les recettes goûteuses en font l'adresse de choix des gourmets. Réservez longtemps à l'avance.

🍴 Della Santina's — Italien $$

(www.dellasantinas.com ; 135 E Napa St ; plats 11-17 $). Les serveurs sont là depuis des lustres, et les formules ne changent pas, mais la cuisine italo-américaine (linguine au pesto, veau à la parmigiana, poulet rôti) ne déçoit jamais. Cour en brique agréable par les chaudes soirées d'été.

🛏 Sonoma Chalet — B&B, cottages $$

(📞707-938-3129 ; www.sonomachalet.com ; 18935 5th St W ; ch sans sdb 125 $, ch avec sdb 140-180 $, cottages 190-225 $; 🚻). Au milieu des collines, cette ancienne ferme propose des chambres dans un chalet de style suisse, avec petits balcons et bric-à-brac champêtre. Coup de cœur aux cottages indépendants, notamment le Laura et sa cheminée. Petit-déjeuner servi sur la terrasse, face à une réserve naturelle. Pas de clim dans les chambres avec sdb communes. Ni téléphone ni Internet.

🛏 Sonoma Hotel — Hôtel historique $$

(📞707-996-2996 ; www.sonomahotel.com ; 110 W Spain St ; ch avec petit-déj 170-200 $; ❄🛜). Beaucoup de charme pour cet hôtel historique chic des années 1880, mélange de style colonial espagnol et campagnard américain. Pas d'ascenseur ni de parking.

Glen Ellen ❻

🍴 Fig Café & Winebar — Californien, français $$

(📞707-938-2130 ; www.thefigcafe.com ; 13690 Arnold Dr ; plats 15-20 $; ⏱17h30-21h t'j, 10h-14h30 sam-dim). La bonne cuisine californienne et française (calamars frits à l'aïoli citronné, confit de canard, moules-frites) mérite le trajet jusqu'à Glen Ellen. Vins aux tarifs corrects, brunch le week-end.

🛏 Beltane Ranch — Auberge $$

(📞707-996-6501 ; www.beltaneranch.com ; 11775 Hwy 12 ; ch avec petit-déj 150-240 $; 🛜). Entouré de 40 ha de prés à chevaux, ce ranch aux murs jaune vif ramène à la Sonoma des années 1890 grâce à ses vérandas avec balancelles et à son mobilier en rotin blanc. Bien qu'il s'agisse en fait d'un B&B, chacune des chambres, à la modestie typique de la campagne américaine, compte une entrée privative. Petit-déjeuner au lit, ni téléphone ni TV : le bonheur est dans le pré…

Jenner *Balade en kayak sur la Russian River*

Bohemian Highway et la Russian River

7

Dans l'ouest du Sonoma County, découvrez des domaines viticoles bios, des forêts de séquoias, des routes de campagne sinueuses et la paisible Russian River, puis admirez phoques et baleines sur la côte.

TEMPS FORTS

2 JOURS
112 MILES/180 KM

PARFAIT POUR...

36 miles/58 km

Jenner
Colonies de phoques et formations rocheuses à l'embouchure de la Russian River

Dry Creek Valley
ARRIVÉE

● Healdsburg

50 miles/80 km

Guerneville
Se baigner dans les eaux rafraîchissantes de la Russian River

7

● Monte Rio

5

●Sebastopol
DÉPART

4

22 miles/35 km

Bodega Bay
Falaises et caps rocheux battus par les vents, points de vue de rêve pour l'observation des baleines

LE MEILLEUR MOMENT

De juin à septembre pour le temps chaud et la baignade en rivière.

LA PHOTO SOUVENIR

La Russian River se jetant dans le Pacifique à Jenner.

OBSERVER LES BALEINES

Les baleines grises nagent au large de Bodega Head.

99

Bohemian Highway et la Russian River

Moins connu, l'ouest du Sonoma County était jadis renommé pour ses pommeraies et ses maisons de vacances. Depuis peu, les vignes remplacent les vergers, et la Russian River s'est fait une place dans la viticulture californienne grâce à son excellent pinot noir. "The River" est de longue date une destination estivale pour les Californiens du Nord qui viennent y faire du kayak, se promener, boire du vin et randonner dans les forêts de séquoias.

1 Sebastopol

Les raisins ont remplacé les pommes, mais l'identité agricole de Sebastopol reste attachée à ces dernières, comme en témoigne la Gravenstein Apple Fair, foire aux pommes très courue l'été. Si la circulation dans le centre évoque la banlieue, il flotte ici une ambiance hippie.

Au nord de Bodega Ave, les amusantes **sculptures de Patrick Amiot** (www.patrickamiot.com ; 🚹) ornent les pelouses devant les maisons de Florence Ave.

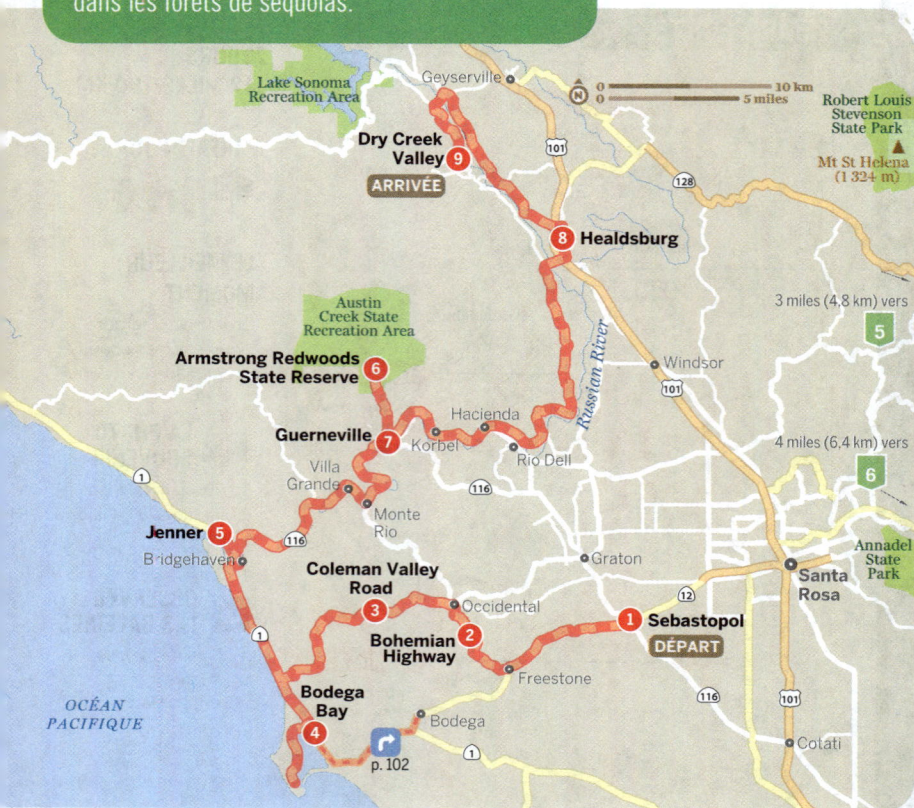

Lake Sonoma Recreation Area · Geyserville · Robert Louis Stevenson State Park · Mt St Helena (1 324 m) · Dry Creek Valley 9 · ARRIVÉE · 8 Healdsburg · Austin Creek State Recreation Area · Russian River · 3 miles (4,8 km) vers 5 · Armstrong Redwoods State Reserve 6 · Windsor · Guerneville 7 · Korbel · Hacienda · Rio Dell · 4 miles (6,4 km) vers 6 · Villa Grande · Monte Rio · Jenner 5 · Bridgehaven · Coleman Valley Road · Graton · Annadel State Park · Santa Rosa · 3 · Occidental · 12 · 1 Sebastopol · DÉPART · 2 · Bohemian Highway · Bodega Bay 4 · Freestone · Bodega · p. 102 · Cotati · OCÉAN PACIFIQUE

On voit entre autres une vieille voiture des années 1930, une serveuse échevelée ou encore une sorcière en plein vol, toutes fabriquées avec des matériaux de récupération.

✖ p. 105

La route » Du croisement entre la Hwy 116 et la Hwy 12, cap à l'ouest via Bodega Ave (indiquée "Bodega Bay") sur 6 miles (10 km), à travers des pommeraies, jusqu'au hameau de Freestone.

❷ Bohemian Highway

Freestone se résume à un carrefour ou presque, mais l'ancienne gare compte une boulangerie très

À **COMBINER AVEC**

5 Dans les vignobles de la Napa Valley

Dans la Dry Creek Valley, empruntez Canyon Rd puis allez à l'est via la Hwy 128 pour visiter les célèbres domaines et restaurants de la Napa Valley.

6 La route des vins de la Sonoma Valley

De Sebastopol, cap à l'est via la Hwy 12 pour une dégustation de vins dans la Sonoma Valley et les sites historiques entourant Sonoma Plaza.

courue, une jolie épicerie et un spa d'inspiration japonaise spécialisé dans les traitements au cèdre. Offrez-vous une dégustation chez **Freestone Vineyards** (☎707-874-1010 ; www. freestonevineyards.com ; angle Bodega Hwy et Bohemian Hwy ; dégustation 10 $; ⏱11h-17h), l'un des rares endroits du coin qui produise de l'excellent pinot noir, de plus selon les méthodes de culture en biodynamie.

Au nord du bourg de Freestone, la bucolique **Bohemian Hwy** passe par des terres agricoles puis se resserre à travers des bois de séquoias, et s'achève à la Russian River dans la bourgade de Monte Rio.

Bien avant Monte Rio, à un peu plus de 3 miles (5 km) au nord de Freestone, **Occidental** est un petit paradis champêtre et excentrique. Des édifices du XIXᵉ siècle bordent l'unique grand-rue, facile à explorer en une heure. Le vendredi, vous croiserez les habitants au **marché de producteurs** (www.occidentalfarmersmarket. com ; ⏱16h-crépuscule ven juin-oct), qui rassemble aussi musiciens, artisans et – l'attraction vedette – la paella géante du chef californien Gerard Nebesky, la **"Gerard's Paella"** (www. gerardspaella.com).

✖ p. 105

La route » Au centre d'Occidental, prenez vers l'ouest dans Coleman Valley Rd, bien indiquée.

❸ Coleman Valley Road

Le trajet le plus beau du Sonoma County emprunte cette route secondaire de 10 miles (16 km) qui sinue dans le West County entre Occidental et la mer. Mieux vaut l'emprunter en fin de matinée, une fois que le brouillard est dissipé et que le soleil brille derrière vous. On passe d'abord par des forêts de séquoias et de luxuriantes vallées où les sapins douglas sont drapés de sphaigne – une vision étrange dans le brouillard. Mais le paysage se fait vraiment beau plus loin, lorsque la route s'élève des collines émaillées de chênes noueux et de formations rocheuses escarpées, avec l'immensité bleue du Pacifique en contrebas.

La route » La route s'achève sur la côte à la Hwy 1, au milieu du Sonoma Coast State Beach, un parc littoral protégé qui s'étend sur 30 km de Bodega Head jusqu'au nord de Jenner. De la Hwy 1, parcourez 2,5 miles (4 km) vers le sud, puis tournez vers l'ouest dans Eastshore Rd. Au stop, prenez à droite dans Bay Flat Rd, et longez le port jusqu'au bout de la route.

TEMPS FORT

❹ Bodega Bay

La ville de Bodega Bay se situe dans la partie la plus méridionale du **Sonoma Coast State Beach** (☎707-875-3483 ; www.parks.ca.gov), ensemble

AU NORD DE SAN FRANCISCO **7** BOHEMIAN HIGHWAY ET LA RUSSIAN RIVER

101

JUDY BELLAH / GETTY IMAGES ©

de plages séparées par de magnifiques caps rocheux. Certaines plages, minuscules, sont nichées dans de petites criques, d'autres sont longues et larges, ou reliées par des sentiers de randonnée côtiers sinuant le long des falaises. À la pointe de la péninsule, le splendide et venteux **Bodega Head** s'élève à 80 m et offre une vue de rêve sur l'océan. C'est un lieu idéal pour observer les baleines et faire voler un cerf-volant.

La route » Retournez sur la Hwy 1 et suivez le littoral sur 12 miles (19 km) vers le nord jusqu'à Goat Rock Rd, à Jenner.

TEMPS FORT

5 Jenner

Dans le village de Jenner, la Russian River se jette dans l'océan, de sorte que l'eau devient saumâtre au point de confluence. Au bout de Goat Rock Rd, prenez à gauche direction **Blind Beach**. La silhouette massive du Goat Rock domine

la plage et l'imposante formation rocheuse de l'Arched Rock semble flotter au large. Rebroussez chemin jusqu'à **Goat Rock Beach**. Une colonie de phoques vit à l'embouchure de la rivière. Les petits naissent entre mars et août. Pour les voir, le mieux est de s'en approcher en kayak. On peut en louer au bord de la rivière quasi toute l'année.

🍴 🛏 p. 105

La route » Une fois franchi le dernier pont enjambant la Russian River avant qu'elle rejoigne l'océan, prenez à l'est via la Hwy 116/River Rd, route de campagne coincée entre rivière et collines abruptes ponctuées de vieilles granges en bois. À Guerneville, tournez à gauche à hauteur du panneau indiquant Armstrong Woods.

6 Armstrong Redwoods State Reserve

Des séquoias immenses, des sous-bois tapissés de

végétation et un profond silence caractérisent les 325 ha de l'**Armstrong Redwoods State Reserve** (☎707-869-2015 ; www.parks. ca.gov ; 17000 Armstrong Woods Rd ; accès à la journée

↱ **VAUT LE DÉTOUR**
LES OISEAUX DE BODEGA

Point de départ : 4 Bodega Bay

Bodega Bay a pour titre de gloire d'avoir servi de décor au film *Les Oiseaux*, d'Alfred Hitchcock. Si les effets spéciaux ont radicalement modifié la disposition effective des lieux, on a tout de même la sensation de retrouver le site supposé de la ferme de Mitch Brenner (joué par Rod Taylor). Autrefois douillet, le Tides Restaurant, où se passe l'essentiel des attaques d'oiseaux dans le film, est encore là mais, depuis 1962, il est devenu un immense restaurant. Aventurez-vous à 8 km dans l'intérieur des terres (au sud sur la Hwy 1) jusqu'à la bourgade de **Bodega** pour retrouver deux édifices emblématiques, l'école et l'église, toutes deux à l'identique du film.

Bohemian Hwy Domaine viticole de Freestone Vineyards

8 $/véhicule ; ⊘ accès à la journée 8h-1 heure après le coucher du soleil ; 🚹 🐾). C'est ici qu'à été filmée la course de *speeder* DC0052 sur la lune forestière d'Endor, planète des Ewoks, dans *Le Retour du Jedi*. Le Discovery Trail, sentier accessible aux handicapés, passe devant l'Armstrong Tree, géant vieux de 1 400 ans.

La route » Rebroussez chemin sur 3 miles (5 km) au sud jusqu'à River Rd. Tournez à l'ouest sur un pâté de maisons pour atteindre Church St que vous suivrez sur un pâté de maisons au sud jusqu'à la berge de la Russian River.

TEMPS FORT

7 Guerneville

Excentrique et animée, la grand-rue de Guerneville voit défiler touristes et habitants devant ses boutiques et ses galeries, qui se retrouvent pour une pause dans ses cafés, ses restaurants et ses bars.

Par une chaude journée d'été, rendez vous à **Johnson's Beach** (📞707-869-2022 ; www.johnsonsbeach.com ; 16241 First St ; kayak et canoë 10/25 $ par heure/jour ; ⊘ 10h-18h, fermé oct-avr ; 🐾) pour louer kayaks et canoës (départ et retour sur la plage).

À 2,5 miles (4 km) à l'est du centre, la cave **Korbel Champagne Cellars** (📞707-824-7000 ; www.korbel.com ; 13250 River Rd ; visite et dégustation gratuites ; ⊘ visites 11h-15h, salle de dégustation 10h-16h30) est bondée le week-end. On vient alors de partout siroter le champagne qu'elle élabore depuis 1882. Fascinante, la visite de 50 minutes explique l'art de la fabrication du champagne.

🍴 p. 105

La route » Continuez à l'est dans River Rd. À l'embranchement, environ 2,5 miles (4 km) après Korbel, tournez à gauche dans

LE RENDEZ-VOUS DES OURS ARC-EN-CIEL

Lors du Lazy Bear Weekend (en août), tous les établissements exposent une statuette d'ours taillée à la main ou un panneau de bienvenue à l'intention des Bears (Ours). Mais qui sont-ils ? Pas moins de 700 gays de forte carrure, qui viennent pour un week-end de détente au bord de l'eau. D'autres rassemblements homosexuels tels le Women's Weekend (en mai) et le Leather Weekend (en novembre) conservent à Guerneville sa réputation de villégiature privilégiée pour la communauté homosexuelle en Californie.

Westside Rd. La route passe par de nombreux domaines, et offre un panorama sur le Mt St Helena (1 324 m) au nord-est. Traversez Dry Creek et la Hwy 101 pour rejoindre Healdsburg 12 miles (19 km) plus loin.

⑧ Healdsburg

Ancien bourg agricole assoupi avant tout connu pour la foire agricole de la FFA (Future Farmers of America), Healdsburg est devenu la capitale gastronomique du nord du Sonoma County. Des restaurants et des cafés gastronomiques, des salles de dégustation de vin et des boutiques chics encadrent **Healdsburg Plaza**, la place centrale ensoleillée, où des concerts gratuits ont lieu les mardis après-midi d'été. Il y a des embouteillages monstres les week-ends d'été. Mieux vaut y venir en semaine pour flâner dans les rues arborées et déguster une cuisine locavore riche en saveurs nord-californiennes.

Les journées de forte chaleur, piquez donc une tête dans la Russian River à la **Healdsburg Veterans Memorial Beach** (☏707-433-1625 ; www.sonoma-county.org/parks ; 13839 Healdsburg Ave ; parking 7 $; 👪). La plage est surveillée tous les jours en été.

🍴 🛏 p. 105

La route » Depuis Healdsburg Plaza, parcourez 1 mile (1,6 km) vers le nord dans Healdsburg Ave, puis cap à l'ouest dans Dry Creek Rd, artère principale à la circulation rapide. Il reste environ 10 miles (16 km) jusqu'au domaine de Truett-Hurst. Pour rejoindre les domaines de West Dry Creek Rd, petite route de campagne parallèle à Dry Creek Rd, bifurquez à gauche dans Yoakim Bridge Rd.

⑨ Dry Creek Valley

Région viticole entourée de montagnes culminant à 600 m, cette vallée relativement chaude se prête idéalement à la production de sauvignon blanc, de zinfandel, et de cabernet sauvignon.

Domaine biodynamique le plus récent du coin, **Truett-Hurst** (☏707-433-9545 ; www.truetthurst.com ; 5610 Dry Creek Rd ; dégustation 5 $, déductibles des achats ; ⏰10h-17h ; 👪) propose d'excellents zinfandels vieilles vignes, un remarquable durif ("petite syrah") et des pinots de la Russian River dans une belle salle de dégustation contemporaine. Baladez-vous ensuite jusqu'à la rivière où les saumons fraient à l'automne.

Pionnière du bio, la ferme XIXᵉ siècle de **Preston of Dry Creek** (ou Preston Vineyards ; ☏707-433-3372 ; www.prestonvineyards.com ; 9282 West Dry Creek Rd ; dégustation 10 $, déductibles des achats, bouteille 24-38 $; ⏰11h-16h30 ; 👪) évoque le Sonoma County d'autrefois. Sa spécialité est le sauvignon blanc au bouquet d'agrumes et d'herbe fraîchement coupée, mais essayez les rouges de type côtes-du-rhône et les éditions limitées.

En haut de l'extrémité nord de la vallée, les caves sont creusées à flanc de colline chez **Bella Vineyards** (☏707-473-9171 ; www.bellawinery.com ; 9711 W Dry Creek Rd ; dégustation 5-10 $, bouteille 25-40 $; ⏰11h-16h30 ; 👪). Le domaine se concentre sur le zinfandel et la syrah, mais le rosé et le zinfandel de vendanges tardives sont délicieux.

Se restaurer et se loger

Sebastopol ❶

✖ Hardcore Espresso   Café $

(1798 Gravenstein Hwy S ; ⏱6h-19h ; ☎).
Hippies et fanatiques d'art se retrouvent autour
de *smoothies* dans ce café typique de Californie
du Nord : un établissement sans chichis, en
intérieur et extérieur, se résumant à une cabane
à toit de tôle ondulée entourée de tables avec
parasols. Le café bio est le meilleur de la ville.

Bohemian Highway ❷

✖ Wild Flour Bakery   Boulangerie $

(www.wildflourbread.com ; 140 Bohemian Hwy,
Freestone ; ⏱8h30-18h ven-lun). Café, pains
généreux et scones artisanaux cuits au four.

✖ Howard Station Cafe   Petit-déjeuner, café $

(www.howardstationcafe.com ; 3811 Bohemian Hwy,
Occidental ; plats 8-11 $; ⏱7h-14h30 lun-ven, 7h-15h
sam-dim ; ☎🅿♿). Cuisine simple et assiettes
copieuses (œufs bios, omelettes charnues, épais
hamburgers et jus de fruits frais) pour cette
adresse plébiscitée pour ses petits-déjeuners.

Jenner ❺

✖ River's End   Californien $$$

(☎707-865-2484 ; www.rivers-end.com ;
11048 Hwy 1 ; plats midi 13-26 $, soir 25-39 $;
⏱12h-15h et 17h-20h30 jeu-lun ; 🅿). Ravissant
restaurant perché sur une falaise surplombant
l'embouchure de la rivière et l'immensité
de l'océan Pacifique. Repas de grande classe,
prix en conséquence, et vue splendide.

🛏 Jenner Inn & Cottages   Auberge $$

(☎707-865-2377 ; www.jennerinn.com ;
10400 Hwy 1 ; ch avec petit-déj côté crique
118-178 $, vue océan 178-278 $, cottages 228-
278 $; @). Ensemble hétéroclite d'habitations
disséminées dans Jenner : des chambres
donnant sur la crique, aux cottages luxueux avec
vue sur l'océan, cuisine et cheminée. Toutes
sont meublées dans un style traditionnel alliant
bois, marbre et tissus fleuris années 1990.

Guerneville ❼

✖ Coffee Bazaar   Café $

(14045 Armstrong Woods Rd ; plats 5-9 $;
⏱6h-20h ; ☎). Café tendance servant salades,
sandwichs et petits-déjeuners toute la journée.
Jouxte une librairie d'occasion.

Healdsburg ❽

✖ Downtown Bakery & Creamery   Boulangerie, café $

(www.downtownbakery.net ; 308a Center St ; ⏱7h-
17h30). La meilleure boulangerie de Healdsburg.
Pâtisseries délicieuses, certaines à moitié prix
à partir de 16h30.

✖ Scopa   Italien $$

(☎707-433-5282 ; www.scopahealdsburg.com ;
109a Plaza St ; plats 12-26 $; ⏱17h30-22h mar-
dim). L'espace manque dans cet ancien salon de
coiffure, mais les pizzas et la cuisine familiale
italienne rustique, comme le poulet braisé de la
Nonna aux légumes sautés et à la polenta bien
chaude, sont délicieuses. Ambiance animée
et conviviale, vins aux prix corrects.

🛏 Best Western Dry Creek Inn   Motel $$

(☎707-433-0300 ; www.drycreekinn.com ;
198 Dry Creek Rd ; ch dim-jeu 59-129 $, ven-sam
199-259 $; ❋@☎♿). Le meilleur motel de la
ville. Service agréable, matelas épais et Jacuzzi
extérieur. Les chambres neuves sont dotées
de baignoires à jets et de cheminée au gaz.
Réductions en semaine.

🛏 Madrona Manor   Hôtel historique $$$

(☎707-433-4231, 800-258-4003 ; www.
madronamanor.com ; 1001 Westside Rd ; ch et
ste 270-390 $; ❋☎♿). Datant de 1881, ce
manoir respire l'élégance victorienne. Entourés
de 3 ha de bois et de jardins centenaires, la
maison au sommet de la colline et son restaurant
s'agrémentent de mobilier d'époque. Situé à
1,5 km à l'ouest du centre-ville, un emplacement
pratique pour accéder aux domaines de
Westside Rd.

Mendocino County Des côtes vallonnées et des falaises escarpées

Mendocino et l'Anderson Valley

8

Les non-initiés seront peut-être surpris par la "magie de Mendocino" mais quelques jours sur les routes du comté suffisent à constater le caractère enchanteur du lieu.

TEMPS FORTS

60 miles/97 km

Mendocino
Bijou coquet de la côte Nord, perché sur un promontoire rocheux

90 miles/145 km

Orr Hot Springs
Retour aux sources aux Orr Hot Springs pour finir le trajet en toute sérénité

6

8
ARRIVÉE

Philo

2

Hopland
DÉPART

Boonville
Une brasserie artisanale réputée pour sa bière et ses méthodes écologiques

25 miles/40 km

3-4 JOURS
90 MILES/145 KM

PARFAIT POUR...

LE MEILLEUR MOMENT

L'automne pour le ciel limpide et la cueillette des pommes.

LA PHOTO SOUVENIR

Les loutres nageant à côté des canoës sur la Big River.

DEUX JOURS DE RÊVE

Randonner dans la forêt naine du Van Damme State Park et remonter la Big River en canoë.

8

Mendocino et l'Anderson Valley

Cet itinéraire est jalonné d'exploitations viticoles familiales, de forêts de séquoias et de villages typiques perchés à la frontière entre les côtes vallonnées de Californie et les falaises escarpées du Pacifique. Cette destination est juste assez éloignée de San Francisco et la région de la Baie pour avoir son propre rythme. Ainsi, le temps d'un week-end, on se fait plaisir, on savoure du pinot noir, on profite de journées ensoleillées et de la brume vespérale.

❶ Hopland

Pour changer de Napa et Sonoma, cap sur Hopland, charmant cœur viticole du Mendocino County. À moins de 160 km au nord de San Francisco, cette modeste région viticole produit de riches rouges méditerranéens et des zinfandels puissants aux notes fruitées.
On peut goûter les vins des domaines familiaux croisés sur la route en centre-ville dans la boutique **Sip! Mendocino** (www.sipmendocino.com ; 13420 S Hwy 101 ; dégustation 5 $;

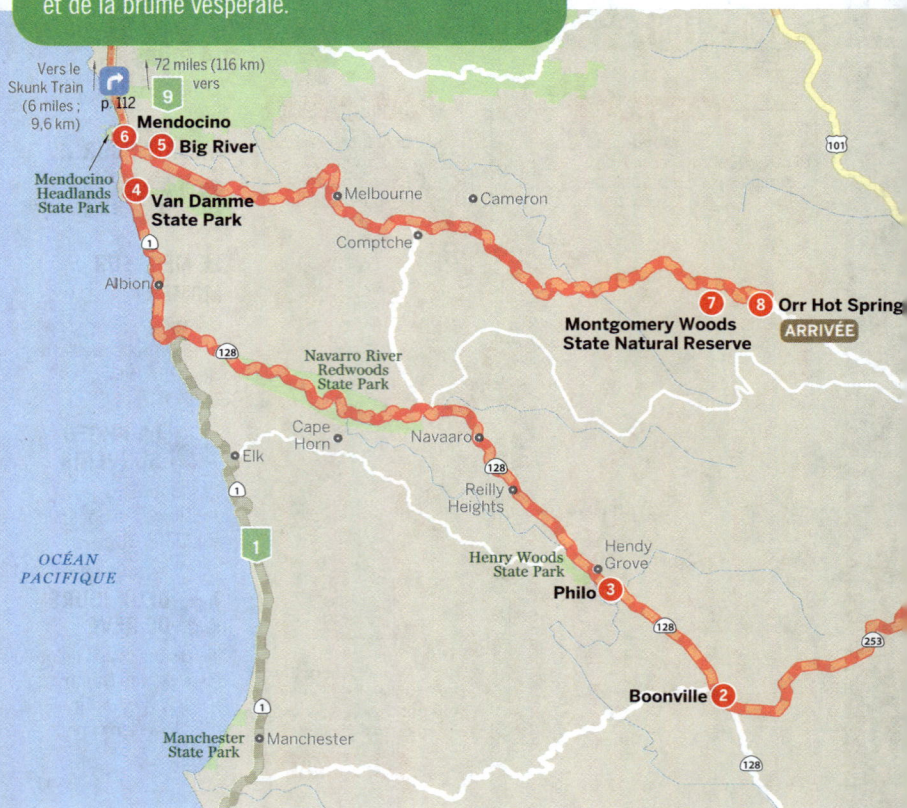

Vers le Skunk Train (6 miles ; 9,6 km)

72 miles (116 km) vers **9**

p 112

Mendocino

❺ **Big River**

Mendocino Headlands State Park

❻

❹ **Van Damme State Park**

Melbourne

Cameron

Comptche

(1)

Albion

(128)

Navarro River Redwoods State Park

❼

❽ **Orr Hot Spring**

ARRIVÉE

Montgomery Woods State Natural Reserve

Cape Horn

Navaaro

Elk

(128)

(1)

Reilly Heights

1

Hendy Grove

OCÉAN PACIFIQUE

Henry Woods State Park

Philo ❸

(128)

(253)

Manchester State Park

Manchester

Boonville ❷

(128)

101

⊘11h-18h). Le propriétaire, fin connaisseur, propose un choix de vins comprenant des crus rares que l'on n'a parfois même pas l'occasion de goûter dans les exploitations elles-mêmes.

La route ≫ Suivez la Hwy 101 vers le nord environ 10 minutes et bifurquez à l'ouest sur la belle Hwy 253 qui serpente à travers les collines. Elle s'achève sur la Hwy 128, au sud de Boonville.

TEMPS FORT

❷ Boonville

Les visiteurs descendent des collines pour rejoindre Boonville, bourgade ensoleillée se résumant à une petite rue principale bordée d'édifices historiques, de boutiques et de glaciers artisanaux. Mais son fleuron se trouve un peu plus loin à l'**Anderson Valley Brewing Company** (www. avbc.com ; 17700 Hwy 253 ; ⊘11h-19h). La brasserie occupe une vaste parcelle surplombant la vallée. Elle compte une salle de brassage dotée de cuves en cuivre et une salle de dégustation. De solides chevaux de trait paissent sur le domaine. Autour, un parcours de Frisbee, à la façon d'un parcours de golf, accueille les joueurs, qui peuvent siroter une bière pendant la partie. Réputée de longue date pour ses méthodes écologiques, la brasserie fonctionne en grande partie à l'énergie solaire.

✗ ⊯ p. 113

La route ≫ Dirigez-vous vers le nord de la ville via la Hwy 128 : vous passerez devant des domaines viticoles familiaux et des exploitation de fruits, dont la meilleur vous attend à Philo, à 6 miles (9 km) au nord de Boonville.

- - - - - - - - -

❸ Philo

La **Philo Apple Farm** (www.philoapplefarm.com ; 18501 Greenwood Rd ; ⊘aube-crépuscule), beau verger verdoyant géré par un personnel enthousiaste, embaume les fleurs de pommiers. Ignorez sans regret les autres exploitations croisées en chemin au profit des conserves bios, chutneys, pommes et poires oubliées de sa boutique. Si vous arrivez après la fermeture de la boutique (11h-17h), vous pourrez sans doute laisser quelques dollars dans un pot et emporter des gourmandises pour le trajet. Ceux qui souhaitent s'attarder prendront des

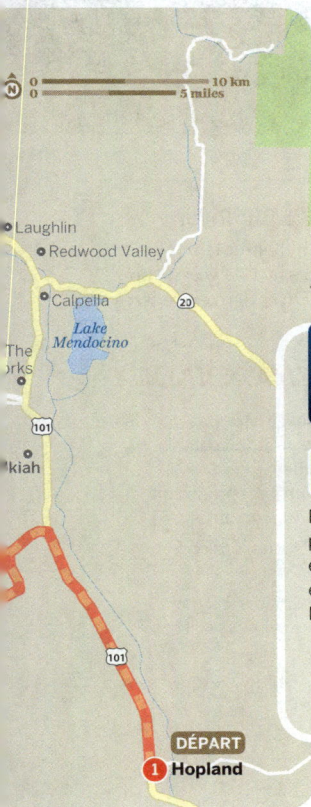

§ À COMBINER AVEC

1 **Pacific Coast Highway**

Pour encore plus de plages et de belles falaises, effectuez le trajet le plus épique de Californie sur la Hwy 1.

9 **Lost Coast et l'Avenue des Géants**

À sa lisière nord, ce périple approche les plages les plus sauvages de Californie, parfaites pour les voyageurs dotés de solides chaussures de randonnée et assoiffés de paysages vierges. Continuez à remonter la Hwy 101 pour rejoindre ce circuit.

⊙ 0 ————— 10 km
0 ————— 5 miles

● Laughlin
● Redwood Valley
● Calpella   (20)
Lake Mendocino
The rks
101
kiah
101
DÉPART
❶ Hopland

cours de cuisine avec certains des meilleurs chefs de la région. Pour la baignade, les eaux peu profondes et parsemées de rochers de la Navarro River sont à courte distance à pied plus haut sur la route.

🛏 p. 113

La route » Retour sur la sinueuse Hwy 128 qui déroule ses courbes vers l'ouest et traverse des forêts de séquoias drapées de brume pour rejoindre la Hwy 1. Mettez le cap au nord via la Hwy 1 et la station balnéaire d'Albion.

4 Van Damme State Park

Une fois sur l'un des tronçons les plus paisibles de la Hwy 1, une balade le long de l'océan s'impose. À 3 miles (5 km) au sud de Mendocino, ce **parc** (☎707-937-5804 ; www.parks. ca.gov ; accès à la journée 8 \$/véhicule) de 740 ha attire les amateurs de bronzette et les adeptes

de plongée et de kayak sur sa plage facile d'accès, et les randonneurs dans sa forêt naine. Cette dernière est unique : l'acidité du sol combinée à un lit de roche sédimentaire dure a permis la pousse d'une forêt miniature, la **Pygmy Forest**, en quelques décennies. On l'atteint via le **Fern Canyon Trail**, sentier de niveau modéré (3,5 miles aller ; 5,6 km), bordé de fougères et de sureaux, qui franchit 9 fois Little River et passe le **Cabbage Patch**, un marécage à la faune très riche, recouvert de symplocarpes fétides (ou "choux puant"). Le **Visitor Center** (☎707-937-4016 ; ⏱10h-15h ven-dim) présente des expositions et des programmes sur la nature.

🛏 p. 113

La route » Un trajet de 2 miles (3 km) plus au nord via la Hwy 1 conduit au pont qui franchit la Big River. Juste avant, tournez à droite dans Comptche Ukiah Rd.

BLAINE HARRINGTON III / CORBIS ©

5 Big River

Remonter la Big River permet de voir de près la frontière entre terre

---

LES MEILLEURS DOMAINES DE L'ANDERSON VALLEY

Les nuits fraîches de la vallée donnent des vins acides aux notes fruitées, s'accordant parfaitement avec la nourriture. Le pinot noir, le chardonnay et le gewurztraminer sec prospèrent. La plupart des **domaines de l'Anderson Valley** (www.avwines.com) se trouvent aux alentours de Philo. Beaucoup sont gérés en famille et proposent des dégustations, certains des visites. Sont particulièrement remarquables :

Navarro (www.navarrowine.com ; 5601 Hwy 128 ; ⏱10h-18h). La meilleure option ; on a le droit de pique-niquer.

Esterlina (☎707-895-2920 ; www.esterlinavineyards.com ; 1200 Holmes Ranch Rd). Pour des rouges puissants. Muni d'un pique-nique, direction les hauteurs des collines. Téléphonez au préalable.

Husch (www.huschvineyards.com ; 4400 Hwy 128 ; ⏱10h-17h). Dégustations exquises dans un cottage couvert de roses.

Skunk Train Gare de Willits

et mer, où loutres, lions de mer et hérons bleus vous tiennent compagnie tandis que vous pagayez en silence. La zone proche de l'embouchure de la rivière est parfaite pour admirer les vagues et le coucher du soleil. **Catch A Canoe & Bicycles, Too!** (www.stanfordinn.com ; Comptche-Ukiah Rd et Hwy 1 ; ⊙9h-17h), sympathique boutique au bord de l'eau, loue des vélos, des kayaks et des canoës pour partir à la découverte de l'estuaire de Big River – long de 13 km, c'est le plus grand estuaire préservé du nord de la Californie. Ni routes ni

constructions ici, mais des marais, des plages, une faune et une flore sauvages, et les restes délabrés d'un pont ferré, vestige de l'exploitation forestière du début du XXe siècle dans la région. Apportez un pique-nique et un appareil-photo.

La route ➤ Prochaine étape, Mendocino, de l'autre côté du pont de la Big River.

- - - - - - - - - - - - - - -

TEMPS FORT

⑥ Mendocino

Avec ses B&B, ses jardins de roses, ses barrières en bois blanc et ses châteaux d'eau en bois de séquoia de style Nouvelle-

Angleterre, Mendocino, perchée sur un magnifique promontoire, est le petit bijou de la côte Nord. Le week-end, les habitants de la région de la baie de San Francisco parcourent la lande jalonnée de mûriers et de fleurs sauvages, avec des cyprès accrochés aux falaises vertigineuses. Bref : à visiter absolument.

La scène artistique est florissante, comme le prouve le **Mendocino Art Center** (☎707-937-5818 ; www.mendocinoartcenter.org ; 45200 Little Lake St ; ⊙10h-16h), haut lieu des arts visuels, de la musique et du théâtre. Il héberge aussi la **Mendocino Theatre**

111

VAUT LE DÉTOUR
LE SKUNK TRAIN

Point de départ : 6 Mendocino

Au nord de Mendocino, au départ de l'humble Fort Bragg, prenez le **Skunk Train** (www.skunktrain.com ; adulte/enfant 49/24 $). La voie ferrée étroite d'époque a reçu son surnom de "train moufette" en 1925 du fait de ses locomotives à diesel et à vapeur nauséabondes. Aujourd'hui, elles sont inodores. Passant par des montagnes boisées de séquoias, des rivières, des ponts et de profonds tunnels, les trains partent de **Fort Bragg** et de **Willits** pour Northspur, situé à mi-chemin. Là, ils font demi-tour (si vous souhaitez rejoindre Willits, prévoyez d'y passer la nuit). La gare de Fort Bragg est située en centre-ville au pied de Laurel St, à un pâté de maisons à l'ouest de Main St.

Company (www.1mtc.org), qui met en scène des pièces contemporaines jouées au Helen Schoeni Theatre de 81 places.

La ville abonde en galeries, qui accueillent toutes des vernissages le 2e samedi du mois. Mais le cadre naturel est une œuvre d'art en soi. Le **Mendocino Headlands State Park** (707-937-5804 ; www.parks.ca.gov ; accès libre), dont les chemins de randonnée sillonnent les falaises et les criques rocheuses, entoure la localité. Le Visitor Center vous renseignera sur les promenades guidées à thème du week-end (les fleurs sauvages ou les baleines par exemple).

p. 113

La route » Au sud de la ville, bifurquez vers l'intérieur des terres à hauteur de Comptche

Ukiah Rd. Vous couvrirez une boucle vous ramenant près du point de départ de l'itinéraire. À cause des virages, les 30 miles (48 km) suivants sont lents, mais la vue est splendide.

7 Montgomery Woods State Natural Reserve

À 2 miles (3 km) à l'ouest d'Orr, cette **réserve naturelle** (Orr Springs Rd) abrite 5 bosquets de vieux séquoias qui comptent parmi les plus beaux à si peu de distance de San Francisco. Un sentier de 3 km traverse le cours d'eau et sinue à travers les bosquets (départ à côté des tables de pique-nique et des toilettes). L'endroit est à l'écart, ce qui garantit une certaine paix. Les arbres sont impressionnants (certains font 4 m de circonférence) mais il faut les contempler depuis le sentier, à la fois pour ménager leurs racines et pour vous protéger du sumac vénéneux (extrêmement irritant), présent dans tout le parc.

La route » Depuis le parking de la réserve, continuez sur 2 miles (3 km) sur la Comptche Ukiah Rd (parfois indiquée Orr Springs Rd sur certaines cartes) pour rejoindre les Orr Hot Springs.

TEMPS FORT

8 Orr Hot Springs

Après s'être bien dépensé, les eaux thermales de cet établissement rustique sont un délice – à condition de n'être pas trop pudique, puisque l'on peut s'y baigner nu, une pratique prisée des habitants du coin, *hipsters* de retour à la terre, baroudeurs et touristes désinhibés. Pour autant, il n'est pas obligatoire de rester dans le plus simple appareil pour profiter des **Orr Hot Springs** (10h-22h). Au programme : bains privatifs, sauna, piscine d'eau de source à fond de pierre, hammam, massages et jardins luxuriants, moyennant 25 $ la journée (20 $ le lundi). Se baigner dans les piscines sur le toit par une nuit claire est une expérience mémorable.

p. 113

Se restaurer et se loger

Boonville ❷

✖ Paysanne — Glacier $

(14111 Hwy 128 ; cornet 3 $; ⏲10h-15h jeu-lun). Outre des glaces bios aux parfums novateurs comme Lemon Cookie ou Strawberry Je Ne Sais Quoi (avec une pointe de vinaigre balsamique), ce glacier propose aussi cookies, confiseries et autres douceurs du jour.

✖ Table 128 — Américain moderne $$$

(☎707-895-2210 ; www.boonvillehotel.com ; 14040 Hwy 128 ; menu 3/4 plats 40/50 $; ⏲17h-21h jeu-lun). Les gourmets adorent la carte, moderne et perpétuellement changeante. Plats simples bien préparés, service familial et sans chichis à de grandes tables de ferme.

🛏 Boonville Hotel — Boutique-hôtel $$

(☎707-895-2210 ; www.boonvillehotel.com ; 14040 Hwy 128 ; ch 125-200 $, ste 225 $). Décorées dans le style rustique américain d'aujourd'hui, les chambres de cet hôtel historique plairont aux citadins en quête d'esprit campagne-chic.

Philo ❸

🛏 Philo Apple Farm — Cottages $$$

(☎707-895-2333 ; www.philoapplefarm.com ; 18501 Greenwood Rd ; ch lun-jeu 175 $, ven-dim 250 $). Dans le verger, 4 ravissants cottages spacieux et lumineux, construits avec des matériaux de récupération. Mention spéciale au cottage Red Door pour sa sdb avec baignoire et douche extérieure sur la terrasse privative.

Van Damme State Park ❹

🛏 Van Damme State Park Campgrounds — Camping $

(☎800-444-7275 ; www.reserveamerica. com ; empl tente et camping-car 35 $; 🚿). Parfaits pour les familles, 2 campings très spacieux, avec douches chaudes. L'un est au bord de la Hwy 1, l'autre dans une prairie, en hauteur. Des **aires de camping basiques** ("environmental camp" ; empl tente 25 $), où planter sa tente, se trouvent à 2 km de marche sur le chemin du Fern Canyon Trail.

Mendocino ❻

✖ Cafe Beaujolais — Californien $$$

(☎707-937-5614 ; www.cafebeaujolais.com ; 961 Ukiah St ; plats midi 9-20 $, soir 27-40 $; ⏲11h30-14h30 mer-dim, 17h45-21h tlj). Coqueluche de Mendocino, ce restaurant franco-californien attire des clients de San Francisco, qui en font la raison principale de leur excursion. Tout est un régal. Réservation indispensable.

🛏 Andiron — Cottages $$

(☎800-955-6478 ; www.theandiorn.com ; 6051 N Hwy 1 ; ch 99-149 $; 🛜🚴🐾). L'élégante décoration vintage des années 1950 de ces cottages en bord de route change agréablement des rosiers grimpants et vieilles dentelles de Mendocino.

🛏 MacCallum House Inn — Auberge, cottages $$$

(☎707-937-0289 ; www.maccallumhouse.com ; 45020 Albion St ; ch à partir de 204 $; @🛜🚴🐾). De coquets cottages et une luxueuse demeure de 1882 dotée de 6 chambres, mais le must est de loger dans le château d'eau d'époque (fin XIXe siècle), avec chambre au rez-de-chaussée, sauna au 1er, et, tout en haut, exquise chambre avec vue sur la côte.

Orr Hot Springs ❽

🛏 Orr Hot Springs — Resort, camping $$

(☎707-462-6277 ; empl tente 45-50 $, d 140-160 $, cottages 195-230 $). Des chambres d'une élégante rusticité, en accord avec l'ambiance du lieu. L'hébergement inclut l'accès au spa et à la cuisine commune. Certains cottages ont leur propre cuisine.

Sinkyone Wilderness State Park
Un littoral accidenté et envoûtant

Lost Coast et l'Avenue des Géants

9

Découvrez les rivages déserts de cette côte sauvage, puis promenez-vous à l'ombre des arbres centenaires de l'Avenue des Géants. Ce circuit concentre tout le charme du littoral de la Californie du Nord.

TEMPS FORTS

65 miles/105 km

Avenue of the Giants et Humboldt Redwoods State Park
Grandeur et démesure des forêts de séquoias géants

ARRIVÉE 7

● Fortuna

100 miles/161 km

Ferndale
Une charmante ville jalonnée de demeures historiques, souvenir du temps de l'exploitation laitière

4

25 miles/40 km

Lost Coast
Un littoral sauvage sillonné de sentiers franchissant des pics côtiers et des plages de sable noir

3

Shelter Cove

● Garberville
DÉPART

4 JOURS
100 MILES/161 KM

PARFAIT POUR...

LE MEILLEUR MOMENT

De mai à août, pour un temps plus clément.

LA PHOTO SOUVENIR

Au pied d'un séquoia géant dans l'Avenue des Géants.

RANDONNÉE MÉMORABLE

La balade jusqu'à Needle Rock, sur la Lost Coast, pour un aperçu du littoral sauvage californien d'autrefois.

Lost Coast et l'Avenue des Géants

Sentiers isolés et littoral vierge caractérisent la splendide "Lost Coast", "côte perdue" parmi les plus sauvages de l'État offrant l'opportunité de randonnées aventureuses. La région fut "perdue" lorsque le réseau routier la contourna au début du XXᵉ siècle. Elle devint alors le fief des marginaux politiques radicaux, des cultivateurs de marijuana et des amoureux de la nature.

❶ Garberville

Première étape sur la Lost Coast, la bourgade éparse de Garberville est la première ville au-delà de ce que l'on appelle le "rideau de séquoias". Les relations sont quelque peu difficiles entre les bûcherons de la vieille garde et les hippies, venus pour beaucoup dans les années 1970 cultiver de la marijuana après avoir été chassés de Santa Cruz par la police fédérale. En visitant le centre-ville, qui se résume à 3 pâtés de maisons, ne manquez

13 miles (21 km) vers ⑩

Ferndale ❼ **ARRIVÉE**

❻ Fortuna

Hydesville

Scotia ❺

Elnor

Shively

Redcrest

Capetown

Bridgeville

Six Rivers National Forest

Avenue of the Giants et Humboldt Redwoods State Park ❹

Eel River

Petrolia

Honeydew

Alderpoint

OCÉAN PACIFIQUE

Lost Coast ❸

Redway

Garberville ❶ **DÉPART**

Shelter Cove ❷

Thorn Junction

pas de vous arrêter chez **Brown's Sporting Goods** (📞707-923-2533 ; 797 Redwood Dr ; 🕐9h-18h lun-ven, jusqu'à 17h sam), boutique bric-à-brac d'articles de loisirs en plein air (pêche, chasse, randonnée...) et mine d'informations sur la région. La famille Brown, à la tête de l'établissement depuis deux ou trois générations, possède une connaissance encyclopédique des activités possibles dans le coin. Si vous disposez d'un peu de temps, vous pouvez passer la journée à la **Benbow Lake State Recreation Area** (📞été 707-923-3238, hiver 707-923-3318 ; 8 $/véhicule), au sud de la ville. L'Eel River, qui traverse le parc, est propice à la baignade et aux bains de soleil.

À COMBINER AVEC

1 Pacific Coast Highway

Découvrez les palmiers, emblématiques de la Californie, en longeant la lisière de l'État.

10 Les géants de la Redwood Coast

Une balade jusqu'au Redwood National Park, en continuant au nord après Ferndale sur la Hwy 101, vous fera découvrir d'autres géants des forêts.

BON À SAVOIR ACCÉDER À LA LOST COAST

Les randonneurs qui veulent parcourir la Lost Coast dans son entier vont souvent du nord au sud afin d'éviter les vents du nord. Beaucoup de départs de sentiers se trouvent au Mattole Beach Campground, au sud de Petrolia, au bout de Lighthouse Rd.

🍴 🛏 p. 121

La route » Rejoindre Shelter Cove est assez épineux. Roulez doucement sur la pente raide et sinueuse de Briceland Thorn Rd (qui devient ensuite Shelter Cove Rd), qui s'élance vers l'ouest au nord de Redwood Dr, au niveau de Redway. Respectez les panneaux "No Trespassing" (défense d'entrer) pour éviter les problèmes avec les cultivateurs de plantes illicites.

- - - - - - - - - - - - - - -

2 Shelter Cove

Au bout de la route, le village isolé de Shelter Cove donne accès à la Lost Coast. Ce minuscule bourg de 700 âmes semble parfois compter autant de wapitis que d'humains. Bien que prioritairement tremplin d'accès à la nature sauvage, Shelter Cove n'en reste pas moins une destination agréable où il fait bon ralentir le pas et contempler. Ici, la nature est reine : des baleines migrant vers les eaux chaudes du Pacifique passent au large (mères et petits peuvent être observés au printemps – pas de circuits organisés d'observation des baleines ici !), plus près, une foule de crabes, d'étoiles de

mer et d'éponges (voire de poulpes à l'occasion) envahissent les trous d'eau, et une colonie de phoques tapisse les rochers.

🍴 🛏 p. 121

La route » Il y a des points de départ pour le Lost Coast Trail au nord et au sud du bourg. Dès lors, plus de voiture : le sentier s'explore à pied.

TEMPS FORT

3 Lost Coast

Splendide destination de randonnée de la côte nord californienne, ce littoral accidenté est sillonné de sentiers franchissant des pics côtiers et des plages de sable noir. La King Range (1 220 m) s'élève à 5 km de la côte, qui fut "perdue"– d'où son nom – lorsque le réseau routier de l'État contourna le massif, délaissant la région, au début du XXe siècle.

La meilleure façon de découvrir le secteur est de randonner plusieurs jours dans la zone qui englobe le **Sinkyone Wilderness State Park** et le **King Range National Conservation Area**. Au départ de Shelter Cove, une randonnée de 3 jours

sur le **Lost Coast Trail** aboutit à l'embouchure de la Mattole River. Aussi difficile que magique, elle passe par le **Punta Gorda Lighthouse**, un phare abandonné. On peut organiser le retour à sa voiture en navette avec **Lost Coast Shuttle** (☎707-223-1547 ; www.lostcoastshuttle. com). Autre possibilité : une marche d'une journée jusqu'à **Black Sand Beach**, ou une nuit à **Needle Rock**, à 9 miles (15 km) au sud du Hidden Valley Trailhead. Sur place, le **Visitors Center** (☎707-986-7711 ; www.parks.ca.gov ; empl tente/Barn Room 15/20 $; ◷ bénévoles sur place 4h/jour)

de Needle Rock offre une vue splendide sur la côte.

La route » Rebroussez chemin vers Garberville, puis continuez au nord via la Hwy 101. Quittez-la à hauteur du panneau "Avenue of the Giants", à 6 miles (10 km) au nord de Garberville, près de Phillipsville. On est au cœur du pays des arbres géants.

- - - - - - - - - -

TEMPS FORT

④ Avenue of the Giants et Humboldt Redwoods State Park

L'"Avenue des Géants", extraordinaire route de 52 km, parallèle à la Higway 101 et jalonnée d'immenses séquoias, est l'un des périples les plus

réputés de Californie. Elle relie plusieurs bourgades dotées de motels des années 1950, de *diners* vintages servant des repas "Lumberjack" ("pour bûcherons") et d'aires d'autoroute semées de Harley. En chemin, ne manquez pas la **California Federation of Women's Clubs Grove**, clairière au centre de laquelle trône une cheminée à quatre faces, de Julia Morgan – architecte du Hearst Castle (p. 39) –, érigée en hommage à la protection de la forêt, et la **Founders Grove**, où git le **Dyerville Giant** (112 m de hauteur, 15 m de circonférence),

Avenue of the Giants, Humboldt Redwoods State Park

abattu en 1991 par la chute d'un autre arbre.

La majeure partie de l'Avenue des Géants serpente dans et autour du magnifique **Humboldt Redwoods State Park** (www.humboldtredwoods.org). Plus grand parc de séquoias du pays, il s'étend sur 22 000 ha, dont 7 000 de forêt primaire, et héberge certains des plus beaux séquoias de la planète. Ce parc, qui n'a rien à envier au Redwood National Park situé bien plus au nord, peut aussi se targuer d'accueillir 75 des 100 plus hauts arbres du monde.

Il englobe 160 km de chemins de randonnée pédestre, cycliste et équestre. Leur niveau de difficulté varie du **Drury-Chaney Loop Trail** (une boucle accessible aux enfants ; cueillette des baies en été), au **Grasshopper Peak Trail** qui mène au sommet de la Grasshopper Mountain, à 1 030 m d'altitude. À 7 km à l'ouest de l'Avenue des Géants via Mattole Rd, la **Rockefeller Forest** est la plus grande forêt primaire de séquoias au monde. Elle héberge 20% de ces vénérables titans.

✗ 🛏 p. 121

La route » De l'Avenue of the Giants, suivez les panneaux indiquant les bosquets (*groves*) du parc. Vous passerez en chemin plusieurs villages consistant en un ensemble défraîchi de pièges à touristes des années 1950, de lodges en bois et d'immenses groupes d'arbres. L'Avenue of the Giants s'achève à la Hwy 101. Parcourez 22 miles (35 km) vers le nord jusqu'à Scotia.

- - - - - - - - - -

❺ Scotia

Des années durant, Scotia fut la dernière *company town* de Californie (voir l'encadré page suivante), dans son cas entièrement gérée et détenue par la Pacific Lumber Company. Celle-ci construisait

L'ARCHITECTURE DE SCOTIA

"Scotia fut la dernière ville de Californie, et peut-être de l'Ouest américain, uniquement dévolue à l'exploitation forestière. La plupart des *company towns* (villes dont les commerces et bâtiments appartenaient à une société) n'ont aucun charme. Au contraire, la belle Scotia compte des pelouses et des maisons des années 1890. Elle a même sa propre architecture, que j'appelle le style "séquoia tyrolien" (Tyrolean Redwood). Les colonnes, les portiques et les porches des commerces sont en rondins de séquoia auxquels l'écorce reste accrochée. Cette écorce est si profondément creusée de rides qu'elle évoque les flûtes des colonnes grecques. Le bois n'a pas été peint, de sorte que l'on puisse en apprécier la beauté. On dit qu'arpenter une forêt de séquoias, c'est comme se promener dans une cathédrale. Qu'il s'agisse de la main de l'homme ou de celle de Dieu, avec le séquoia, le résultat est toujours magnifique."

Ray Hillman, historien, enseignant et guide

des maisons en bois préfabriqué et méprisait ouvertement ces "étrangers" à cheveux longs qui venaient s'interposer entre ses scies et les grands arbres. La compagnie fit faillite en 2007, mais la ville vit toujours. On peut se renseigner sur son histoire au **Scotia Museum & Visitor Center** (www.townof scotia.com ; angle Main St et Bridge St ; ⊙8h-16h30 lun-ven juin-sept), à son extrémité sud. L'atout majeur du musée est le **centre des pêcheries** (entrée libre). Remarquablement documentée, la pêcherie abrite le plus grand aquarium d'eau douce de la côte Nord.

La route ≫ Suivez la Hwy 101 sur 9 miles (15 km) au nord jusqu'à la sortie n°687 pour rejoindre Kenmar Rd.

❻ Fortuna

Avant-dernière étape de notre itinéraire, l'**Eel River Brewing Company** (www.eelriverbrewing.com ; 1777 Alamar Way ; ⊙11h-23h lun-dim), à Fortuna, permet de boire une pinte bien fraîche. Ce fut la première brasserie certifiée bio au monde, et elle fonctionne entièrement à l'énergie renouvelable (ironiquement, la quasi-totalité de la bière est brassée dans un bâtiment qui appartenait à la Pacific Lumber Company, dont l'activité allait à l'encontre de ces valeurs écologiques). Le *beer garden* et les excellents burgers en font une étape idéale.

La route ≫ Parcourez 2 miles (3 km) vers le nord et prenez la sortie n°691. Suivez alors la Hwy 211 sur 5 miles (8 km) vers le sud jusqu'à Ferndale. Vous verrez des fermes laitières en chemin.

TEMPS FORT

❼ Ferndale

Le périple sur la Lost Coast s'achève dans l'une des plus charmantes villes de la région. Ses coquettes maisons victoriennes sont surnommées "butterfat palaces" ("palais du beurre") car elles ont été bâties grâce aux richesses tirées de l'exploitation laitière. La ville est un véritable musée d'histoire. Galeries, commerces à l'ancienne, fontaines à soda et glaciers jalonnent Main St. Le **Kinetic Sculpture Museum** (580 Main St ; ⊙10h-17h lun-sam, 12h-16h dim ;) place la fin du périple sous le signe de la fantaisie. Ses drôles d'engins écolos sont fabriqués en déchets recyclés. Propulsés à l'huile de coude, poissons géants et soucoupes volantes sortent une fois l'an pour le Kinetic Grand Championship, course organisée en mai.

✕ p. 121

Se restaurer et se loger

Garberville ❶

✖ Woodrose Café — Petit-déjeuner $

(www.woodrosecafe.com ; 911 Redwood Dr ; repas 7-11 $; ⏱7h-13h ; 🅿🚻). Café apprécié servant des omelettes bios, des œufs brouillés aux légumes et des pancakes au sarrasin avec sirop d'érable dans une salle douillette.

🛏 Benbow Inn — Hôtel historique $$$

(☎707-923-2124, 800-355-3301 ; www.benbowinn.com ; 445 Lake Benbow Dr ; ch 90-305 $, cottage 395-595 $; ❄🛜🏊). Monument à l'élégance campagnarde des années 1920, le premier *resort* de luxe du royaume des séquoias est un véritable emblème historique de style Tudor. Carafon de sherry à disposition dans chaque chambre.

Shelter Cove ❷

✖ Cove Restaurant — Américain $

(☎707-986-1197 ; 10 Seal Ct ; plats 8-25 $; ⏱10h-14h et 17h-21h jeu-dim). Restaurant en bord d'océan servant d'excellents poissons frais et salades.

🛏 Tides Inn — Hôtel $$

(☎707-986-7900 ; www.sheltercovetidesinn.com ; 59 Surf Pt ; ch 160 $, ste avec cuisine 185 $). Établissement charmant en surplomb des vagues. Nombreuses activités pour les enfants.

Avenue of the Giants et Humboldt Redwoods State Park ❹

✖ Groves — Néo-américain $$

(13065 Ave of the Giants, Myers Flat ; ⏱17h-21h). Restaurant le plus raffiné à des lieues à la ronde, malgré l'accueil un peu froid. Les pizzas au feu de bois sont simples, mais les crevettes épicées et les salades fraîches sont joliment présentées.

🛏 Humboldt Redwoods State Park Campgrounds — Camping $

(☎800-444-7275 ; www.reserveamerica.com ; empl tente et camping-car 20-35 $). Le parc compte 3 campings avec douches chaudes, 2 campements écologiques, 5 aires de camping pour randonneurs, un camp de randonnée pour cyclistes, et un camp de randonnée équestre. Parmi les campings à infrastructures, le Burlington Campground, à côté du centre des visiteurs et près de plusieurs départs de sentiers, est ouvert toute l'année.

🛏 Miranda Gardens Resort — Resort $$

(☎707-943-3011 ; www.mirandagardens.com ; 6766 Ave of the Giants, Miranda ; cottages avec cuisine 165-275 $, sans cuisine 115-175 $; 🏊🚻🛜). Cottages alliant rusticité et confort, lambris de séquoia et propreté irréprochable. Superbe domaine avec table de ping-pong, aire de jeux et majestueux séquoias.

Ferndale ❼

✖ Francis Creek Inn — Motel $

(☎707-786-9611 ; www.franciscreekinn.com ; 577 Main St ; ch à partir de 85 $; 🛜). Des balcons à barrière de bois blanc agrémentent cet adorable motel du centre-ville, une affaire familiale (enregistrement à l'épicerie Red Front, juste à côté). Excellent rapport qualité/prix.

✖ Lotus Asian Bistro & Tea Room — Fusion $

(www.lotusasianbistro.com ; 619 Main St ; plats 7-14 $; ⏱11h30-21h mar, sam-dim, 16h-21h lun et ven l'été, fermé l'hiver). Excellent bistrot de cuisine asiatique fusion servant du bœuf à la cerise, des crêpes croustillantes d'échalote à l'effiloché de canard et des bols de nouilles *udon*.

✖ Sweetness & Light — Confiserie $

(554 Main St ; confiseries 2-3 $). Les "Mooo bars", barres chocolatées maison, sont les vedettes de cette confiserie à l'ancienne. Également : glaces et expresso excellents.

ARCATA

Départ/arrivée Arcata Plaza

Distance 6,5 km

Durée 4-5 heures

Une escale dans cette ville universitaire de la côte Nord de Californie donne l'occasion d'une balade à la lisière la plus progressiste de l'Amérique, dans une communauté bohème ayant l'écologie à cœur et avançant fièrement à son rythme. Parcs superbes, cuisine excellente et édifices historiques sont également au rendez-vous.

Compatible avec les itinéraires :

1 10 12

Arcata Plaza

Cœur de l'animation d'Arcata, cette place accueille des jeunes venus jouer au Frisbee, des cultivateurs vendant leurs récoltes (licites ou non), de doctes professeurs barbus ou des vagabonds à dreadlocks. Bordée de boutiques et de bars, elle arbore en son centre un bronze du président William McKinley. À l'angle nord-est, l'**Hotel Arcata** (angle G St et 9th St) de 1915 est classé National Historic Landmark (monument historique).

La promenade » Remontez G St, jalonnée d'excellents restaurants bon marché, et empruntez la passerelle piétonne enjambant la route à hauteur de 17th St pour rejoindre le campus.

Humboldt State University

Cette université est le centre intellectuel de la côte Nord. Outre une poignée de chefs de file de l'écologie, elle a eu pour étudiants le romancier Raymond Carver et Stephen Hillenburg, créateur de Bob l'Éponge. Le **Campus Center for Appropriate Technology (CCAT)** est un exemple mondial d'innovation en matière de technologies renouvelables. Le vendredi, à 14h, la **CCAT House** est ouverte aux visiteurs. La résidence brûle seulement 4% de l'énergie d'une habitation classique de la même taille.

La promenade » Traversez le campus vers le sud jusqu'à 14th St. Tournez à gauche dans Redwood Park.

Arcata Community Forest

La forêt de 283 ha du **Redwood Park** est sillonnée de sentiers à parcourir à vélo, à pied ou à cheval. Dépourvue des vastes bosquets courants dans la région, elle ne donne toutefois pas l'impression d'un paysage sauvage. Le sentier n°1, boucle de 800 m, fait une belle randonnée pour les enfants. Malgré les tentes de quelques résidents semi-permanents qui enfreignent l'interdiction de camper, le lieu reste magique, surtout lorsque la scène du parc accueille un spectacle.

La promenade » Rebroussez chemin dans 14th St et continuez en passant par-dessus la route. Une fois à G St, tournez à gauche. Vous allez croiser H St. Prenez alors à droite pour rejoindre le départ de randonnée à l'Arcata Marsh.

Arcata Marsh & Wildlife Sanctuary

Sur les rives de la baie de Humboldt, l'**Arcata Marsh & Wildlife Sanctuary** affiche 5 miles (8 km) de sentiers de randonnée et maintes occasions d'observer les oiseaux. Le spectacle est splendide au coucher du soleil, surtout si l'on songe que se trouvaient ici jadis des scieries et que l'eau provient du réseau de traitement des eaux usées d'Arcata. La **Redwood Region Audubon Society** (www.rras.org ; don apprécié) et l'**Arcata Marsh Interpretive Center** (☎707-826-2359 ; 569 South G St ; visites gratuites ; ☉9h-17h) proposent des visites guidées.

La promenade ≫ Les sentiers traversant les marais font découvrir des oiseaux migrateurs et des oiseaux de rivage. Quittez le marais dans I St, prenez rapidement à gauche dans Samoa Blvd, puis à droite dans J St.

Finnish Country Sauna & Tubs

Rien de mieux pour se délasser les jambes que les Jacuzzis extérieurs en séquoia du **Finnish Country Sauna & Tubs** (☎707-822-2228 ; www.cafemokkaarcata.com ; angle 5th St et J St ; ☉12h-23h dim-jeu, jusqu'à 1h ven-sam). Les Jacuzzis (30 min/1 heure 9/17 $) et le sauna sont installés autour d'une mare aux grenouilles entourée de séquoias. Le café baigne dans une atmosphère cosy à l'ancienne.

La promenade ≫ Continuez au nord dans J Street et prenez à droite à hauteur de 8th pour rejoindre la Plaza.

Jacoby's Storehouse

L'étape finale ramène à un autre angle de l'Arcata Plaza et à un autre monument historique, le **Jacoby's Storehouse** (angle H St et 8th St). Les allées parquetées de cet édifice de 1857, classé National Historic Landmark, ont été joliment rénovées. Elles conduisent désormais à des restaurants, à de belles expositions historiques et – halte incontournable – à un glacier.

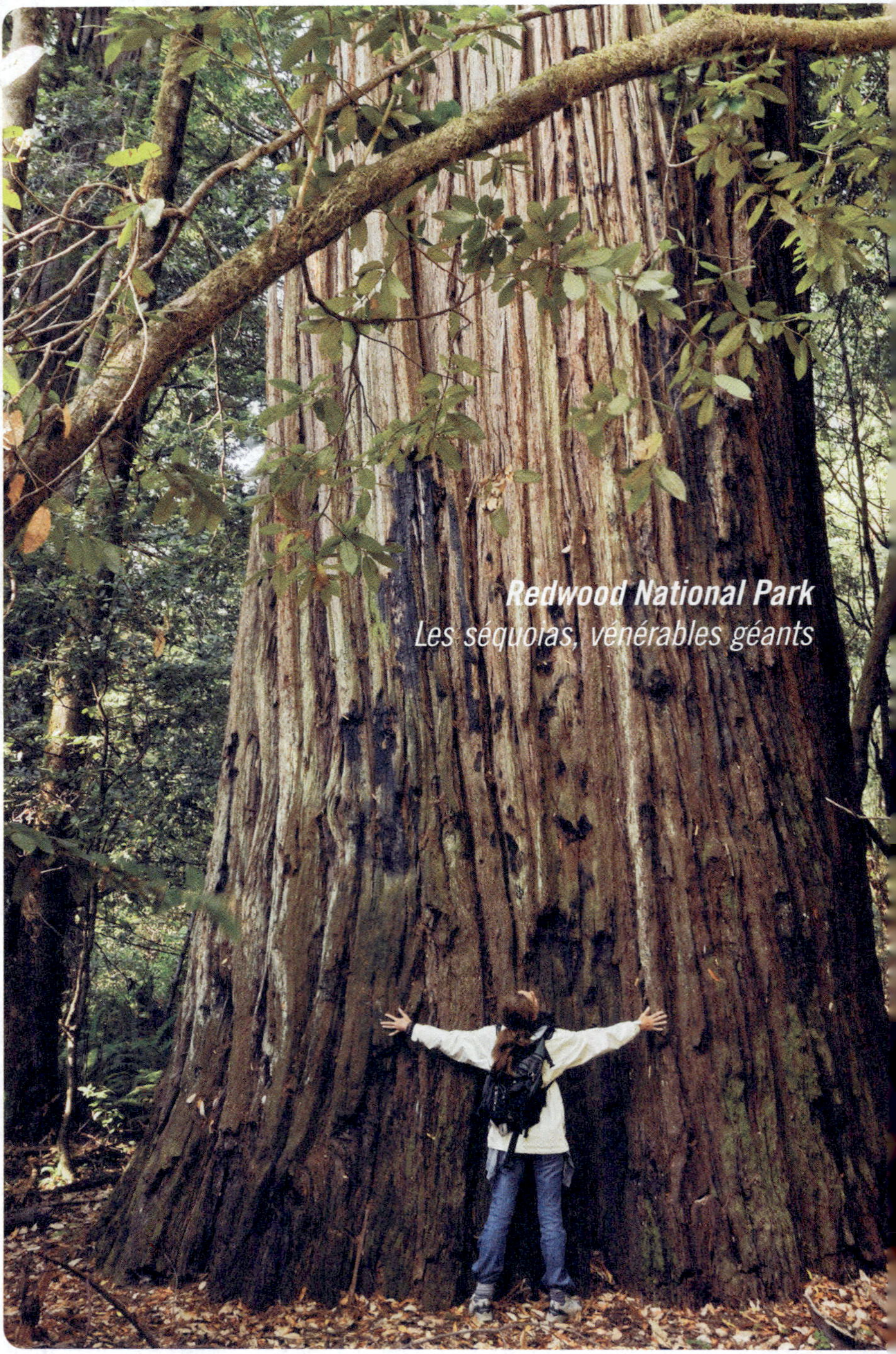

Redwood National Park

Les séquoias, vénérables géants

Les géants de la Redwood Coast

10

Arbres de 700 ans, falaises côtières au climat changeant, attractions de bord de route à l'ancienne... Ce circuit vous conduira à travers des forêts grandioses de séquoias et des villages à l'identité forte.

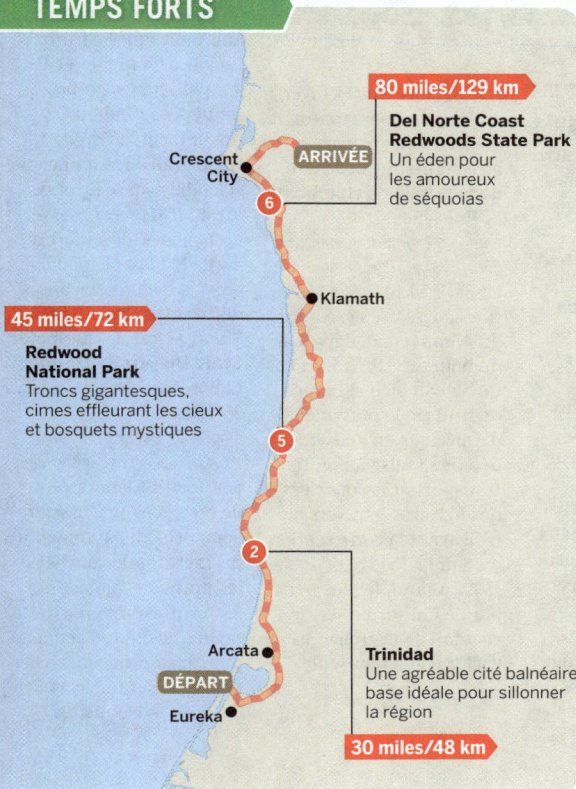

TEMPS FORTS

80 miles/129 km

Del Norte Coast Redwoods State Park
Un éden pour les amoureux de séquoias

Crescent City — **ARRIVÉE**

6

● Klamath

45 miles/72 km

Redwood National Park
Troncs gigantesques, cimes effleurant les cieux et bosquets mystiques

5

2

Arcata ●

DÉPART

Eureka ●

Trinidad
Une agréable cité balnéaire, base idéale pour sillonner la région

30 miles/48 km

3-4 JOURS
95 MILES/153 KM

PARFAIT POUR...

LE MEILLEUR MOMENT
D'avril à novembre : période la plus chaude et ciel limpide.

LA PHOTO SOUVENIR
Les séquoias drapés de brume accrochés aux falaises du Pacifique au Del Norte Coast Redwoods State Park.

BELLE ROUTE PANORAMIQUE
La Howland Hill Scenic Drive qui traverse des forêts primaires.

JOHN VAN HASSELT / CORBIS ©

125

10 Les géants de la Redwood Coast

Ce périple traversant de majestueuses forêts de séquoias a beau avoir été tracé à l'âge d'or des road-trips américains, dans les années 1950 — ses curiosités en bord de route comprennent des statues géantes du bûcheron Paul Bunyan, figure légendaire du folklore américain, la traversée en voiture de troncs de séquoias géants, des stands à burgers bien gras —, il pourrait tout aussi bien dater d'hier. Routes sinueuses et sentiers brumeux conduisent à des merveilles naturelles sans pareilles.

La route » Cap au nord via la Hwy 101, le long de la baie de Humboldt. Dépassez Arcata et prenez la sortie pour Trinidad. Attention : le tronçon entre Eureka (p. 44) et Arcata (p. 152), aussi appelé "piège à vitesse", a fait l'objet d'aménagements de sécurité ("safety corridor") et est surveillé de très près. Roulez doucement.

- - - - - - - - - - - -

TEMPS FORT

❷ Trinidad

Juchée sur un promontoire surplombant l'océan, Trinidad conserve une ambiance hors des sentiers battus malgré un flot constant de visiteurs. Le plan gratuit de la ville fourni par le kiosque d'information aide à naviguer parmi les jolies boutiques et sur plusieurs superbes sentiers de randonnée, notamment le **Trinidad Head Trail** offrant une vue splendide sur le littoral. Il est idéal pour observer les baleines (décembre à avril). S'il fait beau, flânez dans la magnifique anse de **Trinidad State Beach**. Sinon, visitez le **Humboldt State University Marine Laboratory** (📞707-826-3671 ; www.humboldt.edu/marinelab ; Ewing St ; ⏰9h-16h30 lun-ven, 12h-16h sam sept à mi-mai ; 🚻), laboratoire de recherche marine qui comporte un bassin tactile permettant de toucher les poissons, plusieurs aquariums (repérez le poulpe géant du Pacifique), une gigantesque mâchoire de baleine et une carte en 3D des fonds marins. Un

❶ Samoa Peninsula

Le départ du périple ouvre sur les dunes herbeuses et les plages ventées de la **Samoa Peninsula**, longue de 11 km.

À l'extrémité sud de la péninsule, la **Samoa Dunes Recreation Area** (⏰aube-crépuscule) s'insère dans un ensemble de dunes de 55 km, le plus long de Californie du Nord. L'endroit se prête idéalement au pique-nique, à la pêche, et à l'observation des oiseaux : selon les saisons, on peut y apercevoir 200 espèces d'oiseaux aquatiques migrateurs (printemps et automne), des oiseaux chanteurs (printemps et été), des oiseaux de rivage (automne et hiver), et des échassiers toute l'année. Vous pouvez aussi faire une **croisière dans la baie de Humboldt** (📞707-445-1910 ; www.humboldtbaymaritimemuseum.com ; croisière commentée 1 heure 15 adulte/enfant 18/10 $, croisière cocktail 10 $) à bord du *Madaket*, au départ du bout de C St, à Eureka. Ce bateau bleu et blanc de 1910 est le plus ancien d'Amérique en activité depuis sa mise à flot. Il transportait les ouvriers des filatures à travers la baie avant la construction du Samoa Bridge en 1972. À bord, le plus petit bar de Californie sert le cocktail de la croisière-cocktail au crépuscule.

🍴 p. 131

**OCÉAN
PACIFIQUE**

26 miles (42 km) vers

**Jedediah Smith
Redwoods
State Park** 11

7 **ARRIVÉE**

Gasquet

French Hill

Crescent
City

Douglas
Park

Smith River
National
Recreation Area

**Del Norte Coast
Redwoods
State Park** 6

Klamath

Six Rivers
National
Forest

p. 130

Klamath River

Orick

*Yurok
Indian
Reservation*

5 **Redwood
National Park**

4 **Humboldt Lagoons
State Park**

Big
Lagoon

**Patrick's Point
State Park** 3

Trinidad 2

p. 122
Arcata

Blue
Lake

12

299

*Humboldt
Bay*

**Samoa
Peninsula** 1

DÉPART

Eureka

5 miles (8 km) vers

9

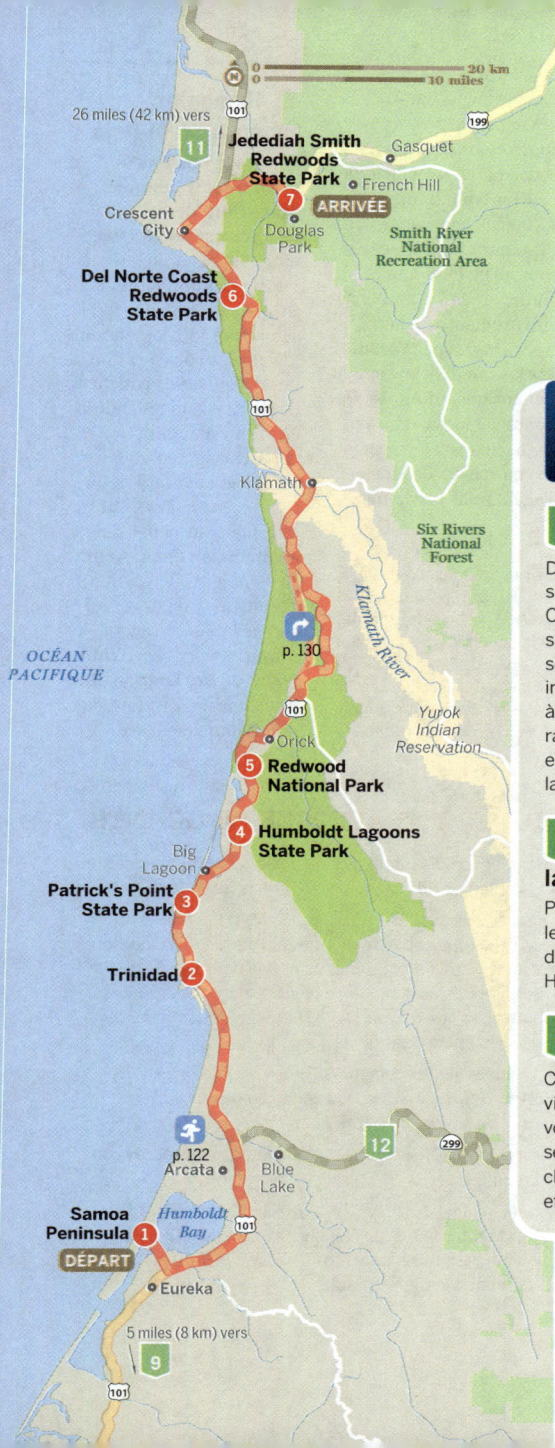

guide naturaliste organise
des sorties d'observation
de la vie marine dans les
rochers ("tide-pooling" ;
1 heure 30, 3 \$).

p. 131

La route » Retournez vers
le nord sur la route de Patrick's
Point Dr et longez le littoral
sur 6 miles (10 km).

À COMBINER AVEC

9 Lost Coast et l'Avenue des Géants

Découvrez la beauté
sauvage de la côte Nord de
Californie en combinant les
splendeurs des forêts de
séquoias et les paysages
indomptés de la Lost Coast
à travers d'extraordinaires
randonnées. Cet itinéraire
est directement relié via
la Hwy 101.

11 La côte de l'Oregon par la Highway 101

Prolongez votre périple vers
le nord et découvrez la côte
de l'Oregon en suivant la
Hwy 101 jusqu'à Astoria.

12 Trinity Scenic Byway

Coupez par l'arrière-pays
via la Hwy 299 et perdez-
vous dans les montagnes
septentrionales de Californie,
chères aux aventuriers
et aux chercheurs d'or.

❸ Patrick's Point State Park

Les falaises s'avancent dans l'océan au niveau du **Patrick's Point State Park** (📞707-677-3570 ; 4150 Patrick's Point Dr ; accès à la journée 8 $; 🚹), parc de 260 ha, où les plages de sable s'étendent au pied de caps rocheux. L'accès très facile à ces splendides promontoires fait du parc une destination privilégiée pour les familles. On vient y gravir les formations rocheuses, scruter l'horizon à la recherche des baleines, marcher dans les rochers et écouter le cri des lions de mer. Le parc héberge aussi **Sumêg**, reproduction authentique d'un village amérindien yurok aux habitations en bois de séquoia taillé à la main.

Le jardin de plantes endémiques compte des espèces servant à confectionner des paniers et des potions médicinales. Le **Rim Trail** (2 miles ; 3 km), ancien sentier yurok sillonnant les falaises, contourne la pointe et donne accès à d'immenses affleurements rocheux. Ne manquez pas **Wedding Rock**, coin délicieusement romantique, ni **Agate Beach** où les visiteurs chanceux trouvent parfois des morceaux de jade et d'agate polis par la mer.

🛏 p. 131

La route ›› Retournez sur la Hwy 101 via d'épais bosquets de séquoias. Au bout de 5 minutes de trajet vers le nord, on atteint la clairière de Big Lagoon, qui fait partie du Humboldt Lagoons State Park. Encore une minute, et voici le centre des visiteurs.

❹ Humboldt Lagoons State Park

Sur des kilomètres de côte, le **Humboldt Lagoons State Park** déroule de longues plages de sable et un chapelet de lagunes. La **Big Lagoon** et la **Stone Lagoon**, plus jolie, se prêtent idéalement au kayak et à l'observation des oiseaux. Les couchers de soleil y sont splendides car il n'y a aucune construction en vue. Le Stone Lagoon Visitor Center, sur la Hwy 101, a fermé pour cause de compression de personnel. Restent les toilettes et un panneau d'affichage. Au sud de la Stone Lagoon, le minuscule marais d'eau douce de **Dry Lagoon** offre une superbe randonnée d'une journée. Garez-

BÛCHERON MYTHIQUE ET TRAVERSÉE DE GÉANTS

Le kitsch années 1950 des destinations suivantes ramène à la grande époque des fameux road-trips américains, emblèmes des vacances en famille de l'époque.

Trees of Mystery (www.treesofmystery.net ; 15500 Hwy 101 ; adulte/enfant et senior 14/7 $; 🕐8h-19h juin-août, 9h-16h sept-mai ; 🚹). Impossible de manquer la statue du bûcheron Paul Bunyan, personnage mythique du folklore américain, et de son bœuf, Babe the Blue Ox (Babe le bœuf bleu), dominant le parking de ce piège à touristes amusant qui propose un tour en télécabine au milieu des séquoias. Les week-ends d'été, le bûcheron géant se moque des touristes arrivant dans le parking.

Chandelier Drive-Thru Tree (www.drivethrutree.com ; 67402 Drive-Thru Tree Rd, Leggett ; 5 $/véhicule ; 🕐8h30-21h ; 🚹). Rétroviseurs rabattus, on avance au pas avant de respirer un bon coup à la boutique de souvenirs ultrakitsch.

Tour-Thru Tree (430 Hwy 169, Klamath ; 🕐aube-crépuscule ; 🚹). Faufilez-vous à travers un arbre et tâchez de repérer un émeu.

Shrine Drive-Thru Tree (traversée à pied/en voiture 3/6 $; 13078 Avenue of the Giants, Myers Flat ; 🕐aube-crépuscule ; 🚹). On roule le nez en l'air sur l'Avenue des Géants de Myers Flat. Bien que le moins impressionnant des trois "Drive-Thru Trees" (arbres à traverser), il est tout de même incontournable.

Trees of Mystery Statue de Paul Bunyan et Babe the Blue Ox

vous au niveau de l'aire de pique-nique de Dry Lagoon et marchez vers le nord via le sentier non balisé menant à la Stone Lagoon. Il contourne le sud de la lagune et aboutit à l'océan, passant à travers bois et marais riches en faune. Plat pour l'essentiel, il fait 4 km aller – et nul ne l'emprunte car il n'est pas indiqué.

🛏 p. 131

La route » C'est la partie la plus belle du parcours. La Hwy 101 sinuant à travers les séquoias débouche sur de splendides rivages brumeux.

- - - - - - - - - - -

TEMPS FORT

❺ Redwood National Park

Gérés conjointement par les administrations fédérales et de l'État, les Redwood National & State Parks forment un chapelet de verdure seulement interrompu par quelques villes. Sauvé par les écologistes de l'exploitation forestière dans les années 1960, cet ensemble de parcs est aujourd'hui classé réserve de biosphère et inscrit au patrimoine de l'humanité. Le **Redwood National Park** est le premier de ce patchwork de parcs.

VAUT LE DÉTOUR
NEWTON B. DRURY SCENIC PARKWAY

Point de départ : ⑤ Redwood National Park

L'embranchement de la route de 13 km, parallèle à la Hwy 101 et traversant des forêts de séquoias vierges, se trouve au nord d'Orick. Les nombreux sentiers partant des aires de repos, comme le Big Tree et le Revelation Trail, sont adaptés aux enfants et aux personnes à mobilité réduite.

Le plan délivré au **Thomas H. Kuchel Visitor Center** (☎707-465-7765 ; www.nps. gov/redw ; Hwy 101, Orick) donne mille idées de randonnée, mais la balade jusqu'à la **Gold Bluffs Beach** (800 m) conduit au plus bel emplacement de pique-nique. De là, empruntez le sentier facile d'un mile (1,6 km) jusqu'au **Fern Canyon**, dont les parois rocheuses tapissées de fougères, formant une muraille naturelle de 20 m de haut, apparaissent dans *Le Monde perdu : Jurassic Park*. Humide, luxuriant, d'un vert émeraude, c'est l'un des sites les plus photogéniques de la côte septentrionale.

Un trajet vers l'intérieur du parc via Bald Hills Rd vous mènera au paisible bosquet de **Tall Trees Grove**. Pour le protéger, un quota de 50 véhicules par jour est autorisé. Procurez-vous un permis au Visitor Center. Le jeu en vaut la chandelle malgré l'accès ardu. Comptez 4 heures de trajet aller-retour, comprenant 30 minutes cahoteuses sur une ancienne piste

d'exploitation forestière, puis 2 km de marche sportive pour descendre jusqu'à la futaie (2 km, 250 m de dénivelé).

🛏 p. 131

La route ❯❯ Continuez vers le nord sur la Hwy 101 qui serpente à travers les forêts de conifères, jusqu'à atteindre Klamath et son pont flanqué de deux ours en bronze. Le Del Norte Coast Redwoods State Park se trouve à quelques minutes au nord.

TEMPS FORT

⑥ Del Norte Coast Redwoods State Park

Composé de canyons et de forêts vierges, ce **parc** (accès journée 8 $/véhicule) de 2 600 ha sillonné par plus de 20 km de sentiers de randonnée est un éden pour les amoureux de séquoias. Les arbres gigantesques s'accrochent aux parois vertigineuses des canyons qui plongent en à-pic sur le littoral. Il est impossible d'atteindre l'eau, sauf par le **Damnation Creek Trail** et le **Footsteps Rock Trail**, beaux mais très escarpés. Le premier, long de 6 km seulement, affiche un

dénivelé de 330 m. Avec les séquoias accrochés aux falaises, c'est le plus spectaculaire du parc. Le départ de la randonnée, non indiqué, se fait d'un parking de la Hwy 101, au niveau du Mile 16.

La route ❯❯ En quittant le parc Del Norte, on entre dans Crescent City, petite ville morne où rien n'invite à s'attarder sinon faire le plein et manger un morceau. Au nord de la ville, la Hwy 101 se scinde en deux. Empruntez la Hwy 199, vers l'est, jusqu'à South Fork Rd, que vous emprunterez à droite après avoir passé 2 ponts.

⑦ Jedediah Smith Redwoods State Park

L'étape finale du périple est le parc le plus septentrional. Il abrite la concentration la plus dense de séquoias, et la Smith River, dernière rivière de Californie au cours naturel sans barrages. Bref, c'est un joyau. Les séquoias formant un mur impénétrable, peu de chemins de randonnée traversent ce parc. Seule la **Howland Hill Scenic Drive**, route panoramique de 18 km, traverse certaines zones autrement inaccessibles. Cahoteuse et non bitumée, elle n'est nettoyée qu'une fois l'an au printemps, et peut fermer en cas de chutes d'arbres ou de glissements de terrain. Pour dormir sur place, réservez au magnifique camping du parc aménagé sur les berges de la Smith River.

🛏 p. 131

Se restaurer et se loger

Samoa Peninsula ❶

✕ Lost Coast Brewery   Brasserie $

(📞707-445-4480 ; 617 4th St, Eureka ; repas
8-15 $; 🛜). Après quelques pintes de Downtown
Brown Ale, de Great White ou de Lost Coast Pale
Ale, la cuisine de pub, plutôt grasse, paraît assez
bonne.

✕ Samoa Cookhouse   Américain $$

(📞707-442-1659 ; www.samoacookhouse.net ;
908 Vance Ave, Samoa ; buffet petit-déj/midi/soir
12/13/16 $; 🕐7h-21h ; 🚻). La dernière cantine
provisoire de camp de bûcherons de l'Ouest
propose des buffets à volonté de plats familiaux,
à manger à de grandes tables aux nappes
à carreaux rouges et blancs.

Trinidad ❷

✕ Larrupin Cafe   Californien $$$

(📞707-677-0230 ; www.larrupin.com ;
1658 Patrick's Point Dr ; plats 20-30 $; 🕐17h-21h
jeu-mar). Tapis marocains, bouquets, et épais
tapis orientaux composent le cadre idéal d'un
dîner romantique. Carte somptueuse à base
de viandes et poissons grillés au feu de bois
de *mesquite*.

🛏 Trinidad Bay B&B   B&B $$$

(📞707-677-0840 ; www.trinidadbaybnb.com ;
560 Edwards St ; ch avec petit-déj à partir de
200 $; 🛜). En face du phare, B&B très lumineux
en surplomb de Trinidad Head. Chaque chambre
est équipée d'un iPad prêté gracieusement
dont les multiples applications concernent
les activités locales.

Patrick's Point State Park ❸

🛏 Patrick's Point State Park
Campgrounds   Camping $

(📞réservations 800-444-7275 ; www.
reserveamerica.com ; empl tente et camping-car
35 $). Trois campings bien tenus avec douches
chaudes et sanitaires propres. Ceux de Penn
Creek et Abalone sont plus abrités que celui
d'Agate Beach.

Humboldt Lagoons State Park ❹

🛏 Humboldt County Parks
Campgrounds   Camping $

(📞707-445-7651 ; empl tente 20 $). Les
emplacements de ce camping au bord de Big
Lagoon sont attribués aux premiers arrivés.
Enregistrement au Patrick's Point State Park,
au moins 30 minutes avant le coucher du soleil.

Redwood National Park ❺

🛏 Historic
Requa Inn   Hôtel historique $$

(📞707-482-1425 ; www.requainn.com ;
451 Requa Rd, Klamath ; ch 85-155 $; 🛜).
Surplombant l'embouchure de la Klamath River,
cette auberge rustique, bâtie en 1914, est une
adresse prisée de la North Coast. Copieux petit-
déjeuner ; pratique la compensation carbone.

Jedediah Smith Redwoods
State Park ❼

🛏 Curly Redwood Lodge   Motel $

(📞707-464-2137 ; www.curlyredwoodlodge.com ;
701 Hwy 101 S, Crescent City ; ch 68-73 $; ❄🛜).
Une petite merveille entièrement construite et
lambrissée à partir d'un seul séquoia noueux de
plus de 5 m de diamètre. Restaurée et aménagée
en petit bijou de kitsch années 1950, l'auberge
comblera les amateurs de rétro.

🛏 Jedediah Smith Redwoods State
Park Campground   Camping $

(📞réservations 800-444-7275 ; www.
reserveamerica.com ; empl tente et camping-car
35 $). Camping prisé, emplacements ravissants
nichés au milieu des séquoias, à côté de la Smith
River.

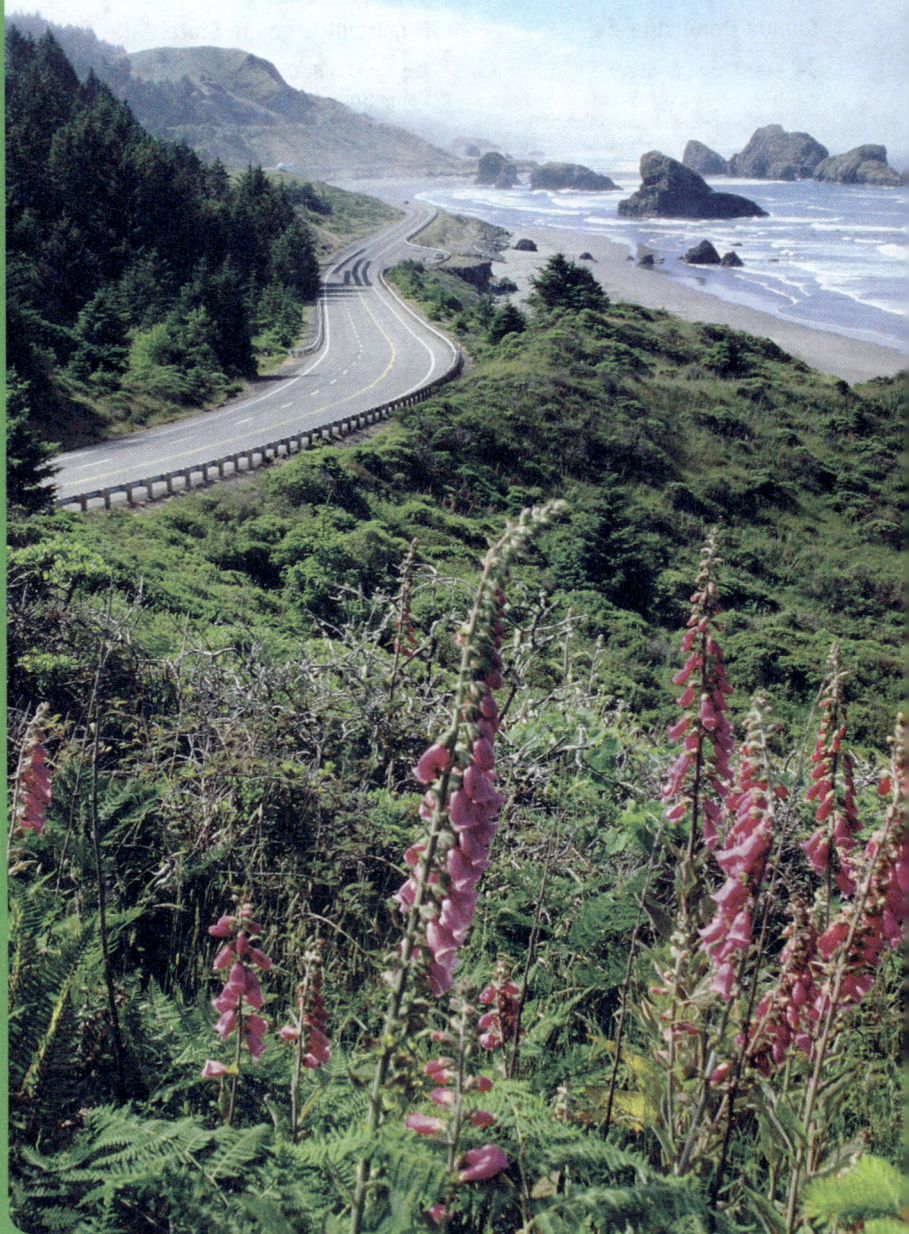

Cape Sebastian Des vues spectaculaires sur l'océan

Route Mythique

La côte de l'Oregon par la Highway 101

11

Véritable invitation au voyage, la Highway 101 serpente le long de la côte de l'Oregon, passant devant des plages de sable fin, des mares résiduelles colorées et une bonne dizaine de phares.

TEMPS FORTS

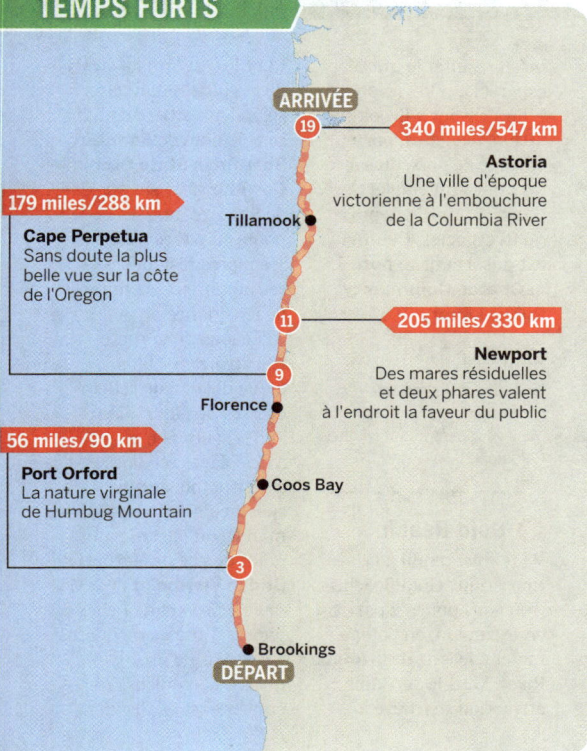

7 JOURS
340 MILES/547 KM

PARFAIT POUR...

LE MEILLEUR MOMENT

De juillet à octobre, quand le temps est plus clément.

LA PHOTO SOUVENIR

Le T-Rex grandeur nature devant les Prehistoric Gardens.

BELLES BALADES

Cape Perpetua recèle plusieurs randonnées à couper le souffle.

ARRIVÉE

19

340 miles/547 km

Astoria
Une ville d'époque victorienne à l'embouchure de la Columbia River

Tillamook ●

179 miles/288 km

Cape Perpetua
Sans doute la plus belle vue sur la côte de l'Oregon

11

205 miles/330 km

Newport
Des mares résiduelles et deux phares valent à l'endroit la faveur du public

9

Florence ●

56 miles/90 km

Port Orford
La nature virginale de Humbug Mountain

● Coos Bay

3

● Brookings

DÉPART

11 La côte de l'Oregon par la Highway 101

Montant vers l'Oregon et ses caps balayés par les vents, la pittoresque Highway 101 suit des centaines de kilomètres de littoral ponctué de charmantes villes balnéaires et de superbes vues sur l'océan. Chemin faisant, le voyageur découvrira des randonnées exaltantes dans l'arrière-pays. Cet itinéraire n'a pas besoin de but, et se justifie en soi. Tout le monde, aussi bien les amoureux de la nature que les gourmands ou les familles, passe des vacances de rêve le long de cette route côtière.

❶ Brookings

Notre périple côtier débute à Brookings. Forte des températures les plus élevées de la côte, Brookings est spécialiste de la production de bulbes de lis de Pâques ; en juillet, les champs parfumés au sud de la ville sont festonnés de couleurs vives. En mai et juin, les 12 ha vallonnés de l'**Azalea Park** (Azalea Park Rd) présentent de magnifiques arrangements de fleurs. Particularité historique : Brookings a subi le seul bombardement aérien mené sur le continent américain lors de la Seconde Guerre mondiale. En 1942, un hydravion japonais vint larguer des bombes incendiaires sur les forêts voisines, sans qu'en résultât le brasier espéré. Le pilote, Nobuo Fujita, revint à Brookings 20 ans plus tard, porteur, en gage de paix, du sabre de samouraï conservé dans sa famille depuis quatre siècles. Celui-ci est désormais exposé à la **Chetco Community Public Library** (405 Alder St).

🍴 🛏 p. 144

La route ›🛈 La remontée vers le nord commence. Vingt-huit miles (45 km) séparent Brookings de Gold Beach, via la Hwy 101.

❷ Gold Beach

Vous voici rendu à la touristique Gold Beach, d'où vous pourrez partir en excursion, en bateau à moteur, le long de la **Rogue River**. Mais la véritable attraction se trouve à 13 miles (21 km) au sud de la ville : 19 km de splendeur côtière connus sous le nom de **Samuel Boardman State Scenic Corridor**, avec ses épicéas de Sitka géants, ses ponts en pierre naturels, ses mares résiduelles et ses nombreux chemins de randonnée.

Le long de la route, vous trouverez plus d'une dizaine de refuges et aires de pique-nique, et des sentiers menant à des plages reculées et des points de vue spectaculaires. Une courte marche du parking au point de vue de **Natural Bridge Viewpoint** (mile 346/km 557) promet de belles photos d'arches rocheuses – vestiges de grottes marines écroulées. Vous pouvez ensuite décider

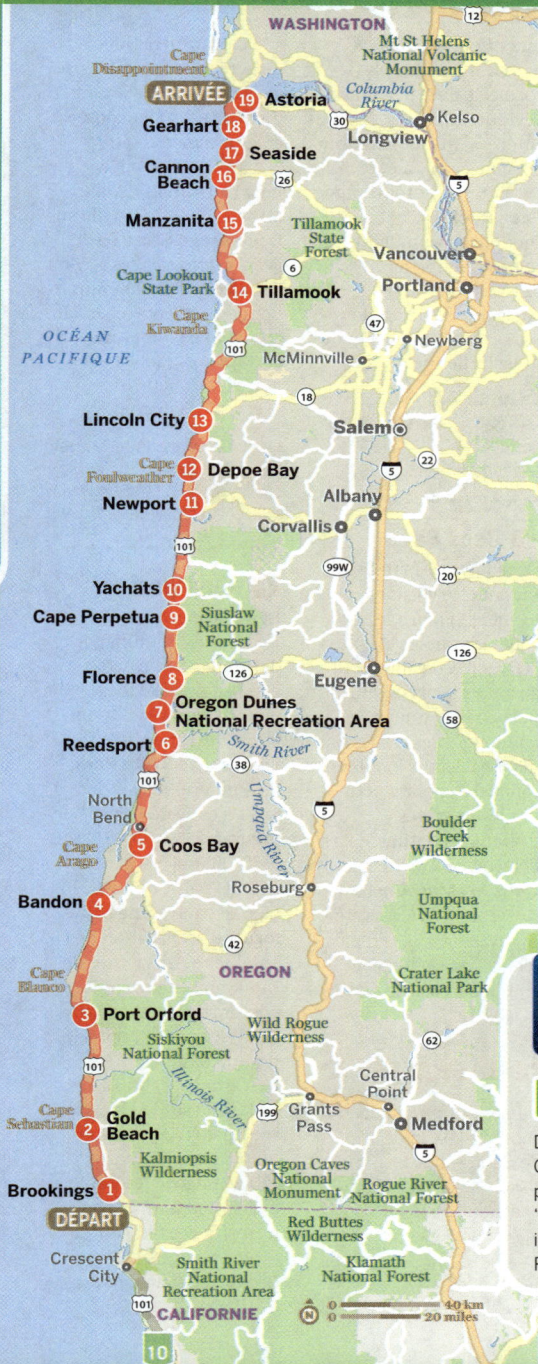

de descendre jusqu'à **China Beach**, via un sentier pentu de 11 km (aller) à travers la forêt.

✕ ⊨ p. 144

La route ➤➤ Suivez le littoral sur 28 miles (45 km) vers le nord pour rallier Port Orford. Sur cette partie, la route dévoile de belles vues sur l'océan, d'où émergent des formations rocheuses.

- - - - - - - - - - - -

TEMPS FORT

3 Port Orford

Perché sur un promontoire verdoyant, le hameau de Port Orford donne sur l'une des plus pittoresques étendues de route côtière, avec son lot de belles vues, même depuis le centre-ville. La randonnée de 5 km – ça grimpe ! – sur la **Humbug Mountain** (38745 Hwy 101) traverse des ruisseaux et des paysages semblant remonter aux origines du monde. En haut vous attend une vue spectaculaire sur Cape Sebastian et le Pacifique.

Les enfants, eux, frémiront d'aise à la vue du T-Rex trônant devant

À COMBINER AVEC

10 Les géants de la Redwood Coast

Depuis Brookings, rejoignez Crescent City via la Hwy 101 pour rallier un itinéraire "géant", à la rencontre des immenses séquoias de la Redwood Coast .

les **Prehistoric Gardens** (36848 Hwy 101 ; adulte/ enfant 10/8 $; 🕙9h-18h ; ♿), à 12 miles (19 km) au sud de la ville. Des répliques grandeur nature d'autres géants disparus sont exposées dans une forêt vierge humide ; les arbres énormes et les fougères géantes forment le cadre parfait de ce voyage dans le passé.

🍴🛏 p. 144

La route » Continuez sur 24 miles (39 km) vers le nord jusqu'à Bandon.

- - - - - - - - - - - - - -

④ Bandon

Cette petite ville côtière, souvent appelée Bandon-by-the-Sea, donne sur la baie de la Coquille River. Son quartier historique s'est embourgeoisé en une pittoresque zone commerciale sur le port, propice à la promenade et au lèche-vitrine.

Le long de la plage, les affleurements rocheux servent d'abri aux phoques, otaries et aux innombrables formes de vie des mares résiduelles. L'une des plus intéressantes formations rocheuses de la côte est la très photographiée **Face Rock**, un énorme monolithe rappelant le profil d'une femme, la tête jetée vers l'arrière. Le lieu a donné naissance à une légende amérindienne.

La route » La Hwy 101 coupe vers l'intérieur des terres pour rejoindre Coos Bay 24 miles (39 km) plus loin.

- - - - - - - - - - - - - -

⑤ Coos Bay

Coos Bay et North Bend, sa modeste voisine, forment la plus grande zone urbaine de la côte de l'Oregon. Coos Bay était autrefois le plus grand port de bois d'ouvrage au monde. Les troncs ont disparu depuis longtemps, remplacés petit à petit par les touristes.

Dans un bâtiment Art déco du centre-ville, le **Coos Art Museum** (www. coosart.org ; 235 Anderson Ave ; adulte/enfant 5/2 $; 🕙10h-16h mar-ven, 13h-16h sam) compte un centre dédié à la culture artistique de la région. Les pièces de la collection permanente du musée y sont exposées en alternance.

La Cape Arago Hwy mène à 14 miles (22 km) au sud-ouest de la ville au **Cape Arago State Park** (www.oregonstateparks.org), où des aires de pique-nique donnent, en contrebas, sur l'océan. Le parc protège certaines des plus belles mares résiduelles de la côte de l'Oregon.

La route » C'est le début des dunes, qui jouent à cache-cache sur le 27,5 miles (44,5 km) qui séparent Coos Bay de Reedsport.

- - - - - - - - - - - - - -

⑥ Reedsport

L'emplacement de Reedsport, au milieu des dunes de l'Oregon, en fait une base idéale pour explorer la région. Visitez le **Umpqua Lighthouse State Park**, où sont organisées des visites estivales d'un **phare** (adulte/enfant 3/2 $; 🕙10h-16h mai-oct, variable reste de l'année) de 1894. En face se trouve une plate-forme d'observation des baleines et un sentier de randonnée à proximité contourne le **Lake Marie**, lac d'eau douce apprécié pour la baignade.

À 3 miles (5 km) à l'est de la ville sur la Hwy 38, vous pouvez apercevoir un troupeau d'environ 120 wapitis de Roosevelt, plus grand mammifère terrestre de l'Oregon, se promener dans le **Dean Creek Elk Viewing Area**.

> ## OBSERVATION DES BALEINES
>
> Chaque année, des baleines grises s'engagent dans l'une des plus longues migrations animales de la planète, nageant du détroit de Béring et de la mer des Tchouktches jusqu'en Basse-Californie – aller et retour. Apercevez-les migrant vers le sud en hiver (de mi-décembre à mi-janvier) et vers le nord au printemps (de mars à juin).

La route ≫ Reedsport se trouve à mi-chemin dans la région des dunes, à environ 22 miles (35 km) au sud de Florence.

❼ Oregon Dunes National Recreation Area

À pousser plus au nord, vous commencerez à noter l'omniprésence croissante du sable. S'étendant sur 50 miles (80 km), les **dunes de l'Oregon** sont les plus grandes dunes littorales des États-Unis. Atteignant parfois 150 m de hauteur, elles ondulent dans les terres jusqu'à 3 miles (4 km). Les randonneurs et les ornithologues amateurs privilégient la partie calme du nord des dunes, alors que la partie sud est parcourue de buggies et autres motos.

Au mile 200.8, le belvédère de l'**Oregon Dunes Overlook** est le moyen le plus simple d'avoir une vue d'ensemble si vous n'êtes que de passage. Pour en savoir plus sur les pistes et les véhicules tout-terrain, rendez-vous à l'**Oregon Dunes NRA Visitors Center** (855 Highway Ave, Reedsport ; ⊘8h-16h30). Quant à découvrir les plus grandes dunes de la région, le **John Dellenback Trail** (au mile 222.6), un sentier de 10 km, forme une boucle à travers d'énormes pics de sable.

La route ≫ Les dunes de l'Oregon se terminent juste au sud de Florence.

MARES RÉSIDUELLES

Les mares résiduelles abritent une vie marine fascinante telle que des anémones, des crabes et des étoiles de mer. Habituellement inondé, leur habitat est visible quelques heures avant et après la marée basse, où vous pourrez vous promener sur les rochers en quête de leur faune. La chose la plus importante est de faire attention où vous marchez ; restez sur les rochers pour éviter d'écraser les petites créatures, n'en ramassez jamais et évitez de les toucher.

❽ Florence

Au nord de Florence, les **Sea Lion Caves** (www.sealioncaves.com ; adulte/enfant/-6 ans 14/8 $/ gratuit ; ⊘8h30-18h ; 🚐) sont une énorme grotte marine où vivent des centaines d'otaries. Ouverte au public depuis les années 1930, la grotte est accessible par un ascenseur.

Si le tableau peut paraître fascinant, vous risquez d'être déçu en découvrant exactement le même spectacle que celui affiché à l'écran du magasin de souvenirs, en haut. Mais si l'argent n'est pas un problème, vous passerez un moment agréable – nez sensibles, attention aux odeurs ! – à observer les otaries s'ébattre, surtout si vous êtes avec des enfants

✖ p. 144

La route ≫ C'est un trajet de 22 miles (35 km) jusqu'à Cape Perpetua, mais de 12 miles (19 km) depuis les Sea Lion Caves.

TEMPS FORT

❾ Cape Perpetua

Ne manquez pas le paysage exceptionnel du **Cape Perpetua Scenic Area** (5 $/jour). Vous pourrez facilement passer un ou deux jours à explorer les chemins traversant des forêts anciennes couvertes de mousse, et menant à des plages rocheuses, des mares résiduelles et des geysers marins.

Si le temps vous est compté, rendez-vous au moins en voiture au **Cape Perpetua Overlook** pour une vue extraordinaire, à presque 250 m au-dessus de la mer – le plus haut point de la côte. Profitez-en pour visiter l'historique poste d'observation de **West Shelter** construit en 1933.

Si vous avez plus de temps, arrêtez-vous au **Visitors Center** (⊘10h-17h30 tlj en été, 10h-16h mer-lun hors saison) pour programmer votre journée. Parmi les points forts, **Devil's Churn**,

Route Mythique

où les vagues se jettent dans une anse de 9 m pour s'écraser contre ses parois étroites, et le **Giant Spruce Trail**, qui mène à un épicéa de Sitka vieux de 500 ans et d'un diamètre de 3 m.

La route ≫ À seulement 3 miles (5 km) du spectaculaire cap Perpetua se tient la charmante Yachats.

🔟 Yachats

L'un des secrets les mieux gardés de la côte de l'Oregon est l'accueillante petite ville de Yachats, qui marque la fin de quelque 30 km de littoral spectaculaire. La région entière était autrefois une série d'intrusions volcaniques ayant résisté longtemps à l'érosion des eaux du Pacifique, pour devenir au fil du temps des pics et des promontoires littoraux. Des hectares de mares résiduelles y accueillent des étoiles de mer, des anémones et des otaries (voir l'encadré p. 137).

À 14 miles (22,5 km) au sud de la ville, le pittoresque **Heceta Head Lighthouse** (92072 Hwy 101, South Yachats) est l'un des phares les plus photographiés de la côte de l'Oregon. Vous ne le verrez pas depuis la route, mais pourrez vous garer au **Heceta Head State Park** (5 $/jour) pour emprunter le chemin menant au phare et aux anciens **quartiers du gardien de phare** (transformés en B&B – voir p. 145).

🍴🛏 p. 145

La route ≫ Encore 24 miles (39 km) jusqu'à Newport, en longeant la bordure de la Siuslaw National Forest.

- - - - - - - - - -

TEMPS FORT

1️⃣1️⃣ Newport

Rendez-vous à la **Yaquina Head Outstanding Natural Area** (750 Lighthouse Dr ; 7 $/véhicule, gratuit pour vélos et piétons ; ⊘ aube-crépuscule), une énorme langue de terre qui s'avance de plus de un kilomètre dans l'océan. Ce cap accueille certains des meilleurs bassins tactiles de la côte de l'Oregon. Le plus haut phare de l'État, le **Yaquina Head Lighthouse** (à ne pas confondre avec le Yaquina *Bay* Lighthouse, 5 km plus au sud), s'y dresse également (voir l'encadré page suivante).

Moderne, l'**Oregon Coast Aquarium** (www.

PAROLE D'EXPERT
MARIELLA KRAUSE, AUTEUR

Un parcours le long du littoral de l'Oregon est l'exemple rêvé de vacances insouciantes. Il n'y a pas de grandes villes, pas de stress, pas d'agitation – simplement des kilomètres d'océan d'un côté de la route et des kilomètres de randonnée de l'autre. Ma partie préférée du voyage ? Passer la nuit au Heceta Head Lighthouse et me réveiller avec un petit-déjeuner de sept plats, suivi d'une marche au cap Perpetua.

À gauche : Heceta Head Lighthouse
À droite : Wapitis à l'Ecola State Park

aquarium.org ; 2820 SE Ferry Slip Rd ; adulte/3-12 ans 19/12 $; ⏲10h-17h, 9h-18h l'été ; 👪) vaut également le détour. Les phoques et les loutres de mer sont adorables et la salle des méduses a quelque chose d'éthéré. Mais ce qui rend cet endroit vraiment spécial est son exposition abyssale, qui permet aux visiteurs de s'aventurer dans un tunnel translucide traversant une étendue peuplée de requins, de raies et d'autres poissons.

p. 145

La route ›› Les prochains 12,8 miles (20,6 km) vous conduiront à Depoe Bay.

12 Depoe Bay

Bien qu'entourée de résidences modernes, Depoe Bay conserve une part de son charme côtier d'origine. Elle affirme posséder le plus petit port navigable du monde et se targue d'être la capitale mondiale de l'observation des baleines. À 5 miles (8 km) au sud de la ville se trouve **Devil's Punchbowl**, une grotte de mer effondrée qui bouillonne de vagues et offre de belles mares résiduelles à proximité.

La route ›› De retour sur la Hwy 101, 12 miles (19 km) vers le nord mènent à Lincoln City.

13 Lincoln City

Cette station balnéaire moderne est la principale zone commerciale de la région. En plus des stations-services et des supermarchés, la ville offre un motif supplémentaire de s'arrêter : de mi-octobre à fin mai, des bénévoles du Visitor & Convention Bureau cachent des bouchons en verre coloré, soufflés par des artisans locaux, le long des plages, offrant un souvenir mémorable aux vacanciers curieux.

p. 145

La route ›› Au nord de Lincoln City, la Hwy 101 suit la Nestucca River à travers des pâturages et des montagnes déboisées sur 44 miles (71 km) jusqu'à Tillamook.

14 Tillamook

Toute côtière qu'elle soit, Tillamook est surtout célèbre pour son fromage. Des milliers de touristes viennent chaque année goûter aux échantillons gratuits du **Tillamook Cheese Visitors Center** (4175 N Hwy 101 ; ⏲8h-18h, 8h-20h l'été). Vous pourrez également laisser les produits laitiers de côté et vous rendre dans l'un des deux intéressants musées locaux : le **Pioneer Museum** (www.tcpm.org ; 2106 2nd St ; adulte/enfant 4/1 $; ⏲10h-16h mar-dim) qui présente des jouets anciens, une salle de taxidermie (ne manquez pas l'ours polaire) et abrite et un sous-sol rempli d'objets de pionniers. Et juste au sud de la ville, le **Tillamook Naval Air Museum** (www.tillamookair.com ; 6030 Hangar Rd ; adulte/enfant 12/8 $; ⏲9h-17h) possède une large collection d'avions de chasse et un hangar à dirigeable de 3 ha.

La route ›› Roulez sur 27 miles (43 km) de Tillamook Bay à Nehalem Bay pour atteindre Manzanita.

15 Manzanita

Plus petit et bien moins pris d'assaut que Cannon Beach, le bourg de Manzanita est l'une de ces stations balnéaires

YAQUINA HEAD LIGHTHOUSE

Si le Yaquina Head Lighthouse à Newport semble plus inquiétant qu'un phare ordinaire, c'est parce qu'il tient une bonne place dans le film *The Ring*, tourné avec Naomi Watts en 2002. Construit en 1873, il s'appelait à l'origine Cape Foulweather Lighthouse, mais dans le film, il portait le nom de Moesko Island Lighthouse.

THREE CAPES SCENIC LOOP

Entre Lincoln et Tillamook, la Hwy 101 vire dans les terres. Pour un détour le long du littoral, une belle alternative est la lente, sinueuse et parfois cahoteuse Three Capes Scenic Loop, qui embrasse le littoral sur 30 miles (48 km) et offre la chance de pouvoir pêcher des coquillages. En route, vous traverserez Cape Meares, Cape Lookout et Cape Kiwanda – trois caps magnifiques que vous n'auriez pas vus autrement. À Tillamook, à l'intersection de la Hwy 101 et de la Hwy 6, bifurquez vers l'ouest dans 3rd St/Hwy 131.

informelles de la côte de l'Oregon. Vous pourrez vous détendre sur les plages de sable blanc, voire partir en randonnée sur **Neahkahnie Mountain**, où d'impressionnantes falaises s'élèvent au-dessus des vagues du Pacifique. C'est une marche de 6 km jusqu'au sommet, mais la vue en vaut la peine : par temps dégagé, elle porte jusqu'à 80 km au large.

La route ›› Suivez la côte sur 14,4 miles (23,2 km) à travers l'Oswald West State Park pour atteindre votre prochain arrêt.

16 Cannon Beach

La charmante Cannon Beach est l'une des stations balnéaires les plus appréciées de la côte de l'Oregon. La vaste plage de sable s'étend sur des kilomètres et vous trouverez de belles occasions de photos ainsi que des mares résiduelles à **Haystack Rock**, le troisième plus grand pilier de mer (formation rocheuse émergée) au monde. Pour la meilleure

randonnée côtière, dirigez-vous au nord à la sortie de la ville jusqu'à l'**Ecola State Park** (www.oregonstateparks.org ; 5 $/jour), où vous pouvez marcher jusqu'à des plages reculées.

🍴 🛏 p. 145

La route ›› Quittez la plage et regagnez les terres pour le trajet de 8,8 miles (14 km) jusqu'à Seaside.

17 Seaside

La ville balnéaire la plus grande et la plus fréquentée de l'Oregon a des airs de fête foraine. La promenade – ou "Prom" – de 3 km est un kaléidoscope de kitsch de bord de mer, où l'on peut, entre autres, louer des voitures à pédales et jouer à des jeux d'arcade tout en dégustant des beignets, des pommes d'amour et des caramels au beurre salé.

Sur la promenade, le **Seaside Aquarium** (www.seasideaquarium.com ; 200 N Promenade ; adulte/

enfant 8/4 $; ⏰9h-19h ; 👫), ouvert depuis 1937, ne compte que quelques aquariums, un bassin tactile et une petite piscine intérieure pour les phoques (nourrissage possible), mais est une sortie amusante pour les enfants curieux.

🍴 p. 145

La route ›› Gearhart n'est qu'à 2,4 miles (3,9 km), plus loin sur la côte.

18 Gearhart

Vérifiez les horaires des marée et dirigez-vous vers la plage : Gearhart est célèbre pour sa pêche aux couteaux à marée basse. Il ne vous faudra, pour vous y essayer, qu'une paire de bottes, une pelle, une paire de gants résistants (les couteaux portent bien leur nom), un permis (disponible à Gearhart) et un seau. Faites-les ensuite bouillir, et dégustez !

Pour obtenir plus d'information sur où, quand et comment pêcher le couteau, les anglophones peuvent se rendre sur le site Internet de l'**Oregon Department of Fish & Wildlife** (www. dfw.state.or.us). C'est un site très dense : le plus simple est de taper "ODFW clamming" dans un moteur de recherche.

La route ›› Continuez votre ascension vers le nord sur la Hwy 101 sur 14,5 miles (23 km) pour atteindre Astoria, étape finale de ce périple le long de la côte de l'Oregon.

Route Mythique

TEMPS FORT

19 Astoria

Dernière étape de ce périple sur la côte de l'Oregon : Astoria, située à l'embouchure de la Columbia River. Légèrement dans les terres, Astoria puise son charme dans sa riche histoire. Étape de la traversée vers l'Ouest des États-Unis par Lewis et Clark (1804-1806) – l'expédition s'y arrêta durant l'hiver 1805 et y construisit le fort Clatsop –, elle est également forte de son passé maritime, à découvrir au **Columbia River Maritime Museum** (www.crmm.org ; 1792 Marine Dr ; adulte/enfant 12/5 $; 9h30-17h).

Astoria a été le décor de plusieurs films, dont *Les Goonies* (1985). La **Goonies House** (368 38th St) et le **Clatsop County Jail** (732 Duane St) combleront les fans trentenaires !

✕ ⎵ p. 145

Bandon Beach Formations rocheuses à marée basse

Se restaurer et se loger

Brookings ❶

✕ Mattie's Pancake & Omelette   Américain $

(www.mattiespancakehouse.com ; Hwy 101 ; plats 7-13 $; ◷6h-13h45 tlj). Cet établissement informel, ouvert au petit-déjeuner et à midi, propose 20 sortes d'omelettes, avec également des pancakes (aux pépites de chocolat !). Sandwichs et salades à midi.

🛏 Harris Beach State Park   Camping $

(☎541-469-2021, 800-452-5687 ; www.oregonstateparks.org ; empl tente/yourte 20/39 $). Le meilleur (et le seul) camping côtier de la région. Plantez votre tente en bord de mer ou dormez dans une yourte. Douches, toilettes et lave-linges payants disponibles.

Gold Beach ❷

✕ Patti's Rollin 'n Dough Bistro   Américain $$

(☎541-247-4438 ; 94257 N Bank Rogue Rd ; plats 9-15 $; ◷9h-15h mar-sam, 9h-14h dim). Ce petit bistrot propose, au petit-déjeuner et à midi, un menu limité mais délicieux. De fait, le chef, Patti Joyce, a été formé au Culinary Institute of America. Réservation conseillée.

🛏 Ireland's Rustic Lodges   Hôtel, chalets $$

(☎541-247-7718 ; www.irelandsrusticlodges.com ; 29346 Ellensburg Ave ; d 75-149 $; 📶). Une belle variété d'hébergements vous attend dans cet endroit boisé : des suites, des chalets rustiques, des maisons de plage et même des emplacements pour camping-cars. Magnifique jardin devant, et vue sur la plage à l'arrière.

Port Orford ❸

✕ Red Fish   Régional $$

(☎541-336-2200 ; http://redfishportorford.wix.com/redfish ; 517 Jefferson St ; plats midi 8-12 $, soir 24-29 $; ◷11h-21h, 9h-21h sam-dim). Ce restaurant chic de cuisine régionale, avec vue sur la mer, est ouvert au petit-déjeuner, à midi et le soir. Les prix restent raisonnables, mais mieux vaut réserver.

🛏 Wildspring Guest Habitat   Chalets de luxe $$$

(☎866-333-9453 ; www.wildspring.com ; 92978 Cemetery Loop ; d avec petit-déj 198-308 $; @📶). Quelques hectares de forêt forment l'écrin de ce havre de paix. Les cinq suites, aménagées dans des chalets de luxe avec beau mobilier, chauffage au sol et douches en ardoise, invitent à une escapade romantique.

🛏 Cape Blanco State Park   Camping $

(☎541-332-6774, 800-452-5687 ; www.oregonstateparks.org ; empl tente/chalet 20/39 $). Un camping aménagé sur un cap rocheux abrité, avec un accès à la plage et une belle vue sur le phare. Douches, toilettes et rampe de bateau à disposition.

Florence ❽

✕ Waterfront Depot   Régional $$

(☎541-902-9100 ; www.thewaterfrontdepot.com ; 1252 Bay St ; plats 8-15 $; ◷16h-22h). Venez de bonne heure pour décrocher une table au bord de l'eau, puis dégustez vos pâtes *Jambalaya* ou votre flétan croustillant au crabe. Les assiettes de dégustation sont également très bonnes et les desserts extraordinaires. Réservez.

Yachats 🔟

✖ Green Salmon Coffee House   Café $
(📞541-547-3077 ; 220 Hwy 101 ; en-cas -8 $;
🕐7h30-14h30 ; 📶). Faites la queue au comptoir
pour des petits-déjeuners délicieux, avec au choix
viennoiseries, bagels au saumon et café issu du
commerce équitable. Ce café, réputé localement,
fait appel à des ingrédients biologiques et à des
pratiques durables.

🛏 Heceta Head Lighthouse   B&B $$
(📞541-547-3416, 866-547-3696 ; www.
hecetalighthouse.com ; 92072 Hwy 101 S ; ch 133-
315 $). Dormir dans un ancien quartier de gardien
de phare est un vrai plaisir – surtout dans un
tel cadre de B&B. Petit-déjeuner de sept plats.

Newport 1️⃣1️⃣

✖ Rogue Ales Public House   Pub $$
(📞541-265-3188 ; www.rogue.com ; 748 SW Bay
Blvd ; plats 9-16 $; 🕐11h-minuit). Ne ratez pas
les bières artisanales, et installez-vous au large
bar en bois de l'intérieur ou attablez-vous au
dehors. Le menu est aussi très complet.

🛏 Newport Belle   B&B $$
(📞541-867-6290 ; www.newportbelle.com ;
South Beach Marina ; d 150-165 $). Pour un séjour
unique, vous ne trouverez pas mieux que ce
B&B aménagé dans un bateau à vapeur. Les
cinq petites chambres sont impeccables et ont
l'agrément de sdb privées et d'une vue sur l'eau,
tandis que les parties communes sont idéales
pour se relaxer.

🛏 Beverly Beach State Park   Camping $
(📞877-444-6777 ; www.oregonstateparks.org ;
Hwy 101 ; empl tente 17-21 $, yourte 40 $). Avec
des emplacements de camping, des yourtes
chauffées et une longue plage de l'autre côté
de la route, c'est une base idéale pour profiter
de l'océan. À 11 km au nord de Newport.

Lincoln City 1️⃣3️⃣

✖ Blackfish Café   Régional $$$
(📞541-996-1007 ; www.blackfishcafe.com ;
2733 NW Hwy 101 ; plats 16-24 $; 🕐 11h30-21h
mer-lun). Ce restaurant, l'un des meilleurs de

la côte, offre une cuisine avant-gardiste reposant
sur les fruits de mer et les légumes de saison.
Réservez pour goûter à ces plats simples mais
délicieux, d'inspiration Nord-Ouest.

Cannon Beach 1️⃣6️⃣

✖ Lumberyard   Américain $$
(📞503-436-0285 ; www.thelumberyardgrill.com ;
264 3rd St ; plats 11-20 $; 🕐12h-22h tlj ; 📶).
Ce restaurant familial a de quoi combler tous les
goûts et propose sept sortes de hamburgers,
ainsi que des viandes rôties, tourtes, sandwichs,
pizzas et steaks.

🛏 Blue Gull Inn   Motel $$
(📞800-507-2714 ; www.haystacklodgings.
com ; 487 S Hemlock St ; d 69-229 $; 📶). Les
chambres sont parmi les plus abordables du
centre, et profitent d'une atmosphère agréable
et d'un décor neutre, hormis s'agissant des têtes
de lit, garnies de tentures mexicaines colorées.
Kitchenettes disponibles.

Seaside 1️⃣7️⃣

✖ Bell Buoy   Poisson et fruits de mer $$
(📞503-738-6348 ; 1800 S Roosevelt Dr ;
plats 8-18 $; 🕐11h30-19h30, fermé mar-mer en
hiver). Plus connu en tant que poissonnerie, cet
établissement familial tout simple s'est adjoint
un restaurant de fruits de mer, où sont servis de
délicieux *fish and chips* et soupe de poissons.

Astoria 1️⃣9️⃣

✖ Wet Dog Café   Brasserie $$
(📞503-325-6975 ; www.wetdogcafe.com ;
144 11th St ; plats 10-14 $; 🕐 midi et soir, jusqu'à
2h ven-sam). Pour un repas informel, il n'y a pas
mieux que ce grand pub original, qui brasse ses
propres bières.

🛏 Hotel Elliott   Hôtel $$
(📞503-325-2222 ; www.hotelelliott.com ;
357 12th St ; d 149-189 $; ❄🛜). Les chambres
standard de cet hôtel historique ont l'attrait de
leur charme d'antan. Pour plus d'espace, opter
pour une suite (la "présidentielle" dispose
de deux chambres, deux baignoires, un piano
fà queue et une terrasse sur le toit).

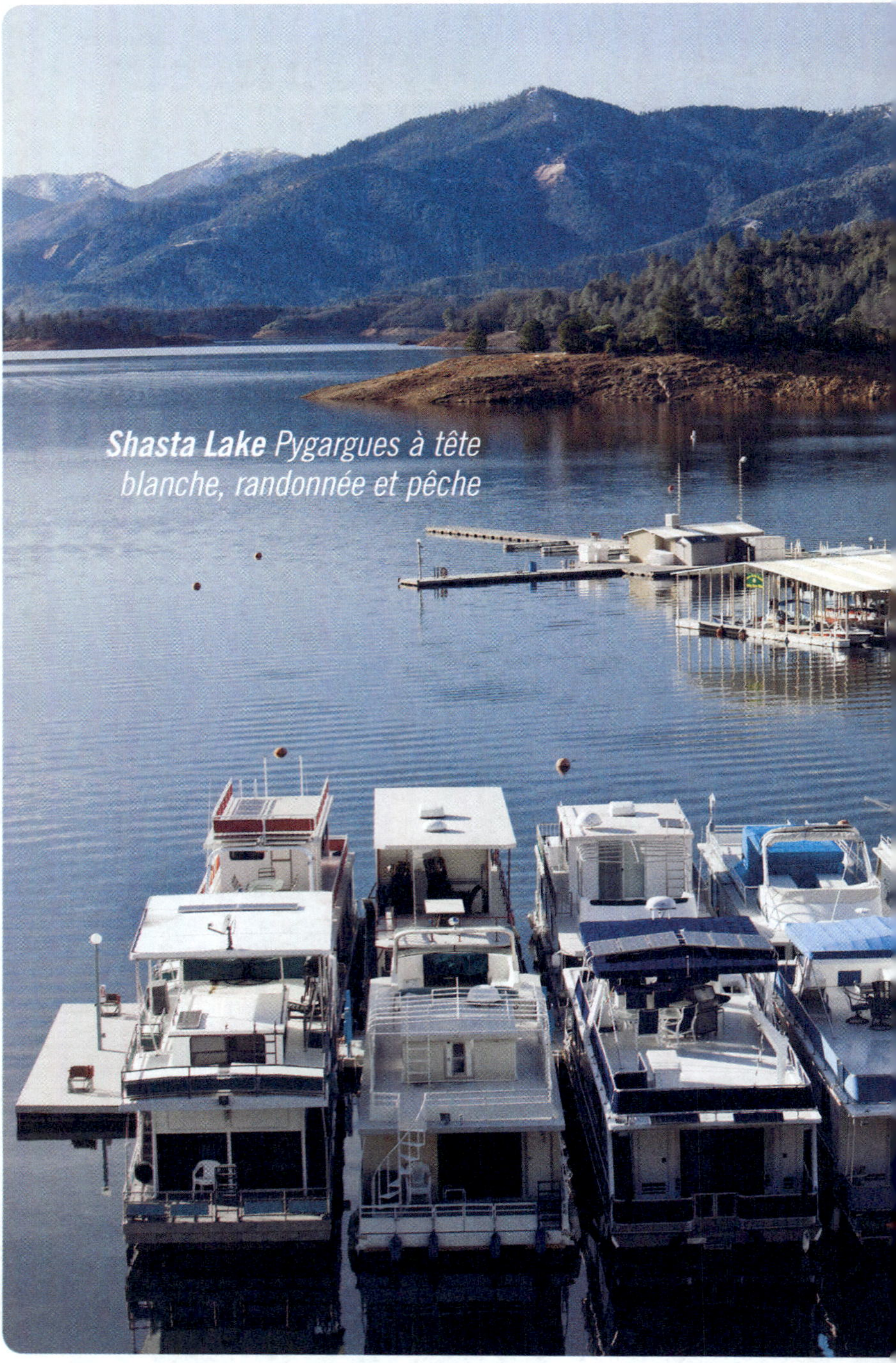

Shasta Lake *Pygargues à tête blanche, randonnée et pêche*

Trinity Scenic Byway

12

Ce coin reculé de Californie abrite des pics majestueux, des lacs paisibles et des bourgades de montagne historiques. La nature sauvage s'y conjugue avec une hospitalité des plus chics.

TEMPS FORTS

0 mile/0 km

Mt Shasta
Le cône volcanique du 5ᵉ plus haut sommet de Californie domine le paysage de toute sa splendeur

DÉPART
1

McKinleyville
Arcata
ARRIVÉE

Shasta Lake

6

4

Redding

120 miles/193 km

Weaverville
Une petite ville de montagne à la riche histoire

90 miles/145 km

Whiskeytown National Recreation Area
Camping et activités de plein air sur les rives du Whiskeytown Lake

3 JOURS
235 MILES/378 KM

PARFAIT POUR...

LE MEILLEUR MOMENT

De juin à octobre : lacs et rivières sont au plus haut, et l'air est frais et pur.

LA PHOTO SOUVENIR

Le Sundial Bridge de Santiago Calatrava.

EN FAMILLE

Les Lake Shasta Caverns : tour en bateau, observation des animaux et visite des grottes.

147

Trinity Scenic Byway

Dans ce coin reculé, les adeptes du retour à la terre, de la nature et du New Age comptent fièrement le nombre de fast-foods sur les doigts d'une main. Le périple sur la Trinity Scenic Byway conduit des montagnes les plus typiques de Californie aux rivages du Pacifique. En chemin, merveilles naturelles et petites bourgades sophistiquées se dévoilent aux visiteurs.

TEMPS FORT

1 Mt Shasta

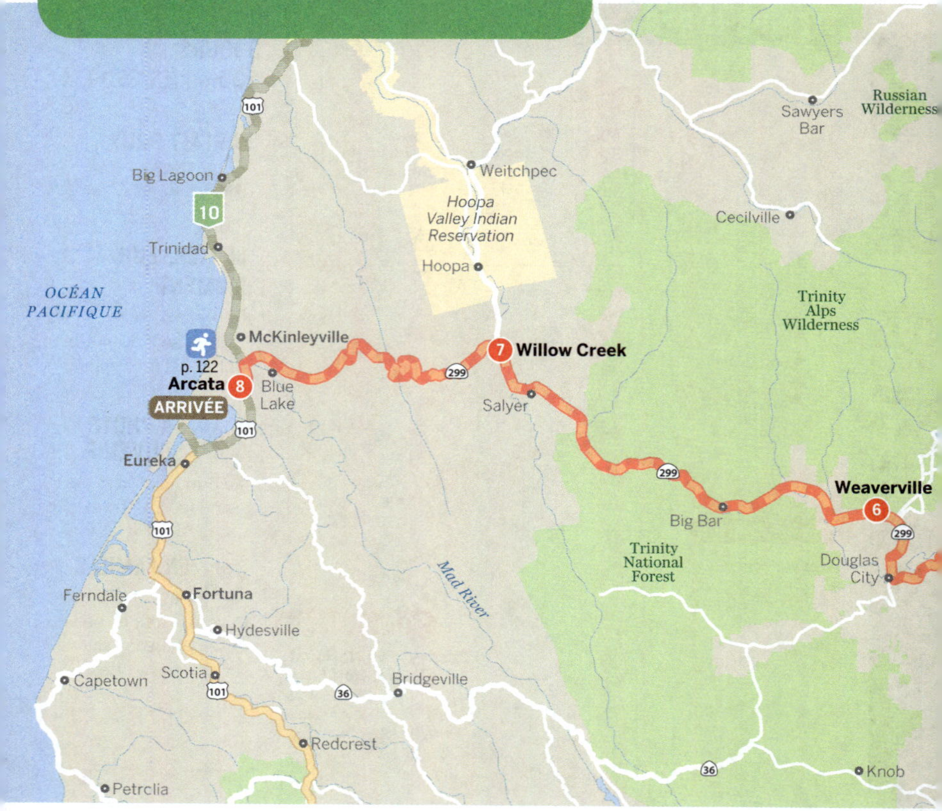

"Je l'aperçus pour la première fois alors que 80 km à parcourir à pied me séparaient de lui. Mon sang se transforma en vin et je n'ai plus jamais depuis ressenti la moindre fatigue", écrit le naturaliste John Muir en 1874. La beauté du Mt Shasta fascine, bien qu'il ne soit que le cinquième sommet de Californie (4 317 m). Commencez par le pic, presque entièrement accessible en voiture par l'Everitt Memorial Hwy (Hwy A10). Quelle que soit la saison, la vue est magnifique. En arrivant à **Bunny Flat** (2 090 m), vous aurez le souffle coupé par la beauté du lieu. Si la route n'est pas enneigée (au-delà de Bunny Flat, la route n'est ouverte que de mi-juin à octobre et selon l'enneigement), grimpez plus haut pour d'autres sublimes panoramas : le **Lassen Peak** se dresse au sud. À l'ouest, le regard embrasse le reste du périple en direction du Mt Eddy, des Marble Mountains et des collines verdoyantes qui jalonnent la belle Trinity Byway. Renseignez-vous sur les randonnées au **bureau des rangers du Mt Shasta** (☎530-926-4511 ; 204 W Alma St ; ⊕8h-16h30), qui fournit permis et bons conseils.

🍴 🛏 p. 153

La route ▸▸ Redescendez l'Everitt Memorial Hwy. Il faut environ 30 min pour rejoindre le bourg de Mt Shasta, village tendance New Age qui vaut le coup d'œil. Roulez vers le sud via l'I-5 et sortez à Lakehead (via Shasta Caverns Rd, sortie n°695, pour les grottes) ou à Shasta Lake (via Shasta Lake Blvd, sortie n°685, pour le barrage).

- - - - - - - - -

② **Shasta Lake**

Plus grand lac de barrage de Californie, le **Shasta Lake** (www.shastalake.com) compte la plus importante population de pygargues à tête blanche de l'État. Propice à la pêche, il est entouré d'un maillage serré de sentiers de randonnée. Du côté nord, arrêtez-vous aux **Lake Shasta Caverns** (www.lakeshastacaverns. com ; adulte/3-11 ans 22/13 $; ⊕visites 9h-16h ; 🅿). La visite de ces grottes comprend un tour en bateau que les familles apprécieront (habillez-vous chaudement !). Côté sud, le **Shasta Dam Visitors Center** (16349 Shasta Dam Blvd ; ⊕8h30-

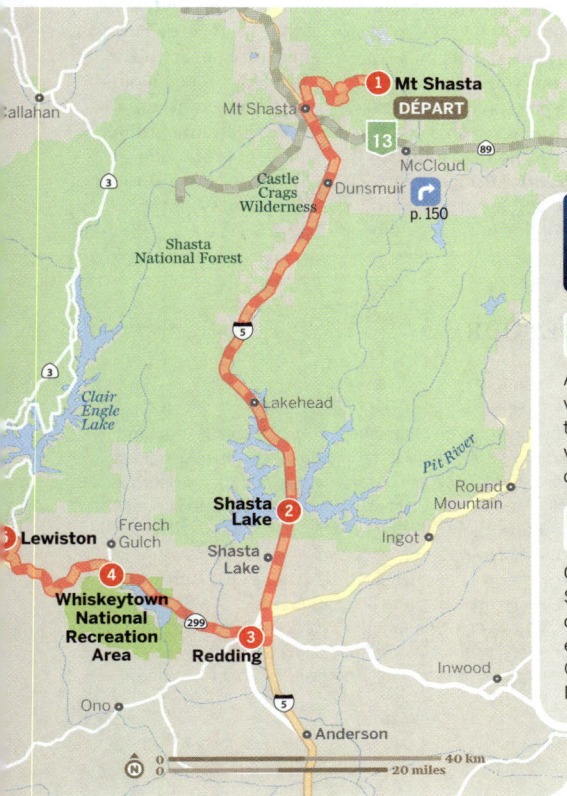

À COMBINER AVEC

10 **Les géants de la Redwood Coast**

À Arcata, prenez la Hwy 101 vers le sud, et combinez ce trajet en montagne avec une visite aux forêts de séquoias de la lointaine côte Nord.

13 **Volcanic Legacy Scenic Byway**

Contournez le volcan du Shasta pour un périple dans les paysages vierges et sauvages du nord de la Californie, en partant vers l'est par la Hwy 89.

16h30) fournit des cartes de randonnée. Il offre aussi une vue splendide sur le **Shasta Dam**. Ce barrage gigantesque de 15 millions de tonnes d'eau se place tout juste derrière le Hoover Dam, dans le Nevada. Son déversoir (150 m) est aussi haut qu'un immeuble de 60 étages. Le chanteur folk Woody Guthrie a écrit la célèbre chanson *This Land is Your Land* alors qu'il travaillait ici. Possibilité d'organiser la visite guidée gratuite du barrage au centre des visiteurs.

🛏 p. 153

La route ≫ Retournez sur l'I-5 et roulez environ 8 miles (10 km) vers le sud jusqu'à Redding.

- - - - - - - - - -

❸ Redding

La vaste agglomération de Redding – centres commerciaux, larges boulevards, grandes surfaces – détonne face aux merveilles naturelles environnantes, mais c'est le point de départ de la **Trinity Scenic Byway**, qui part à l'ouest de la ville. Il faut tout de même s'arrêter au **Turtle Bay Exploration Park** (www.turtlebay.org ; 840 Auditorium Dr ; adulte/ 4-12 ans 14/10 $; ☺9h-17h mai-sept, horaires restreints l'hiver ; 🚻). Sur 120 ha, cet ensemble de musées d'art et de sciences naturelles propose des expositions interactives pour les enfants, de vastes jardins, une serre aux papillons, et un aquarium d'eau douce de 83 000 litres au travers duquel on avance pour voir les différentes espèces aquatiques de la région. Pensez à prendre une photo du futuriste **Sundial Bridge**, pont reliant le parc à la rive nord de la Sacramento River, œuvre du célèbre architecte espagnol Santiago Calatrava.

✕ p. 153

La route ≫ Ici commence le fleuron du périple : la Trinity Scenic Byway (Hwy 299) part à l'ouest de Redding et serpente dans les montagnes jusqu'à la côte Pacifique. Au programme : forêts, lacs de montagne et rivières rugissantes.

- - - - - - - - - -

TEMPS FORT

❹ Whiskeytown National Recreation Area

Une ancienne ville minière a donné son nom au **Whiskeytown Lake**, beau lac de barrage inauguré par John F. Kennedy un peu moins de 2 mois avant son assassinat. Aujourd'hui, on vient profiter de ses 58 km de berges boisées. Le **Visitors Center** (☎530-246-1225 ; 14412 JFK

↪ ## VAUT LE DÉTOUR
DUNSMUIR

Point de départ : ❶ Mt Shasta

Construite par la Central Pacific Railroad, en charge de la construction du chemin de fer transcontinental, Dunsmuir (1 650 habitants) s'appelait à l'origine Pusher, en référence aux "tracteurs-poussoirs" (*pusher*) qui poussaient les lourdes locomotives à vapeur sur le flanc escarpé de la montagne. L'histoire de la bourgade reste attachée à celle du chemin de fer – une étape incontournable pour les passionnés. On peut aussi faire halte pour étancher sa soif avec ce que les habitants appellent "la meilleure eau du monde". C'est peut-être cette même eau qui rend les bières de la **Dunsmuir Brewery Works** (www.dunsmuirbreweryworks.info ; 5701 Dunsmuir Ave ; plats 11-20 $; ☺11h-21h mar-dim ; 📶) si délicieuses. Brunes ou blondes, leurs saveurs sont parfaitement équilibrées. L'India Pale Ale (IPA) remporte aussi un franc succès. Du Mt Shasta, parcourez 9 miles (15 km) au sud par l'I-5 et prenez la sortie n°730 pour rejoindre le centre de Dunsmuir.

Redding Sundial Bridge

Memorial Rd ; ◔9h-18h mai-sept,
10h-16h oct-avr), à la pointe
est, à côté de la Hwy 299,
fournit renseignements
et cartes gratuites, et
organise des marches
guidées. La randonnée
du centre des visiteurs
aux chutes **Whiskeytown
Falls** (5,5 km aller-retour)
suit une ancienne piste
d'exploitation forestière.
Plus à l'ouest du lac, le
**Tower House Historic
District** abrite les vestiges
de la mine El Dorado
et de la Camden House,
ouverte à la visite en été.
L'hiver, lorsque les arbres
sont dénudés, le lieu a
beaucoup de cachet.

La route ❯❯ Depuis
Whiskeytown Lake, la Hwy 299
pénètre dans des terres plus
reculées (sans réseau de
téléphone portable). À 10 miles
(16 km) à l'ouest, la route, raide
et pleine de virages en épingle
à cheveux, offre une vue
superbe sur le lac. Coupez vers
le nord par Trinity Dam Blvd,
qui mène à Lewiston.

❺ Lewiston

Attention à ne pas rater
Lewiston (www.lewistonca.
com), construite au bord
d'un tronçon de la Trinity
River réputée pour la
pêche. Si vous traversez
la bourgade, arrêtez-vous
chez **Country Peddler**
(4 Deadwood Rd), grange
remplie d'antiquités
semblant tout droit
venues d'une vieille
cabane de chasseur.
Les propriétaires, vrais
amoureux de plein air,
connaissent la région
comme leur poche.

Le **Lewiston Lake**,
à 1,5 mile (2,5 km) au
nord de la ville, offre
une paisible alternative
aux autres lacs du coin.
Tôt en soirée, on voit
des balbuzards et des
pygargues à tête blanche
plonger en piqué pour
pêcher du poisson. Mais
les plus beaux paysages
sont enfoncés dans les

terres, notamment les
Trinity Alps Wilderness
à l'ouest de la Hwy 3.
L'aventure vous attend,
sous forme de belles
randonnées, de camping
sauvage et de 965 km
de sentiers franchissant
des pics de granit et
contournant des lacs
alpins.

🛏 p. 153

La route ❯❯ Reprenez Lewiston
Lake Rd vers le sud pendant
15 minutes. Voici Weaverville,
dernier village du périple.

TEMPS FORT

❻ Weaverville

Les murs du **Joss House
State Historic Park**
(angle Hwy 299 et Oregon St ;
3 $; ◔10h-17h sam l'hiver,
mer-dim reste de l'année)
parlent d'eux-mêmes :
à l'intérieur, ils sont
couverts de registres vieux
de 150 ans répertoriant les
dons de la communauté
chinoise jadis florissante,

151

LA RÉCOMPENSE DU MARCHEUR

La randonnée en forêt peut donner envie de se désaltérer ! Voici quelques bonnes adresses pour boire une bière bien fraîche sur la Trinity Scenic Byway :

Dunsmuir Brewery Works (www.dunsmuirbreweryworks.info ; 5701 Dunsmuir Ave, Dunsmuir ; 🕐11h-21h mar-dim ; 📶). Meilleure microbrasserie des montagnes du Nord.

Goats Tavern (www.thegoatmountshasta.com ; 107 Chestnut St, Mt Shasta ; 🕐7h-18h ; 📶). Douze tireuses délivrent certaines des meilleures bières artisanales du pays.

Alehouse Pub (www.reddingalehouse.com ; 2181 Hilltop Dr, Redding ; 🕐15h-minuit lun-jeu, jusqu'à 1h30 ven-sam). Pour des bières pression fortes en amertume.

Six Rivers Brewery (www.sixriversbrewery.com ; 1300 Central Ave, McKinleyville ; plats 11-18 $; 🕐11h30-minuit mar-dim, à partir de 16h lun). Terminez le trajet par une "bière avec vue".

témoignage de la riche culture des immigrants, qui participèrent à la construction des infrastructures de la Californie du Nord puis disparurent. Le sanctuaire taoïste bleu et or renferme un autel vieux de 3 000 ans apporté de Chine. Hélas, des restrictions budgétaires publiques menacent l'avenir de ce parc historique, surprenant joyau aux confins des montagnes.

🍴🛏 p. 153

La route ›> Faites le plein, et en route pour une vue époustouflante : montagnes granitiques, Trinity River classée "Wild and Scenic" et vaste forêt ensoleillée. Aucune bifurcation prévue sur ce tronçon : continuez simplement vers l'ouest via la Hwy 299.

❼ Willow Creek

Ouvrez l'œil sur la route de Willow Creek. C'est dans ce petit village isolé que furent prises les images les plus convaincantes

du fameux Sasquatch, sorte de yéti (ou Bigfoot) légendaire. Obligation donc de s'arrêter au **Willow Creek-China Flat Museum** (www.bigfootcountry.net ; 🕐10h-16h mer-dim mai-sept, 12h-16h ven-dim oct, fermé l'hiver) pour sa Big Foot Exhibit, amusante exposition sur ce yéti américain comportant des moulages d'empreintes, et d'étonnantes photos (un peu floues…). Facile à repérer : la statue en bois de 8 mètres de hauteur d'un Sasquatch trône sur le parking. Willow Creek est aussi le point de départ de la **Bigfoot Scenic Byway**, route traversant la région du pays où le Bigfoot aurait été le plus souvent aperçu ; pour plus de précisions, voir http://scenicbyways.info/byway/62352.html.

La route ›> À 10 miles (16 km) à l'ouest de Willow Creek, on franchit le Berry Summit Vista Point (mile 28,4) puis on commence à descendre vers le Pacifique. Parcourez 31 miles (50 km) sinueux sur la Hwy 299 jusqu'à Arcata.

❽ Arcata

Voici Arcata, ville universitaire au bord du Pacifique et en plein cœur du majestueux Redwood Country ("royaume des séquoias"). Garez-vous sur **Arcata Plaza** puis flânez dans le centre historique pour manger un morceau – les restaurants sont d'excellente qualité. Ou bien découvrez le campus de la **Humboldt State University**, berceau d'un programme de développement durable de pointe. Nous suggérons une promenade à pied p. 122.

🍴🛏 p. 153

Se restaurer et se loger

Mt Shasta ❶

✗ Trinity Café   Californien $$

(☎530-926-6200 ; 622 N Mt Shasta Blvd ;
plats 17-28 $; ⏰17h-21h mar-sam). Rivalise de
longue date avec les meilleurs restaurants de
la région de la baie de San Francisco grâce à
sa longue et excellente carte des vins et à sa
cuisine bio.

🛏 Historic Lookout
& Cabin Rentals   Bungalows en hauteur $

(☎530-994-2184 ; www.fs.usda.gov/attmain/
stnf/specialplaces ; bungalow à partir de 35 $).
Construites entre les années 1920 et 1940, ces
tours de guet d'incendie restaurées, sur les pentes
du Little Mt Hoffman ou de Girard Ridge, logent
4 personnes.

🛏 Shasta MountInn   B&B $$

(☎530-926-1810 ; www.shastamountinn.com ;
203 Birch St ; ch sans/avec cheminée 130/175 $;
@ 🛜). Derrière une façade victorienne, ce
magnifique corps de ferme cache une décoration
minimaliste, tout en couleurs audacieuses.
Les balancelles du porche et les massages
participent d'une détente parfaite.

Shasta Lake ❷

🛏 US Forest Service (USFS)
Campgrounds   Campings $

(☎877-444-6777 ; www.recreation.gov ; empl
tente 6-26 $). Plusieurs campings avec vue sur
le lac et sur les montagnes. Pour le camping
sauvage, il faut un permis de faire du feu de
mai à octobre, disponible dans tout bureau
de l'USFS.

Redding ❸

✗ Carnegie's   Californien $$

(1600 Oregon St ; repas 12 $; ⏰10h-15h lun-mar,
jusqu'à 23h mer-ven ; 🖐). Café tendance et
cosy, proposant de copieuses salades fraîches,
des crevettes à l'ail, des pâtes et de la soupe
à la tomate maison.

✗ Jack's Grill   Steakhouse $$$

(www.jacksgrillredding.com ; 1743 California St ;
plats 15-31 $; ⏰17h-23h, bar à partir de 16h lun-
sam). Ne pas se laisser rebuter par l'allure de
ce grill à l'ancienne, dont les fenêtres aveuglées
rendent l'intérieur sombre comme une crypte :
les succulentes grillades fidélisent la clientèle.

Lewiston ❺

🛏 Lewiston Hotel   Hôtel historique $

(☎530-778-3823 ; www.lewistonhotel.net ;
125 Deadwood Rd ; ch 69-89 $; 🛜). Hôtel de
1862 récemment rouvert. Les chambres avec
vue sur la rivière ont beaucoup de cachet.

Weaverville ❻

✗ La Grange Café   Californien $$

(☎530-623-5325 ; 315 N Main St ; plats 15-30 $;
⏰11h30-21h lun-jeu, 11h30-22h ven-dim, avec
variations saisonnières). Restaurant réputé du coin,
servant une cuisine sans prétention. Au menu :
chou rouge farci à la pomme en automne,
enchiladas au poulet en été.

🛏 Weaverville Hotel   Hôtel historique $$

(☎800-750-8957 ; www.weavervillehotel.com ;
203 Main St ; ch 100-260 $; ❄ 🛜). Hôtel de luxe
au sein d'un monument historique rénové avec
grandeur dans le style victorien.

Arcata ❽

✗ Folie Douce   Américain moderne $$$

(☎707-822-1042 ; www.foliedoucearcata.com ;
1551 G St ; plats soir 27-36 $; ⏰17h30-21h
mar-jeu, 17h30-22h ven-sam ; 🖐). Petite carte
inventive proposant une cuisine de bistrot
d'inspiration saisonnière.

🛏 Hotel Arcata   Hôtel historique $$

(☎707-826-0217 ; www.hotelarcata.com ;
708 9th St ; ch 96-156 $; 🛜). Dans un édifice en
brique restauré de 1915, sur la place centrale
d'Arcata, cet hôtel est parfait pour observer les
passants. Les chambres de l'arrière sont plus
calmes.

Lassen Volcanic National Park
Bumpass Hell, zone d'activité géothermique

Volcanic Legacy Scenic Byway

13

Même au cœur de l'été, les routes des confins sauvages de Californie du Nord sont souvent désertes. Cette boucle contourne la lisière du Lassen Peak, l'un des plus grands volcans éteints au monde.

TEMPS FORTS

3 JOURS
185 MILES/298 KM

70 miles/113 km

Ahjumawi Lava Springs State Park
Pagayer sur les eaux paisibles de ce lac isolé

Mt Shasta

ARRIVÉE 7

McCloud

2

185 miles/298 km

Castle Lake et Heart Lake
Deux lacs alpins sauvages, où il fait bon piquer une tête

1 **DÉPART**

Lassen Volcanic National Park
Un paysage volcanique de fumerolles et de boues bouillonnantes

0 mile/0 km

PARFAIT POUR...

LE MEILLEUR MOMENT

Juillet-août : la neige disparaît enfin des plus hauts cols du parc.

LA PHOTO SOUVENIR

Une baignade dans le Heart Lake, le Mt Shasta enneigé en toile de fond.

PARTIR À L'AVENTURE

Louer un bateau pour rejoindre l'Ahjumawi Lava Springs State Park.

155

Volcanic Legacy Scenic Byway

Ce périple fait le tour de vastes étendues verdoyantes, idéales pour la randonnée, la pêche, le camping ou simplement se perdre dans les confins les plus sauvages de la Californie. C'est un territoire où peu s'aventurent. Ceux qui s'y risquent reviennent riches de souvenirs. Ici, les bourgades servent surtout à se ravitailler en carburant et en viande séchée, mais c'est justement ce qui fait le charme du lieu.

TEMPS FORT

❶ Lassen Volcanic National Park

En parcourant en voiture les champs jonchés de gros rochers volcaniques, on aperçoit au loin le **Lassen Volcanic National Park** (☎530-595-4444 ; www.nps.gov/lavo ; 10 $; ⏰9h-18h juin-sept, variations saisonnières ; 🚻). Le **Lassen Peak**, qui ne dort que d'un œil, domine de 600 m le paysage alentour et culmine à une altitude de 3 187 m au-dessus du niveau de la mer. Son dôme de lave de 804 m³ en fait l'un des plus grands stratovolcans au monde. Entré en éruption pour la dernière fois en 1915, il expulsa alors un nuage de fumée, de vapeur et de cendres à une douzaine de kilomètres dans l'atmosphère qui transforma radicalement ses environs. L'année suivante, un parc national fut créé pour protéger ce nouveau paysage.

À l'approche des sommets, la route se met à grimper, pénétrant dans des couloirs d'épaisse forêt pour aboutir au **Kohm Yah-mah-nee Visitor Facility** (☎530-595-4480 ; entrée sud-ouest du parc ; ☺9h-17h, sauf fortes neiges). Là, récupérez des cartes et le journal qui indique les emplacements de

À COMBINER AVEC

25 Feather River Scenic Byway

Ce périple en montagne au sud de Chester se combine avec un trajet à l'intérieur des terres en longeant la Hwy 70 et la Feather River.

12 Trinity Scenic Byway

Passez des paysages montagneux des Trinity Alps à l'océan en suivant cet itinéraire qui traverse une nature intacte via la Hwy 299.

camping et comporte les cartes des 242 km de sentiers. En allant au nord, on peut se promener sur les pentes pierreuses des **Sulfur Works**, mares bouillonnantes reconnaissables à leur odeur de soufre et à leurs vapeurs de gaz sifflantes. De difficulté modérée, la randonnée de 2,5 km jusqu'au **Bumpass Hell** traverse une zone à forte activité géothermique jalonnée de piscines naturelles aux couleurs étranges et de volutes de vapeur.

🛏 p. 161

La route › Suivez la Hwy 89 sur 27 miles (44 km) à travers le parc, en contournant par l'est le Lassen Peak. Au croisement avec la Hwy 299, prenez à droite pour rejoindre la bourgade de Fall River Mills, où vous pourrez louer un kayak ou un canoë. Ensuite, entrez dans McArthur et tournez à gauche dans Main St. Dépassez les Intermountain Fairgrounds (sur votre gauche), traversez le canal à droite et poursuivez jusqu'à l'embarcadère du Big Lake, point d'accès de l'Ahjumawi Lava Springs State Park, isolé.

TEMPS FORT

2 Ahjumawi Lava Springs State Park

De toutes les étapes du circuit, l'**Ahjumawi Lava Springs State Park** (☎530-336-5535 ; www.parks.ca.gov) est l'étape la plus éloignée et la plus gratifiante. Elle demande une certaine abnégation tant les sources abondantes, les baies et îlots couleur aigue-

marine, et les coulées de lave noire, uniquement accessibles en bateau, sont hors des sentiers battus. On peut louer un bateau et une place de camping rudimentaire auprès du McArthur-Burney Falls Memorial State Park (voir ci-dessous), mais rien de tel que de glisser silencieusement sur l'eau dans un canoë ou un kayak. Ceux-ci se louent près de Fall River Mills, en amont du parc, chez **Fall River Boat Rentals** (☎530-336-6085 ; 42079 Riverbank Rd ; canoë 40 $/jour). Ensuite, la balade est magnifique : affleurements de basalte, tunnels de lave, sources bouillonnantes et mille et une formations volcaniques.

La route › Rejoignez la Hwy 89 et mettez cap au nord en direction de McCloud.

3 McArthur-Burney Falls Memorial State Park

Après les champs de fumerolles et les roches volcaniques, un peu de détente au **McArthur-Burney Falls Memorial State Park** (☎530-335-2777, réservations en été 800-444-7275 ; www.parks.ca.gov ; accès journée/empl camping 8/25 $; 🚻📶). Alimentées par une source, les chutes, hautes de 40 m, s'écoulent toute l'année à la même température de 5,5°C. Les rangers sont prompts à préciser que, s'il ne s'agit pas

des plus hautes de Californie, elles en sont peut-être les plus belles (Theodore Roosevelt les qualifiait de "huitième merveille du monde"). L'eau claire filtrée par la lave se déverse du haut de la cascade et surgit également de sources. Les sentiers de randonnée englobent un tronçon du **Pacific Crest Trail**, qui continue au nord jusqu'au Castle Crags State Park. Ne manquez pas le **Burney Falls Trail** (1,3 mile ; 2 km). Récemment pourvue de rambardes, cette boucle, idéale pour les familles, permet de voir de près l'eau jaillissant en cascade des rochers.

🛏 p. 161

DES VOLCANS À PROFUSION

Cet itinéraire ne représente qu'une infime partie de la Volcanic Legacy Scenic Byway, route de quelque 800 km s'étendant au nord jusqu'en Oregon. Elle a pour terminus septentrional le splendide Crater Lake National Park en Oregon.

La route » Reprenez la Hwy 89 vers le nord jusqu'à McCloud.

- - - - - - - - - - - - - - -

❹ McCloud

Ancienne ville d'exploitation forestière, McCloud se dresse sur le versant sud du Mt Shasta, dont le pic se discerne à l'horizon. C'est un lieu paisible et agréable d'où explorer la nature sauvage alentour. La cahoteuse et minuscule **McCloud River Loop**, une boucle de 10 km partiellement pavée, débute près de la Hwy 89 à 5 miles (8 km) à l'est de McCloud, au niveau du Fowlers Campground.

McArthur-Burney Falls Memorial State Park Burney Falls

Empruntez-la pour rejoindre le sentier du **McCloud River Falls Trail**. Facile, le sentier de 2,5 km relie trois cascades (Lower, Middle et Upper Falls) et mène aux abords paisibles de la Bigelow Meadow, environnement idéal pour l'observation des oiseaux. Faites-vous aussi plaisir sur le **Squaw Valley Creek Trail**, boucle facile de 8 km au sud de la ville, avec possibilités de baignade, de pêche et de pique-nique.

🛏 p. 161

La route » La Hwy 89 monte en pente raide pour rejoindre la bourgade de Mt Shasta.

En chemin, on passe devant le Mt Shasta Board & Ski Park, domaine skiable dont les pistes font d'excellentes descentes de VTT en été.

- - - - - - - - - - - -

5 Mt Shasta

Encore considéré comme actif, le **Mt Shasta** (📞530-926-4511 ; www.fs.fed.us/r5/shastatrinity ; 204 W Alma St, Mt Shasta ; ⊙8h-16h30) demeure la Mecque des mystiques. Les chercheurs sont attirés par les prétendues propriétés cosmiques de la montagne, une vénération qui n'a rien de nouveau : depuis des siècles, les Amérindiens lui vouent un culte, la considérant

comme le wigwam (la maison) du Grand Esprit. Rejoignez son point le plus haut accessible en voiture en allant du village de Mt Shasta à l'Everitt Memorial Hwy (Hwy A10), qui mène au **Bunny Flat** (2 090 m), point d'accès à d'excellentes randonnées. Librairies et très bons restaurants vous attendent à Mt Shasta, le village situé au pied de la montagne. Les visiteurs peuvent aussi remplir leurs bouteilles d'eau aux **Sacramento River Headwaters** près du Mt Shasta Blvd, à 1,6 km au nord du centre-ville. L'eau pure jaillit du sol en une grande source fraîche

VAUT LE DÉTOUR
LAVA BEDS NATIONAL MONUMENT

Point de départ : ④ McCloud

Perché sur un cratère, le **Lava Beds National Monument** (www.nps.gov/labe) concentre sur ses 19 000 ha toutes sortes de formations volcaniques : coulées de lave, cratères, cônes de cendres, cônes de scories, volcans boucliers et tunnels de lave. Près de 750 grottes ont été recensées. Il y fait 13°C toute l'année. On trouve des pétroglyphes amérindiens dans tout le parc. De McCloud, longez la Hwy 89 sur plusieurs kilomètres vers le sud-est, puis empruntez Harris Springs Rd au nord. Le trajet complet prend environ 2 heures.

au milieu d'un parc urbain avec sentiers, aires de pique-nique et de jeux pour enfants.

✖ 🛏 p. 161

La route » Du bourg de Mt Shasta, parcourez l'I-5 vers le nord sur 10 miles (16 km), dépassez Weed jusqu'à la sortie Edgewood, puis tournez à gauche à hauteur de Stewart Springs Rd et suivez les panneaux.

⑥ Stewart Mineral Springs

Un passage aux **Stewart Mineral Springs** (530-938-2222 ; www.stewartmineralsprings.com ; 4617 Stewart Springs Rd ; bains minéraux 28 $, sauna 18 $; 10h-18h dim-mer, 10h-19h jeu-sam) vous fera le plus grand bien. Dans ce complexe thermal alternatif aménagé sur les berges d'une rivière de montagne aux eaux claires (port du maillot en option), on fait trempette dans une baignoire

privative sur pied ou on évacue les toxines dans la chaleur sèche d'un sauna. Également : massages, enveloppements corporels, hutte de sudation amérindienne, et solarium en bord de rivière. Téléphonez au préalable pour vous assurer qu'il y ait de la place dans les salles de baignade et de sudation, surtout le week-end. Profitez d'être dans le coin pour rendre visite aux **Mt Shasta Lavender Farms** (9706 Harry Cash Rd ; www.mtshastalavenderfarms.com), une exploitation lavandicole à 26 km au nord-ouest de Weed, près de la Hwy A12. On récolte soi-même sa lavande en juin et juillet.

✖ 🛏 p. 161

La route » On peut rejoindre les lacs de Castle Lake et Heart Lake en reprenant l'I-5 vers le sud, que l'on quittera à la sortie n°736 qui passe à l'ouest de l'autoroute. Passez sous l'autoroute pour

rallier Castle Lake Rd, au sud-est du lac Siskiyou. Castle Lake est à environ 7 miles (11 km) après le lac Siskiyou. En chemin, à environ 3 miles (4,8 km), vous passerez par Ney Springs Canyon et les Faery Falls, de bonnes haltes pour une photo souvenir.

TEMPS FORT
⑦ Castle Lake et Heart Lake

Facilement accessible, le joli Castle Lake est un lac alpin propre et sauvage entouré de formations granitiques et de forêts de pins. On voit au loin deux célèbres formations rocheuses de Californie du Nord : Castle Crags et le Mt Shasta. Une fois garé, enfilez votre maillot de bain et orientez-vous grâce aux panneaux pour parcourir la balade d'une demi-heure menant au **Heart Lake**, l'une des randonnées faciles les plus belles de la région. En longeant la berge vers l'est, un sentier traverse un petit cours d'eau bordé de fleurs sauvages puis atteint une échancrure située une trentaine de mètres avant un petit étang. Prenez à droite à hauteur de l'ensellement et suivez un sentier non balisé au sud-ouest sur 800 m pour rejoindre le Heart Lake. En été, le lieu est magique : les eaux peu profondes du lac se prêtent idéalement à la baignade, et la vue sur le Mt Shasta est splendide.

🛏 p. 161

Se restaurer et se loger

Lassen Volcanic National Park ●1

🛏 Manzanita Lake Camping Cabins   Bungalows, camping $

(☎hiver 530-200-4578, été 530-335-7557 ; www.lassenrecreation.com ; Hwy 89, près du Manzanita Lake ; empl tente et camping-car 18 $, ch 57-81 $; 🛜🛁). Cabanes en rondins (*cabins*) de construction récente avec 1 ou 2 chambres, ou, plus rudimentaires, équipées de lits superposés (une affaire pour les groupes).

🛏 National Park Campgrounds   Camping $

(☎877-444-6777 ; www.recreation.gov ; empl tente et camping-car 10-18 $). Le parc compte 8 campings aménagés ouverts de fin mai à fin octobre, selon l'enneigement. Seul celui de Manzanita Lake a des douches chaudes.

McArthur-Burney Falls Memorial State Park ●3

🛏 McArthur-Burney Falls Memorial State Park Campground   Camping $

(☎hiver 530-335-2777, été 800-444-7275 ; www.parks.ca.gov ; accès journée/empl tente 6/20 $; 🛁). Les campings du parc ont des douches chaudes et sont ouverts toute l'année, même par temps de neige.

McCloud ●4

🛏 McCloud River Mercantile Hotel   Boutique-hôtel $$

(☎530-964-2330 ; www.mccloudmercantile.com ; 241 Main St ; ch 129-250 $; 🛜). Chambres aux espaces décloisonnés joliment agrémentées de meubles anciens. Fleurs fraîches, couettes en plumes et baignoires sur pied. Le meilleur hôtel alpin de la région, qui marie élégance d'autrefois et audace contemporaine.

Mt Shasta ●7

🍴 Mount Shasta Pastry   Boulangerie $

(610 S Mt Shasta Blvd ; plats 17-28 $; ⏱6h-14h30 lun-sam, 7h-13h dim). Frittata aux pommes de terre garnie de poivrons, jambon et fromage fondu, *burrito* fumant, croissants, tarte aux pêches : le choix est difficile au petit-déjeuner.

🛏 Woodsman Cabins & Lodge   Motel $

(☎530-926-3411 ; 1121 S Mt Shasta Blvd ; ch 89-139 $; ❄🛜). Gérés par les propriétaires du Strawberry Valley Inn de l'autre côté de la rue, ces édifices années 1950 rénovés donnent dans une décoration "virile". Des animaux empaillés trônent dans la réception, réchauffée en hiver par un feu de cheminée.

Stewart Mineral Springs ●6

🍴 Weed Mt Shasta Brewing Company   Brasserie $

(www.weedales.com ; 360 College Ave, Weed). Savourez une brune *porter* ou une Mountain High IPA ambrée. La seconde est délicieuse mais titre à 7%. Attention.

🛏 Stewart Mineral Springs   Camping $

(empl tente et camping-car 35 $, tipi 45 $, ch 65-85 $). Plusieurs hébergements sommaires à disposition, dont un lodge grossièrement taillé et des tipis.

Castle Lake et Heart Lake ●7

🛏 Castle Lake Campground   Camping $

(☎530-926-4511 ; Mt Shasta Ranger Station ; gratuit). Six emplacements rudimentaires à 400 m en contrebas du lac, avec tables et feux de camp.

Grand Prismatic Spring *Éruptions de geysers et mares de boue en ébullition*

Route Mythique

Du Grand Teton au Yellowstone

14

La nature, à l'état sauvage… À l'ombre des flèches de la Teton Range, geysers, piétinements des bisons et hurlements de loups constituent la bande-son d'une randonnée inoubliable.

TEMPS FORTS

ARRIVÉE
Mammoth

190 miles/306 km
10
Lamar Valley
À la rencontre des grizzlys, loups et antilopes

Canyon

100 miles/161 km
Grand Prismatic Spring
Sources aux couleurs de l'arc-en-ciel, geysers et mares de boue bouillonnantes

6
Old Faithful

Yellowstone Lake

27 miles/43 km
3
String Lake et Leigh Lake
Le Grand Teton National Park au fil de l'eau

1 mile/1,6 km
Jackson
Où se mêlent Far West et aventures en montagne

1
DÉPART

7 JOURS
250 MILES/402 KM

PARFAIT POUR…

LE MEILLEUR MOMENT
De juin à septembre.

LA PHOTO SOUVENIR
Oxbow Bend, Grand Teton National Park. Élans et wapitis fréquentent la Snake River, avec le Mt Moran en toile de fond.

FAUNE
Un safari nord-américain lorsque le soleil se lève sur les vallées du Yellowstone.

163

14 Du Grand Teton au Yellowstone

Premier parc national des États-Unis et destination phare du Wyoming, Yellowstone est le royaume des geysers, des bisons, des grizzlis et des loups. L'abondance de lacs alpins, de cours d'eau et de cascades, répartis au pied d'un supervolcan, en fait l'une des plus fabuleuses créations de Dame Nature. Juste au sud, les pitons burinés et les forêts odorantes du Grand Teton National Park offrent un paysage alpin idéal pour l'exploration et comblera les férus de randonnée en altitude.

TEMPS FORT

1 Jackson

Située avant l'entrée sud du Grand Teton National Park, Jackson est une petite station de ski qui ne manque pas non plus d'attrait en été, avec ses offres d'activités de plein air, ses galeries, boutiques branchées et magasins d'équipements de sport. Au **National Museum of Wildlife Art** (📞307-733-5771 ; www.wildlifeart.org ; 2820 Fungius Rd ; adulte/enfant 12/6 $; 🕐9h-17h), ne manquez pas les chefs-d'œuvre de Remington et Bierstadt, représentations émouvantes du Grand Ouest. L'hiver, wapitis, bisons et mouflons se rassemblent au **National Elk Refuge** (📞307-733-9212 ; www.fws.gov/refuge/national_elk_refuge ; Hwy 89 ; balade en traîneau à cheval adulte/enfant 18/14 $; 🕐8h-17h sept-mai, 8h-19h juin-août, balade en traîneau à cheval 10h-16h mi-déc à mars), plus apprécié des oiseaux en été. Jackson est enfin l'une des meilleures scènes gastronomiques de l'État et les chefs réputés mettent l'accent sur des produits issus d'exploitations locales.

🍴 🛏 p. 172

La route » Depuis Jackson, suivez la Rte 22 jusqu'à la Moose-Wilson Rd (Rte 390), interdite aux camions et caravanes. Conduisez doucement ; les grizzlis ne sont pas rares le long de cette petite route. Le droit d'entrée du Grand Teton National Park s'acquitte au stand marquant la **Granite Canyon Entrance** (🕐permis 7 jours 25 $/véhicule). Ensuite, prenez la Laurance S Rockefeller Preserve à droite, à 16 miles (26 km) de Jackson.

---

2 Laurance S. Rockefeller Preserve

Sobrement aménagé et conçu dans une démarche durable, le **Laurance S. Rockefeller Preserve Center** (📞307-739-3654 ; Moose-Wilson Rd ; 🕐8h-18h juin-août, 9h-17h sept-mai) va au-delà de l'habituel centre d'information. Ici, point d'animaux empaillés : des espaces clairs, un théâtre sonore, des expositions, une bibliothèque et toutes les informations sur le parc.

D'ici, une balade facile conduit au **Phelps Lake**. La boucle de 7 miles (11 km) prend environ 3 heures 30. Si vous n'avez que deux heures (et un

maillot de bain), rendez-vous au Jump Rock d'où l'on peut plonger de 7 m dans une eau cobalt et cristalline. Très apprécié des nageurs et des promeneurs, il n'est qu'à une heure sur le sentier.

La route » La voie s'achève après 4 miles (6,5 km) à Teton Park Rd. Le guichet de l'entrée de Moose est à gauche, les centres de visiteurs Craig Thomas et Dornan à droite. Teton Park Rd est parallèle à une piste cyclable récente, débutant à Jackson et finissant à Jenny Lake.

Sur votre gauche, les points de vue ne manquent pas mais roulez prudemment car les animaux traversent souvent la route. Prenez à gauche pour les randonnées des lacs Leigh et String, puis continuez sur la même boucle pour suivre la route panoramique jusqu'au Jenny Lake.

À COMBINER AVEC

38 La traversée des Four Corners

Depuis Jackson, suivez la Hwy 89 vers le sud pour 10 heures de périple rejoignant la capitale du jeu Las Vegas en plein désert. Grand écart assuré !

21 Yosemite et Sequoia & Kings Canyon National Parks

Encore envie de parcs ; un peu de route ne vous fait pas peur ? En partant de Jackson, ralliez l'emblématique parc du Yosemite via Lee Vining et le Mono Lake en franchissant l'impressionnant col du Tioga Pass (3 031 m).

Route Mythique

TEMPS FORT

3 String Lake et Leigh Lake

Votre périple dans le superbe **Grand Teton National Park** (307-739-3399 ; www.nps.gov/grte ; Teton Park Rd, Grand Teton National Park ; 25 $) commence à **Moose**, où **Dornan's** (307-733-2522 ; www.dornans.com ; Moose Village) loue des canoës. Lorsque le personnel vous aura aidé à le sangler, rejoignez le départ des sentiers de String Lake et de Leigh Lake où le centre des visiteurs vous remettra un permis. L'aventure convient à toute la famille. Après avoir

vogué sur le String Lake, portez l'embarcation pour continuer sur le Leigh Lake. En bateau, dans l'eau, ou depuis la plage, la vue sur les sommets escarpés est imprenable. Si vous voulez y passer la nuit, vous pouvez réserver un emplacement de camping au bord de l'eau. Sur ces rives, les promenades sont accessibles à tout âge et le sentier du String Lake est une boucle de 3,3 miles (5,3 km).

Le Jenny Lake Lodge (voir p. 172) vaut le détour et, si la chambre est trop coûteuse pour votre budget, nous recommandons d'y manger. Le déjeuner est décontracté, mais le dîner, romantique et raffiné, se fait aux chandelles et comprend cinq plats.

🍴 🛏 p. 172

VAUT LE DÉTOUR
WILSON, WYOMING

Point de départ : 1 Jackson

Avec ses grandes granges et ses vastes pâturages, cet avant-poste à 13 miles (21 km) de Jackson évoque plutôt le Far West... malgré le prix moyen des résidences à 3 millions de dollars. Faites escale au **Stagecoach Bar** (307-733-4407 ; http://stagecoachbar.net ; 5755 W Hwy 22, Wilson) pour écouter d'amusants groupes constitués d'ouvriers agricoles, de cow-girls à paillettes, de hippies et de randonneurs. Chaque dimanche, le groupe de country de l'établissement joue jusqu'à 22h. Soirée disco le jeudi. Véritable institution, le **Nora's Fish Creek Inn** (307-733-8288 ; 5600 W Hwy 22, Wilson ; plats 7-35 $; 6h-14h et 17h-21h30) sert de copieux petits-déjeuners, de la truite fraîche et des tartes maison.

La route ≫ Prenez à gauche dans la Teton Park Rd en sortant de chez Jenny ou en quittant le String Lake. Sur la route qui grimpe vers le nord, les pins succèdent aux armoises jusqu'à la dense forêt de Signal Mt Road et l'on entraperçoit le Jackson Lake sur la gauche. À la Jackson Lake Junction, prenez à droite puis gagnez directement Oxbow Bend.

---

4 Oxbow Bend

Les familles se plairont à naviguer sur ce segment paisible de la **Snake River** qui coule dans le parc, en admirant le spectacle des cimes enneigées et parfois, des élans qui pataugent. Quelques agences de Jackson proposent des excursions d'une demi-journée.

Situé à 2 miles (3 km) à l'est du croisement de Jackson Lake Junction, **Oxbow Bend** figure parmi les endroits les plus spectaculaires et courus pour observer les animaux, avec le Mt Moran en toile de fond. Ce bras mort résulte de l'érosion de la rive extérieure par les courants forts et du dépôt de sédiments par les courants plus lents.

Pensez à prendre des jumelles, car ces plaines inondées attirent une faune extraordinaire. Les levers et couchers du soleil rassemblent élans, wapitis, grues du Canada, balbuzards, aigles pêcheurs ou encore cygnes trompette...

La route » Depuis Oxbow Bend, prenez à droite dans la Hwy 287/89 qui longe le Jackson Lake. Le dernier camping équipé à proximité du lac se trouve à Lizard Creek. Une fois dans le Yellowstone National Park, la route rejoint le Continental Divide (2 435 m) puis redescend. À l'intersection du lac Yellowstone, prenez à gauche et remontez le Craig Pass (2 518 m) jusqu'à Old Faithful.

✔ BON À SAVOIR
LOIN DES FOULES

Pour éviter les foules du Yellowstone, visitez le parc en mai, septembre ou octobre et imitez les animaux en étant plus actif aux levers et couchers du soleil. Enfin, pique-niquez le midi, dînez après 21h dans les lodges et plantez votre tente en pleine nature (permis obligatoire) : 1% seulement des visiteurs passent la nuit dans les profondeurs du Yellowstone.

---

❺ Old Faithful

Sur la route qui grimpe vers le nord en direction des Tetons, les pins émaillent l'horizon. Premier parc national américain, le **Yellowstone National Park** (☎307-344-2263 ; www.nps.gov/yell ; Grand Loop Rd, Mammoth Yellowstone National Park ; 25 $/véhicule ; ☺entrée nord toute l'année, entrée sud mai-oct) s'étend sur 9 000 km². Afin de ne pas payer deux fois, présentez votre ticket d'entrée de Grand Teton en passant par l'entrée sud, puis continuez vers l'ouest sur la boucle menant à l'**Old Faithful Visitor Center** (☎307-344-2107 ; www.nps.gov/yell/planyourvisit/backcountryhiking.htm ; Grand Loop Rd, Yellowstone National Park ; empl tente 12 $; ☺8h30-16h juin-août) pour quelques renseignements.

Toutes les 90 minutes environ, le célèbre geyser d'**Old Faithful** projette quelque 30 000 litres d'eau à 55 m de haut. Le centre d'information dispose des horaires indicatifs des éruptions et les rangers donnent des informations.

Si vous venez de rater l'éruption, comblez l'attente en suivant le chemin de 1,1 mile (1,8 km) jusqu'à l'**Observation Hill** qui surplombe le bassin. En revenant, passez par le Solitary Geyser, qui jaillit toutes les 4 à 8 minutes.

Le porche de l'**Old Faithful Inn** est aussi un excellent point de vue. Si vous n'y logez pas, le dîner, coûteux, mérite le détour.

🍴🛏 p. 173

La route » Depuis Old Faithful, les 16 miles (26 km) qui vous séparent de Madison Junction méritent que l'on prenne son temps. Depuis la Grand Loop Rd, explorez chacune des routes vers l'est, dormez au camping de Madison puis, en rebroussant chemin, explorez toutes celles vers l'ouest.

TEMPS FORT

❻ Grand Prismatic Spring

L'exploration du **Geyser Country** peut prendre la journée et de nombreux sites – geysers, sources multicolores, bassins de boue bouillonnants – sont accessibles à vélo.

Au départ du camping de **Madison**, redescendez 2 miles (3 km) vers le sud et prenez Firehole Canyon Dr à droite. Après avoir dépassé falaises et rapides, vous accéderez aux **Firehole Falls** et à leur zone de baignade.

L'aire située à 5 miles (8 km) au sud jouit d'un horizon dégagé sur les geysers et les bassins du **Midway Geyser Basin** à droite et du **Firehole Lake Basin** à gauche. Quelques bisons parachèvent ce spectacle iconique du Yellowstone.

Peu après, tournez à droite vers **Fountain Paint Pot**, immense mare de boue en ébullition, puis poursuivez jusqu'au **Midway Geyser Basin**. Les nuances arc-en-ciel du **Grand Prismatic Spring** (immense bassin naturel d'eau chaude) sont époustouflantes et la promenade autour permet de mieux en apprécier les 112 m de diamètre. Il alimente l'**Excelsior Pool**, un geyser dont la dernière éruption remonte à 1985 ; les bouillantes eaux bleues se déversent ensuite dans la Firehole River.

Route Mythique

La route ≫ Depuis le Grand Prismatic Spring, prenez au sud vers le geyser d'Old Faithful. La route escalade le Craig Pass (2 518 m) puis redescend vers West Thumb, point d'informations sur le Yellowstone Lake. Prenez à gauche sur la berge pour rejoindre Lake Village.

❼ Yellowstone Lake

À 2 357 m au-dessus du niveau de la mer, ce lac étincelant compte parmi les plus grands lacs d'altitude au monde et la Grand Loop Rd longe l'essentiel de sa rive ouest. Pique-niquer à **Sand Point** permet d'effectuer la courte balade qui mène au lagon et à la plage de sable noir derrière lesquels s'élève la chaîne de l'Absaroka.

Juste au nord, le **Lake Yellowstone Hotel**, construit en 1891, est le plus vieil édifice du parc. Parfaite pour un concert classique ou un apéritif, la vaste véranda de ce bâtiment jaune vous incitera peut-être à y revenir en fin de journée.

À l'intersection plus au nord, prenez à droite vers **Fishing Bridge**. Le lac et la rivière concentrent la plus importante population de truites fardées du pays et les grizzlis s'y réunissent au printemps pour pêcher. Si vous arrivez vers 17h, ne manquez pas les explications du ranger.

À l'est, **Pelican Valley** est renommée pour ses plaines d'armoises, où gambadent élans et grizzlis. Plusieurs superbes randonnées

commencent ici, parmi lesquelles celle de **Storm Point**, une promenade de 2,3 miles (3,7 km, 1 heure 30) traversant une variété d'habitats naturels.

🍴 🛏 p. 173

La route ≫ Longez le lac jusqu'à Lake Village, puis tournez à droite vers Fishing Bridge. Attention aux voitures qui s'arrêtent parfois brutalement pour observer les animaux : utilisez les aires prévues à cet effet. Quelques kilomètres plus loin, le sentier de Storm Point est sur votre droite. Regagnez Fishing Bridge pour rejoindre Hayden Valley au nord.

❽ Hayden Valley

Au sortir du lac, la **Yellowstone River**, large et peu profonde, serpente tranquillement dans les prairies de la Hayden Valley. Lieu de choix

PAROLE D'EXPERT
NATHAN VARLEY, BIOLOGISTE ET GUIDE

Pour échapper aux foules dans le centre du Yellowstone, rendez-vous aux campings déserts en haut du sentier de Broad Creek ou de Mist Creek. Proches de zones thermales et de mares de boue, ces coins fabuleux abritent une intense vie animale.

À gauche : Grand Teton National Park
À droite : Un élan dans les couleurs automnales du Grand Teton

pour l'observation de la faune, c'est la plus vaste vallée du parc. Le limon et l'argile de cette vallée où s'étendait autrefois un lac fertilisent herbes et arbrisseaux dont raffolent les bisons. On y aperçoit aussi des coyotes, des grizzlis au printemps et des wapitis lors du rut automnal.

Plusieurs fois par semaine à 7h, les rangers animent des **parcours d'observation** jusqu'aux segments à 1 mile (1,6 km) environ au nord de Sulphur Cauldron et à 1,5 mile (2,5 km) au nord de Trout Creek.

À 6 miles (10 km) au nord de Fishing Bridge, les mares de boue et les soufrières de la zone thermale de **Mud Volcano** sont fascinantes. Les séismes de 1979 générèrent tant de chaleur et de gaz que les mares de boue décimèrent les cyprès environnants. Une boucle de 2,3 miles (3,7 km) mène aux différentes curiosités.

La route ›› La route longe la rive ouest de la Yellowstone River et l'observation d'ours et de bisons y cause souvent des embouteillages. Gardez vos distances, car ces animaux débonnaires mais vigoureux empruntent cette voie. Lorsque les denses forêts remplacent les vastes plaines, regardez à droite sur South Rim Dr, qui offre des vues sans égales sur le Grand Canyon de Yellowstone.

- - - - - - - - - - - - - -

❾ Grand Canyon de Yellowstone

Ici, la rivière plonge du haut des chutes d'Upper Falls (33 m) et de Lower Falls (94 m) avant de dévaler rageusement les parois du Grand Canyon de Yellowstone.

En direction du nord sur la Grand Loop Rd, tournez à droite dans South Rim Dr. Descente abrupte de 150 m, l'**Uncle Tom's Trail** conduit aux meilleurs points de vue sur les chutes d'Upper et Lower Falls. Reprenez la voiture jusqu'à **Artist Point**. Rose, blanc, ocre et vert pâle se confondent ici sur les parois du canyon pour un spectacle éblouissant. Pour profiter de ce paysage, suivez donc le court sentier (1,6 km) menant jusqu'à Point Sublime.

De retour sur Grand Loop Rd, remontez vers le nord et prenez North Rim Dr à droite. Cette route à sens unique de 2,5 miles (4 km) fourmille de panoramas. **Lookout Point** jouit d'une vue exceptionnelle sur les Lower Falls et un chemin à pic de 150 m s'en approche. C'est ici que le peintre Thomas Moran, spécialiste des Rocheuses, manquant de couleurs pour restituer toutes les nuances du canyon, aurait sangloté sur sa palette.

La route ›› Allez jusqu'au bout de South Rim Dr et revenez sur Grand Loop Rd. Au nord, prenez la deuxième à droite : la North Rim Dr ramène à l'intersection de Canyon Village. Tournez à droite vers le Dunraven Pass. Étroite et sinueuse, cette portion qui comporte de fortes pentes descend vers Tower-Roosevelt. Lamar Valley se trouve sur votre droite, à l'est.

- - - - - - - - - - - - - -

TEMPS FORT

❿ Lamar Valley

La tortueuse route pour **Tower-Roosevelt** (⊙fin mai à mi-oct), passe par le **Washburn Hot Springs Overlook**, qui offre une vue sur la caldeira de Yellowstone. Par temps clair, on y distingue même la chaîne du Teton. La route remonte ensuite le col du **Dunraven Pass** (2 700 m) au milieu des conifères.

Proches d'habitats de grizzlis, les **accotements d'Antelope Creek** sont des postes d'observation privilégiés qui méritent que l'on s'y installe avec une longue-vue ou une paire de jumelles.

La **Lamar Valley** est un théâtre dont les prédateurs et leurs proies sont les acteurs. Si les visiteurs sont relativement rares, loups, ours et renards y sont fréquemment visibles. Entre les campings de Pebble Creek et de Slough Creek, les bas-côtés permettent une proximité extraordinaire avec les loups.

SAFARI AU YELLOWSTONE

Surnommée le "Serengeti de l'Amérique du Nord", la **Lamar Valley** permet d'observer troupeaux de bisons, wapitis, mais aussi occasionnellement grizzlis et coyotes. C'est aussi le meilleur endroit où voir des loups, notamment au printemps. Nous recommandons aux amateurs de demander au centre des visiteurs la fiche répertoriant les différentes meutes et individus.

Plus centrale, la **Hayden Valley** constitue l'autre lieu d'observation privilégié. Au crépuscule, les curieux s'agglutinent sur les bas-côtés pour guetter loups et grizzlis, particulièrement présents au printemps lorsque dégèlent les carcasses hivernales. Coyotes, wapitis et bisons sont pareillement répandus. L'orée des bois est un bon endroit où chercher les animaux. Plus vous en saurez sur leurs habitats et pratiques, plus grandes seront vos chances de les repérer.

Le printemps et l'automne sont globalement les meilleures périodes, mais chaque saison a ses atouts. À la fin du printemps, les petits wapitis et bisons sont attendrissants, tandis qu'en automne on entend les beuglements des élans en rut. En été, mieux vaut épier à l'aube ou au crépuscule, car beaucoup d'animaux se retirent dans les forêts pour éviter la chaleur de midi.

Pour mieux voir, équipez-vous de jumelles ou louez une longue-vue. Un téléobjectif permettra également d'admirer la faune à une bonne distance de sécurité.

Sur cette voie, le Buffalo Ranch accueille le **Yellowstone Institute** (www.yellowstoneassociation.org), qui propose des séances d'observation (celle concernant les loups est particulièrement fascinante) encadrés par des biologistes.

La route » Pour atteindre Mammoth, faites demi-tour au camping de Pebble Creek et revenez au Tower-Roosevelt. Le centre d'information et les infrastructures de Mammoth Hot Springs sont à 18 miles (30 km). Attention, la portion de route longeant les terrasses de Mammoth Hot Springs est abrupte et en épingles à cheveux. Accessibles par une boucle à sens unique depuis Tower-Roosevelt, les terrasses supérieures sont sur la droite (caravanes et camping-cars interdits).

⑪ Mammoth Hot Springs

Cap vers l'ouest pour les Mammoth Hot Springs. Active depuis 115 000 ans, cette zone thermale est la plus ancienne et la plus instable d'Amérique du Nord. Cette montagne est née de ses propres entrailles : progressivement, le carbonate de calcium qu'elle déverse entraîne la naissance de ces incroyables couches blanches.

Empruntez la boucle à sens unique contournant les **terrasses supérieures** pour admirer le paysage, mais garez-vous aux **terrasses inférieures**

pour effectuer la belle balade d'une heure.

Ne repartez pas avant d'avoir piqué une tête dans la **Boiling River**. Depuis le parking sur le côté est de la route, à 2,3 miles (3,7 km) au nord de Mammoth, un parcours facile de un kilomètre mène à cette piscine naturelle d'eau chaude. La source franchit les rochers de travertin et chute dans la paisible Gardner River, créant un bassin d'eau tiède. Il y a souvent du monde, mais s'y baigner est toujours agréable.

Quittez le parc par l'entrée nord à la frontière du Montana.

🍴 🛏 p. 173

Se restaurer et se loger

Jackson ❶

✕ Snake River Grill

Américain moderne **$$$**

(☎307-733-0557 ; http://snakerivergrill.com ; 84 E Broadway ; plats 21-52 $; ⊙à partir de 17h30). Cheminée en pierre, longue carte des vins et service dynamique pour ce restaurant, exemple de gastronomie américaine. Au menu : tempuras de haricots verts accompagnés de sauce sriracha, porc croustillant parfaitement cuit, côtes de wapiti grillées... Un dessert rassasie amplement deux personnes.

✕ Pearl Street Meat Co

Épicerie fine **$**

(260 W Pearl Ave ; sandwichs 9 $; ⊙8h-19h lun-sam, 11h-19h dim). Cette épicerie fine fréquentée regorge de fromages artisanaux, de mets gastronomiques et de viandes de la région. Les sandwichs sont parfaits pour un pique-nique dans le parc.

✕ Coco Love

Pâtisserie-chocolaterie **$**

(☎307-733-3253 ; 55 N Glenwood Dr ; desserts 5-8 $; ⊙9h-20h). Pour mesurer le talent du maître pâtissier Oscar Ortega, formé en France, l'exquis assortiment de desserts et de chocolats maison est de rigueur. Préparez-vous à fondre de plaisir.

⌂ Alpine House

B&B **$$$**

(☎307-739-1570 ; www.alpinehouse.com ; 285 N Glenwood St ; d avec petit-déj 250 $, cottage 450 $; @) Tenue par deux anciens skieurs olympiques, cet établissement du centre-ville a un petit air de Scandinavie. Parmi ses atouts : service sur mesure, bibliothèque douillette orientée sur l'alpinisme, peignoirs et duvets confortables, sauna finlandais et Jacuzzi en plein air.

⌂ Buckrail Lodge

Motel **$$**

(☎307-733-2079 ; www.buckraillodge.com ; 110 E Karnes Ave ; ch à partir de 93 $; ❄☎).

Très avantageuses, ces charmantes et spacieuses cabanes en rondins disposent d'une position centrale, d'un vaste domaine et d'un Jacuzzi extérieur.

String Lake et Leigh Lake ❸

✕ Jenny Lake Lodge Dining Room

Américain moderne **$$$**

(☎307-543-3352 ; www.gtlc.com ; Jenny Lake ; petit-déj 24 $, plats midi 12-15 $, menu soir 85 $; ⊙7h-21h, sur réservation). C'est très cher mais ça le vaut. Le soir, le menu à cinq plats sera probablement votre unique expérience d'un repas gastronomique en pleine nature sauvage. Au petit-déjeuner, *crab-cakes* et œufs Bénédicte sont préparés à la perfection. La truite à la polenta et aux épinards croquants comblera les marcheurs affamés. Tenue élégante exigée pour le dîner.

⌂ Jenny Lake Lodge

Lodge **$$$**

(☎307-733-4647 ; www.gtlc.com ; Jenny Lake ; chalet en demi-pension 655 $; ⊙juin-sept) Bois patiné, couettes colorées et édredons rendent cet élégant hébergement encore plus accueillant. Petits-déjeuners, dîners cinq plats, bicyclettes, équitation, piscine sont inclus dans le prix des chambres, situées dans le lodge ou dans des cottages en bois. Elles ne disposent ni de télévision ni de radios, mais des téléphones sont disponibles sur demande.

⌂ Climbers' Ranch

Dortoirs en chalets **$**

(☎307-733-7271 ; www.americanalpineclub. org ; Teton Park Rd ; dort 25 $; ⊙juin-sept). Véritable paradis pour randonneurs et pour grimpeurs, ces chalets en bois abritant des dortoirs sommaires jouissent d'un superbe emplacement dans le parc. Sdb bien entretenue, cuisine couverte et mur d'escalade, équipez-vous simplement d'un sac de couchage et d'un matelas de sol.

🛏 Lizard Creek
Campground   Camping **$**

(☎800-672-6012 ; empl tente 21 $; ⏱juin-début sept). À 13 km au nord de Colter Bay Junction, ce camping est situé dans une péninsule boisée sur la rive nord du Jackson Lake. Rarement complet, il dispose de 60 emplacements isolés.

Old Faithful ❺

✕ Old Faithful Inn
Dining Room   Américain **$$$**

(☎307-545-4999 ; www.yellowstonenational parklodges.com ; plats soir 13-29 $; ⏱6h30-10h30, 11h30-14h30 et 17h-22h ; 🖋). Le buffet est copieux, mais les plats à la carte sont plus originaux : sandwich de wapiti, raviolis au bison, délicieux osso buco de porc... Quelques options sans gluten. Réserver la veille pour dîner.

🛏 Old Faithful Inn   Hôtel **$$**

(☎866-439-7375 ; www.yellowstonenational parklodges.com ; d dans l'ancien édifice avec sdb commune/privée à partir de 103/140 $, standard à partir de 164 $; ⏱début mai-début oct). Immense hall en bois, imposantes cheminées de pierre et hauts plafonds en pins participent au charme de ce bâtiment à proximité du célèbre geyser. Tarifs variables ; la plupart des chambres d'origine n'ont pas de sdb privative.

🛏 Madison Campground   Camping **$**

(☎307-344-7311 ; www.yellowstonenational parklodges.com ; empl tente 21 $; ⏱début mai-fin oct). Avec 250 emplacements spacieux et bien espacés, ce camping en pleine forêt est le plus proche de l'Old Faithful. Bisons et wapitis fréquentent les plaines à l'ouest ; conférence menée par des rangers chaque soir.

Yellowstone Lake ❼

✕ Lake Yellowstone Hotel
Dining Room   Américain **$$$**

(☎307-344-7311 ; plats 13-33 $; ⏱6h30-10h, 11h30-14h30 et 17h-22h ; 🖋). Pour manger au meilleur restaurant du parc, il vous faudra mettre une tenue convenable. Au déjeuner, sandwichs à l'agneau du Montana, délicieuses salades et hamburgers de bison. Certaines

options sont sans gluten et préparés à partir d'ingrédients locaux. Les dîners sont plus copieux. Réservation conseillée.

🛏 Lake Yellowstone
Hotel & Cabins   Hôtel **$$**

(☎866-439-7375 ; www.yellowstonenational parklodges.com ; chalets 130 $, ch 149-299 $; ⏱mi-mai à sept). Ce romantique hôtel d'époque est un voyage dans l'Ouest des années 1920. Il dispose d'un salon des plus charmants, bénéficiant d'une vue splendide sur le lac, dans lequel se produit un quatuor à cordes. Chambres bien équipées et chalets champêtres.

Mammoth Hot Springs ⓫

✕ Old West Cookout   Barbecue **$$$**

(Roosevelt Country ; ☎866-439-7375 ; dîner et balade en diligence adulte/enfant 57/46 $; ⏱17h juin-début sept ; 🚗). Pour un dîner en plein air digne d'un cow-boy, direction le Roosevelt Lodge, d'où l'on rejoint un campement dans les bois en diligence ou à cheval. Au menu : steak, haricots blancs et café préparé sur le feu de camp. Les enfants adorent. Réserver bien à l'avance.

🛏 Roosevelt Lodge & Cabins   Chalets **$**

(☎866-439-7375 ; www.yellowstonenational parklodges.com ; chalets 69-115 $; 🚿). Avec leur tarif fixe quel que soit le nombre d'occupants, les "Roughrider Cabins", qui disposent de réchauds à bois, figurent parmi les options les plus rentables du parc en groupe ou en famille ; pas de sdb mais douches communes non loin. Réservez pour les "Frontier Cabins", un cran au-dessus.

🛏 Norris Campground   Camping **$**

(www.nps.gov/yell ; empl tente 20 $; ⏱mi-mai à fin sept). Ce camping surplombant la Gibbon River est l'un des plus beaux du parc. La très appréciée Loop A, qui longe la rivière et jouxte des prairies, offre plusieurs coins pour pêcher et observer les animaux. Chaque soir, un ranger organise des discussions autour d'un feu de camp. Réservation facultative.

Californie centrale

MAGIQUE, LE LITTORAL ENTRE SAN FRANCISCO ET LOS ANGELES EST TROP SOUVENT DÉLAISSÉ AU PROFIT D'UN SURVOL EN AVION. Il abonde pourtant en plages, stations bohèmes et majestueux séquoias cachant des cascades sylvestres.

Découvrez le cœur agraire de la région au fil des routes de l'arrière-pays. Vignobles et fermes vous donneront l'occasion de goûter aux délicieux produits de cette terre.

Plus à l'est se dresse la Sierra Nevada, soulevée le long de lignes de faille, et reconnaissable à son paysage buriné par les glaciers, le vent et la pluie. Un grand calme emplit l'âme face à ces merveilles naturelles, de la Yosemite Valley au Lake Tahoe. Descendez ensuite dans les contreforts pour retrouver l'histoire de la Ruée vers l'or et piquer une tête dans les trous d'eau et dans les lacs aux eaux cristallines.

Lake Tahoe (itinéraire 20)

Californie centrale

Pfeiffer Beach

Observez les rayons du couchant se profiler à travers une arche marine et foulez le sable pourpre sur l'itinéraire **15**.

Kings Canyon Scenic Byway

Longez le canyon le plus profond du pays, creusé par des glaciers, jusqu'à Road's End, à Cedar Grove, en parcourant l'itinéraire **21**.

Alabama Hills

Découvrez le lieu de tournage de westerns et séries télévisées aux alentours de Lone Pine, au pied du Mt Whitney, par l'itinéraire **22**.

South Yuba River State Park

Nagez, marchez et photographiez le plus long pont couvert en bois du pays, à l'ouest de la ville minière de Nevada City, datant du XIXᵉ siècle, sur l'itinéraire **23**.

Kingsburg

des générations d'immigrants ont cultivé les terres de la vallée centrale californienne, comme les Suédois de Kingsburg, brève étape de l'itinéraire **27**.

Route Mythique

23 Ruée vers le Gold Country par la Highway 49 3-4 jours
En route pour les hauteurs et les villes minières historiques des pionniers de Californie. (p. 253)

24 Ebbetts Pass Scenic Byway 2 jours
Traversez la Sierra Nevada à des altitudes vertigineuses, en empruntant la secrète Hwy 4. (p. 263)

25 Feather River Scenic Byway 3-4 jours
Un peu de détente au soleil, en nageant ou pagayant sur des lacs et des rivières. (p. 271)

26 Flânerie dans le delta 2 jours
Découvrez le delta du Sacramento à l'occasion de tranquilles explorations de l'arrière-pays. (p. 279)

27 Central Valley par la Highway 99 3 jours
Musique country, fermes et petites bourgades agricoles et caractérisent les plaines californiennes brûlées par le soleil. (p. 287)

Big Sur *Vue sur l'océan depuis la Hwy 1*

Big Sur

15

Bordée de forêts de séquoias envahies de mousse, la côte escarpée de Big Sur est nimbée de mystère. Découvrez-la au fil de ses plages sauvages, de ses cascades et de ses sources chaudes.

TEMPS FORTS

10 miles/16 km

Andrew Molera State Park
Des falaises en bordure d'océan, d'où observer le grand condor de Californie

DÉPART
Bixby Bridge

③ ④
⑤
⑦

14 miles/22 km

Pfeiffer Big Sur State Park
Merveille naturelle de Big Sur, où poussent des séquoias géants par centaines

● Lucia

● Gorda

ARRIVÉE

18 miles/29 km

Pfeiffer Beach
Un croissant de sable violet...

Julia Pfeiffer Burns State Park
Une cascade de carte postale se jetant dans la mer

30 miles/48 km

**2 JOURS
60 MILES/95 KM**

PARFAIT POUR...

LE MEILLEUR MOMENT

D'avril à mai pour admirer cascades et fleurs sauvages ; de septembre à octobre pour des journées ensoleillées et un ciel sans nuages.

LA PHOTO SOUVENIR

Les McWay Falls plongeant dans le Pacifique.

PLEIN AIR EN FAMILLE

Le Pfeiffer Big Sur State Park : camping, bungalows et randonnées faciles.

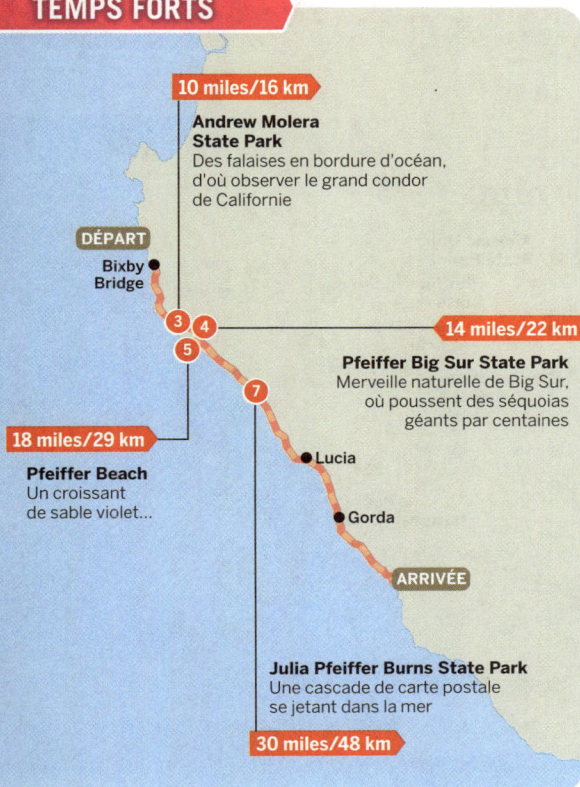

179

15 | Big Sur

Big Sur doit son nom aux Espagnols, qui décrivaient cette région sauvage et inexplorée comme *el pais grande del sur* (le grand pays du Sud). Beaucoup d'encre a coulé pour décrire la beauté de cette côte escarpée, coincée entre les Santa Lucia Mountains et le Pacifique. Et pourtant, nul n'est préparé au choc que suscite le premier regard posé sur la splendeur brute et sauvage du littoral. Ici, nul feu de circulation, ni banque ou centre commercial. Quand le soleil se couche, la lune et les étoiles assurent l'éclairage public — si la brume ne les cache pas.

❶ Bixby Bridge

Si Big Sur tient davantage d'un état d'esprit que d'un point sur une carte, le photogénique **Bixby Bridge** atteste que l'on s'y trouve. Enjambant le Rainbow Canyon, cette structure emblématique est l'un des plus hauts ponts à portée simple au monde. Achevé en 1932, il est l'œuvre de prisonniers désireux de raccourcir leur peine. Arrêtez-vous du côté nord du pont pour une séance photo inoubliable.

Monterey
Carmel-by-the-Sea

Chualar

⑰

①

Gonzales

101

Pinnacles National Monument

Soledad

Bixby Bridge ❶ DÉPART

Jamesburg

Point Sur State Historic Park ❷

Andrew Molera State Park

❸

Sycamore Flat

Greenfield

❹ Pfeiffer Big Sur State Park

Pfeiffer Beach ❺

❻ Henry Miller Library

Millers Ranch

King City

Julia Pfeiffer Burns State Park ❼

Ventana Wilderness

101

Big Sur

San Lucas

198

Esalen Hot Springs

①

San Ardo

p. 184

Lucia

Los Padres National Forest ❽

Los Padres National Forest

Martinus Corner

Gorda

OCÉAN PACIFIQUE

ARRIVÉE

Bryson

Bee Rock

Ragged Point

1

San Simeon

①

0   20 km
0   10 miles
Ⓝ

La route » Du Bixby Bridge, il faut parcourir 6 miles (10 km) vers le sud sur la Hwy 1 pour rejoindre le Point Sur State Historic Park. Comme partout ailleurs sur la côte de Big Sur, faites attention aux cyclistes et utilisez les bretelles de retrait balisées pour laisser passer les véhicules plus rapides.

---

❷ Point Sur State Historic Park

Le **Point Sur State Historic Park** (☎831-625-4419 ; www.pointsur.org, www.parks.ca.gov ; adulte/enfant 10/5 $; ⏱visites 13h mer, 10h sam-dim nov-mars, 10h et 14h mer et sam, 10h dim avr-oct) ressemble à une île, mais il est relié au continent par un banc de sable. Sur ce rocher volcanique se dresse un phare du début

À **COMBINER AVEC**

1 **Pacific Coast Highway**

Big Sur n'est en fait qu'un célèbre tronçon littoral de la Hwy 1, qui s'étend en réalité du Mexique jusqu'en Oregon.

17 **Monterey, Carmel et environs**

Du Bixby Bridge, ralliez Monterey, à environ 20 miles (32 km) au nord via la Hwy 1, pour un cours d'histoire maritime et *le* grand aquarium de Californie.

du XXᵉ siècle, ouvert au public. La vue sur l'océan, ainsi que l'histoire des gardiens et de leurs familles, sont fascinantes, surtout lors des visites nocturnes des soirs de pleine lune. Appelez pour vérifier les horaires, et arrivez tôt car les places sont limitées (pas de réservations).

La route » Les visites du phare débutent au portail fermé situé à 400 m au nord du Point Sur Naval Facility. Après la visite, cap au sud via la Hwy 1 sur 2 miles (3 km) le long de la côte jusqu'à l'Andrew Molera State Park.

---

❸ Andrew Molera State Park

Tenant son nom du premier fermier qui eut l'idée de planter des artichauts en Californie, l'**Andrew Molera State Park** (☎831-667-2315 ; www.parks.ca.gov ; Hwy 1 ; 10 $/véhicule ; ⏱30 min avant l'aube/30 min après le crépuscule ; 🚶) regroupe des prairies sillonnées de sentiers, des falaises en bord d'océan et des plages de sable, parfaites pour observer la faune. Marchez environ 1,6 km jusqu'à l'endroit où la Big Sur River rejoint la plage rocheuse jonchée de bois flotté, battue par les vents et de fortes vagues. De retour au parking, marchez vers le sud et le **Big Sur Discovery Center** (☎831-620-0702 ; www.ventanaws.org ; entrée

libre ; ⏱généralement 9h-16h sam-dim fin mai/début sept) pour vous documenter sur les condors de Californie, une espèce menacée.

La route » La vitesse dépasse rarement les 35 miles/h (56 km/h) sur la Hwy 1, de plus en plus étroite et sinueuse en direction du sud. Ralentissez un peu après le parc d'État et faites attention aux piétons du "village", qui rassemble les commerces, services, motels et cafés de Big Sur (voir p. 185). À 5 miles (8 km) au sud de l'Andrew Molera State Park, voici l'entrée du Pfeiffer Big Sur State Park, du côté de la route qui donne sur les terres.

---

❹ Pfeiffer Big Sur State Park

Grande merveille naturelle de Big Sur, le **Pfeiffer Big Sur State Park** (☎831-667-2315 ; www.parks.ca.gov ; 47225 Hwy 1 ; 10 $/véhicule ; ⏱30 min avant l'aube/30 min après le crépuscule ; 🚶) est aussi le plus grand parc d'État le long de cette côte. Il porte le nom des premiers colons européens, arrivés en 1869. Divers sentiers de randonnée sillonnent les bois de séquoias et montent jusqu'aux **Pfeiffer Falls**. Cette cascade de 20 m cachée dans la forêt coule généralement entre décembre et mai. Près de l'entrée du parc, un lodge rustique construit dans les années 1930 par la Civilian Conservation

181

Corps (CCC) abrite une épicerie vendant boissons fraîches, glaces, en-cas, matériel de camping et souvenirs.

🛏 p. 185

La route » À 2 miles (3 km) au sud du Pfeiffer Big Sur State Park, environ 800 m après la Big Sur Station (avec personnel), tournez immédiatement à droite dans Sycamore Canyon Rd, seulement indiquée par un

petit panneau jaune portant l'inscription "Narrow Rd". Cette route, en partie non goudronnée (interdite aux camping-cars et caravanes), serpente sur plus de 2 miles (3 km) jusqu'à la belle Pfeiffer Beach.

- - - - - - - - - -
TEMPS FORT

⑤ Pfeiffer Beach
Cachée au bout d'une petite route qui mène à l'océan, **Pfeiffer Beach** (☎831-667-2315 ; www.fs.fed.

us/r5/lospadres ; Sycamore Canyon Rd ; 5 $/véhicule ; ⊙9h-20h ; 👬👶) mérite qu'on se donne la peine d'y venir. Ce superbe petit croissant de sable est connu pour son immense arche rocheuse à travers laquelle déferlent les vagues. Souvent venteuse, elle est trop dangereuse pour la baignade. Mais creusez le sable : il est violet ! Les grenats manganifères

Pfeiffer Beach

des flancs des collines alentour entraînés par les eaux de pluie expliquent ce phénomène.

La route » Faites demi-tour dans Sycamore Canyon Rd, puis tournez à droite sur la Hwy 1 direction sud. Au bout de 3 km lents et sinueux, repérez le restaurant Nepenthe à droite. Le centre artistique Henry Miller Library se trouve à 650 m au sud, dans un virage en épingle à cheveux, sur la gauche.

6 Henry Miller Library

"C'est à Big Sur que j'ai pour la première fois dit 'Amen !'", écrit Henry Miller qui vécut dans la région de 1944 à 1962. À la fois mémorial beatnik, bibliothèque, salle de spectacle et librairie, la **Henry Miller Library** (831-667-2574 ; www.henrymiller.org ; 48603 Hwy 1 ; entrée sur contribution ; 11h-18h mer-lun ;) ne fut en fait jamais la demeure de l'écrivain. La maison appartenait à son ami, le peintre Emil White. Elle renferme des exemplaires de toutes les publications de Miller, nombre de ses peintures et une collection de travaux sur Big Sur et la Beat Generation. Faites-en la visite pour déguster

VAUT LE DÉTOUR
ESALEN HOT SPRINGS

Point de départ : ❼ Julia Pfeiffer Burns State Park

À l'**Esalen Institute** (☎831-667-3047 ; www.esalen.org ; 55000 Hwy 1 ; entrée sources chaudes 20 $, CB uniquement ; ◷accès nocturne 1h-3h, sur réservation), établissement privé, les bains (maillot optionnel) sont alimentés par une source chaude naturelle, sur une saillie en surplomb de l'océan. Gageons que jamais vous ne vous baignerez dans cadre plus splendide, surtout par les soirs de tempête hivernale. Il n'y a que deux petits bassins perchés au-dessus des vagues. Après vous être déshabillé et avoir pris une douche rapide, immergez-vous et laissez-vous aller à la contemplation. Réservation par téléphone obligatoire. L'entrée est indiquée sur la Hwy 1, à 3 miles (5 km) au sud du Julia Pfeiffer Burns State Park.

ensuite un café sur la terrasse, ou assistez à des concerts, des soirées scène libre et des projections de films indépendants.

🍴 🛏 p. 185

La route › On laisse la circulation automobile derrière soi au fur et à mesure que la Hwy 1 descend vers le sud. Sinuant en douceur le long de falaises vertigineuses, elle offre par moments une vue sur l'océan. Il y a un peu moins de 8 miles (13 km) jusqu'au Julia Pfeiffer Burns State Park ; l'entrée est du côté terre de la route.

TEMPS FORT

❼ Julia Pfeiffer Burns State Park

Mettez-vous en quête des cascades dans le **Julia Pfeiffer Burns State Park** (☎831-667-2315 ; www.parks. ca.gov ; Hwy 1 ; 10 $/véhicule ; ◷30 min avant l'aube-30 min après le coucher du soleil ; 🚻), baptisé d'après une célèbre pionnière de Big Sur. Depuis le parking, le court **Overlook Trail** dévale vers l'océan, à travers un tunnel

passant sous la Hwy 1 et débouchant sur les **McWay Falls**, les seules chutes d'eau de Californie à se jeter directement dans l'océan. Toutes les cartes postales de la région représentent cette jolie criques aux eaux turquoise, où se mêlent l'opaline des déferlantes et l'émeraude de la végétation. De mi-décembre à mi-avril, les baleines passent au large.

La route › Très tortueux, ce tronçon de la Hwy 1 est sauvage et isolé. Il passe par une forêt nationale. Assurez-vous d'avoir suffisamment d'essence au moins jusqu'à l'onéreuse station-service de Gorda, à plus de 20 miles (32 km) au sud du Julia Pfeiffer Burns State Park.

❽ Los Padres National Forest

À 5 miles (8 km) au sud de Nacimiento-Fergusson Rd, l'aire de pique-nique de **Sand Dollar Beach** (www. fs.usda.gov ; 5 $/véhicule ; ◷9h-20h), domine la plus longue plage de sable du sud de Big

Sur, abritée par de hautes falaises. Après le Plaskett Creek Campground, des sentiers descendent à la **Jade Cove** depuis les aires de stationnement au bord de la Hwy 1. En 1971, des plongeurs y découvrirent un rocher de jade de 4 tonnes et de 2,5 mètres de long, qui fut estimé à 180 000 $!

S'il fait encore jour, descendez encore la Hwy 1 sur 8 miles (13 km) après Gorda jusqu'aux **Salmon Creek Falls** (www.fs.fed.us/ r5/lospadres ; Hwy 1 ; accès libre ; 🚻🚻), cascade qui coule généralement de décembre à mai. Une courte marche mène aux bassins au pied de cette chute à double rideau d'eau, nichée en amont dans un canyon boisé (possibilité de baignade). L'embranchement, dans un virage en épingle à cheveux de la Hwy 1, n'est indiqué que par un petit panneau marron de départ de sentier.

🛏 p. 185

Se restaurer et se loger

Big Sur Village
(le long de la Hwy 1)

✕ Habanero Burrito Bar
Épicerie fine, supermarché $

(46840 Hwy 1 ; plats 4-6 $; ⏱11h-19h ; 🛜📶).
À l'arrière de la Big Sur River Inn, une épicerie
bien fournie vend d'énormes *burritos*, *wraps*
et smoothies à base de vrais fruits.

🛏 Glen Oaks Motel
Motel $$$

(📞831-667-2105 ; www.glenoaksbigsur.com ;
Hwy 1 ; d 175-350 $; 🛜). Motel années 1950 en
adobe et bois de séquoia proposant des chambres
douillettes et romantiques et un élégant bungalow
avec coin cuisine, tous équipés d'une cheminée
au gaz. Chic et écologique.

Pfeiffer Big Sur
State Park ④

🛏 Big Sur Lodge
Cottages $$

(📞831-667-3100, 800-424-4787 ; www.bigsurlodge.
com ; 47225 Hwy 1 ; d 159-339 $, plats 10-27 $;
🏊📶). Au sein du paisible Pfeiffer Big Sur State
Park, des duplex un peu défraîchis avec terrasse
ou balcon donnant sur les séquoias. Certaines
chambres familiales sont équipées d'une cuisine
et/ou d'une cheminée. Un restaurant rustique,
avec cheminée crépitante l'hiver, sert 3 solides
repas par jour, à base de produits locaux issus
de l'agriculture durable.

🛏 Pfeiffer Big Sur
State Park
Camping $

(📞800-444-2725 ; www.reserveamerica.com ;
47225 Hwy 1 ; empl tente et camping-car 35-50 $;
📶). Plus de 150 emplacements de camping
familiaux dans le parc, à l'ombre des séquoias.
Douches chaudes, laverie mais pas de prises
électriques pour camping-cars.

Henry Miller Library ⑥

✕ Nepenthe
Californien $$$

(📞831-667-2345 ; www.nepenthebigsur.com ;
48510 Hwy 1 ; plats 16-39 $; ⏱11h30-22h ; 📶).
Le bien-nommé Nepenthe (du grec signifiant
"l'île sans chagrin") possède une terrasse
au sommet d'une falaise. Difficile d'avoir le
blues assis là à déguster une cuisine de bistrot
correcte, accompagnée d'une bouteille de vin
californien, avec vue magnifique sur l'océan.

✕ Restaurant
at Ventana
Californien $$$

(📞831-667-4242 ; www.ventanainn.com ;
Ventana Inn & Spa, 48123 Hwy 1 ; plats soir 31-50 $;
⏱11h30-21h ; 🛜). L'idée selon laquelle la cuisine
est d'autant plus mauvaise que la vue est belle
ne s'applique pas dans ce bar-restaurant avec
terrasse. Régalez-vous de steak de bison, de
mac'n'cheese truffé, ou de tagliatelles de légumes
rôtis aux herbes du potager (cultivées sur place).

🛏 Post Ranch Inn
Resort de luxe $$$

(📞831-667-2200 ; www.postranchinn.com ;
47900 Hwy 1 ; d à partir de 595 $; 🛜🏊). Le
comble du luxe à Big Sur : chambres avec vaste
vue sur l'océan, cheminée et terrasse privative,
ou délicieuses cabanes dans les arbres. Glissez-
vous dans la piscine à débordement avec vue
sur l'horizon après un soin holistique au spa.

Los Padres National Forest ⑧

🛏 Treebones Resort
Yourtes $$

(📞877-424-4787 ; www.treebonesresort.com ;
71895 Hwy 1 ; d avec petit-déj 189-249 $; 🏊). Les
yourtes, avec parquet en pin, couettes épaisses
et terrasse en bois de séquoia donnent dans le
camping glamour (ou "glamping"). Les sanitaires
et douches communs, ainsi que la piscine et le
Jacuzzi à flanc de falaise, sont tout près à pied.

Pigeon Point L'un des plus hauts phares de la côte Ouest

Le long de la Highway 1 jusqu'à Santa Cruz

16

Du sud de San Francisco à Santa Cruz, la route qui s'étire le long de la côte californienne est jalonnée de paysages magnifiques et émaillée de fermes familiales, de phares et de plages.

TEMPS FORTS

15 miles/24 km

Half Moon Bay
Un spot de surf réputé et sa charmante station balnéaire

Pacifica — **DÉPART**

Moss Beach

3

30 miles/48 km

Pescadero
Boutiques gourmandes et galeries d'art dans cette petite localité agricole

4

Pigeon Point

6

65 miles/105 km

Santa Cruz
Balade nostalgique sur le front de mer dominé par un parc d'attractions vintage

45 miles/72 km

Waddell Beach

Año Nuevo State Park
Le rendez-vous amoureux des éléphants de mer !

8

ARRIVÉE

**2-3 JOURS
65 MILES/105 KM**

PARFAIT POUR...

LE MEILLEUR MOMENT

De juillet à octobre pour de meilleures chances d'avoir du soleil.

LA PHOTO SOUVENIR

Le spectacle des éléphants de mer sur les plages d'Año Nuevo.

PLAISIRS GOURMANDS

Boulangerie de Pescadero, chèvres de la Harley Farms Goat Dairy et fermes au bord des routes.

187

16 Le long de la Highway 1 jusqu'à Santa Cruz

Tranquille et touristique, la sinueuse Hwy 1 est avant tout réputée pour révéler les beautés naturelles de la côte de Big Sur. Certains Californiens affirment toutefois que la partie la plus éblouissante de cette route emblématique démarre juste au sud de San Francisco et serpente lentement jusqu'à Santa Cruz. Fouettées par une mer tumultueuse et imprévisible, la plupart des plages se prêtent plus au bronzage et aux baignades dans les piscines naturelles qu'à la natation dans l'océan… Mais quelle vue !

❶ Pacifica

Souvent brumeuse, la ville de Pacifica est traversée par la quatre-voies qui quitte San Francisco vers le sud avant de buter sur la houle de l'océan, présageant les agréables surprises à venir. Réduite en une simple double sens, la Hwy 1 se déroule vers l'intérieur des terres à travers de denses bosquets d'eucalyptus, avant de repiquer vers le littoral. En contrebas, la **Pacifica State Beach** est parfaite pour se détendre et faire du surf. Faites ensuite un détour jusqu'à **Devil's Slide**. Ce promontoire, très instable, s'effrite lentement. En hiver, la Hwy 1 est régulièrement fermée en raison des violents orages qui en font tomber de gros blocs dans l'océan.

La route » En direction du sud, la Hwy 1 gagne en stabilité, ce qui vous permettra de profiter des paysages plutôt que de vous préoccuper d'un éventuel incident. Continuez sur 6 miles (10 km) et passez devant Gray Whale Cove et les Montara State Beaches. À Moss Beach, tournez à droite dans Vermont Ave, puis suivez Lake St jusqu'au bout.

❷ Moss Beach

Au sud du Point Montara Lightstation, la **Fitzgerald Marine Reserve** (http://fitzgeraldreserve.org ; entrée libre ; 🕐 aube-crépuscule ; 🚻), excellent habitat pour les phoques, abrite de nombreuses mares résiduelles. À marée basse,

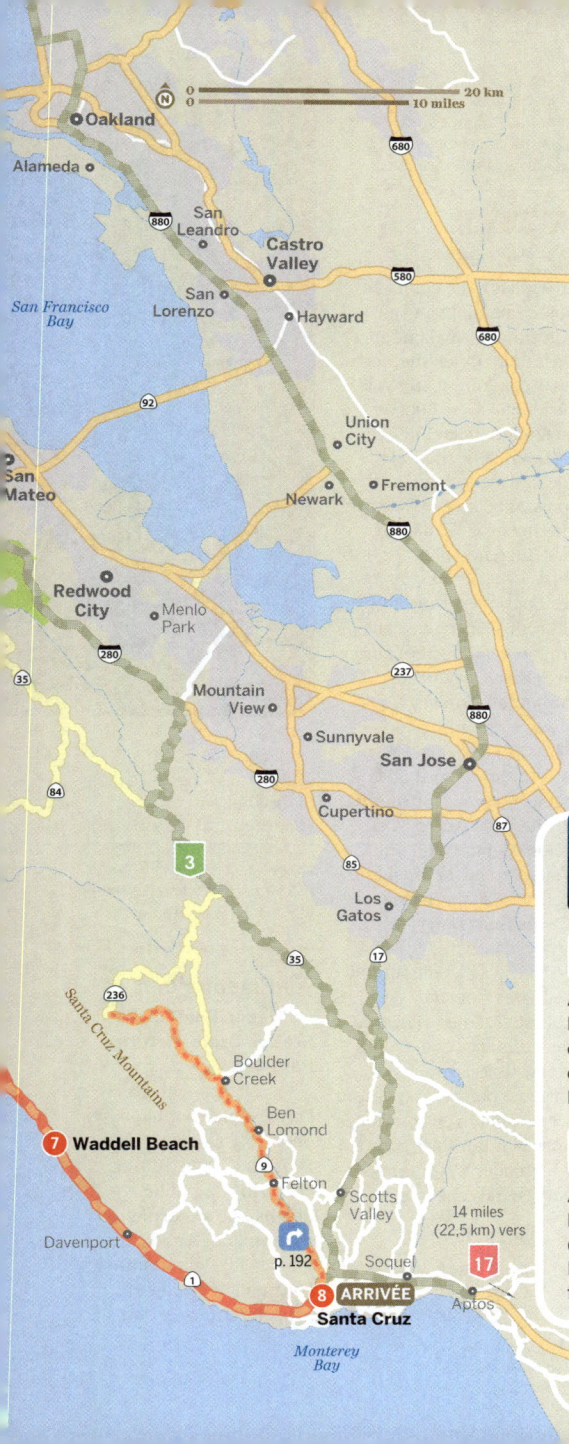

promenez-vous entre ces piscines naturelles pour observez les kyrielles de crabes, d'étoiles de mer, de mollusques et d'anémones. Souvenez-vous qu'il est illégal de ramasser des animaux, des coquillages et même des pierres.

De retour sur la Hwy 1, vers le sud, prenez Cypress Ave, la première à droite, puis tournez à gauche dans Beach Way pour rejoindre la **Moss Beach Distillery** (www.mossbeachdistillery. com ; 140 Beach Way ; 12h-21h dim-jeu, 12h-21h30 ven-sam). Dominant la crique où les *bootleggers* déchargeaient l'alcool durant la Prohibition, la terrasse chauffée offre une belle vue sur l'océan, à admirer en sirotant un cocktail au coucher du soleil. Préférez une autre adresse pour dîner.

À COMBINER AVEC

3 Road-trip sismique
La faille de San Andreas caractérise autant la Californie que sa superbe côte. On peut la découvrir en quittant la Hwy 1 depuis San Francisco ou Santa Cruz.

17 Monterey, Carmel et environs
Au départ de Santa Cruz, la Hwy 1 sinue sur 40 miles (65 km) vers le sud et Monterey, dévoilant plages, fermes et ports de pêche.

189

La route » Continuez vers le sud sur la Hwy 1 et passez l'aéroport de Half Moon Bay. Pillar Point Harbor se trouve sur la droite 2 miles (3 km) plus loin. Pour rejoindre le centre-ville de Half Moon Bay, parcourez encore 4 miles (6 km) vers le sud, tournez à gauche dans Hwy 92 puis à droite dans Main St.

TEMPS FORT

❸ Half Moon Bay

Au large de l'extrémité ouest de Pillar Point Harbor, **Mavericks** (www.mavericksinvitational.com) est un spot de surf réservé aux surfeurs confirmés. Il doit à ses immenses vagues hivernales, qui peuvent dépasser 15 m, d'accueillir chaque année une compétition internationale de surf de grosses vagues, qui attire les meilleurs professionnels du monde. Si vous ne vous sentez pas de taille, **Half Moon Bay Kayak** (☎650-773-6101 ; www.hmbkayak.com) loue des kayaks et propose des circuits guidés dans les eaux plus calmes. Plus au sud sur la Hwy 1, faites un détour par l'intérieur des terres pour découvrir la pittoresque rue principale de cette station balnéaire victorienne, ses rues arborées, ses librairies, ses antiquaires et ses cafés.

✗ 🛏 p. 193

La route » La Hwy 1 se prolonge sur 11 miles (18 km) vers le sud, suivant gentiment les contours de la côte. Les vues sur les vagues, la côte sauvage et les promontoires rocheux semblent infinies. Obliquez vers l'intérieur des terres sur la Hwy 84 à San Gregorio, puis prenez à droite après environ 1 km sur Stage Rd, qui serpente à travers les collines sur 7 miles (11 km) jusqu'à Pescadero.

TEMPS FORT

❹ Pescadero

Avec sa longue côte, son climat doux et son eau fraîche en abondance, Pescadero ("poissonnier" en espagnol) est apprécié de longue date. Lors de sa fondation, en 1856, ce n'était qu'une modeste localité agricole et laitière jouissant d'un emplacement de choix sur l'itinéraire des diligences. Flânez dans les galeries d'art et les boutiques d'antiquités du centre en grignotant un morceau de pain aux artichauts acheté chez **Arcangeli Grocery Co** (www.normsmarket.com ; 287 Stage Rd ; ⏱10h-18h). À l'extrémité nord de la rue principale, tournez à droite dans North St et roulez pendant 1,5 km. Vous atteindrez ainsi une belle étape : la **Harley Farms Goat Dairy** (www.harleyfarms.com ; 205 North St ; ⏱11h-17h ; 🚻). La boutique vend des fromages de chèvres crémeux décorés de fruits secs et de fleurs comestibles. Appelez à l'avance pour visiter cette ferme adepte des pratiques agricoles durables ou pour y emmener vos enfants caresser les chèvres.

✗ 🛏 p. 193

La route » Après la ferme, continuez sur North St jusqu'à Pescadero Rd. Tournez à droite et partez vers l'ouest sur 2 miles (3 km) jusqu'à la Pescadero State Beach. Tournez à gauche pour reprendre la Hwy 1, puis roulez vers le sud sur 5,5 miles (9 km) jusqu'à l'embranchement vers Pigeon Point, à droite.

❺ Pigeon Point

Le **Pigeon Point Light Station State Historic Park** (www.parks.ca.gov ; ⏱8h-crépuscule) abrite l'un des plus hauts phares de la côte Ouest (35 m). Datant de 1872, l'édifice est fermé au public depuis que sa corniche a commencé à s'effriter, mais le faisceau lumineux continue de briller et le promontoire est un

Half Moon Bay Surfeur à Mavericks

lieu de choix, bien que venteux, pour observer les baleines grises.

🛏 p. 193

La route ❯❯ De retour sur la Hwy 1, tournez à droite et longez le littoral vers le sud sur 5 miles (8 km) environ. La route fait de légères incursions dans l'intérieur des terres jusqu'à l'entrée principale de l'Año Nuevo State Park.

TEMPS FORT

6 Año Nuevo State Park

En hiver et au début du printemps, des milliers d'éléphants de mer viennent s'accoupler et mettre bas sur le sable de l'**Año Nuevo State Park** (📞650-879-0227, réservation visites guidées 800-444-4445 ; http://anonuevo.reserveamerica. com ; 10 $/véhicule, visite guidée 7 $; ⏱8h30-15h30 tlj avr-nov, visites guidées uniquement mi-déc à mars ; ♿). Les rangers organisent des visites guidées (réservation obligatoire) dans les dunes pour voir de près ces énormes pinnipèdes, qui s'ébattent dans un bruit assourdissant et dont les adultes pèsent deux fois plus qu'une voiture !

La route ❯❯ Sur les 6 miles (10 km) suivants, la Hwy 1 suit la côte vers le sud. Alors qu'elle descend une haute colline bordée d'une falaise escarpée, ne manquez pas Waddell Beach, sur votre droite.

7 Waddell Beach

Les eaux tumultueuses sont le lieu de rendez-vous des véliplanchistes, des kitesurfeurs et autres accros de glisse. Promenez-vous sur la plage balayée par les vents et vous comprendrez vite qu'il est impensable de s'y baigner sans une combinaison de plongée. De l'autre côté de la Hwy 1 se trouve l'arrivée du **Skyline-to-the-Sea Trail**, sentier particulièrement fréquenté qui passe par la forêt de séquoias du

VAUT LE DÉTOUR
LES SANTA CRUZ MOUNTAINS

Point de départ : 8 Santa Cruz

La Hwy 9 est une route secondaire qui rejoint les Santa Cruz Mountains, traversant de vastes étendues couvertes de séquoias qui laissent passer quelques rayons de soleil et une série de vignobles faisant la part belle au pinot noir. À 11 km au nord de Santa Cruz, le **Henry Cowell Redwoods State Park** (www.parks. ca.gov ; 101 N Big Trees Park Rd ; 10 $/véhicule ; ☺aube-crépuscule) est sillonné de sentiers de randonnée perdus au milieu des séquoias. Non loin, à Felton, les **Roaring Camp Railroads** (☎831-335-4484 ; www.roaringcamp.com ; 5401 Graham Hill Rd ; adulte/ enfant à partir de 24/17 $, parking 8 $; ☺horaires par tél) offrent l'occasion de circuler en train à vapeur dans une forêt de séquoias. Onze kilomètres plus loin, **Boulder Creek** est une minuscule ville de montagne appréciée pour son *brewpub* (restaurant et microbrasserie). En empruntant la tortueuse Hwy 236 vers le nord-ouest sur environ 10 miles (16 km), vous atteindrez le **Big Basin Redwoods State Park** (www.bigbasin.org, www.parks.ca.gov ; 21600 Big Basin Way ; 10 $/véhicule), dont les sentiers embrumés dévoilent d'immenses séquoias.

Big Basin State Park. À l'intérieur des terres, dans le **Rancho Del Oso Nature and History Center** (☎831-427-2288 ; 3600 Hwy 1, Davenport ; entrée libre ; ☺12h-16h sam-dim ; 🚻), deux sentiers accessibles aux enfants, ouverts tous les jours, traversent les marais qui bordent la plage.

La route » La Hwy 1 s'éloigne progressivement du littoral rocheux. Avant d'arriver à Santa Cruz, 15 miles (24 km) plus loin, elle passe à proximité de quelques fermes, granges et petites plages.

TEMPS FORT

8 Santa Cruz

Santa Cruz est à la croisée de la *beach culture* sud-californienne et de la contre-culture du nord de l'État. Découvrez les excentriques de tous poils de **Pacific Ave**, l'artère principale du centre-ville. Descendez au plus vieux parc d'attractions littoral de la côte Ouest, le **Santa Cruz Beach Boardwalk** (☎831-423-5590 ; www.beachboardwalk. com ; 400 Beach St ; entrée libre, manèges 3-5 $; ☺horaires par tél ; 🚻), où l'odeur de barbe à papa se mêle à l'air marin. Remontez West Cliff Dr, qui serpente sur environ 1,5 km jusqu'au **Lighthouse Point**. Joignez-vous aux curieux sur la falaise et observez en contrebas les lions de mer, les sympathiques loutres de mer et les surfeurs défiant les déferlantes de **Steamers Lane**. À l'intérieur du phare, datant des années 1960, le **Surfing Museum** (www. santacruzsurfingmuseum.org ; 701 W Cliff Dr ; don bienvenu ; ☺12h-16h jeu-lun début sept-début juil, 10h-17h mer-lun début juil-début sept) relate l'histoire du surf. Près de 2 miles (3 km) plus à l'ouest, W. Cliff Dr débouche sur la **Natural Bridges State Beach** (www.parks.ca.gov ; 10 $/ véhicule ; ☺8h-crépuscule ; 🚻), qui doit son nom à ses arches marines. Étoiles de mer, anémones et autres crabes peuplent les myriades de mares résiduelles creusées dans la roche calcaire. Tous les animaux marins sont à l'honneur au **Seymour Marine Discovery Center** (http://seymourcenter.ucsc.edu ; 100 Shaffer Rd ; adulte/enfant 6/4 $; ☺10h-17h mar-sam, 12h-17h dim ; 🚻), tout proche, qui expose notamment un impressionant squelette de baleine bleue.

✕ 🛏 p. 193

Se restaurer et se loger

Half Moon Bay ③

✘ Flying Fish Grill   Poisson, mexicain $$
(www.flyingfishgrill.net ; 211 San Mateo Rd/Hwy 92 ;
plats 5-16 $; ⏰11h-20h30 mer-lun). Le meilleur
restaurant de poisson et de fruits de mer des
environs est paradoxalement à l'écart de la côte.
Attablez-vous dans cette hacienda colorée pour
un festival de tacos au poisson, de sandwichs
au crabe et de poissons grillés.

✘ Half Moon Bay Brewing Company
Restaurant et microbrasserie $$
(www.hmbbrewingco.com ; 390 Capistrano Rd,
en retrait de la Hwy 1 ; plats 11-21 $; ⏰11h30-21h
lun-jeu, 11h30-22h ven-sam, 11h-21h dim). Faites
une pause à Pillar Point Harbor pour déguster
d'excellentes bières locales, accompagnées de
poisson et de fruits de mer ou de burgers (corrects).
Le tout sur un patio chauffé avec vue sur la baie.

⏟ Beach House
at Half Moon Bay   Hôtel $$$
(☎650-712-0220 ; www.beach-house.com ;
4100 N Cabrillo Hwy/Hwy 1 ; ch 185-385 $; 🛜🅿).
Dominant la baie depuis le promontoire proche
de Pillar Point Harbor, toutes ces suites de type
loft sont équipées d'édredons en plume et de
cheminées au gaz pour vous tenir chaud malgré
le brouillard.

Pescadero ④

✘ Duarte's Tavern   Américain $$
(☎650-879-0464 ; www.duartestavern.com ;
202 Stage Rd ; plats 11-40 $; ⏰7h-21h). Cette
taverne de 1894 est l'un des meilleurs restaurants
de poisson et fruits de mer de la côte, mais vous
y trouverez aussi de la crème d'artichaut ou de
piment vert et de la tarte à l'*olallieberry* (une
baie issue de divers croisements). Réservation
(vraiment !) obligatoire le week-end.

⏟ Costanoa Lodge   Bungalows, hôtel $$
(☎650-879-1100 ; www.costanoa.com ; 2001
Rossi Rd, en retrait de la Hwy 1 ; bungalows toile
98-215 $, cabins 179-229 $, ch lodge 179-379 $;
🐾🛜). Les locataires des bungalows en toile,
avec couettes en duvet, peuvent utiliser à loisir

les "*comfort stations*" communes, qui abritent
des saunas, un patio avec cheminée et des
douches accessibles 24h/24. Les chambres du
lodge, avec cheminée, sont plus confortables.
L'établissement se trouve à moins de 15 km
au sud de la Pescadero State Beach.

Pigeon Point ⑤

⏟ Pigeon Point Lighthouse
Hostel   Auberge de jeunesse $
(☎650-879-0633 ; www.norcalhostels.org/pigeon ;
210 Pigeon Point Rd, en retrait de la Hwy 1 ; dort
25-30 $, ch 73-177 $; @🛜). Sur un promontoire
venté mais tranquille, au bord de l'océan, cette
auberge de jeunesse "verte" occupe les anciens
appartements du gardien du phare. Réservez à
l'avance car elle est très appréciée (notamment
pour son Jacuzzi en plein air).

Santa Cruz ⑧

✘ Picnic Basket   Épicerie, boulangerie $
(http://thepicnicbasketsc.com ; 125 Beach St ; plats
4-10 $; ⏰7h-21h dim-jeu, 7h-minuit ven-sam ; 🐾).
En face de la plage, cette adresse propose des
sandwichs inventifs, des soupes et de délicieuses
pâtisseries maison à base de produits locaux.
Les glaces artisanales, aux parfums originaux
(avocat, cerise, huile d'olive au sel de mer, etc.),
ont de quoi rendre accro.

⏟ Dream Inn   Hôtel $$$
(☎831-426-4330 ; www.dreaminnsantacruz.
com ; 175 W. Cliff Dr ; ch 200-380 $; ❄@🛜🅿).
Surplombant le quai, cet hôtel de charme chic
et rétro est des plus stylés pour Santa Cruz. Les
chambres situées en haut de la colline disposent
de toutes les commodités. Ne manquez pas la
vue sur l'océan depuis le restaurant, l'Aquarius
(plats soir 15-30 $), également accessible pour
un simple verre, comme durant l'*happy hour*.

⏟ Pacific Blue Inn   B&B $$
(☎831-600-8880 ; http://pacificblueinn.com ;
636 Pacific Ave ; ch avec petit-déj 189-239 $; 🛜).
En centre-ville, ce B&B résolument écologique
affiche des chambres aux lignes épurées, dotées
de lits confortables, d'une cheminée et d'une TV
à écran plat avec lecteur DVD. Prêt de vélos.

Aquarium de Monterey
Sous la mer, les pieds au sec

Monterey, Carmel et environs

17

Ancien village de pêcheurs portant encore les traces de son passé espagnol et mexicain, Monterey se distingue par son cadre marin et son air iodé, vantés par tant d'artistes et d'écrivains.

TEMPS FORTS

9 miles/14 km

17-Mile Drive
Une boucle payante déroulant des vues spectaculaires depuis la péninsule de Monterey

ARRIVÉE
Moss Landing

Pacific Grove

Cannery Row

1

DÉPART

3

4

5

0 mile/0 km

Monterey
La ville immortalisée par Steinbeck dans son roman *Rue de la Sardine*

Carmel Valley

Point Lobos State Natural Reserve
Des sentiers sauvages longeant l'océan, propices à l'observation de la faune

Carmel-by-the-Sea
Ancien village bohème devenu chic et sa superbe mission du XVIIIe siècle

25 miles/40 km

17 miles/27 km

2-3 JOURS
70 MILES/115 KM

PARFAIT POUR...

LE MEILLEUR MOMENT

D'août à octobre pour le soleil ; de décembre à avril pour l'observation des baleines.

LA PHOTO SOUVENIR

Le cyprès solitaire, emblématique de Pebble Beach.

EN FAMILLE
Une journée à l'aquarium de Monterey.

Monterey, Carmel et environs

Pour touristique qu'elle soit, Cannery Row, la fameuse rue de la Sardine de John Steinbeck, n'est cependant pas l'attraction n°1 de la péninsule de Monterey. Plus mémorables encore sont les panoramas qui s'offrent sur l'océan depuis la route longeant la baie, les sentiers de randonnée de Point Lobos ou la rencontre avec les baleines, en hiver. Les vestiges historiques jalonnent également l'itinéraire, des bâtiments coloniaux espagnols du centre de Monterey à la belle mission catholique de Carmel.

OCÉAN PACIFIQUE

Pacific Grove 2

Cannery Row p. 2

Monterey 1

DÉPAR

17-Mile Drive 3

Pebble Beach

4

Carmel-by-the-Sea

1

5

Point Lobos State Natural Reserve

7 miles (11,2 km) vers

15

TEMPS FORT

1 Monterey

Ville ouvrière, Monterey est entièrement tournée vers la mer. Commencez votre exploration en faisant notre circuit à pied dans **Old Monterey** (voir p. 202), le quartier historique du centre-ville, qui conserve des vestiges espagnols et mexicains de l'histoire californienne. Il se trouve à l'intérieur des terres depuis les embruns du **Municipal Wharf II**, qui domine la baie du Monterey Bay National Marine Sanctuary, avec ses phoques, ses lions de mer, ses dauphins et ses baleines.

À moins de 3 km au nord-ouest du centre-

ville, par Lighthouse Ave, et immortalisée par le romancier John Steinbeck dans son roman éponyme **Cannery Row** (*Rue de la Sardine* en français), était jadis l'épicentre remuant et malodorant de l'industrie de la sardine, qui fit vivre la ville jusque dans les années 1950. Aujourd'hui, la locomotive économique de la ville est le **Monterey Bay Aquarium** (📞831-648-4800, réservations billets 866-963-9645 ; www. montereybayaquarium.org ; 886 Cannery Row ; adulte/enfant 33/20 $; 🕙10h-17h ou 18h tlj, horaires étendus en été ; 📶♿), dont les hôtes aquatiques redoublent d'efforts pour se faire apprécier.

En descendant Cannery Row vers le sud, jetez un œil sur votre droite dans

Bruce Ariss Way, où se tiennent une poignée d'anciennes cabanes des ouvriers des conserveries. Plus au sud de Cannery Row, un arrêt à **Steinbeck Plaza** (angle Cannery Row et Prescott Ave) vous permettra de profiter de la vue au côté du buste du célèbre écrivain.

🍴🛏 p. 201

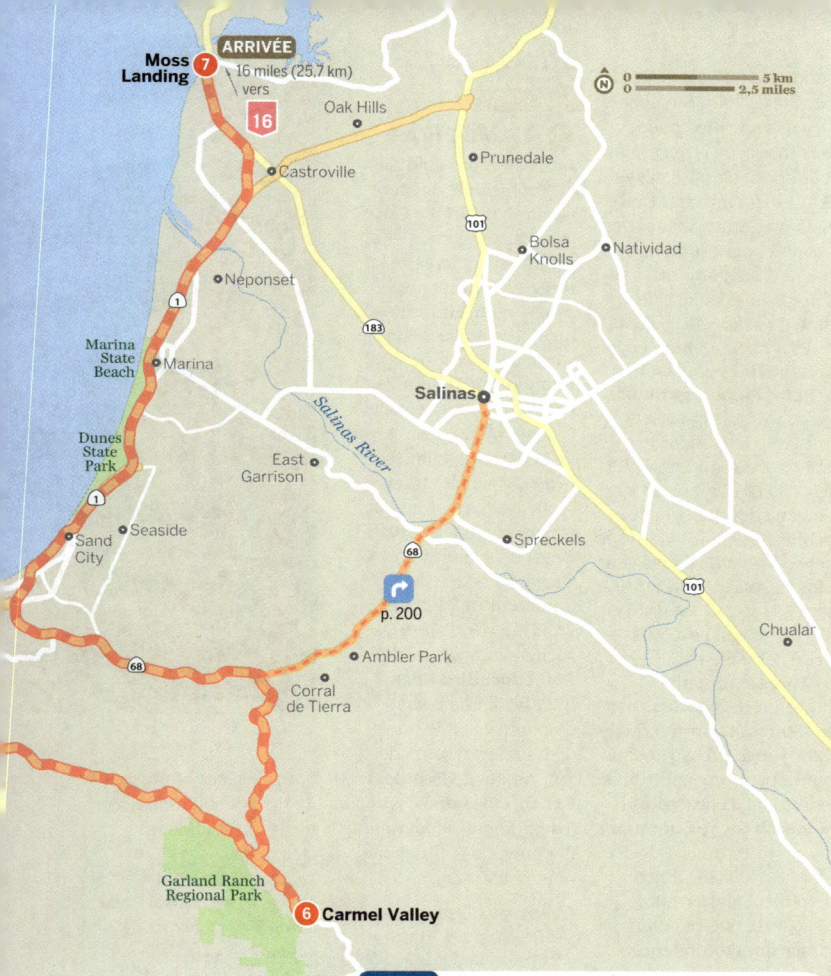

La route ❯❯ Depuis Cannery Row, Ocean View Blvd longe le littoral sur 2,5 miles (4 km) vers l'ouest en direction de Point Pinos, en s'incurvant vers la gauche sur Sunset Dr. Attention aux cyclistes.

❷ Pacific Grove

Tranquille retraite méthodiste fondée en 1875, Pacific Grove a également accueilli la

À COMBINER AVEC

15 **Big Sur**
Les falaises, les hippies et les séquoias de Big Sur débutent à 15 miles (24 km) au sud de Carmel, sur la Hwy 1.

16 **Le long de la Highway 1 jusqu'à Santa Cruz**
L'inimitable Santa Cruz se trouve à environ 25 miles (40 km) au nord de Moss Landing, par la Hwy 1.

résidence estivale de la famille de John Steinbeck. Ocean View Blvd pointe vers l'ouest, de Lover's Point à Point Pinos, où il devient Sunset Dr en partant vers Asilomar State Beach. Des plages et des promontoires rocheux sont autant d'occasions de faire des détours le long de cet axe.

Plus ancien phare en activité de la côte Ouest, le **Point Pinos Lighthouse** (www.ci.pg.ca.us/lighthouse/default.htm ; entrée par Asilomar Ave ; adulte/enfant 2/1 $; ☉13h-16h jeu-lun) avertit les bateaux des dangers de la péninsule depuis 1855. À ses côtés, le **Pacific Grove Golf Links** (☎831-648-5775 ; www.pggolflinks.com ; 77 Asilomar Blvd ; 42-65 $) est un parcours prisé des golfeurs.

Après avoir suivi Lighthouse Ave vers l'est sur 800 m et tourné à droite dans Ridge Rd, garez-vous pour une promenade dans le bosquet d'eucalyptus du **Monarch Grove Sanctuary** (www.pgmuseum.org ; Ridge Rd ; ☉aube-crépuscule). Entre octobre et février-mars, plus de 25 000 papillons monarques migrateurs viennent s'y rassembler.

✕ ⊨ p. 201

La route » Reprenez Ridge Rd vers le nord jusqu'à Lighthouse Ave, qui part vers l'est et le centre-ville de Pacific Grove, avec ses magasins, ses cafés et son musée d'histoire naturelle. Pour contourner le centre-ville, prenez la première à droite après Ridge Rd, sur 17-Mile Drive. Poursuivez 1 mile (1,6 km) vers le sud-ouest, en traversant Sunset Dr/Hwy 68, jusqu'au péage de Pacific Grove.

TEMPS FORT

❸ 17-Mile Drive

Jadis désignée comme la "promenade de Mère Nature", la **17-Mile Drive** (www.pebblebeach.com ; 10 $) est une spectaculaire route panoramique à péage (motos interdites) qui effectue une boucle sur la péninsule de Monterey en reliant Pacific Grove à Pebble Beach et Carmel-by-the-Sea. Armé de la carte distribuée au péage, vous identifierez facilement les points de repère comme **Spanish Bay**, où l'explorateur Gaspar de Portolá, fondateur de Monterey, jeta l'ancre en 1769, les rochers dangereux de **Point Joe**, **Bird Rock**, qui abrite une colonie de phoques et de lions de mer, le parcours de golf réputé de **Pebble Beach**, et le **Lone Cypress**, cyprès solitaire dominant fièrement la mer depuis plus de 250 ans.

La route » En suivant 17-Mile Dr vers le sud, 9 miles (15 km) séparent le péage de Pacific Grove et celui de Carmel. Après la sortie de la route à péage, continuez vers le sud jusqu'à Ocean Ave, puis tournez à droite vers le centre-ville de Carmel-by-the-Sea.

TEMPS FORT

❹ Carmel-by-the-Sea

Ancien repaire d'artistes, ce village pittoresque a désormais une allure de country club propret, avec ses dames chics

BLAINE HARRINGTON III / CORBIS ©

botoxées, ses boutiques de luxe et son défilé de décapotables sur Ocean Ave.

Au sud de la ville, la plage de **Carmel River State Beach** (www.parks.ca.gov ; au bout de Carmelo St ; entrée libre ; ☉aube-crépuscule ; 🐾) forme un croissant de sable blanc, où des toutous toilettés viennent gambader librement.

Dans les terres, la **Tor House Foundation** (☎831-624-1813 ; www.torhouse.org ; 26304 Ocean View Ave ; adulte/enfant 10/5 $; ☉sur rdv ven-sam uniquement), maison du poète américain Robinson Jeffer (1887-1962), ouvre une fenêtre fascinante sur le vieux Carmel.

Mission San Carlos Borroméo de Carmelo

Plus à l'est, via Rio Rd, la **mission San Carlos Borroméo de Carmelo** (www.carmelmission.org ; 3080 Rio Rd ; adulte/enfant 6,50/2 $; ⊙9h30-17h lun-sam, 10h30-17h dim), fondée en 1769, est une oasis de calme et de solennité, entourée d'un jardin fleuri. Des œuvres d'art ornent sa basilique en pierre et une chapelle séparée renferme la sépulture mémorielle du padre Junípero Serra, fondateur des missions californiennes.

✕ 🛏 p. 201

La route » Depuis la mission, continuez vers le sud-est en descendant Rio Rd jusqu'au croisement avec la Hwy 1. Tournez à droite et roulez sur environ 2 miles (3,2 km) vers le sud jusqu'au croisement pour la Point Lobos State Natural Reserve, à droite.

- - - - - - - - - - - - - -

TEMPS FORT

❺ Point Lobos State Natural Reserve

Les lions de mer sont les vraies stars de la **Punta de los Lobos Marinos** (“pointe des loups de mer”), dont les rives accidentées offrent d'excellentes occasions de se baigner dans des piscines naturelles. Plusieurs courtes promenades dans la **Point Lobos State Natural Reserve** (www.parks.ca.gov, www. pointlobos.org ; 10 $/véhicule ; ⊙8h-30 min après le coucher du soleil ; 🚹) permettent d'admirer la faune et la flore, notamment sur Bird Island, Piney Woods, à Whaler's Cabin et au Devil's Cauldron.

La route » De l'entrée du parc, reprenez la Hwy 1 vers le nord (à gauche). Remontez la route vers Carmel sur 2,5 miles (4 km) jusqu'au feu marquant l'intersection avec Carmel Valley Rd, à droite. Tournez à droite et roulez vers le village de Carmel Valley, à 11,5 miles (18,5 km) à travers champs et vignobles.

199

VAUT LE DÉTOUR
SALINAS

Point de départ : 6 Carmel Valley

Des ouvriers agricoles de Salinas aux travailleurs de Monterey, des collines de Central Valley au littoral, le prix Nobel John Steinbeck a parfaitement dépeint les paysages qui lui étaient familiers. **Salinas**, sa ville, est à 25 minutes de Monterey par la Hwy 68.

En centre-ville, le **National Steinbeck Center** (☎831-775-4721 ; www.steinbeck.org ; 1 Main St ; adulte/enfant/jeune/senior 15/6/8/11 $; ⏰10h-17h ; ♿) fait revivre ses romans grâce à des expositions interactives et de courtes vidéos. Remarquez Rocinante, le pick-up/mobil-home avec lequel Steinbeck traversa les États-Unis tout en écrivant *Voyage avec Charley*. Un musée agricole attenant présente l'économie locale, les mouvements sociaux, la politique de l'eau et l'histoire des ouvriers agricoles étrangers.

Plus à l'ouest, la **Steinbeck House** (☎831-424-2735 ; www.steinbeckhouse.com ; 132 Central Ave ; ⏰restaurant 11h30-14h mar-sam, boutique 11h-15h), maison d'enfance de l'auteur des *Raisins de la colère*, est une demeure coloniale typique transformée en petit musée et en restaurant, avec serveurs en costumes (presque) d'époque.

À 2 miles (3 km) au sud-est du centre-ville, dans le **Garden of Memories Memorial Cemetery** (850 Abbott St), une discrète plaque de bronze marque l'endroit où les cendres de Steinbeck furent inhumées, au côté de ses proches, dans le caveau familial des Hamilton – sa famille maternelle, mise en scène dans *À l'est d'Éden*.

6 Carmel Valley

Une paisible excursion, au cœur des champs et vignobles ensoleillés. La ferme bio de l'**Earthbound Farm** (www.ebfarm.com ; 7250 Carmel Valley Rd ; ⏰8h-18h30 lun-sam, 9h-18h dim ; ♿) vous permettra de goûter aux smoothies de fruits frais et aux soupes maison, mais aussi de cueillir des herbes aromatiques dans le jardin. Plusieurs viticulteurs installés plus à l'est proposent des dégustations – ne manquez pas le pinot noir de **Boekenoogen** (www.boekenoogenwines.com ; 24 W Carmel Valley Rd ; dégustation 5-10 $; ⏰11h-17h).

Vous pourrez ensuite faire étape au village de Carmel Valley, avec ses sympathiques boutiques et cafés.

La route » Revenez sur 2 miles (3 km) à l'ouest du village via Carmel Valley Rd, puis prenez à droite dans Laureles Grade. Après 6 miles (9 km), tournez à gauche dans la Hwy 68 et roulez vers l'ouest jusqu'à la Hwy 1, que vous prendrez vers le nord. Après Monterey, les dunes et les champs d'artichauts et de fraises, elle retourne vers la côte. Tournez à gauche dans Moss Landing Rd.

7 Moss Landing

Dernière chance d'observer des animaux ! Louez un kayak sur la Hwy 1 pour voir les phoques de l'**Elkhorn Slough National Estuarine Research Reserve** (☎831-728-2822 ; www.elkhornslough.org ; 1700 Elkhorn Rd, Watsonville ; adulte/enfant 2,50 $/gratuit ; ⏰9h-17h mer-dim) ou joignez-vous à une randonnée ornithologique guidée. Depuis le port de pêche de l'extrémité de Moss Landing Rd, **Sanctuary Cruises** (☎831-917-1042 ; www.sanctuarycruises.com ; Moss Landing Harbor, Dock A ; adulte/enfant 50/40 $) organise des croisières d'observation des baleines et des dauphins à bord de bateaux écologiques (réservation conseillée).

🍴 p. 201

Se loger et se restaurer

Monterey ❶

✕ Cannery Row Brewing Co — Américain $$

(www.canneryrowbrewingcompany.com ;
95 Prescott Ave ; ⊙11h30-23h, bar jusqu'à
minuit dim-jeu, 2h ven-sam). Avec son incroyable
choix de bières artisanales et sa terrasse où
ronronnent des braseros, ce bar-grill attire une
foule nombreuse. Choix correct de hamburgers,
grillades, salades et frites à l'ail.

🛏 Casa Munras — Boutique-hôtel $$

(☎831-375-2411 ; www.hotelcasamunras.com ;
700 Munras Ave ; ch 150-280 $; @🛜🖥🖨).
Cette hacienda en adobe qui fut la propriété d'un
riche Espagnol au XIXᵉ siècle offre des chambres
assez petites, mais modernes et de bon goût, dans
des bâtiments de style motel. Détente assurée
avec le gommage au sel de mer proposé au spa.

🛏 InterContinental – The Clement — Hôtel $$$

(☎831-375-4500 ; www.intercontinental.com ;
750 Cannery Rcw ; ch 200-455 $; ✳@🛜
🖥🖨). Ce quatre-étoiles domine Cannery Row
à la manière d'une villa de millionnaire. Comble
du luxe : louer une suite avec balcon et vue sur
l'océan et dîner au C Restaurant & Bar, sur
le front de mer.

Pacific Grove ❷

✕ Passionfish — Poisson et fruits de mer $$$

(☎831-655-3311 ; www.passionfish.net ;
701 Lighthouse Ave ; plats 16-28 $; ⊙17h-21h
dim-jeu, 17h-22h ven et sam). Poissons et fruits
de mer issus de la pêche durable sont servis en
de savoureuses préparations et accompagnés
d'une carte de vins internationale à très bas prix.
Un bémol : les tables très serrées entre elles.
Réservation recommandée.

🛏 Sunset Inn — Motel $$

(☎831-375-3529 ; www.gosunsetinn.com ;
133 Asilomar Blvd ; ch 110-300 $; 🛜). Un petit
motel, proche de la plage, avec un personnel
attentif et des chambres avec parquet, lits
king-size, Jacuzzi et cheminée à gaz.

Carmel-by-the-Sea ❹

✕ La Bicyclette — Français, italien $$$

(☎831-622-9899 ; www.labicycletterestaurant.
com ; Dolores St au niveau de 7th Ave ; plats midi
7-16 $, soir menu 3 plats 30 $; ⊙8h-11h et 11h30-
22h). Les plats simples européens ou californiens
et les pizzas au feu de bois attirent beaucoup de
couples dans ce bistrot. Excellent choix de vins
locaux.

✕ Mundaka — Tapas $$$

(☎831-624-7400 ; www.mundakacarmel.com ;
San Carlos St, entre Ocean Ave et 7th Ave ; petites
assiettes 6-20 $; ⊙17h30-22h dim-mer, 17h30-
23h jeu-sam). Cette petite cour pavée permet
d'échapper à la foule habituelle de jeunes mariés
et de retraités de Carmel. Tapas à partager autour
d'un verre de sangria maison, en écoutant les
sets de DJ ou les joueurs de flamenco.

🛏 Cypress Inn — Boutique-hôtel $$$

(☎831-624-3871 ; www.cypress-inn.com ; angle
Lincoln St et 7th Ave ; ch 185-325 $; 🛜🖨). De
style colonial, cette auberge de 1929 appartient
en partie à l'actrice Doris Day. Les couloirs
spacieux décorés de carreaux multicolores lui
donnent un air méditerranéen et les chambres
donnant sur la cour sont inondées de lumière.
Très *Pet Friendly*.

Moss Landing ❼

✕ Phil's Fish Market — Poisson et fruits de mer $$

(www.philsfishmarket.com ; 7600 Sandholdt Rd ;
plats 10-20 $; ⊙10h-20h dim-jeu, 10h-21h ven-
sam ; 🖨). Au menu de ce restaurant dans un
entrepôt, situé près du port : des produits de la
mer à foison, ultrafrais, grillés, panés, en sandwich
ou en salade, et de véritables seaux de crabes,
moules, calamars, Saint-Jacques et crevettes
nimbés de sauce *cioppino* (ragoût typique de
San Francisco) à emporter.

SE DÉGOURDIR LES JAMBES
MONTEREY

Départ/arrivée
Municipal Wharf II

Distance 3,5 km

Durée 2-4 heures

La promenade autoguidée "Path of History" (chemin de l'histoire), à travers la vieille ville, dévoile certains des plus beaux édifices californiens en brique et en adobe du XIXe siècle. Musées et somptueux jardins se dissimulent à deux pas de la baie de Monterey et des ghettos touristiques de Fisherman's Wharf et Cannery Row.

Compatible avec les itinéraires :

1 17

Municipal Wharf II

Commencez par une promenade le long du **Municipal Wharf II**, où les bateaux de pêche tanguent au gré des flots, les artistes peignent des natures mortes et les marins déchargent leurs prises du jour.

La promenade » Du quai, partez vers le sud et rejoignez la promenade goudronnée qui part à l'ouest. Bifurquez vers le sud avant d'arriver au Fisherman's Wharf, en direction de la Custom House Plaza.

Museum of Monterey

Du côté est de la place, le **Museum of Monterey** (831-372-2608 ; http :// museumof monterey.org ; 5 Custom House Plaza ; adulte/enfant 10/5 $; 10h-17h mar-sam, 12h-17h dim) présente le passé marin de la ville, des débuts de l'ère coloniale espagnole au difficile essor et au déclin de l'industrie de la sardine à Cannery Row.

La promenade » La Pacific House se trouve juste de l'autre côté de la place.

Pacific House

Aménagée dans un magnifique bâtiment en adobe de 1847, la **Pacific House** (831-649-7118 ; www.parks.ca.gov, www.mshpa.org ; 20 Custom House Plaza ; 3 $; 10h-16h ven-dim) propose des expositions sur l'histoire californienne. Vous pouvez y trouver un plan gratuit du **Path of History**, consulter la liste des édifices ouverts au public et acheter les billets des visites guidées. Au nord, jetez un œil à la **Custom House** (1827).

La promenade » Traversez Portola Plaza vers le sud pour rejoindre Alvarado St, bordé du Monterey Hotel, de théâtres et de commerces. Continuez jusqu'à Munras Ave et traversez la rue.

Cooper-Molera Adobe

Superbe demeure du XIXe siècle, la **Cooper-Molera Adobe** (831-649-7172 ; 525 Polk St ; www.parks.ca.gov ; visite 5 $; visites généralement 10h30 et 13h30 ven-dim) fut construite par John Rogers Cooper, riche capitaine de marine de Nouvelle-Angleterre faisant commerce de peaux, de fourrures de loutres et de suif. Un jardin a été ajouté par la suite. La **boutique du musée** (10h-16h) vend divers objets et des livres.

Fisherman's Wharf

Municipal Wharf II

DÉPART/ARRIVÉE

Monterey Bay

Scott St

Custom House Plaza

Pacific House

Museum of Monterey

Monterey State Beach

Larkin St

Van Buren St

Lighthouse Tunnel

Lighthouse Ave

Del Monte Ave

Franklin St

Pacific St

Calle Principal

Alvarado St

Franklin St

Adams St

Figueroa St

Cortes St

Camino El Estero

Lake El Estero

El Estero Park

Jefferson St

Dutra St

Tyler St

Jack's Park

Anthony St

Robinson St

Webster St

Pearl St

Stevenson House

Monterey Museum of Art

Cooper-Molera Adobe

Polk St

Houston St

Abrego St

Madison St

Munras Ave

Royal Presidio Chapel

Church St

Fremont St

Hartnell Gulch

Pearl St

La promenade » Prenez vers l'ouest dans Jefferson St puis tournez à gauche dans Pacific St. En face, sur la droite, se dresse le Colton Hall, où fut établie, en 1849, la première Constitution de Californie. Plus loin sur votre gauche se tient le MMA.

Monterey Museum of Art

Dans le centre, le **MMA – Pacific Street** (☎831-372-5477 ; www.montereyart.org ; 559 Pacific St ; adulte/enfant 10 $/gratuit ; ⊙11h-17h mer-sam, 13h-16h dim) met l'accent sur l'art contemporain californien, dont les paysagistes impressionnistes tels William Frederic Ritschel et Armin Hansen, et les photographes modernes du XXe siècle tels Ansel Adams ou Edward Weston.

La promenade » Rebroussez chemin jusqu'à Pacific St, et tournez à droite dans Jefferson St, pour revenir à Munras Ave. Suivez Pearl St sur un bloc vers l'est puis tournez à droite dans Houston St.

Stevenson House

Robert Louis Stevenson est venu à Monterey en 1879 pour courtiser celle qui deviendrait sa femme, Fanny Osbourne. La **maison de Stevenson** (530 Houston St ; entrée libre ; ⊙13h-16h sam et 4e dim du mois), baptisée ensuite French Hotel, serait le lieu où il aurait imaginé *L'Île au trésor*. L'intérieur est rempli d'objets concernant l'écrivain, notamment sur ses dernières années en Polynésie.

La promenade » Descendez Houston St, puis zigzaguez vers le sud-est en tournant à gauche dans Webster St, puis à droite dans Abrego St et enfin à gauche dans Church St.

Royal Presidio Chapel

Connue aujourd'hui sous le nom de **San Carlos Cathedral**, la belle **Royal Presidio Chapel** (☎831-373-2628 ; www.sancarloscathedral.org ; 500 Church St ; don bienvenu ; ⊙horaires par tél), construite par le padre Junípero Serra, missionnaire espagnol du XVIIIe siècle, est la plus ancienne église encore en activité en Californie. Le développement de Monterey sous la domination mexicaine, dans les années 1820, sonna le glas des édifices espagnols les plus anciens, faisant de ce monument national le témoin le plus important de la présence espagnole.

La promenade » Remontez Figueroa St sur huit blocs pour retourner au Municipal Wharf II.

Région viticole de Paso Robles
En quête de pépites en flacons…

Environs de San Luis Obispo

18

Avec ses plages ensoleillées et ses routes viticoles vallonnées, le comté de SLO est "100% nature". Ralentissez… ce bout de côte idyllique se déguste lentement.

TEMPS FORTS

95 miles/153 km

Région viticole de Paso Robles
Des vignobles familiaux abreuvés de soleil

Paso Robles **7** **ARRIVÉE**

33 miles/53 km

Avila Beach
Pause farniente dans ce petit port de pêche

Cayucos

Morro Bay

San Luis Obispo **DÉPART**

55 miles/88 km **5**

Montaña de Oro State Park
La "montagne d'or" tient son nom des pavots qui recouvrent les prairies au printemps

4

3

Arroyo Grande

Pismo Beach
Une station balnéaire où flotte un charmant air rétro

25 miles/40 km

2-3 JOURS
115 MILES/185 KM

PARFAIT POUR…

LE MEILLEUR MOMENT
Juillet-octobre, la période la plus ensoleillée.

LA PHOTO SOUVENIR
La silhouette du Morro Rock au crépuscule.

LA ROUTE DES VINS
La Hwy 46, à l'est et à l'ouest de Paso Robles.

205

18 Environs de San Luis Obispo

À mi-chemin entre San Francisco et LA, San Luis Obispo (SLO), étudiante et décontractée, est une porte d'accès aux plaisirs côtiers. Cités balnéaires et villages de pêcheurs offrent quantité d'activités, sur terre et sur mer, et les sites naturels ne sont jamais très éloignés de la Hwy 1. Les restaurants privilégiant les produits fermiers et locaux abondent, de même que les vignobles, notamment dans la région viticole de Paso Robles, idéale pour un week-end de détente ou une balade en voiture, en semaine.

❶ San Luis Obispo

Après quelques heures passées à SLO, vous penserez peut-être, à l'instar d'Oprah Winfrey, qu'il s'agit de "l'endroit le plus joyeux d'Amérique". Les étudiants de l'université Cal Poly insufflent une vie rafraîchissante aux rues, magasins, pubs et cafés, surtout durant le **marché de producteurs** (⏱18h-21h jeu) hebdomadaire, qui transforme Higuera St, dans le centre, en un festival de rue avec musiciens et stands de restauration. Comme nombre de villes californiennes, SLO s'est développée autour d'une **mission** (www.missionsanluis obispo.org ; 751 Palm St ; 2 $; ◷9h-16h sept-mai, 9h-17h juin-août), fondée en 1772 par le missionnaire espagnol Junípero Serra. Le ruisseau, qui en irriguait jadis les vergers, traverse toujours le centre-ville, bordé par de paisibles sentiers ombragés.

✕ 🛏 p. 211

La route » Depuis le centre de SLO, suivez Broad St/Hwy 227 et parcourez 2,5 miles (4 km) vers le sud-est, puis prenez Tank Farm Rd à gauche, juste avant l'aéroport. Après 1 mile (1,6 km), tournez à droite et empruntez Orcutt Rd, une route vallonnée qui serpente entre les vignobles jusqu'à Edna Valley.

➋ Terres viticoles de l'Edna Valley

Nourris par la riche terre volcanique des contreforts

À COMBINER AVEC

19 Pays viticole de Santa Barbara

Toujours pas rassasié de bon vin ? Suivez la Hwy 101 au sud de Pismo Beach sur 45 miles (72,5 km), jusqu'à la Santa Ynez Valley.

15 Big Sur

De Cayucos, prenez la Hwy 1 vers le nord pour rallier le sud de la côte de Big Sur, en passant par le Hearst Castle (voir p. 39), à mi-chemin.

du chaînon de Santa Lucia, les florissants **domaines viticoles d'Edna Valley** (www.slowine.com) sont connus pour leurs chardonnays piquants (rarement élevés en fût de chêne), et leurs subtils syrahs et pinots noirs. Prenez un plan gratuit dans n'importe quelle salle de dégustation. Tous les domaines sont indiqués le long d'Orcutt Rd et d'Edna Rd/Hwy 227, qui traversent parallèlement la paisible vallée, baignée par un frais brouillard côtier le matin, avant de se réchauffer sous le soleil d'après-midi. **Niven Family Wine Estates** (www.baileyana.com ; 5828 Orcutt Rd ; ◷10h-17h) est logé dans une école en bois du XXᵉ siècle, tandis que les vignes s'offrent au regard par les baies vitrées de l'**Edna Valley Vineyard** (www.ednavalleyvineyard.com ; 2585 Biddle Ranch Rd ; ◷10h-17h). Plus au sud-est, **Talley Vineyards** (www.talleyvineyards.com ; 3031 Lopez Dr ; ◷10h30-16h30) propose des visites de vignobles quotidiennes.

La route » Depuis Talley Vineyards, Lopez Dr part sud-ouest vers Arroyo Grande, à seulement 6 miles (9,6 km). Prenez Branch St à gauche puis rejoignez la Hwy 101 direction nord, vers Pismo Beach. Sortez à Price St, qui rallie le centre de Pismo Beach, puis obliquez à gauche dans Pomeroy Ave et descendez vers l'océan.

TEMPS FORT

➌ Pismo Beach

Ici, près d'un ponton en bois s'avançant vers le

soleil couchant, James Dean flirta jadis avec Pier Angeli. Aujourd'hui, cette cité balnéaire californienne typique semble tout droit sortie d'un rêve d'amateur de *hot rods* des années 1950. Pismo se présente comme la "capitale mondiale de la palourde", même si la grande plage de sable en est aujourd'hui passablement dépourvue. Pour taquiner les vagues, louez une combinaison et une planche dans n'importe quelle boutique de surf. Le soir venu, faites le tour des bars ou une partie de bowling rétro. Le lendemain, à 1 mile (1,6 km) au sud du centre, découvrez le **Monarch Butterfly Grove** (www.monarchbutterfly.org ; camping de North Beach, Pismo State Beach, Hwy 1 ; accès libre ; ◷aube-crépuscule ; ♿), un bosquet d'eucalyptus envahi par des milliers de papillons monarques, généralement entre fin octobre et fin février.

✕ 🛏 p. 211

La route » Prenez la Hwy 1 vers le nord qui traverse le centre de Pismo Beach et suivez les panneaux pour rejoindre la Hwy 101. Presque 4 miles (6,4 km) plus loin, prenez la sortie n°195 pour Avila Beach Dr. Serrez à gauche à l'embranchement, puis serpentez légèrement vers l'ouest jusqu'à Avila Beach, à environ 3 miles (4,8 km).

TEMPS FORT

➍ Avila Beach

Pour une journée idéale de farniente estival, louez chaises longues et parasols sous la jetée d'Avila, près de la toute nouvelle promenade, dans le centre. Trois kilomètres plus à l'ouest, la route côtière s'achève à **Port San Luis**. Le grognement des lions de mer résonne tandis que l'on flâne entre les étals de poissons et les baraques au bout du **Harford Pier**, un ponton grinçant et usé par les intempéries, d'où l'on peut observer les eaux agitées. Vous devrez réserver un circuit guidé pour visiter le **Point San Luis Lighthouse** (☎visite en trolley 805-540-5771, visite à pied 805-541-8735 ; www. sanluislighthouse.org ; adulte/enfant 5 $/gratuit, visite en trolley 20 $; ☏randonnée guidée 9h mer et sam, visite en trolley 12h, 13h et 14h sam), un phare datant de 1890.

De retour sur les hauteurs, près de la Hwy 101, cueillez des fruits et nourrissez des chèvres au comptoir fermier de l'**Avila Valley Barn** (http:// avilavalleybarn.com ; 560 Avila Beach Dr ; ☏10h-18h30 mi mars-fin déc ; 🖨), ou admirez les étoiles depuis un Jacuzzi privé au **Sycamore Mineral Springs** (☎805-595-7302 ; www.sycamoresprings.com ; 1215 Avila Beach Dr ; 13,50-17 $

Morro Bay Kayaks sur la baie

par heure/pers ; 🕐8h-minuit, dernière réservation 22h45).

La route » Reprenez la Hwy 101 vers le nord et San Luis Obispo. Après 4,5 miles (7,2 km), sortez à Los Osos Valley Rd. Roulez paisiblement au milieu des terres agricoles sur environ 11 miles (17,5 km). Après avoir traversé le centre de Los Osos, prenez à gauche dans Pecho Valley Rd, qui pénètre dans le Montaña de Oro State Park quelques kilomètres plus loin.

TEMPS FORT

❺ Montaña de Oro State Park

Au printemps, les contreforts du **Montaña de Oro State Park** (www.parks.ca.gov ; fin de Pecho Rd, Los Osos ; accès libre ; 🕐aube-crépuscule ; 🚶) sont tapissés de pavots et d'autres fleurs sauvages, d'où son nom espagnol – la "montagne d'or". Au fil de la sinueuse route d'accès, les dunes et les falaises du Pacifique apparaissent. Arrêtez-vous à **Spooner's Cove**, une photogénique plage de sable autrefois utilisée par les contrebandiers. Ici, en raison du frottement des plaques du Pacifique et d'Amérique du Nord, des roches sédimentaires sous-marines, visibles depuis le rivage, se sont soulevées et

VAUT LE DÉTOUR
JAMES DEAN MEMORIAL

Point de départ : ➐ Région viticole de Paso Robles

Sur la Hwy 46, à environ 40 km à l'est de Paso Robles, un monument se dresse près de l'endroit où James Dean, le héros de *La Fureur de vivre*, s'est tué en Porsche le 30 septembre 1955. Ironie du sort, l'acteur de 24 ans venait de tourner un spot publicitaire de sensibilisation contre les courses de dragsters et la vitesse sur les autoroutes américaines. "Roulez tranquillement. C'est peut-être ma vie que vous sauverez", recommandait-il. Guettez le mémorial en acier brossé encerclant un chêne devant le Jack Ranch Cafe, lequel compte quelques vieux clichés et souvenirs poussiéreux de l'icône.

inclinées. Offrez-vous une balade le long de la plage et des falaises verdoyantes bordant l'océan. Sinon, en voiture, dépassez le centre des visiteurs et attaquez la boucle de 4 miles (6,4 km) qui remonte vers le rocailleux Valencia Peak – la vue depuis le sommet est enivrante.

La route » Reprenez Pecho Valley Rd dans l'autre sens et quittez le parc, empruntez Los Osos Valley Rd à droite, puis Bay Blvd à gauche et piquez vers le nord le long de l'estuaire de Morro Bay. Avant d'atteindre la Hwy 101, obliquez à gauche dans Morro Bay State Park Rd, puis Main St jusqu'au centre de Morro Bay. Marina St, à gauche, aboutit sur l'Embarcadero.

- - - - - - - - - -

➏ Morro Bay

Ce village de pêcheurs abrite **Morro Rock**, un cône volcanique jaillissant du lit de l'océan (dommage que ces cheminées d'usine obstruent la vue).

Vous apercevrez probablement des veaux marins et des loutres de mer en arpentant la baie en kayak, à louer sur l'Embarcadero, jalonné de baraques de fruits de mer. À défaut, roulez 1,5 km vers le nord depuis la marina pour rejoindre le chemin permettant de faire le tour partiel du rocher à pied. À l'ouest du centre-ville, dans le **Morro Bay State Park** (www.parks. ca.gov ; accès libre ; ☺aube-crépuscule ; [♿]), les enfants peuvent toucher des maquettes interactives de l'écosystème de la baie et des animaux empaillés au **Museum of Natural History** (Morro Bay State Park Rd ; adulte/enfant 3 \$/ gratuit ; ☺10h-17h ; [♿]).

🍴 🛏 p. 211

La route » Remontez Main St vers le nord en direction de la Hwy 1. Sur 4 miles (6,4 km) vers le nord, la sinueuse Hwy 1 domine des plages sauvages. À Cayucos, tournez à droite dans Old Creek Rd, une route

secondaire sinueuse et étroite. 9 miles (14,4 km) plus loin, prenez la Hwy 46, qui continue vers l'est à travers les vignes sur 11 miles (17,7 km), jusqu'à Paso Robles.

- - - - - - - - - -

TEMPS FORT

➐ Région viticole de Paso Robles

Les premiers cépages de la région furent apportés par des missionnaires franciscains à la fin du XVIIIe siècle. Il fallut néanmoins attendre les années 1920 pour que le fameux zinfandel ne s'implante à Paso Robles. Dans un paysage de collines mordorées, la Hwy 46 sillonne entre les vignobles familiaux, les oliveraies et de rustiques comptoirs fermiers. Sur la **Winery Tour Map** (carte des circuits viticoles ; www. pasowine.com), disponible gratuitement dans les salles de dégustation, repérez les artisans vignerons privilégiant la qualité à la quantité tels Kenneth Volk, Adelaida, Linne Calodo et Zenaida, ou les producteurs emblématiques comme Justin, Eberle et Tobin James. Sinon, empruntez au hasard les petites routes de campagne pour découvrir la prochaine sensation locale. Après un long après-midi passé dans un vignoble abreuvé de soleil, rejoignez le centre arboré de Paso Robles. À deux pas du parc central, des dizaines de salles de dégustation et de caves à vins, de restaurants et de boutiques raffinées vous attendent.

🍴 🛏 p. 211

Se restaurer et se loger

San Luis Obispo ❶

✘ Big Sky Cafe   Californien $$

(www.bigskycafe.com ; 1121 Broad St ; plats
6-22 $; ⏱7h-21h lun-jeu, 7h-22h ven, 8h-22h
sam, 8h-21h dim ; 🖋). Avec son slogan "une
cuisine analogique pour un monde numérique",
ce généreux café privilégiant les produits
locaux brille par ses petits-déjeuners frais,
servis chaque jour jusqu'à 13h. Au dîner,
les végétariens sont presque aussi gâtés
que les omnivores.

🛏 Peach Tree Inn   Motel $$

(☎805-543-3170 ; www.peachtreeinn.com ;
2001 Monterey St ; ch 79-200 $; @🤙). Motel
rustique sans façons, avec des chambres
séduisantes côté ruisseau et des rocking-chairs
installés sur des porches en bois. Petit-déjeuner
continental avec pain maison.

Pismo Beach ❸

✘ Cracked Crab
    Poisson et fruits de mer $$$

(www.crackedcrab.com ; 751 Price St ; plats
9-48 $; ⏱11h-21h dim-jeu, 11h-22h ven-sam ;
🚸). Quand le fameux "seau de fruits de mer"
est déversé sur votre table recouverte de papier
boucherie, avec ses morceaux de crustacés,
de saucisses à la Cajun, de pommes de terre
rouges et d'épis de maïs, prévoyez maillet
et bavoir en plastique.

🛏 Pismo Lighthouse Suites   Hôtel $$

(☎805-773-2411 ; www.pismolighthousesuites.
com ; 2411 Price St ; ste avec petit-déj 149-389 $;
❄@🤙🏊🚸). Hôtel de plage moderne
(suites uniquement), idéal pour des vacances
familiales à la plage, avec kitchenettes et
échiquier géant à l'extérieur. Vous trouverez
un deuxième établissement à Avila Beach.

Morro Bay ❻

✘ Giovanni's Fish Market
& Galley   Poisson et fruits de mer $$

(www.giovannisfishmarket.com ; 1001 Front St ;
plats 7-13 $; ⏱9h-18h ; 🚸). On fait la queue
devant cette adresse familiale pour son *fish and
chips* et ses frites à l'ail. Profitez de la vue sur
le port depuis la terrasse tout en protégeant
votre pitance des pigeons.

✘ Taco Temple   Californien $$

(2680 Main St ; plats 8-15 $; ⏱11h-21h lun et
mer-sam, 12h-20h30 dim ; 🚸). Près de la Hwy 1,
faites une halte pour une cuisine (très) généreuse
mêlant influences californiennes et mexicaines,
aux côtés de pêcheurs nostalgiques ou de
surfeurs affamés. Les plats du jour sont à la
hauteur. Espèces uniquement.

🛏 Beach Bungalow Inn
& Suites   Motel $$

(☎805-772-9700 ; www.beachbungalowmorrobay.
com ; 1050 Morro Ave ; d 135-250 $; 🤙🏊). Un
motel jaune surplombant le port, avec d'élégantes
et confortables chambres modernes aux couleurs
océanes. Certaines disposent de cheminées au gaz.

Région viticole
de Paso Robles ❼

✘ Artisan   Californien $$$

(☎805-237-8084 ; www.artisanpasorobles.
com ; 1401 Park St ; plats soir 26-31 $; ⏱11h-
14h30 lun-sam, 10h-14h dim, plus 17h-22h tlj).
Le chef Kobayashi se glisse hors de sa cuisine
pour s'assurer que vous aimez sa nouvelle
cuisine américaine à base de viandes issues de
l'agriculture durable, de fruits de mer sauvages
et de fromages californiens artisanaux.

🛏 Zenaida Cellars   B&B $$$

(☎866-936-5638 ; www.zenaidacellars.com ;
3775 Adelaida Rd ; ste 250-375 $; 🤙). Évadez-vous
au milieu des vignobles champêtres à l'ouest
de Paso Robles. Loft "du vigneron" avec cuisine
équipée, au-dessus de la salle de dégustation,
et confortable suite "du maître de chai", idéale
pour un couple.

Santa Ynez Valley *Un terroir d'adoption pour les cépages "de style Rhône"*

Pays viticole de Santa Barbara

19

Collines parsemées de chênes, routes de campagne sinueuses, rangées infinies de vignes généreuses… Laissez-vous séduire par les vallées de Santa Maria et Santa Ynez.

TEMPS FORTS

**2-3 JOURS
145 MILES/235 KM**

PARFAIT POUR…

LE MEILLEUR MOMENT

Avril à octobre, pour un ensoleillement maximal.

LA PHOTO SOUVENIR

Les moulins à vent danois de Solvang.

PAPILLES EN ALERTE

Les salles de dégustation et les caves à vins de Los Olivos.

90 miles/145 km

Foxen Canyon
La fameuse route des vins du comté de Santa Barbara

55 miles/88 km

Santa Rita Hills
Leurs contreforts ont les faveurs des petits producteurs écoresponsables

Lompoc

6

4   Buelton

3   Santa Ynez

ARRIVÉE

Los Padres National Forest

DÉPART

1

40 miles/64 km

Solvang
Un adorable village danois au charme kitsch

Santa Barbara
Mission emblématique et édifices historiques dans une ambiance glamour californienne

0 mile/0 km

213

19 Pays viticole de Santa Barbara

À l'origine de la tendance, il y a *Sideways,* film indépendant oscarisé en 2004, ode à la vie dans le Wine Country vue à travers les mésaventures de Miles and Jack, deux vieux copains quadragénaires. Pourtant, ce sont bien les vignerons passionnés, les producteurs soucieux de l'environnement et les sublimes routes des vins qui font tourner les cuves de Santa Barbara. Plus de 100 domaines viticoles parsèment ce paysage champêtre ponctué de cinq petites villes, proches les unes des autres.

TEMPS FORT

❶ Santa Barbara

Commencez votre vie de pacha à Santa Barbara, un paradis côtier où l'air est chargé de parfums d'agrumes et les édifices de style colonial, léchés par des plages nacrées, sont drapés de bougainvillées en fleur. Avant de quitter la ville pour passer la journée ou le week-end dans la région des vins, prenez le temps de visiter l'emblématique **mission Santa Barbara** (http://santabarbaramission.org ; 2201 Laguna St ; adulte/

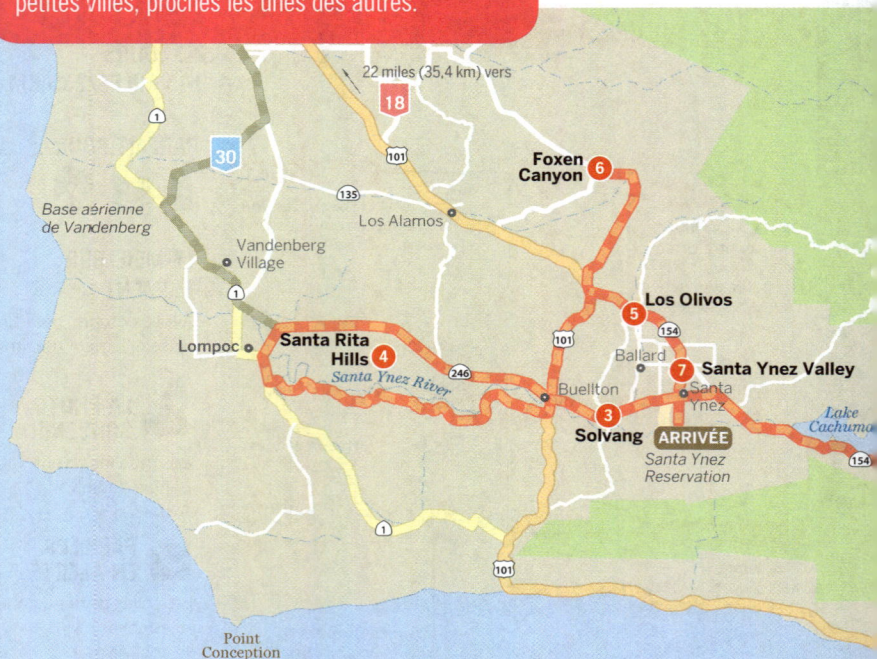

enfant 5/1 $; ⏱9h-17h), la "reine des missions" de Californie. Poursuivez avec notre visite à pied au fil des bâtiments historiques et musées du centre-ville (voir p. 220). Ils sont tous situés dans ou aux abords de **State St**, laquelle descend vers l'océan et le **Stearns Wharf**, le plus ancien embarcadère en activité de la côte Ouest. À quelques pâtés de maisons de la plage, vers l'intérieur des terres, suivez l'**Urban Wine Trail** (www.urbanwinetrailsb.com) de Santa Barbara, dont les salles de dégustation de vins artisanaux de

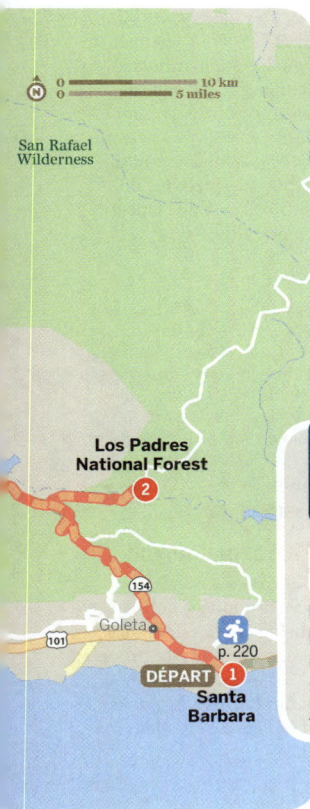

qualité sont généralement ouvertes tous les jours de 12h à 18h (dégustation 5-10 $).

🍴 🛏 p. 219

La route ❯❯ Le matin, empruntez brièvement la Hwy 101 vers le nord, puis suivez l'étroite et sinueuse Hwy 154 jusqu'aux Santa Ynez Mountains, au-delà du San Marcos Pass. À environ 9 miles (14,4 km) de la Hwy 101, prenez Stagecoach Rd à gauche et dépassez la Cold Springs Tavern, des années 1860. Engagez-vous dans Paradise Rd, à droite, 2 miles (3,2 km) plus loin.

- - - - - - - - - - - - - - -

❷ Los Padres National Forest

Non loin de Paradise Rd, la **Los Padres National Forest** (www.fs.usda.gov/lpnf ; 🚶) abrite plusieurs sentiers de randonnée adaptés à tous les âges, facilement accessibles depuis les abords de la Hwy 154. Après les campings familiaux et le gué, dans Paradise Rd, le **Red Rock Trail**, qui longe un ruisseau sur 1,5 km environ, conduit à des bassins et cascades où l'on peut bronzer et nager.

La route ❯❯ Faites demi-tour dans Paradise Rd, puis tournez à droite et suivez la Hwy 154 sur quelque 13 miles (21 km) vers le nord, laissant derrière vous le lac Cachuma et des paysages vallonnés. Prenez la Hwy 246 à gauche et poursuivez sur 5 miles (8 km) vers l'ouest, à travers la Santa Ynez Valley, jusqu'à Solvang.

- - - - - - - - - - - - - - -

TEMPS FORT

❸ Solvang

Bienvenue au Danemark californien ! Solvang, dont le nom se traduit approximativement par "champs ensoleillés," fut fondé en 1911 par des enseignants danois sur une ancienne concession mexicaine. Regorgeant de magasins de bibelots et de motels, cette cité touristique est presque aussi sucrée que ses pâtisseries scandinaves. Des salles de dégustation et des **moulins à vent** jalonnent les rues, largement piétonnières, de cette ville qui a servi de cadre à certaines scènes du film *Sideways*. La **Tocatta Tasting Room** (www.llwine.com ;

À COMBINER AVEC

18 Environs de San Luis Obispo
Envie de vin *et* de plages ? Remontez la Hwy 101 au nord de Santa Ynez Valley sur 45 miles (72,5 km), jusqu'à Pismo Beach.

30 El Camino Real, sur la route des missions californiennes
Retracez la période coloniale espagnole à La Purísima, à 18 miles (29 km) à l'ouest de Solvang par la Hwy 246.

1665 Copenhagen Dr ; dégustation 8-12 $; ⏰11h-17h30), où les habitants se retrouvent pour un verre après le travail, est spécialisée dans les cépages italiens et les robustes vins toscans. Quant au minuscule **Elverhøj Museum** (www.elverhoj.org ; 1624 Elverhoy Way ; don suggéré 3 $; ⏰13h-16h mer-jeu, 12h-16h ven-dim), il dévoile les véritables racines de la vie danoise à Solvang. La paisible **mission Santa Inés** (www.missionsantaines.org ; 1760 Mission Dr ; adulte/enfant 5 $/gratuit ; ⏰9h-16h30) fut le témoin d'un soulèvement d'Amérindiens Chumash contre le cruel régime espagnol, en 1824.

🍴🛏 p. 219

La route ❯❯ Continuez quelques kilomètres vers l'ouest sur la Hwy 246, laissant derrière vous les centres équestres et la fameuse ferme aux autruches (qui voit fuir Jack à l'aube dans *Sideways*), jusqu'à Buellton. Traversez la Hwy 101 et prenez vers l'ouest, direction Lompoc.

- - - - - - - - - - - - - -

TEMPS FORT

④ Santa Rita Hills

En matière de paysages vallonnés, de pratiques agricoles écoresponsables et d'excellents pinots noirs et chardonnays bénis par les brouillards côtiers, les **Santa Rita Hills** (www.staritahills.com) ont quelques arguments à faire valoir. Près d'une douzaine de salles de dégustation ouvrent leurs portes quotidiennement le long de cette pittoresque boucle de 36 miles (58 km) à l'ouest de la Hwy 101. Attendez-vous à partager ces routes paresseuses avec des cyclistes en nage, des motards en Harley, voire des tracteurs John Deere. À l'ouest de Buellton, en pleine campagne, vous trouverez **Babcock Winery** (www.babcockwinery.com ; 5175 E Hwy 146, Lompoc ; dégustation 10-15 $; ⏰10h30-16h nov-fév, 10h30-17h mars-oct) et **Melville Vineyards and Winery** (www.melvillewinery.com ; 5185 E Hwy 146, Lompoc ; dégustation 10 $; ⏰11h-16h), deux petits producteurs qui s'expriment plus en litres par pied qu'en tonnes à l'hectare. Prenez la Hwy 1 à gauche, direction sud, puis Santa Rosa Rd à gauche. Suivez les cactus et les pavés jusqu'à **Alma Rosa Winery & Vineyards** (www.almarosawinery.com ; 7250 Santa Rosa Rd, Buellton ; dégustation 10-15 $; ⏰11h-16h30), un domaine certifié bio dont les salles de dégustation apparaissent dans *Sideways*.

La route ❯❯ À l'extrémité est de Santa Rosa Rd, rejoignez la Hwy 101 (direction nord). Six miles (9,6 km) plus loin, prenez la sortie Los Olivos sur la Hwy 154 et roulez encore 3 miles (4,8 km) au fil de vignobles ondoyants vers l'est.

- - - - - - - - - - - - - -

⑤ Los Olivos

Affichant fièrement ses chapeaux de cow-boy et ses santiags, la ville des "Olives" compte une artère principale longue de quatre pâtés de maisons, jalonnée de bars à vins et de restaurants, de galeries d'art, de cafés et de magasins tendance qui semblent tout droit sortis de la Napa Valley. Pour parfaire le tout, on peut aisément circuler à pied entre les séduisantes salles de dégustation du centre-ville. **Qupé Wines** (www.qupe.com ; 2963 Grand Ave ; dégustation 10 $; ⏰11h-17h) compte parmi les producteurs de syrah et de chardonnay les plus respectés de la côte centrale de la Californie. N'hésitez pas à discuter avec la famille de vignerons de **Carhartt Vineyard** (www.carharttvineyard.com ; 2990 A Grand Ave ; dégustation 10 $; ⏰11h-17h). Pour changer un peu du vin, le minuscule **Wildling Art Museum** (www.wildlingmuseum.org ; 2928 San Marcos Ave ; entrée sur don ; ⏰11h-17h mer-dim) expose des artistes de Californie et de l'Ouest américain.

🍴 p. 219

La route ❯❯ Depuis Los Olivos, prenez la Hwy 154 vers l'ouest sur 3 miles (4,8 km). Avant d'atteindre la Hwy 101, engagez-vous dans Zaca Station Rd à droite puis poursuivez au nord-ouest sur 3 miles (4,8 km) jusqu'à Foxen Canyon Rd.

- - - - - - - - - - - - - -

TEMPS FORT

⑥ Foxen Canyon

Des rangées de vignes bien ordonnées bordent quelques-unes des plus charmantes exploitations viticoles du comté de Santa Barbara le long de la fameuse route des vins

Mission Santa Inés Statue de sainte Agnès

PAROLE D'EXPERT
PETITS CONSEILS D'AVANT DÉGUSTATION

Pour profiter au mieux de votre visite des vignobles, Chris Burroughs, responsable des dégustations à Alma Rosa Winery & Vineyards (p. 216), recommande un groupe restreint et un itinéraire limité à une poignée de domaines. Faites preuve d'ouverture d'esprit : n'affirmez pas ne pas aimer le chardonnay – qui sait, le cru du jour vous fera peut-être changer d'avis. Le pique-nique sur place est toujours le bienvenu – voire particulièrement branché si vous accompagnez votre déjeuner d'un vin tout juste acheté. Moins tendance, en revanche, sont les parfums capiteux et le tabac. Pour le reste, appréciez et n'ayez pas peur de poser des questions : les novices sont les bienvenus chez la majorité des vignerons.

qui traverse **Foxen Canyon** (www.foxencanyonwinetrail. com). La route serpente ensuite vers le nord jusqu'à la **Santa Maria Valley**, avant d'atteindre la **San Ramon Chapel** (www.sanramonchapel.org), de 1875, terminus idéal après 13 miles (21 km) de route.

Plus au sud, les bus de touristes se ruent à **Firestone Vineyard** (www.firestonewine.com ; 5017 Zaca Station Rd, Santa Maria ; dégustation 10-15 $; ☉ salle de dégustation 10h-17h, visites 11h15, 13h15 et 15h15), le plus ancien domaine viticole de Santa Barbara (dans la cave duquel les héros de *Sideways* se faufilent avec leurs conquêtes). Dans le discret **Demetria Estate** (☎ 805-686-2345 ; www.demetriaestate.com ; 6701 Foxen Canyon Rd, Santa Maria ; dégustation 15 $; ☉ sur rdv), des cépages du Rhône et des pinots sont cultivés en biodynamie. Installé sur

une ancienne exploitation bovine, **Foxen Winery** (www.foxenvineyard.com ; 7200 et 7600 Foxen Canyon Rd, Santa Maria ; dégustation 10 $; ☉ 11h-16h) débouche de rudes chardonnays et des pinots noirs fruités dans une salle de dégustation fonctionnant à l'énergie solaire. Plus haut, la vieille "cabane" de Foxen – avec son toit en tôle ondulée et son décor original – propose des crus de style bordelais et des cépages italo-californiens de haut vol.

La route >> Reprenez Foxen Canyon Rd dans l'autre sens sur environ 17 miles (27,3 km), puis tournez à gauche à l'intersection avec Zaca Station Rd pour regagner Los Olivos. Empruntez la Hwy 154 à gauche sur 2 miles (3,2 km), puis Roblar Ave, à droite, pour rejoindre Ontiveros Rd.

- - - - - - - - - - - - - - - -

❼ Santa Ynez Valley

Dans la chaude Santa Ynez Valley, les crus "de style Rhône" s'expriment

idéalement, notamment le syrah et le viognier. Si certaines des salles de dégustation les plus prisées se concentrent entre Los Olivos, Solvang et Santa Ynez, on est souvent déçu par les groupes bruyants, le manque de disponibilité du personnel et les doses parcimonieuses.

Fort heureusement, ce n'est pas le cas de **Beckmen Vineyards** (www.beckmenvineyards.com ; 2670 Ontiveros Rd, Solvang ; dégustation 10-15 $; ☉ 11h-17h), où les vins élevés en biodynamie prospèrent sur le sol unique de Purisima Mountain. Pour un cadre naturel plus somptueux encore, reprenez Roblar Ave vers l'est en direction de **Clairmont Farms** (2480 Roblar Ave ; ☉ environ 10h-16h), un domaine familial où les champs de lavande pourpre fleurissent au début de l'été.

Prenez Refugio Rd à droite, qui file vers le sud au fil de vignobles, de vergers et de fermes, et traversez la Hwy 154 pour rallier **Kalyra Winery** (www.kalyrawinery. com ; 343 N Refugio Rd, Santa Ynez ; dégustation 10 $; ☉ 11h-17h lun-ven, 10h-17h sam-dim). Le gérant australien a parcouru la moitié de la planète pour assouvir ses deux passions, le surf et la vinification. Testez son *Cashmere*, une variété unique à base de raisin australien importé ou de variétés locales, proposé dans des bouteilles aux étiquettes d'inspiration aborigène.

Se restaurer et se loger

Santa Barbara 1

✗ Olio Pizzeria   Italien $$

(www.oliopizzeria.com ; 11 W Victoria St ; assiettes
à partager 3-24 $; 11h30-14h lun-sam, 17h-22h
dim-jeu, 17h-23h ven-sam). Cosy et haute de
plafond, cette pizzeria-œnothèque comprend un
bar à vins branché et propose un choix séduisant
de pizzas croustillantes, de fromages et viandes
importés, d'antipasti et de *dolci* (desserts).

🛏 Agave Inn   Motel $$

(805-687-6009 ; www.agaveinnsb.com ;
3222 State St ; ch 99-189 $; ❄ 📶). Au nord
du centre-ville, le design combinant "pop art
mexicain et style contemporain" dynamise cet
établissement avec une palette de couleurs
à la Frida Kahlo. Quelques chambres familiales,
plus vastes, disposent d'une kitchenette et
d'un canapé convertible.

🛏 Harbor House Inn   Motel $$

(805-962-9745 ; www.harborhouseinn.com ;
104 Bath St ; ch 130-335 $; 📶🐾). Les studios
lumineux de ce motel reconverti sont dotés de
parquets, de petites cuisines et d'une décoration
enjouée. Appréciez le panier petit-déjeuner,
la collection de DVD et les vélos à louer.

Solvang 3

✗ El Rancho
Marketplace   Supermarché $$

(www.elranchomarket.com ; 2886 Mission Dr/
Hwy 246 ; 6h-22h). Avant d'aller siroter un
verre de vin, faites le plein de denrées pour un
pique-nique ou un barbecue dans l'épicerie fine
de ce petit supermarché, qui abrite aussi une
cave à vins bon marché et un bar à expressos.

🛏 Hadsten House   Boutique-hôtel $$

(805-688-3210 ; www.hadstenhouse.com ;
1450 Mission Dr ; ch avec petit-déj 150-255 $;
❄📶🏊). Ce motel rénové a gagné en glamour,
hormis côté façade. Chambres étonnamment
somptueuses, avec matelas luxueux et produits
pour le bain L'Occitane.

🛏 Hamlet Inn   Motel $$

(805-688-4413 ; http://thehamletinn.com ;
1532 Mission Dr ; ch 70-200 $; ❄📶). Ce motel
est à l'hébergement du Wine Country ce qu'IKEA
est à la décoration d'intérieur : une alternative
abordable et branchée. Les chambres fraîches
et modernes ont du panache. Vélos en accès libre
et terrain de boules ouvert aux résidents.

Los Olivos 5

✗ Los Olivos Café
                        Californien, méditerranéen $$

(805-688-7265 ; www.losolivoscafe.com ;
2879 Grand Ave ; plats 13-28 $; 11h30-21h). Ce
bistrot doit son atmosphère chic-décontractée
aux tentures blanches de son plafond et à son
treillis couvert de glycine. Privilégiez les plateaux
d'antipasti, les copieuses salades et les pizzas
sans chichis, ainsi que les dégustations au verre
au comptoir. Réservation conseillée.

✗ Petros   Grec $$$

(805-686-5455 ; www.petrosrestaurant.
com ; Fess Parker Wine Country Inn & Spa,
2860 Grand Ave ; assiettes à partager 7-16 $, plats
soir 22-38 $; 7h-22h dim-jeu, 7h-23h ven-sam).
Servie dans une salle ensoleillée, cette cuisine
grecque sophistiquée offre un répit bienvenu
après le kitsch italianisant du pays viticole.
Les mezzés maison séduiront les gastronomes
les plus exigeants.

✗ Sides Hardware
& Shoes   Californien $$$

(805-688-4820 ; www.brothersrestaurant.
com ; 2375 Alamo Pintado Ave ; plats petit-déj et
déj 8-16 $, soir 18-28 $; 7h-14h30 et 17h-21h
mar-dim). Derrière une devanture historique,
ce café proposant des produits frais de la ferme
revisite à la hausse des classiques campagnards
comme le sandwich de filet de porc, le poulet
frit, les crêpes de semoule de maïs et l'omelette
aux poivrons *poblano* rôtis.

SE DÉGOURDIR LES JAMBES
SANTA BARBARA

Départ/arrivée Santa Barbara County Courthouse

Distance 2,5 km

Durée 2-4 heures

Il fait bon flâner dans cette élégante ville de Californie du Sud. Entre hautes montagnes et Pacifique étincelant, les toits aux tuiles rouges du centre-ville, les bâtiments aux façades immaculées et l'atmosphère toute méditerranéenne sont un prétexte idéal à une balade par un après-midi ensoleillé.

Compatible avec les itinéraires :

`1` `19` `30` `31`

Santa Barbara County Courthouse

De style néomauresque, ce **tribunal** (www.santabarbaracourthouse.org ; 1100 Anacapa St ; entrée libre ; 8h30-16h30 lun-ven, 10h-16h30 sam-dim) est presque trop beau pour les sordides affaires qu'il accueille. Plafonds peints, lustres en fer forgé et carrelages tunisiens et espagnols décorent ce magnifique édifice de 1929. À l'étage, pénétrez dans la salle aux fresques évoquant la colonisation espagnole, puis gravissez le clocher, haut de 25 m, pour profiter du panorama.

La promenade » Quittez le tribunal et longez Anapamu St vers le sud-ouest, puis tournez à gauche dans State St, l'artère principale du centre-ville.

Santa Barbara Museum of Art

De taille modeste, ce **musée** (805-963-4364 ; www.sbma.net ; 1130 State St ; adulte/enfant 9/6 $; 11h-17h mar-dim ;) n'en possède pas moins une impressionnante collection d'œuvres d'artistes californiens contemporains, de maîtres européens ou américains comme Matisse et O'Keeffe, de photos du XXe siècle et d'objets de l'Antiquité. À l'étage, une exposition d'art asiatique comprend un délicat mandala tibétain et l'armure d'un samouraï japonais.

La promenade » Longez State St, jalonnée de cafés, de restaurants et de boutiques, sur trois blocs vers le sud-est. Prenez Cañon Perdido St à gauche, dépassez le Lobero Theatre, de 1873, puis traversez Anacapa St.

El Presidio de Santa Barbara State Historic Park

Construit pour défendre la mission de Santa Barbara, ce **fort** (805-965-0093 ; www.sbthp.org ; 123 E Cañon Perdido St ; adulte/enfant 5 $/gratuit ; 10h30-16h30) du XVIIIe siècle fut le dernier bastion militaire de l'Espagne coloniale en Haute-Californie. Plusieurs bâtiments en adobe reconstruits se dressent aujourd'hui dans le petit parc. Ne manquez pas la chapelle, baignée d'une lumière dorée.

La promenade » En remontant Cañon Perdido St, vers le nord-est, le Handlebar Coffee Roasters et le Sojourner Cafe permettent de faire le plein d'énergie.

Map labels:
- E Victoria St
- E Anapamu St
- W Anapamu St
- W Figueroa St
- Chapala St
- State St
- W Carrillo St
- W Cañon Perdido St
- Anacapa St
- Santa Barbara St
- Garden St
- De La Guerra St
- E Ortega St
- Santa Barbara County Courthouse
- DÉPART/ARRIVÉE
- Santa Barbara Museum of Art
- Karpeles Manuscript Library
- El Presidio de Santa Barbara State Historic Park
- Santa Barbara Historical Museum
- Casa de la Guerra
- Paseo Nuevo
- N 0 / 0   200 m / 0,1 mile

Sinon, parcourez un pâté de maisons à droite dans Santa Barbara St et tournez à droite dans De La Guerra St.

Santa Barbara Historical Museum

Ce paisible petit **musée** (☎805-966-1601 ; www.santabarbaramuseum.com ; 136 E De La Guerra St ; entrée sur don ; ⏰10h-17h mar-sam, 12h-17h dim), qui comprend un romantique cloître en adobe de style espagnol, abrite une intéressante collection de souvenirs locaux – paniers tissés chumash, tissus de l'époque coloniale, coffre finement sculpté ayant appartenu au missionnaire espagnol Junípero Serra.

La promenade » Poursuivez dans De La Guerra St vers le sud et traversez Anacapa St. La Casa de la Guerra se dresse à droite du pâté de maisons.

Casa de la Guerra

Le ticket d'entrée d'El Presidio de Santa Barbara comprend aussi l'accès à la **Casa de la Guerra** (☎805-965-0093 ; www. sbthp.org ; 15 E De La Guerra St ; adulte/enfant 5 $/ gratuit ; ⏰12h-16h sam-dim), une majestueuse demeure coloniale du XVIIIe siècle abritant une collection patrimoniale espagnole, mexicaine et américaine. Restauré dans un souci d'authenticité, cet édifice en adobe aux toits de tuiles rouges servit de modèle architectural pour la reconstruction du centre-ville après un tremblement de terre ravageur en 1925.

La promenade » Traversez State St vers la galerie marchande Paseo Nuevo et poursuivez au nord-ouest sur quatre blocs jusqu'à Anapamu St, où vous tournerez à gauche.

Karpeles Manuscript Library

Riche en témoignages écrits historiques, ce **musée** (☎805-962-5322 ; 21 W Anapamu St ; ⏰12h-16h mer-dim) offre un choix débordant aux férus d'histoire, aux passionnés de science et aux amoureux des lettres et de la musique. Des expositions temporaires mettent régulièrement en valeur les chefs-d'œuvre littéraires, de Shakespeare à Sherlock Holmes.

La promenade » Longez Anapamu St vers le nord-est, puis prenez Anacapa St à droite pour regagner le tribunal.

Lake Tahoe L'été, gagnez les sentiers de VTT en forêt

La boucle du lac Tahoe

20

Avec ses eaux limpides aux myriades de reflets bleus et verts, le lac Tahoe est le deuxième lac des États-Unis par sa profondeur. Notre boucle de 150 km, avec quelques incursions dans les terres, permet de faire le tour de son envoûtant rivage.

TEMPS FORTS

70 miles/113 km

Truckee
Une petite ville de montagne, où Charlie Chaplin tourna *La Ruée vers l'or*

80 miles/129 km

Kings Beach et Tahoe Vista
Au programme : baignade, kayak, stand-up paddle, pique-nique et barbecue

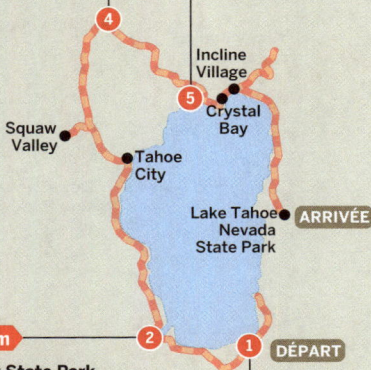

4

Squaw Valley

Incline Village

5

Crystal Bay

Tahoe City

Lake Tahoe Nevada State Park   ARRIVÉE

10 miles/16 km

Emerald Bay State Park et DL Bliss State Park
Une randonnée le long de la rive par le Rubicon Trail

2   **1**   DÉPART

South Lake Tahoe
Ski au sommet l'hiver, kayak et baignade l'été

0 mile/0 km

**2-3 JOURS
92 MILES/148 KM**

PARFAIT POUR...

LE MEILLEUR MOMENT
Mai-septembre pour le soleil ; janvier-mars pour la neige.

LA PHOTO SOUVENIR
Inspiration Point, au-dessus d'Emerald Bay.

PANORAMAS LACUSTRES
De South Lake Tahoe à Tahoe City.

20 La boucle du lac Tahoe

Les sommets effilés qui entourent le lac Tahoe, à cheval entre Californie et Nevada, offrent un terrain de jeu sans limites. En été, baignez-vous dans ses eaux fraîches couleur saphir bordées de plages de sable, ou pratiquez randonnée et VTT sur les sentiers forestiers. En hiver, les dizaines de pistes séduisent les skieurs et snowboarders en quête de poudreuse. La rive nord est chic et tranquille toute l'année, la rude côte ouest cultive son atmosphère surannée, l'est a gardé un côté sauvage et la rive sud est constamment animée.

TEMPS FORT

1 South Lake Tahoe

Encadrée par ses photogéniques sommets, South Lake Tahoe se résume à une dense artère commerçante bordant le lac. En hiver, vous pourrez dévaler les pistes noires et les impressionnants dénivelés de la gigantesque station de **Heavenly** (☎775-586-7000 ; www.skiheavenly.com ; 3860 Saddle Rd ; adulte/enfant forfait ski journée 99/59 $, été montée en télécabine 34/20 $; 👪). Au sommet, vous êtes sur la crête de la Sierra

Nevada, entre montagnes et plaines désertes. Pour une vue imprenable sur le lac en été, empruntez la télécabine au départ de Heavenly Village ou les bateaux à aubes de **Lake Tahoe Cruises** (☎800-238-2463 ; www.zephyrcove. com ; adulte/enfant à partir de 39/15 $; 🚻) qui sillonnent le lac. Admirez ses eaux bleu azur depuis les plages de la ville ou à bord d'un kayak mis à l'eau à **Zephyr Cove** (☎775-589-4906 ; www. zephyrcove.com ; 760 Hwy 50 ; accès 8 $/véhicule ; 🚻), dont les plages sont propices à la baignade. La petite crique se trouve à environ 3 miles (4,8 km) au nord de Stateline, où l'on peut miser quelques jetons dans l'un des casinos avec bars, discothèques et restaurants ouverts 24h/24.

✕ 🛏 p. 229

À COMBINER AVEC

22 Eastern Sierra Scenic Byway

Les casinos de Reno ne sont qu'à 30 miles (48 km) au nord-est de Truckee via l'I-80.

24 Ebbetts Pass Scenic Byway

Depuis South Lake Tahoe, prenez la Hwy 89 vers le sud sur 20 miles (32,2 km), jusqu'à Hope Valley. Notez que l'Ebbetts Pass est fermé en hiver et au printemps.

La route ❯❯ À moins que la route ne soit fermée en raison de fortes chutes de neige, partez du carrefour en "Y" de South Lake Tahoe vers le nord-ouest et la panoramique Hwy 89, qui longe le lac. Passez par le Tallac Historic Site et le centre des visiteurs de Taylor Creek, qui comptent des sentiers et des expositions pédagogiques, avant d'atteindre Inspiration Point puis le parking du Vikingsholm Castle.

TEMPS FORT

❷ Emerald Bay State Park et DL Bliss State Park

Des falaises de granit abruptes et un rivage découpé caractérisent **Emerald Bay** (☎530-541-3030 ; www.parks.ca.gov ; 8-10 $/véhicule ; ⏱ généralement fin mai-début sept ; 🚻), une crique taillée en forme de larme par les glaciers qui déclenche un irrésistible réflexe de photographe. Des arrêts panoramiques sur la Hwy 89 offrent un point de vue sur le bloc de granit inhabité de **Fanette Island**, qui abrite les vestiges vandalisés d'un salon de thé des années 1920, jadis propriété de Lora Knight, qui fit également bâtir le **Vikingsholm Castle** (www.vikingsholm.com ; adulte/enfant 8/5 $; ⏱10h30-16h30 ou 11h-16h30 fin mai-début sept), résidence d'été de style scandinave installée sur la baie, accessible par un abrupt sentier de randonnée formant une boucle de 3 km. Plus au nord, le **Rubicon Trail** serpente sur 7,2 km le long de la rive, au fil

de criques dissimulées, jusqu'au **DL Bliss State Park** (☎530-525-7277 ; www. parks.ca.gov ; 10 $/véhicule ; ⏱ généralement mi-juin à début sept), avec son vieux phare et ses plages de sable. En été, le **Nifty Fifty Trolley** (☎530-541-7149 ; www.bluego. org ; 2 $) fait la navette entre les parcs.

🛏 p. 229

La route ❯❯ Remontez la Hwy 89 vers le nord en passant par la plage de Meeks Bay, l'Ed Z'berg Sugar Pine Point State Park et ses forêts et les hameaux de Tahoma et de Homewood, en bordure du lac. Au carrefour avec N Lake Blvd/Hwy 28, l'artère commerçante de Tahoe City, tournez à gauche pour rester sur la Hwy 89 et roulez encore 5 miles (8 km) vers le nord-ouest jusqu'à Squaw Valley Rd.

❸ Squaw Valley

Après une halte à Tahoe City pour s'approvisionner, se restaurer et faire le plein d'essence, vous ne serez plus très loin de **Squaw Valley USA** (☎800-403-0206 ; www.squaw.com ; 1960 Squaw Valley Rd, Olympic Valley ; adulte/enfant forfait ski journée 95/55 $, montée en téléphérique 39/10 $, forfait activités estivales 63/30 $; 🚻), immense station de ski qui a accueilli les JO d'hiver de 1960. On peut y passer un week-end entier sans jamais descendre deux fois la même piste ! Vertigineux, le téléphérique s'élève jusqu'à 2 500 m au-dessus du granit pour rejoindre **High Camp**, où l'on peut faire du patin à glace (ou à roulettes l'été) tout en

MARTYN GOODARD / CORBIS ©

VAUT LE DÉTOUR
DONNER LAKE

Point de départ : ❹ Truckee

C'est au Donner Summit que les malheureux membres de l'expédition Donner se retrouvèrent piégés durant le terrible hiver de 1846-1847. Leur sombre histoire – dont de sinistres épisodes de cannibalisme – est relatée dans le **musée** (🕐10h-17h, fermé mar et mer sept-mai) du **Donner Memorial State Park** (📞530-582-7892 ; www.parks.ca.gov ; 12593 Donner Pass Rd ; 8 $/véhicule ; 🚻). Le **Donner Lake**, pour sa part, est bordé d'arbres et de plages de sable. Plus à l'ouest, la **West End Beach** (📞530-582-7777 ; www.td-pd.com ; adulte/enfant 4/3 $; 🚻), une plage municipale fréquentée, dispose d'une zone de baignade délimitée pour les enfants, et loue kayaks, pédalos et planches de paddle. Le parc et le rivage ne sont qu'à quelques kilomètres à l'est de Truckee, via Donner Pass Rd.

admirant la vue sur le lac en contrebas. En été, les familles se pressent vers la piscine extérieure, le parcours de disc-golf (Frisbee), la tyrolienne et les sentiers de randonnée et de VTT qui rayonnent depuis High Camp.

La route » Faites demi-tour pour ressortir de Squaw Valley, prenez la Hwy 89 à gauche et roulez vers le nord sur environ 8 miles (12,8 km). Avant d'atteindre l'I-80, prenez W River St à droite et roulez encore 1 mile (1,6 km) jusqu'au centre de Truckee.

- - - - - - - - - - - -

TEMPS FORT

❹ Truckee

Nichée entre montagnes et forêts, Truckee est

226

Emerald Bay Motard sur la Hwy 89

imprégnée de l'histoire du grand Ouest. Cette petite ville qui se fit connaître grâce au chemin de fer s'est enrichie avec l'exploitation forestière et la production de glace, avant d'être popularisée par Hollywood et *La Ruée vers l'or* de Chaplin, en 1924. Son centre-ville historique préservé est proche d'une dizaine de stations de ski, notamment **Northstar-at-Tahoe** (📞800-466-6784 ; www.northstarattahoe.com ; 5001 Northstar Dr, près de la Hwy 267 ; adulte/enfant forfait ski journée 119/72 $, été montée en télécabine 10 $/gratuit ; 🚡), dont les remontées mécaniques transportent

aussi les randonneurs et les vététistes en été.

🍴🛏 p. 229

La route » Du centre de Truckee, traversez les voies de chemin de fer et le fleuve puis suivez Brockway Rd vers le sud-est sur 1,5 mile (2,4 km). Prenez la Hwy 267 à droite en direction du lac Tahoe, via la station de ski Northstar-at-Tahoe, avant de descendre vers la ville de Kings Beach, en bordure de lac, 10 miles (16 km) plus loin.

- - - - - - - - - - -

TEMPS FORT

❺ Kings Beach et Tahoe Vista

Les week-ends d'été, la pittoresque **Kings Beach State Recreation Area**

(www.parks.ca.gov ; accès libre ; 🕐aube-22h ; 🚻🧺) est prise d'assaut par les amateurs de soleil, notamment pour ses tables de pique-nique, ses barbecues et ses bateaux à louer. **Adrift Tahoe** (📞530-546-1112 ; www.standuppaddletahoe.com ; 8338 N Lake Blvd ; 🕐horaires saisonniers variables) loue des kayaks, des canoës et des planches de paddle, et propose des cours et des circuits de stand-up paddle ainsi que des cours de yoga sur la plage. Légèrement à l'intérieur des terres, l'**Old Brockway Golf Course** (📞530-546-9909 ; www.oldbrockway.com ; 7900 N Lake Blvd ; parcours 25-70 $,

TAHOE RIM TRAIL

Le **Tahoe Rim Trail** (http://tahoerimtrail.org), long de 265 km, longe les crêtes vertigineuses du bassin du lac Tahoe, retraçant le parcours des premiers pionniers, des bergers basques et de la population amérindienne des Washoes. Depuis les hauteurs, randonneurs, cavaliers et – sur certaines portions – vététistes sont récompensés par une vue sur le lac et sur les sommets de la Sierra Nevada.

location de clubs 20-30 $), des années 1920, déroule ses fairways bordés de pins où les célébrités de Hollywood frayaient jadis. Le long de la Hwy 28, au sud-est, **Tahoe Vista** compte plus de plages publiques qu'aucune autre localité des bords du lac. Oubliez la foule sur les sentiers de randonnée et de VTT, ou encore les parcours de disc-golf (Frisbee) du **North Tahoe Regional Park** (http://northtahoeparks. com ; 6600 Donner Rd, près de National Ave ; 3 $/véhicule ; 🚻), également équipé d'une piste de luge.

🍴 🛏 p. 229

La route 》 À l'est de Kings Beach, la Hwy 28 remonte pour franchir la frontière entre Californie et Nevada, laissant derrière elle les petits casinos de Crystal Bay avant d'atteindre Incline Village, quelques kilomètres plus loin.

❻ Crystal Bay et Incline Village

Les néons se mettent à clignoter et les casinos à l'ancienne apparaissent à

peine franchie la frontière du Nevada. Vous pourrez tenter votre chance aux tables de jeu ou assister à un concert au **Crystal Bay Club Casino** (📞775-833-6333 ; www.crystalbaycasino. com ; 14 Hwy 28). À cheval sur la frontière entre Californie et Nevada, le **Cal-Neva Resort** (📞800-233-5551 ; www.calnevaresort. com ; 2 Stateline Rd ; accès libre, visite guidée 10 $; ⏱ horaires par tél) évoque une histoire haute en couleur mêlant fantômes, truands et Frank Sinatra, l'ancien propriétaire, lors de la visite guidée de ses passages souterrains "secrets".

Parmi les localités les plus chics du lac Tahoe, **Incline Village** est un point d'accès aux stations de ski. L'été, visitez l'excentrique **Thunderbird Lodge** (📞800-468-2463 ; http://thunderbirdtahoe.org ; visite guidée adulte/enfant à partir de 39/19 $; ⏱ visites sur réservation mar-sam juin-sept), une demeure historique uniquement accessible en bus, en bateau ou en kayak. À défaut, remontez la Hwy 431 vers le nord-

est jusqu'au **Mt Rose Wilderness**, qui permet d'accéder à des kilomètres de territoire vierge, et notamment de se promener parmi les fleurs sauvages des **Tahoe Meadows**.

La route 》 Après la dense circulation d'Incline Village, la Hwy 28 serpente vers le sud, dominant la rive est du lac Tahoe, avec une vue incroyable et des aires de stationnement, depuis lesquelles les habitants descendent vers des plages abritées. Treize miles (21 km) plus au sud, à vitesse réduite, mènent à Spooner Lake.

❼ Lake Tahoe Nevada State Park

Avec ses plages immaculées et ses kilomètres de sentiers ouverts aux randonneurs (marcheurs à raquettes l'hiver) et vététistes, le **Lake Tahoe Nevada State Park** (📞775-831-0494 ; http://parks.nv.gov ; 7-12 $/ véhicule ; 🚻) constitue la principale attraction de la rive est. Les estivants se baignent dans les eaux de **Sand Harbor**, à quelques kilomètres au sud d'Incline Village. Le **Flume Trail** (📞775-749-5349 ; www.theflumetrail.com ; location VTT 45-65 $, navette 10-15 $), un paradis pour vététistes long de 21 km, débute au **Spooner Lake**, plus au sud (au nord de l'embranchement de la Hwy 50), au bord duquel des pêcheurs taquinent la truite – les sangsues découragent les baigneurs !

Se restaurer et se loger

South Lake Tahoe ❶

✕ Burger Lounge   Fast-food $

(717 Emerald Bay Rd ; éléments du menu 3-6 $;
⏱11h-20h, 11h-21h juin-août ; ♿). Burgers
savoureux, notamment le "Just a Jiffy" (beurre
de cacahuète, bacon et cheddar). Repérez la
chope de bière géante dominant un chalet !

✕ Ernie's Coffee Shop   Diner $

(www.erniescoffeeshop.com ; 1207 Hwy 50 ; plats
7-11 $; ⏱6h-14h ; ♿). Institution locale baignée
de soleil, ce *diner* sert de consistantes omelettes,
des *biscuits and gravy* (galettes de pain couvertes
de sauce à la viande– spécialité de petit-déjeuner
de la région), des gaufres aux fruits et noisettes
et des litres de café torréfié localement.

🛏 968 Park Hotel   Motel $$

(📞530-544-0968 ; www.968parkhotel.com ;
968 Park Ave ; ch 139-289 $; @🛜♨). Avec ses
matériaux de construction recyclés et réinventés,
ce motel est un havre écologique branché,
accessible à pied depuis Heavenly Village.

🛏 Alder Inn   B&B $$

(📞530-544-4485 ; www.thealderinn.com ;
1072 Ski Run Blvd ; ch 89-229 $; 🛜♨).
Accueillante auberge en bordure de lac,
avec couleurs vives, surmatelas et sels de bain
bios dans les chambres.

Emerald Bay State Park et DL Bliss State Park ❷

🛏 Tahoma Meadows B&B Cottages   Chalets $$

(📞530-525-1553 ; www.tahomameadows.com ;
6821 W Lake Blvd, Tahoma ; chalets avec petit-
déj 95-199 $; 🛜♿♨). Des chalets rustiques,
mignons sans être kitsch, avec cheminée et
baignoire sabot, dans une pinède à 13 km
au nord du DL Bliss State Park.

Truckee ❹

✕ Coffeebar   Café $

(www.coffeebartruckee.com ; 10120 Jiboom St ;
éléments du menu 2-8 $; ⏱6h-20h ; 🛜). Des
chaises de plastique moulé orange vif signent
la déco de cet élégant café industrialo-beatnik,
logé dans une rue secondaire.

🛏 Cedar Sport House Hotel   Boutique-hôtel $$$

(📞530-582-5655 ; www.cedarhousesporthotel.
com ; 10918 Brockway Rd ; ch avec petit-déj 160-
290 $; ❄@🛜♨). Ce lodge contemporain,
respectueux de l'environnement – sans
lésiner sur les peignoirs épais et les baignoires
extérieures pour autant – et particulièrement
design vous remettra en phase avec la nature.
Au dîner, le bistrot Stella sert une cuisine fusion,
californienne et de saison (plats 25-35 $).

🛏 Larkspur Hotel Truckee-Tahoe   Hôtel $$

(📞530-587-4525 ; www.larkspurhotels.com ;
11331 Brockway Rd ; ch avec petit-déj 159-249 $;
❄@🛜♨♿). Oubliez le kitsch rétro des
chalets de ski dans ces chambres impeccables
aux teintes douces et aux moelleux surmatelas
en plume.

Kings Beach et Tahoe Vista ❺

✕ Old Post Office Cafe   Américain $

(5245 N Lake Blvd, Tahoe Vista ; plats 6-12 $;
⏱6h30-14h). Filez vers l'ouest et Carnelian Bay,
où cette cabane en bois toujours comble sert de
succulents petits-déjeuners (pommes de terre
au beurre, œufs Bénédicte et smoothies aux
fruits frais). L'attente peut être longue.

🛏 Franciscan Lakeside Lodge   Cottages $$

(📞530-546-6300 ; http://franciscanlodge.
com ; 6944 N Lake Blvd, Tahoe Vista ; d 90-275 $;
🛜♨♿). Passez la journée sur la plage privée
ou dans la piscine extérieure, avant de préparer
un barbecue à la nuit tombante. Cottages en
bordure de lac et suites équipés de kitchenettes.

Yosemite Falls 739 m sur trois niveaux : la plus haute cascade d'Amérique du Nord

Route Mythique

Yosemite et Sequoia & Kings Canyon National Parks

21

Pénétrez dans la vertigineuse Sierra Nevada, épine dorsale de la Californie. Ces 600 kilomètres de pics escarpés, modelés par les glaciers et l'érosion, déroulent un fabuleux territoire sauvage empreint d'immensité, qui enchantera les amateurs de plein air.

TEMPS FORTS

60 miles/97 km

Tuolumne Meadows
Un tapis de fleurs sauvages sur le toit de la Sierra Nevada

15 miles/24 km

Yosemite Valley
Un paysage à couper le souffle, entouré d'immenses pics de granit

DÉPART

3

Tunnel View ●
2
● Glacier Point

Wawona ●

250 miles/402 km

Cedar Grove
Un profond canyon traversé par la tumultueuse Kings River

Grant Grove
8

Fresno ●

9

ARRIVÉE
● Mineral King Valley

Giant Forest
À la rencontre du General Sherman, le plus grand arbre du monde

285 miles/459 km

5-7 JOURS
335 MILES/539 KM

PARFAIT POUR...

LE MEILLEUR MOMENT

Avril-mai pour les cascades ; juin-août pour les alpages.

LA PHOTO SOUVENIR

Yosemite Valley, depuis le point de vue panoramique de Tunnel View, sur la Hwy 41.

BELLE ROUTE PANORAMIQUE

La Kings Canyon Scenic Byway vers Cedar Grove.

21 Yosemite et Sequoia & Kings Canyon National Parks

Avec ses pics spectaculaires dominant des vallées façonnées par les glaciers, le Yosemite National Park est un fantastique terrain de jeu. Entre cascades rugissantes, dômes de granit et camping dans de hautes plaines, tapissées de fleurs sauvages en été, chacun y trouvera son plaisir. Les parcs jumeaux de Sequoia et de Kings Canyon, qui regroupent à eux seuls le plus grand arbre de la planète et le point culminant du pays hors Alaska (Mt Whitney ; 4 421 m), justifient un détour plus au sud de la Sierra Nevada, surnommée la "chaîne de lumière" par le naturaliste John Muir.

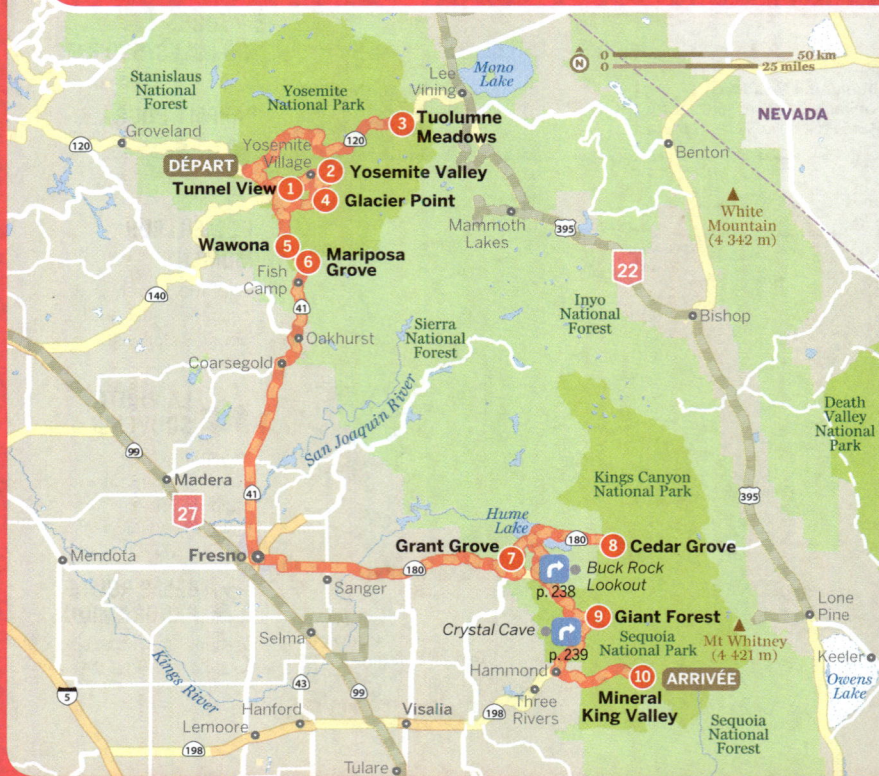

❶ Tunnel View

En arrivant au **Yosemite National Park** (📞209-372-0200 ; www.nps.gov/yose ; forfait 7 jours 20 $/véhicule ; 🏛) par l'entrée d'Arch Rock, suivez la Hwy 140 vers l'est. Pour un premier aperçu de la Yosemite Valley, arrêtez-vous au point de vue de **Tunnel View** sur la Hwy 41, arrêt classique pour une photo souvenir. À la fin du printemps, la fonte des neiges vient grossir la cascade de **Bridalveil Fall** (à droite), réduite à un mince filet en fin d'été. Les forêts de pins et les plaines s'étalent en contrebas, face à la façade abrupte d'**El Capitan** (à gauche), haut de plus de 2 300 m et véritable défi

À COMBINER AVEC

22 **Eastern Sierra Scenic Byway**

Depuis les Tuolumne Meadows de Yosemite, passez le vertigineux col de Tioga (3 031 m) pour redescendre vers le lac Mono. Un trajet de 20 miles (32,2 km).

27 **Central Valley par la Highway 99**

Entre les parcs nationaux de Yosemite et de Kings Canyon, vous croiserez l'historique Hwy 99, brûlée par le soleil, juste au nord-ouest de Reedley.

pour les grimpeurs, et à l'emblématique silhouette granitique du **Half Dome** (au loin, droit devant), dont la silhouette unique s'élève à 2 700 m.

La route » Reprenez la Hwy 41/Wawona Rd vers l'est. À l'embranchement, prenez Southside Dr à droite (direction est), le long de la Merced River. À environ 6 miles (9,6 km) de Tunnel View, empruntez le pont de Sentinel Bridge, à gauche, et continuez sur Sentinel Dr jusqu'aux parkings de jour de Yosemite Village. Les navettes gratuites font le tour de la vallée.

TEMPS FORT

❷ Yosemite Valley

Les oiseaux chantent à tue-tête dans cette vallée spectaculaire traversée par la Merced River. Et on les comprend : avec ses herbes ondulantes, ses pins élancés, ses étangs impassibles réfléchissant les monolithes de granit et ses rapides bouillonnants, Yosemite Valley est source d'inspiration.

Dans le bourg animé de **Yosemite Village**, gagnez le **Yosemite Valley Visitor Center** (🕑9h-18h fin juin-début sept, horaires réduits hors saison ; 🏛), dont l'exposition sur l'histoire et la nature de la vallée et le film projeté gratuitement invitent à la réflexion. Le **Yosemite Museum** (🕑9h-17h tlj), voisin, présente des toiles figurant des paysages de l'Ouest à côté de paniers et de vêtements ornés de perles confectionnés par les Amérindiens.

Les plus célèbres cascades de la vallée sont impressionnantes en mai, mais se réduisent à un mince filet d'eau fin juillet. Avec leurs trois niveaux, les **Yosemite Falls** sont les plus hautes cascades d'Amérique du Nord. **Bridalveil Fall** n'est guère moins impressionnante. Près de la **Vernal Fall**, un escalier escarpé et souvent glissant conduit le visiteur au sommet de la chute, où des arcs-en-ciel éclosent dans la brume. Poursuivez l'ascension du même **Mist Trail** jusqu'au sommet de la **Nevada Fall**, une exaltante boucle de 5,5 miles (8,8 km).

En plein été, louez un raft à **Curry Village** pour descendre la **Merced River** en rafting. La portion entre Stoneman Bridge et Sentinel Beach est suffisamment paisible pour les enfants. Sinon, emmenez votre petite famille voir les animaux naturalisés de l'interactif **Nature Center at Happy Isles** (🕑10h-16h fin mai-sept ; 🏛), à l'est de Curry Village.

🍴 🛏 p. 240

La route » Depuis Yosemite Village, prenez Northside Dr vers l'ouest et dépassez les Yosemite Falls et El Capitan. Six miles (9,6 km) plus loin, prenez Big Oak Flat Rd/Hwy 120 à droite. Sur presque 10 miles (16 km), la route surplombe la vallée et pénètre dans la forêt. Près de la station-service de Crane Flat, obliquez à droite pour suivre Tioga Rd/Hwy 120 vers l'est (ouverte seulement en été et en automne).

Route Mythique

TEMPS FORT

❸ Tuolumne Meadows

Laissant derrière vous la Yosemite Valley, gagnez les hauteurs de la Sierra Nevada en empruntant Tioga Rd, ancienne route d'approvisionnement d'une mine, construite au XIXe siècle, et ancienne piste commerciale amérindienne. **Attention !** Fermée pour cause de neige en hiver, Tioga Rd n'est généralement ouverte *que* de mai-juin à octobre.

À quelque 45 miles (72,4 km) de la Yosemite Valley, arrêtez-vous au point de vue d'**Olmsted Point**. Devant un paysage lunaire de granit, le regard plonge dans le **Tenaya Canyon** jusqu'à l'arrière du Half Dome. Quelques kilomètres plus à l'est sur Tioaga Rd, un croissant de sable enveloppe le **Tenaya Lake**, invitant les baigneurs à braver l'une des eaux les plus froides du parc. Les amateurs de soleil, en revanche, se prélassent sur les rochers de la rive nord.

À environ 1 heure 30 de route (80 km) de la Yosemite Valley, **Tuolumne Meadows** (2 621 m), est la plus grande prairie subalpine de la Sierra Nevada. Elle oppose un contraste saisissant avec le reste de la vallée, avec son tapis de fleurs, ses cours d'eau bouillonnants, ses lacs bleu azur, ses pics de granit escarpés,

RANDONNÉES SUR LE HALF DOME ET DANS LES ENVIRONS DE LA YOSEMITE VALLEY

Avec près de 1 300 km de sentiers de randonnée, le Yosemite National Park convient aux marcheurs de tous niveaux. Accordez-vous une courte balade au fond de la vallée ou à l'ombre de séquoias géants, ou partez dans la montagne pour la journée en quête de panoramas, de cascades et de lacs.

Certaines des randonnées les plus appréciées du parc partent de la Yosemite Valley, notamment la plus célèbre, qui mène au sommet du **Half Dome** (27 km aller-retour). Mieux vaut accorder deux jours, avec une nuit dans la Little Yosemite Valley, à ce parcours difficile et fatigant, qui emprunte une portion du **John Muir Trail**. Le sommet n'est accessible qu'en été, après que les rangers du parc ont installé des câbles en guise de rampes. Selon l'enneigement, l'opération a lieu plus ou moins tôt, entre début mai et juillet, les câbles étant généralement retirés en octobre. Des permis sont désormais requis pour les randonnées d'une journée afin de limiter l'affluence (300/jour) Le parcours reste néanmoins éprouvant car il faut toujours partager l'escalier avec d'autres randonneurs. Des **permis préliminaires** ("advanced permits" ; ☎877-444-6777 ; www.recreation.gov) sont mis en vente via un système de loterie au début du printemps (*preseason lottery* ; généralement en mars). En saison, chaque jour, un nombre limité de **permis** (environ 50/jour) est proposé par tirage au sort deux jours avant la randonnée lors de la *daily lottery*. La réglementation et les tarifs des permis ne cessent de changer – consultez le site Internet du parc (www.nps.gov/yose).

Les moins ambitieux pourront emprunter le très beau **Mist Trail** et rallier la Vernal Fall (5 km aller-retour), le sommet de la Nevada Fall (9,5 km aller-retour) ou encore l'idyllique Little Yosemite Valley (13 km aller-retour). Le **Four Mile Trail** (14,5 km aller-retour), qui grimpe jusqu'au Glacier Point, offre une randonnée fatigante mais gratifiante jusqu'à un panorama spectaculaire. Pour les enfants, des **promenades dans la vallée**, jolies et faciles, conduisent au Mirror Lake (3,2 km aller-retour), au pied des tonitruantes Yosemite Falls (1,6 km aller-retour) ou encore à la mince Bridalveil Fall (800 m aller-retour).

PARADIS BLANC

Les parcs nationaux de la Sierra Nevada continuent à offrir quantité d'activités en plein air lorsque les températures chutent et que tombe la neige. Dans le Yosemite, chaussez vos skis ou votre snowboard pour dévaler les pentes de Badger Pass, participez à une excursion à raquettes sous la conduite d'un ranger dans la Yosemite Valley ou à destination de Dewey Point, ou lancez-vous sur la patinoire de Curry Village. Plus au sud, les parcs de Sequoia et de Kings Canyon permettent de s'adonner en famille au ski de fond ou aux raquettes entre les séquoias géants. Consultez les conditions de circulation sur les sites officiels des parcs ou appelez au préalable avant de partir en excursion hivernale dans les parcs. N'oubliez pas d'équiper votre voiture de pneus neige et de prévoir des chaînes.

et ses températures plus fraîches. En juillet-août, les fleurs sauvages se parent de mille couleurs. Randonneurs et grimpeurs y trouveront une kyrielle de pistes et de dômes granitiques à gravir, et les promeneurs des lieux de pique-nique bucoliques.

✕ ⛱ p. 240

La route ❯❯ Depuis Tuolumne Meadows, revenez sur 50 miles (80 km) jusqu'à la Yosemite Valley. Prenez El Portal Rd à gauche, puis Wawona Rd/Hwy 41 à droite. Remontez l'étroite Wawona Rd jusqu'à sortir de la vallée. Neuf miles (14,5 km) plus loin, au carrefour de Chinquapin, prenez Glacier Point Rd à gauche et roulez encore 15 miles (24 km) jusqu'à Glacier Point.

- - - - - - - - - - - - - - -

❹ Glacier Point

Une heure suffit pour quitter la Yosemite Valley et rallier le vertigineux Glacier Point. **Attention !** Glacier Point est fermé pour cause de neige en hiver, et rouvre généralement fin mai. De novembre à avril, la route est accessible jusqu'au domaine skiable de Badger Pass. Des pneus

neige ou des chaînes sont parfois nécessaires.

Perché à 975 m au-dessus de la vallée, le spectaculaire **Glacier Point** (2 199 m) met quasiment le regard au niveau du Half Dome. Admirez ce que John Muir et le Président américain Theodore Roosevelt ont vu lorsqu'ils campèrent ici en 1903 : la Yosemite Valley en contrebas, parsemée de cascades, et les cimes au loin encerclant Tuolumne Meadows. Pour échapper à la foule, descendez un peu le long du **Panorama Trail**, au sud du point de vue principal très fréquenté.

En revenant de Glacier Point, prenez le temps de monter vers le **Sentinel Dome** pour une randonnée de 3 km, ou de gagner **Taft Point** et son incroyable vue de la vallée à 360 degrés.

⛱ p. 241

La route ❯❯ Redescendez via Badger Pass, tournez à gauche au carrefour de Chinquapin et suivez Wawona Rd/Hwy 41, qui serpente vers le sud à travers une épaisse forêt. Après presque 13 miles (21 km) de virages, voici Wawona, avec son hôtel,

son centre des visiteurs, son épicerie et sa station-essence, tous situés à votre gauche.

- - - - - - - - - - - - - - -

❺ Wawona

Le **Pioneer Yosemite History Center** de Wawona, reconstitution d'un village de pionniers, comprend un pont couvert, des baraques de pionniers et un vieux relais de la Wells Fargo Express. En été, vous pourrez voyager dans le temps en participant à une courte balade en chariot. Le **Wawona Visitor Center** (🕐8h30-17h mi-mai à fin nov), installé dans l'atelier reconstitué du peintre du XIXᵉ siècle Thomas Hill, présente des paysages romantiques de la sierra. Les soirs d'été, un cocktail au Wawona Hotel marque une pause agréable.

⛱ p. 241

La route ❯❯ En été, laissez votre voiture à Wawona et prenez un bus-navette gratuit pour Mariposa Grove. En voiture, suivez Wawona Rd/Hwy 41 vers le sud sur 4,5 miles (7,2 km) jusqu'au carrefour avec Mariposa Rd, au niveau de l'entrée sud du parc.

235

GALEN ROWELL / CORBIS ©

GALEN ROWELL / CORBIS ©

PAROLE D'EXPERT
SCHUYLER GREENLEAF, DIRECTRICE DE PROJETS POUR LA CONSERVATION DU YOSEMITE

Pour une randonnée en famille (à l'exception des tout petits) proche de Tioga Rd, prenez le sentier réhabilité qui monte vers le Mt Hoffman. Long d'environ 4 km, il passe par le May Lake, où vous pourrez piquer une tête avant ou après votre promenade. Une fois au sommet du Mt Hoffman, vous serez au cœur géographique du Yosemite National Park, avec une vue spectaculaire alentour, notamment sur le canyon de la Tuolumne River.

Ci-dessus : John Muir Trail
À gauche : Tuolumne Meadows
À droite : À l'intérieur d'un séquoia géant,
Sequoia National Park

GERHARD ZWERGER-SCHONER / IMAGEBROKER / CORBIS ©

Continuez tout droit le long de Mariposa Rd (fermée en hiver) sur 3,5 miles (5,6 km) jusqu'au parking – s'il est complet, les conducteurs sont refoulés.

- - - - - - - - - - - - - -

6 Mariposa Grove

Outre le **Grizzly Giant**, un séquoia vieux de 1 800 ans, Mariposa Grove abrite 500 autres géants qui donnent le tournis. Des sentiers serpentent à travers ce bois très fréquenté – venez plutôt en début de matinée ou de soirée pour éviter les nombreux visiteurs et les petits trains touristiques. Bien que creusé à la hache en 1895 – on peut passer à travers le tronc –, le **California Tunnel Tree** est toujours debout. S'il vous reste assez d'énergie pour affronter une randonnée de 8 km aller-retour jusqu'à la partie supérieure du bois, le **Mariposa Grove Museum** (⏰10h-16h mai-sept) propose une exposition sur les séquoias dans une baraque de pionnier.

La route » Depuis l'entrée sud du Yosemite, il faut trois heures et 120 miles (193 km) pour rallier le Kings Canyon National Park. Suivez la Hwy 41 vers le sud sur 60 miles (96,5 km) jusqu'à Fresno, puis prenez la Hwy 180 vers l'est sur 50 miles (80,4 km) pour remonter dans les montagnes. Serrez à gauche au carrefour avec la Hwy 198 et restez sur la Hwy 180 jusqu'à Grant Grove.

- - - - - - - - - - - - - -

7 Grant Grove

Les routes qui traversent le **Sequoia & Kings Canyon National Park**

Route Mythique

(☎559-565-3341 ; www.nps. gov/seki ; forfait 7 jours 20 $/ véhicule ; ♿) permettent à peine d'entrevoir la beauté de ces parcs jumeaux. Vous devrez marcher un peu pour découvrir leurs authentiques merveilles. Au nord de l'entrée de Big Stump, à **Grant Grove Village**, prenez à gauche et descendez vers le **General Grant Grove**, qui abrite quelques emblématiques séquoias géants le long d'un chemin goudronné. Vous pourrez pénétrer directement dans le **Fallen Monarch**, un énorme tronc couché qui a servi de cabane, d'hôtel, de saloon et d'écurie. Pour admirer la vue sur Kings Canyon et les sommets de la

Great Western Divide, suivez la route étroite et sinueuse (fermée en hiver, camping-cars et caravanes interdits) qui débute derrière le John Muir Lodge et remonte vers le **Panoramic Point**.

🛏 p. 241

La route » Grant Grove et Cedar Grove, les deux principales zones touristiques du Kings Canyon National Park, sont reliées par la sinueuse Hwy 180, qui offre une descente spectaculaire dans Kings Canyon. Attendez-vous à une vue majestueuse tout au long de ce parcours de 30 miles (48,2 km). **Attention !** La Hwy 180 est fermée durant l'hiver (généralement mi-nov à mi-avr) entre l'embranchement du Hume Lake et Cedar Grove.

- - - - - - - - - - - - - - - -

TEMPS FORT

❽ Cedar Grove

Serpentant le long de parois rocheuses ciselées et jalonnées de cascades, la Hwy 180 plonge vers

la Kings River, dont les rapides rugissants ricochent contre les falaises granitiques de l'un des plus profonds canyons d'Amérique du Nord. Arrêtez-vous pour admirer le point de vue de **Junction View** puis continuez le long de la rivière jusqu'à **Cedar Grove Village**. À l'est du village, **Zumwalt Meadow** est un site idéal pour observer les oiseaux, les cerfs hémiones et les ours noirs. S'il fait chaud, accordez-vous une balade de Road's End à **Muir Rock**. Ce gros rocher plat, où John Muir donna jadis des conférences, est devenu un lieu de baignade très populaire. Au départ de Road's End, une randonnée appréciée grimpe sur 6,5 km aux grondantes **Mist Falls**.

🛏 p. 241

La route » Depuis Road's End, reprenez la Hwy 180 en sens inverse sur près de 30 miles (48,2 km), puis empruntez Hume Lake Rd à gauche. Contournez le lac et les plages avant de bifurquer à droite dans 10 Mile Rd, qui passe près des campings du US Forest Service (USFS). Au niveau de la Generals Hwy/Hwy 198 (parfois fermée en hiver), tournez à gauche et suivez-la vers le sud sur environ 23 miles (37 km), jusqu'à l'embranchement de Wolverton Rd, à gauche.

- - - - - - - - - - - - - - - -

TEMPS FORT

❾ Giant Forest

Nous vous mettons au défi d'enlacer les arbres de la **Giant Forest**, une forêt de 4,8 km² protégeant

> **VAUT LE DÉTOUR**
> **BUCK ROCK LOOKOUT**
>
> **Point de départ :** ❽ **Cedar Grove**
> Pour parvenir au sommet de l'un des plus beaux postes anti-incendie de Californie, en venant de la Hwy 180, prenez Generals Hwy/Hwy 198 vers l'est jusqu'à Big Meadows Rd/Forest Rd 14S11, et arrêtez-vous entre Grant Grove et la Giant Forest, dans la Sequoia National Forest. Suivez les panneaux indiquant le **Buck Rock Lookout** (www.buckrock.org ; Forest Rd 13S04 ; accès libre ; ⊙généralement 9h30-18h juil-oct), accessible par un escalier de 172 marches. Construit en 1923, ce poste de guet en activité, installé dans une minuscule cabine perchée sur un promontoire de granit, offre une vue panoramique depuis ses 2 590 m. Sujets au vertige s'abstenir !

les spécimens les plus gigantesques du parc. Garez-vous près de Wolverton Rd et descendez à pied vers le **General Sherman Tree**, le plus grand arbre du monde (84 m). Vous pourrez vous isoler de la foule en prenant l'un des nombreux sentiers (le réseau pédestre s'étend jusqu'à Crescent Meadow, 8 km plus au sud).

En voiture, empruntez la Generals Hwy/ Hwy 198 vers le sud sur 2,5 miles (4 km) pour réviser vos connaissances sur les séquoias et les incendies au **Giant Forest Museum** (⏱9h-17h ou 18h mi-mai à oct ; [♿]). De l'autre côté de la route, le **Beetle Rock Center** (☎559-565-3759 ; ⏱horaires par tél, ouvert généralement juin-août ; [♿]) permet aux enfants d'observer de petits animaux (vivants ou empaillés) et des excréments (factices) de différentes espèces.

Depuis le musée, Crescent Meadow Rd effectue une boucle de 6 miles (9,6 km) à travers la Giant Forest et emprunte l'amusant **Tunnel Log**. Pour une vue à 360 degrés de la Great Western Divide, escaladez l'abrupt escalier qui monte à **Moro Rock**, à 400 m de là. **Attention !** Crescent Meadow Rd est fermée à la circulation en hiver pour cause de neige ; en été, vous pouvez effectuer la balade en bus-navette gratuit.

🍴🛏 p. 241

CALIFORNIE CENTRALE **21** YOSEMITE ET SEQUOIA & KINGS CANYON NATIONAL PARKS

VAUT LE DÉTOUR
CRYSTAL CAVE

Point de départ : ❾ Giant Forest

Non loin de la Generals Hwy/Hwy 198, à environ 2 miles (3,2 km) au sud du Giant Forest Museum, tournez à droite dans Crystal Cave Rd. Au bout de cette sinueuse route de 6,5 miles (10,4 km) vous attend une très belle promenade au sein de la **Crystal Cave** (www.sequoiahistory.org ; visite adulte/enfant à partir de 13/7 $; ⏱généralement 10h30-16h30 mi-mai à oct ; [♿]), une grotte vieille de 10 000 ans sculptée par une rivière souterraine. Des stalactites pendent tels des poignards, et des formations de marbre vieilles de 10 000 ans, d'un blanc laiteux, se muent en rideaux, colonnes et boucliers éthérés. Prévoyez une petite laine – il fait 10°C dans la grotte. Achat des billets au préalable au centre des visiteurs de Lodgepole ou de Foothills.

La route ⟫ La Generals Hwy descend en s'étroitisant sur près de 20 miles (32 km) jusqu'au milieu des contreforts de la Sierra Nevada, passant par Amphitheatre Point, puis quittant le parc après le Foothills Visitor Center. Avant d'atteindre la ville de Three Rivers, prenez Mineral King Rd à gauche, une étourdissante route panoramique (partiellement goudronnée, caravanes et camping-cars interdits) de 25 miles (40,2 km) qui remonte en zigzaguant vers la Mineral King Valley.

- - - - - - - - - -

❿ Mineral King Valley

Plus de 700 lacets et 1 heure 30 de route permettent d'atteindre la **Mineral King Valley** (2 286 m). Taillée par les glaciers, elle abrita un camp de mineurs et de bûcherons, au XIXᵉ siècle, avant d'accueillir un refuge de montagne.

Les sentiers menant vers les hauteurs partent de l'extrémité de Mineral King Rd, où d'anciennes cabanes se dressent dans une vallée montagneuse. Votre point d'arrivée se trouve un bon mile (environ 2 km) après la station des rangers. La vallée dévoile ici tous ses charmes et les randonnées vers les sommets granitiques et les lacs de montagne attirent les amateurs.

Attention ! Mineral King Rd n'est généralement ouverte qu'entre fin mai et fin octobre. Au début de l'été, les marmottes aiment à mordiller les câbles des voitures stationnées, d'où la nécessité de couvrir le bas de caisse d'une bâche ou d'envelopper le véhicule de grillage pour volaille (à louer au Silver City Resort).

Se restaurer et se loger

Yosemite Valley ❷

✖ Degnan's Deli — Épicerie fine $

(www.yosemitepark.com ; Yosemite Village ; plats 6-10 $; ⏱7h-17h ; 🚻). Le lieu où acheter un délicat sandwich, fait à la demande, et un sachet de chips avant de partir en excursion. Tout près, le Village Store vend des produits d'épicerie, des en-cas et des fournitures de camping jusqu'à 20h, voire plus tard.

✖ Mountain Room Restaurant — Américain $$

(www.yosemitepark.com ; Yosemite Lodge at the Falls ; plats 18-35 $; ⏱17h30-21h30 ; 🚻). Commandez un steak de bœuf nourri à l'herbe, une truite de rivière et des légumes bios dans cet établissement (sans réservation) avec vue sur les cascades. Le bar-lounge mitoyen, avec cheminée, sert bières artisanales et en-cas.

🛏 Ahwahnee — Hôtel historique $$$

(☎209-372-1407, réservations 801-559-4884 ; www.yosemitepark.com ; Ahwahnee Rd ; ch à partir de 445 $; ❄ @ 🛜 🏊 🚻). Ce monument national de 1927 a accueilli Charlie Chaplin, Eleanor Roosevelt et JFK. Rien de plus relaxant que sa cheminée ronflante, sous les poutres en pin à sucre. Préférez le salon et ses cocktails à la salle de dîner formelle (sauf pour le brunch dominical).

🛏 Curry Village & Housekeeping Camp — Bungalows, cottages $$

(☎réservations 801-559-4884 ; www.yosemitepark.com ; près de Southside Dr ; bungalows en toile 100-125 $, bungalows en dur et ch 160-220 $; 🏊 🚻). Des centaines de bungalows disséminés sous les arbres, au bord de la Merced River, dans une ambiance tapageuse de colonie de vacances.

🛏 Yosemite Bug Rustic Mountain Resort — Bungalows, auberge de jeunesse $

(☎209-966-6666 ; www.yosemitebug.com ; 6979 Hwy 140 ; dort 22-25 $, bungalows en toile

55-75 $, ch 85-195 $; @ 🛜 🏊 🚻 🐾). Située dans la forêt à quelque 40 km de la Yosemite Valley, cette auberge montagnarde doit son succès à ses chambres propres, son studio de yoga, son Jacuzzi, sa cuisine collective et son café faisant la part belle aux plats végétariens (plats 5-18 $).

🛏 Yosemite Valley Campgrounds — Camping $

(☎réservations 877-444-6777 ; www.recreation. gov ; empl tente 20 $; ⏱avr-sept, certains sites tte l'année ; 🚻 🐾). Les campements d'Upper Pines et de Lower Pines sont bruyants et bondés. Plus calme, North Pines propose des emplacements en bord de rivière. Vous pourrez réserver sur Internet jusqu'à cinq mois à l'avance.

Hetch Hetchy

🛏 Evergreen Lodge — Chalets, camping $$

(☎209-379-2606, 800-935-6343 ; www. evergreenlodge.com ; 33160 Evergreen Rd ; tentes 75-100 $, chalets 170-370 $; @ 🛜 🏊 🚻). Près de l'entrée nord-ouest du Yosemite et du Hetch Hetchy Reservoir, ce complexe de montagne classique dédaigne la vie à la dure au profit de chalets (cabins) luxueux et de tentes plus proches de la nature. Nombreuses activités de plein air, épicerie, taverne avec billard et restaurant (plats 10-28 $) servant trois copieux repas par jour.

Tuolumne Meadows ❸

✖ Tuolumne Meadows Grill — Américain $

(Tioga Rd ; plats 4-9 $; ⏱8h-17h mi-juin à mi-sept). Dévorez burgers, sandwichs toastés spécial petit-déjeuner et glaces à l'italienne autour d'une table de pique-nique couverte. Épicerie ouverte jusqu'à 20h.

🛏 Tuolumne Meadows & White Wolf Lodges — Bungalows $$

(☎réservations 801-559-4884 ; www.yosemitepark. com ; Tioga Rd ; bungalows en toile 100-130 $;

mi-juin à mi-sept ; 🚻). Dans les montagnes, loin du vacarme de la vallée, ces bungalows en toile (sans électricité, prévoyez une lampe de poche) sont très appréciés. Petit-déjeuner, pique-nique et dîner sur réservation.

🛏 Tuolumne Meadows
Campground Camping $

(📞réservations 877-444-6777 ; www.recreation. gov ; Tioga Rd ; empl tente 20 $; ⏰mi-juil à fin sept ; 🚻♿). Le plus grand camping du parc offre plus de 300 emplacements correctement espacés dans une forêt ombragée. Bonne nouvelle si vous n'avez pas réservé : le principe du "premier arrivé, premier servi" vaut pour la moitié des places.

Glacier Point ④

🛏 Bridalveil Creek
Campground Camping $

(www.nps.gov/yose ; Glacier Point Rd ; empl tente 14 $; ⏰mi-juil à mi-sept ; 🚻♿). Soif d'altitude et d'isolement ? Ce camping est installé à près de 2 200 m, à l'ombre des pins. Les nuits peuvent y être fraîches. Pas de réservations.

Wawona ⑤

🛏 Wawona Hotel ·Hôtel historique $$

(📞209-375-6556, réservations 801-559-4884 ; www.yosemitepark.com ; Wawona Rd ; ch avec/ sans sdb avec petit-déj à partir de 155/255 $; ⏰avr-fin nov et mi-déc au 1er jan ; 🛜📶🚻). Avec ses larges porches équipés de chaises confortables, ses pelouses impeccables et son parcours de golf, cet établissement victorien ne manque pas de caractère. Les chambres aux minces cloisons n'ont ni téléphone ni TV. Cuisine américaine traditionnelle servie sous les lustres de la salle à manger (plats 12-30 $).

Grant Grove ⑦

🛏 Grant Grove Campgrounds Camping $

(www.nps.gov/seki ; Hwy 180 ; empl tente 10-18 $; ⏰mai-sept, certains sites tte l'année ; 🚻♿). Ces différents sites sont tous installés à l'ombre des arbres à feuilles persistantes. Le Crystal Springs est plus calme que le Sunset ; l'Azalea reste ouvert en hiver. Pas de réservations.

🛏 John Muir Lodge
& Grant Grove Cabins Hôtel, chalets $$

(📞559-335-5500 ; www.sequoia-kingscanyon. com ; Hwy 180 ; d 70-195 $; 📶). Ce lodge boisé dispose d'un salon douillet avec cheminée, jeux de société et Wi-Fi. Les chalets (*cabins*) vont des abris en toile aux cottages anciens. La pizzeria installée à l'arrière et l'épicerie toute proche feront en sorte que vous ne mouriez pas de faim.

Cedar Grove ⑧

🛏 Cedar Grove Campgrounds Camping $

(www.nps.gov/seki ; Hwy 180 ; empl tente 18 $; ⏰fin avr à mi-nov ; 🚻♿). Dormez au bord du ruisseau au site de Sheep Creek ou près de la station des rangers au Sentinel Campground. Plus à l'est, le Moraine et le Canyon View (tentes uniquement) sont plus ensoleillés.

🛏 Cedar Grove Lodge Motel $$

(📞559-335-5500 ; www.sequoia-kingscanyon.com ; Hwy 180 ; ch 120-140 $; ⏰mi-mai à mi-oct ; ❄📶). Ce lodge en bord de rivière compte 21 chambres (sans TV), certaines avec clim, patio ombragé et kitchenette. Réception au rez-de-chaussée du marché, à côté du snack bar-grill (plats 6-12 $).

Giant Forest ⑨

🍴 Lodgepole Market
Supermarché, épicerie fine $

(www.visitsequoia.com ; Lodgepole Village ; plats 6-10 $; ⏰mi-avr à mi-oct, horaires variables). Au sein de l'épicerie proposant ravitaillement et fournitures de camping, une sandwicherie fine permet de composer son pique-nique avec des sandwichs à la focaccia et des salades.

🛏 Lodgepole Campground Camping $

(📞877-444-6777 ; www.recreation.gov ; Lodgepole Village ; empl 10-20 $; ⏰mai-nov ; 🚻♿). Au bord de la Kaweah, ce camping, le plus grand et le plus animé de Sequoia, entasse tentes et camping-cars.

🛏 Wuksachi Lodge Hôtel $$$

(📞559-565-4070 ; www.visitsequoia.com ; 64740 Wuksachi Way, près de la Generals Hwy ; ch 215-350 $; 📶). L'adresse la plus chic de Sequoia en matière d'hébergement et de restauration. La salle à manger (plats 12-40 $) comprend une belle cheminée en pierre avec vue sur la forêt. Les chambres de style motel manquent en revanche de charme.

Bodie State Historic Park
Revivez l'époque de la ruée vers l'or

Eastern Sierra Scenic Byway

22

Remontant vers le nord au fil de l'épine dorsale géologique de la Californie, la Hwy 395 émerveille par ses panoramas vertigineux, ses villes fantômes en ruines du grand Ouest et ses activités de plein air infinies.

TEMPS FORTS

ARRIVÉE Reno

Carson City

195 miles/314 km

Bodie State Historic Park
Ambiance de western dans cette envoûtante ville fantôme de la ruée vers l'or

Bridgeport — 10

170 miles/274 km — 9

Mono Lake
Un lac mystérieux aux étranges formations de tuf

7 — 6

Bishop

115 miles/185 km

Mammoth Lakes
Une station de montagne ultradynamique hiver comme été

130 miles/209 km

Reds Meadow
Une impressionnante formation volcanique vieille de 10 000 ans

Lone Pine
DÉPART

**3-5 JOURS
320 MILES/515 KM**

PARFAIT POUR...

LE MEILLEUR MOMENT
Juin-septembre pour la chaleur et les balades dans des montagnes (quasiment) dénuées de neige.

LA PHOTO SOUVENIR
Le lever ou le coucher du soleil dans les Alabama Hills, encadrées par la blanche Sierra Nevada.

PLEIN AIR MONTAGNARD
Parcourez de paisibles sentiers de montagne et campez à Mammoth Lakes.

243

WOODS WHEATCROFT / GETTY IMAGES ©

Eastern Sierra Scenic Byway

Passerelle vers la plus vaste étendue sauvage de Californie, la Hwy 395 – ou Eastern Sierra Scenic Byway – sillonne entre sommets, lacs aux eaux scintillantes et interminables forêts de l'est de la Sierra Nevada. Une kyrielle d'activités de plein air vous attend au-delà de l'asphalte, tandis que les villes fantômes désolées, les formations géologiques uniques et les sources chaudes bouillonnantes ne demandent qu'à être explorées.

① Lone Pine

La minuscule ville de Lone Pine constitue le point d'accès méridional aux joyaux escarpés de l'est de la Sierra Nevada. À son extrémité sud, le **Museum of Lone Pine Film History** (☎760-876-9909 ; www.lonepinefilmhistorymuseum.org ; 701 S Main St ; 5 $; ⊙10h-18h lun-sam, 10h-16h dim) abrite des souvenirs des quelque 450 films tournés dans les environs. Ne manquez pas les projections, tous les jeudis et vendredis à 19h, ou encore la Cadillac décapotable décorée qui trône dans le hall.

Juste à l'extérieur du centre-ville, sur Whitney Portal Rd, les **Alabama Hills**, se parant d'une lumière orangée surnaturelle, sont un must absolu en matière de coucher du soleil. Toile de fond de westerns, ses monts arrondis couleur terre se détachent sur les contreforts gris acier et les sommets déchiquetés de la Sierra Nevada. Plusieurs beaux arcs rocheux sont aisément accessibles à pied depuis la route.

✗ p. 251

La route » À partir de Lone Pine, les incisives déchiquetées de la Sierra Nevada se dressent dans toute leur féroce splendeur. Continuez vers l'ouest au-delà des Alabama Hills – soit 13 miles (21 km) depuis la Hwy 395 – puis préparez-vous à la vertigineuse ascension jusqu'au bout de la route. Les White Mountains s'élèvent à l'est, tandis que la spectaculaire Owens Valley se déroule en contrebas.

② Whitney Portal

Avec ses 4 421 m, le **Mt Whitney** (www.fs.usda.gov/inyo), céleste

Carson
Sink

Fernley

Fallon

Lahontan
Reservoir

Carson
Lake

Wabuska

Walker River
Indian
Reservation

Schurz

Gabbs

Humboldt-Toiyabe
National
Forest

Walker
Lake

Hawthorne

Luning

NEVADA

Mina

Bridgeport

10 Bodie State
Historic Park

9 Mono
Lake

Lee Vining

395

8 June
Lake
Loop

Coaldale

6 **Mammoth Lakes**

7 Reds
Meadow

White
Mountain
(4 342 m)

Inyo
National
Forest

Ancient
Bristlecone
Pine Forest

6

5 Bishop

168

p. 246

Sierra
National
Forest

Big Pine

Kings Canyon
National Park

Death Valley
National Park

Sierra Nevada

395

Kings River

Manzanar National
Historic Site

4 Independence

3

Mt Williamson
(4 378 m)

DÉPART

Mt Whitney
(4 421 m)

2 **1** **Lone Pine**

Whitney
Portal

136

Keeler

Hammond

Sequoia
National
Park

Owens
Lake

190

Golden Trout
Wilderness

Olancha

5 miles (8 km) vers

395

34

géant de granit, est le plus haut sommet des États-Unis (hors Alaska) et une obsession pour des milliers de randonneurs chaque été. Désespérément convoités, les permis, délivrés via une loterie, sont le seul passeport pour le sommet, même si les randonneurs d'un jour peuvent escalader la montagne jusqu'au **Lone Pine Lake** (environ 9,5 km aller-retour) histoire de fouler l'emblématique **Whitney Trail**. Près du départ du sentier, faites une halte au café du **Whitney Portal Store** (www.whitneyportalstore. com) pour commander d'énormes burgers et *pancakes*, le rêve de tout marcheur affamé.

Tandis que vous prenez la mesure de ce majestueux

CALIFORNIE CENTRALE **22** EASTERN SIERRA SCENIC BYWAY

À COMBINER AVEC

21 **Yosemite et Sequoia & Kings Canyon National Parks**

À Lee Vining, prenez la Hwy 120 vers l'ouest pour entrer dans le Yosemite National Park via le col du Tioga Pass (3 031 m).

34 **De passage dans la vallée de la Mort**

Depuis Lone Pine, prenez la Hwy 136 et la Hwy 190 vers le sud-est pour rallier Panamint Springs, point d'accès occidental aux paysages arides de la vallée de la Mort.

mégalithe, entouré de dizaines de sommets plus modestes, rappelez-vous que le point le plus bas du pays – Badwater (p. 359), dans la vallée de la Mort – n'est qu'à 130 km d'ici, à vol d'oiseau, vers l'est.

La route » Repartez vers Lone Pine et prenez la Hwy 395, sur 9 miles (14,5 km) vers le nord. Un désert de buissons et de virevoltants occupe la vallée entre les contreforts cuivrés de la Sierra Nevada et la chaîne des White Mountains. Manzanar est bien indiqué, sur la gauche.

❸ Manzanar National Historic Site

Commémorant l'un des plus sombres chapitres de l'histoire des États-Unis, le **site historique de Manzanar** se déroule sur une portion de terre aride et ventée, encadrée par des sommets enneigés.

Au plus fort de la Seconde Guerre mondiale, le gouvernement fédéral y fit interner plus de 10 000 Américains d'origine japonaise après l'attaque de Pearl Harbor. Il ne reste pas grand-chose de ce camp d'internement de sinistre mémoire, mais l'ancien auditorium du lycée abrite un intéressant **centre d'interprétation** (☎760-878-2194 ; www.nps.gov/manz ; entrée libre ; ⊙9h-16h30 nov-mars, 9h-17h30 avr-oct). Après le documentaire de 20 minutes, parcourez la passionnante exposition retraçant l'histoire de ces familles qui bâtirent une communauté dynamique en dépit de leur emprisonnement. Ensuite, prenez la voiture pour une visite (libre) du site, longue de 5 km, qui comprend un réfectoire et des casernes reconstitués, des vestiges de bâtiments et de jardins,

ainsi que le sinistre cimetière du camp.

Le **Mt Williamson** (4 381 m), que l'on confond souvent avec le Mt Whitney, surplombe cette plaine solitaire et poussiéreuse, qui se pare de fleurs sauvages au printemps.

La route » Continuez sur 6 miles (9,6 km) vers le nord sur la Hwy 395, jusqu'à la bourgade d'Independence. Au centre-ville, guettez les colonnes de l'Inyo County Courthouse et tournez à gauche dans W Center St. Parcourez six blocs dans ce quartier résidentiel, jusqu'au bout de la rue.

❹ Independence

Chef-lieu du comté d'Inyo depuis 1866, cette nonchalante ville en bordure de route abrite l'**Eastern California Museum** (☎760-878-0364 ; www.inyocounty.us/ecmuseum ; 155 N Grant St ; don requis ;

↱ VAUT LE DÉTOUR
ANCIENT BRISTLECONE PINE FOREST

Point de départ : ❹ Independence

Pour découvrir quelques-uns des plus anciens représentants du règne végétal, prévoyez au moins une demi-journée d'excursion jusqu'à l'**Ancient Bristlecone Pine Forest**. Ses arbres noueux d'allure surnaturelle s'élèvent à plus de 3 048 m d'altitude sur les pentes peu hospitalières des White Mountains, une chaîne montagneuse désolée qui surpassait jadis la Sierra Nevada. L'arbre le plus ancien – baptisé Mathusalem – aurait plus de 4 700 ans, soit quelque deux siècles de plus que le Sphinx de Gizeh !

Pour atteindre le site, prenez la Hwy 168 sur 12 miles (19,3 km) vers l'est entre Big Pine et White Mountain Rd, puis tournez à gauche, vers le nord, et montez la route sinueuse sur 10 miles (16 km) jusqu'à **Schulman Grove** – nommé d'après le scientifique qui découvrit l'âge canonique de ces arbres dans les années 1950. Depuis Independence, l'excursion prend environ une heure aller. Il est possible d'accéder à des circuits sans guide et à un récent **Visitors Center** (☎760-873-2500 ; www.fs.usda.gov/inyo ; 5 $/véhicule ; ⊙fin mai-oct), alimenté à l'énergie solaire. White Mountain Rd est généralement fermée de novembre à avril.

⊙10h-17h). Excellent témoin de l'histoire et de la culture de l'est de la Sierra Nevada, il présente l'une des collections les plus complètes de paniers des Amérindiens Païute et Shoshone, ainsi que de vieilles photographies d'alpinistes locaux gravissant sans baudrier les sommets de la Sierra Nevada avec d'énormes paquetages. On verra aussi des objets provenant du camp de Manzanar et une exposition illustrant la lutte contre le détournement des ressources en eau locales vers Los Angeles.

La route » Reprenez la Hwy 395 vers le nord. La civilisation s'efface au profit de magnifiques sommets de granit, de contreforts montagneux et d'un grand ciel bleu. On aperçoit parfois du tuf volcanique en bord de route. On entre dans Bishop après avoir traversé la microscopique localité de Big Pine, à environ 40 miles (64 km) du point de départ.

⑤ Bishop

Deuxième ville de l'est de la Sierra Nevada, située à environ un tiers du chemin séparant Lone Pine de Reno, au nord, Bishop constitue un pôle d'attraction pour les randonneurs, les cyclistes, les pêcheurs et les grimpeurs. Pour comprendre ce qui les attire, visitez la **Mountain Light Gallery** (📞760-873-7700 ; 106 S Main St ; entrée libre ; ⊙10h-18h). Elle expose les stupéfiantes photos

SOURCES CHAUDES

Un ensemble de séduisantes piscines naturelles, avec vue panoramique sur les cimes enneigées, se niche entre les White Mountains et la Sierra Nevada, près de **Mammoth**. À environ 9 miles (14,5 km) au sud de la ville, Benton Crossing Rd bifurque à l'est de la Hwy 395 pour mener à une délicieuse série de ces sources. Pour davantage d'indications et des plans, procurez-vous l'excellent *Touring California and Nevada Hot Springs*, de Matt Bischoff, ou consultez le www.mammothweb.com/recreation/hottubbing.cfm.

du regretté Galen Rowell, grimpeur, photographe et écrivain, qui a produit certains des meilleurs clichés de la Sierra Nevada.

À l'embranchement de la Hwy 395 avec la Hwy 6, prenez la Hwy 6 à droite et roulez sur 4,5 miles (7,2 km) pour rallier le **Laws Railroad Museum & Historical Site** (📞760-873-5950 ; www.lawsmuseum.org ; Silver Canyon Rd, Laws ; 5 $; ⊙10h-16h ; 🚻), vestige de la Carson and Colorado Railroad, une ligne de chemin de fer désaffectée en 1960. Les passionnés de trains s'émerveillent devant la collection d'anciens wagons, tandis que les enfants adorent explorer la gare de 1883 et faire tinter la cloche en cuivre. Des dizaines de bâtiments historiques, enrichis d'objets d'époque, ont été rassemblés pour créer un village témoin.

La route » Reprenez la Hwy 395 sur 35 miles (56,3 km) vers le nord jusqu'à la Hwy 203, laissant derrière vous le Crowley Lake et les confins méridionaux de la caldera de Long Valley, une dépression d'origine volcanique.

Sur la Hwy 203 menant à Mammoth Lakes, avant le centre-ville, arrêtez-vous au Mammoth Lakes Welcome Center, source d'excellents renseignements sur la ville et la région.

TEMPS FORT

⑥ Mammoth Lakes

Magnifiquement située à 2 438 m d'altitude, Mammoth Lakes est une station de ski dynamique entourée de hautes étendues sauvages et surmontée des 3 048 m de l'emblématique **Mammoth Mountain** (📞800-626-6684 ; www.mammothmountain.com ; adulte/7-12 ans forfait ski journée 79-107/35 $, forfait vélo journée adulte/enfant 47/22 $; 🚻). Cette station en plein essor, qui propose des activités de plein air toute l'année, offre un dénivelé de 945 m – de quoi aiguiser l'appétit de tout amateur de sports de glisse – et une saison qui s'étend souvent de novembre à juin.

L'été, la station se change prestement pour devenir l'énorme **Mammoth Mountain Bike Park**, qui

Mammoth Lakes Les bienfaits des sources chaudes

évoque le tournage apocalyptique d'une suite de *Mad Max* avec son armada de vététistes en armure. Fort de plus de 160 km de pistes bien entretenues et d'un *bikepark* démentiel, il attire les mordus du pneu à crampons.

Toute l'année, un vertigineux **téléphérique** (adulte/13-18 ans/7-12 ans 24/19/8 $) propulse les visiteurs vers les hauteurs pour une vue époustouflante des cimes enneigées.

🛏 p. 251

La route » Garez-vous à hauteur de la Mammoth Mountain et prenez la navette Reds Meadow au pied du téléphérique (*gondola*). Autre option : remonter vers l'ouest sur 1,5 mile (2,4 km) puis reprendre la Hwy 203/Minaret Rd jusqu'au belvédère de Minaret Vista pour goûter une vue stupéfiante sur la Ritter Range, les Minarets dentelés et les confins lointains du Yosemite National Park.

- - - - - - - - - -

❼ Reds Meadow

La Reds Meadow Valley, à l'ouest de la Mammoth Mountain, offre l'un des paysages les plus splendides et variés des environs de Mammoth. Le **Devils Postpile National Monument**, une formation volcanique vieille de 10 000 ans, en est la plus fascinante curiosité. Haut de 18 m, ce rideau de colonnes de basalte s'est formé quand des coulées de lave en fusion ont ralenti, avant de se refroidir et de se contracter dans un mouvement symétrique surprenant. Son étonnant motif alvéolaire s'apprécie idéalement depuis le sommet des colonnes, accessible par un bref sentier. On peut facilement rejoindre les colonnes à pied depuis la **station de rangers de Devils Postpile** (☎760-934-2289 ; www.nps.gov/depo ; ⊙9h-17h été), à 800 m de là.

Depuis le monument, une balade de 4 km à travers une forêt abîmée par les incendies mène jusqu'aux spectaculaires **Rainbow Falls**, où la San Joaquin River jaillit depuis une falaise de basalte haute de 30 m. C'est à midi que les chances de voir un arc-en-ciel se former dans la brume tourbillonnante sont les plus élevées. On peut aussi atteindre les cascades depuis l'arrêt de la navette Reds Meadow, une randonnée facile de 1,5 mile (2,4 km).

La route » De retour sur la Hwy 395, continuez au nord vers la Hwy 158, à gauche. Sortez l'appareil photo pour immortaliser le panorama sur le lac et les sommets du June Lake Loop.

- - - - - - - - -

⑧ June Lake Loop

À l'ombre de l'imposant Carson Peak (3 325 m), la magnifique **June Lake Loop** (Hwy 158) serpente sur 14 miles (22,5 km) au cœur d'un photogénique canyon en forme de fer à cheval. Elle dépasse la tranquille localité touristique de **June Lake** et permet de découvrir les étincelants et poissonneux lacs Grant, Silver, Gull et June. L'endroit est particulièrement beau en automne, quand les trembles aux feuilles dorées embrasent la cuvette, et en hiver, lorsque de courageux alpinistes gravissent ses cascades gelées.

Le June Lake avoisine l'**Ansel Adams Wilderness**, une aire protégée qui rejoint le Yosemite National Park. Au départ du Silver Lake, les lacs Gem et Agnew offrent de spectaculaires excursions d'une journée. Des locations de bateaux et des balades à cheval sont possibles.

La route » Rejoignez la Hwy 395, là où les Mono Craters arrondis parsèment un paysage sec et broussailleux, et le Mono Lake se dévoile aux regards.

- - - - - - - - -

TEMPS FORT

⑨ Mono Lake

Deuxième plus vieux lac d'Amérique du Nord, Mono Lake est une calme et mystérieuse étendue d'un bleu profond, dont la surface reflète les sommets déchiquetés de la Sierra Nevada, les jeunes cônes volcaniques et d'étranges monticules de tuf. Un paysage unique... Émergeant de l'eau tels des châteaux de sable, ces formations s'élèvent lorsque le calcium remonte de sources souterraines et s'associe à du carbonate dans les eaux alcalines du lac.

Les niveaux de salinité et d'alcalinité sont trop élevés pour pouvoir s'offrir une baignade. À défaut, faites un tour de kayak ou de canoë autour des tours de tuf érodées, embrassez une vue panoramique du champ volcanique des Mono Craters, et épiez discrètement les balbuzards pêcheurs et autres oiseaux aquatiques

qui résident dans cet habitat d'exception.

Pour des infos sur la région, le **Mono Basin Scenic Area Visitors Center** (☎760-647-3044 ; www.fs.usda.gov/inyo ; Hwy 395 ; ☺8h-17h mi-avr à nov), à 800 m au nord de **Lee Vining**, comprend des panneaux d'interprétation, une librairie et un film de 20 minutes sur le lac.

🍴 🛏 p. 251

La route » La Hwy 395 parvient à Conway Summit (2 483 m), son point culminant, 10 miles (16 km) au nord de Lee Vining. Arrêtez-vous au point de vue pour un impressionnant panorama sur le lac Mono, avec les Mono Craters et les monts June et Mammoth en toile de fond. Continuez environ 8 miles (12,8 km) vers le nord et empruntez la déserte Hwy 270 sur 13 miles (20,9 km) vers l'est jusqu'au Bodie State Historic Park. Les 5 derniers kilomètres ne sont pas goudronnés.

- - - - - - - - -

TEMPS FORT

⑩ Bodie State Historic Park

Pour revivre la ruée vers l'or, faites une halte à **Bodie** (☎760-647-6445 ; www.parks.ca.gov/bodie ; Hwy 270 ; adulte/enfant 7/5 $; ☺9h-18h juin-août, 9h-15h sept-mai), l'une des villes fantômes les plus authentiques et les mieux préservées de l'Ouest. De l'or y fut découvert en 1859, transformant soudainement ce rustique camp de mineurs en une ville sans foi ni loi de 10 000 âmes. Des bagarres et des meurtres se produisaient alors

VAUT LE DÉTOUR
VIRGINIA CITY

Point de départ : ⑩ Bodie State Historic Park

Virginia City fut l'un des fers de lance de la ruée vers l'or des années 1860 grâce au légendaire Comstock Lode, l'un des plus importants gisements d'argent au monde, exploité à partir de 1859. Dans la foulée, plusieurs barons de l'argent locaux devinrent des acteurs majeurs de l'histoire de la Californie, tandis que la construction d'une grande partie de San Francisco était financée par le trésor extrait des sous-sols. Mark Twain séjourna dans cette cité tapageuse durant son âge d'or, relatant la vie des mineurs dans *À la dure*.

Cette ville haut perchée est classée monument national, avec sa grand-rue jalonnée de bâtiments victoriens, ses trottoirs en bois, ses étonnants saloons et ses petits musées, aussi anecdotiques pour les uns que fascinants pour d'autres. C Street, son artère principale, abrite le **Visitors Center** (www.visitvirginiacitynv.com ; 86 South C St ; ⊙10h-16h). Pour voir comment vivait l'élite du monde minier, faites une halte à la **Mackay Mansion** (D St) et au **château** (B St).

De Carson City, prenez la Hwy 50 vers l'est puis parcourez 7 miles (11,2 km) via la Hwy 341 et la Hwy 342. Sur la route de Reno, parcourez une spectaculaire portion de désert de 13 miles (21 km), sur la Hwy 341, pour rejoindre la Hwy 395. Continuez sur 7 miles (11,2 km) jusqu'à Reno.

presque quotidiennement, alimentés par l'alcool coulant à flots dans 65 saloons, dont certains servaient aussi de maison close, de maison de jeux ou de fumerie d'opium.

Dans les années 1870 et 1880, ces collines accouchèrent de quelque 35 millions de dollars en or et en argent. Lorsque la production s'effondra, Bodie fut abandonnée, laissant les quelque 200 bâtiments usés que l'on retrouve aujourd'hui, figés dans cette vallée aride et battue par le vent. En jetant un œil à travers les fenêtres poussiéreuses, vous apercevrez des magasins approvisionnés, des maisons meublées, une école avec ses livres

et ses pupitres, une prison et nombre d'autres édifices. L'ancien Miners' Union Hall, le local des syndicats miniers, abrite désormais un **musée** et un **Visitors Center** (⊙9h-1h avant la fermeture du parc). Des rangers assurent des visites gratuites de l'ensemble.

La route ≫ Rebroussez chemin vers la Hwy 395, qui vous mènera rapidement à la localité de Bridgeport. Environ 2 heures sont ensuite nécessaires pour gagner Reno en empruntant une charmante portion à deux voies de la highway, qui longe la sinueuse Walker River.

------

⑪ Reno

Délaissant les casinos, la deuxième ville du Nevada s'est progressivement

tournée vers les activités de plein air, proposées toute l'année. La Truckee River divise en deux cette ville entourée de montagnes. Au cœur de l'été, le **Truckee River Whitewater Park** fourmille de kayakistes et de baigneurs s'ébattant sur des chambres à air. Deux parcours de kayak font le tour de Wingfield Park, un îlot au milieu du fleuve qui accueille des concerts gratuits en été. **Tahoe Whitewater Tours** (☎775-787-5000 ; www.gowhitewater.com) et **Sierra Adventures** (☎866-323-8928 ; www.wildsierra.com) proposent des cours et des excursions en kayak.

✖ 🛏 p. 251

Se restaurer et se loger

Lone Pine ❶

✕ Alabama Hills Café & Bakery   Diner $

(111 W Post St ; plats 8-12 $; ⏱6h-14h lun-ven, 7h-14h sam-dim ; 📶). Passez tôt le matin pour commander un petit-déjeuner pantagruélique (œufs et hachis de bœuf salé, ou pancakes aux céréales), puis emportez un sandwich gourmets à base de pain fait sur place pour un déjeuner en plein air ou traînez un peu en attendant les copieuses soupes et les tartes aux fruits maison.

Mammoth Lakes ❻

🛏 Tamarack Lodge & Resort   Resort $$

(☎760-934-2442, 800-626-6684 ; www. tamaracklodge.com ; lodge ch 99-169 $, chalets 169-599 $; @📶🐾). Une charmante retraite, ouverte toute l'année sur la côte boisée du Lower Twin Lake. Le bâtiment de 1924 abrite une douzaine de chambres simples et douillettes au sol grinçant, et le salon doté de poutres en bois offre le cadre idéal pour une soirée de lecture au coin du feu. Les chalets (cabins), du sommaire au luxueux, offrent plus d'intimité.

🛏 USFS Campgrounds   Camping $

(☎877-444-6777 ; www.recreation.gov ; empl tente et camping-car 21 $; ⏱mi-juin à mi-sept ; 🐾). Dormez sous un ciel étoilé dans l'un des campings du US Forest Service (USFS) – voir la rubrique "Recreation" sur le site www.fs.usda. gov/inyo – disséminés à Mammoth Lakes et dans ses environs. De nombreux emplacements sont disponibles selon le principe du "premier arrivé, premier servi", d'autres sont ouverts à la réservation. Ils disposent de toilettes, mais pas de douche.

Mono Lake ❾

✕ Whoa Nellie Deli   Épicerie fine $$

(www.whoanelliedeli.com ; près de la jonction des Hwy 120W et Hwy 395, Lee Vining ; plats 8-19 $; ⏱7h-21h mi-avr à oct). Une excellente cuisine dans une station-service ? Voyons donc ! Et pourtant, cette table mérite absolument un arrêt. Le chef Matt "Tioga" Toomey concocte de délicieux tacos au poisson, pavés de bison et autres mets savoureux pour les habitants et les visiteurs de passage. Les portions sont énormes et la vue depuis le patio est à la hauteur de la cuisine.

🛏 Yosemite Gateway Motel   Motel $$

(☎760-647-6467 ; www.yosemitegatewaymotel. com ; Hwy 395, Lee Vining ; ch 169 $; 📶). Envie d'une chambre avec vue ? Dans ce motel, le seul à droite de la highway, elle est phénoménale depuis certaines.

Reno ⓫

✕ Silver Peak Restaurant & Brewery   Pub $$

(www.silverpeakbrewery.com ; 124 Wonder St ; plats midi 8-10 $, soir 9-21 $; ⏱11h-minuit). Décontracté et sans prétention, cet endroit résonne des bavardages de clients ravis de passer la soirée autour de bières artisanales et d'une cuisine simple mais excellente : pizza, poulet rôti, pâtes aux crevettes ou encore filet mignon.

🛏 Peppermill   Hôtel casino $$

(☎775-826-2121 ; www.peppermillreno.com ; 2707 S Virginia St ; ch dim-jeu 50-140 $, ven-sam 70-200 $; ❄@📶🐾). Baignant dans une opulence rappelant Las Vegas, cette adresse appréciée offre des chambres à thématique toscane dans sa toute nouvelle tour (600 chambres) et termine la luxueuse rénovation des chambres les plus anciennes. Les trois piscines (dont une intérieure) sont magnifiques et se doublent d'un spa. L'eau chaude et le chauffage sont produits de façon géothermique.

Nevada City *Visitez la pittoresque artère principale de la ville*

Ruée vers le Gold Country par la Highway 49

23

La sinueuse Hwy 49 offre quantité de choses à voir. Une excursion à travers le Gold Country révèle les premières heures de la Californie, à l'époque où voyous et prospecteurs en tous genres se ruaient pêle-mêle vers le grand Ouest.

TEMPS FORTS

ARRIVÉE

9

160 miles/257 km

Environs de Nevada City
Une mine historique et des trous d'eau propices à la baignade

Auburn

8

115 miles/185 km

Coloma
Là où tout a commencé...

Placerville

85 miles/137 km

6

Région viticole de l'Amador County
Moins connue, plus familiale, on y déguste sans chichis de riches zinfandels

Sutter Creek

Jackson

12 miles/19 km

Columbia
Reconstitution grandeur nature du temps de la ruée vers l'or

2

Sonora
DÉPART

3-4 JOURS
200 MILES/325 KM

PARFAIT POUR...

LE MEILLEUR MOMENT
Avril-octobre, pour la limpidité du ciel.

LA PHOTO SOUVENIR
Sutter's Mill, lieu originel de la découverte de l'or en Californie.

BAIGNADES
Dans le South Yuba River State Park.

253

23 Ruée vers le Gold Country par la Highway 49

L'arrivée dans le Gold Country par une après-midi ensoleillée résonne comme une promesse d'aventure, à l'image de celles que la presse célébrait bruyamment, annonçant en une la découverte de nouveaux filons d'or et la naissance du "Golden State". Aujourd'hui, cette région rurale offre des ressources bien différentes. Au fil de la Hwy 49, l'une des plus jolies routes secondaires de Californie, on découvre des saloons aux fausses façades tombant en ruine, des machines rouillées qui charriaient jadis des montagnes et un interminable défilé de plaques commémoratives en bronze patiné, évoquant ce passé tumultueux.

South Yuba River State Park

Environs de Nevada City

ARRIVÉE ⑨ Nevada City

Grass Valley

Empire Mine State Historic Park

Alta Sierra

North Auburn

Auburn

Folsom Lake

Ione

Camanche Reservoir

Lockford

14 miles (22,5 km) vers **26**

❶ Sonora

Construit en 1848 par des mineurs mexicains, Sonora devint rapidement une localité cosmopolite aux saloons attirant ivrognes, chercheurs d'or et jeux d'argent. Son centre est si bien préservé qu'il reçoit fréquemment des tournages de Hollywood, tel *Impitoyable*, de Clint Eastwood. De même, le **Railtown 1897 State Historic Park** (📞209-984-3953 ; www.railtown1897.org, www.parks.ca.gov ; 18115 5th Ave, Jamestown ; musée adulte/enfant 5/3 $, avec balade en train 13/6 $;

🕐9h30-16h30 jeu-lun avr-oct, 10h-15h jeu-lun nov-mars, balades en train 11h-15h sam-dim avr-oct ; 🚻), et les collines bordant **Jamestown**, à environ 4 miles (6,4 km) au sud-est par la Hwy 49, ont servi de toile de fond à plus de 200 émissions de TV et westerns, dont *Le train sifflera trois fois* (1952), avec Gary Cooper et Grace Kelly. Les anciennes installations ferroviaires ont un côté romanesque, avec leurs pavots orangés fleurissant entre les carcasses vieillissantes des colosses d'acier… On peut encore emprunter le train à vapeur, qui transportait

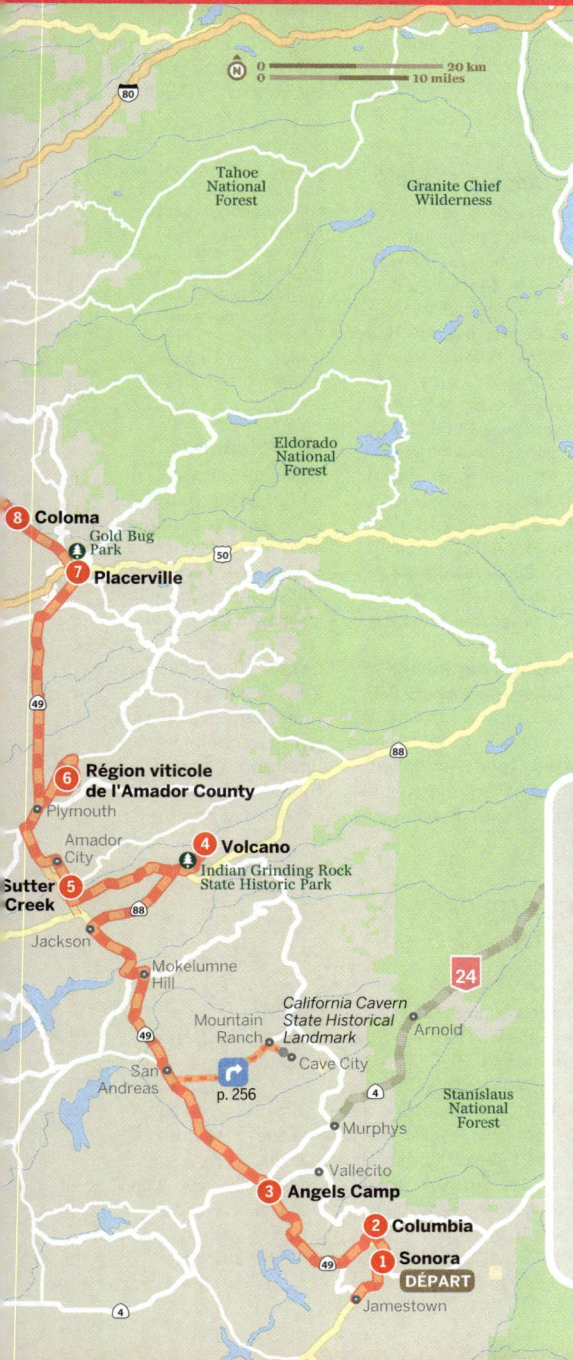

jadis le minerai, le bois et les mineurs.

✕ 🛏 p. 261

La route ›› Suivez la Hwy 49 sur un peu plus de 2 miles (3,2 km) au nord de Sonora, puis prenez Parrots Ferry Rd à droite, à hauteur du panneau indiquant Columbia. Le parc historique se trouve 2 miles (3,2 km) plus loin sur la route.

- - - - - - - - - - - - - -

TEMPS FORT

② Columbia

Enfilez une paire de bretelles et un chapeau mou en prévision du **Columbia State Historic Park** (☎209-588-9128 ; www.parks.ca.gov/columbia ; 11255 Jackson St ; accès libre ; ⏱musée 10h-16h, commerces jusqu'à 17h ; 🚻🐾). L'endroit évoque un Disneyland de la ruée vers l'or. Là sur quatre pâtés de maisons, des bâtiments restaurés et des bénévoles en

§

À COMBINER AVEC

24 **Ebbetts Pass Scenic Byway**

De Columbia, affrontez 21 km de virages vers le nord-est, via Parrots Ferry Rd et la Hwy 4, jusqu'à la région viticole de Murphys.

26 **Flânerie dans le delta**

Sacramento est à environ une heure de route de certaines villes du Gold Country, notamment Placerville, par la Hwy 50, ou Auburn, via l'I-80.

Tahoe National Forest

Granite Chief Wilderness

Eldorado National Forest

⑧ **Coloma**
Gold Bug Park
⑦ **Placerville**

⑥ **Région viticole de l'Amador County**
Plymouth

Amador City

Sutter Creek ⑤

④ **Volcano**
Indian Grinding Rock State Historic Park

Jackson

Mokelumne Hill

California Cavern State Historical Landmark
Mountain Ranch
Arnold
Cave City
San Andreas
p. 256

Stanislaus National Forest

24

③ **Angels Camp**
Murphys
Vallecito

② **Columbia**
① **Sonora**
DÉPART
Jamestown

Route Mythique

costumes XIXᵉ siècle recréent l'atmosphère de la ville à l'époque de la ruée vers l'or. L'atelier du forgeron, le théâtre, les hôtels et le saloon se fondent soigneusement dans la Californie d'antan et des démonstrations d'orpaillage ont lieu. Seules quelques boutiques de confiserie et un joueur de banjo occasionnel, dont le téléphone portable se met parfois à sonner, viennent ébranler la reconstitution.

🛏 p. 261

La route ❱❱ Reprenez Parrots Ferry Rd en sens inverse, vers le sud, tournez à droite puis de nouveau à droite et poursuivez sur Springfield Rd sur un peu plus de 1 mile (1,6 km). Rejoignez la Hwy 49 (direction nord), qui emprunte un long pont au-dessus d'un réservoir artificiel.

Après une douzaine de miles (20 km environ), la Hwy 49 devient Main St en traversant Angels Camp.

- - - - - - - - - - - -

③ Angels Camp

L'ombre d'un géant de la littérature plane sur la portion méridionale de la Hwy 49 : Mark Twain, qui obtint son premier véritable succès avec la nouvelle *La Célèbre Grenouille sauteuse du comté de Calaveras*, écrite et campée à Angels Camp. Avec son mélange de bâtiments victoriens et Art déco abritant des magasins d'antiquités et des cafés, ce camp de mineurs du XIXᵉ siècle exploite au maximum son lien avec l'écrivain. Le troisième week-end de mai, il organise le **Jumping Frog Jubilee & Calaveras County Fair** (www.frogtown.org ; Gun Club Rd ; adulte/enfant 10/6 $), au cours duquel vous remporterez 5 000 $ si votre grenouille bat le record du monde

de saut en longueur (6 m environ), établi par "Rosie the Ribeter" en 1986 !

La route ❱❱ La Hwy 49 file au nord d'Angels Camp entre les collines jalonnées de fermes et de ranchs. Après San Andreas, faites un petit crochet par Mokelumne Hill, une autre ville minière historique. À Jackson, prenez la Hwy 88 à droite, vers l'est. Neuf miles (14,5 km) plus loin, empruntez Pine Grove-Volcano Rd à gauche pour rejoindre l'Indian Grinding Rock State Historic Park.

- - - - - - - - - - - -

④ Volcano

La localité de Volcano a beau avoir produit des tonnes d'or et connu son lot de complots durant la guerre de Sécession, elle sombre aujourd'hui progressivement dans l'oubli. Les énormes blocs de grès jalonnant le cours d'eau de Sutter Creek rappellent l'exploitation par extraction hydrau-lique dont ils firent l'objet, après avoir été arrachés aux collines

↱ **VAUT LE DÉTOUR**
CALIFORNIA CAVERN

Point de départ : ③ **Angels Camp**

À 25 minutes de route à l'est de San Andreas via Mountain Ranch Rd, près de la Hwy 49 et à quelque 12 miles (19,3 km) au nord d'Angels Camp, le **California Cavern State Historical Landmark** (📞209-736-2708 ; www.caverntours.com ; 9565 Cave City Rd, Mountain Ranch ; visite adulte/enfant à partir de 15/8 $; ⏱10h-16h avr-oct, horaires variables nov-mars ; ♿) abrite le plus important réseau de grottes naturelles du Gold Country. Le naturaliste John Muir les décrivait comme des "plis fluides et gracieux profondément échancrés, telles de lourdes étoffes de soie." Les visites classiques durent de 60 à 90 minutes. Sinon, réservez la "Middle Earth Expedition" (130 $), d'une durée de 5 heures, qui comprend quelques sérieux passages de spéléologie (interdit aux moins de 16 ans). Le Trail of Lakes, une visite à pied, uniquement disponible durant la saison humide, est tout simplement magique.

environnantes – une exploitation aurifère qui eut de graves conséquences environnementales, tout en assurant la fortune de certains mineurs. À environ 1,5 km au sud-est de la ville, **Black Chasm** (☎888-762-2837 ; www. caverntours.com ; 15701 Pioneer Volcano Rd ; visite adulte/enfant à partir de 15/8 $; ◷9h-17h juin-août, 10h-16h sept-mai) a un parfum de piège à touristes, mais un seul regard posé sur les cristaux d'héliotites – des concrétions minérales d'un blanc étincelant évoquant des flocons de neige géants – suffit à faire oublier la foule. À 2 miles (3,2 km) au sud-ouest de la ville, l'**Indian Grinding Rock State Historic Park** (☎209-296-7488 ; www.parks. ca.gov ; 14881 Pine Grove-Volcano Rd ; 8 $/véhicule ; ◷aube-crépuscule tlj, musée 11h-14h30 ven-lun ; ♿) permet d'observer un affleurement calcaire couvert de pétroglyphes et de plus de 1 000 trous, appelés *chaw'se*, qui servaient de mortiers aux Indiens Miwoks pour piler les glands et les transformer en farine. Vous approfondirez vos connaissances des tribus amérindiennes de la Sierra Nevada dans le musée du parc, dont la forme rappelle une *hun'ge* (maison circulaire).

🛏 p. 261

La route ›› Faites demi-tour sur Pine Grove-Volcano Rd, prenez la Hwy 88 à droite et roulez environ 800 m, puis

LA QUÊTE DE L'ÉLÉPHANT

Tous les prospecteurs venaient jadis dans ces collines pour "voir l'éléphant". Cette expression typique des "*forty-niners*", les chercheurs d'or de la ruée de 1849, résume bien la périlleuse quête du métal précieux. Les migrants de la California Trail suivaient les "traces de l'éléphant" et, une fois devenus riches, pouvaient affirmer avoir vu la bête de la "trompe jusqu'à la queue". Telle la rencontre d'une espèce rare, la ruée vers les collines du Gold Country représentait une aventure unique, parfois couronnée par une récompense... éléphantesque.

tournez à droite dans Ridge Rd, qui serpente au milieu des forêts et des propriétés rurales sur 8 miles (12,8 km) pour revenir vers la Hwy 49. Bifurquez à droite et roulez vers le nord sur environ 800 m, jusqu'à Sutter Creek.

❺ Sutter Creek

C'est depuis les balcons des bâtiments joliment restaurés de Main St que l'on a la plus belle vue sur cette ravissante ville du Gold Country, dont les trottoirs à arcades et les édifices dotés de balcons travaillés et de façades en trompe l'œil illustrent l'architecture californienne du XIXᵉ siècle. Des plans de visites libres, à pied ou en voiture, sont disponibles au **Visitors Center** (☎209-267-1344 ; www.suttercreek. org ; 71a Main St ; ◷tlj, horaires variables). Juste à côté, le **Monteverde General Store Museum** (◷209-267-0493 ; 11a Randolph St ; entrée libre ; ◷sur rendez-vous) offre un voyage dans le temps, tout comme le **Sutter Creek Theatre** (☎916-425-0077 ; www.suttercreektheater. com ; 44 Main St), un ancien

saloon et billard des années 1860 qui accueille désormais concerts, pièces de théâtre, films et autres manifestations culturelles.

🛏 p. 261

La route ›› Suivez Main St au nord de Sutter Creek sur 3 miles (4,8 km) et traversez la pittoresque Amador City. De retour sur la Hwy 49, tournez à droite et poursuivez quelques kilomètres vers le nord jusqu'à Drytown Cellars, au sud de l'embranchement de la Hwy 16.

TEMPS FORT

❻ Région viticole de l'Amador County

Le comté d'Amador peut apparaître comme un second couteau parmi les régions viticoles de Californie. Ses accueillants domaines familiaux et ses habitants offrent pourtant l'occasion d'une bonne dégustation, en toute humilité. Le paysage, qui abrite les plus anciens pieds de zinfandel de Californie, ressemble à son fameux cépage : audacieux,

Route Mythique

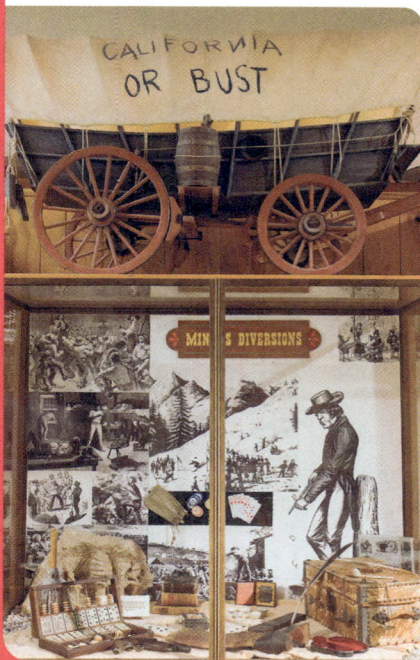

RICHARD CUMMINS / GETTY IMAGES ©

PAROLE D'EXPERT

JOHN SCOTT LAMB, RÉSIDENT DE COLUMBIA ET ANCIEN GUIDE DE SPÉLÉOLOGIE

Au sud de Vallecito et de la Hwy 49, il existe une randonnée, très courte mais mémorable, baptisée Natural Bridges. Cette région, qui attire les chercheurs d'or et les habitants depuis les années 1850, compte deux grottes importantes, traversées par la Coyote Creek. En été, on peut traverser la grotte supérieure à la nage – fabuleux ! Guettez l'embranchement indiqué à environ 5 km au sud de Moaning Cavern, dans Parrots Ferry Rd.

Ci-dessus : Tipis, Marshall Gold Discovery State Historic Park
À gauche : Musée, Marshall Gold Discovery State Historic Park
À droite : Main St, Jamestown

riche en couleurs et truculent. Au nord de la minuscule **Amador City**, les accueillants **Drytown Cellars** (www.drytowncellars.com ; 16030 Hwy 49 ; 🕐11h-17h) présentent une gamme de rouges et d'autres vins monocépages. Poursuivez plus au nord jusqu'au petit bourg de **Plymouth**, puis prenez Plymouth Shenandoah Rd vers l'est, où les douces collines sont jalonnées de pieds de vigne soigneusement taillés et baignés de soleil. Prenez à gauche dans Steiner Rd en direction de **Renwood Winery** (www.renwoodwinery.com ; 12225 Steiner Rd ; 🕐10h30-17h) et de **Deaver Vineyards** (www.deavervineyards.com ; 12455 Steiner Rd ; 🕐10h30-17h), qui produisent tous deux d'excellents zinfandels. Rebroussez chemin et continuez tout droit, de l'autre côté de Plymouth Shenandoah Rd, pour virer au sud vers le domaine haut perché de **Wilderotter Vineyard** (www.wilderottervineyard.com ; 19890 Shenandoah School Rd ; 🕐10h30-17h mer-lun), qui élève des rouges subtilement équilibrés et des blancs secs et minéraux.

✕ p. 261

La route » Suivez Shenandoah School Rd sur 1 mile (1,6 km) vers l'ouest jusqu'à son terme. Bifurquez à gauche dans Plymouth Shenandoah Rd et roulez 1,5 mile (2,4 km) pour prendre la Hwy 49 à droite (direction nord). Moins de 20 miles (32,1 km) plus loin, vous atteindrez Placerville, au sud de la Hwy 50.

⑦ Placerville

Le quotidien est animé dans "Old Hangtown", surnom que Placerville doit aux pendaisons ("hangings") sans procès qui s'y déroulèrent en 1849. La plupart des édifices de la rue principale datent des années 1850. Flânez chez les antiquaires et dans **Placerville Hardware** (441 Main St ; ☉8h-18h lun-sam, 9h-17h dim), une quincaillerie à l'ancienne. Le bar de **Hangman's Tree** (305 Main St), signalé par un pendu sur la façade, a été construit à l'emplacement de l'arbre du même nom, surlequel furent exécutés de nombreux hors-la-loi. Pour s'amuser en famille, prenez Bedford Ave sur 1,6 km vers le nord jusqu'au **Gold Bug Park** (☎530-642-5207 ; www.goldbugpark. org ; 2635 Gold Bug Lane ; mine adulte/enfant 5/3 $, orpaillage 2 $/h ; ☉10h-16h tlj avr-oct, 12h-16h sam-dim nov-mars ; 👶), où les visiteurs peuvent descendre dans un puits de mine du XIXᵉ siècle ou s'essayer à l'orpaillage.

🍴 p. 261

La route ≫ De retour sur la Hwy 49 (direction nord), vous empruntez l'une des portions les plus pittoresques de la route historique du Golden Country. À l'ombre des chênes et des pins, elle flâne le long des contreforts de la Sierra Nevada sur 9 miles (14,4 km) jusqu'à Coloma.

TEMPS FORT

⑧ Coloma

Dans le sobre et champêtre **Marshall Gold Discovery State Historic Park** (☎530-622-3470 ; www.marshallgold. org ; 310 Back St ; 8 $/véhicule ; ☉8h-17h, 8h-19h fin mai-début sept, musée 10h-15h nov-mars, 10h-16h avr-oct ; 👶🎪), un simple sentier de terre conduit à **Sutter's Mill**, où James Marshall découvrit de l'or sur les berges de l'American River, le 24 janvier 1848, entraînant la ruée vers l'or en Californie. Aujourd'hui, on accède à plusieurs bâtiments historiques reconstitués au terme d'une courte balade le long de sentiers verdoyants. En chemin, on peut admirer des objets de la mine, des bâtiments et un musée historiques. L'orpaillage est toujours prisé au **Bekeart's Gun Shop** (329 Hwy 49 ; 7 $/pers ; ☉10h-15h mar-dim avr-oct). En face du cimetière des pionniers, parcourez à pied ou en voiture la Hwy 153, la plus courte autoroute de Californie, jusqu'à l'endroit où le **James Marshall Monument** marque l'ultime demeure de l'initiateur de la ruée vers l'or. Ironie du sort, il mourut sans le sou et à la charge de l'État.

La route ≫ La Hwy 49 révèle d'autres richesses historiques au fil des 15 miles (24,1 km) vers le nord suivants. À Auburn, traversez l'I-80 et parcourez 22 miles (35,4 km) vers le nord le long de la Hwy 49. À Grass Valley, sortez à droite dans Empire St, et suivez les panneaux conduisant au Visitors Center de l'Empire Mine State Historic Park.

TEMPS FORT

⑨ Environs de Nevada City

Bienvenue dans la pépite du Gold Country : l'**Empire Mine State Historic Park** (☎530-273-8522 ; www.parks. ca.gov ; 10791 E Empire St ; adulte/enfant 7/3 $; ☉10h-17h ; 👶). La plus prolifique des mines de roche de Californie produisit ici 5,8 millions d'onces d'or entre 1850 et 1956.

Parcourez 4 autres miles (6,4 km) vers l'ouest sur la Hwy 49 jusqu'à **Nevada City**. Dans sa pentue rue principale, Broad St, le **National Hotel** (211 Broad St) se prétend le plus vieil hôtel en activité de l'ouest des Rocheuses. Flânez le long du pâté de maisons jusqu'au **Historic Firehouse No 1 Museum** (www.nevadacountyhistory. org ; 214 Main St ; entrée libre ; ☉13h-16h ven-dim mai-oct), où des objets amérindiens côtoient des reliques de la dramatique expédition Donner (1846-1847), qui fit 36 morts parmi ces pionniers partis à la conquête de l'Ouest.

Enfin, détendez-vous en piquant une tête au **South Yuba River State Park** (☎530-432-2546 ; www.parks. ca.gov ; 17660 Pleasant Valley Rd, Penn Valley ; accès libre ; ☉aube-crépuscule ; 👶), à **30 minutes** de route, qui abrite des sentiers et des trous d'eau près du plus long pont couvert du pays.

🍴🛏 p. 261

Se restaurer et se loger

Sonora ①

✕ Diamondback Grill & Wine Bar Californien $$

(📞209-532-6661 ; www.thediamondbackgrill.com ; 93 S Washington St ; plats 9-12 $; ⏰11h-21h lun-jeu, 11h-21h30 ven-sam, 11h-20h dim). Ce bar moderne, avec murs en briques apparentes et long comptoir en bois, sert sandwichs, salades, burgers et plats du jour.

🛏 Gunn House B&B $

(📞209-532-3421 ; www.gunnhousehotel.com ; 286 S Washington St ; ch avec petit-déj 79-115 $; ❄🌐♨🚗). Une alternative rafraîchissante aux hôtels de chaîne standardisés, avec chambres douillettes et décor d'époque. Des rocking-chairs installés sur de vastes porches donnent sur l'historique rue principale.

Columbia ②

🛏 City & Fallon Hotels Hôtel historique $$

(📞209-532-1470/1472 ; www.briggshospitalityllc.com ; 22768 Main St et 11175 Washington St ; ch avec petit-déj 80-150 $; ❄🌐). Chassez les fantômes de la ruée vers l'or dans ces rustiques hôtels restaurés (sdb commune pour certaines chambres). Le What Cheer, l'agréable bar-saloon du City Hotel, sert une cuisine de pub au dîner.

Volcano ④

🛏 Volcano Union Inn Hôtel historique $$

(📞209-296-7711 ; www.volcanounion.com ; 21375 Consolation St ; ch avec petit-déj 109-139 $; ❄@🌐). De ses quatre chambres délicieusement surannées, avec sol inégal mais TV à écran plat, deux sont dotées d'un balcon donnant sur la rue. L'Union Pub propose du vendredi au lundi un menu de la région viticole (plats 12-23 $), des fléchettes et de la musique live.

Sutter Creek ⑤

🛏 Hanford House Inn B&B $$

(📞209-267-0747 ; www.hanfordhouse.com ; 61 Hanford St ; d avec petit-déj 99-259 $; @🌐 🚗👫). Dormez dans une chambre moderne

avec sdb impeccable, pour certaines dotées d'un balcon et d'une cheminée. Le petit-déjeuner est préparé de main de maître avec les produits du jardin ; des associations de fromages et de vins sont servies en soirée.

Région viticole de l'Amador County ⑥

✕ Taste Fusion californien $$$

(📞209-245-3463 ; www.restauranttaste.com ; 9402 Main St, Plymouth ; assiettes à partager 8-16 $, plats 21-42 $; ⏰11h30-14h sam-dim, plus 17h-21h jeu-lun ; 🚗). Des vins de haut vol accompagnent une cuisine fusion californienne artistement présentée. Tirez sur l'énorme poignée en forme de fourchette et rejoignez le bar à vins. Réservation conseillée.

Placerville ⑦

✕ Cozmic Cafe Café $

(www.ourcoz.com ; 594 Main St ; plats 6-10 $; ⏰7h-18h mar-mer, 7h-20h ou plus tard jeu-dim ; 🌐🚗👫). La carte de cette adresse originale dont les tables sont installées dans un puits de mine s'appuie sur des smoothies à base de fruits frais, du café et du thé bio. Musique live la plupart des week-ends.

Environs de Nevada City ⑨

✕ Ike's Quarter Cafe Créole, californien $$

(www.ikesquartercafe.com ; 401 Commercial St, Nevada City ; plats 8-22 $; ⏰8h-15h lun, mer-jeu, 8h-20h ven-sam ; 👫). Les brunchs gigantesques sont servis dans un patio arboré de style Nouvelle-Orléans. Essayez un classique de la cuisine des chercheurs d'or, le "Hangtown Fry" : huîtres panées à la semoule de maïs, bacon, oignons caramélisés et épinards.

🛏 Broad Street Inn Auberge $$

(📞530-265-2239 ; www.broadstreetinn.com ; 517 E Broad St, Nevada City ; ch 110-120 $; ❄🌐). Oubliez les B&B à la décoration surchargée. Cette auberge victorienne, d'une simplicité rafraîchissante, compte six chambres modernes magnifiquement meublées, ainsi que d'agréables patios arborés avec braseros extérieurs et balancelles.

Ebbetts Pass Scenic Byway Un périple de rêve pour les fans d'activités de plein air

Ebbetts Pass Scenic Byway

24

De lacs en forêts de séquoias et sources chaudes, cette route sinueuse vous emporte sur le toit de la Sierra Nevada, du Gold Country au lac Tahoe.

TEMPS FORTS

55 miles/88 km

Ebbetts Pass
Un col sur le toit du monde,
à 2 660 m d'altitude

Hope Valley

ARRIVÉE

Markleeville

40 miles/64 km

Lake Alpine
Un superbe lac de montagne
perché à 2 240 m d'altitude

Bear Valley **4**

5

15 miles/24 km

Calaveras Big Trees State Park
Rencontre avec les colosses
les plus grands de la planète

Arnold **2**

DÉPART **1**

0 mile/0 km

Murphys
Découverte des vins de la
Sierra Nevada dans cette ville
typique du grand Ouest

2 JOURS
105 MILES/170 KM

PARFAIT POUR...

LE MEILLEUR MOMENT
Juin-octobre, lorsque
le col est ouvert.

LA PHOTO SOUVENIR
Les cimes de la
Sierra Nevada depuis
l'Ebbetts Pass.

EN FAMILLE
La station de
Bear Valley : ski en hiver,
sentiers et lacs en été.

24 Ebbetts Pass Scenic Byway

Longeant un sentier minier de l'époque de la ruée vers l'or, la Hwy 4 traverse une série de forêts et de hameaux de montagne avant de franchir le col d'Ebbetts Pass, ouvert seulement en été et en automne. Pour les fans d'activités de plein air, cet itinéraire a des allures de périple paradisiaque. Partez randonner parmi les séquoias géants sur la crête de la Sierra Nevada, pagayez sur des lacs paisibles, gravissez des rochers de granit, baignez-vous dans des trous d'eau en été ou chaussez skis et raquettes en hiver.

❶ Murphys

Celle que l'on appelait au XIXᵉ siècle la "reine de la Sierra Nevada" est aujourd'hui l'une des villes les plus pittoresques du sud du Gold Country (voir l'itinéraire p. 253). Vous pourrez flâner le long de l'historique Main St, au gré de ses salles de dégustation, galeries d'art, boutiques et cafés. Les contreforts volcaniques de la **Sierra Nevada** sont connus pour leurs zinfandels fruités et leurs syrahs épicés, à déguster dans une dizaine de domaines viticoles concentrés sur quatre pâtés de maisons en centre-ville. Mieux vaut arriver de bonne heure le week-end. Commencez par **Tanner** (www.tannervineyards.com ; 202 Main St ; ⏱13h-17h lun et jeu-ven, 12h-17h30 sam, 12h-17h dim), dont la famille fut la première à planter des vignes et à s'acquitter d'une taxe sur l'alcool dans le comté de Calaveras, dans les années 1860. Ne manquez pas le "Train Wreck", un vin rouge composite produit par **Newsome Harlowe** (www.nhvino.com ; 403 Main St ; ⏱12h-17h lun-jeu, 11h-17h30

À COMBINER AVEC

20 **La boucle du lac Tahoe**

Depuis Hope Valley, suivez la Hwy 89 sur 20 miles (32,1 km) vers le nord-ouest, au fil de plaines baignées par des cours d'eau, pour atteindre les plages et les stations de ski de South Lake Tahoe.

23 **Ruée vers le Gold Country par la Highway 49**

Au départ de Murphys, flânez au fil de la Hwy 4 et de Parrots Ferry Rd sur 13 miles (20,9 km), jusqu'au "plus vrai que nature" Columbia State Historic Park.

ven-dim) ou l'imprononçable "%#&@!", servi avec humour chez **Twisted Oak** (www.twistedoak.com ; 363 Main St ; ⏱11h30-17h30 dim-ven, 10h30-17h30 sam).

🍴 🛏 p. 269

La route ❯❯ La Hwy 4 grimpe à travers la banale petite ville d'Arnold, qui compte quelques cafés et motels en bordure de route, à 12 miles à l'est de Murphys. Après 2,5 miles (4 km) de montée supplémentaire, prenez à droite pour rejoindre le Calaveras Big Trees State Park.

- - - - - - - - - - - - -

TEMPS FORT

② Calaveras Big Trees State Park

Comme on pouvait s'en douter, le **Calaveras Big Trees State Park** (📞209-795-2334 ; www.parks.ca.gov ; 8 $/véhicule ; ⏱aube-crépuscule ; 🚻) abrite de gigantesques séquoias. Ces arbres, les plus imposants de la planète, poussent uniquement dans l'ouest de la Sierra Nevada. Le poids de ces vestiges du Mésozoïque, qui peuvent dépasser les 91 m de haut et les 16 m de diamètre, est estimé à plus de 3 000 tonnes, soit l'équivalent de vingt baleines bleues ! Près de l'entrée du parc, le **North Grove Big Trees Trail**, dont l'air est chargé d'effluves de pin, de sapin et de calocèdre, forme une boucle de 2,5 km aller-retour. Pour fuir un peu la foule, roulez 8,5 miles (13,6 km) le long de la route sinueuse du parc jusqu'au départ

du **South Grove Trail**, plus isolé. Ce sentier de 3,5 miles (5,6 km) aller-retour grimpe jusqu'à un paisible bois protégeant 30 à 40 séquoias géants. Une bretelle de 1,5 mile (2,4 km) aller-retour conduit jusqu'à l'**Agassiz Tree**, l'ancêtre de tous ces colosses. Après cette marche, rafraîchissez-vous en piquant une tête à Beaver Creek, en dessous de la passerelle du sentier, ou dans la Stanislaus River, qui longe la route principale du parc.

🛏 p. 269

La route ❯❯ De retour sur la Hwy 4, tournez à droite et remontez vers Dorrington, un relais-péage de diligence du XIXᵉ siècle. Plus loin, arrêtez-vous au Hell's Kitchen Vista Point pour une vue sur les paysages volcaniques et glaciaires. Bear Valley s'étend à environ 35 km au nord-est du parc.

- - - - - - - - - - - - -

③ Bear Valley

Ici, tout tourne autour des activités de plein air en famille. En été, essayez-vous à l'escalade, au VTT ou à la randonnée dans les environs de la station de ski de **Bear Valley**, qui compte une station-service, des magasins et des restaurants sans chichis. En hiver, le domaine skiable de **Bear Valley Mountain** (📞209-753-2301 ; www.bearvalley.com ; forfait adulte/enfant 67/49 $; ⏱généralement déc-mars) vous donnera le tournis avec ses 610 m de dénivelé et ses 12 remontées mécaniques. Sa situation, passablement hors des sentiers battus, lui confère un côté "station locale débutants-friendly". À votre gauche, en entrant dans le village de Bear Valley, la boutique tout-en-un **Bear Valley Adventure Company** (📞209-753-2834 ; www.bearvalleyxc.com) loue du matériel – kayaks, planches de stand-up paddle, VTT, skis de fond – et pourra vous renseigner sur les activités de la région. Le personnel organise également des navettes pour les vététistes et vend de précieux plans.

La route » Depuis l'embranchement pour le village de Bear Valley, les plages, campings et parkings de jour du Lake Alpine ne sont qu'à 4 miles (6,4 km) par la Hwy 4.

TEMPS FORT

❹ Lake Alpine

Soudain, la Hwy 4 atteint les rives d'un stupéfiant lac de montagne, bordé de blocs de granit, de plages de sable et d'une poignée de rustiques campings de l'US Forest Service (USFS). Les possibilités de kayak, de baignade et de pêche sont légion, ce qui explique pourquoi le site est pris d'assaut pendant les week-ends estivaux. Pourtant, qu'importe la fréquentation (nettement moindre en milieu de semaine), il est difficile de faire mieux que ce sublime coin de la Sierra Nevada juché à 2 240 m d'altitude. Parmi les sentiers de randonnée

avoisinants, celui qui mène à Inspiration Point – une boucle de 4,8 km qui part du Lakeshore Trail, près du Pine Marten Campground – offre une vue spectaculaire sur les lacs et les Dardanelles. Près de la rampe de mise à l'eau des bateaux, sur la rive nord du lac, une boutique ouverte en été loue des canots, des pédalos, des kayaks et des canoës.

🛏 p. 269

La route » Assurez-vous d'avoir assez d'essence avant d'affronter les 33 miles (53 km) de route qui montent au col d'Ebbetts Pass et redescendent vers Markleeville. Vous trouverez des campings mais ni services, ni stations essence, ni motels ni restaurants le long de cette haute et sinueuse route de montagne, ouverte uniquement en été et en automne (voir l'encadré page suivante).

Ebbetts Pass

TEMPS FORT

5 Ebbetts Pass

Bien que l'Ebbetts Pass National Scenic Byway s'étende officiellement entre Arnold et Markleeville, c'est sa spectaculaire portion de l'est du Lake Alpine qui fait battre le cœur des automobilistes. La route se rétrécit et continue sur 4 miles (6,4 km), via **Cape Horn Vista**, jusqu'au **Mosquito Lake**, avant de dépasser le Pacific Grade Summit puis de slalomer dans l'historique **Hermit Valley**, où la prairie de la Molokume River se couvre de fleurs sauvages en été. La Hwy 4 serpente ensuite pour franchir le véritable sommet de l'**Ebbetts Pass** (altitude 2 660 m) et son paysage de toit du monde, tout en pics de granit édentés dominant la cime des arbres. À environ 400 m à l'est du col, la route croise le sentier du **Pacific Crest Trail** (PCT), qui zigzague du Mexique jusqu'au Canada. Débutant au parking du PCT, une randonnée de 8 miles (12,8 km) aller-retour jusqu'au **Nobel Lake** permet d'admirer les fleurs sauvages, les falaises volcaniques et les

267

FRANCHIR L'EBBETTS PASS

La Hwy 4 est généralement déneigée toute l'année à partir de Bear Valley, à l'ouest, mais l'Ebbetts Pass ferme complètement dès les premières grosses chutes de neige en octobre, novembre ou décembre. Habituellement, le col ne rouvre pas avant la mi-mai, voire en juin. Consultez l'état des routes auprès du **California Department of Transportation** (☎800-427-7623 ; www.dot.ca.gov).

canyons. Autre option : pique-niquez au bord du **Kinney Reservoir**, à moins de 2 km vers l'est.

La route » Avec une pente maximale de 24% (caravanes et véhicules de plus de 7,60 m interdits), la Hwy 4 descend au fil de dizaines de virages en épingle à cheveux, franchissant de multiples ruisseaux et rivières, dans un paysage de vallée boisée dominée par les pics granitiques. Treize miles (20,9 km) plus loin, prenez la Hwy 89 à gauche et roulez encore 4,5 miles (7,2 km) vers le nord-ouest jusqu'à Markeeville.

❻ Markleeville

Au fil de sa descente échevelée depuis Ebbetts Pass, la Hwy 4 côtoie les vestiges d'anciennes communautés minières (cimetière, villes fantômes et exploitations de bétail) disparues depuis bien longtemps. Après Monitor Junction, la Hwy 89 file tranquillement vers le nord, le long de la Carson River, où les pêcheurs taquinent la truite depuis des plages de galets appréciées des familles. De l'autre côté du Hangman's Bridge,

la Hwy 89 traverse **Markleeville**, un poste de péage historique qui prospéra grâce à l'exploitation des mines d'argent dans les années 1860. Aujourd'hui, c'est un endroit tranquille où l'on peut refaire le plein d'énergie et se détendre.

Dans le centre, prenez Hot Springs Rd à gauche, puis remontez School St vers l'**Alpine County Historical Complex** (☎530-694-2317 ; www.alpinecountyca.gov ; School St ; ☺généralement fin mai-oct), avec son école à classe unique de 1882, sa prison en rondins et son minuscule musée exposant des paniers amérindiens et des objets de l'époque des pionniers. De retour dans Hot Springs Rd, parcourez 4 miles (6,4 km) vers l'ouest à travers les pinèdes pour rallier le **Grover Hot Springs State Park** (☎530-694-2248/2249 ; www.parks.ca.gov ; Hot Springs Rd ; ☺généralement 11h-19h jeu-mar sept-mai, tlj juin-août ; ♿). Vous y trouverez une aire de pique-nique ombragée, un camping et une piscine alimentée par une source

naturelle. Prévoyez des chaînes en hiver.

✕ 🛏 p. 269

La route » Prenez au nord de Markleeville sur 6 miles (9,6 km) jusqu'au discret raccordement des Hwy 88 et Hwy 89, à hauteur de Woodfords. Tournez à gauche et continuez tranquillement sur 6 miles (9,6 km) vers l'ouest, avant d'emprunter le pont sur la Carson River pour gagner Hope Valley, où les Hwy 88 et Hwy 89 se séparent, au niveau de Picketts Junction.

❼ Hope Valley

Après le fabuleux paysage environnant l'Ebbetts Pass, de quoi peut-on encore rêver ? La réponse est : **Hope Valley**, où les fleurs sauvages, les prairies verdoyantes et les cours d'eau murmurants sont bordés de pins et de trembles qui se parent de jaune vif à l'automne. Cette vallée panoramique, où passait jadis l'historique Pony Express, est entourée des sommets de la Sierra Nevada, qui restent enneigés jusqu'au début de l'été. Hope Valley peut se révéler l'endroit le plus magique de tout l'Alpine County pour ceux qui désirent jeter l'hameçon, s'ébattre dans les eaux de montagne glacées, se promener en observant les oiseaux ou arpenter les prairies enneigées à raquettes. Commencez votre exploration par les sentiers naturels de la **Hope Valley Wildlife Area** (www.dfg.ca.gov).

🛏 p. 269

Se restaurer et se loger

Murphys ❶

✕ Fire Wood   Californien $$
(☎209-728-3248 ; www.firewoodeats.com ;
420 Main St ; plats 6-14 $; ⏱11h-21h ; 🚻). Par
beau temps, cette adresse minimaliste offre
une atmosphère décontractée en terrasse,
avec vin servi au verre, cuisine de pub et pizzas
croustillantes cuites au feu de bois.

✕ Mineral   Américain moderne $$$
(☎209-728-9743 ; www.mineralrestaurant.com ;
419 Main St ; plats 10-30 $; ⏱12h-15h et 17h-20h30
jeu, 12h-20h30 ven-sam, 10h-15h dim). Fort de
ses déjeuners et brunchs imaginatifs, avec des
plats du chef comme le pudding à l'avocat et à
l'agave ou la terrine aux champignons shiitaké, cet
établissement sort du lot. Réservation conseillée.

🛏 Murphys Historic
Hotel & Lodge   Hôtel historique $$
(☎209-728-3444, 800-532-7684 ; www.
murphyshotel.com ; 457 Main St ; d 89-179 $).
Cet établissement des années 1850 qui accueillit
jadis Mark Twain est l'un des bastions de Main St.
La structure d'origine est plutôt fruste, avec des
sdb communes, un bar et une salle à manger à
l'ancienne. Le bâtiment adjacent propose des
chambres insipides mais modernes, avec sdb.

🛏 Victoria Inn   B&B $$
(☎209-728-8933 ; www.victoriainn-murphys.
com ; 402 Main St ; ch 125-350 $; ❄@🛜). Un
B&B du centre-ville avec baignoires sabots, lits
bateaux et balcons. Vous pourrez déguster des
tapas et des vins du comté de Calaveras à la
terrasse du bar-restaurant voisin.

Calaveras Big Trees State Park ❷

🛏 Calaveras Big Trees State
Park Campgrounds   Camping $
(☎réservations 800-444-7275 ; www.
reserveamerica.com ; près de la Hwy 4 ; empl 20-
35 $; ⏱mi-mai à mi-sept ; 🚻🐾). L'animé North
Grove Campground se trouve à l'entrée du parc.
Moins fréquenté, l'Oak Hollow Campground est
implanté sur une colline environ 6,5 km plus loin,
sur la route principale du parc.

Lake Alpine ❹

🛏 Lake Alpine Resort   Bungalows $$
(☎209-753-6350 ; www.lakealpineresort.com ;
4000 Hwy 4, Bear Valley ; bungalows en toile
60-65 $, bungalows avec kitchenette 130-275 $;
⏱généralement mai-oct ; 🚻🐾). Pour ceux qui
rechignent à une vie à la dure dans un camping
rustique en bord de lac, ce resort doté d'une
épicerie, d'un bar et d'un restaurant avec vue
sur le lac, loue une poignée de bungalows
(*cabins*) en toile et en dur pour les familles.

Markleeville ❻

✕ Stone Fly   Californien $$
(☎530-694-9999 ; www.stoneflyrestaurant.com ;
14821 Hwy 89 ; plats 15-24 $; ⏱généralement
17h-21h ven-sam). En été, les plats de viande,
comme le filet de porc accompagné de chutney
aux airelles, cèdent le pas aux pizzas au feu de
bois et aux solides en-cas servis dans un patio
à ciel ouvert. Réservation conseillée.

🛏 Creekside Lodge   Auberge $
(☎866-802-7335 ; www.markleevilleusa.com ;
14820 Hwy 89 ; ch 85-115 $). Voisine de l'animé
restaurant Wolf Creek, cette pittoresque
auberge compte une douzaine de petites
chambres soignées et cosy, avec sdb, matelas
haut de gamme et couvre-lits en patchwork.

Hope Valley ❼

🛏 Sorensen's   Bungalows, chalets $$
(☎530-694-2203, 800-423-9949 ; www.
sorensensresort.com ; 14255 Hwy 88 ; ch 135-
325 $; 🚻🐾). Ouvert toute l'année, ce camp
de base pour activités de plein air, assorti
d'un café campagnard, loue de ravissants et
douillets bungalows de bois (*cabins*) – certains
en rondins – avec kitchenette, et des chalets
plus grands dans les bois, non loin de la
Carson River.

Feather River Cours d'eau bouillonnants, sommets volcaniques et paisibles lacs sylvestres

Feather River Scenic Byway

25

*Préparez-vous à un plongeon revigorant dans la Feather River !
Cette visite traverse des forêts guère explorées et des paysages
riches en faune et en panoramas sur les sommets volcaniques.*

TEMPS FORTS

100 miles/161 km

Lake Almanor
Camping et excellents
sentiers de randonnée au
bord de ce lac de retenue

180 miles/290 km

Lakes Basin
Une myriade
de lacs cristallins
et des possibilités
de randonnées
quasi infinies

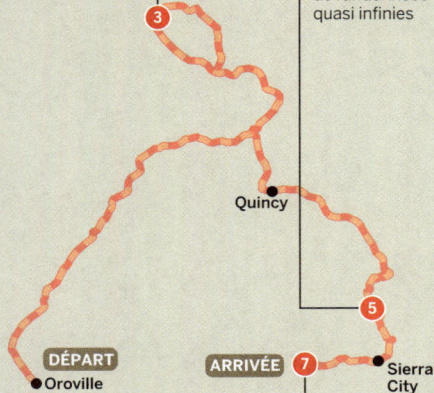

Quincy

DÉPART
Oroville

ARRIVÉE

Sierra
City

208 miles/335 km

Downieville
Une des meilleures descentes
de VTT au monde frôlant
les 1 500 m de dénivelé !

**3-4 JOURS
208 MILES/335 KM**

PARFAIT POUR...

LE MEILLEUR MOMENT
Avril-juin, lorque les
collines sont verdoyantes ;
septembre-octobre,
quand les chênes se
parent de couleurs
automnales.

**LA PHOTO
SOUVENIR**
Les cimes escarpées
des Sierra Buttes.

**BAIGNADE
IDYLLIQUE**
Juste avant le tunnel
de Grizzly Rock, une
grimpette de 10 minutes
au-dessus du second
tunnel.

271

Feather River Scenic Byway

Quiconque emprunte la Feather River Scenic Byway, une route panoramique isolée, se retrouve parmi les trésors naturels de la Californie — cours d'eau impétueux, sommets volcaniques et lacs sylvestres paisibles. Le trajet mène jusqu'à de petites villes pleines de caractère, où se ravitaillent les randonneurs. Le camping reste le meilleur parti pour jouir des paysages. Plusieurs campings fédéraux bon marché (voire gratuits) jalonnent le parcours.

❶ Oroville

Le trajet débute à Oroville, une petite ville nommée d'après le lac voisin, alimenté par la Feather River. Peu de chose à voir ici, hormis le **temple chinois** (📞530-538-2496 ; 1500 Broderick St ; adulte/ enfant 2 $/gratuit ; ⊙12h-16h), héritage et évocation des quelque 10 000 Chinois à avoir vécu ici jadis. Au XIXe siècle, des troupes de théâtre venues de Chine se produisaient dans divers quartiers chinois de Californie. Oroville constituait alors l'ultime

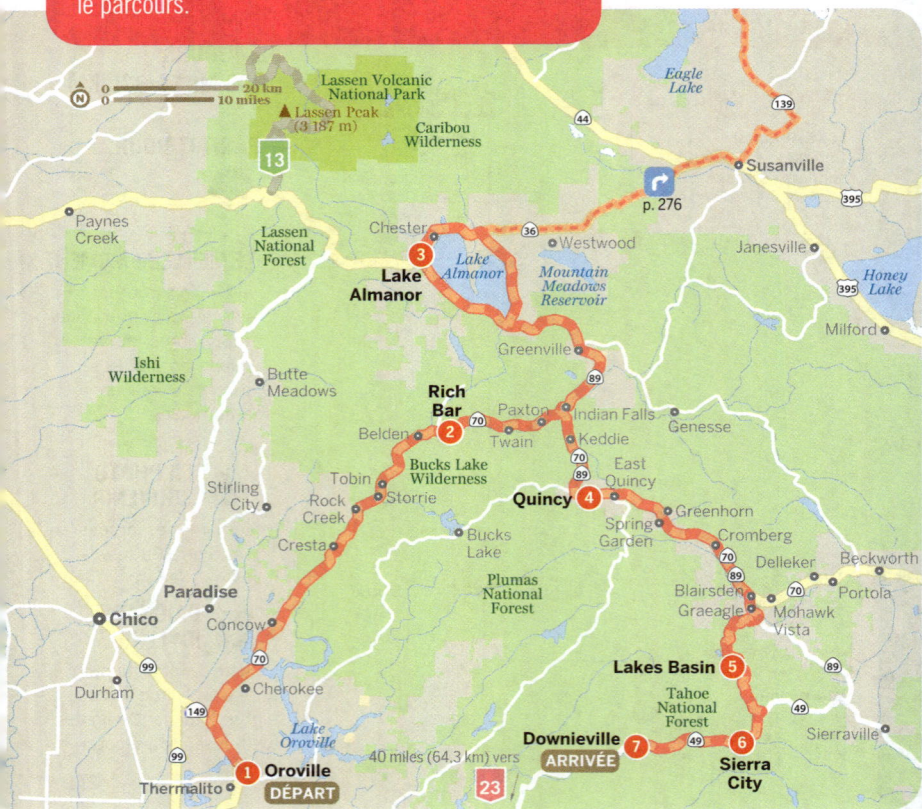

étape de ce circuit, d'où l'incomparable collection de costumes de théâtre chinois du XIXe siècle qu'elle abrite encore. La ville compte également le **Feather River Ranger District** (📞530-534-6500 ; 875 Mitchell Ave ; 🕐8h-16h30 lun-ven), qui émet des permis et fournit des brochures détaillant les haltes historiques le long de la route. La **Lake Oroville Recreation Area** voisine est un endroit formidable pour randonner, camper et pêcher la perche. Grimpez au sommet de la tour panoramique, haute de

---

À COMBINER AVEC

23 Ruée vers le Gold Country par la Highway 49

Retours sur la ruée vers l'or et nombreux chemins de traverse attendent ceux qui rallient la "Golden Chain Hwy". (Hwy 49). Rejoignez la Hwy 49 à Downieville.

13 Volcanic Legacy Scenic Byway

Découvrez la source de maints cours d'eau californiens et longez les dômes volcaniques des monts Shasta et Lassen. À Chester, suivez les panneaux en direction du Lassen Volcanic National Park, première étape de cet itinéraire.

---

14 m, et découvrez la plus petite chaîne montagneuse du monde, les **Sutter Buttes**, à l'ouest.

🍴 🛏 p. 277

La route ≫ Prenez la Hwy 70 vers le nord et traversez la gorge de granit ponctuée d'usines hydroélectriques, de tunnels de montagne et de ponts anciens, dont le Pulga Bridge. Quatre miles (6,4 km) après le pont rouge en direction de Belden, quittez la Hwy 70 pour rejoindre Rich Bar Rd, sur votre droite.

- - - - - - - - - - -

❷ Rich Bar

Même si la fameuse "Golden Chain Highway" (Hwy 49) qui traverse le Gold Country n'est pas toute proche, la région de la Feather River n'en comptait pas moins son lot de campements de chercheurs d'or. Parmi les plus prolifiques, citons le bien nommé **Rich Bar**, dont ne subsistent aujourd'hui qu'un cimetière en ruines et une plaque commémorative. Cet endroit paisible était bien plus animé dans les années 1850, comme en témoigne le fascinant compte-rendu de la vie dans les villes californiennes au temps de la ruée vers l'or, signé d'une certaine Dame Shirley. Ses *Shirley Letters*, chronique du seul mois qu'elle passa à Rich Bar, le dépeignent comme un lieu chaotique marqué d'incidents sanglants, de duels et autres règlements de comptes sanctionnés

par une justice populaire expéditive. Et dire qu'elle n'y résida qu'un mois !

La route ≫ Continuez sur la charmante Hwy 70, tout en jetant un œil aux monts Lassen et Shasta dans le rétroviseur. À l'intersection, prenez la Hwy 89 vers le nord pour rallier la rive sud du lac Almanor. Suivez le rivage dans le sens des aiguilles d'une montre.

- - - - - - - - - - -

TEMPS FORT

❸ Lake Almanor

Ce lac de retenue construit en 1926 par la Great Western Power Company est désormais géré par la Pacific Gas & Electric Company, qui produit de l'électrcié via son barrage hydroélectrique. Le lac est entouré de prairies luxuriantes et de pins altiers, qui forment l'essentiel de la **Lassen National Forest** et de la **Caribou Wilderness**. Cette forêt et cette réserve naturelle permettent de camper en toute tranquillité moyennant un permis gratuit de la **Lassen National Forest Almanor Ranger Station** (📞530-258-2141 ; 900 E Hwy 36 ; 🕐8h-16h30 lun-ven). La principale bourgade des abords du lac est **Chester**, que l'on pourrait aisément ignorer et réduire – à tort – à une poignée de pâtés de maisons aux vitrines quelconques, alors qu'elle compte une scène artistique en devenir, des restaurants corrects et des hébergements confortables. Pour se

balader autour du lac, louez des vélos à **Bodfish Bicycles & Quiet Mountain Sports** (📞530-258-2338 ; 152 Main St ; location de vélo 10/33 $ par heure/jour).

🍴 🛏 p. 277

La route ≫ Poursuivez le tour du lac et repartez vers le sud au fil de la Hwy 89, ce qui vous ramènera jusqu'à la Feather River Scenic Byway (Hwy 70). Quincy se profile au moment où la route forme un carrefour en T.

- - - - - - - - - - - - -

❹ Quincy

L'idyllique Quincy (1 738 habitants) est l'un des trois hameaux des montagnes du Nord sur le point de devenir une agglomération. Si l'endroit n'a rien d'une métropole, c'est pourtant le sentiment que l'on a après le trajet le long de la Feather River : le bourg possède une grosse épicerie, deux des trois franchises de restauration rapide, et un discret quartier commerçant constitué de trois rues. Au centre des visiteurs, procurez-vous des brochures gratuites sur les visites à pied et en voiture pour découvrir la splendide **American Valley** voisine. Quincy compte également l'un des plus beaux musées communautaires de l'État : le **Plumas County Museum** (📞530-283-6320 ; www.plumasmuseum.org ; 500 Jackson St, au niveau de Coburn St ; adulte/enfant 1,50 $/50 ¢ ; ⏰8h-17h lun-sam, plus 10h-16h dim mai-sept). Sis dans un cadre de jardins fleuris, il renferme des centaines de photos historiques et de vestiges remontant à l'époque des pionniers et des Indiens Maïdu, des débuts de l'exploitation minière et forestière, ou de la construction du Western Pacific Railroad.

🍴 p. 277

La route ≫ Poursuivez sur la Hwy 70/89, laissant derrière vous pâturages à chevaux et cimes lointaines. À Graeagle, prenez l'embranchement pour la Hwy 89, avant d'emprunter la Gold Lake Hwy à droite, 2 miles (3,2 km) plus loin, et de débuter l'ascension vers la région des lacs.

- - - - - - - - - - - - -

TEMPS FORT

❺ Lakes Basin

Parsemée de lacs de montagne cristallins

Région de Feather River

(Haven Lake, Gold Lake, Rock Lake, Deer Lake, etc.), cette région est un petit coin de paradis sauvage. La douzaine de joyaux lacustres est uniquement accessible à pied, tandis que l'éventail des formidables sentiers semble quasiment illimité – on peut même rejoindre le Pacific Crest Trail. La randonnée la plus pittoresque des environs est le **Haskell Peak Trail**, qui offre une vue sur les monts Lassen et Shasta, ainsi que sur le mont Rose (Nevada). Pour rejoindre le début du sentier, quittez la Gold Lake Hwy et prenez Haskell Peak Rd (Forest Rd 9) à droite sur 8,5 miles (13,6 km). Bien que longue de seulement 3 miles (4,8 km), cette balade réclame une solide condition physique : après quelque 300 m de dénivelé à travers une épaisse forêt, elle débouche sur une vue panoramique. On aperçoit notamment les Sierra Buttes, qui se distinguent des montagnes environnantes par ses sommets déchiquetés évoquant une version miniature des Alpes.

🛏 p. 277

VAUT LE DÉTOUR
EAGLE LAKE

Point de départ : ❸ Lake Almanor

La récompense du périple jusqu'à l'**Eagle Lake**, deuxième lac naturel de Californie en termes de superficie, tient en une des vues les plus saisissantes de la région, avec ce joyau d'un bleu stupéfiant logé sur un haut plateau. De début juin à octobre, ce lac, à quelque 15 miles (24 km) au nord-ouest de Susanville, attire une poignée de visiteurs qui viennent s'y rafraîchir, nager, pêcher, faire du bateau et camper. Sur la rive sud, vous trouverez un impeccable sentier de promenade long de 8 km et plusieurs **campings** (☎réservations 877-444-6777 ; www.recreation.gov ; empl tente 20 $, camping-car 29-33 $) très fréquentés, gérés par la Lassen National Forest et le **Bureau of Land Management** (BLM ; ☎530-257-5381). L'**Eagle Lake Marina** (www.eaglelakerecreationarea. com) voisine propose des douches chaudes, une laverie et des locations de bateaux. Elle vous aidera aussi à vous procurer un permis de pêche.

Pour rejoindre l'Eagle Lake, prenez la Hwy 36 au nord du lac Almanor jusqu'à Susanville, puis poursuivez vers le nord, sur la Hwy 139, jusqu'aux rives de l'Eagle Lake.

La route ❯❯ La Gold Lake Hwy descend maintenant et rejoint la Hwy 49 à Bassetts (un bourg se résumant essentiellement à une station-service). Prenez la Hwy 49 à droite et roulez environ cinq minutes pour rallier Sierra City.

❻ Sierra City

Sierra City constitue la principale station d'approvisionnement sur le chemin des **Sierra Buttes**, avec en prime une brève et magnifique randonnée jusqu'au sommet. Un important réseau de sentiers, parfaits pour des randonnées et de courtes balades, part du **Sierra Country Store** (☎530-862-1181 ; Hwy 49 ; ⏲9h-19h ; 📶). Ils sont recensés sur la carte *Lakes Basin, Downieville – Sierra City* (2 $), en vente dans le magasin. Le **Kentucky Mine Musem** (☎530-862-1310 ; 100 Kentucky Mine Rd ; adulte/enfant 7/3,50 $; ⏲10h-16h mer-dim juin-août), le musée local, mérite une halte pour sa bonne présentation de la fameuse "Golden Chain Highway", la Hwy 49, qui traverse la région historique de la ruée vers l'or. La mine d'or et le bocard se trouvent juste au nord de la ville.

🍴 🛏 p. 277

La route ❯❯ Prenez la Hwy 49 en direction de l'ouest, le long de la North Yuba River, jusqu'à Downieville.

TEMPS FORT

❼ Downieville

Avec moins de 400 âmes, Downieville n'en reste pas moins la plus grande agglomération du très isolé Sierra County, au croisement de la North Yuba River et de la Downie River. Cette localité est le meilleur endroit de l'État pour les randonnées équestres et un lieu de prédilection pour les amateurs d'aventures de plein air. Les plus téméraires affronteront le **Downieville Downhill**, une descente accidentée au dénivelé de quelque 1 500 mètres, classée parmi les meilleurs parcours de descente VTT aux États-Unis. **Downieville Outfitters** (☎530-289-3010 ; www. downievilleoutfitters.com ; 114 Main St ; location de vélos à partir de 60 $, navette 20 $; ⏲navettes 10h, 14h en sem, ttes les 2 heures le week-end) est une bonne adresse pour louer un vélo et réserver une navette pour effectuer le trajet, et conclure le voyage en beauté.

🛏 p. 277

Se restaurer et se loger

Oroville ❶

✕ Luceddies American & Italian Restaurant — Américain $

(☎530-533-1722 ; 2053 Montgomery St ; plats 6-15 $; ⏱lun-sam). Si ce nouvel établissement d'Oroville sert des plats de pâtes et des burgers l'après-midi, les habitants raffolent surtout de ses petits-déjeuners. Mention spéciale au délicieux "Big Boy Scramble".

🛏 Lake Oroville State Recreation Area — Camping $

(☎530-538-2219, 800-444-7275 ; www.parks.ca.gov ; 917 Kelly Ridge Rd ; empl tente/camping-car 15/35 $; 📶). Cette option n'est pas la plus rustique mais comprend des campements dans de bons sites naturels, accessibles avec un peu de marche, et des campings "flottants", accessibles uniquement par bateau.

Lake Almanor ❸

✕ Red Onion Grill — Américain moderne $$

(www.redoniongrill.com ; 384 Main St, Chester ; repas 10-25 $; ⏱11h-21h). Cette table, sans conteste la meilleure de Chester, sert une nouvelle cuisine américaine haut de gamme, nourrie de généreuses influences italiennes (comme les crevettes et le crabe sauce Alfredo, simplement préparés), et des en-cas plein de panache. Cadre douillet avec feu de cheminée crépitant.

🛏 St Bernard Lodge — Auberge B&B $$

(☎530-258-3382 ; 44801 Hwy 36,Mill Creek ; www.stbernardlodge.com ; d avec petit-déj 99 $; 🐴). À 10 miles à l'ouest de Chester, une adresse bien placée sur la route du Lassen National Park et du lac Almanor. Cette auberge à la décoration rustique d'antan comprend 7 chambres tout en bois et de patchwork revêtues, une taverne et un Jacuzzi extérieur. Hébergement pour les randonneurs équestres et leur monture, et balades à cheval.

Lakes Basin ❺

🛏 Salmon Creek Campground — Camping $

(☎530-993-1410 ; empl tente et camping-car sans électricité 18 $). L'un des plus beaux campings de l'US Forest Service (USFS) dans la région, à 3 km au nord de Bassetts, sur la Gold Lake Hwy. Équipé de toilettes sèches, d'eau courante et d'emplacements respectant le principe du "premier arrivé, premier servi".

Sierra City ❻

✕ Big Springs Gardens — Brunch $$$

(☎530-862-1333 ; 32163 Hwy 49 ; plats entrée comprise 35-37 $; ⏱midi ven-dim été, sur réservation). Ce jardin botanique privé offre une agréable balade par beau temps, de préférence à l'heure du brunch. Installés en terrasse, savourez les baies et la truite provenant des collines ou de l'étang voisins. Les sentiers traversent une réserve naturelle parsemée de cours d'eau.

🛏 Buttes Resort — Chalets $

(☎530-862-1170, 800-991-1170 ; www.sierracity.com ; 230 Main St ; chalets 55-145 $). Au cœur de Sierra City, cette poignée de chalets (cabins) à la décoration rustique et très lambrissée, prisés des randonneurs, occupe un charmant site donnant sur la rivière. La plupart sont équipés d'une terrasse privée et d'un barbecue, et certains d'une cuisine équipée.

🛏 Wild Plum Campground — Camping $

(☎530-993-1410 ; empl tente 18 $). Des quelques zones de camping à l'est de Sierra City, voici la plus pittoresque, le long d'un bras de rivière. Les installations – toilettes sèches et emplacements fonctionnant selon le principe du "premier arrivé, premier servi" – sont sommaires mais propres.

Downieville ❺

🛏 Riverside Inn — Hôtel $

(☎530-289-1000 ; www.downieville.us ; 206 Commercial St ; ch 75-155 $). Chambres avec TV, sdb et porte avec moustiquaire, qui permet de laisser ouvert pour profiter du murmure de la rivière.

Sacramento *Le bâtiment immaculé du California State Capitol*

Flânerie dans le delta

26

En parcourant les routes ombragées du delta du Sacramento, on parvient à une étrange enfilade de villes minuscules, qui réservent des surprises à chaque tournant.

TEMPS FORTS

40 miles/64 km

Locke
Une discrète localité baignée d'influences chinoises

Sacramento
DÉPART

3

5

ARRIVÉE
7
Pittsburg
Antioch

Carquinez Strait Regional Shoreline
Une randonnée vers les hauteurs pour une vue dégagée sur le détroit
105 miles/169 km

Delta Loop
Une boucle tranquille autour du delta
55 miles/88 km

2 JOURS
105 MILES/169 KM

PARFAIT POUR...

LE MEILLEUR MOMENT
Mai-août, lorsque la "brise du delta" permet de supporter la chaleur étouffante.

LA PHOTO SOUVENIR
Prendre la pose devant un bol d'écrevisses à Isleton.

SURPRISE CULTURELLE
La minuscule localité de Locke, l'une des dernières communautés rurales d'origine chinoise aux États-Unis.

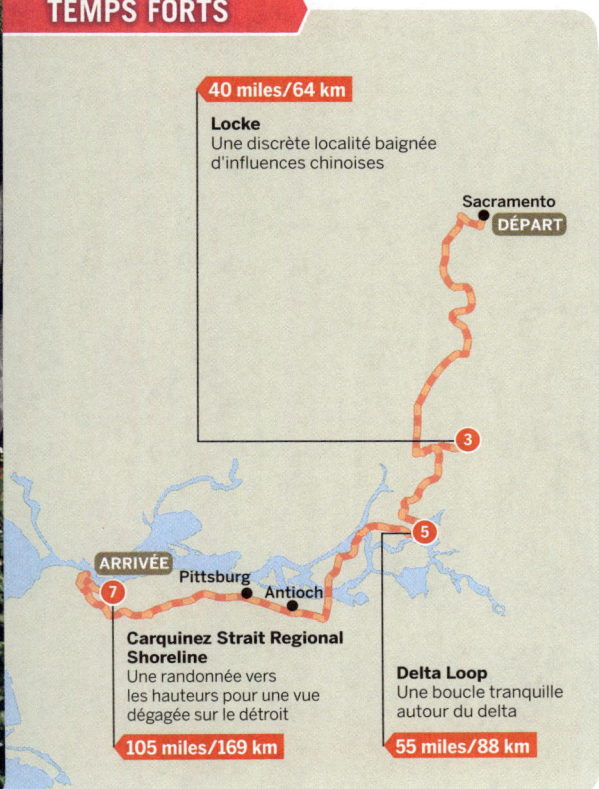

279

26 Flânerie dans le delta

Au fil des routes secondaires du delta Sacramento-San Joaquin – du nom des deux fleuves qui se jettent dans la baie de San Francisco –, vaste de quelque 300 000 ha, le visiteur emprunte des voies sur berge virant doucement le long d'un interminable lacis de chenaux. Bien que prise entre les zones urbanisées de la baie de San Francisco et de Sacramento, sans oublier le couloir fréquenté de l'I-5, cette région de Californie donne pourtant le sentiment d'être à mille lieues de tout.

❶ Sacramento

Au confluent de l'American River et du fleuve Sacramento, deux des plus puissants cours d'eau de Californie, s'étale le quadrillage ordonné des rues de Sacramento. La capitale de l'État constitue un excellent point de départ pour aborder le delta. Ces dernières années, la vie culturelle de la ville, le long du "midtown grid" – un secteur central bordant J St, entre la 15ᵉ et la 26ᵉ Rue –, a repris des couleurs. Ne manquez

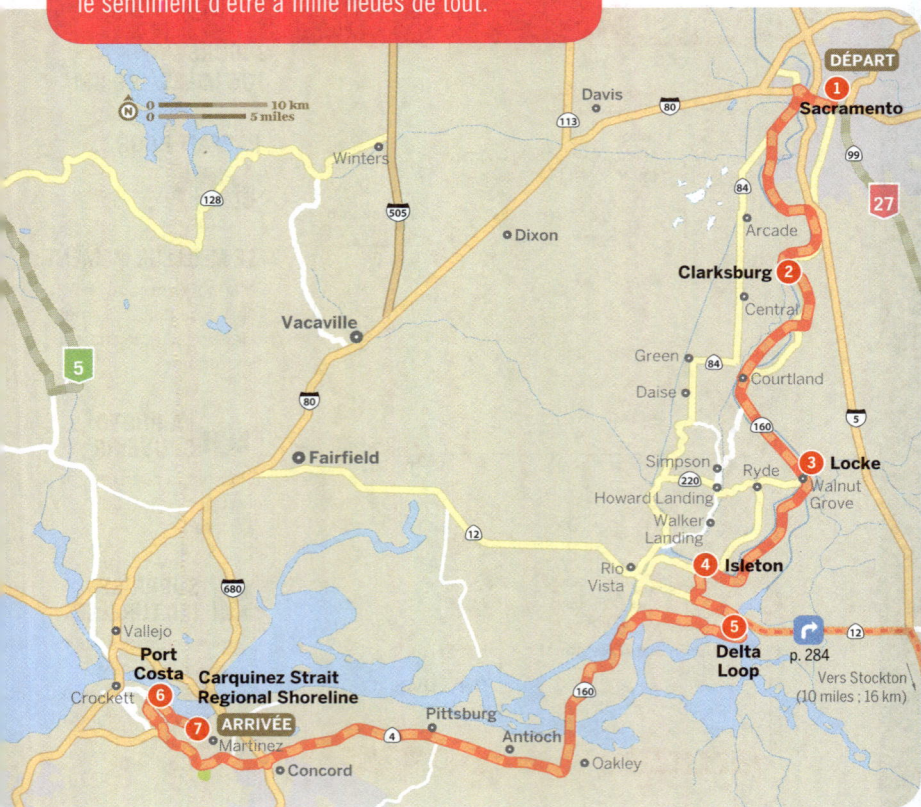

pas le **Second Saturday Art Crawl**, le rendez-vous artistique du deuxième samedi du mois, si vous êtes dans les parages. Pour le reste, l'édifice imposant du **California State Capitol** – le Capitole de Californie, où siègent la Législature et le Gouverneur de l'État – reste une étape incontournable, avec ses couloirs de marbre, tout comme le **Capitol Park**, le jardin de 16 ha qui entoure le dôme. On y admire des arbres exotiques du monde entier, des statues de missionnaires et un impressionnant mémorial de la guerre du Vietnam. Autre lieu de mémoire, le **Civil War Memorial Grove**, planté en 1897, compte des arbres provenant de

À COMBINER AVEC

27 **Central Valley par la Highway 99**

Envie de découvrir d'autres contrées surprenantes ? Associez cet itinéraire avec la Hwy 99, juste au sud de Sacramento, et faites une longue balade vers le sud à travers la vallée.

5 **Dans les vignobles de la Napa Valley**

Empruntez la célèbre route des vins de Californie, toute proche via la Hwy 12, qui s'étend à l'ouest de Rio Vista.

célèbres champs de bataille de la guerre de Sécession.

🍴 🛏 p. 285

La route ›› Dirigez-vous vers l'ouest de la ville et franchissez le Tower Bridge, l'emblématique pont doré de la capitale de l'État qui enjambe la Sacramento River. Prenez la Hwy 84 (Jefferson Blvd), vers le sud. Au bout de 3,5 miles (5,6 km), tournez à gauche dans Gregory Ave jusqu'à S River Rd.

----

2 **Clarksburg**

Les champs et la chaleur sèche qui entourent Sacramento laissent difficilement deviner la proximité des "mille miles de voies navigables". Pourtant, en entrant dans Clarksburg, la brise du delta se met à souffler. Difficile de manquer l'**Old Sugar Mill** (www.oldsugarmill.com ; 35265 Willow Ave ; entrée libre ; ⏲11h-17h mer-dim ; 🚻), épicentre d'une florissante communauté de vignerons locaux. Les accords d'un groupe de jazz accompagnent les vins de la famille Carvalho, propriétaire de ce centre de vinification. Profitant du fort ensoleillement et de la brise rafraîchissante, les vins de la région se sont considérablement développés durant la décennie écoulée. Longez les vignes à vélo au fil des visites ludiques et instructives proposées par **Fast Eddy Bicycle Tours** (📞916-812-2712 ; www.fasteddiebiketours.com). Son circuit Upper Delta Rd offre une excursion approfondie au fil des

villes et de la région viticole du delta, tandis que le Delta Leisure Tour, plus tranquille, consiste en une balade de 16 km, facile pour les enfants.

🍴 p. 285

La route ›› Rejoignez S River Rd (direction sud), qui longe la Sacramento River et se fond avec la Hwy 160 au niveau du pont à bascule jaune du Paintersville Bridge. Traversez le pont pour rejoindre la Hwy 160/River Rd. Après cinq minutes de route vers le sud, on arrive à Locke, collée à sa jumelle Walnut Grove.

TEMPS FORT

3 **Locke**

Déclarée site historique national, la ville de Locke fut fondée en 1915 par des ouvriers chinois, qui bâtirent les digues qui jalonnent cet itinéraire. Du temps de son âge d'or, Locke avait plutôt mauvaise réputation. Pendant la Prohibition (1920-1933), le manque de policiers et la discrétion des cours d'eau voisins en firent un foyer de contrebande d'alcool et de tripots. En quittant la route principale pour la grand-rue ombragée (Main St) parallèle à la rivière, le visiteur découvre une architecture urbaine unique, mêlant influences occidentales et asiatiques, avec ses rangées denses de bâtiments en bois aux balcons grinçants. Le passé agité de Locke s'affiche clairement au **Dai Loy Museum** (5 Main St ;

1,75 $; ⊘12h-15h sam-dim ; ♿), une ancienne maison de jeu consacrée à l'histoire de la région. Si ses modestes collections méritent le coup d'œil, le bâtiment évocateur est plus intéressant encore.

✗ p. 285

La route ≫ Roulez encore 15 minutes vers le sud, au fil de la Sacramento River jusqu'à Isleton. À proximité d'Isleton, repérez le pont à bascule jaune métallique, construit en même temps que le Paintersville Bridge, pour remplacer le ferry.

- - - - - - - - - - - - - -

❹ Isleton

Isleton, la "ville aux écrevisses", évoque davantage le delta du Mississippi que la Californie. Elle comptait jadis une florissante communauté chinoise, comme en témoignent les vitrines historiques qui jalonnent son artère principale. Le week-end, la ville est une étape rituelle pour les motards et les navigateurs du delta, conférant aux rues une sympathique atmosphère et assurant à ses bars une clientèle régulière. Chaque année, les écrevisses sont fêtées dans la bonne humeur lors du **Crawdad Festival** (http://isletoncajunfestival. net). Durant 3 jours à la mi-juin (week-end de la fête des Pères), sur fond de concerts cajuns, pas moins de 12 tonnes de ces petits décapodes rouges sont dévorés ! Les pêcheurs sont invités à passer au **Bob's Bait Shop**

RICHARD CUMMINS / GETTY IMAGES ©

(302 Second St ; ⊘7h-17h) pour demander conseil au "maître ès appâts" ("*bait*" en anglais). Outre son avis d'expert sur la pêche locale, il vend des écrevisses vivantes qui peuvent finir en pique-nique.

La route ≫ Quittez la ville en suivant Jackson Slough Rd vers le sud et prenez la Hwy 12 à gauche. Juste avant le pont, prenez Brannan Island Rd à droite et poursuivez le long

du Delta Loop (boucle du delta) pour admirer les ciels peuplés d'oiseaux et les plaines marécageuses. Au carrefour de la Hwy 12, vous apercevrez Rio Vista de l'autre côté du fleuve – une bonne adresse pour manger un morceau (voir p. 285).

- - - - - - - - - - - - -

TEMPS FORT

❺ Delta Loop

Pour cette boucle autour du delta, il est conseillé

Brannan Island

de prendre son temps. La boucle prend fin à la **Brannan Island State Recreation Area** (www.parks.ca.gov ; 17645 Hwy 160, Rio Vista ; empl tente 11-25 $; ☉aube-crépuscule ; ⛟🐾), qui attire les campeurs avec ses aires de pique-nique sablonneuses et ses zones de barbecue herbeuses. L'endroit est très familial : il compte quantité d'espace pour se défouler et une plage où les petits peuvent patauger au milieu des roseaux sous l'œil d'un maître nageur. Le parc recèle également de bonnes occasions d'observer la faune, comme au **Frank's Tract**, un marais protégé où le visiteur attentif apercevra peut-être des visons, des castors et des loutres de rivière, sans oublier les nombreux oiseaux. Lors de notre passage, en raison de restrictions budgétaires, les horaires d'ouverture étaient limités au week-end ; renseignez-vous.

La route » Prenez la Hwy 160 vers le sud pour rejoindre la Hwy 4. Roulez vers l'ouest pendant 30 minutes jusqu'à Port Costa, dans la vaste baie de San Pablo. Cette balade est particulièrement agréable au coucher du soleil.

283

↱ **VAUT LE DÉTOUR**
STOCKTON

Point de départ : ❺ **Delta Loop**

Quand on localise **Stockton** sur une carte, il semble presque impossible d'y accéder par les petites routes du delta. Un itinéraire offre pourtant un raccourci sans recourir à a highway. Continuez 10 miles (16 km) sur la Hwy 12 vers l'est, prenez Davis Rd à droite, puis parcourez encore 5 miles (8 km) jusqu'à la ville. Arrêtez-vous à **Rough and Ready Island**, une base navale de la Seconde Guerre mondiale fermée en 1995, et promenez-vous jusqu'au centre historique. Vous saurez que vous êtes arrivé en apercevant la silhouette blanche du moderne **Weber Point Events Center** (221 Center St), qui se dresse au milieu d'un parc verdoyant, évoquant un empilement de voiliers. Théâtre en avril de l'énorme Asparagus Festival, une série de concerts à ciel ouvert, ce centre culturel compte des fontaines où les enfants batifolent en été. Non loin de là, le terrain de baseball du **Banner Island Ballpark** (404 W Freemont St), flambant neuf, accueille les rencontres des Stockton Seals, en ligue mineure de baseball, d'avril à septembre. Également à proximité, le **Haggin Museum** (www.hagginmuseum.org ; 1201 N Pershing Ave ; 5 $; 🕐 13h30-17h mer-ven, 12h-17h sam-dim) possède une excellente collection de paysages américains et une momie égyptienne.

❻ Port Costa

L'étincelante Suisun Bay accueille les visiteurs qui parviennent jusqu'à Port Costa. Fondée en 1879 pour servir de débarcadère au ferry de la Central Pacific Railroad, permettant de transporter le train d'une rive à l'autre du détroit de Carquinez, cette modeste localité devint alors une étape de la fameuse ligne de chemin de fer transcontinental. Bien que les trains Amtrak y passent encore, le village semble figé dans les années 1930, à l'époque où le Martinez Bridge mit fin à sa raison d'être en déviant les lignes ferroviaires. Le minuscule centre-ville, qui attire aujourd'hui deux populations distinctes – les dénicheurs d'antiquités et les motards –, a son charme propre. N'était la route qui la dessert, on ne devinerait jamais que cette bourgade du début du XX\ :e siècle est si proche de la très peuplée baie de San Francisco.

✕ 🛏 p. 285

La route ❯❯ Quittez la ville en suivant Snake Rd vers l'est, qui devient ensuite Carquinez Scenic Dr. Le parking, donnant accès à la Carquinez Strait Regional Shoreline, est bien indiqué.

TEMPS FORT

❼ Carquinez Strait Regional Shoreline

Après les kilomètres de plaines du delta, on gravit volontiers les douces collines de la Carquinez Strait Regional Shoreline, une étendue verdoyante qui comprend plusieurs excellents sentiers bien indiqués, avec vue sur le delta. Histoire de vous dégourdir les jambes, grimpez jusqu'au sommet du Franklin Ridge, le point culminant du parc (128 m), d'où l'on aperçoit parfois des buses à queue rousse, voire un aigle royal. Le **Franklin Ridge Loop Trail**, un sentier en boucle de 4,5 km, domine le détroit de Carquinez. Essayez de faire coïncider cette randonnée avec le crépuscule, lorsque la silhouette lointaine du Mt Tamaulipas se pare de lueurs rougeoyantes et les feux du Benicia Bridge illuminent la baie.

Se restaurer et se loger

Sacramento ❶

✕ Pizza Rock   Pizzeria $$

(www.pizzarocksacramento.com ; 1020 K St ;
pizzas 14-17 $; ⏱11h-minuit ; ❄ @ 🛜). Voici
l'épicentre tapageur de K St récemment rénové.
Son chef fut le premier Américain à remporter
un concours italien de confection de pizzas.

🛏 Sacramento
HI Hostel   Auberge de jeunesse $

(☎916-443-1691 ; www.norcalhostels.org/
sac ; 925 H St ; dort 20-23 $, ch 45-100 $;
⏱réception 7h30-9h30 et 17h-22h ; ❄ @ 🛜).
Cette auberge, logée dans une majestueuse
demeure victorienne, affiche des équipements
impressionnants à des prix bradés.

Clarksburg ❷

✕ Historic Grand Island
Mansion   Brunch $$$

(☎916-775-1705 ; www.grandislandmansion.
com ; 13415 Grand Island Rd, Walnut Grove ;
brunch 22-26 $; ⏱10h30-14h dim, lun-sam sur
rendez-vous). Construit en 1917 pour un magnat
de l'exploitation fruitière, ce surprenant bâtiment
de style Renaissance italienne propose
un brunch dominical au champagne.

Locke ❸

✕ Al the Wop's   Bar, grill $

(13943 Main St, Locke ; plats 8-15 $; ⏱11h-21h).
Cet établissement aimante une affable clientèle
de motards en Harley. Plus que la cuisine (sa
spécialité : le burger au beurre de cacahuète), c'est
l'atmosphère qui séduit ici. Des dollars chiffonnés
sont collés au plafond lambrissé – entre autres
"souvenirs" étonnants de clients.

Rio Vista

✕ Foster's Bighorn   Bar, grill $$

(www.fostersbighorn.com ; 143 Main St, Rio Vista ;
plats 8-25 $; ⏱11h-21h). Un véritable musée
de la taxidermie – 300 trophées, dont un ours,
des rhinocéros et des félins en tout genre – si ce
n'est qu'il vend de la bière. La pièce maîtresse
reste l'éléphant adulte, dont la trompe se déploie
sur 4 m ! Côté menu, sans surprise, la viande,
généreusement servie, a la part-belle.

🛏 Brannan Island State
Recreation Area   Camping $

(☎916-777-7701 ; www.parks.ca.gov ; 17645
Hwy 160, Rio Vista ; empl tente 11-25 $; 🚻 🎣).
Si l'on peut rejoindre son camping en bateau ou
en voiture, les emplacements au bord de l'eau,
accessibles à pied, restent les meilleurs. À noter
qu'en raison de restrictions budgétaires, lors de
notre passage, l'aire de camping du parc n'était
ouverte que le week-end ; renseignez-vous sur
l'éventuel assouplissement des horaires.

Port Costa ❻

✕ Warehouse Café   Bar, grill $$

(☎510-787-1827 ; 5 Canyon Lake Dr ; repas
8-15 $; ⏱11h-1h ; 🚻). Motards et navigateurs
se retrouvent ici autour d'une bière artisanale.
À l'intérieur : quantité de variétés à la pression,
un énorme ours polaire empaillé dans une
vitrine, et une excellente cuisine : des classiques
(burgers-frites, plats frits), rehaussés d'ingrédients
originaux comme les crevettes sautées.

🛏 Burlington Hotel   Hôtel $

(☎510-787-1827 ; 5 Canyon Lake Dr, Port
Costa ; ch 24-54 $). Si cet établissement, usé
par les éléments, est riche en charme suranné,
il contredit néanmoins son passé de maison
close victorienne. Il couronnera votre périple
avec ses détails parfaitement surréalistes.

Kingsburg *Des étals de fruits tout frais cueillis jalonnent la route de Kingsburg*

Central Valley par la Highway 99

27

La descente de la Hwy 99 offre une découverte de ce que d'aucuns appellent la vraie *Californie. On y croise des étals de fruits fraîchement cueillis, des cafés routiers des années 1950 et l'accent nasillard des rois de la country de Bakersfield.*

TEMPS FORTS

DÉPART ● Sacramento

2

35 miles/56 km

Lodi
Une région viticole
insoupçonnée

● Stockton

● Modesto

● Merced

205 miles/330 km

Kingsburg
Bienvenue dans
la Petite Suède,
au cœur de la vallée

Fresno ●

6

278 miles/447 km

Bakersfield
Les fantômes des rois
de la country sont encore
bien présents

8 Bakersfield
ARRIVÉE

**3 JOURS
278 MILES/447 KM**

PARFAIT POUR...

LE MEILLEUR MOMENT

Avril-juin, pour goûter à
la récolte du printemps.

LA PHOTO SOUVENIR

Trinquer devant la
Pontiac du Buck Owens'
Crystal Palace.

ALLÉCHANTS ÉTALS

L'impeccable réseau
de routes qui part de
Kingsburg accueille de
nombreux étals de fruits
tenus par des familles.

287

Central Valley par la Highway 99

Climatisation éteinte et fenêtres grandes ouvertes, on respire un air chaud aux parfums de labours et de pollen. Jadis surnommée la "grand-rue de la Californie", la route qui relie Sacramento à Bakersfield révèle une partie de l'État que peu de visiteurs prennent le temps d'apprécier – berceau d'une tapageuse variété de country music et de petites localités rurales écrasées par le poids de quelque 300 jours d'ensoleillement par an.

❶ Sacramento

Soyez les premiers à goûter les produits de la vallée, sur l'immense **Sacramento Central Farmers Market** (www.california-grown.com ; angle 8th et W St, sous le pont de la Hwy 80 ; ⏰8h-12h dim ; 👥). En été, Sacramento accueille des marchés tous les jours de la semaine, le plus vaste et le meilleur restant celui du dimanche matin, qui a lieu toute l'année. Il est stratégiquement situé, près de la bretelle d'accès à la Hwy 99, sous l'autoroute surélevée à l'angle de la 8ᵉ et de W St. Tout au long de l'été, y sont vendus une bonne partie des 300 types de produits de la vallée, un véritable festival multicolore de fruits et légumes à peine sortis des champs et des vergers. Le coffre plein de victuailles, démarrez votre périple vers le sud et quittez les rues encombrées de la banlieue d'Elk Grove pour rejoindre la vallée. Bientôt, l'air s'emplit du parfum inimitable de la région, mêlant la douce odeur du pollen et les effluves âcres du bétail.

🛏 p. 293

La route » Lorsque vous quittez Sacramento et filez plein sud sur la Hwy 99, les embouteillages des banlieues cèdent vite le pas aux champs et aux vignes. Si la circulation est fluide, vous serez à Lodi en 45 minutes.

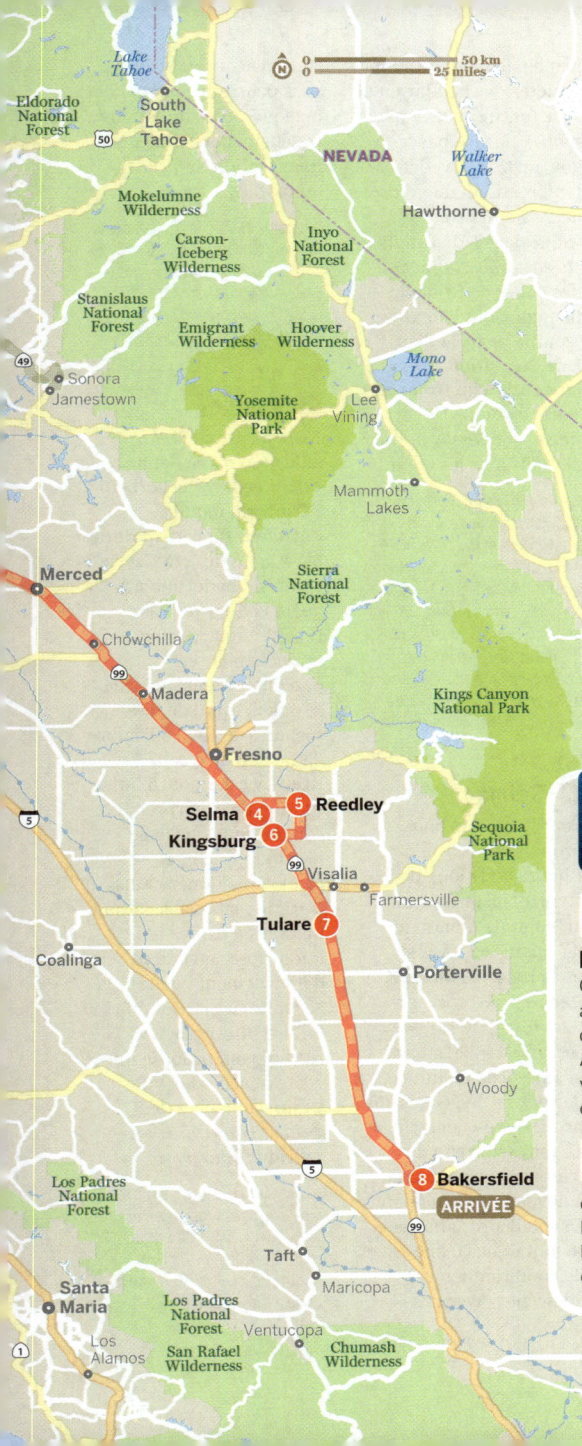

TEMPS FORT

2 Lodi

Si Lodi fut autrefois la "capitale mondiale de la pastèque", c'est désormais le vin qui règne sur cette portion de la vallée. Les brises du delta du Sacramento viennent rafraîchir les vignobles de la région, où sont produits plus de cépages de zinfandel que dans le reste du monde. Certaines vignes, très anciennes, sont cultivées par les mêmes familles depuis un siècle. Le sol de Lodi est varié, oscillant entre roche et marne sableuse, d'où la diversité de ses crus. Goûtez votre premier zinfandel de Lodi au **Lodi Wine & Visitor Center** (www.lodiwine. com ; 2545 W Turner Rd ;

À COMBINER AVEC

23 Ruée vers le Gold Country par la Highway 49

Combinez votre itinéraire avec ce circuit du nord, au fil des villes de la ruée vers l'or. À Sacramento, prenez l'I-80 vers l'est direction Auburn, où l'on rejoint Hwy 49.

26 Flânerie dans le delta
Suivez les méandres du cours d'eau qui jaillit de la Sierra Nevada, lors d'une balade au fil du delta, au sud de Sacramento.

dégustation 5 $; ⊙10h-17h),
dont le bar à dégustation
propose 100 crus locaux
au verre. À l'italianisant
Vino Piazza, vous
pourrez siroter les vins
de la région et goûter les
crus expérimentaux de
maisons plus célèbres.
Garez votre voiture,
commandez un déjeuner
de style bistrot et flânez
d'une salle de dégustation
à l'autre.

✕ ⌷ p. 293

La route ≫ Avant de quitter
Lodi, découvrez sa région
viticole, modeste mais en
plein essor – une carte est
disponible au centre des
visiteurs. Traversez la vallée
au fil de la Hwy 99, en passant
par Stockton. Vous serez
à Turlock en une heure.

3 Turlock

Turlock est devenue une
sorte de plaque tournante
du commerce de bétail de
la Central Valley. Comme
la ville est minuscule,
il n'est guère difficile de
repérer les enclos près du
centre-ville, où des foires
aux bestiaux se tiennent
quotidiennement. Une
petite balade le long de la
Rte 165, vers le sud, vous
rapprochera de la **Hilmar
Cheese Factory** (www.
hilmarcheese.com ; 9001 North
Lander Ave, Hilmar ; entrée
libre ; ⊙7h-19h lun-dim ; ⛟).
Cette usine de fabrication
de fromage est la plus
grande au monde, avec
une production de plus de
1 000 tonnes de fromage
par jour. Le résultat,

principalement de simples
variétés de cheddar ou de
Jack (un fromage à pâte
molle), ne vise pas les
gourmets. Les vedettes de
l'impressionnant centre
des visiteurs sont les
"Squeakers" (de l'anglais
"*to squeak*", couiner),
des cubes de fromage
insipide dont la texture
"couine" sous la dent.
Une exposition sur la
fabrication du fromage,
sous l'égide de Daisy,
une vache Jersey animée,
devrait ravir les enfants.

La route ≫ En quittant
Turlock, vous apercevrez
brièvement le California
Aqueduct, qui dévie les neiges
fondues de la Sierra Nevada
vers les fermes locales. Vous
passerez aussi par Chowchilla
– "meurtriers" en langue
chauchila –, un nom approprié
puisque la ville compte deux
établissements pénitentiaires.

4 Selma

Pour goûter de bons
produits frais, roulez
1 heure 30 le long de la
Hwy 99 jusqu'à Selma,
la "capitale mondiale
du raisin sec". À l'est
de la route, le **Circle K
Ranch** (www.circlekranch.
com ; 8640 E Manning Ave,
Selma ; ⊙8h-18h lun-sam ;
⛟) se cache au milieu
de vergers de pêches, de
prunes et de nectarines.
Le magasin vend des
fruits de saison de mai
à novembre. Cependant,
les meilleures affaires
se font dans l'usine
de conditionnement
adjacente. Avec des

rudiments d'espagnol,
vous pourrez y acheter et marchander
quelques kilos de produits
fraîchement cueillis pour
une fraction du prix
du marché.

La route ≫ Des vergers à perte
de vue ! Suivez S McCall Ave
vers le nord-est, puis prenez
E Manning Ave sur votre
droite pour gagner Reedley,
à 10 minutes de là.

5 Reedley

Juste à l'est du centre-
ville assoupi de Selma,
voici Reedley, "la corbeille
à fruits du monde".
Carrefour du transport de
blé à la fin du XIXe siècle,
cette cité endormie n'a
guère changé depuis.
Il ne faut que quelques
minutes pour en
parcourir le centre brûlé
de soleil, avec son opéra
restauré de 1903 à l'ombre
d'un château d'eau.
Reedley est aujourd'hui le
bastion de la surprenante
communauté agricole
nippo-américaine,
beaucoup d'Américains
d'origine japonaise s'étant
installés ici après leur
séjour forcé en camp
d'internement pendant la
Seconde Guerre mondiale.
Le site Internet www.
reedley.com propose une
visite à pied de la ville
à faire soi-même (*Self-
guided Walking Tour*,
rubrique *Tourism*).

La route ≫ Prenez la route J31
vers le sud puis tournez à droite
dans l'Ave 400 bordée de vergers
pour retourner vers la Hwy 99
– comptez environ 15 minutes
jusqu'à Kingsburg.

Buck Owens' Crystal Palace Statue de Hank Williams (à gauche) par Bill Rains

TEMPS FORT

6 Kingsburg

À la vue du château d'eau en forme de cafetière scandinave, vous saurez que vous êtes arrivé à "Little Sweden" (la petite Suède). Le croquignolet centre-ville de Kingsburg a été remodelé dans un style architectural d'inspiration suédoise, héritage des fermiers qui s'installèrent ici dans les années 1870. Cinquante ans plus tard, 94% de la population dans un rayon de 5 km étaient d'origine suédoise. Arrêtez-vous à la **Svensk Butik** (www.svenskbutik.net ; 1465 Draper St ; 9h-17h lun-sam) pour vous procurer divers produits et articles scandinaves. Kingsburg produit également des raisins secs... *beaucoup* de raisins secs. En prenant Golden State Blvd vers le nord de la ville, vous croiserez le **Sun Maid Raisin Store** (13525 S Bethel Ave ; 9h30-17h lun-ven), où l'on peut acheter toutes sortes de fruits secs et prendre un traditionnel cliché de road-trip devant une boîte de raisins secs géante.

✗ p. 293

La route ›› Repartez vers la Hwy 99. Après 30 minutes de route vers le sud, vous voici à Tulare.

7 Tulare

Autre petit carrefour agricole, Tulare abritait jadis le quartier général de la compagnie ferroviaire de la Southern Pacific Railroad. Désormais, la ville est plus connue pour son **International Agri-Center** (559-688-1751 ; www.internationalagricenter.com ; 4450 S Laspina St, Tulare) et son salon annuel, le World Ag Expo, qui se déroule en février. Envie

291

LES ROIS DU SON DE BAKERSFIELD

Quand on parcourt la Hwy 99, il convient d'appeler les deux titans à la voix traînante de Bakersfield par leurs prénoms. Maîtres de la Telecaster haut perchée et des chagrins d'amour campagnards, Merle (Haggard) et Buck (Owens) règnent en monarques absolus sur la country de Central Valley.

» *I'm Gonna Break Every Heart I Can* – Merle Haggard

» *I've Got a Tiger by the Tail* – Buck Owens

» *Okie from Muskogee* – Merle Haggard

» *Second Fiddle* – Buck Owens

» *The Bottle Let Me Down* – Merle Haggard

» *Under Your Spell Again* – Buck Owens

» *Swinging Doors* – Merle Haggard

» *The Streets of Bakersfield* – Buck Owens et Dwight Yoakam

de vagabonder au milieu des champs de haricots à œil noir ou à l'ombre des amandiers ? David Watte est l'homme qu'il vous faut. Toute l'année, cet enfant du pays propose des visites de fermes locales d'une demi-journée par le biais de l'**Agri-Center** (📞559-688-1751 ; visite de la ferme demi-journée/journée 15/25 $; ☺sur rendez-vous ; 👫). David accueille des groupes de cultivateurs du reste du monde et tous les citadins désireux, selon ses propres mots, "de s'arrêter et de prendre un peu le temps de réfléchir". Sa propre ferme familiale, de quelque 160 ha, produit des aliments pour les vaches laitières et du coton.

🍴 p. 293

La route » Durant l'heure de route nécessaire à rallier Bakersfield, observez les traces de l'*autre* ruée vers l'or : tout au long de l'itinéraire, des tours de forage vieillissantes continuent d'explorer les vastes gisements de pétrole de la Californie du Sud.

TEMPS FORT

⑧ Bakersfield

Les enfants des tenaces "Okies" (population originaire d'Oklahoma), venus à Bakersfield pour travailler sur les derricks, façonnèrent le "Bakersfield Sound" au milieu des années 1950. Rejeton mal élevé du *Western Swing*, cette country typique de Bakersfield se voulait un bras d'honneur provocateur à la lisse région de Nashville.

Des rues portent le nom de ses héros, Buck Owens et Merle Haggard. Découvrez leur histoire au désuet **Kern County Museum** (📞661-852-5000 ; www.kcmuseum.org ; 3801 Chester Ave, Bakersfield ; adulte/enfant 8/5 $; ☺10h-17h lun-sam, 12h-17h dim ; 👫). Parmi les reliques musicales, à l'étage, on compte la tenue de scène lamée or de Bonnie Owens, la reine country de Bakersfield. Elle fut l'épouse de Buck Owens (qui lui donna son nom) *et* de Merle Haggard.

En soirée, faites un tour au **Buck Owens' Crystal Palace** (📞661-328-7560 ; www.buckowens.com ; 2800 Buck Owens Blvd, Bakersfield ; plats 8-25 $; ☺restaurant 17h-minuit lun-sam, 9h30-14h dim). Oscillant entre le musée de la musique, le bastringue et le *steackhouse*, le Palace affiche un concert country de haut vol tous les soirs. Ne manquez pas la Pontiac décapotable, modèle 1974, accrochée derrière le comptoir. Conçue par le cow-boy-créateur Nudie Cohn, elle arbore des revolvers en guise de poignées, un intérieur cuir travaillé main et des cornes sur le pare-choc. Selon la légende, Buck l'aurait gagnée à Elvis Presley lors d'une partie de poker.

🍴 🛏 p. 293

Se restaurer et se loger

Sacramento ❶

🛏 Citizen Hotel — Boutique-hôtel $$

(☎916-492-4460 ; www.jdvhotels.com ; 926 J St ; ch 159 $, ste à partir de 215 $; 🛜). Cet hôtel ultrabranché, élégant et décoré de façon originale, est l'adresse la plus chic de Sacramento. Prêt de vélos, un moyen de transport idéal pour sillonner l'American River Trail.

🛏 Grange Restaurant — Américain moderne $$

(☎916-492-4460 ; 926 J St ; plats à partir de 25 $; ⏱6h30-22h ; 🛜). Logé au sein du Citizen Hotel, ce restaurant haut de gamme, qui utilise des produits saisonniers et locaux, vous initiera aux saveurs de la Sacramento Valley.

Lodi ❷

🍴 Crush Kitchen & Bar — Italien $$

(www.crushkitchen.com ; 115 S School St ; plats 17-25 $; ⏱11h30-21h30 dim, lun et jeu, 11h30-23h30 ven-sam). Nettement plus sophistiqués que leurs homologues locaux, les plats simples et rustiques – gnocchis à l'huile de truffe, confit de canard aux champignons, saumon et risotto de courge – de cet établissement se marient à la perfection avec l'audacieux zinfandel local.

🛏 Wine & Roses — B&B $$$

(☎209-334-6988 ; www.winerose.com ; 2505 W Turner Rd ; ch 169-269 $; 🛜). Entourée par une roseraie et une pelouse d'un vert profond, cette adresse luxueuse loue des chambres de bon goût, modernes et romantiques, avec sdb carrelées et beaux draps. Les plus belles chambres sont dotées de terrasse privée pour profiter du soleil.

Kingsburg ❻

🍴 Stockholm Bakery — Boulangerie $

(☎559-897-3377 ; www.stockholmbakery.com ; 1448 Draper St ; repas 5-9 $; ⏱9h-18h lun-sam). Cette charmante boulangerie propose toutes sortes de douceurs nordiques. Crêpes suédoises (le matin) et sandwichs scandinaves au saumon fumé, concombres et aneth.

Tulare ❼

🍴 Hazel's Kitchen — Sandwichs $

(www.thehazelskitchen.com ; 237 N L St ; repas 10 $; ⏱9h-14h lun-ven). Ce charmant café, installé dans une ferme des années 1900, prépare de délicieux sandwichs. Le poulet teriyaki est servi dans un petit pain portugais moelleux et le pastrami chaud tutoie la perfection.

Bakersfield ❽

🍴 Dewar's Candy Shop — Glacier $

(☎661-322-0933 ; 1120 Eye St ; plats 3-10 $; ⏱11h-21h lun-jeu, 11h-22h ven-sam ; ♿). Cafétéria américaine typique aux murs pastel, avec glaces et friandises maison. Les parfums (copeaux de citron et barbe à papa notamment) changent en fonction des saisons et les ingrédients proviennent des fermes environnantes.

🍴 Noriega Hotel — Basque $$

(☎661-322-8419 ; 525 Sumner St ; midi 14 $, soir 20 $; ⏱mar-dim). Une institution familiale, récemment récompensée du prix James Beard (une référence dans le monde gastronomique américain). Queue de bœuf, côtelettes de porc et veau – tout est délicieux. Les horaires sont stricts : petit-déjeuner de 7h à 9h, déjeuner à 12h et dîner à 19h.

🛏 Padre Hotel — Boutique-hôtel $$

(☎661-427-4900 ; www.thepadrehotel.com ; 1702 8th St ; ch 89-199 $, ste à partir de 500 $). Une rénovation a rendu vie à cet immeuble historique. Chambres standard avec détails branchés – matelas à mémoire de forme, draps épais et mobilier design. Suites (comme l'"Oil Baron") originales et luxueuses.

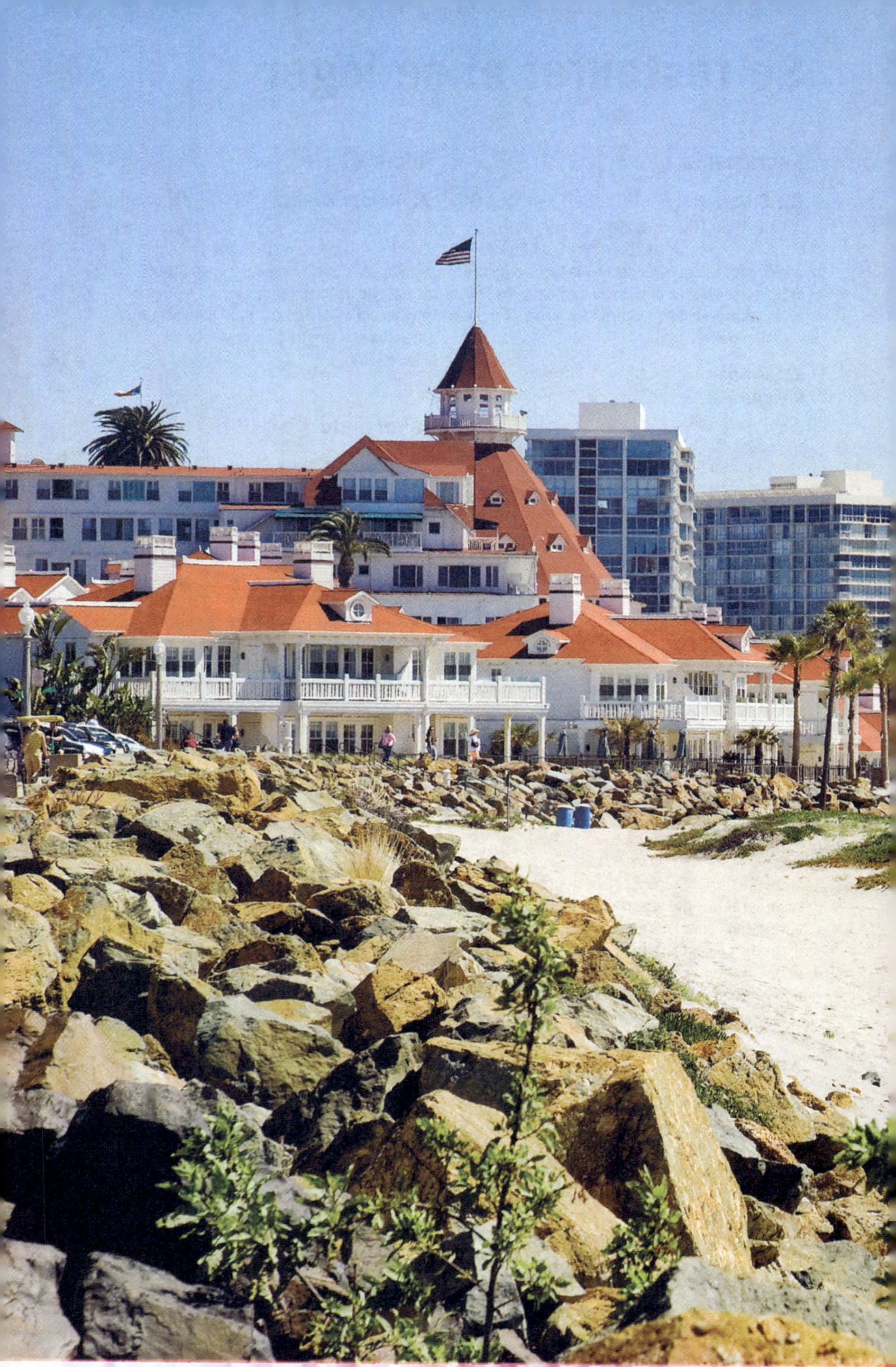

Sud de la Californie

DANS L'UNIVERS HÉDONISTE DE LA CALIFORNIE DU SUD ("SOCAL"), LE SLOGAN "SEA, SEX AND SUN" FAIT TOUJOURS RECETTE. De fait, les maillots de bain y sont toujours plus échancrés, les eaux toujours plus chaudes, et les étés toujours plus ensoleillés.

Dans l'arrière-pays, la température monte dans les déserts de "SoCal". Débutez votre périple par les complexes chics de Palm Springs, puis enfoncez-vous dans les splendides contrées isolées de la vallée de la Mort et de Joshua Tree, où des pistes poussiéreuses conduisent vers des villes fantômes et des sources cachées.

Gagnez la fraîcheur des climats montagnards aux environs du Big Bear Lake, ou ralliez l'artiste Idyllwild. Puis, fuyez les touristes, cheveux au vent, sur la mythique Route 66, la fameuse "Mother Road" des États-Unis.

Coronado (itinéraire 29)
SLOBO MITIC / ISTOCKPHOTOS ©

Sonoma

Inyo
National
Forest

Stockton · Sonora

Sausalito · Oakland · Manteca
San
Francisco · Modesto
Lee
Vining

Yosemite
National Park

Mammoth
Lakes

San Jose · Turlock
Bishop

Los
Banos · Merced

Santa Cruz · Gilroy · Madera
Watsonville
Kings Canyon
National Par

Monterey · Salinas · Fresno

King
City

Three
Rivers

Sequoia
National
Park

Visalia

Point
Piedras
Blancas

Coalinga

Porterville

Woody

30

Paso
Robles

Lake Isabella

OCÉAN
PACIFIQUE

San Luis
Obispo

Santa
Maria

Bakersfield

Taft

Pismo Beach

Los
Alamos

Ventucopa

Lompoc

Los
Olivos

Santa Clarita

Point
Conception

Santa Barbara · Ventura
Oxnard

31

Channel
Islands

Santa
Monica

Santa
Catalina
Island

San
Nicolas
Island

San
Clemente
Island

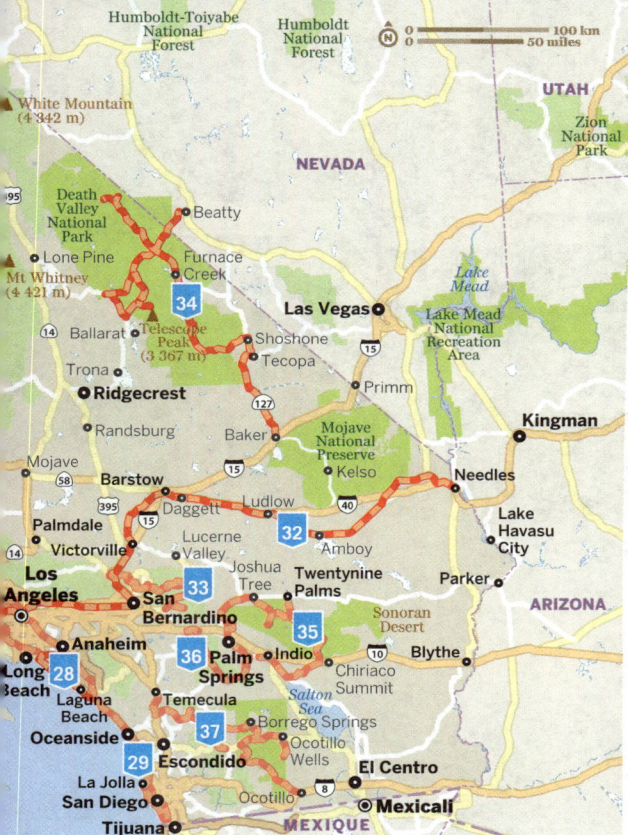

Seal Beach

Prenez le temps d'apprécier cette ville balnéaire surannée, coincée entre LA et l'Orange County, sur l'itinéraire **28**.

Sunny Jim Cave

À La Jolla, au nord de San Diego, descendez un sinistre escalier logé dans un tunnel et gagnez la seule grotte marine de Californie accessible par la terre, sur l'itinéraire **29**.

Amboy

Regardez passer les virevoltants du désert au bord de la Route 66, devant le Roy's Cafe et son emblématique néon, en route sur l'itinéraire **32**.

Valley of the Falls

Dévalez la Rim of the World Scenic Byway jusqu'à la version sud-californienne et miniature de la Yosemite Valley, en parcourant l'itinéraire **33**.

Tecopa

Immergez-vous dans une source chaude puis commandez un en-cas au China Ranch Date Farm, sur l'itinéraire **34**.

35 Les oasis de Palm Springs et de Joshua Tree 2-3 jours

Ici, les palmiers protègent les sources chaudes et les trous d'eau du soleil. (p. 367)

36 Palms to Pines Scenic Byway 2 jours

Oubliez la chaleur du désert dans le village montagnard d'Idyllwild. (p. 375)

37 Temecula, Julian et le désert d'Anza-Borrego 3 jours

Vignobles et pommiers, puis périple tout-terrain dans le plus grand parc de Californie. (p. 383)

Laguna Beach Des dizaines de plages s'égrènent sur quelques kilomètres de littoral

Disneyland et les plages de l'Orange County

28

Lâchez la bride à vos enfants dans "l'endroit le plus joyeux de la terre", puis filez vers les plages ensoleillées de SoCal, popularisées par la télévision et le cinéma.

TEMPS FORTS

0 mile/0 km

Disneyland
Faire la fête avec Mickey et la bande de Pixar

DÉPART 1

Seal Beach

Sunset Beach

25 miles/40 km

Huntington Beach
Farniente sur la plage dorée de Surf City USA

3

30 miles/48 km 4

Newport Beach
Se pavaner sur la plage de la télégénique cité balnéaire

Crystal Cove State Park

7

ARRIVÉE Dana Point

Laguna Beach
Une pause bohème bienvenue

40 miles/64 km

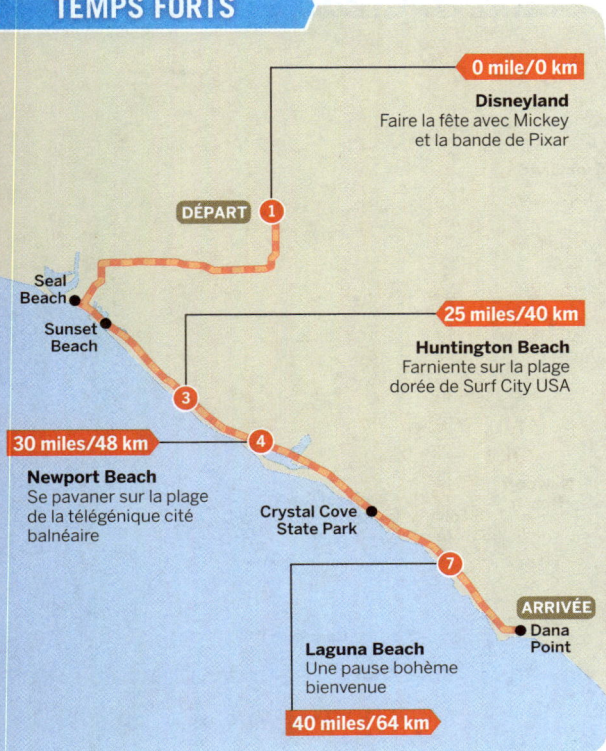

**2-4 JOURS
50 MILES/80 KM**

PARFAIT POUR...

LE MEILLEUR MOMENT
Avril-novembre, pour éviter les pluies hivernales.

LA PHOTO SOUVENIR
Les surfeurs, depuis le Huntington Beach Pier.

BELLE VUE
Le panorama de Corona del Mar.

28

Disneyland et les plages de l'Orange County

Certes, vous trouverez de sublimes crépuscules, de fabuleux spots de surf et des fruits de mer de première fraîcheur en parcourant la Hwy 1, le long du littoral baigné de soleil de l'Orange County. Mais ce seront les découvertes fortuites qui se révéleront les plus mémorables, longtemps après que vous aurez laissé derrière vous ces 67 merveilleux kilomètres (42 miles) d'écume et de sable. Un ou deux jours dans les parcs d'attractions de Disneyland, parachèveront cette équipée en Californie méridionale.

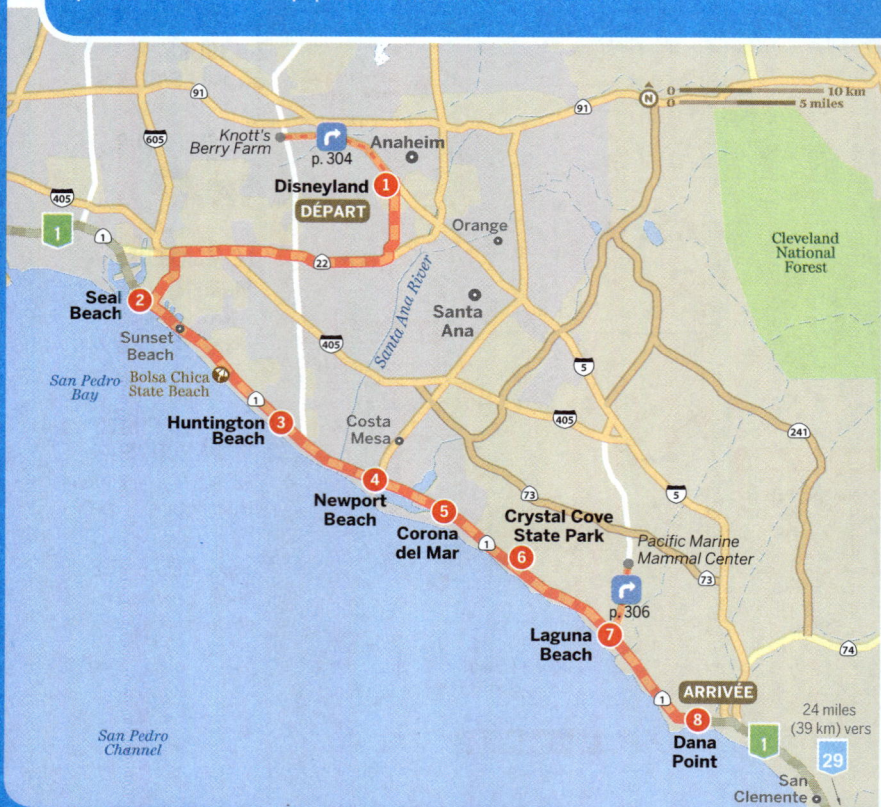

① Disneyland

Aucun parc d'attractions de Californie n'accueille plus de visiteurs à l'année que **Disneyland** (☎714-781-4636 ; www.disneyland.com ; 1313 S Harbor Blvd ; forfait 1 journée adulte/enfant 87/81 $; forfait 2 jours 125/119 $; ⊕). Des squelettes de *Pirates des Caraïbes* aux singes hurleurs de l'*Indiana Jones Adventure*, la magie est omniprésente. Dans le rétro-futuriste Tomorrowland vous attendent le *Finding Nemo Submarine Voyage* et *Star Wars* – avec les attractions *Star Tours* et *Jedi Training Academy*. Utilisez le système de billet "coupe-files" Fastpass et vous décollerez sans tarder

À COMBINER AVEC

① Pacific Coast Highway

L'Orange County est la portion californienne officielle de la Pacific Coast Hwy, qui longe la Hwy 1 entre Seal Beach et Dana Point.

29 La divertissante côte de San Diego

Il suffit de parcourir 30 miles (48,2 km) vers le sud depuis Dana Point, via l'I-5, pour rallier Carlsbad, dans le comté de San Diego.

à bord de l'indétrônable *Space Mountain*. La nuit venue, admirez le feu d'artifice au-dessus du château de la Belle au bois dormant.

Si vous êtes sujet au vertige, oubliez la *Twilight Zone Tower of Terror* du **Disney's California Adventure** (DCA), dernier voisin en date de Disneyland. Les joyeuses zones thématiques du DCA illustrent le meilleur de la Californie, et maintes attractions comme *Cars Land*, inspiré de la Route 66, se révèlent plutôt paisibles. Une exception toutefois : le trépidant *California Screamin'*. Malgré ses airs de manège à l'ancienne, cette montagne russe infernale ne relâche jamais son emprise dès lors qu'elle a démarré. Laissez-vous gagner par l'enthousiasme de la Pixar Play Parade en journée et le spectacle à effets spéciaux du *World of Color* en soirée.

À l'extérieur des parcs, l'artère piétonnière de **Downtown Disney** déborde de boutiques de souvenirs, de restaurants familiaux, de bars et de lieux de spectacles, sans oublier les musiciens jouant pour les visiteurs en été.

✕ 🛏 p. 307

La route ❱❱ Suivez Harbor Blvd vers le sud sur 3 miles (4,8 km), puis prenez la Hwy 22 vers l'ouest à travers l'arrière-pays de l'Orange County, qui rejoint l'I-405 (direction nord). Après moins de deux kilomètres, sortez à Seal Beach Blvd, qui se déroule sur 3 miles vers la côte. Bifurquez à droite pour rejoindre la Hwy 1, aussi connue sous le nom de Pacific Coast Hwy (PCH) dans l'Orange County, puis prenez Main St à gauche, à Seal Beach.

② Seal Beach

Au concours de beauté des minuscules cités balnéaires de Californie du Sud, Seal Beach remporte la palme. C'est une alternative rafraîchissante à la très animée côte de l'Orange County, plus au sud. Avec ses trois pâtés de maisons et zéro feu de circulation, **Main St** aligne des restaurants familiaux et des petites boutiques où la nostalgie prime sur l'ostentation. Suivez le cortège des surfeurs trottinant pieds nus vers la plage, jusqu'au bout de Main St, puis filez vers le **Seal Beach Pier**. La construction d'origine (1906) n'a pas résisté aux tempêtes hivernales des années 1930. Depuis, la jetée a été reconstruite à trois reprises et dotée d'une promenade en bois. Sur la **plage**, vous trouverez des familles occupées à construire des châteaux de sable et à jouer dans l'eau – indifférentes à la hideuse plate-forme pétrolière au large. Les vagues tranquilles de Seal Beach en font un excellent endroit pour apprendre à surfer. Le fourgon de la **M&M Surfing School** (☎714-846-7873 ; www.surfingschool.com ; cours

LEIGHSMITHIMAGES / ALAMY ©

PAROLE D'EXPERT
VERONICA HILL,
PRÉSENTATRICE DE
"CALIFORNIA TRAVEL
TIPS", SUR YOUTUBE

Envie de profiter au mieux de Disneyland ou du Disney's California Adventure ? Si vos enfants sont trop jeunes pour embarquer avec vous dans une attraction, demandez un "rider-switch pass" à un membre du personnel en arrivant à la queue. Faites votre tour tandis que votre conjoint(e) garde les enfants, puis confiez le pass à votre conjoint(e), afin qu'il/elle puisse passer à son tour. En revanche, si vous avez des ados impatients, orientez-les vers les files d'attente pour personnes seules.

Ci-dessus : Maisons de bord de mer, Newport Beach
À gauche : Restaurant, Newport Beach
À droite : US Open de surf, Huntington Beach Pier

collectif 1h/3h 45/65 $, location combinaison/surf 15/25 $; (🏄)) est garé au parking juste au nord de la jetée, près d'Ocean Ave, au niveau de 8th St.

La route » En continuant vers le sud sur la Hwy 1, après un petit pont, on découvre Sunset Beach, une langue de terre longue de 1 mile (1,6 km), avec ses bars de motards et ses magasins de location de kayaks et de planches de stand-up paddle sur le port. Faites encore 6 miles (9,6 km) vers le sud sur la Hwy 1, en passant par la Bolsa Chica State Beach et la Bolsa Chica Ecological Reserve, jusqu'à la jetée de Huntington Beach.

- - - - - - - - - - -

TEMPS FORT

❸ Huntington Beach

Ici, à "Surf City USA", l'obsession de la Californie du Sud pour les vagues atteint son paroxysme. Une statue du surfeur hawaïen Duke Kahanamoku se dresse au carrefour de Main St et de la Hwy 1, et les noms et les les empreintes de surfeurs mythiques jalonnent le trottoir du **Surfers' Hall of Fame** (www.hsssurf.com/ shof/). À quelques pâtés de maisons vers l'est, l'**International Surfing Museum** (📞714-960-3483 ; www.surfingmuseum.org ; 411 Olive Ave ; don suggéré 2 $; 🕙12h-17h lun et mer-ven, 12h-21h mar, 11h-18h sam-dim) rend hommage à ces légendes. Rejoignez ensuite les autres promeneurs sur le **Huntington Beach Pier**, d'où l'on peut observer de près les surfeurs casse-cous enchaînant les tubes à grande vitesse.

Route Mythique

Sachez toutefois que ces vagues ne sont pas forcément l'endroit idéal pour poursuivre votre apprentissage – les locaux peuvent se révéler assez peu partageurs... En été, l'**US Open de surf** attire quelque 600 surfeurs de classe mondiale et 400 000 spectateurs, avec notamment un mini-village organisant concerts et démonstrations de motocross et de skate. Quant à la **Huntington City Beach**, c'est une plage de sable large et plate, l'endroit rêvé pour faire bronzette. Le soir partagez un feu de joie et des marshmallows avec des amis dans l'un des foyers (*fire pit*) prévus à cet effet, au sud de la jetée.

✕ 🛏 p. 307

La route ❱❱ Depuis le Huntington Beach Pier, à l'intersection avec Main St, prenez la Hwy 1 vers le sud et longez l'océan sur 4 miles (6,4 km) jusqu'à Newport Beach. Prenez W Balboa Blvd à droite et continuez jusqu'à la Balboa Peninsula, coincée entre l'océan et Balboa Island, non loin de Newport Harbor.

- - - - - - - - - -

TEMPS FORT

❹ Newport Beach

Comme on peut le voir dans les séries américaines *Real Housewives of Orange County, Newport Beach* ou encore *Les Nouveaux Pauvres,* la clinquante Newport Beach fait la part belle aux mondains fortunés, aux adolescents branchés et aux plages somptueuses. Des femmes en bikini se pavanent sur la plage entre les jetées jumelles de la péninsule, tandis que les bodyboarders bravent les terribles vagues du **Wedge**, et que les yachts mènent leur ballet portuaire. Au port, prenez un ferry pour l'île surannée de **Balboa Island**, ou montez à bord du manège proche de l'emblématique **Balboa Pavilion**, datant de 1905. La grande roue tourne toujours dans la minuscule **Balboa Fun Zone** (www.thebalboafunzone.com ; 3 $/ manège ; ⏱11h-20h dim-jeu, 11h-21h ven, 11h-22h sam ; 🚻), près du **Newport Harbor Nautical Museum** (📞949-675-8915 ; http://explorocean.org ; 600 E Bay Ave ; adulte/enfant 4/2 $; ⏱11h-15h lun-jeu, 11h-18h ven-sam, 11h-17h dim ; 🚻). Non loin de là, vers l'intérieur des terres, visitez l'**Orange County Museum of Art** (📞949-759-1122 ; www.ocma.net ; 850 San Clemente Dr ; adulte/enfant 12 $/gratuit ; ⏱11h-17h mer-dim, 11h-20h jeu), un musée d'art contemporain de pointe, à mille lieues de la frivole culture populaire sud-californienne.

✕ 🛏 p. 307

La route ❱❱ Faites un petit détour depuis la Hwy 1 pour

↱ **VAUT LE DÉTOUR**
KNOTT'S BERRY FARM

Point de départ : ❶ Disneyland

Bienvenue à **Knott's Berry Farm** (📞714-220-5200 ; www.knotts.com ; 8039 Beach Blvd, Buena Park ; adulte/enfant 58/29 $; ⏱ouvert tlj à partir de 10h, horaires fermeture variables ; 🚻), un parc d'attractions ouvert en 1940. Aujourd'hui, les montagnes russes attirent les amateurs de sensations fortes. En entrant, levez la tête pour apercevoir d'en dessous les passagers du Silver Bullet, réputé pour sa vrille, sa double spirale et son looping. À noter qu'en octobre, le parc organise la plus effrayante fête de Halloween de toute la Californie du Sud. Le parc aquatique voisin, le **Knott's Soak City USA** (📞714-220-5200 ; www.soakcityoc.com ; adulte/enfant 26/23 $; ⏱mi-mai à sept, horaires variables ; 🚻), rafraîchira les visiteurs par une chaude journée d'été.

Le Knott's est à 20 minutes de route de Disneyland. Prenez l'I-5 (direction nord) jusqu'à La Palma Ave, côté ouest.

admirer une vue magnifique sur l'océan, au sud de Newport Beach. Prenez d'abord au sud et empruntez le pont qui passe sur le Newport Channel. Trois miles (4,8 km) plus loin, à Corona del Mar, prenez Marguerite Ave à droite. Une fois sur la côte, bifurquez de nouveau à droite pour rejoindre Ocean Blvd.

Disneyland Petit train traversant Mickey's Toontown

❺ Corona del Mar

Savourez quelques unes des plus fameuses vues sur la mer de SoCal depuis les promontoires de Corona del Mar, une ville dortoir maniérée au sud du Newport Channel. Plusieurs plages, criques et piscines naturelles d'eau de mer, parfaites pour les enfants, vous attendent le long de cette portion de côte idyllique. Situé sur Ocean Blvd, près de Heliotrope Ave, le belvédère aéré de **Lookout Point** offre l'un des meilleurs panoramas. En contrebas des falaises, vers l'est, s'étire Main Beach, officiellement appelée **Corona del Mar State Beach** (☎949-644-3151 ; www.parks.ca.gov ; 15 $/ véhicule ; ⏰6h-22h), une plage longue de 800 m équipée de foyers où faire du feu et de terrains de volley (arrivez tôt le week-end pour trouver une place de parking). Un escalier conduit jusqu'à **Pirates Cove**, une crique abritant une formidable plage aux eaux calmes, idéale pour les familles. Pour un autre point de vue sur les vagues, le sable et la mer, prenez Ocean Blvd vers l'est jusqu'à **Inspiration Point**, près de l'angle d'Orchid Ave.

La route ❱❱ Reprenez Orchid Ave vers le nord jusqu'à la Hwy 1, puis tournez à droite et piquez vers le sud. La circulation se clairsème, tandis que la vue sur l'océan se fait plus sauvage et ne pâtit pas des ensembles résidentiels dressés dans les collines sur votre gauche. Vous n'êtes plus qu'à 2-3 km de l'entrée du Crystal Cove State Park.

❻ Crystal Cove State Park

Avec ses quelque 3,5 miles (5,6 km) de plage et 900 ha de bois non aménagés, le **Crystal Cove State Park** (☎949-494-3539 ; www.parks.ca.gov, www.crystalcovestatepark. com ; 15 $/véhicule ; ⏰6h-crépuscule) ferait presque oublier qu'on se trouve ici dans une région urbaine peuplée. Du moins, une fois que l'on a dépassé le parking et trouvé une place sur le sable.

Beaucoup de visiteurs l'ignorent, mais c'est aussi un parc sous-marin, où les amateurs de plongée peuvent observer la carcasse d'un avion de chasse de l'US Navy, qui s'est abîmé ici en 1949. Vous pourrez aussi profiter des piscines naturelles d'eau de mer, pêcher, faire du kayak ou surfer le long du littoral sauvage et venteux de **Crystal Cove**. Sur le versant terre de la Hwy 1, des kilomètres de sentiers de randonnée et de VTT raviront les marins d'eau douce.

🍴 🛏 p. 307

La route ❱❱ Prenez la Hwy 1 vers le sud sur quelque 4 miles (6,4 km). Quand les magasins, restaurants, galeries d'art, motels et hôtels apparaissent le long de la route, cela signifie que vous êtes arrivé à Laguna Beach. Le centre-ville est un lacis de rues à sens unique, juste à l'est de l'embranchement de Laguna Canyon Rd (Hwy 133).

Route Mythique

VAUT LE DÉTOUR

PACIFIC MARINE MAMMAL CENTER

Point de départ : 7 **Laguna Beach**

À environ 3 miles (4,8 km) au nord-est de Laguna Beach se trouve le réconfortant **Pacific Marine Mammal Center** (☎949-494-3050 ; www.pacificmmc. org ; 20612 Laguna Canyon Rd ; entrée sur don ; ⏰10h-16h ; ♿), consacré au sauvetage et à la réhabilitation de mammifères marins blessés ou malades. Ce centre à but non lucratif dispose d'un personnel réduit et de nombreux bénévoles qui aident à soigner les pinnipèdes (essentiellement des lions de mer et des phoques) avant de les relâcher dans leur élément naturel. Arrêtez-vous pour une visite non guidée de l'endroit, afin de perfectionner vos connaissances sur ces mammifères marins et saluer les "patients".

TEMPS FORT

7 Laguna Beach

Les criques isolées, les falaises romantiques et les bungalows de style Arts & Crafts (mouvement inspiré de l'Art nouveau) de cette colonie d'artistes du début du XXe siècle offrent un répit bienvenu au sortir de kilomètres d'architecture banlieusarde standardisée. Laguna célèbre joyeusement ses racines bohèmes au travers de ses festivals d'été, de ses dizaines de galeries ou encore de l'encensé **Laguna Art Museum** (☎949-494-8971 ; www.lagunaartmuseum.org ; 307 Cliff Dr ; adulte/enfant 7 $/gratuit ; ⏰11h-17h ven-mar, 11h-21h jeu). On peut aisément passer un après-midi à flâner dans les boutiques chics du centre-ville, tandis que **Main Beach**, sur le front de mer, est prise d'assaut par les joueurs de volley et les amateurs de bronzette. Juste au nord, en haut d'un promontoire, **Heisler Park** serpente entre œuvres d'art, palmiers, tables de pique-nique et points de vue sur le littoral rocheux. Descendez vers Divers Cove, une crique profondément encaissée. Vers le sud, des dizaines de plages publiques se concentrent sur quelques kilomètres de littoral. Guettez les panneaux "beach access" (accès à la plage) depuis la Hwy 1, ou faites une halte au **Aliso Beach County Park** (www. ocparks.com/alisobeach ; 31131 S Pacific Coast Hwy ; parking 1 $/h ; ⏰6h-22h), l'une des adresses préférées des habitants.

✗ 🛏 p. 307

La route ❯❯ Depuis le centre de Laguna Beach, poursuivez vers le sud sur la Hwy 1 (PCH), sur environ 3 miles (4,8 km), jusqu'à l'Aliso Beach County Park, puis encore 4 miles (6,4 km) jusqu'à la ville de Dana Point. Prenez Green Lantern St à droite, puis tournez à gauche pour gagner Cove Rd, qui rejoint Dana Point Harbor Dr en passant par la plage et l'Ocean Institute.

---

8 Dana Point

Enfin, flanquée de sa marina, voici Dana Point, du nom de l'aventurier du XIXe siècle Richard Dana, qui définit notoirement la région comme "le seul endroit romantique de la côte". Aujourd'hui, au **Dana Point Harbor**, il est davantage question d'activités en famille et de pêche sportive. Conçu pour les enfants, l'**Ocean Institute** (☎949-496-2274 ; www.ocean-institute.org ; 24200 Dana Point Harbor Dr ; adulte/ enfant 6,50/4,50 $; ⏰10h-15h sam-dim ; ♿) abrite des répliques de grands navires historiques, des expositions en lien avec la mer ou encore un laboratoire flottant. À l'est du pont, la **Doheny State Beach** (☎949-496-6172 ; www.parks.ca.gov, www. dohenystatebeach.org ; 15 $/ véhicule ; ⏰6h-22h, 6h-20h nov-fév ; ♿), qui accueille baigneurs, plongeurs et surfeurs, est dotée de tables de pique-nique, de terrains de volley, d'une piste cyclable et de piscines naturelles d'eau de mer.

Se restaurer et se loger

Disneyland ❶

🛏 Candy Cane Inn — Motel $$

(☎714-774-5284, 800-345-7057 ; www.candycaneinn.net ; 1747 S Harbor Blvd ; ch 95-179 $; ❄🗝📶🏊👶). Un festival de fleurs aux couleurs vives, des jardins soignés et une allée pavée accueillent les visiteurs de ce charmant motel, accessible à pied depuis Disneyland.

🛏 Disney's Grand Californian Hotel — Hôtel $$$

(☎714-635-2300 ; www.disneyland.com ; 1600 S Disneyland Dr ; ch à partir de 385 $; ❄🗝📶🏊👶). Dans cet hommage sur six étages à l'école architecturale californienne des Arts & Crafts, des poutres en bois dominent la cheminée du coin détente. Chambres confortablement équipées.

Huntington Beach ❸

🍴 Sugar Shack — Café $

(www.hbsugarshack.com ; 213 Main St ; plats 6-10 $; 🕑6h-16h lun-mar et jeu, 6h-20h mer, 6h-17h ven-dim ; 👶). Attendez-vous à faire la queue dans cette institution de Huntington Beach, dotée d'un patio extérieur animé, ou venez tôt, à l'heure où les surfeurs enfilent leur combinaison. Petit-déjeuner servi toute la journée.

🛏 Shorebreak Hotel — Boutique-hôtel $$$

(☎714-861-4470 ; www.shorebreakhotel.com ; 500 Pacific Coast Hwy ; ch 205-475 $; ❄🗝📶). Cet hôtel branché un peu l'ordinaire avec son concierge spécialiste ès vagues, son studio de yoga, ses fauteuils poire dans le coin détente et ses chambres à motifs géométriques. À la nuit tombante, sirotez des cocktails sur la terrasse à l'étage.

Newport Beach ❹

🍴 Bear Flag Fish Company — Poisson et fruits de mer $$

(☎949-673-3434 ; www.bearflagfishco.com ; 407 31st St ; plats 4-15 $; 🕑11h-21h mar-sam, 11h-20h lun-dim ; 👶). L'adresse ultime pour déguster des huîtres fraîches, des tacos de poisson ou des *poke* de style hawaïen. Servez-vous dans les vitrines à poisson réfrigérées.

Bay Shores Peninsula Hotel — Hôtel $$$

(☎949-675-3463, 800-222-6675 ; www.thebestinn.com ; 1800 W Balboa Blvd ; ch avec petit-déj 190-300 $; ❄🗝📶🏊👶). L'hospitalité de cet hôtel en bord de plage sur trois niveaux, avec fresques murales d'inspiration surf, cookies maison, sans oublier les bodyboards et les transats à disposition, compense les tarifs élevés.

Crystal Cove State Park ❻

🍴 Ruby's Shake Shack — Fast-food $

(www.rubys.com ; 7703 E Coast Hwy ; éléments du menu 5-10 $; 🕑7h-19h lun-jeu, 7h-20h ven-sam ; 📶👶). Dans une baraque en bord de route peu visible, rachetée récemment par la chaîne Ruby's Diner, les milkshakes et la vue sur l'océan sont au faîte de leur gloire.

🛏 Crystal Cove Beach Cottages — Cottages $$

(☎réservations 800-444-7275 ; www.crystalcovebeachcottages.com, www.reserveamerica.com ; ch avec sdb commune 35-170 $, cottages 125-360 $; 👶). Pour décrocher l'un de ces cottages historiques de bord de mer, réservez six mois à l'avance – ou priez pour une annulation de dernière minute.

Laguna Beach ❼

🍴 The Stand — Diététique $

(238 Thalia St ; plats 5-10 $; 🕑7h-19h ; 🍴👶). Ce minuscule établissement en forme de grange, avec patio boisé, reflète le meilleur de la vie à Laguna. Le consistant menu, très orienté végétarien, comprend des *tamales* végétariens, des salades aux graines de tournesol et des milkshakes aux dattes.

🛏 Laguna Cliffs Inn — Hôtel $$$

(☎949-497-6645, 800-297-0007 ; www.lagunacliffsinn.com ; 475 N Coast Hwy ; ch 165-325 $; ❄🗝📶👶). Qu'il s'agisse du feng shui, du personnel amical, des lits confortables ou de la proximité de la plage, cette auberge de 36 chambres a quelque chose de parfait. Gagnez le Jacuzzi extérieur à l'heure où le soleil se couche sur l'océan.

Legoland La magie du Lego
à quelques briques de San Diego

La divertissante côte de San Diego

29

Un climat idéal, une centaine de kilomètres de côtes… par où commence ? Faites comme les Californiens : avalez un taco, prenez votre planche de surf sous le bras et direction la plage !

TEMPS FORTS

2-4 JOURS
85 MILES/135 KM

PARFAIT POUR…

LE MEILLEUR MOMENT
De mai à septembre, pour profiter de la plage.

LA PHOTO SOUVENIR
La toiture rouge de l'Hotel del Coronado.

ACTIVITÉS DE PLEIN AIR
Les criques, plages et réserves naturelles de La Jolla.

Carlsbad
ARRIVÉE

Encinitas

Del Mar

42 miles/68 km

La Jolla
Retour à la nature le long de la côte sauvage de La Jolla

❻

❺

35 miles/56 km

Mission Beach et Pacific Beach
Des plages de rêve, clichés absolus de la Californie

Ocean Beach

Embarcadero

❷

❶

0 mile/0 km

DÉPART

Coronado
Une jolie pause balnéaire à deux pas de la grande ville

22 miles/35 km

Balboa Park
Des souvenirs de l'exposition de 1915 et un excellent zoo de réputation mondiale

Le week-end venu, les habitants de San Diego se ruent à la plage. De nombreuses attractions pour toute la famille attendent les visiteurs à la sortie des routes côtières, comme l'USS Midway Museum, le zoo de Balboa Park ou le parc Legoland, sans parler des dizaines de plages. Ici, un seul mot d'ordre : relax !

25 miles (40 km) vers
Oceanside   28

Carlsbad 9   San Elijo
ARRIVÉE   Lagoon

Batiquitos
Lagoon
5
Leucadia

Encinitas 8
Cardiff-by-
the-Sea
Solana
Beach

Del Mar 7

La Jolla 6

OCÉAN
PACIFIQUE

TEMPS FORT

1 Coronado

Séparée de la métropole par la baie de San Diego, la jolie station balnéaire de Coronado a pour principales curiosités l'**Hotel del Coronado** (1888 ; voir p. 36), célèbre pour sa flamboyante architecture victorienne, et sa plage qui compte parmi les plus belles des États-Unis. La baie est aux antipodes des paysages urbains bétonnés et du chaos des plages bondées, plus au nord. Après avoir traversé le pont en forme de boomerang du **Coronado Bay Bridge**, suivez l'arborée et élégante Orange Ave sur 1 mile (1,6 km) vers Ocean Blvd, puis garez-vous pour commencer votre promenade. La photogénique **Coronado Municipal Beach** s'étire devant l'Hotel del Coronado. À moins de 5 miles (8 km) au sud, la **Silver Strand State Beach** (📞619-435-5184 ; www.parks. ca.gov ; 5000 Hwy 75 ; 10-15 $/ véhicule ; 🚻) est bordée d'eaux calmes, idéales pour se baigner en famille. Une longue et étroite langue de sable relie ce que l'on appelle toujours "l'île de Coronado" au continent.

🍽 🛏 p. 316

La route 》 Suivez la Hwy 75 au sud du Silver Strand. Elle passe près du San Diego National Wildlife Refuge et repart vers les terres par Imperial Beach. Continuez sur l'I-5 vers le nord puis prenez la Hwy 163 vers Balboa Park, au nord. Prenez

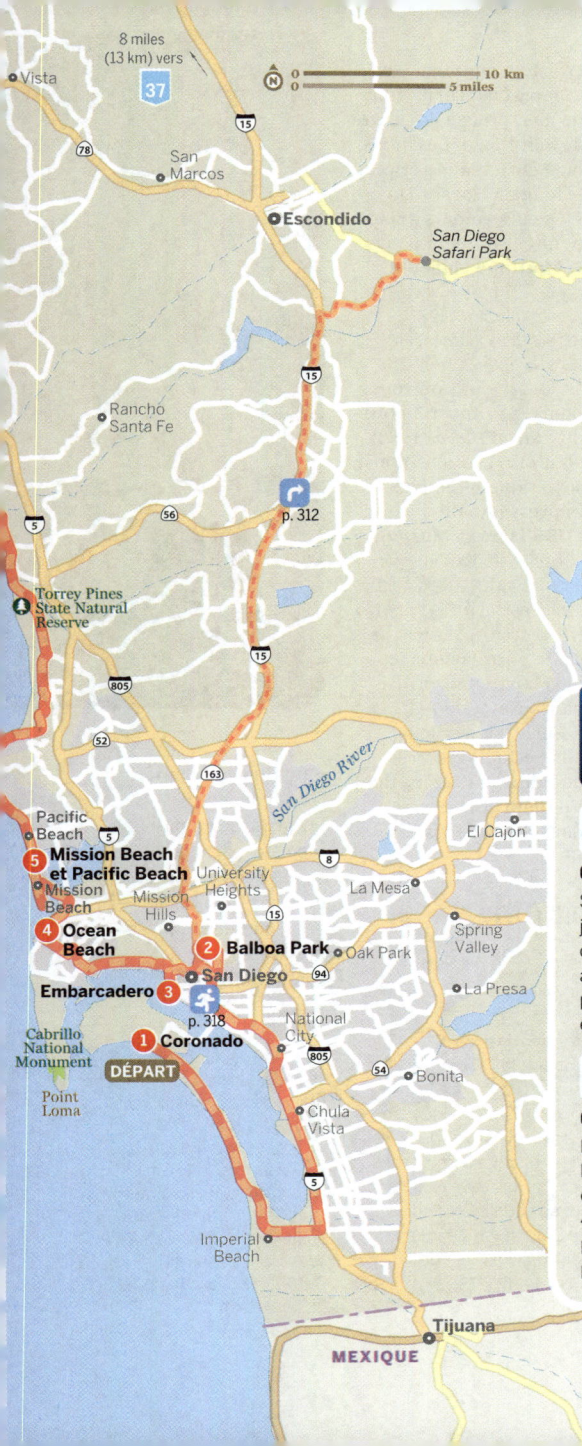

la sortie 1C et suivez les panneaux indiquant le parc et le zoo.

2 Balboa Park

Les pavillons datant de la Panama-California Exposition (1915-1916) ajoutent un peu d'exotisme au **Balboa Park** (voir la promenade p. 318). Cette oasis urbaine de plus de 485 ha abrite des jardins, des théâtres, une quinzaine de musées et un immense pavillon extérieur abritant un orgue. Le clou du spectacle est néanmoins le **zoo de San Diego** (619-231-1515 ; www.sandiego zoo.org ; 2920 Zoo Dr ; adulte/ enfant avec visite guidée en bus

À COMBINER AVEC

28 **Disneyland et les plages de l'Orange County**

Suivez l'I-5 vers le nord jusqu'à Dana Point pour d'autres activités destinées aux enfants, combinant plages enchanteresses et magie de Disneyland.

37 **Temecula, Julian et le désert d'Anza-Borrego**

Découvrez la région viticole, les pommeraies et les hôtels du désert, à seulement 45 miles (72 km) de Carlsbad par la Hwy 78 vers l'est, puis l'I-15 vers le nord.

et télécabines Skyfari 42/32 $; 9h-17h ou 18h tlj, horaires prolongés été et jours fériés ;), mondialement réputé, qui abrite des milliers d'animaux. Les panneaux explicatifs, axés sur la conservation, guident les visiteurs dans ce zoo où il est fréquent de se retrouver nez à nez avec les représentants du règne animal. Arrivez tôt, les animaux étant plus actifs le matin.

 p. 316

La route » Sortez du Balboa Park à l'est par Zoo Pl, tournez à droite dans Florida Dr puis encore à droite dans Pershing Dr. Rejoignez l'I-5 vers le nord sur plus de 1 mile (1,6 km), puis prenez la sortie 17A. Roulez encore 1 mile vers l'ouest dans Hawthorn St, vers le front de mer, puis tournez à gauche dans Harbor Dr.

- - - - - - - - - - - - -

3 Embarcadero

Le ferry de Coronado et les bateaux de croisière mouillent sur l'**Embarcadero**, le front de mer, proche du centre de San Diego. Les quais bien entretenus s'étirent le long de Harbor Dr. Plusieurs voiliers anciens pointent le chemin vers le **Maritime Museum** (619-234-9153 ; www. sdmaritime.org ; 1492 N Harbor Dr ; adulte/enfant 15/8 $; 9h-20h, 9h-21h fin mai-août ;), où vous pourrez grimper à bord du *Star of India* (1863) et admirer le sous-marin soviétique B-39. Plus impressionnant encore, l'**USS Midway Museum** 619-544-9600 ; http:// midway.org ; 910 N Harbor Dr ; adulte/enfant 18/10 $; 10h-17h, dernière entrée 16h ;) est le porte-avions le plus longtemps utilisé par la Navy, de 1945 à 1992. Il a participé à la Seconde Guerre mondiale, la guerre du Vietnam et la guerre du Golfe. Une visite autoguidée du navire – des couchettes à l'infirmerie en passant bien sûr par le pont et ses avions restaurés, dont un F-14 Tomcat – est le meilleur moyen de s'imprégner de son histoire.

 p. 316

La route » Suivez Harbor Dr vers le nord-ouest sur 3 miles (4,8 km) en longeant le front de mer et dépassez l'aéroport. Tournez ensuite à droite dans Nimitz Blvd et roulez 1 mile (1,6 km), puis prenez à gauche dans Chatsworth Blvd et à droite dans Narragansett Ave. Vous croiserez Sunset Cliffs Blvd à Ocean Beach, 1 mile plus loin.

WILCOX / CORBIS ©

VAUT LE DÉTOUR
SAN DIEGO
SAFARI PARK

Point de départ : 2 **Balboa Park**

Partez à l'aventure au **San Diego Safari Park** (760-747-8702 ; www.sandiegozoo.org ; 15500 San Pasqual Valley Rd, Escondido ; adulte/enfant avec circuit Africa Tram 42/32 $, avec entrée au zoo de San Diego 76/56 $; 9h-17h, horaires prolongés été et jours fériés ;), où girafes, lions et rhinocéros évoluent assez librement dans d'immenses enclos en plein air. Vous vous croirez presque en safari à bord de l'Africa Tram. Le parc se situe à Escondido, à 30 miles (48 km) au nord de Balboa Park par la Hwy 163 et l'I-15, et à 25 miles (40 km) à l'est de Carlsbad (p. 315), sur la côte, par la Hwy 78.

San Diego Orang-outan au zoo de San Diego

❹ Ocean Beach

Localité la plus bohème de San Diego, "OB" est le paradis des coupes improbables, des tatouages et des piercings. **Newport Ave**, l'artère principale qui court perpendiculairement à la plage, est bordée de bars, de gargotes de vente à emporter et de boutiques de surf, de musique, de vêtements vintage et d'antiquités. Longue de 800 m, la jetée de l'**Ocean Beach Pier** a autant de charme qu'une rampe d'autoroute, mais la vue sur la côte, depuis son extrémité, est superbe.

Plus au nord, la plage de **Dog Beach** doit son nom au fait que les chiens y sont acceptés sans laisse. De la jetée, vous pouvez aussi aller au **Sunset Cliffs Park**, au sud, pour surfer ou admirer les magnifiques couchers du soleil.

🍴 🛏 p. 316

La route » Empruntez Sunset Cliffs Blvd vers le nord. Continuez dans W Mission Bay Dr, qui traverse le fleuve deux fois et s'incurve après le parc d'attractions SeaWorld. Vous croiserez Mission Blvd à moins de 4 miles (6,5 km) d'Ocean Beach ; tournez à gauche pour rejoindre la plage principale et le Belmont Park.

TEMPS FORT

❺ Mission Beach et Pacific Beach

C'est la Californie de tous les clichés, avec ses surfeurs au teint hâlé et autres accros au bronzage répartis sur les 5 km reliant South Mission Jetty à Pacific Beach Point, au nord. Le meilleur spot pour observer la foule est l'**Ocean Front Walk**, la promenade qui relie les deux plages. À Mission Beach, le parc d'attractions **Belmont Park** (www.belmontpark. com ; attractions illimitées

adulte/enfant 27/16 $;
⏱ à partir de 11h tlj, heures
de fermeture variables ; 🚻)
attire les enfants depuis
1925 avec son "Giant
Dipper" (des montagnes
russes en bois), sa grande
piscine couverte, ses
autos tamponneuses,
ses simulateurs de surf,
ses manèges et autres
attractions. Au bout de
Garnet Ave, côté océan,
à Pacific Beach, la jetée
de **Crystal Pier** est un lieu
paisible où se détendre et
pêcher. **Mission Bay Park**
(www.sandiego.gov/park-and-
recreation ; 1775 E Mission
Bay Dr ; 🚻🏊) est apprécié
des amateurs de beach-
volley et de cerfs-volants.

🍴 🛏 p. 316

La route » Laissez Pacific
Beach et suivez Mission Blvd
vers le nord. Tournez à gauche
dans Loring Ave, qui oblique
à droite dans La Jolla Blvd.
Ponctué de plusieurs ronds-
points, le boulevard suit la côte
sur 3 miles (5 km) jusqu'au
centre de La Jolla, qui s'étire
à l'est de la plage le long
de Pearl St.

TEMPS FORT

❻ La Jolla

Sur l'une des plus belles
étendues de littoral
du sud de la Californie,
La Jolla ("le bijou" en
espagnol) est une ville
cossue avec de superbes
plages, un centre-ville
parsemé de boutiques
de mode et des villas
perchées sur la falaise.
Vous pourrez profiter
du soleil en faisant du
kayak et du snorkeling

à **La Jolla Cove**, ou
préférer la plongée et le
snorkeling au **San Diego-
La Jolla Underwater
Park**, une aire écologique
protégée qui abrite
nombre d'espèces
aquatiques, des étendues
de varech, des coraux et
des canyons. Descendez
les 145 vertigineuses
marches menant à la
grotte de **Sunny Jim
Cave**, que l'on rejoint par
le **Cave Store** (📞858-459-
0746 ; www.cavestore.com ;
1325 Coast Rd ; adulte/enfant
4/3 $; ⏱10h-17h).

Au nord, le **Birch
Aquarium at Scripps**
(📞858-534-3474 ; http://
aquarium.ucsd.edu ; 2300
Exhibition Way ; adulte/enfant
14/9,50 $; ⏱9h-17h ; 🚻)
est accessible par La Jolla
Shores Dr. Installé en
bordure de l'océan, cet
aquarium est apprécié
des enfants pour ses
expositions sur les mares
résiduelles. Cinq miles
(8 km) plus au nord, la
**Torrey Pines State Natural
Reserve** (📞858-755-2063 ;
www.torreypine.org, www.
parks.ca.gov ; 12600 N Torrey
Pines Rd ; 10-15 $/véhicule ; ⏱8h-
crépuscule) vise à protéger
le pin de Torrey et offre
de paisibles promenades
avec vue sur l'océan.

🍴 p. 317

La route » En contrebas
de la réserve naturelle, près
de la Torrey Pines State Beach,
la route côtière offre une belle
vue sur l'océan. Elle se rétrécit,
traverse un lagon et gravit
la falaise de grès vers Del Mar,
2 miles (3,5 km) plus loin.

❼ Del Mar

La localité la plus
luxueuse du North County
de San Diego accueille
le **Del Mar Racetrack &
Fairgrounds** (📞858-755-
1141 ; www.dmtc.com ; billet
à partir de 6 $; ⏱saison
des courses mi-juil à début
sept), champ de courses
flanqué d'un clinquant
complexe rosé de style
méditerranéen cofondé
en 1937 par Bing Crosby,
Jimmy Durante et Oliver
Hardy. Bravez les foules
pour assister au jour de
l'ouverture des courses,
ne serait-ce que pour voir
les incroyables chapeaux
de ces dames. Les vols en
montgolfières méritent
aussi le détour – réservez
tôt pour un vol au coucher
du soleil avec **California
Dreamin'** (📞800-373-
3359 ; www.californiadreamin.
com ; 190-280 $/pers). Le
centre-ville de Del Mar
(appelé parfois "le village")
s'étire sur près de 1,5 km
le long du **Camino del
Mar**. Dominant l'océan,
le centre commercial **Del
Mar Plaza** (www.delmarplaza.
com ; 555 Camino del Mar)
abrite des restaurants, des
boutiques et des terrasses.
Le **Seagrove Park** aligne
ses pelouses en bord de
mer, idéales pour un
pique-nique, à l'extrémité
ouest de 15th St.

🍴 🛏 p. 317

La route » Remontez la
côte par le Camino del Mar, qui
mène à la S Coast Hwy 101 et
à Solana Beach. Les boutiques
d'art, de mode et d'antiquités

du Cedros Ave Design District ne sont qu'à une rue de là. Continuez vers le nord par la Hwy 101 jusqu'à Encinitas, à environ 6 miles (9,5 km) au nord de Del Mar.

8 Encinitas

Rattachée à Encinitas, la localité de **Cardiff-by-the-Sea** abrite, en bordure de la côte, d'excellents restaurants, des boutiques de surf et des commerces hippies. Connue pour ses déferlantes et son atmosphère détendue, Cardiff est située sur le **San Elijo Lagoon** (☎760-623-3026 ; www.sanelijo.org ; 2710 Manchester Ave ; accès libre ; ☻centre d'information 9h-17h), une réserve écologique appréciée des ornithologues et des randonneurs.

Depuis que le yogi Paramahansa Yoganada a fondé en 1937 sa **Self-Realization Fellowship Retreat** (Retraite de la communauté de la réalisation du soi ; ☎760-753-1811 ; www.yogananda-srf.org ; 215 K St ; entrée libre ; ☻jardin de méditation 9h-17h mar-sam, 11h-17h dim), près de la mer, Encinitas attire guérisseurs et personnes en quête de spiritualité. Les dômes dorés du centre bordent **Swami's**, un spot de surf apprécié. Outre les cafés, bars, restaurants et boutiques de surf, la principale curiosité du centre-ville est le **La Paloma Theatre** (☎760-436-7469 ; www.lapalomatheatre. com ; 471 S Coast Hwy 101 ;

PAROLE D'EXPERT
CHILDREN'S POOL

Paul Anderson, papa à San Diego, conseille d'emmener les enfants à la **Children's Pool** (une plage protégée par un muret, bâtie en 1931 pour une baignade sécurisée), au sud de l'Ellen Browning Scripps Park, qui longe la côte de La Jolla. Non pas pour se baigner, mais pour voir les phoques et les otaries qui ont pris l'habitude de se prélasser sur cette aire protégée. Le site a récemment défrayé la chronique, lorsque des activistes locaux ont réclamé le départ des pinnipèdes afin que le bassin puisse redevenir un lieu de baignade pour enfants. Le site est proche de Coast Blvd, au nord du musée d'art contemporain.

☻horaires par tél), de 1928, qui projette souvent des films cultes, indépendants et étrangers.

✗ p. 317

La route ›› La Hwy 101 devient Carlsbad Blvd à environ 4 miles (6,5 km) au nord d'Encinitas. Elle sinue vers le nord contre les falaises sur 5 miles (8 km) jusqu'à Carlsbad Village. Plus loin se trouve Oceanside, sorte de cité-dortoir de la base marine de Camp Pendleton.

9 Carlsbad

L'un des derniers marais côtiers de Californie, le **Batiquitos Lagoon** (☎760-931-0800 ; www. batiquitosfoundation.org ; 7380 Gabbiano Lane ; ☻centre d'information 9h-12h30 lun-ven, 9h-15h sam-dim) sépare Carlsbad d'Encinitas. Au cours d'une randonnée, vous y observerez des figuiers de Barbarie, des eucalyptus, de grands hérons et des aigrettes neigeuses. Quittez le

littoral, admirez les champs de fleurs du **Carlsbad Ranch** (☎760-431-0352 ; www.theflowerfields. com ; 5704 Paseo del Norte ; adulte/enfant 11/6 $; ☻en général 9h-18h mars à mi-mai) et gagnez le parc de loisirs **Legoland** (☎760-918-5346 ; http://california.legoland.com ; 1 Legoland Dr ; adulte/enfant 72/62 $, avec parc aquatique 87/77 $; ☻10h-17h jeu-lun, horaires prolongés tlj été et jours fériés ; 🏃), qui rassemble manèges, spectacles et attractions autour de la petite brique mythique. De retour sur la côte, vous pourrez profiter des **Carlsbad State Beaches** (☎760-483-3143 ; www.parks. ca.gov ; 10 $/véhicule ; ☻aube-crépuscule), de longues plages de sable proches de Carlsbad Blvd qui partent du sud de Carlsbad Village Dr, où une allée-promenade en bois se prête bien aux balades vespérales.

✗ 🛏 p. 317

Se restaurer et se loger

Coronado ❶

✕ MooTime Creamery
Glacier $

(www.nadolife.com/mootime ; 1025 Orange Ave ;
plats 3,50-7 $; ⊙11h-21h jeu-jeu, 11h-22h
ven-sam ; 🚻). Faits maison, les cornets en
gaufrette, glaces, sorbets et yaourts givrés
aux fruits, noix et bonbons sont divins.

🛏 Hotel del Coronado
Resort $$$

(☎619-435-6611, 800-468-3533 ; www.hoteldel.
com ; 1500 Orange Ave ; ch à partir de 300 $;
❋ @ 🛜 🏊 🚻). Réservez une chambre dans le
bâtiment victorien d'origine, chargé d'histoire,
puis sirotez un cocktail dans le patio avec vue
sur l'océan ou savourez des fruits de mer dans
le romantique restaurant 1500 Ocean.

Balboa Park ❷

✕ Prado
Californien fusion $$$

(☎619-557-9441 ; 1549 El Prado ; plats midi 10-
18 $, soir 22-35 $; ⊙11h30-15h lun-ven, 11h-15h
sam et dim, dîner à partir de 17h mar-dim). Une
cuisine fusion éclectique concoctée par un chef
réputé. Au menu : tamales de bœuf au piment,
salades de produits frais et canard épicé
du Sichuan. Goûtez aux en-cas et margaritas
de l'happy hour dans la véranda.

✕ Tea Pavilion
Japonais $

(2215 Pan American Way ; plats 6-8 $; ⊙10h30-
15h lun, 10h30-16h mar-dim ; 🚳 🚻). Un lieu
idéal pour un bol de nouilles épicées ou un thé
vert, à déguster installé sous un parasol près
du paisible Japanese Friendship Garden.

Embarcadero ❸

✕ Escape Fish Bar
Poisson $

(☎619-702-9200 ; www.escapefishbar.com ;
738 5th Ave ; plats 14-20 $; ⊙11h-23h dim-jeu,
11h-2h ven-sam ; 🚻). En retrait de l'océan, dans
le quartier tendance de Gaslamp, cette adresse
sert du poisson grillé, des fish and chips façon
tempura, des tacones fusion Est-Ouest aux
fruits de mer et de la bisque au lait de coco.

🛏 Best Western Plus
Island Palms
Motel $$

(☎619-222-0561, 800-922-2336 ; www.
islandpalms.com ; 2051 Shelter Island Dr ;
ch 149-249 $; ❋ @ 🛜 🏊 🚻). Des palmiers
ombragent le hall et les jardins de ces bâtiments
de style polynésien bien tenus, abritant de vastes
chambres donnant sur la marina (séparée du
centre-ville par le port). Prêt de vélos.

Ocean Beach ❹

✕ South Beach
Bar & Grill
Californien, mexicain $$

(☎619-226-4577 ; www.southbeachob.com ;
5059 Newport Ave ; plats 8-14 $; ⊙11h-1h
dim-jeu, 11h-2h ven-sam). Mahimahi légèrement
sauté, excellentes sauces... quel que soit le
secret, les tacos au poisson sont excellents.

🛏 Inn at Sunset Cliffs
Motel $$$

(☎619-222-7901, 866-786-2543 ; http://
innatsunsetcliffs.com ; 1370 Sunset Cliffs Blvd,
Point Loma ; ch/ste à partir de 175/215 $;
❋ @ 🛜 🏊 🚻). Charmante adresse rétro
autour d'une cour fleurie, dans le bruit des
vagues se brisant sur les rochers.

Mission Beach
et Pacific Beach ❺

✕ Kono's Surf Club
Café $

(☎858-483-1669 ; 704 Garnet Ave ; plats à partir
de 5 $; ⊙7h-14h lun-ven, 7h-15h sam-dim ; 🚻).
Le copieux petit-déjeuner avec burritos, œufs
brouillés, burgers et frites attire les foules
dans ce patio donnant sur la plage.

✕ Mission
Californien, mexicain $

(☎619-488-9060 ; www.themissionsd.com ;
3795 Mission Blvd ; plats 7-13 $; ⊙7h-15h ;
🚳 🚻). Dégustez le pain perdu à la cannelle et
les pancakes aux baies faits maison, ou encore
les plats latinos, comme les chilaquiles et les
rancheros verde.

🛏 Crystal Pier Hotel   Cottages $$$

(📞800-748-5894 ; www.crystalpier.com ; 4500 Ocean Blvd ; ste et cottages 165-500 $; @ 🐾). Les cottages (non climatisés) des années 1930 dominant l'océan ont beaucoup de cachet. Les suites de l'hôtel sont moins chères. Toutes ont une kitchenette. Réservez jusqu'à 11 mois à l'avance ou croisez les doigts pour profiter d'une annulation de dernière minute.

La Jolla ❻

✖ George's at the Cove
Californien, poisson et fruits de mer $$

(📞858-454-4244 ; www.georgesatthecove.com ; 1250 Prospect St ; plats 11-50 $; 🕑11h-22h dim-jeu, 11h-22h30 ven-sam). La cuisine euro-californienne du chef Trey Foshee est aussi spectaculaire que la vue sur l'océan. Trois possibilités selon votre budget. Réservation non nécessaire pour le George's Bar.

✖ Whisknladle   Slow Food, locavore $$

(📞858-551-7575 ; www.wnlhosp.com ; 1044 Wall St ; plats 10-32 $; 🕑11h30-21h lun-jeu, 11h30-22h ven, 10h-22h sam, 10h-21h30 dim). Bistrot de quartier avec un menu qui affiche des plats "Slow Food" de saison. Le brunch est le repas phare, mais ne manquez pas les beignets de chorizo et de datte ou l'os à moelle, servis au dîner.

Del Mar ❼

✖ Zel's   Californien $$

(📞858-755-0076 ; www.zelsdelmar.com ; 1247 Camino del Mar ; plats 9-18 $; 🕑17h-22h lun-jeu, 17h-23h ven-sam, 17h-21h dim, brunch 9h-14h sam-dim ; 🐾). Tenu en famille depuis des générations, le Zel's perpétue la tradition : pizzas à pâte fine, hamburgers de viande locale et bières artisanales. Musique le week-end.

🛏 Hotel Indigo   Boutique-hôtel $$$

(📞858-755-1501, 877-859-5095 ; www.ichotelsgroup.com ; 710 Camino del Mar ; d avec petit-déj 159-379 $; ❄ @ 📶 ♿ 🐾 🏊). Dans un motel de 2 étages entourant une cour, l'Indigo abrite des chambres et des suites avec kitchenette décorés de photos de coquillages.

Encinitas ❽

✖ Las Olas   Mexicain $$

(📞760-942-1860 ; www.lasolasmex.com ; 2655 S Coast Hwy 101, Cardiff-by-the-Sea ; plats 9-19 $; 🕑11h-21h lun-jeu, 11h-21h30 ven, 10h-21h30 sam, 10h-21h dim ; 🐾). Une cantine mexicaine si appréciée qu'elle possède son propre feu de signalisation ! Commandez des tacos de poisson, du homard à la Puerto Nuevo et une margarita ananas-chili et profitez de la vue.

✖ Swami's Café   Café $

(📞760-944-0612 ; 1163 S Coast Hwy 101 ; plats 5-10 $; 🕑7h-17h ; 🚲 🐾). Pour un bol de baies d'açaï, des smoothies, des pancakes aux céréales, des frites, des salades et des omelettes, rien ne vaut ce patio qui ravira aussi les végétariens.

Carlsbad ❾

✖ Pizza Port   Pizzeria, pub $$

(📞760-720-7007 ; www.pizzaport.com ; 571 Carlsbad Village Dr ; plats 8-20 $; 🕑11h-22h dim-jeu, 11h-minuit ven-sam ; 🐾). Les clients affluent dans ce petit entrepôt en planches pour ses bières artisanales et ses épaisses et délicieuses tourtes.

🛏 Carlsbad Inn
Beach Resort   Resort $$$

(📞760-434-7020, 800-235-3939 ; www.carlsbadinn.com ; 3075 Carlsbad Blvd ; ch/ste à partir de 149/209 $; ❄ @ 📶 ♿ 🐾). Cet hôtel haut de gamme de style Tudor fait face à la plage. Vous pourrez emprunter du matériel de plage et des vélos ou vous inscrire à un cours de paddle ou autre activité.

🛏 West Inn & Suites   Hôtel $$$

(📞760-448-4500, 866-431-9378 ; www.westinnandsuites.com ; 4970 Avenida Encinas ; ch avec petit-déj 159-359 $; ❄ @ 📶 ♿ 🐾 🏊). À mi-chemin entre Legoland et le Carlsbad Village, cet hôtel est étonnamment bon marché vu ses lits *king size* moelleux, ses orchidées et ses produits pour le bain Aveda.

SE DÉGOURDIR LES JAMBES
SAN DIEGO

Départ/arrivée
California Quadrangle

Distance 4 km

Durée 2-6 heures

Avec son zoo, ses musées et ses jardins, construits à l'origine pour la Panama-California Exposition de 1915-1916, le Balboa Park est le point fort d'une étape à San Diego. Découvrez l'étonnante architecture des édifices qui bordent ses chemins sinueux.

Compatible avec les itinéraires :

1 | 29 | 30

California Quadrangle

À l'est du Cabrillo Bridge, El Prado passe sous une arche et débouche sur le **California Quadrangle**, construit à l'occasion de l'exposition de 1915. Au nord, le **Museum of Man** (musée de l'Homme ; ☎619-239-2001 ; www.museumofman. org ; adulte/enfant 12,50/5 $; ⏱10h-16h30) est un superbe exemple du style baroque espagnol des années 1730-1780, avec sa **Tower of California** richement décorée de faïences jaunes et bleues. Les collections de ce musée anthropologique sont dédiées aux cultures amérindiennes du Sud-Ouest américain.

La promenade ≫ Flânez sous les colonnades blanches, le long du côté sud d'El Prado. Passez par l'Alcazar Garden, sur votre droite, puis continuez vers l'est et la fontaine de la Plaza de Panama.

Plaza de Panama

L'extérieur du **San Diego Museum of Art** (☎619-232-7931 ; www.sdmart.org ; 1450 El Prado ; adulte/enfant 12/4,50 $; ⏱10h-17h lun-mar, jeu et sam, 10h-21h ven, 12h-17h dim) fut conçu dans le style plateresque (transition entre gothique et Renaissance) du XVIᵉ siècle. Non loin, le **Timken Museum** (☎619-239-5548 ; www.timkenmuseum.org ; 1500 El Prado ; entrée libre ; ⏱10h-16h30 mar-sam, 13h30-16h30 dim) abrite une impressionnante collection d'œuvres de maîtres européens, et le **Mingei International Museum** (☎619-239-0003 ; www.mingei.org ; 1439 El Prado ; adulte/enfant 8/5 $; ⏱10h-16h mar-dim) présente de l'art folklorique du monde entier.

La promenade ≫ Longez l'étang vers le nord jusqu'à la serre du Botanical Building. Une fois ressorti, coupez vers l'est jusqu'à Pl, puis tournez à gauche et partez vers le nord. Vous passerez devant le figuier géant de Moreton Bay et les boutiques du Spanish Village Art Center.

San Diego Zoo

Ouvert en 1916, le **zoo de San Diego** (☎619-231-1515 ; www.sandiegozoo.org ; 2920 Zoo Dr ; adulte/enfant avec visite guidée en bus et télécabines Skyfari 42/32 $; ⏱9h-17h ou 18h tlj, horaires prolongés été et jours fériés ; 🚹) offre à ses pensionnaires un habitat imitant leur milieu naturel, ce qui en fait également

l'un des plus beaux jardins botaniques du pays. La visite guidée en bus à impériale en donne une bonne vue d'ensemble – vous serez plus près des animaux à l'étage inférieur.

La promenade » Retournez à El Prado, tournez à gauche et gagnez la fontaine Bea Evanson. Revenez un peu sur vos pas vers l'ouest jusqu'à l'entrée du Muséum d'histoire naturelle.

San Diego Natural History Museum

Le **Nat** (San Diego Natural History Museum ; 619-232-3821 ; www.sdnhm.org ; 1788 El Prado ; adulte/enfant 15/9 $; 10h-17h dim-ven, 9h-17h sam ;) est riche de 7,5 millions de pièces, notamment des roches, des fossiles, des animaux naturalisés et des crânes. Outre son écran géant et ses expositions itinérantes, il propose une exposition éducative et écologique sur les ressources en eau de Californie du Sud.

La promenade » Repartez vers l'ouest dans El Prado, et passez devant la Casa del Balboa, qui abrite les musées de la photographie, de l'histoire de la ville et des trains miniatures, sur votre gauche. Tournez à droite à la Plaza de Panama, vers le sud, et passez devant le Japanese Friendship Garden et le Spreckels Organ Pavilion.

Pan American Plaza

Stands de fast-food et glaciers s'installent sur la place centrale de Balboa Park. L'**UN gift shop** (boutique de l'Organisation des Nations-Unies ; 619-233-5044 ; 10h-16h30) vend des objets artisanaux, bijoux et souvenirs issus du commerce équitable et reverse les profits à des œuvres caritatives d'aide aux enfants du monde entier. Non loin, la **House of Pacific Relations** (619-234-0739 ; www.sdhpr.org ; 2191 W Pan American Rd ; entrée libre ; 12h-16h dim ;) permet d'admirer 15 cottages décorés de meubles, d'œuvres d'art et d'objets de divers pays. Plus au sud se trouve le célèbre **San Diego Air & Space Museum** (619-234-8291 ; www.sandiegoairandspace. org ; adulte/enfant 17,50/7 $; 10h-16h30 ;).

La promenade » Faites demi-tour et remontez la Pan American Rd jusqu'à la Plaza de Panama, au nord-est. Tournez à gauche dans El Prado et dirigez-vous à l'ouest vers le California Quadrangle, point de départ de la promenade.

Mission San Juan Capistrano *un site enchanteur ponctué de fontaines et de jardins fleuris*

El Camino Real, sur la route des missions californiennes

30

Suivez les pas des premiers colons espagnols, de San Diego à Sonoma, et découvrez de remarquables missions californiennes, ainsi que des auberges et des restaurants pleins de charme.

TEMPS FORTS

555 miles/893 km

San Francisco
Une promenade agréable dans le quartier bohème de Mission District

ARRIVÉE
Sonoma

7

6

455 miles/732 km

San Juan Bautista
Une mission hitchcockienne détruite lors du séisme de San Francisco

San Luis Obispo

215 miles/346 km

Santa Barbara
Un avant-poste colonial sur le Pacifique

4 Ventura

Los Angeles

2

San Diego
DÉPART

San Juan Capistrano
Un superbe édifice surnommé à raison "le joyau des missions"

65 miles/105 km

4-5 JOURS
615 MILES/990 KM

PARFAIT POUR...

LE MEILLEUR MOMENT
Avril-octobre pour un ciel ensoleillé.

LA PHOTO SOUVENIR
Les hirondelles de retour à San Juan Capistrano.

POUR LES GASTRONOMES
Mission District, quartier métissé de San Francisco.

321

El Camino Real, sur la route des missions californiennes

Il aura fallu plus de 50 ans pour que 21 missions soient fondées le long du Camino Real ("la route royale"), tracée pour la première fois par le conquistador Gaspar de Portolá et le prêtre franciscain Junípero Serra à la fin du XVIIIe siècle. Chaque mission était à une journée de cheval de la suivante, mais aujourd'hui, une petite semaine suffit à couvrir l'itinéraire complet.

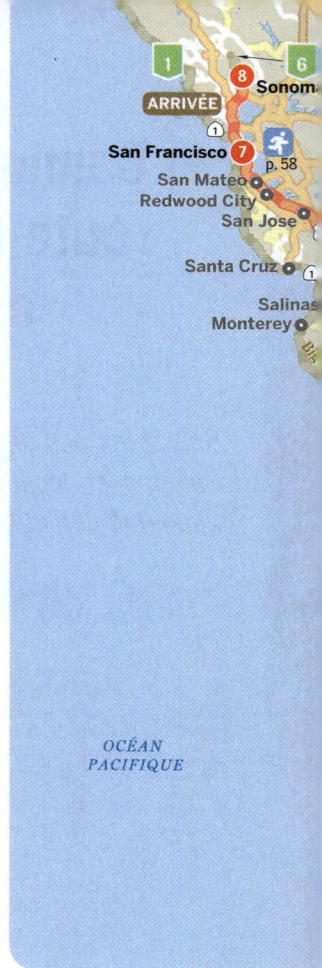

1 San Diego

Le 1er juillet 1769, une centaine de soldats et missionnaires espagnols débarquèrent dans la baie de San Diego. Rescapés d'une troupe dont la moitié avait péri durant la traversée depuis la Basse-Californie, la plupart de ces hommes étaient malades. Les débuts de la **Mission Basilica San Diego de Alcalá** (☎619-281-8449 ; www.missionsandiego.com ; 10818 San Diego Mission Rd ; don suggéré 3 $; ☺9h-16h45), la plus ancienne mission de Californie, furent donc rudes.

À l'ouest de Presidio Hill, le **Junípero Serra Museum** (☎619-297-3258 ; www.sandiegohistory.org ; 2727 Presidio Dr ; adulte/enfant 6/3 $; ☺10h-16h ou 17h sam-dim, téléphoner pour les horaires en sem ; ♿) est consacré aux luttes ayant opposé les Amérindiens aux missions. Bâti en 1928 à l'emplacement du fort militaire et de l'église de la mission d'origine, cet édifice de style renouveau espagnol reflète l'architecture des premières missions.

Non loin, l'**Old Town San Diego State Historic Park** (☎619-220-5422 ; www.parks.ca.gov ; accès libre ; ☺centre d'information et musées 10h-16h, jusqu'à 17h mai-sept) abrite des édifices datant des périodes espagnole, mexicaine et du début des États-Unis, et comporte une place agrémentée de boutiques et de cafés.

Voir notre promenade p. 318.

✕ ⬒ p. 327

La route ≫ Jalonné de cloches en bronze depuis les années 1920, El Camino Real suit l'I-5 vers le nord au départ de San Diego. Après plus de 60 miles (96 km), prenez la Hwy 74 (Ortega Hwy), tournez à gauche et roulez vers l'ouest jusqu'à la Mission San Juan Capistrano.

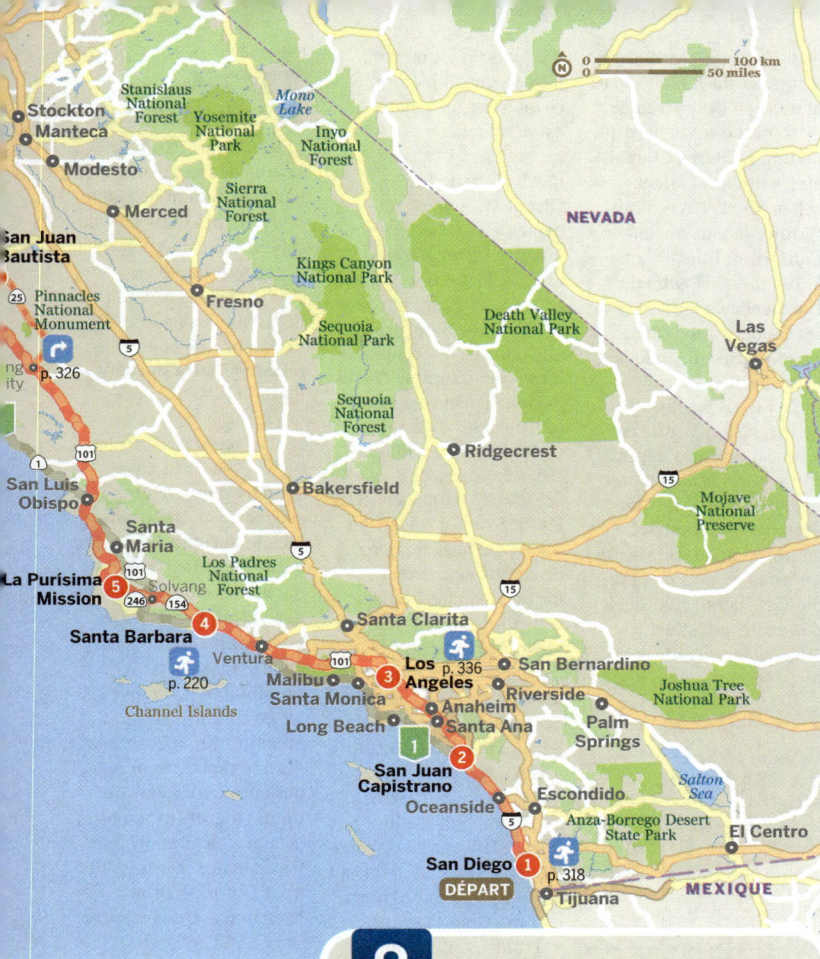

Stockton
Manteca
Modesto
Stanislaus
National
Forest
Yosemite
National
Park
Mono
Lake
Inyo
National
Forest
Merced
Sierra
National
Forest
NEVADA
San Juan
Bautista
(25) Pinnacles
National
Monument
Fresno
Kings Canyon
National Park
Death Valley
National Park
Las
Vegas
(5)
ng
ity p. 326
Sequoia
National
Park
(101)
Sequoia
National
Forest
Ridgecrest
(15)
Mojave
National
Preserve
(1)
San Luis
Obispo
Bakersfield
Santa
Maria
(101)
La Purísima
Mission
Solvang
(246) (154)
Santa Barbara
Los Padres
National
Forest
(5)
(15)
Santa Clarita
San Bernardino
Ventura
p. 220
Channel Islands
(101)
Malibu
Santa Monica
Long Beach
Los
Angeles p. 336
Anaheim
Santa Ana
Riverside
Palm
Springs
Joshua Tree
National Park
San Juan
Capistrano
Oceanside
(5)
Escondido
Anza-Borrego Desert
State Park
Salton
Sea
El Centro
San Diego
DÉPART
p. 318
Tijuana
MEXIQUE

0   100 km
0   50 miles

---

p. 326
p. 220
p. 336
p. 318

TEMPS FORT

❷ San Juan Capistrano

Archéologues, ingénieurs et restaurateurs ont fait un travail d'orfèvre pour préserver la **mission San Juan Capistrano** (☏949-234-1300 ; www.missionsjc.com ; 26801 Ortega Hwy ; adulte/enfant 9/5 $;

Ⓢ À COMBINER AVEC

① Pacific Coast Highway

Le sentier des missions californiennes croise l'itinéraire côtier classique de la PCH à San Diego, Los Angeles, Santa Barbara et San Francisco.

⑥ La route des vins de la Sonoma Valley

Débutez l'exploration de la région viticole du nord de la Californie à Sonoma Plaza, là où se termine l'itinéraire précédent.

⊙8h30-17h ; 🚻). Entourée d'arcades du XVIIIᵉ siècle, la mission est parsemée de fontaines et de jardins fleuris. La **Serra Chapel**, où les messes étaient célébrées en 1783, serait l'édifice le plus ancien de Californie. Tous les ans, le 19 mars, le **Festival of the Swallows** (ou Fiesta de las Golondrinas) célèbre le retour des hirondelles d'Argentine, venues nicher dans les murs de la mission. À une rue à l'ouest, près du dépôt ferroviaire, le charmant quartier arboré de **Los Rios Historic District** conserve une trentaine de maisons en bois de la fin du XIXᵉ-début XXᵉ siècle, dont trois en adobe, aménagées en cafés et boutiques de souvenirs.

✗ p. 327

La route ›› Reprenez l'I-5 vers le nord pour 50 miles (80 km) de circulation dense jusqu'au centre de Los Angeles. Prenez la sortie Alameda St/Union Station, tournez à droite dans Main St et trouvez une place de stationnement (payante).

- - - - - - - - - - - - -

❸ Los Angeles

Partis de la mission San Gabriel Arcángel, quelques dizaines de colons espagnols ont fondé la "cité des Anges" en 1781, près de l'actuel quartier d'**El Pueblo de Los Angeles** (📞213-628-1274 ; http://elpueblo.lacity.org ; 125 Paseo de la Plaza ; ⊙musées 11h-15h mar-sam, restaurants et boutiques

10h-20h tlj ; 🚻). Compact, pittoresque et piétonnier, ce quartier historique est un plongeon dans les racines hispano-mexicaines de LA. Olvera St, son artère principale, est un endroit festif où se régaler de tacos, acheter des bonbons artisanaux et des babioles folkloriques. Jetez un œil aux édifices historiques du XIXᵉ siècle, comme l'**Avila Adobe**, demeure de 1818 aux meubles d'époque, ou l'église de **"La Placita"** (Notre-Dame des Anges ; 535 Main St), édifiée en 1822, faufilez-vous à travers les foules d'Olvera St, bordée de stands de cuisine mexicaine, puis accordez-vous une pause devant le **kiosque à musique**, où des mariachis se produisent les après-midi ensoleillés de fin de semaine. Non loin, **La Plaza de Cultura y Artes** (📞213-542-6200 ; www.lapca.org ; 501 Main St ; entrée libre ; ⊙12h-19h mer-lun) retrace l'histoire mexicano-américaine de LA, des Zoot Suit Riots au mouvement féministe des Chicanas.

D'autres sites sont présentés dans la balade proposée p. 336.

✗ p. 327

La route ›› Suivez la Hwy 101, au nord de Downtown LA, passez Hollywood et virez vers l'ouest pour traverser la San Fernando Valley et rejoindre la côte. Au nord de Ventura, une autre ville californienne forte d'une mission et de belles plages, se trouve Santa Barbara, à environ 100 miles (160 km) de LA.

TEMPS FORT

❹ Santa Barbara

Frappée, en 1925, d'un séisme de magnitude 6.3, **State St** fut entièrement reconstruite dans le style renouveau espagnol, avec des édifices en adobe chaulés aux toits de tuiles rouges. Au nord, sur une colline, la **mission Santa Barbara** (📞805-682-4713 ; http://santabarbaramission.org ; 2201 Laguna St ; adulte/enfant 5/1 $; ⊙9h-17h) a aussi souffert d'importants séismes. Son imposante façade dorique, hommage à une chapelle romaine ancienne, est dominée par deux clochers identiques. Fondée en 1786, le jour de la sainte Barbara, la mission put échapper à la loi de sécularisation du Mexique qui aboutit à la destruction de la plupart des autres missions de Californie, et fut toujours occupée par des prêtres franciscains. Des œuvres d'art chumash ornent la chapelle. Un cimetière se tient à l'arrière.

Pour une promenade dans Santa Barbara, voir p. 220.

✗ 🛏 p. 327

La route ›› El Camino Real suit la Hwy 101 vers le nord. La sinueuse Hwy 154, qui monte dans les montagnes et traverse une région viticole, est plus belle. Tournez à gauche dans la Hwy 246 (Mission Dr) vers le village danois de Solvang (p. 215), doté d'une jolie petite mission, puis poursuivez vers

Mission San Juan Bautista Maître-autel

l'ouest presque jusqu'à Lompoc. Comptez 50 miles (80 km) depuis la mission Santa Barbara.

5 La Purísima Mission

Traversez les collines des environs de **Lompoc**, au milieu des vignobles et des champs de fleurs, jusqu'à **La Purísima Mission State Historic Park** (☎805-733-3713 ; www.parks.ca.gov, www. lapurisimamission.org ; 2295 Purisima Rd, Lompoc ; 6 $/véhicule ; ☺9h-17h). Restauré par le Civilian Conservation Corps (CCC) durant la Grande Dépression, ce parc historique abrite une douzaine de bâtiments rendus à leur aspect des années 1820. Découvrez les baraquements des soldats espagnols, une salle de tissage et une forge, bordés de champs où paissent vaches, chevaux et chèvres.

La route » Suivez la pittoresque Hwy 1 vers le nord jusqu'à Pismo Beach, puis rejoignez la Hwy 101 pour San Luis Obispo, ville calme dotée d'une mission idéalement située pour servir d'étape (voir p. 207). Le jour suivant, suivez la Hwy 101 vers le nord pour 140 miles supplémentaires (225 km) qui passe par Salinas jusqu'à la Hwy 156, qui relie l'est à San Juan Bautista.

(voir p. 207)

TEMPS FORT

6 San Juan Bautista

Bâtie sur la faille de San Andreas, la **mission San Juan Bautista** (☎831-623-4528 ; www. oldmissionsjb.org ; 406 2nd St ; adulte/enfant 4/2 $; ☺9h30-16h30) possède la plus grande église des missions californiennes. La chapelle d'origine fut détruite en 1906 lors du séisme de San Francisco. Certaines scènes du film *Sueurs froides* d'Alfred Hitchcock y furent tournées dans les années 1960 (mais le clocher de la scène finale est une invention).

325

VAUT LE DÉTOUR
PINNACLES NATIONAL MONUMENT

Point de départ : 5 La Purísima Mission

Tirant son nom des hautes aiguilles ponctuant les collines couvertes de chaparral (maquis californien), ce **parc** (☎831-389-4486 ; www.nps.gov/pinn ; 5 $/véhicule) protège des monolithes escarpés, des canyons aux parois abruptes et des restes d'un volcan éteint. Outre la marche et l'escalade, le parc est particulièrement réputé pour ses grottes d'éboulis et ses condors de Californie, espèce menacée. Visitez-le au printemps ou en automne. L'été, la chaleur est trop forte. Un camping se trouve à l'entrée est, près de la Hwy 25 entre San Juan Bautista et King City, accessible par la Hwy 101 au nord de San Luis Obispo.

L'ancienne place espagnole, devant la mission, ouvre sur le **San Juan Bautista State Historic Park** (☎831-623-4881 ; www.parks.ca.gov ; musée adulte/enfant 3 $/ gratuit ; ◷10h-16h30 mar-dim). Facilement accessible à pied, le centre-ville comprend de nombreux restaurants mexicains et antiquaires.

La route ›› Reprenez la Hwy 156 vers l'ouest jusqu'à la Hwy 101 qui court vers le nord, traverse les fermes d'ail de Gilroy, puis San Jose et la Silicon Valley, et suit la rive ouest de la baie de San Francisco. San Francisco se trouve 90 miles (145 km) plus loin. Arrivés à SF, sortez à Duboce St, tournez à gauche dans Guerrero St puis à droite dans 15th St pour arriver à la mission San Francisco de Asís.

TEMPS FORT

7 San Francisco

Plus ancien édifice de la ville, la **mission San Francisco de Asís** (☎415-621-8203 ; www.missiondolores. org ; 3321 16th St ; adulte/enfant 5/3 $; ◷9h-16h, 9h-16h30 mai-oct), ou **mission Dolores**, en adobe blanchi à la chaux, fut fondée en 1776 et reconstruite en 1782 par des Ohlone et des Miwok. Elle abrite un autel doré à la feuille et des poutres en séquoia ornées d'œuvres d'art amérindiennes. C'est la seule chapelle d'origine encore debout en Californie, ses murs en adobe ayant résisté au séisme de 1906. Aujourd'hui, elle est éclipsée par la basilique très décorée de 1913, dont les vitraux commémorent les 21 premières missions. Dans le cimetière, à l'arrière, où Kim Novak errait dans *Sueurs froides,* la reproduction d'une hutte ohlone est un mémorial aux 5 000 Ohlone et Miwok qui périrent lors d'épidémies de rougeole en 1814 et 1826.

Dans le quartier bohème de **Mission District**, connu pour ses fresques murales, les *taquerías* mexicaines jouxtent les restaurants californiens *farm-to-table.*

Continuez la visite de San Francisco en suivant notre promenade, p. 58.

p. 327

La route ›› La Hwy 101 gravit les fameuses collines de San Francisco, de Mission District à la marina, quittant finalement la ville par le pont du Golden Gate. Au nord de la ville de San Rafael, suivez la Hwy 37 vers l'est jusqu'à la Hwy 121 vers le nord, puis prenez la Hwy 12 vers le nord jusqu'au centre de Sonoma, à plus de 40 miles (65 km) de San Francisco.

8 Sonoma

Au cœur de la région viticole du même nom, Sonoma est le site de la dernière mission espagnole fondée en Californie, mais aussi le lieu où les colons américains déclarèrent leur indépendance du Mexique en 1846. La **mission San Francisco Solano** fait désormais partie du **Sonoma State Historic Park** (☎707-938-9560 ; www.parks.ca.gov ; 20 E Spain St ; adulte/enfant 3/2 $; ◷10h-17h mar-dim), qui abrite des baraquements militaires et la demeure d'un général mexicain du milieu du XIXe siècle. Sa petite chapelle en adobe, datant de 1841, marque aussi le point d'arrivée du Camino Real.

p. 327

Se restaurer et se loger

San Diego ❶

✖ El Agave   Mexicain $$$

(☎619-220-0692 ; www.elagave.com ; 2304 San
Diego Ave ; plats soir 21-39 $; ⏰11h-22h). Mêlant
traditions espagnoles, mexicaines et hispaniques,
la carte de l'Agave est surtout connue pour ses
délicieuses sauces *mole*. Le bar propose pas
moins de 2 000 références de tequila !

🛏 Cosmopolitan Hotel   B&B $$$

(☎619-297-1874 ; www.oldtowncosmo.com ;
2660 Calhoun St ; ch avec petit-déj 185-290 $;
❄🛜). Malgré un service pas toujours
impeccable, cet hôtel des années 1870 égaie
l'ambiance de la vieille ville avec son bar et son
restaurant. À l'étage, chambres au mobilier
ancien, certaines avec balcon.

San Juan Capistrano ❷

✖ Ramos House Café   Californien $$

(www.ramoshouse.com ; 31752 Los Rios St ; plats
13-18 $; brunch week-end 35 $; ⏰8h30-15h
mar-dim). Réputée pour sa cuisine copieuse aux
fines herbes du jardin, cette adresse en adobe
de 1881 se trouve à deux pas de la mission,
juste de l'autre côté de la voie de chemin de fer.

Los Angeles ❸

✖ Philippe the Original   Américain $

(www.philippes.com ; 1001 N Alameda St ; plats
4-12 $; ⏰6h-22h ; 🚗). Des policiers du LAPD
aux juristes en costume... tout le monde aime
le Philippe, où fut inventé le célèbre *French dip
sandwich* (sandwich chaud au bœuf émincé) il y
a plus d'un siècle. Commandez au comptoir puis
installez-vous à une table sur le sol couvert de
sciure. Paiement en espèces uniquement.

Santa Barbara ❹

✖ Bouchon   Californien $$$

(☎805-730-1160 ; www.bouchonsantabarbara.
com ; 9 W Victoria St ; plats 25-36 $; ⏰17h30-21h

lun-jeu, 17h-22h ven-sam, 17h-21h dim). Cuisine
française mâtinée de touches californiennes,
riche de produits frais, de viande locale et de vins
régionaux, et servie dans un cadre fleuri.

🛏 Inn of the Spanish
Garden   Boutique-hôtel $$$

(☎805-564-4700, 866-564-4700 ; http://
spanishgardeninn.com ; 915 Garden St ; d avec petit-
déj 250-525 $; ❄@🛜❄). Élégant hôtel central
de style néocolonial. La vingtaine de chambres
et de suites fait face à une jolie fontaine.

San Francisco ❼

✖ Pancho Villa   Mexicain $

(www.sfpanchovilla.com ; 3071 16th St ; plats
5-9 $; ⏰10h-minuit). Dans Mission District, cette
taquería bon marché et tendance vend des "super
burritos" à la mode de San Francisco. Nombreux
condiments disponibles. La file avance vite.

🛏 Inn San Francisco   B&B $$

(☎415-641-0188, 800-359-0913 ; www.innsf.com ;
943 S Van Ness Ave ; ch avec petit-déj 120-285 $;
@🛜). Bien tenue, cette paisible demeure
victorienne remplie d'antiquités comprend
un Jacuzzi extérieur et d'agréables chambres
(certaines avec sdb commune) dotées de lits
confortables.

Sonoma ❽

✖ Cafe La Haye   Californien $$$

(☎707-935-5994 ; www.cafelahaye.com ; 140 E
Napa St ; plats 19-30 $; ⏰17h30-21h mar-sam). La
nouvelle cuisine américaine de cet établissement
lui assure d'être souvent bondé, mais les plats
savoureux à base de produits locaux méritent
que l'on réserve bien à l'avance.

🛏 El Dorado Hotel   Boutique-hôtel $$$

(☎707-996-3220 ; www.eldoradosonoma.com ;
405 W 1st St ; ch 165-225 $; ❄🛜❄). La déco
élégante compense l'exiguïté des chambres,
tout comme les balcons privatifs donnant sur
la cour. Réservez pour un dîner californien,
au rez-de-chaussée.

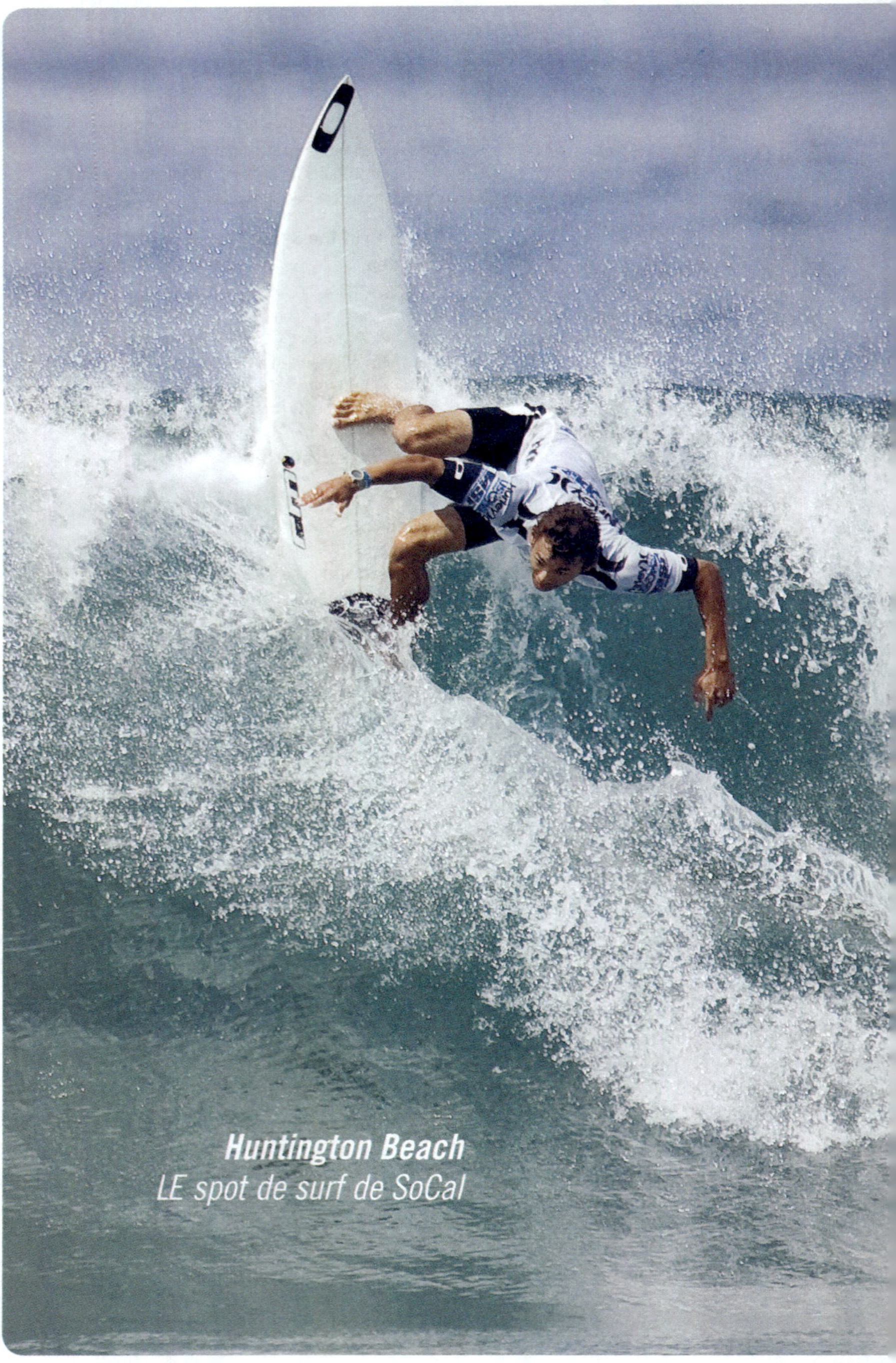

Huntington Beach
LE spot de surf de SoCal

Hédoniste SoCal

31

Célèbres lieux de tournage, adresses prisées des stars, obsession de l'image, culte des célébrités… Le sud de la Californie (SoCal) est le lieu idéal pour se faire son propre film.

TEMPS FORTS

3 JOURS
250 MILES/400 KM

145 miles/233 km

Santa Barbara
Des édifices coloniaux
et une région viticole télégénique

235 miles/378 km

Burbank
Dans les coulisses
des grands studios
hollywoodiens

PARFAIT POUR…

LE MEILLEUR MOMENT
Toute l'année, bien
que l'hiver puisse
être pluvieux.

6

Santa
Monica

7 ● Hollywood
ARRIVÉE

60 miles/97 km

4

Venice
Un spectacle 100% californien
sur la promenade du front de mer

LA PHOTO SOUVENIR
L'étoile de votre star
préférée sur le Hollywood
Walk of Fame.

3
DÉPART

Newport
Beach
Laguna
Beach

POUR LES FANS DE CINÉMA
La visite des studios
Warner.

Huntington Beach
Le paradis des surfeurs
californiens

15 miles/24 km

Hédoniste SoCal

Le trajet débute dans l'Orange County (OC) et ses plages de rêve, épicentre de la culture pop californienne, et se prolonge vers le nord en passant par les skateparks de Venice Beach, les villas de stars à Malibu et les célèbres lieux de tournage de Santa Barbara. Le trajet retour passe par la San Fernando Valley pour une visite de studio, puis se termine à Hollywood sur l'emblématique Sunset Strip.

❶ Laguna Beach

Laguna Beach, la plus charmante ville balnéaire d'OC, distille son ambiance de Riviera dans ses plages isolées, ses eaux cristallines et ses collines couvertes d'eucalyptus. Des galeries d'art jalonnent la Pacific Coast Hwy, et les festivals d'art de l'été sont des institutions. Arpentez les boutiques chics du **village**, en centre-ville, puis offrez-vous une pause bronzage sur **Main Beach**. Secret jalousement gardé par les habitants, **Thousand Steps Beach** (à hauteur de

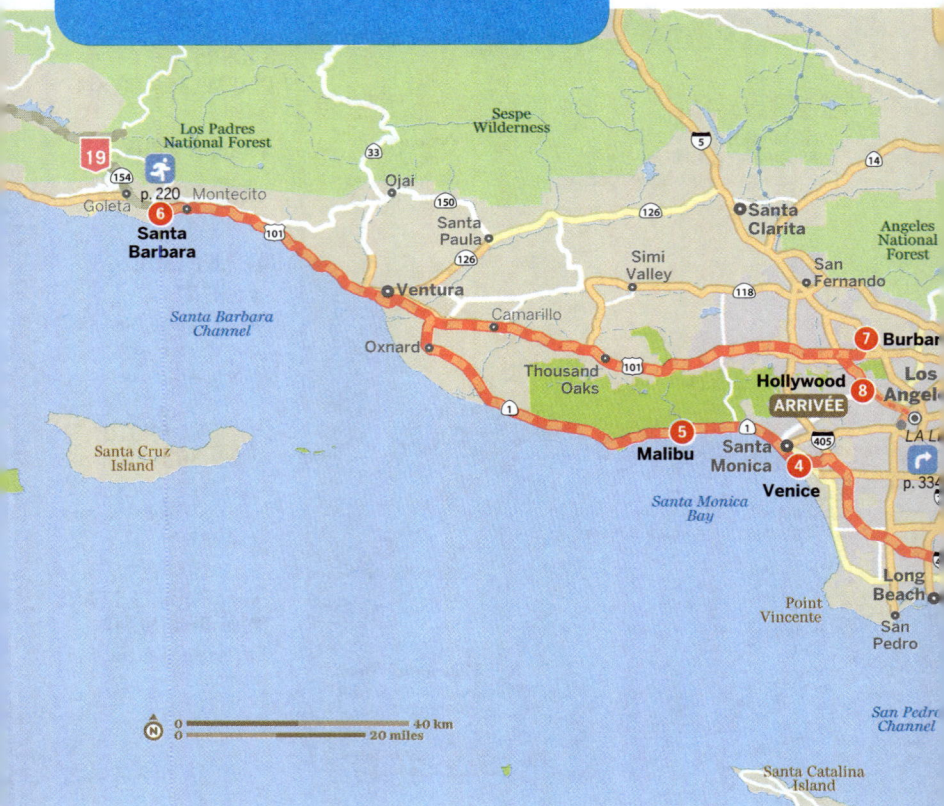

9th Ave) est nichée en retrait de la Hwy 1, au sud du Mission Hospital, où un escalier mène à une plage rocheuse digne d'une carte postale.

La route ≫ Rejoignez la Hwy 1 (direction nord), aussi appelée Pacific Coast Hwy (PCH), pour 10 miles (16 km) avalés rapidement jusqu'à Newport Beach, via le Crystal Cove State Park. Sortez sur Newport Blvd, que vous suivrez jusqu'à la Balboa Peninsula.

❷ Newport Beach

Si la série télévisée du même nom ne passe plus sur les écrans depuis plusieurs années, elle n'en a pas moins donné un côté plus jeune et branché à cette ville naguère connue avant tout pour ses riches plaisanciers. Sur la **Balboa Peninsula**, les 3 km de front de mer entre les pontons de **Balboa Pier** et de **Newport Pier** sont le repère des jeunes "glamazones". Dans les terres, les célébrités ont leurs habitudes autour de **Fashion Island** (www.shopfashionisland. com ; 401 Newport Center Dr), un centre commercial huppé qui compte parmi les principaux temples du shopping dans la région.

✕ p. 335

La route ≫ Continuez sur la Hwy 1 vers le nord. Les week-ends d'été, les bouchons y sont fréquents, mais pas de panique : il n'y a que 4 miles (6,5 km) à parcourir avant de rejoindre Huntington Beach, au croisement de Main St et de la PCH.

❸ Huntington Beach

Après la télévision, place au surf ! **Huntington Beach** est le spot californien par excellence depuis que George Freeth y fit, voici un siècle, sa première démonstration. La ville a d'ailleurs récemment déposé son surnom de "Surf City USA" (tiré d'une chanson de 1963). C'est ici que les grandes marques viennent trouver l'inspiration de leurs futures collections. Et pendant ce temps, des naïades jouent au beach volley sur le sable doré et des skateurs filent à toute allure sur la promenade, face à l'océan.

La route ≫ Continuez sur 12 miles (20 km) sur la Hwy 1, en passant par Sunset Beach (voir p. 335 pour une pause déjeuner). Rejoignez ensuite l'I-405 (direction nord), en passant par les zones industrielles de Los Angeles. À l'intersection avec la Hwy 90, prenez-la vers l'ouest direction Marina del Rey.

§ À COMBINER AVEC

19 **Pays viticole de Santa Barbara**

Suivez la Hwy 154 dans les montagnes de la Santa Ynez Valley, pour voir de près les vignobles du film *Sideways*.

28 **Disneyland et les plages de l'Orange County**

La Hwy 1 vous fera passer par les plages ensoleillées de l'Orange County, avant d'arriver à Disneyland.

331

Passez la marina pour rejoindre Pacific Ave près de la plage, que vous remonterez vers le nord jusqu'à Venice.

TEMPS FORT

❹ Venice

Créée en 1905 en tant que parc de loisirs par l'excentrique héritier du tabac Abbot Kinney, la "Venise américaine" avait même eu droit à ses gondoliers à l'italienne. Aujourd'hui, hippies, culturistes, gothiques, joueurs de djembé et autres marginaux ont investi l'**Ocean Front Walk**. Chaussez vos Rollerblades, enfourchez un *beach cruiser* fluo ou enfilez vos plus belles tongs et partez à la découverte de ce fantastique bouillon de culture expérimental. Venice est aussi le berceau de la culture skate, une genèse relatée dans le film *Les Seigneurs de Dogtown*.

✕ 🛏 p. 335

La route ❯❯ Prenez Ocean Ave vers le nord et rejoignez ja Hwy 1 (PCH) après l'I-10. Passez devant le Santa Monica Pier et ses manèges anciens. Poursuivez sur la Hwy 1, qui suit la côte jusqu'à Malibu, à une vingtaine de kilomètres.

❺ Malibu

Bordant un littoral magnifique, Malibu est sans doute la localité la plus densément peuplée en célébrités de tout le sud de la Californie.

Vous pourrez ainsi jouer les paparazzi au **Malibu Country Mart** (www.malibucountrymart. com ; 3900 Cross Creek Rd), charmante petite galerie commerciale où les vedettes viennent boire un café frappé après leurs emplettes. Environ 15 miles (25 km) plus à l'ouest, entrez dans le **Leo Carrillo State Park** (www.parks.ca.gov ; 35000 W Pacific Coast Hwy ; 12 $/ véhicule ; 🕐 8h-22h ; 🚹). Ces criques isolées ont servi de toile de fond aux films *Pirates des Caraïbes, Karaté Kid, Amour et Amnésie* et *Grease*.

La route ❯❯ Longez la côte vers le nord via la Hwy 1 qui rentre dans les terres et croise la Hwy 101. Cette dernière vous mènera vers la côte, à Ventura, puis suit les falaises et les plages bordant l'océan vers le nord-ouest jusqu'à Santa Barbara, à environ 1 heure 30 de Malibu sans embouteillages.

TEMPS FORT

❻ Santa Barbara

Caractérisée par des bâtiments de stuc blanc aux toits rouges, Santa Barbara s'est autoproclamée "Riviera américaine". Les édifices de style colonial qui bordent **State St** (voir notre promenade p. 220) ont servi de toile de fond à de nombreux films, notamment à *Pas si simple*, avec Meryl Streep et Alec Baldwin (2009). La belle Hwy 154 gravit la montagne et

rallie en 45 minutes la **région viticole de Santa Barbara** (voir p. 212), lieu de tournage du film oscarisé *Sideways* (2004). À l'est de Santa Barbara, près de la Hwy 101, s'étire **Montecito**, quartier arboré prisé des célébrités, niché entre les montagnes et l'océan Pacifique. De grands noms, comme Oprah Winfrey, Steven Spielberg ou Steve Martin y vivent et s'aventurent parfois dans Coast Village Rd, la rue principale bordée de boutiques et de terrasses.

✕ 🛏 p. 335

PATRICK ESCUDERO / HEMIS / CORBIS ©

La route » Reprenez la Hwy 101 vers le sud jusqu'à Ventura, puis gravissez la montagne en suivant la Conjeo (Camarillo) Grade, tronçon escarpé de l'autoroute. La Hwy 101 part ensuite vers l'est et traverse la San Fernando Valley. À l'embranchement avec les Hwy 170 et 134, tenez votre gauche et prenez la Hwy 134 vers l'est. Prenez la sortie n°3, et passez sous l'autoroute à gauche pour rejoindre Bob Hope Dr, puis W Olive Ave (vers le nord), qui rejoint Burbank, à environ 90 miles (145 km) de Santa Barbara.

- - - - - - - - - -

TEMPS FORT

7 Burbank

Il y a longtemps, l'industrie du cinéma et de la télévision a quitté Hollywood pour la **San Fernando Valley**. Nombre de superproductions hollywoodiennes ont été tournées sur place (la "Valley" est aussi connue pour être le centre de l'industrie du X). C'est également ici qu'a été popularisée la culture des centres commerciaux.

Découvrez les coulisses d'un studio lors du **Warner Bros VIP Studio Tour** (📞877-492-8667 ; www.wbstudiotour.com ; 3400 Riverside Dr ; circuit 49 $; 🕐 tlj, horaires variables) ou emmenez vos enfants au parc d'attractions des **Studios Universal** (Universal Studios Hollywood ;

📞800-864-8377 ; www. universalstudioshollywood. com ; 100 Universal City Plaza ; adulte/enfant 77/69 $; 🕐 tlj, horaires variables ; 👤) pour visiter les studios dans un tramway géant qui passe par des studios en activité et des décors extérieurs comme ceux de *Desperate Housewives*. Ouverts au public en 1915, quand le directeur Carl Laemmle invitait les visiteurs à assister au tournage de films muets pour 25 ¢ (panier-repas compris), les studios Universal restent, près d'un siècle plus tard, l'un des plus grands studios

333

VAUT LE DÉTOUR
LA LIVE

Point de départ : 8 Hollywood

Près du **Staples Center**, salle omnisports en forme de soucoupe, le **LA Live** (www.lalive.com) est un centre de loisirs étincelant. Admirez la statue géante de Magic Johnson, et faites la fête au Conga Room, copropriété de Wil.i.am. Ne manquez pas le **Grammy Museum** (213-765-6800 ; www.grammymuseum.org ; 800 W Olympic Blvd ; adulte/enfant 13/11 $; 11h30-19h30 dim-ven, 10h-19h30 sam). Vous pourrez y voir la grosse caisse des Guns N' Roses ou un gant du violoncelliste américain Yo-Yo Ma, présentés telles des reliques sacrées, et profiter d'expositions interactives pour mixer, chanter ou rapper. À 7 miles (11 km) au sud-est de Hollywood via la Hwy 101 et l'I-110 vers le sud (sortie 8th St).

de cinéma au monde. Vous pourrez aussi obtenir des entrées gratuites pour une émission télévisée auprès d'**Audiences Unlimited** (818-260-0041 ; www. tvtickets.com). Enfin, pour arborer les mêmes vêtements que les stars, direction **It's a Wrap!** (www.itsawraphollywood.com ; 3315 W Magnolia Blvd ; 10h-20h lun-ven, 11h-18h sam-dim), qui vend des costumes portés par les acteurs et les figurants pour des films ou des séries TV.

La route » Les Studios Universal ne sont qu'à 3 miles (5 km) de Hollywood par la Hwy 101, vers le sud. Prenez la sortie Highland Ave et roulez vers le sud dans Highland Ave, qui coupe Hollywood Blvd.

- - - - - - - - - -

8 Hollywood

Ce célébrissime quartier de Los Angeles connaît une véritable renaissance avec l'ouverture d'hôtels tendance, de cinémas restaurés et de bars et clubs chics. Si l'on n'y aperçoit que rarement de véritables célébrités, le **Hollywood Walk of Fame** et ses célèbres étoiles roses attirent chaque année des millions de visiteurs. Et ne vous privez pas pour faire une photo souvenir à l'extérieur du **Grauman's Chinese Theatre** (6925 Hollywood Blvd). Même les visiteurs les plus blasés sont impressionnés par la fameuse cour de ce cinéma (1926) classé monument historique, où des générations de stars ont laissé leurs empreintes dans le ciment : pieds, mains, dreadlocks (Whoopi Goldberg), et même baguettes magiques (les jeunes stars de *Harry Potter*). Des acteurs déguisés en Superman, Marilyn ou autres posent pour la photo (contre rémunération) et des billets pour des émissions de TV sont parfois offerts.

Un peu vieillot, le **Hollywood Museum** (323-464-7776 ; www. thehollywoodmuseum.com ; 1660 N Highland Ave ; adulte/ enfant 15/5 $; 10h-17h mer-dim) déborde de costumes, accessoires et souvenirs divers de films, de Charlie Chaplin à la série musicale *Glee*. Longez le **Sunset Strip** vers l'ouest, avec ses nombreux bars fréquentés par des stars et ses vieux clubs de rock, où ont pu se produire les Stones ou les Doors en leur temps. En soirée, des célébrités telles que Bono, Brad Pitt et Angelina Jolie ont leurs habitudes au **Chateau Marmont**.

p. 335

Se restaurer et se loger

Newport Beach ②

✕ Crab Cooker
Poissons et fruits de mer $$

(☎949-673-0100 ; www.crabcooker.com ; 2200 Newport Blvd ; plats 11-30 $; ⏱11h-21h dim-jeu, jusqu'à 22h ven-sam ; ♿). Avec ses assiettes en carton et ses nappes de vinyle rouge et blanc, ce restaurant de fruits de mer des années 1950 est une véritable institution. Le *delish chowder*, soupe de clams, est une valeur sûre.

Sunset Beach

✕ Harbor House Café
Américain $$

(www.harborhousecafe.com ; 16341 Pacific Coast Hwy ; plats 6-19 $; ⏱24h/24 ; ♿). Jeunes skateurs, vagabonds des plages et seniors burinés se côtoient dans ce lieu décoré d'affiches de cinéma et éclairé aux néons, à quelques kilomètres au nord de Huntington Beach.

Venice ④

✕ Abbot's Pizza Company
Pizzeria $

(www.abbotspizzaco.com ; 1407 Abbot Kinney Blvd ; parts de pizza 3-5 $, pizzas 12-29 $; ⏱11h-23h dim-jeu, 11h-minuit ven-sam ; ♿). Joignez-vous à la foule décontractée de cette petite pizzeria connue pour ses spécialités de pizzas à "croûte bagel".

▭ Hotel Erwin
Boutique-hôtel $$$

(☎310-452-1111, 800-786-7789 ; www.hotelerwin.com ; 1697 Pacific Ave ; ch 239-399 $; ❄@🕑). Tout près de la plage, des chambres chics aux couleurs pop ensoleillées, décorées d'art contemporain. Le bar du dernier étage souffre du bruit de la circulation, mais les couchers du soleil compensent largement ce bémol.

Santa Barbara ⑥

✕ Jeannine's Bakery Café
Café $$

(http://jeannines ; 1253 Coast Village Rd ; plats 9-13 $; ⏱6h30-16h lun-jeu, 6h30-16h30

ven, 7h-16h30 sam-dim). Depuis le patio, observez les mondains flâner. Délices faits maison, dont du pain perdu aux bananes caramélisées au Kahlua.

▭ Four Seasons Biltmore
Hôtel $$$

(☎805-969-2261 ; www.fourseasons.com/santabarbara ; 1260 Channel Dr ; ch à partir de 425 $; ❄@🕑🏊♿). Maillots Armani et lunettes Gucci abondent sur la jolie Butterfly Beach, nichée en contrebas de cet hôtel de luxe discret, posté sur une falaise, bâti dans les Années folles.

Hollywood ⑧

✕ Musso & Frank Grill
Grill $$$

(☎323-467-7788 ; www.mussoandfrank.com ; 6667 Hollywood Blvd ; plats 8-40 $; ⏱11h-23h mar-sam). L'histoire de Hollywood imprègne le plus vieux restaurant de Hollywood Blvd, où l'on sert steaks, côtelettes et plats de pâtes. Service excellent et martini à l'avenant.

✕ Pink's
Fast-food $

(www.pinkshollywood.com ; 709 N La Brea Ave ; plats 3,50-8 $; ⏱9h30-2h dim-jeu, 9h30-3h ven-sam). Toute la ville se rue ici pour les hot-dogs qui portent le nom de célébrités, spécialité maison depuis 1939. Les files d'attente sont longues, surtout tard le soir.

▭ Magic Castle Hotel
Motel $$

(☎323-851-0800, 800-741-4915 ; www.magiccastlehotel.com ; 7025 Franklin Ave ; d avec petit-déj à partir de 135 $; ❄🕑🏊♿). Un immeuble d'appartements rénové avec suites familiales donnant sur une cour. Les clients ont accès à un club de magie privé de réputation mondiale.

▭ Hollywood Roosevelt
Hôtel $$$

(☎323-466-7000, 800-950-7667 ; www.hollywoodroosevelt.com ; 7000 Hollywood Blvd ; ch à partir de 249 $; ❄@🕑🏊). Accueillant les célébrités depuis la première cérémonie des Oscars qui s'y est tenue en 1929, cet hôtel rénové séduit par son hall de style espagnol et ses chambres élégantes. Soirées très animées, notamment autour de la piscine.

SE DÉGOURDIR LES JAMBES
LOS ANGELES

Départ/arrivée Union Station

Distance 5,6 km

Durée 4-5 heures

Qui a dit que la voiture était reine à Los Angeles ? Une promenade à pied dans Downtown LA, le centre historique baigné d'influences mexicaine, asiatique et européenne, est un voyage pour tous les sens. Bâtiments emblématiques et lieux de tournage rythment cette balade d'une demi-journée.

Compatible avec les itinéraires :

`1` `30` `32`

Union Station

Majestueuse, la dernière grande **gare ferroviaire** (www.amtrak.com ; 800 N Alameda St ; accès libre ; ⊘24h/24) américaine date de 1939. Son magnifique hall est apparu dans des dizaines de films et séries, de *Speed* à *24 heures chrono*. Son imposante façade précédée de palmiers mêle dans un style californien unique l'architecture néocoloniale espagnole et la modernité de l'Art déco.

La promenade ≫ De la gare, remontez N Alameda St jusqu'à W Cesar E. Chavez Ave puis marchez vers l'ouest sur quelques mètres. Prenez ensuite à gauche la petite Olvera St.

El Pueblo de Los Angeles

Piétonnier et compact, ce pittoresque quartier historique jouxte le lieu d'implantation des premiers colons espagnols à Los Angeles, en 1781. Certains des plus anciens édifices de la ville subsistent aux côtés de petits musées et églises dans ce microcosme de l'histoire multiculturelle de LA. Près de l'ancienne caserne de pompiers, le **Visitors Center** (☎213-628-1274 ; www.lasangelitas.org ; Sepulveda House, 622 N Main St ; ⊘visites guidées 10h, 11h et 12h mar-sam) organise des promenades commentées gratuites.

La promenade ≫ Traversez Main St au nord-ouest du kiosque à musique. Sur la droite, jetez un œil à "La Placita", doyenne des églises catholiques de LA (1822), avant de descendre brièvement Main St.

La Plaza de Cultura y Artes

Inaugurée en 2011, **La Plaza de Cultura y Artes** (☎213-542-6200 ; www.lapca.org ; 501 N Main St ; entrée libre ; ⊘12h-19h mer-lun) retrace l'histoire mexicano-américaine de Los Angeles, des émeutes raciales de 1943 au mouvement féministe des Chicanas. La Calle Principal reconstitue Main St vers les années 1920. Le musée présente également, en alternance, des expos sur l'art latino, des documentaires et des témoignages oraux.

La promenade ≫ Descendez Main St vers le sud et franchissez la Hwy 101 en direction de l'hôtel de ville (City Hall), datant de 1928. Prenez à gauche dans E Temple St, à droite dans Los Angeles St puis à gauche dans E 1st St jusqu'à Little Tokyo.

Little Tokyo

Au-delà des cantines à ramen et des *izakaya* (bars-restaurants), le **Japanese American National Museum** (☎213-625-0414 ; www.janm.org ; 369 E 1st St ; adulte/enfant 9/5 $; ⏰11h-17h mar-mer et ven-dim, 12h-20h jeu) s'intéresse à la vie des immigrants japonais et aux camps d'internement de la Seconde Guerre mondiale. À l'angle, le **Geffen Contemporary at MOCA** (☎213-626-6222 ; www.moca.org ; 152 N Central Ave ; adulte/enfant 12 $/gratuit ; ⏰11h-17h lun et ven, 11h-20h jeu, 11h-18h sam-dim) accueille des projets artistiques expérimentaux.

La promenade » À l'ouest de Central Ave, traversez la Japanese Village Plaza et tournez à droite dans E 2nd St. Cinq blocs plus haut vers l'ouest, prenez à gauche dans S Broadway.

Bradbury Building

Plébiscité par le cinéma depuis le tournage de *Blade Runner*, le **Bradbury Building** (www.laconservancy.org ; 304 S Broadway ; accès libre ; ⏰9h-17h) est l'un des trésors architecturaux de L.A. Cet édifice de 1893 renferme un hall de métal finement

ajouré coiffé d'une verrière et des cages d'ascenseur bringuebalantes. Sa façade en briques rouges prend une couleur dorée sous le soleil de l'après-midi.

La promenade » En face, la halle de Grand Central Market accueille un marché multiculturel. Traversez le marché pour tomber sur S Hill St. En face, empruntez le funiculaire d'Angels Flight (25 ¢) jusqu'à la California Plaza et remontez à droite Grand Ave vers le nord-est sur quelques mètres.

Museum of Contemporary Art

Installé dans un bâtiment à l'architecture géométrique postmoderne de l'architecte japonais Arata Isozaki, le **MOCA** (musée d'Art contemporain ; ☎213-626-6222 ; www.moca.org ; 250 S Grand Ave ; adulte/enfant 12 $/gratuit ; ⏰11h-17h lun et ven, 11h-20h jeu, 11h-18h sam-dim) réunit des œuvres des années 1940 à nos jours, signées notamment Mark Rothko et Joseph Cornell.

La promenade » Continuez à remonter Grand Ave. Après le Walt Disney Concert Hall, descendez W Temple St sur la droite, en passant devant la cathédrale Notre-Dame-des-Anges et l'hôtel de ville. Revenez sur vos pas via El Pueblo de Los Angeles jusqu'à Union Station.

Villes fantômes, souvenirs de la conquête de l'Ouest et esprit vintage sur la **Route 66**

Cheveux au vent sur la Route 66

32

Partez en quête du rêve américain sur la Route 66, la "Mother Road", la mère de toutes les routes du pays. Vestiges rétros, motels vintage et milk-shakes servis dans des diners familiaux jalonneront votre parcours.

TEMPS FORTS

300 miles/483 km

Hollywood
Sur les traces des stars dans la constellation d'étoiles du Walk of Fame

80 miles/129 km

Amboy
Ambiance de film dans ce cadre désertique curieusement familier

DÉPART
Needles

● Victorville

3

10 ● Los Angeles
11
San Bernardino
ARRIVÉE

Santa Monica
La conclusion d'un périple mythique face à l'océan

310 miles/500 km

**3-4 JOURS
310 MILES/500 KM**

PARFAIT POUR...

LE MEILLEUR MOMENT

Au printemps, pour rouler vitres grandes ouvertes avant la chaleur estivale.

LA PHOTO SOUVENIR

Prendre la pose à côté du sigle de la Route 66 peint sur le bitume.

LE MEILLEUR TRONÇON

La National Trails Hwy entre Goffs et Amboy, pour se sentir au milieu de nulle part.

339

32

Cheveux au vent
sur la Route 66

Pour des générations d'Américains, la Californie, son soleil et ses plages, étaient la terre promise qui s'étendait au bout de la Route 66. Suivez leurs traces au gré des villes fantômes du désert de Mojave, des bourgades traversées par le chemin de fer comme Barstow et Victorville, et du Cajon Summit, avant de descendre vers le bassin de Los Angeles et d'aller voir les vagues s'écraser au bout de la jetée de Santa Monica.

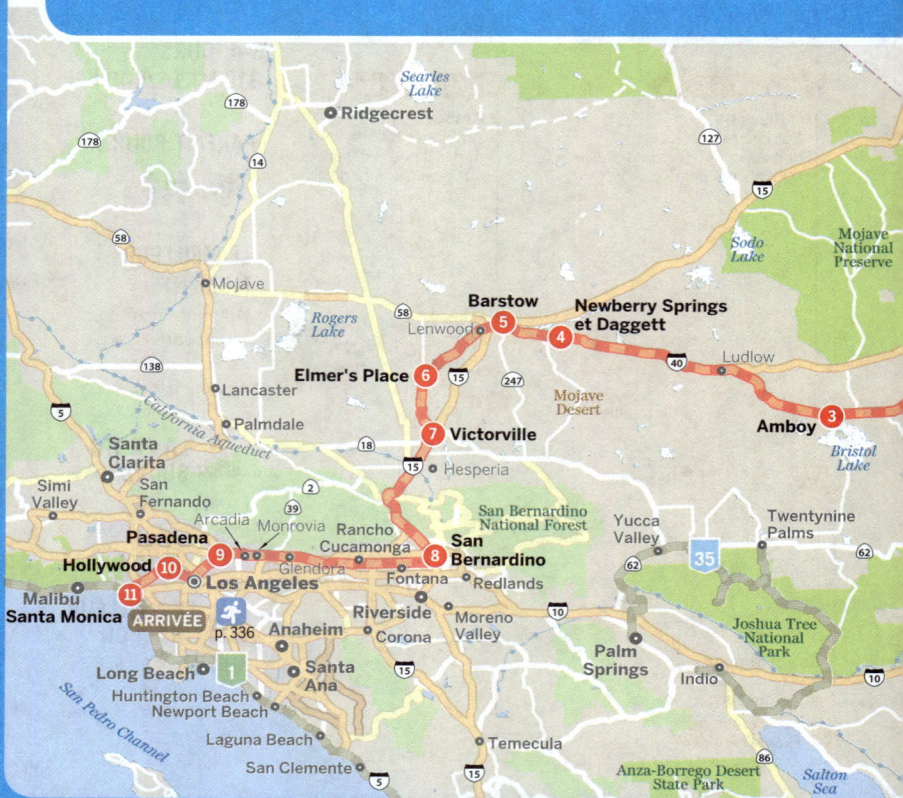

❶ Needles

À la frontière de l'Arizona, au sud de l'I-40, l'**Old Trails Arch Bridge** (I-40 au niveau de la sortie 1 ; accès au pont fermé au public) signale le début de la Route 66 sous un ciel bleu infini. Ce pont vous dira peut-être quelque chose : c'est celui que la famille Joad emprunte pour traverser la rivière Colorado dans l'adaptation cinématographique de John Ford du roman de John Steinbeck, *Les Raisins de la colère* (1947). La bourgade assoupie de

Needles abrite une gare ferroviaire d'époque, à moitié restaurée, près de la rivière. Figé dans le temps, l'**El Graces Depot** (950 Front St) est l'une des rares Harvey Houses encore debout dans l'Ouest américain. Les Harvey Houses étaient une chaîne d'hôtels et de restaurants "ferroviaires" à la mode au tournant du XXᵉ siècle. Elles étaient surtout connues pour leurs serveuses itinérantes, dépeintes par Judy Garland en 1949 dans la comédie musicale *The Harvey Girls*. En descendant Broadway St vers le sud, n'oubliez pas d'immortaliser le **panneau "66 Motel"**, tout juste rénové, à l'angle de Desnok St.

La route » À l'ouest de Needles, suivez la Hwy 95 au nord de l'I-40 sur 6 miles (9,6 km) puis tournez à gauche dans Goffs Rd. La route longe l'une des principales lignes ferroviaires de marchandises de la côte Ouest.

❷ Goffs

Sur une portion de route écrasée de soleil, l'ombre des peupliers rend agréable une halte à la **Goffs Schoolhouse** (☎760-733-4482 ; www.mdhca. org ; 37198 Lanfair Rd ; dons bienvenus ; ◷9h-16h sam-dim), érigée en 1914 dans le style des missions. Elle est assez banale mais fait partie des édifices construits par les pionniers les mieux préservés du désert de Mojave. Les photos en noir et blanc des malheureux paysans fuyant les terribles tempêtes de poussière de la région, qui détruisirent les récoltes tout au long des années 1930 – un phénomène appelé *Dust Bowl* –, donnent un aperçu éloquent des conditions de vie difficiles en bordure du désert.

La route » Poursuivez dans Goffs Rd, traversez Fenner et passez sous l'I-10. Prenez à droite le National Old Trails Hwy (ou National Trails Hwy sur certains panneaux et cartes) et roulez environ 1 heure. Ce

Ⓢ À COMBINER AVEC

35 Les oasis de Palm Springs et de Joshua Tree

Après cette virée brûlante dans le désert, prenez l'I-10 vers le sud à hauteur de San Bernardino en direction des palmiers et des hôtels Art déco de Palm Springs.

1 Pacific Coast Highway

Cette route tout aussi mythique, longeant la côte Ouest, emprunte la non moins légendaire Hwy 1. À la fin de la Route 66, suivez la Hwy 1 vers le nord.

tronçon, l'un des plus calmes de la route, est jalonné de stations-services désaffectées couvertes de graffitis et de vieilles pancartes rouillant au soleil.

- - - - - - - - -

TEMPS FORT

❸ Amboy

La première route transnationale américaine a vu le jour en 1912, précédant de dix ans la Route 66 à Amboy, maintenant quasiment une ville fantôme. Entre nids-de-poule et ornières, la vieille mais pittoresque **National Old Trails Hwy** traverse de petites bourgades du désert de Mojave. Seuls quelques points de repère se dressent à l'horizon, comme l'iconique **Roy's Motel & Cafe** (www.rt66roys. com ; National Old Trails Hwy ; ☺variables), célèbre pour ses apparitions au cinéma. On raconte que Roy préparait jadis son fameux "double cheeseburger

Route 66" sur le capot d'une Mercury 1963... Le motel est à l'abandon, mais la station-service et le café sont parfois ouverts. Plus à l'ouest, il est possible de monter au sommet de l'**Amboy Crater** (☎760-326-7000 ; www.blm.gov/ca ; accès libre ; 1,6 km à l'ouest d'Amboy ; ☺aube-crépuscule), un cône de cendres volcaniques parfaitement symétrique. Évitez d'entreprendre l'ascension (2,4 km) le midi car il n'y a aucune ombre.

La route ≫ D'Amboy, continuez sur la National Old Trails Hwy sur 30 miles (48 km) jusqu'à Ludlow puis bifurquez à droite dans Crucero Rd, passez sous l'I-40 et prenez la contre-allée nord en direction de l'ouest. Tournez à gauche dans Lavic Rd. De retour du côté sud de l'I-40, poursuivez vers l'ouest sur la National Old Trails Hwy. Comptez 45 minutes à 1 heure de trajet.

- - - - - - - - -

❹ Newberry Springs et Daggett

La route repasse sous l'I-40 en direction de **Daggett**, la ville où les migrants fuyant le *Dust Bowl* subissent de stricts

contrôles d'identité dans *Les Raisins de la colère*. Aujourd'hui, il ne se passe plus grand-chose en ce lieu pittoresque battu par les vents. Mineurs, pionniers et vagabonds descendaient autrefois au **Stone Hotel** (National Old Trails Hwy, Daggett ; ☺fermé au public), un hôtel de la fin du XIXe siècle que fréquentèrent de grandes figures de l'histoire locale. Quittez la ville pour vous rendre à la **Calico Ghost Town** (☎800-862-2542 ; www.calicotown.com ; 36600 Ghost Town Rd, Yermo ; adulte/enfant 6/5 $; ☺9h-17h ; 🚻), une ancienne ville minière de la fin du XIXe siècle reconstituant la vie dans le Far West de l'époque. Vous devrez payer un supplément pour vous essayer à l'orpaillage, visiter la Maggie Mine ou faire un tour en petit train. Le passé revit aussi lors de reconstitutions d'épisodes de la guerre civile et de *hootenannies*, concerts impromptus de musique folk.

La route ≫ Rejoignez Nebo Rd à l'ouest et tournez à droite pour récupérer l'I-40. Après un quart d'heure de route, prenez la sortie Barstow Rd.

- - - - - - - - -

❺ Barstow

Quittez l'I-40 pour vous engager dans Main St. Elle traverse la ville de Barstow, un carrefour routier et ferroviaire, où des fresques couvrent les immeubles désaffectés du centre. Bifurquez dans

✓ **BON À SAVOIR**
LA ROUTE 66 DE A À Z

La nostalgie pour la Route 66 attire son lot de passionnés qui souhaitent en parcourir le moindre kilomètre. Les inconditionnels pourront se procurer gratuitement des guides routiers détaillés en ligne : www.historic66.com est l'un des pionniers ; www.historic-route66.com a l'avantage d'être en français ; www.route66ca.org est très complet.

N 1st Ave vers le nord et franchissez un pont en poutrelles d'acier des années 1930 jusqu'à la Harvey House. Construite en 1911 par l'architecte Mary Colter et surnommée **"Casa del Desierto"** (685 N 1st Ave) (maison du désert), elle accueille le **Western America Railroad Museum** (☎760-256-9276 ; www.barstowrailmuseum. org ; ⊙11h-16h ven-dim) et le **Route 66 Mother Road Museum** (☎760-255-1890 ; http://route66museum.org ; dons bienvenus ; ⊙10h-16h ven-sam avr-oct, 11h-16h ven-dim nov-mars) réunit, quant à lui, des photos en noir et blanc et quelques souvenirs de la vie quotidienne au début du siècle dernier.

🍴 p. 347

La route ›› Reprenez Main St pour quitter la ville et rejoindre la National Old Trails Hwy en direction de l'ouest. La route serpente le long de la Mojave River via Lenwood jusqu'à Elmer's Place. Le trajet dure 25 minutes.

⑥ Elmer's Place

Apprécié des motards en Harley, ce tronçon rural exhume les reliques de la Route 66, entre vieilles stations-services et motels délabrés. L'art populaire s'invite au bord de la route avec les "arbres-bouteilles" haut en couleur d'**Elmer's Place** (24266 National Old Trails Hwy, Helendale ; ⊙24h/24) composés de bouteilles de soda et de canettes de bière recyclées, de poteaux téléphoniques et de panneaux ferroviaires. Leur inventeur de génie, Elmer Long, travaillait à la cimenterie des abords de la ville. Aujourd'hui, vous apercevrez peut-être l'homme à la longue barbe blanche et à la peau tannée en train de fixer une divinité en bronze à un socle en bois d'élan. Pour laisser votre empreinte sur la Route 66, vous pouvez contribuer à l'enrichissement de sa "forêt" conçue avec amour.

La route ›› Retournez sur vos pas, franchissez de nouveau le pont et roulez environ 20 minutes via l'I-15 (direction sud) jusqu'au centre de Victorville.

⑦ Victorville

Dans cette petite bourgade paisible, juste en face de la voie ferrée, le **California Route 66 Museum** (☎760-951-0436 ; www.califrt66museum.org ; 16825 'D' St ; dons bienvenus ; ⊙10h-16h jeu-lun, parfois 11h-15h dim) mêle histoire et art contemporain. Le musée occupe l'ancien **Red Rooster Cafe**, un célèbre relais routier. Ce bric-à-brac nostalgique mérite une rapide visite.

La route ›› Revenez sur l'I-15 (direction sud) en dépassant la silhouette menaçante du Cajon Summit. En arrivant sur San Bernardino, prenez l'I-215 et sortez à Devore. Suivez Cajon Blvd et Mt Vernon Ave, bifurquez à l'est dans Base Line St puis à gauche dans 'E' St. Le trajet dure environ 40 minutes. En cas de petite faim, arrêtez-vous au Summit Inn, un *diner* à Hesperia (voir p. 347).

⑧ San Bernardino

Des arches dorées annoncent le **First McDonald's Museum** (☎909-885-6324 ; 1398 N 'E' St ; dons bienvenus ; ⊙10h-17h). C'est ici que Ray Kroc – l'actuel propriétaire de McDonald –, venu vendre des mixers aux frères Richard et Maurice McDonald, propriétaires d'un restaurant à succès, conclut un accord avec eux pour développer un réseau de franchises à leur nom, posant les bases d'un empire. La moitié du musée est consacrée à la Route 66, avec des photos et des cartes particulièrement intéressantes. Engagez-vous dans 5th St vers l'ouest pour quitter San Bernardino via Foothill Blvd et arriver dans la tentaculaire grande banlieue de Los Angeles. Un long trajet, souvent en accordéon, conduit à Pasadena. En chemin, il reste plus d'une pépite à découvrir. À **Fontana**, berceau du club de motards des Hells Angels, prenez la pause devant la **Giant Orange** (15395 Foothill Blvd, Fontana), souvenir des stands de jus de fruits qui parsemaient autrefois les routes de Californie pour désaltérer les routiers assoiffés.

🛏 p. 347

La route ›› Restez sur la Route 66, qui devient brièvement Alosta Ave. Un peu après le drive-in de Glendora (voir p. 347), où vous pourrez déjeuner, la route

Route Mythique

PAROLE D'EXPERT
NATE CAVALIERI, AUTEUR

Cela remonte peut-être aux premiers colons qui fondèrent ce pays, mais la mentalité américaine est profondément imprégnée par cet appel persistant qui pousse à prendre la route. Rien ne vaut alors l'interminable ruban de bitume de la Route 66, objet de toutes les louanges et rêveries. Et quoi de plus américain que de parcourir cette route mythique jusqu'au Pacifique ?

Ci-dessus : locomotive de collection, Barstow
À gauche : voiture ancienne, Barstow
À droite : panneau signalant la ville fantôme de Calico

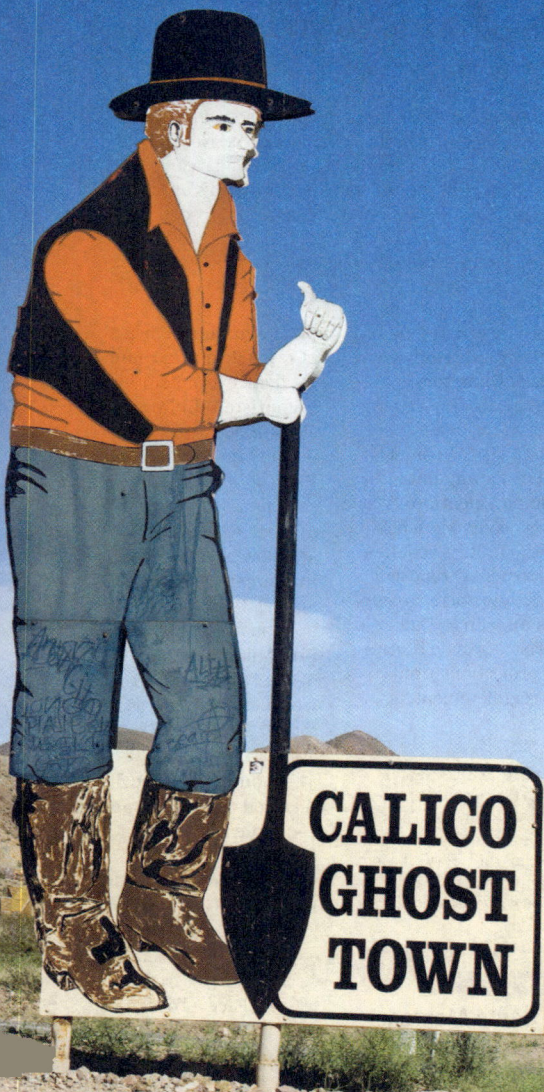

DANITA DELIMONT / GETTY IMAGES ©

rejoint Foothill Blvd à Azusa puis Huntington Dr à Duarte. À la mi-septembre, cette ville accueille la bruyante parade de la Route 66.

9 Pasadena

Arcadia, peu avant Pasadena, abrite le **Santa Anita Park** (☎626-574-7223, info visites 626-574-6677 ; www.santaanita.com ; 285 W Huntington Dr ; 5-10 $, visite guidée gratuite ; ☼ courses jeu-lun 26 déc-20 avr). C'est dans cet hippodrome des années 1930, où courait le légendaire pur-sang Seabiscuit, que les Marx Brothers tournèrent dans le film *Un jour aux courses* (1937). En gagnant les tribunes par la vertigineuse entrée Art déco, vous vous sentirez pousser des ailes, même si votre poulain ne gagne pas. Durant la saison des courses, des visites guidées en petit train (sur réservation) font découvrir les coulisses du site, de la salle des jockeys aux zones d'entraînement. Colorado Blvd mène à **Old Pasadena**, un quartier commerçant aisé et animé d'une vingtaine de pâtés de maisons, à l'ouest d'Arroyo Pkwy. Boutiques et cafés y occupent des bâtiments de l'époque coloniale espagnole superbement restaurés.

✗ ⊨ p. 347

La route » Rejoignez la jet-set via la Pasadena Fwy (Hwy 110), qui conduit par le sud à Los Angeles. Si vous souha tez prolonger un peu le voyage, découvrez à pied les paillettes du centre-ville (voir la promenade p. 336). Comptez 20 minutes de trajet.

TEMPS FORT

⑩ Hollywood

À l'image d'une diva du grand écran ressuscitée, Hollywood renaît de ses cendres. S'il n'a pas retrouvé tout le faste de son âge d'or (années 1920-1940), lorsque les starlettes en devenir arpentaient la Route 66, le quartier mérite encore le détour pour admirer ses cinémas restaurés, ses musées uniques et les incontournables étoiles roses du **Hollywood Walk of Fame** (voir p. 334)

Le tracé d'origine de la Route 66 a disparu – il a changé officiellement plusieurs fois et a été depuis longtemps recouvert –, mais le **Hollywood & Highland Center** (http://hollywoodandhighland.com ; 6801 Hollywood Blvd), complexe commercial et de loisirs au nord de Santa Monica Blvd, est un bon endroit pour se retrouver au cœur de l'action. Le **Hollywood Visitor Information Center** (☏323-467-6412 ; www.discoverlosangeles.com ; ⊕10h-22h lun-sam, 10h-19h dim) se situe à l'étage. Pour rendre hommage aux

stars d'hier, faites un crochet par le **Hollywood Forever Cemetery** (www.hollywoodforever.com ; 6000 Santa Monica Blvd ; ⊕8h-17h ; P), à côté des studios Paramount. Rudolph Valentino, Tyrone Power, Jayne Mansfield et bien d'autres vedettes "immortelles" reposent dans ce cimetière. Procurez-vous un plan (5 $) chez le fleuriste, près de l'entrée. Des projections y ont lieu régulièrement.

✕ ⊨ p. 347

La route ≫ Suivez Santa Monica Blvd vers l'ouest sur 11 miles (18 km) jusqu'au bout de la route, d'où l'on peut continuer sur la Hwy 1. La jetée de Santa Monica est à quelques rues au sud, et Palisades Park au nord.

TEMPS FORT

⑪ Santa Monica

À plus de 3 500 km de Chicago, point de départ de la Route 66, celle-ci se termine par un promontoire sur l'océan à **Palisades Park**. Une

plaque marque le lieu et rappelle que la route est dédiée à l'acteur et humoriste Will Rogers (1879-1935). Sur la jetée de 1908 du **Santa Monica Pier** (☏310-458-8900 ; www.santamonicapier.org ; ouest d'Ocean Ave ; gratuit ; ⊕24h/24 ; 🚹🎡), vous pourrez faire un tour sur le carrousel années 1920, caresser les poissons au **Santa Monica Pier Aquarium** (☏310-393-6149 ; www.healthebay.org ; 1600 Ocean Front Walk ; adulte/enfant 5 $/gratuit ; ⊕14h-18h mar-ven, 12h30-18h sam-dim ; 🚹) et admirer le coucher du soleil depuis la grande roue fonctionnant à l'énergie solaire du parc d'attractions **Pacific Park** (☏310-260-8744 ; www.pacpark.com ; forfait illimité adulte/-1 m 20/11 $; 380 Santa Monica Pier ; ⊕horaires par tél ; 🚹). Face à l'océan, le seul grand huit en métal de la côte Ouest fonctionne toute l'année : de quoi terminer en beauté cet itinéraire mythique.

⊨ p. 347

Se restaurer et se loger

Barstow 5

✗ Idle Spurs Steakhouse — Grill $$

(☎760-256-8888 ; http://thespurs.us ; 690 Hwy 58 ; plats 13-27 $; ⏰11h-21h lun-ven, 16h-21h sam-dim). Avec son bar bien rempli, comprenant des bières brassées sur place, ce *steakhouse* typique du Far West a de quoi étancher la soif du désert. Côté décor, un arbre pousse dans la salle.

Hesperia

✗ Summit Inn — Diner $

(☎760-949-8688 ; 5960 Mariposa Rd, Hesperia ; plats 5-10 $; ⏰6h-20h lun-jeu, 6h-21h ven-sam). Les routiers ne sont pas les seuls à prendre la sortie Oak Hill Rd pour faire halte au Summit Inn. Au milieu des souvenirs, ce relais routier à l'ancienne propose des hamburgers à la viande d'autruche ou de bœuf et des milkshakes aux dattes.

San Bernardino 8

🛏 Wigwam Motel — Motel $

(☎909-875-3005 ; www.wigwammotel.com ; 2728 W Foothill Blvd, Rialto ; ch 65-80 $; 📶). Ce motel vintage restauré offre la possibilité de dormir dans des tipis en béton, emblématiques de la Route 66 depuis 1949.

Glendora

✗ Hat — Drive-in $

(☎626-857-0017 ; 611 W Route 66 ; plats 3-8 $; ⏰10h-1h ; 📶). Depuis 1951, on y sert des sandwichs chauds au pastrami dans du pain baguette arrosé de sauce *Thousand Island*.

Pasadena 9

✗ Fair Oaks Pharmacy — Diner $

(☎626-799-1414 ; www.fairoakspharmacy.net ; 1526 Mission St ; plats 4-8 $; ⏰9h-21h lun-ven,

9h-22h sam, 10h-19h dim ; 📶). Las de rouler ? Venez tester une fontaine à soda de 1915 et commander un *egg cream* (sirop, lait et eau gazeuse), un milk-shake à la poudre de malt et de délicieux cheeseburgers pimentés.

🛏 Saga Motor Hotel — Hôtel $

(☎626-795-0431, 800-793-7242 ; www. thesagamotorhotel.com ; 1633 E Colorado Blvd ; ch 92-108 $; 📶 📶). "Le charme intemporel avec toutes les commodités modernes", telle est la devise de ce motel qui continue à remettre à ses clients de curieuses clés en métal et possède une piscine extérieure chauffée entourée de gazon artificiel, comme dans les années 1950.

Hollywood 10

✗ Hungry Cat — Poisson et fruits de mer $$

(☎323-462-2155 ; www.thehungrycat.com ; 1535 Vine St ; plats $10-27 ; ⏰midi et soir ; 🅿). Ce petit bar élégant se niche en plein cœur de Hollywood. Le *lobster roll* (sandwich au homard) bien ficelé, les généreuses croquettes de crabe et les succulents poissons du jour font saliver. Autre succursale près de la plage à **Santa Monica** (☎310-459-3337, 100 W Channel Rd ; ⏰tous les soirs et brunch sam-dim).

🛏 Farmer's Daughter Hotel — Motel $$$

(☎323-937-3930 ; www.farmersdaughterhotel. com ; 115 S Fairfax Ave ; ch 219-269 $; 📶 @ 📶 📶 📶). En face de l'Original Farmers Market et des studios de CBS, cet établissement agréable séduit grâce à son look soigné façon "la campagne à la ville". Envie de pimenter votre nuit ? Demandez la No Tell Room...

Santa Monica 11

🛏 Sea Shore Motel — Motel $$

(☎310-392-2787 ; www.seashoremotel.com ; 2637 Main St, Santa Monica ; ch 105-175 $; 📶). Terminez votre virée vintage sur la Route 66 dans ce motel d'un autre âge. Certes, les chambres un peu trop sobres et bruyantes ont connu des jours meilleurs, mais elles sont si proches de la plage que vous sentirez la brise marine.

Big Bear Lake
*Une modeste station de ski
attirant les foules le week-end*

BRENT WINEBRENNER / GETTY IMAGES ©

Big Bear Lake et la Rim of the World Scenic Byway

33

Répondez à l'appel des montagnes de la Californie du Sud. La fraîcheur des cimes, des lacs d'altitude et des cascades vous y attend l'été. L'hiver, direction les pistes de ski, muni de pneus neige ou de chaînes.

TEMPS FORTS

35 miles/56 km

Lake Arrowhead
Un avant-goût de Big Bear sur les rives huppées du lac Arrowhead

65 miles/105 km

Big Bear Discovery Center
Un instructif centre d'information sur la rive nord, plus calme, du lac

Mormon Rocks

Silverwood Lake State Recreation Area

DÉPART

Lake Gregory

4

6

5

60 miles/97 km

Big Bear Lake
Plaisirs nautiques l'été et joies de la neige l'hiver dans cette station de bord de lac

7

ARRIVÉE

Valley of the Falls
Canyons, cascades, forêts, une version miniature du parc de Yosemite

120 miles/193 km

**2-3 JOURS
150 MILES/240 KM**

PARFAIT POUR...

LE MEILLEUR MOMENT
Entre mai et septembre pour profiter du soleil et se baigner.

LA PHOTO SOUVENIR
Le belvédère de la Valley of the Falls.

EN FAMILLE
Les hébergements et les plages du lac de Big Bear.

33 Big Bear Lake et la Rim of the World Scenic Byway

Destinations de week-end appréciées des citadins stressés, le Big Bear Lake et le Lake Arrowhead se situent à tout juste deux heures de route de Los Angeles. Ces lacs d'altitude entourés de forêts semblent pourtant à mille lieues de la métropole. Avant ou après l'hiver, mettez le cap sur Big Bear via la Rim of the World Scenic Byway, une route panoramique tutoyant des falaises vertigineuses et des canyons de carte postale.

① Mormon Rocks

Avant de vous engager sur la Rim of the World Scenic Byway, prenez la Hwy 138 vers l'ouest à Cajon Junction, au croisement avec l'I-15. Elle mène aux **Mormon Rocks**, étranges rochers en grès érodés par le vent, l'eau et le temps, creusés d'anfractuosités dans lesquelles les lézards se faufilent et les hiboux hululent. Garez-vous au début du sentier du service des forêts (USFS) près de la caserne de pompiers

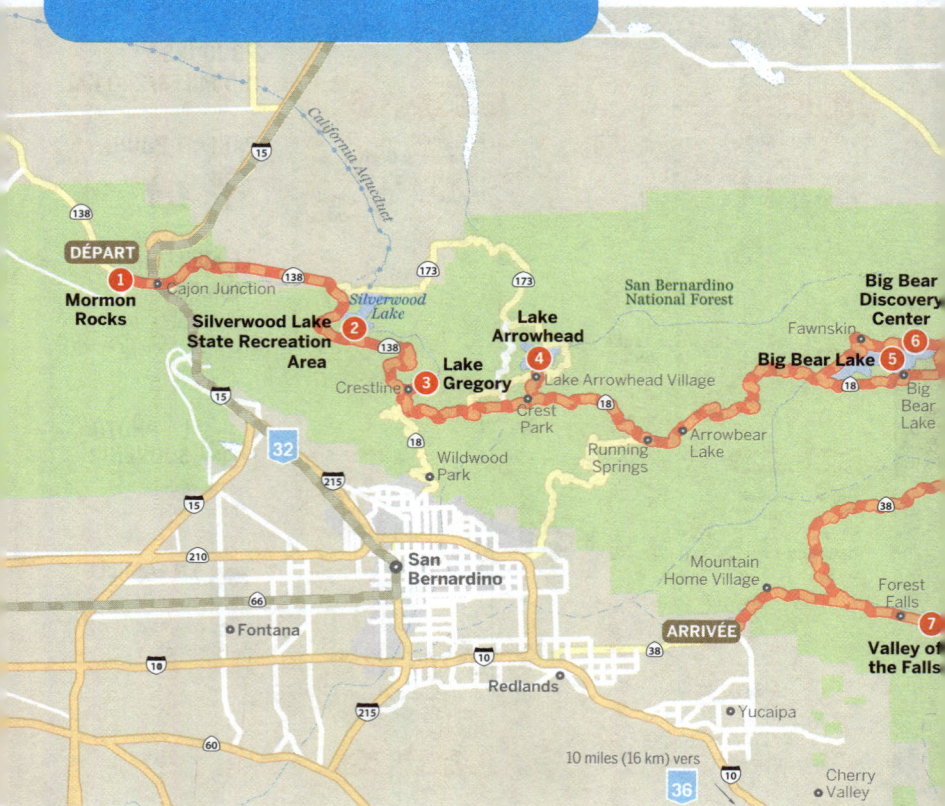

de Mormon Rocks, à environ 2 miles (3 km) à l'ouest de l'I-15. Un sentier jalonné de panneaux d'informations sur la géologie et l'histoire du site permet de faire une courte balade (1,6 km). Il débute à l'ouest de Lone Pine Canyon Rd, d'où l'on aperçoit la faille de San Andreas, à l'origine des séismes de Californie.

**La route ›› ** Revenez sur la Hwy 138, vers l'est. Après avoir croisé l'I-15, elle grimpe en lacets dans les San Bernardino Mountains. La végétation broussailleuse du désert et la voie ferrée cèdent peu à peu la place aux montagnes boisées le long de ce trajet de 10 miles (16 km) jusqu'au Silverwood Lake Vista Point. Continuez en descente sur 6 miles (10 km) après le pont sur la Mojave River.

② Silverwood Lake State Recreation Area

Environ 4 miles (6,4 km) après l'USFS Cottonwood Service Station, tournez à gauche dans le Miller Canyon Group Camp de la **Silverwood Lake State Recreation Area** (☎760-389-2281 ; www.parks.ca.gov ; 10 $/véhicule ; ☺7h-17h ven-mar, tlj juin-août). Entouré d'une végétation typiquement californienne, le *chaparral* (sorte de maquis), le lac artificiel de Silverwood fait le plein le week-end de familles venues pique-niquer, se baigner, faire du bateau ou pêcher sur les 20 km de berges en aval du barrage de Cedar Springs. Pour vous promener ou observer les oiseaux en toute tranquillité, venez en semaine au printemps ou à l'automne. Le **Miller Canyon Trail** serpente sur 3,5 miles (5,6 km) au départ du camping de Miller Canyon, à Serrano Beach, via le bassin de Devils Pit et Lynx Point, un belvédère dominant les montagnes de San Bernardino et de San Gabriel. Le sentier rejoint ensuite une piste cyclable le long des berges de la marina.

**La route ›› ** Retournez sur la Hwy 138 et prenez à gauche en direction de Crestline. Encadrée par de grands pins et chênes, la route rétrécit et s'enfonce encore plus, montant en serpentant dans la forêt. Après moins de 5 miles (8 km), prenez à gauche dans Knapp's Cutoff Rd (signalée par le panneau "Lake Gregory 1 mile") puis encore à gauche Lake Dr jusqu'au lac.

③ Lake Gregory

Paisible destination familiale permettant aux enfants de barboter tout l'été dans ses eaux

§ **À COMBINER AVEC**

32 **Cheveux au vent sur la Route 66**
La "Mother Road" de Californie suit l'I-15 après le Cajon Pass et croise la Rim of the World Scenic Byway.

36 **Palms to Pines Scenic Byway**
Au sud de la Hwy 38 et de Yucaipa, prenez l'I-10 vers l'est jusqu'à Banning pour parcourir en sens inverse cette route qui monte et descend entre montagnes et désert.

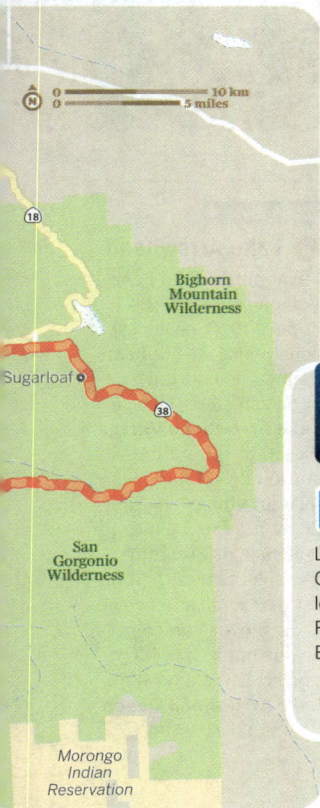

Bighorn Mountain Wilderness

Sugarloaf

San Gorgonio Wilderness

Morongo Indian Reservation

0 10 km
0 5 miles

calmes, ce lac artificiel a jadis été aménagé par la Works Progress Administration, qui visait à créer des emplois durant la Grande Dépression. Au cœur de ce que le riche producteur d'agrumes Arthur Gregory appelait la "Valley of the Moon" (vallée de la Lune), le **Lake Gregory Regional Park** (☎909-338-2233 ; http://cms.sbcounty.gov/parks ; 24171 Lake Dr, Crestline ; plage et baignade 3 $, toboggan 1 $, location de barque 20 $/demi-journée) doit aujourd'hui son succès à ses plages et à ses toboggans. Vous pourrez vous dégourdir les jambes sur le sentier goudronné qui le borde, à l'ombre des pins et des cèdres. Les bateaux privés sont interdits, mais il est possible de louer aux beaux jours une barque, un pédalo ou une planche de stand-up paddle. Près du lac, la bourgade de **Crestline** compte des fast-foods, des pizzerias et des cafés.

🍴 🛏 p. 355

La route » Redescendez vers la Hwy 138 et prenez à gauche la Hwy 18 pour poursuivre vers le sud sur la Rim of the World Scenic Byway. Des points de vue permettent de s'arrêter pour profiter de la vue vertigineuse sur les canyons. Après 4 miles (6,5 km), la Hwy 173 conduit sur la gauche au lac Arrowhead.

- - - - - - - -

TEMPS FORT

4 Lake Arrowhead

Surnommé Little Bear Lake jusque dans les années 1920, ce lac est le cousin aisé de Big Bear. Pourvu de boutiques et de cafés branchés, le **Lake Arrowhead Village** ressemble plus à une station de ski huppée qu'à un village rustique de montagne. Le lac, qui bénéficie de 300 jours d'ensoleillement par an, est une propriété privée. Trois moyens s'offrent à vous pour y accéder : une croisière à bord du **Lake Arrowhead Queen** (☎909-336-6992 ; http://

Big Bear Discovery Center

lakearrowheadqueen.com ;
billet à la boutique Leroys
Boardshop, 28200 Hwy 189,
Lake Arrowhead Village ;
adulte/enfant 16/10 $;
⏱horaires par tél), les
jet-skis de la **McKenzie
Water Ski School**
(☎909-337-3814 ; www.
mckenziewaterskischool.
com ; Lake Arrowhead
Village ; séance/cours/sortie
à partir de 45/55/60 $) ou
une promenade sur les
berges depuis le village.
Vous pouvez aussi en
faire le tour en voiture
(15 miles ; 24 km) par
la Hwy 173 et la route
panoramique Grass
Valley Rd. À l'ouest du
village, l'inesthétique
tour d'observation du

**Strawberry Peak Fire
Lookout** (1029 Strawberry
Lookout Rd, près de Bear
Springs Rd ; ⏱7h-17h mai-déc
en fonction de la météo) date
de 1933. Utilisée par
les pompiers, elle offre
un panorama à 360°
sur les montagnes.

✖ 🛏 p. 355

La route » De retour sur
la Hwy 18, cap vers l'est et le
tronçon le plus spectaculaire
de la route panoramique
pour une virée décoiffante
ménageant une vue dégagée
sur des canyons et des
précipices vertigineux. Serrez
à droite à hauteur de Running
Springs et du barrage (*dam*)
de Big Bear Lake pour rester
sur la Hwy 18 jusqu'au Big
Bear Village.

TEMPS FORT

5 Big Bear Lake

L'hiver, la modeste station
de ski de Big Bear Lake
attire les skieurs et les
snowboarders chaque
week-end, grâce à ses
55 pistes et 26 remontées
mécaniques réparties
sur deux versants. L'été,
randonneurs, cyclistes
et adeptes des sports
nautiques viennent y
échapper à la chaleur
étouffante de Los Angeles.
Big Bear Blvd (Hwy 18), la
route principale, jalonnée
de motels et de chalets,
contourne le **Big Bear
Village** piétonnier, avec ses
boutiques de souvenirs et

353

BON À SAVOIR
LES DANGERS DE LA HWY 18

La Hwy 18 peut s'avérer dangereuse, notamment entre le lac Arrowhead et le Big Bear Lake, lorsque le brouillard ou les tempêtes de neige réduisent la visibilité. Impossible alors de voir les voitures arrivant en face ou les falaises et les canyons escarpés. L'hiver, équipez-vous de pneus neige et de chaînes.

ses restaurants animés. Près du village, la bien nommée plage surveillée de **Swim Beach** a la faveur des familles. Pour échapper à la foule, louez un bateau, un kayak ou un jet-ski. Les stations de ski de **Bear Mountain** et **Snow Summit** (☎800-232-7686 ; www.bearmountainresorts. com ; forfait journée 2 domaines adulte/enfant 56/46 $; ⊗déc-avr) se situent à l'est du village, près de la Hwy 18. Leurs télésièges et leurs sentiers sont appréciés des randonneurs en été.

🍴🛏 p. 355

La route ❯❯ Continuez sur la Hwy 18 après Big Bear Village jusqu'à Big Bear City. Engagez-vous à gauche sur le pont (via Stanfield Cutoff) qui enjambe le lac puis prenez à gauche North Shore Dr (Hwy 38), qui longe la rive nord du lac. Le Big Bear Discovery Center est à moins de 2 km sur la droite.

TEMPS FORT
⑥ Big Bear Discovery Center

North Shore Dr (Hwy 38) longe la rive la plus calme de Big Bear Lake, bordée de campings ombragés, de plages tranquilles et de nombreux sentiers forestiers. Le personnel du **Big Bear Discovery Center** (☎909-382-2790 ; www.bigbeardiscoverycenter. com ; 40971 North Shore Dr/ Hwy 38, Fawnskin ; ⊗8h30-16h30 jeu-lun), l'espace d'information du service des forêts (USFS) situé en retrait de la rive nord, vous renseignera sur les campings, les itinéraires de randonnée à pied ou à VTT, mais aussi sur les itinéraires en voiture dans la **Holcomb Valley**, un champ aurifère des années 1860. Renseignez-vous sur les balades dans la nature et à raquettes organisées par les rangers ou enfilez vos chaussures de randonnée pour parcourir le Castle Rock Trail ou le Cougar Crest Trail, deux sentiers très fréquentés offrant de beaux points de vue.

🍴 p. 355

La route ❯❯ Après avoir fait le tour du lac (15 miles ; 24 km), reprenez à gauche la Hwy 18 en direction de l'est. Au bout de 6 miles (13 km), après Big Bear

Village, engagez-vous à droite sur la Hwy 38, qui descend en lacets dans la forêt pendant 33 miles (53 km). Tournez à gauche dans Valley of the Falls Dr et roulez doucement sur 5 miles (8 km) jusqu'à la fin de la route.

TEMPS FORT
⑦ Valley of the Falls

Après le hameau de montagne de **Forest Falls**, la route alterne douces montées et descentes puis prend de la hauteur pour se terminer en cul-de-sac au belvédère et à l'aire de pique-nique de la **Valley of the Falls**. Les cascades dévalant les falaises, les pins odorants et les montagnes à pic ont valu à cette vallée le surnom local de "little Yosemite Valley". La vue sur le San Gorgonio Wilderness, au loin, ne manque pas de charme, et plusieurs sentiers de randonnée débutent à proximité. La route, très agréable, longe le **Mill Creek Canyon**, dont les escarpements vertigineux sont nés d'une faille. La neige bloque l'accès à la fin de la route en hiver : venez entre la fin du printemps et le début de l'automne ou munissez-vous de raquettes.

La route ❯❯ Revenez sur la Hwy 38 et tournez à gauche pour poursuivre la descente vers le sud sur 6 miles (10 km) jusqu'au terminus officiel de la Scenic Byway, au niveau de l'USFS Miller Creek Ranger Station, à côté d'une prairie près de Mill Creek Rd.

Se restaurer et se loger

Lake Gregory ③

✕ Stockade — Barbecue $$

(23881 Lake Dr, Crestline ; plats 10-20 $; ⏰11h-14h et 17h-22h lun-ven, 11h-22h sam-dim). Quand le barbecue est de sortie, venez dans ce bar de motards vous régaler de *ribs* à la sauce BBQ et de bons et copieux hamburgers arrosés de bière bon marché.

🛏 North Shore Inn — Hôtel $$

(☎909-338-5230, 800-300-5230 ; www.thenorthshoreinn.com ; 24202 Lake Dr, Crestline ; ch 70-175 $; ❄🛜🐾🏊). L'accueil chaleureux fait de cet établissement rural au confort simple une étape détendue où l'on se sent comme chez soi. Certaines des chambres, bien tenues, disposent d'un patio avec vue sur le lac.

Lake Arrowhead ④

✕ Belgian Waffle Works — Américain $

(http://belgianwaffle.com ; Lake Arrowhead Village, 28200 Hwy 189 ; plats 7-10 $; ⏰8h-16h lun-jeu, 8h-17h ven-dim, horaires élargis l'été). Au programme : petits-déjeuners et brunchs servis au bord de l'eau, *patty melts* (burgers au pain de mie), sandwichs au poisson frit, salades, mais aussi gaufres chaudes généreusement garnies de crème fouettée, servies toute la journée.

✕ Lake Arrowhead Sports Grille — Pub $$

(http://lasportsgrille.com ; 27200 Hwy 189, Blue Jay ; plats 8-20 $; ⏰11h-22h lun-jeu, 11h-23h ven-sam, 10h-22h dim). Ce sympathique bar sportif sert des ailes de poulet grillées au barbecue, des burgers, des pizzas à pâte fine et des bières pression artisanales.

🛏 Lake Arrowhead Resort & Spa — Hôtel $$$

(☎909-336-1511 ; www.laresort.com ; 27984 Hwy 189 ; ch 179-249 $; ❄🛜🏊). La plupart des chambres chics et champêtres de cette adresse proche du lac possèdent un balcon. Supplément pour le spa et l'espace fitness.

Big Bear Lake ⑤

✕ Himalayan — Indo-népalais $

(www.himalayanbigbear.com ; 672 Pine Knot Ave ; plats 8-17 $; ⏰11h-21h dim-mar, 11h-22h ven-sam ; 🪑🐾). Au cœur de l'animation du village, une authentique cuisine de l'Inde et du Népal, à l'image des grillades tandoori et des délicats *momo* (raviolis tibétains). Service un peu froid mais efficace.

🛏 Bear Creek Resort — Motel, chalets $$

(☎877-428-9335 ; http://bearcreek-resort.com ; 40210 Big Bear Blvd/Hwy 18 ; ch 109-169 $, chalets 209-309 $; ❄@🛜🏊🐾🏊). Ces studios rénovés et chalets en rondin de bois (*cabins*) avec cheminée ou poêle et kitchenette jouxtent la route principale (dont on entend parfois le bruit). Autre option : le Wolf Creek Resort, plus près des stations de ski.

🛏 Switzerland Haus — B&B $$

(☎909-866-3729, 800-335-3729 ; www.switzerlandhaus.com ; 41829 Switzerland Dr ; ch avec petit-déj 125-249 $; @🛜). Lits en bois à l'ancienne, patio privatif donnant sur les montagnes et sauna en terrasse font partie des atouts de cet agréable B&B de 5 chambres bien tenues, proche des pistes du Snow Summit.

Big Bear Discovery Center ⑥

✕ North Shore Café — Américain $

(☎909-866-5879 ; www.dininginbigbear.com ; 39226 North Shore Dr/Hwy 38, Fawnskin ; petit-déj et plats déj 6-12 $; ⏰8h-16h mer-jeu, 8h-21h ven, 7h-21h sam, 7h-18h dim, plus 8h-16h lun mai-sept ; 🛜🐾). Ce chaleureux café bordant la rive nord du lac sert des petits-déjeuners et brunchs copieux. Au menu : *corned-beef* haché maison, pain perdu à la crème anglaise et pancakes moelleux.

Randonnée dans les dunes onduleuses
de la **vallée de la Mort**

Route Mythique

De passage dans la vallée de la Mort

34

Au cœur du Death Valley National Park, découvrez les routes empruntées jadis par les pionniers et les chercheurs d'or, en un singulier combat entre l'homme et la nature.

TEMPS FORTS

330 miles/531 km

Scotty's Castle
Un château dans le désert, fruit de l'histoire d'un excentrique conteur

10 ARRIVÉE

8

270 miles/435 km

Rhyolite
Une ville fantôme digne d'un western spaghetti

Stovepipe Wells Village

Panamint Springs

Furnace Creek

6

3

175 miles/282 km

Emigrant Canyon et Wildrose Canyon
Sur la route des pionniers cherchant la porte de sortie de la vallée de la Mort

● Tecopa

● Baker
DÉPART

Badwater
Le point le plus bas d'Amérique du Nord, un ancien lac évaporé

110 miles/177 km

3 JOURS
330 MILES/531 KM

PARFAIT POUR...

LE MEILLEUR MOMENT

De février à avril pour profiter de la saison des fleurs et de températures plus clémentes.

LA PHOTO SOUVENIR

Devant le panneau d'altitude de Badwater.

UNE LEÇON D'HISTOIRE

Une visite guidée du Scotty's Castle.

34 De passage dans la vallée de la Mort

Le seul nom de Death Valley (vallée de la Mort) évoque l'enfer, la chaleur et des conditions extrêmes : un lieu aride et sans vie, où l'homme ne semble guère avoir sa place. Les villes fantômes et les mines désaffectées témoignent de la dureté des conditions de vie. Une balade en voiture dans le parc national révèle pourtant une nature bien vivante dans la vallée de la Mort : dunes "musicales", canyons sculptés par l'eau, rochers roulant mystérieusement dans le désert, cratères de volcans endormis, oasis de palmiers...

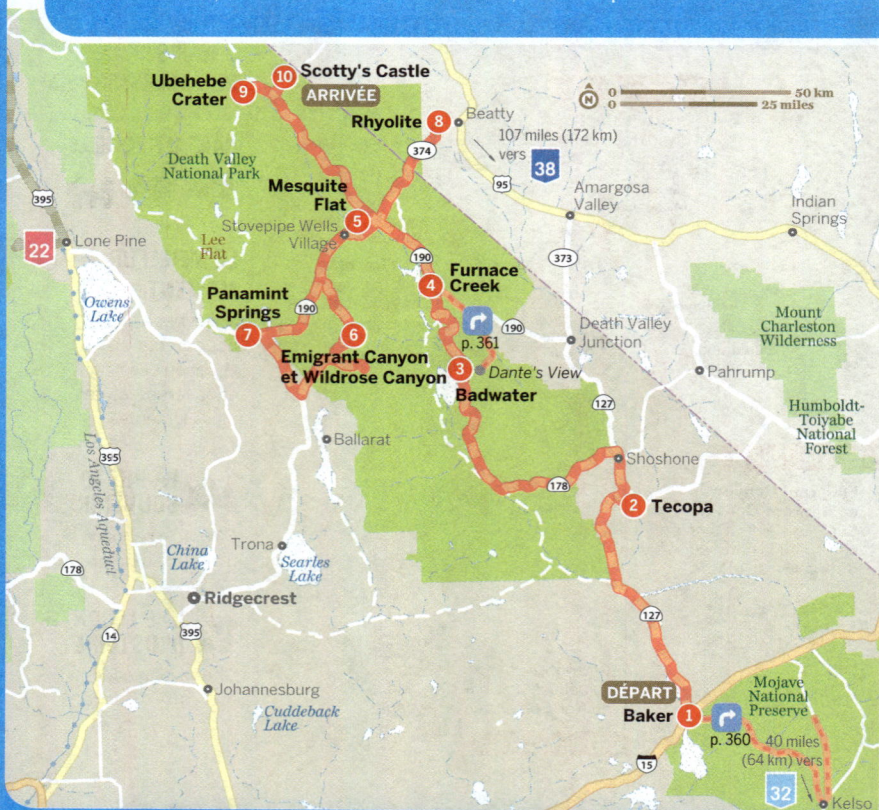

Scotty's Castle **ARRIVÉE**
10
Ubehebe Crater 9
Rhyolite 8
Death Valley National Park
Beatty
107 miles (172 km) vers 38
95
Amargosa Valley
Indian Springs
Mesquite Flat 5
373
Lone Pine
22
Stovepipe Wells Village
Lee Flat
190
Furnace Creek 4
190
p. 361
Death Valley Junction
Mount Charleson Wilderness
Owens Lake
Panamint Springs 7
190
6
Dante's View
Pahrump
Humboldt-Toiyabe National Forest
Emigrant Canyon et Wildrose Canyon
3 Badwater
127
Ballarat
Shoshone
178
2 Tecopa
Los Angeles Aqueduct
China Lake
Trona
Searles Lake
127
Ridgecrest
178
14
395
Johannesburg
Cuddeback Lake
DÉPART Baker 1
p. 360
40 miles (64 km) vers 32
Mojave National Preserve
15
Kelso

0 — 50 km
0 — 25 miles

❶ Baker

La vallée de la Mort cultive les extrêmes. On y trouve à la fois le point le plus bas d'Amérique du Nord, le plus haut sommet américain hors Alaska (le Mt Whitney) et les températures les plus élevées du pays. Près de l'I-15 et du *diner* Bob's Big Boy, le **plus grand thermomètre du monde**, haut de 40 m, rappelle le record de température (56°C) enregistré dans la vallée le 10 juillet 1913. Il est de nos jours souvent en panne, mais sa silhouette kitch et élancée, qui se dresse en bord de route, ne manque pas d'attirer l'œil.

La route » De Baker, suivez la Hwy 127 (Death Valley Rd) vers le nord sur près de 50 miles (80 km), traversant des voies ferrées et un paysage désertique. À environ 50 miles (50 min), prenez à droite l'Old Spanish Trail Hwy (OST) sur 4 miles (6,4 km) en direction de Tecopa, puis à gauche Tecopa Hot Springs Rd jusqu'aux établissements thermaux.

❷ Tecopa

Même en plein désert, cet avant-poste recèle une oasis. En centre-ville, le **Tecopa Hot Springs Resort** (www.tecopahotsprings.org ; 860 Tecopa Hot Springs Rd ; bains publics 10 $; ⏲7h-21h oct-mai) permet de se prélasser dans les bassins d'eau de source utilisés par les Amérindiens pendant des siècles. Amérindiens âgés, campings-caristes et voyageurs curieux partagent les bains non mixtes (privatisables pour certains). À l'extérieur de la ville, le **China Ranch Date Farm** (www.chinaranch.com ; ⏲9h-17h) est un refuge rafraîchissant. Après une marche ou une séance d'observation des oiseaux, faites-y le plein de dattes fraîches ou régalez-vous d'un milk-shake aux dattes. Pour vous y rendre, suivez l'Old Spanish Trail Hwy à l'est de Tecopa Hot Springs Rd, prenez à droite Furnace Creek Rd et encore à droite China Ranch Rd. La route se termine par une piste sinueuse et escarpée nécessitant parfois un 4x4.

🛏 p. 365

La route » Revenez vers l'ouest sur l'Old Spanish Trail Hwy puis la Hwy 127. Tournez à droite et roulez vers le nord jusqu'à Shoshone, dernier point de ravitaillement en essence et en vivres (pour une pause café ou un déjeuner, voir p. 365) avant Furnace Creek, à plus de 70 miles (une centaine de kilomètres). Prenez à gauche la Hwy 178 (Jubilee Pass Rd) qui vire à droite à Ashford Junction et devient Badwater Rd pour slalomer paisiblement dans la vallée, en direction du nord.

TEMPS FORT

❸ Badwater

La route descend dans la vallée après le col de **Jubilee Pass** (393 m). Malgré son nom, la vallée de la Mort abrite un riche habitat naturel et des hommes y ont vécu pendant des siècles, des Amérindiens Shoshone aux pionniers, en passant par les chercheurs d'or et de borax. Aujourd'hui, silence et solennité règnent sur cette vaste étendue. L'éblouissante lumière de la surface plissée, desséchée et salée de **Badwater**, point le plus bas d'Amérique du Nord (85,5 m sous le

---

À COMBINER AVEC

22 Eastern Sierra Scenic Byway

Panamint Springs est à 33 miles (53 km) de Lone Pine, porte d'accès aux hauts sommets de la Sierra Nevada, via les Highways 190, 136 et 395.

32 Cheveux au vent sur la Route 66

De Baker, traversez la Mojave National Preserve pour rejoindre, après l'I-40, cette route mythique de Californie.

38 La traversée des Four Corners

Enchaînez les classiques en bifurquant vers Las Vegas depuis Beatty, à 1h30 de voiture au sud via la Hwy 95, pour un autre désert, et pas des moindres !

niveau de la mer), saute subitement aux yeux. Une allée-promenade en planches surplombe cette eau salée et minéralisée, en constante évaporation, d'une beauté presque irréelle. Le Lake Manly, un lac préhistorique qui recouvrait toute la vallée durant le dernier âge glaciaire, a refait surface ici en 2005. Il s'évapora en quelques semaines mais sa fugace réapparition témoigne de la ténacité de la nature dans cette vallée en apparence stérile.

La route » Environ 8 miles (13 km) après Badwater, dépassez l'embranchement menant au sentier de Natural Bridge à droite et aux étranges cristaux de sel du plateau de Devils Golf Course à gauche. Faites un crochet sur la droite par Artists Dr, une boucle panoramique en sens unique de 9 miles (15 km) interdite aux véhicules avec remorque ou longs de plus de 7,6 m. Regagnez Badwater Rd, roulez 5 miles (8 km) vers le nord puis prenez à gauche la Hwy 190 jusqu'à Furnace Creek.

---

❹ Furnace Creek

Au Furnace Creek Ranch, le point de convergence touristique du parc, le **Borax Museum** (entrée libre ; Hwy 190 ; ⊙10h-17h) retrace l'histoire de l'extraction du borax et du périple devenu célèbre de la vingtaine de mules qui acheminèrent ce minerai hors de la vallée de la Mort. À l'arrière, vous découvrirez d'authentiques diligences et chariots de pionniers. Quelques minutes de voiture au nord du **Furnace Creek Visitor Center** (📞760-786-3200 ; www.nps.gov/deva ; Hwy 190 ; ⊙8h-17h), vous pourrez marcher dans les pas des ouvriers chinois devant les vestiges en adobe datant de 1880 de l'**Harmony Borax Works**, lors d'une boucle panoramique dans le **Mustard Canyon**.

✗ 🛏 p. 365

La route » Si vous n'avez pas fait le plein avant, Furnace Creek dispose d'une station-service onéreuse fonctionnant 24h/24 avec une carte de crédit. Reprenez la Hwy 190 vers le nord. Après moins de 20 miles (32 km), la Hwy 190 bifurque sur la gauche en direction de Stovepipe Wells Village. Le parking de Mesquite Flat se trouve à 5 miles (8 km) sur la droite.

➡ VAUT LE DÉTOUR
MOJAVE NATIONAL PRESERVE

Point de départ : ❶ Baker

Si vous n'avez pas encore votre compte d'histoires de l'Ouest sauvage dans les mines abandonnées et les villes fantômes de la vallée de la Mort, cap sur la **Mojave National Preserve** (📞760-252-6100 ; www.nps.gov/moja ; entrée libre ; ⊙24h/24), une réserve isolée au sud-est de Baker et de l'I-15. Commencez par visiter le **Kelso Depot**, restauré et transformé en un musée moderne sur l'histoire et les traditions locales. Roulez ensuite vers le sud pour dévaler les **Kelso Dunes**, des dunes produisant une musique étrange quand le vent souffle. Plus à l'est, à **Hole-in-the-Wall**, escaladez les falaises qui permettaient jadis aux Amérindiens de s'échapper, traversez en voiture le **Wild Horse Canyon** ou suivez l'ancienne **Mojave Rd** – empruntée par les missionnaires espagnols, les chasseurs et les vendeurs de fourrure, elle vit même passer des chameaux lors d'une expédition militaire, en 1867. Au nord de Cima, repérez le sentier du **Teutonia Peak**. Cette boucle de 5 km traverse la plus grande forêt d'arbres de Josué au monde et s'achève par une vue panoramique sur le désert ponctué de cônes de cendres bigarrés.

❺ Mesquite Flat

Ce lieu évoque un autre épisode historique dans la vallée de la Mort : l'histoire des *Forty-Niners*. En 1849, lors de la ruée vers l'or en Californie, un petit groupe de pionniers tenta de prendre un raccourci vers les mines californiennes et quitta l'Old Spanish Trail. Épuisés, presque à court de vivres et d'eau, se démenant avec des chariots cassés et des bêtes de somme harassées, les malheureux arrivèrent près de Furnace Creek la veille de Noël. Faute de pouvoir franchir ainsi les Panamint Mountains, les survivants tuèrent leurs bœufs et brûlèrent leurs chariots près des dunes de **Mesquite Flat**. Profitez-en pour gravir et dévaler ces dunes dignes d'un mini-Sahara.

La route » Stovepipe Wells Village, 2 miles (3,2 km) plus à l'ouest sur la Hwy 190, permet de faire le plein et de se ravitailler. Au bout de 9 miles (14,5 km), après avoir dépassé la petite route menant au Mosaic Canyon à gauche, Emigrant Canyon Rd grimpe en lacets sur la gauche vers l'Emigrant Pass.

TEMPS FORT

❻ Emigrant Canyon et Wildrose Canyon

N'ayant plus d'autre choix, les pionniers parvinrent à quitter à pied le calvaire de la vallée de la Mort par l'**Emigrant Pass**. En franchissant le col, une femme aurait prononcé en se retournant les mots *"Good-bye, death valley"*, donnant son nom au lieu. Plus tard, la découverte d'or dans la vallée attira à nouveau les pionniers, notamment à **Skidoo**, une ville désormais abandonnée, née du boom au début du XXᵉ siècle. Erich von Stroheim y tourna son film muet *Les Rapaces* en 1923. Plus au sud, les vestiges d'**Eureka Mine** se trouvent sur le chemin d'**Aguereberry Point**, un point de vue panoramique sur les Funeral Mountains et la vallée aride en contrebas. On accède à ces deux sites par des pistes défoncées (4x4 à haut châssis recommandé). Prenez à gauche Wildrose Canyon Rd pour rejoindre les **Charcoal Kilns**. Construits en 1876, ces fours à charbon abandonnés en forme de ruches servaient aux mineurs pour fondre l'argent et le minerai de plomb. Le paysage alpin de forêts de pins pignons et de genévriers se couvre parfois de neige, même au printemps.

La route » Redescendez par la même route jusqu'à l'intersection avec Emigrant Canyon Rd et prenez à gauche Wildrose Canyon Rd, qui serpente dans une zone exposée aux crues subites (ne vous y engagez que par temps sec). Prenez Panamint Valley Rd sur la droite et roulez vers le nord jusqu'à la Hwy 190 (gauche). Un chemin plus long, praticable en tous temps, consiste à revenir en arrière par Emigrant Canyon Rd jusqu'à la Hwy 190, puis à tourner à gauche pour rejoindre Panamint Springs, à 22 miles (35 km).

❼ Panamint Springs

À la lisière occidentale du parc, les **Panamint Springs** sont une enclave isolée. Au printemps, vous pourrez gravir en voiture une route de

---

↱ VAUT LE DÉTOUR
DANTE'S VIEW

Point de départ : ❹ Furnace Creek

Zabriskie Point, à 3,5 miles (5,6 km) à l'est du Furnace Creek Inn par la Hwy 190, offre une vue spectaculaire sur les vagues, ravines et plis dorés des *badlands*, les terres stériles de la vallée. Continuez à grimper jusqu'au point de vue de **Dante's View** pour fuir la chaleur de la mi-journée ou pour admirer le coucher du soleil. D'en haut, vous découvrirez simultanément le point le plus haut (Mt Whitney, 4 421 m) et le plus bas (Badwater) de Californie. Comptez de 1 heure 30 à 2 heures de route et 22 miles (35,4 km) pour l'aller-retour.

PAROLE D'EXPERT
SARA BENSON,
AUTEUR

Beaucoup de gens associent les routes de Californie du Sud aux plages ensoleillées. Pourtant, c'est dans le désert de Mojave que j'ai vu certains des paysages les plus mémorables. La vallée de la Mort change radicalement d'une saison à l'autre. Comment oublier la première fois où l'on aperçoit les collines tapissées de fleurs sauvages multicolores au printemps, ou la vision soudaine d'un lac préhistorique disparu prenant la forme de croûtes de sel après les fortes pluies de l'hiver ?

Ci-dessus : Désert de Mojave
À gauche : Étendue salée de Badwater
À droite : Rhyolite

WITOLD SKRYPCZAK / GETTY IMAGES ©

graviers (2 miles ; 3,2 km) puis à pied un sentier (1 mile ; 1,6 km) jusqu'aux **Darwin Falls**. Dissimulées dans une gorge à l'ombre des saules, ces cascades sont un repaire d'oiseaux migrateurs. Plus chaotique et non goudronnée, la Saline Valley Rd conduit à **Lee Flat**, où abondent les arbres de Josué. Sinon, une route goudronnée mène à 6 miles (10 km) à l'ouest du Panamint Springs Resort, où le **Father Crowley Point** offre une vue plongeante sur le **Rainbow Canyon**, façonné par des coulées de lave et strié de cendres volcaniques colorées.

La route » Reprenez la Hwy 190 vers l'est. Environ 7 miles (11 km) après Stovepipe Wells Village, tournez à gauche puis engagez-vous à droite dans Daylight Pass Rd sur 16 miles (26 km). Quittez le parc et suivez la Hwy 374 dans le Nevada sur 9 miles (15 km), jusqu'au panneau indiquant Rhyolite sur la gauche.

- - - - - - - - - - - - -

TEMPS FORT

8 Rhyolite

À 4 miles (6,5 km) à l'ouest de Beatty, dans le Nevada, **Rhyolite** (www.rhyolitesite. com ; Hwy 374 ; ☺aube-crépuscule), reine des mines de la vallée de la Mort à la grande époque, incarne la frénésie et le déclin des villes de la ruée vers l'or. Ne manquez pas la "bottle house" de 1906, ni l'armature fantomatique de l'ancienne banque.

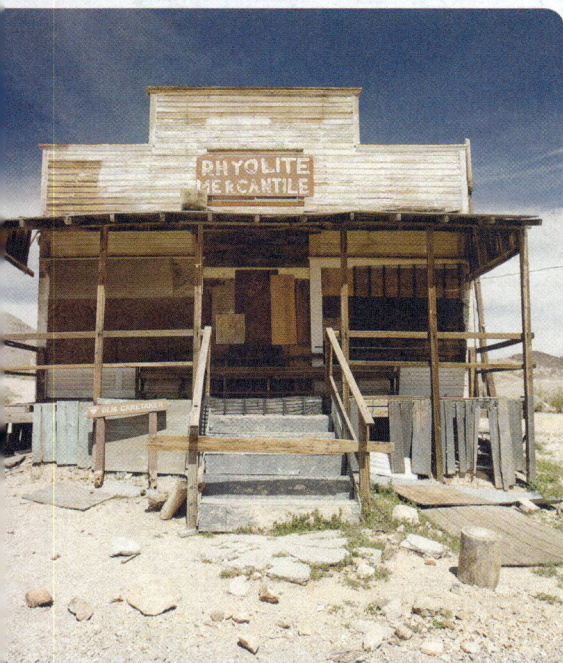

ED NORTON / GETTY IMAGES ©

Depuis 1984, l'artiste belge Albert Szukalski a inauguré sur place l'étrange **Goldwell Open Air Museum** (www.goldwell museum.org ; ⊙24h/24). Ses œuvres psychédéliques incluent un très apprécié mineur géant affublé d'un pingouin.

La route ≫ Revenez en arrière par Daylight Pass Rd et tournez à droite dans Scotty's Castle Rd, qui serpente sur plus de 33 miles (53 km) dans la vallée à l'ombre des Grapevine Mountains. Près de la station de rangers de Grapevine Junction, une petite route sur la gauche conduit au Ubehebe Crater, à 6 miles (9,6 km).

- - - - - - - - - -

❾ Ubehebe Crater

À l'ouest de Grapevine Junction, une route non goudronnée mène au **Ubehebe Crater**, un cratère de 182 m de profondeur formé par la rencontre explosive du magma bouillonnant et de la fraîche nappe phréatique. Les scientifiques pensent que la formation de ce cratère, jadis considéré comme ancien, pourrait ne remonter qu'à trois siècles. Il est possible de randonner autour de la crête et jusqu'au plus récent **Little Hebe Crater**, pour admirer les profondeurs du volcan et les champs de cendres

Avec des températures pouvant atteindre 48°C dans la vallée de la Mort, une voiture équipée d'une climatisation fiable s'impose. Circulez tôt le matin ou en fin d'après-midi. Durant les heures les plus chaudes, réfugiez-vous au bord de la piscine ou en altitude. Emportez toujours des réserves d'eau en cas de panne et faites le plein d'essence le plus souvent possible. Un pneu mal gonflé risquant rapidement la surchauffe, pensez à vérifier la pression. Sur la route, contrôlez la jauge de liquide de refroidissement. Si elle passe dans le rouge, arrêtez la clim, allumez le chauffage et ouvrez les fenêtres ou arrêtez-vous, voiture face au vent. Ouvrez délicatement le capot et faites tourner le moteur au ralenti. S'il surchauffe, coupez immédiatement le moteur.

colorés qui s'étendent dans la vallée.

La route ≫ Rebroussez chemin par Ubehebe Crater Rd jusqu'à la station de rangers de Grapevine Junction et tournez à gauche dans Scotty's Castle Rd. Au bout de 3 miles (4,8 km) vers l'est, vous trouverez le parking, le snack-bar et la boutique de souvenirs du Scotty's Castle sur la gauche.

- - - - - - - - - -

TEMPS FORT

❿ Scotty's Castle

Aucune excursion dans la vallée de la Mort ne saurait être complète sans la visite du **Scotty's Castle** (☎760-786-2392, réservations 877-444-6777 ; www.recreation.gov ; Hwy 267 ; adulte/enfant 15/7,50 $; ⊙tlj, visites guidées horaires variables). Des guides en costume d'époque font visiter cette étrange hacienda qui doit son nom à "Death Valley Scotty",

un conteur doué pour captiver le public avec des histoires d'or improbables. Il entretient une amitié particulièrement lucrative avec Albert et Bessie Johnson, magnats des assurances à Chicago qui, malgré sa réputation de menteur incorrigible, financèrent la construction de cet excentrique château dans le désert. La demeure a retrouvé son faste de 1939 : tentures en peau de mouton, bois de séquoias californiens sculptés, faïences artisanales, fer forgé, paniers shoshone tressés et même un orgue, à l'étage. Si vous n'avez pas réservé de visite guidée (au minimum la veille), présentez-vous tôt : les billets pour le jour même partent sur la base du "premier arrivé, premier servi".

Se restaurer et se loger

Tecopa ②

🛏 **Cynthia's** Auberge de jeunesse, B&B **$**

(📞760-852-4580 ; www.discovercynthias.com ; 2001 Old Spanish Trail Hwy ; dort 22-25 $, ch 75-140 $, tipi 165 $; 📶). Pour tous les goûts et tous les budgets : chambre à la décoration éclectique, dortoir dans d'anciennes caravanes ou tipis en toile avec feu de camp et confortable lit king size. Réservation obligatoire.

Shoshone

🍴 **Café C'est Si Bon** Café **$**

(Hwy 127 ; plats 6-8 $; ⏱8h-16h mer-lun ; 📶🐾). Le fantastique chef propriétaire de ce café-salon de thé alimenté à l'énergie solaire prépare des petits-déjeuners et des déjeuners "flexitariens" (végétariens sans être sectaires) sur fond de musique du monde.

Furnace Creek ④

🍴 **19th Hole Bar & Grill** Américain **$**

(www.furnacecreekresort.com ; Furnace Creek Golf Course, près de la Hwy 190 ; plats 8-12 $; ⏱restaurant 10h30-15h30 oct-mai, bar jusqu'à 16h lun-ven, 17h sam-dim). Les meilleurs hamburgers des environs sont servis sur la véranda donnant sur les Panamint Mountains de ce restaurant de grillades, situé près de la boutique du golf.

🍴 **49'er Cafe** Américain **$$**

(www.furnacecreekresort.com ; The Ranch at Furnace Creek, Hwy 190 ; plats 8-25 $; ⏱7h-10h45 et 11h30-21h oct-mai, 16h-21h juin-sept ; 📶🐾). Attendez-vous à faire la queue et à jouer des coudes pour savourer l'honorable cuisine de l'Ouest de ce restaurant familial faisant partie d'un grand complexe. À côté de l'épicerie.

🛏 **Inn at Furnace Creek** Hôtel **$$$**

(📞760-786-2345, 800-236-7916 ; www.furnacecreekresort.com ; Hwy 190 ; ch 340-455 $; ⏱mi-oct à mi-mai ; ❄📶🏊). Perché sur la colline, cet hôtel en adobe construit dans le style des missions des années 1920 au milieu d'un jardin en terrasses planté de palmiers abrite un beau bar à cocktails. Il offre une vue panoramique sur la vallée et une piscine d'eau de source mais ses chambres sont surévaluées.

🛏 **Campings du NPS** Camping **$**

(📞réservations 877-444-6777 ; www.nps.gov/deva, www.recreation.gov ; gratuit-18 $; ⏱tte l'année pour certains ; 🐾🐕). Des 9 campings du parc, seul celui de Furnace Creek accepte les réservations (de mi-oct à mi-avril). En saison, notamment pour l'éclosion des fleurs au printemps, tous les campings affichent complet dès le milieu de matinée.

🛏 **The Ranch at Furnace Creek** Motel, chalets **$$**

(📞760-786-2345, 800-236-7916 ; www.furnacecreekresort.com ; Hwy 190 ; ch 135-215 $; ❄📶🏊🐾). Lorsque la vallée de la Mort s'embrase au coucher de soleil, il est temps de prendre une chambre de motel rustique ou un chalet (cabin) au Ranch. Sur place : piscine d'eau de source chaude, centre d'équitation et le terrain de golf le plus bas au monde.

Mesquite Flat ⑤

🍴🛏 **Stovepipe Wells Village** Motel **$$**

(📞760-786-2387 ; www.escapetodeathvalley.com ; Hwy 190 ; ch 100-160 $, plats 8-25 $; ❄📶🏊🐾🐕). Les chambres fraîchement rénovées sont décorées de pimpantes têtes de lit aux motifs amérindiens et de linge de lit de qualité. Le Tollroad Restaurant de style western propose 3 honnêtes repas américains par jour. Sympathique petite piscine.

Beatty

🛏 **Stagecoach Hotel** Motel **$**

(📞775-553-2419, 800-424-4946 ; www.bestdeathvalleyhotels.com ; 900 E Hwy 95 N, Beatty ; ch 60-110 $; ❄🏊📶🐾🐕). Ces chambres quelconques mais confortables font l'affaire pour une nuit. La petite ville isolée de Beatty et son casino sont situés à quelques kilomètres de Rhyolite.

Les merveilles végétales et minérales
*du **Joshua Tree National Park***

MOMATIUK · EASTCOTT / CORBIS ©

Les oasis de Palm Springs et de Joshua Tree

35

Avec leurs oasis à l'ombre des palmiers et des dattiers, Palm Springs et le Joshua Tree National Park sont des échappatoires à la chaleur et à l'aridité des déserts de Californie du Sud.

TEMPS FORTS

2-3 JOURS
185 MILES/300 KM

60 miles/97 km

Keys View
Une vue à couper le souffle pour un coucher de soleil mémorable

50 miles/80 km

Hidden Valley
Les épineux arbres de Josué dans la fraîcheur du Joshua Tree National Park

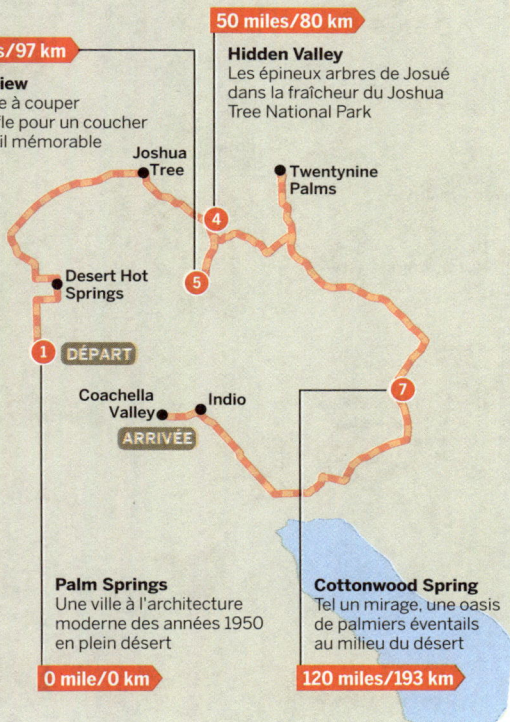

Joshua Tree

● Twentynine Palms

4

5

Desert Hot Springs

1 DÉPART

Coachella Valley ● Indio

ARRIVÉE

7

PARFAIT POUR...

LE MEILLEUR MOMENT

De février à avril pour profiter des fleurs et de températures plus clémentes.

LA PHOTO SOUVENIR

Le coucher du soleil depuis le point de vue de Keys View.

INSTANT DE SOLITUDE

Une randonnée jusqu'à l'oasis de Lost Palms.

Palm Springs
Une ville à l'architecture moderne des années 1950 en plein désert

0 mile/0 km

Cottonwood Spring
Tel un mirage, une oasis de palmiers éventails au milieu du désert

120 miles/193 km

367

Les oasis de Palm Springs et de Joshua Tree

À un court trajet en voiture de la chic Palm Springs, les déserts de Mojave et de Sonora sont baignés d'un silence religieux. En apparence désolées, ces vastes étendues de sable dévoilent au promeneur une beauté parfaite : oasis de palmiers et jardins de cactus, fleurs sauvages poussant au printemps sur le sol craquelé, relaxantes sources chaudes et constellation d'étoiles dans un ciel noir de jais.

TEMPS FORT

❶ Palm Springs

Depuis toujours considérée par les stars de Hollywood comme une destination de villégiature proche de Los Angeles, cette ville en plein désert recèle de beaux bâtiments des années 1950-1960. Vous pourrez vous procurer un plan des édifices intéressants au **Palm Springs Visitor Center** (📞 760-778-8418 ; www. visitpalmsprings.com ; 2901 N Palm Canyon Dr ; ⏰ 9h-17h),

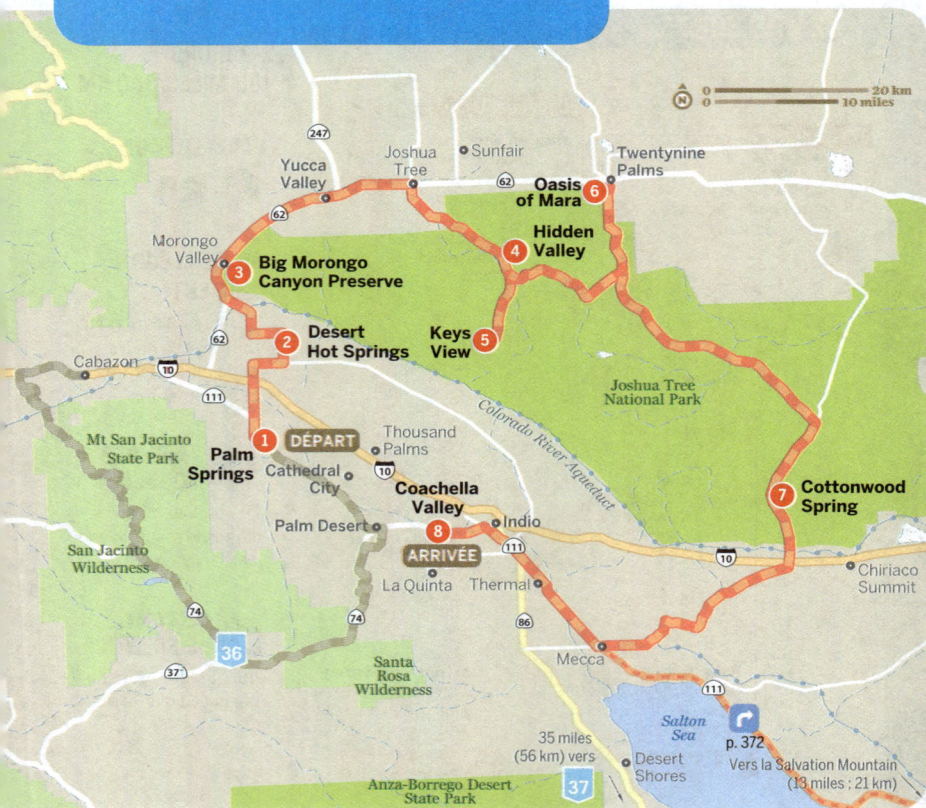

aménagé dans une ancienne station-service réalisée par l'architecte moderniste Albert Frey, vers 1960. Montez ensuite en voiture jusqu'au **Palm Springs Aerial Tramway** (📞888-515-8726 ; www.pstramway.com ; 1 Tram Way ; adulte/enfant 24/17 $; ⏱10h-20h lun-ven, 8h-20h sam-dim, dernier retour 21h45 ; 🚡), un téléphérique qui grimpe presque à la verticale sur 2 km, en moins de 15 minutes, de la chaleur du désert de Sonora à la fraîcheur des San Jacinto Mountains, parfois enneigées. De retour en bas, direction Palm Canyon Dr, au sud, où vous attendent galeries d'art, cafés, bars à cocktail et boutiques chics tel **Trina Turk** (www.

trinaturk.com ; 891 N Palm Canyon Dr ; ⏱10h-17h lun-ven, 10h-18h sam, 12h-17h dim) apprécié des fashionistas.

🍴 🛏 p. 373

La route » Quittez le centre-ville en remontant vers le nord Indian Canyon Dr sur 8 miles (13 km), qui passe au-dessus de l'I-10. Prenez à droite Dillon Rd puis, après 2,5 miles (4 km), Palm Dr à gauche. Elle mène au centre de la localité de Desert Hot Springs, au nord.

- - - - - - - - - - - - - -

② Desert Hot Springs

En 1774, le conquistador espagnol Juan Bautista de Anza fut le premier Européen à entrer en contact avec la tribu cahuilla, qui vit dans le désert. Depuis lors, le terme espagnol "Agua Caliente" désigne à la fois cette tribu amérindienne et les sources chaudes naturelles qui alimentent les **Desert Hot Springs** (www.visitdeserthotsprings.com). Des hôtels branchés ont maintenant pignon sur rue près des sources bienfaisantes jaillissant des profondeurs. Vous pourrez prendre un bain de boue au **Two Bunch Palms Resort & Spa** (📞800-472-4334 ; www.twobunchpalms.com ; 67425 Two Bunch Palms Trail ; ⏱sur rendez-vous) comme le fit Tim Robbins dans *The Player*, de Robert Altman. Dans le silence d'une véritable oasis, le spa propose plusieurs

bassins et solariums, dont un naturiste.

🛏 p. 373

La route » Dirigez-vous à l'ouest vers Indian Canyon Dr, par Pierson Blvd. Tournez à droite et traversez les faubourgs poussiéreux de Desert Hot Springs vers le nord-ouest. Prenez à droite la Hwy 62 (direction est) en direction de Yucca Valley ; après 4 miles (6,4 km), tournez à droite dans East Dr et suivez les panneaux indiquant la Big Morongo Canyon Preserve.

- - - - - - - - - - - - - -

③ Big Morongo Canyon Preserve

Autre oasis du cœur du désert, la **Big Morongo Canyon Preserve** (📞760-363-7190 ; www.bigmorongo.org ; contribution libre ; 11055 East Dr, Yucca Valley ; ⏱7h30-crépuscule) ravira les ornithologues. Cette réserve à la dense végétation de peupliers et de saules se niche au cœur des Little San Bernardino Mountains. Commencez par le kiosque d'informations du parking puis baladez-vous sur les passerelles traversant les bois marécageux pour tenter d'apercevoir colibris et pics-verts.

La route » Reprenez la Hwy 62 vers l'est via Yucca Valley (pour une pause café, voir p. 373), avec ses boutiques d'antiquités, ses galeries d'art et ses cafés. Elle mène en 16 miles (26 km) à la localité de Joshua Tree, où vous pourrez vous restaurer et dormir (p. 373). Au croisement avec Park Blvd, tournez à droite.

À COMBINER AVEC

36 Palms to Pines Scenic Byway

Débutant à la sortie de Palm Springs, cette route monte en lacets de la chaleur du désert à la fraîcheur des montagnes verdoyantes.

37 Temecula, Julian et le désert d'Anza-Borrego

Ce trajet de 80 km part de la Coachella Valley, longe le rivage occidental du lac de Salton Sea et s'enfonce dans les terres jusqu'aux Borrego Springs.

L'entrée ouest du parc national est à 5 miles (8 km). Faites le plein d'essence avant.

- - - - - - - - - - - - - -

❹ Hidden Valley

Le **Joshua Tree National Park** (☎760-367-5500 ; www.nps.gov/jotr ; permis de circulation voiture 7 jours 15 $; ⊙24h/24 ; 👫) offre un sublime paysage de roche et d'arbres de Josué prenant racine dans le sable. Ces arbres, de la famille des agavacées, doivent leur nom aux colons mormons, à qui leurs branches tortueuses couvertes d'épines faisaient penser aux bras d'un prophète pointant le chemin de Dieu. Profitez de la vue le long des 7 miles (11 km) de la sinueuse route du parc menant à l'aire de pique-nique de Hidden Valley. Après le camping, tournez à gauche pour rejoindre le sentier du **Barker Dam**. Cette boucle pédestre de 1,6 km, adaptée aux enfants, passe devant un joli petit lac artificiel et des pétroglyphes amérindiens. Si l'histoire et les traditions de l'Ouest vous passionnent, participez à la visite guidée de 90 minutes du **Keys Ranch** (☎760-367-5555 ; adulte/enfant 5/2,50 $; ⊙visites guidées 10h et 13h) voisin, sur les traces des pionniers éleveurs, mineurs et fermiers du XIXe siècle.

📖 p. 373

La route » Revenez sur Park Blvd, tournez à gauche et repiquez vers le sud au milieu des formations rocheuses et des arbres de Josué. Une route bien indiquée sur la droite monte au point de vue de Keys View, à 5,5 miles (8,8 km), dépassant plusieurs sentiers et bornes d'informations.

- - - - - - - - - - - - - -

❺ Keys View

Quittez Hidden Valley au moins une heure

Cottonwood Spring

avant le coucher du soleil pour grimper jusqu'à **Keys View**, où la vue panoramique s'étend au sud sur la Coachella Valley et, au-delà, jusqu'au miroitant lac salé de Salton Sea. Plus rarement par temps clair, on distingue les Signal Mountain, au Mexique. En face se dressent les monts San Jacinto et San Gorgonio, deux des plus hauts sommets de Californie du Sud, souvent enneigés même au printemps. La faille de San Andreas serpente en contrebas.

La route » Redescendez jusqu'à Park Blvd. Tournez

à droite pour traverser le Wonderland of Rocks, site de varappe apprécié des grimpeurs petits et grands. Parcourez encore 10 miles (16 km), serrez à gauche pour rester sur Park Blvd et roulez vers le nord pendant 7 miles (11 km) jusqu'à Twentynine Palms, sur l'Utah Trail.

- - - - - - - - - - - -

❻ Oasis of Mara

Faites un crochet par l'**Oasis Visitor Center** (www.nps.gov/jotr ; 74485 National Park Dr, Twentynine Palms ; ⏱8h-17h ; ♿) du National Park Service (NPS) pour en savoir plus sur les palmiers éventails des déserts californiens. Ces palmiers poussent souvent près

des failles, les fissures dans la croûte terrestre faisant remonter l'eau souterraine en surface. Près du centre d'accueil, un sentier facile de moins de 1 km mène à l'**Oasis of Mara**, où campaient autrefois les Serrano. Demandez votre chemin pour rejoindre le début du sentier (près de la Hwy 62), qui fait une boucle de 4,8 km jusqu'à la **49 Palms Oasis**. Le sentier, exposé au soleil, suit la ligne de crête avant de descendre dans une gorge et de continuer parmi les cactus vers une lointaine poche de verdure.

371

VAUT LE DÉTOUR
SALTON SEA

Point de départ : 7 Cottonwood Spring

Au sud-est d'Indio, la Hwy 111 conduit à un site inattendu. Plus grand lac de Californie, le lac salé de Salton Sea s'est formé au milieu du désert en 1905 suite à une crue de la Colorado River. Considéré jusqu'au milieu du XXe siècle comme la "riviera californienne" grâce à ses maisons de vacances en bordure du lac, le Salton Sea a depuis été en grande partie délaissé en raison des décès annuels de poissons, provoqués par les rejets chimiques des fermes alentour. Site plus curieux encore, la **Salvation Mountain** (www.salvationmountain.us) est un monticule artificiel couvert de peinture acrylique, d'un bric-à-brac d'objets trouvés et d'inscriptions religieuses. Elle se dresse à Niland, à 3 miles (4,8 km) à l'est de la Hwy 111.

chercheurs d'or à la fin du XIXe siècle. Une randonnée en boucle modérément difficile de 11,5 km conduit à la **Lost Palms Oasis**, une belle oasis isolée plantée de palmiers éventails.

📖 p. 373

La route » Continuez vers le sud et passez au-dessus de l'I-10 pour récupérer Box Canyon Rd, une route panoramique creusant un sillon dans le désert et serpentant vers le lac de Salton Sea. Continuez vers l'ouest sur 66th Ave, en direction de Mecca, puis prenez la Hwy 111 sur la droite et remontez vers le nord-ouest en direction d'Indio.

📖 p. 373

La route » Redescendez vers le sud via l'Utah Trail pour regagner le parc. Descendez Park Blvd et prenez à gauche Pinto Basin Rd au premier grand croisement. La route descend en lacets sur 30 miles (48 km) jusqu'à Cottonwood Spring.

TEMPS FORT

7 Cottonwood Spring

Faisant route au sud vers Cottonwood Spring, on quitte le haut désert de Mojave pour le bas désert de Sonora. En chemin, ne manquez pas les plantes soigneusement étiquetées du **Cholla**

Cactus Garden, qui fleurissent au printemps. C'est le cas de l'inimitable *Fouquieria splendens*, un arbuste aux branches tentaculaires auréolées de fleurs rouge vif.

Depuis le **Cottonwood Visitor Center** (www.nps.gov/jotr ; près de Cottonwood Springs Rd ; ⏰8h-16h), une route sur la gauche permet d'atteindre rapidement **Cottonwood Spring**, à l'est, après un camping. Autrefois utilisée par les Cahuilla – dont on a retrouvé sur place des mortiers et des pots en argile –, les sources désormais taries ont attiré les

8 Coachella Valley

Cette chaude mais fertile vallée est le paradis des amateurs de dattes. Les exploitants organisent des dégustations gratuites de diverses variétés : deglet nour, halawi, zahidi. La spécialité des lieux, un généreux milk-shake aux dattes, se déguste en version certifiée bio chez **Oasis Date Gardens** (www.oasisdate.com ; 59-111 Grapefruit Blvd, Thermal ; ⏰9h-16h) ou chez **Shields Date Garden** (www.shieldsdategarden.com ; 80-225 Hwy 111, Indio ; ⏰9h-17h), créé par des pionniers dans les années 1920.

Se restaurer et se loger

Palm Springs ❶

✖ Cheeky's — Californien $$

(http://cheekysps.com ; 622 N Palm Canyon Dr ; plats 7-14 $; ◷8h-14h mer-lun). La carte de ce café, composée de plats inventifs à base de produits fermiers, compense l'attente parfois longue. Elle change chaque semaine, mais les généreux *chilaquiles* et les formules bacon reviennent régulièrement.

✖ Sherman's — Boulangerie, traiteur $$

(www.shermansdeli.com ; 401 E Tahquitz Canyon Way ; plats 8-17 $; ◷7h-21h ; 🌶). Ce *deli* casher séduit depuis les années 1950 une clientèle de tous âges avec sa longue liste de sandwichs et de tartes maison. Salle décorée de photos de stars de Hollywood et terrasse sur rue.

🛏 Horizon Hotel — Boutique-hôtel $$

(☎760-323-1858, 800-377-7855 ; www.thehorizonhotel.com ; 1050 E Palm Canyon Dr ; ch 169-249 $; ❄🖵🏊📶). Conçu par l'architecte moderniste William F. Cody, cet espace intimiste avec piscine a accueilli Marilyn Monroe et Betty Grable. Les enfants ne sont pas acceptés.

🛏 Parker Palm Springs — Resort $$$

(☎760-770-5000 ; www.theparkerpalmsprings.com ; 4200 E Palm Canyon Dr ; ch à partir de 199 $; ❄📶🖵🏊). Immortalisé par une série de téléréalité, cet hôtel haut de gamme affiche une décoration originale signée Jonathan Adler. Optez pour un soin de luxe au spa ou un cocktail au restaurant Mister Parker's.

Desert Hot Springs ❷

🛏 El Morocco Inn & Spa — Boutique-hôtel $$

(☎760-288-2527, 888-288-9905 ; www.elmoroccoinn.com ; 66814 4th St ; ch avec petit-déj 159-249 $; ❄📶🖵). Ce superbe hôtel-spa digne d'une kasbah compte 10 chambres délicieusement meublées et un jardin où siroter des cocktails ou un thé glacé à la menthe.

🛏 The Spring — Boutique-hôtel $$

(☎760-251-6700 ; www.the-spring.com ; 12699 Reposo Way ; ch avec petit-déj 179-229 $; ❄📶🖵). Un motel des années 1950 reconverti en hôtel-spa à l'ambiance chic et feutrée, avec bassins d'eau de source chaude. Les 10 magnifiques chambres sont minimalistes côté design, mais pas côté équipements.

Yucca Valley

✖ Ma Rouge Coffee House — Café $

(www.marouge.net ; 55844 Hwy 62 ; plats 5-10 $; ◷7h-19h ; 📶). À l'angle de Pioneertown Rd, une adresse de quartier où l'on sert du café bio, des quiches, des pâtisseries, des sandwichs et des salades.

Joshua Tree

🛏 Hicksville Trailer Palace — Motel $$

(☎310-584-1086 ; www.hicksville.com ; d 100-225 $; ❄📶🏊). Huit caravanes à la décoration loufoque entourent une piscine d'eau salée. Seules deux d'entre elles ont une sdb privative. Réservation impérative (l'adresse est communiquée lors de la réservation).

🛏 Spin & Margie's Desert Hideaway — Chalets $$

(☎760-366-9124 ; www.deserthideaway.com ; ste 125-175 $; ❄🌶). Les 5 suites aux couleurs audacieuses mêlent tôle ondulée, vieilles plaques d'immatriculation et personnages de dessins animés. Chacune a sa cuisine ou sa kitchenette. Réservation impérative (l'adresse est communiquée lors de la réservation).

Joshua Tree National Park ❹ ❻ ❼

🛏 Campings du NPS — Camping $

(☎réservations 877-444-6777 ; www.nps.gov/jotr, www.recreation.gov ; Joshua Tree National Park ; empl tente 10-15 $; 🌶🏊). Plusieurs campings, le long des routes principales du parc, permettent de planter sa tente près des formations rocheuses ou dans des canyons ombragés. La plupart n'acceptent pas les réservations et affichent complet avant midi les week-ends chargés de printemps et d'automne.

Une route panoramique pour une courte
escapade depuis **Palm Springs**

Palms to Pines Scenic Byway

36

De l'époque des religieux espagnols aux cow-boys de Hollywood, les paysages de Californie du Sud cultivent le mythe. Quantité de publicités pour voiture y ont été tournées. À votre tour d'y tracer la route.

TEMPS FORTS

15 miles/24 km

Palm Desert
Affûter ses connaissances de la faune et de la flore du désert au Living Desert

0 mile/0 km

Palm Springs
Randonner dans les Indian Canyons ou gagner la fraîcheur des sommets par le téléphérique

Banning ● ● Cabazon

ARRIVÉE

DÉPART **1**

6

2

Lake Hemet ●

● Santa Rosa & San Jacinto Mountains National Monument

Idyllwild
Repaire arty et musical à 1 500 m d'altitude

55 miles/88 km

2 JOURS
100 MILES/161 KM

PARFAIT POUR…

LE MEILLEUR MOMENT

Mai, septembre et octobre quand les températures sont plus fraîches et les routes libres de neige.

LA PHOTO SOUVENIR

Les canyons du désert du haut du Cahuilla Tewanet Vista Point.

POUR DÉCOMPRESSER

La petite ville d'Idyllwild, ses hébergements, ses boutiques et ses cafés.

375

36 Palms to Pines Scenic Byway

Aisément accessible de Palm Springs pour une équipée d'un jour ou deux, cette route panoramique grimpe dans la pinède puis redescend vers le désert en l'espace de quelques heures. En altitude, repérez les pygargues à tête blanche, les faucons des prairies, les mouflons d'Amérique et les cerfs mulets. Dégourdissez-vous les jambes sur le Pacific Crest Trail avant de découvrir les lacs, les prairies et les montagnes autour d'Idyllwild.

TEMPS FORT

1 Palm Springs

Le **Palm Springs Aerial Tramway** (☎888-515-8726 ; www.pstramway.com ; 1 Tram Way ; adulte/enfant 24/17 $; ⏱10h-20h lun-ven, 8h-20h sam-dim, dernier retour 21h45 ; ♿), le téléphérique de Palm Springs, grimpe du désert écrasé de soleil à la pinède, ce qui équivaut (en température) à passer du Mexique au Canada. En haut, sous les pins, il fait beaucoup plus frais, prévoyez de quoi vous couvrir. De là, près

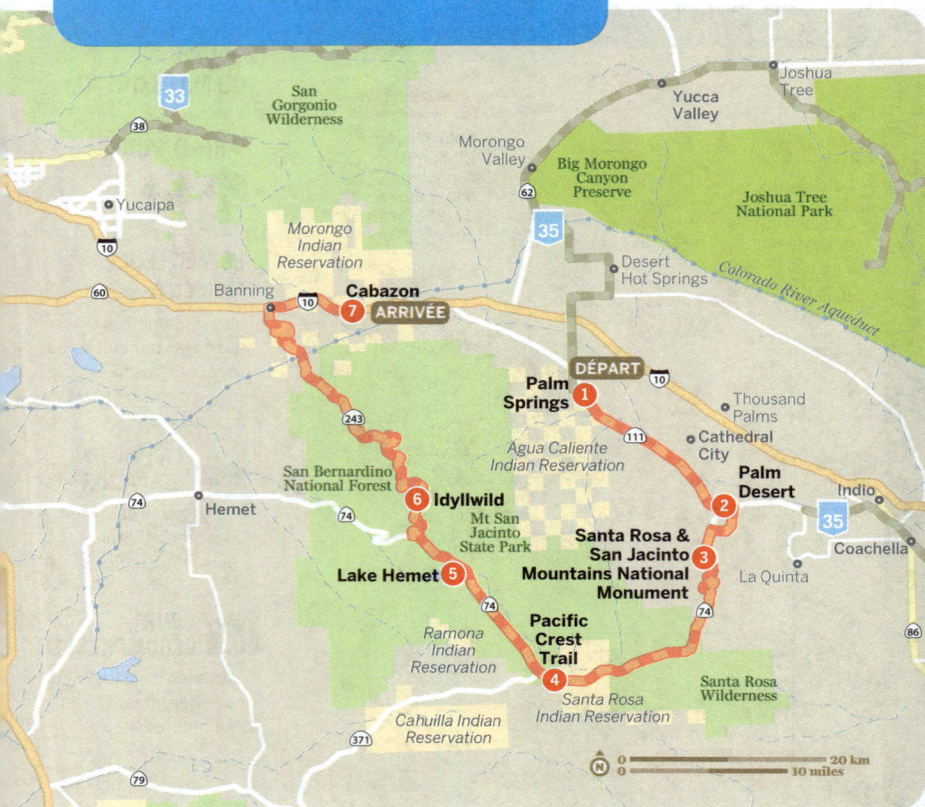

de 90 km de sentiers de promenades à pied, à raquettes ou à ski de fonds quadrillent le **Mt San Jacinto State Park** (☎951-659-2607 ; www.parks. ca.gov, www.msjnha.org).

Les ruisseaux qui coulent des San Jacinto Mountains maintiennent une végétation riche et variée autour de Palm Springs. En lisière du centre-ville, les **Indian Canyons** (☎760-323-6018 ; www.indian-canyons.com ; adulte/enfant 9/5 $, avec guide 12/7 $; près de South Palm Canyon Dr ; ⊗8h-17h ven-dim juin-sept) encadrés de falaises surplombant des oasis de palmiers éventails ou le **Tahquitz Canyon** (☎760-416-7044 ; www.tahquitzcanyon.com ;

500 W Mesquite Ave ; adulte/enfant 12,50/6 $; ⊗7h30-17h, dernière entrée 15h30, ven-dim seulement juil-sept), immortalisé dans le film *Horizons perdus* (1937) de Frank Capra, se prêtent à la randonnée.

🍴 🛏 p. 381

La route ≫ Suivez la Hwy 111 (E Palm Canyon Dr) à la circulation saccadée sur environ 12 miles (20 km) en légère direction du sud-est via la Coachella Valley urbanisée jusqu'à Palm Desert. Dépassez l'embranchement pour la Hwy 74 (Palms to Pines Scenic Byway) et engagez-vous dans Portola Dr à droite. Le zoo est à moins de 2 km au sud, sur la gauche.

- - - - - - - - - - - - - -

TEMPS FORT

❷ Palm Desert

Si le centre-ville glamour de Palm Desert tourne autour des boutiques branchées d'**El Paseo**, la nature reprend ses droits au **Living Desert** (☎760-346-5694 ; www.livingdesert. org ; 47900 Portola Ave ; adulte/enfant 14,25/7,75 $; ⊗9h-17h, dernière entrée 16h oct-mai, 8h-13h30, dernière entrée 13h juin-sept ; 🚻). Prisé du public, ce parc botanique et animalier présente une grande variété de plantes du désert et d'animaux d'Amérique du Nord (pumas, mouflons d'Amérique, oiseaux de proie…) ou d'Afrique (gazelles, oryx…) en plus d'expositions sur la géologie du désert et sur la culture amérindienne. La clinique vétérinaire (que l'on peut visiter) et le

village africain avec son arbre à palabres plaisent particulièrement aux enfants. Plus de 400 ha d'étendues désertiques entourent le zoo, où des sentiers de randonnée ménagent une vue sur la faille de San Andreas.

La route ≫ Suivez sur 1 mile (1,6 km) Portola Dr vers le sud, puis Mesa View Dr sur encore 1 mile en traversant un quartier résidentiel. Prenez la Hwy 74 (Palms to Pines Scenic Byway) sur la gauche en direction des montagnes et grimpez sur 2,5 miles (4 km) jusqu'au centre des visiteurs BLM à gauche.

- - - - - - - - - - - - - -

❸ Santa Rosa & San Jacinto Mountains National Monument

Presque au début de la route panoramique, le **Santa Rosa & San Jacinto Mountains National Monument BLM Visitor Center** (☎760-862-9984 ; 51-500 Hwy 74 ; ⊗9h-16h jeu-mar oct à mi-juin, 8h-15h tlj juin-sept ; 🚻) retrace au gré d'expositions intéressantes l'histoire de ce parc fédéral créé en 2000 en collaboration avec des tribus amérindiennes. La faune et la flore du parc qui s'étend des canyons du désert au niveau de la mer au sommet du mont San Jacinto se concentrent dans les oasis de palmiers éventails et près des ruisseaux dévalant des montagnes. Des mouflons d'Amérique évoluent

À COMBINER AVEC

33 **Big Bear Lake et la Rim of the World Scenic Byway**

De Cabazon, empruntez l'I-10 vers l'ouest pour rejoindre la Hwy 38 et remontez cette route panoramique en sens inverse jusqu'au rivage du Big Bear Lake.

35 **Les oasis de Palm Springs et de Joshua Tree**

Regagnez Palm Springs pour partir à la découverte de sources chaudes dans le désert, de palmeraies et d'oasis.

dans les paysages désertiques escarpés à la frontière nord des Peninsular Ranges allant jusqu'au Mexique. Vous trouverez des cartes et des informations sur toutes sortes d'activités au centre d'accueil et à la librairie. Un sentier ornithologique facile débute juste devant.

La route » La Hwy 74 monte abruptement en lacets tandis que les canyons érodés du désert de Sonora le cèdent progressivement aux pins ponderosa et que l'on aperçoit les villes dans la vallée en contrebas. Comptez 10 miles (16 km) jusqu'au spectaculaire Cahuilla Tewanet Vista Point et 10 miles de plus jusqu'au Pacific Crest Trail discrètement fléché.

- - - - - - - - - - - -

4 Pacific Crest Trail

Sentier de grande randonnée, le **Pacific Crest Trail** (PCT) relie les frontières mexicaine et canadienne. Débutant en Californie du Sud et long de 4 264 km, il traverse la majorité des écosystèmes d'Amérique du Nord. Ici, un tronçon du PCT quitte le désert de Sonora pour gravir les San Jacinto Mountains avant de redescendre vers le San Gorgonio Pass et de croiser l'I-10.

378

Cabazon

Seules 300 personnes parcourent annuellement l'intégralité du PCT, mais rien ne vous empêche de faire une courte randonnée d'une journée sur le sentier pour dire que vous y étiez.

La route » Reprenez la Hwy 74 vers l'ouest et dépassez l'embranchement pour la Hwy 371. La route serpente sur 9 miles (14 km) à travers bois jusqu'à l'intersection pour le lac Hemet.

- - - - - - - - - -

⑤ Lake Hemet

Joli petit plan d'eau dans une vallée montagneuse, le **Lake Hemet** (☎951-659-2680 ; www.lakehemet.org ; 56570 Hwy 74, Mountain Center ; 12 $ par voiture/jour ; ⊘6h-21h dim-jeu, 6h-22h ven-sam avr-sept, horaires réduits oct-mars) **est le genre de lieu** intemporel où les enfants gambadent tandis que leurs parents se reposent sur la plage ou taquinent des truites arc-en-ciel. On peut y louer un kayak ou une barque et se baigner au bord de l'eau par temps chaud. L'été, des projections de films en plein air ont lieu le soir au camping.

🛏 p. 381

La route » Reprenez la Hwy 74 sur la gauche (nord-ouest) vers le Mountain Center. Après quelques miles, engagez-vous à droite sur la Hwy 243 et suivez sur 4 miles (6,4 km) les panneaux jusqu'au centre d'Idyllwild.

TEMPS FORT

6 Idyllwild

Juste au moment où une pause semble de rigueur, la circulation ralentit à l'approche d'**Idyllwild**, une bourgade à près de 1 500 m d'altitude. Les Indiens Cahuilla y migraient l'été pour fuir la chaleur étouffante de la Coachella Valley. Dans les années 1960, les hippies investirent les lieux (Timothy Leary, le gourou du LSD, y possédait un ranch). Aujourd'hui, Idyllwild est surtout connu pour sa scène artistique et musicale, notamment ses concerts en plein air et son festival Jazz in the Pines fin août. Toute l'année, on peut se balader dans le petit centre-ville animé aux nombreuses galeries d'art, boutiques, cafés et lieux de réunion alternatifs où l'on prédit toujours l'avenir avec des cartes ou dans des boules de cristal. Escalade, randonnée, VTT et camping font partie des autres activités possibles dans les forêts aux alentours, lesquelles ont servi de décor naturel aux films hollywoodiens dès l'ère du muet.

🍴 🛏 p. 381

La route » Continuez vers le nord-ouest sur la Hwy 243 jalonnée de sentiers, de campings et de stations de rangers. Après moins de 10 miles (16 km), arrêtez-vous au belvédère d'Indian Vista puis à l'aire de pique-nique du Lake Fulmor. La route franchit le Banning Pass puis descend rapidement en lacets sur 15 miles (24 km) vers Banning, terminus officiel de la Scenic Byway. Prenez l'I-10 en direction de l'est.

7 Cabazon

À une demi-douzaine de miles de Banning, les silhouettes improbables d'un tyrannosaure et d'un apatosaure géants se dressent au nord de l'I-10. Les **World's Biggest Dinosaurs** (☎951-922-0076 ; www.worldsbiggestdinosaurs.com ; 50770 Seminole Dr ; adulte/enfant 7/6 $; ⏱10h-17h30) ont été créés dans les années 1960 par Claude K. Bell, un sculpteur de la Knott's Berry Farm. Ces monstres de béton appartiennent désormais aux chrétiens créationnistes. Dans la boutique de souvenirs aménagée dans le ventre d'un brontosaure, des gadgets en rapport avec les mastodontes côtoient des livres réfutant la théorie de l'évolution. Près des magasins d'usines et du casino de Cabazon, la ferme **Hadley Fruit Orchards** (☎951-849-5255 ; www.hadleyfruitorchards.com ; 48980 Seminole Dr ; ⏱9h-19h lun-jeu, 8h-20h ven-sam) revendique elle la paternité moins controversée de l'invention du *hikers' trail mix* (mélange de fruits secs énergétique).

🛏 p. 381

Se restaurer et se loger

Palm Springs ❶

✖ Koffi   Café $

(www.kofficoffee.com ; 515 N Palm Canyon Dr ; en-cas et boissons 3-6 $; ⏱5h30-19h ; 📶). Au milieu des galeries d'art et des friperies, ce café sert des cafés bios dans un cadre minimaliste. Autre succursale à l'architecture plus contemporaine au 1700 S Camino Real, près de E Palm Canyon Dr.

✖ Manhattan
in the Desert   Diner, boulangerie $$

(http://manhattaninthedesert.com ; 2665 E Palm Canyon Dr ; plats 9-20 $; ⏱7h-21h dim-jeu, 7h-22h ven-sam ; 👪).On se croirait à New York chez ce *deli* casher à l'ancienne avec banquettes en skaï. Les énormes parts de gâteau font concurrence aux sandwichs XXL.

⛌ Caliente Tropics   Motel $$

(📞760-327-1391, 800-658-6034 ; www.calientetropics.com ; 411 E Palm Canyon Dr ; ch 55-205 $; ❄📶🏊👪🐾). Elvis se baigna dans la piscine de ce motel de style polynésien impeccablement tenu. Les chambres, spacieuses, sont pourvues de lits confortables. Une bonne adresse pour les petits budgets.

⛌ Orbit In   Boutique-hôtel $$

(📞760-323-3585, 877-996-7248 ; www.orbitin.com ; 562 W Arenas Rd ; ch 149-259 $; ❄🏊📶). Retour aux années 1950 dans cet hôtel délicieusement rétro, avec ses tourne-disques et mobilier d'époque. Happy hour "Orbitini" gratuit.

Lake Hemet ❺

⛌ Lake Hemet   Camping $

(📞951-659-2680 ; www.lakehemet.org ; 56570 Hwy 74, Mountain Center ; empl tente/caravane à partir de 21/35 $; 👪🐾). Mieux équipé que les terrains du NPS plus proches d'Idyllwild, ce camping en bordure de lac vise une clientèle familiale. Aire de jeux et douches chaudes.

Idyllwild ❻

✖ Café Aroma   Californien $$

(📞951-659-5212 ; 54750 N Circle Dr ; plats 10-24 $; ⏱7h-21h dim-jeu, 7h-22h ven-sam ; 📶👪). Dans un chalet à l'ombre des pins, un chef de formation classique revisite les recettes de sa grand-mère italienne. Terrasse avec vue panoramique sur les montagnes.

✖ Nature's Wisdom   Diététique $

(54235 Ridge View Dr ; plats 5-10 $; ⏱11h-17h30 ; 📶🌿). Les habitants se retrouvent dans cette boutique de produits diététiques pour discuter autour d'un thé chaï ou d'un smoothie accompagné de pains aux raisins et de strudels sortis du four. Et pour un pique-nique, commandez un panini maison et une soupe végétarienne.

⛌ Fireside Inn   Chalets, bungalows $$

(📞951-659-2966 ; www.thefiresideinn.com ; 54540 N Circle Dr ; d 65-145 $; ❄👪🐾). Des chalets et des bungalows (*cabins*) propres et bien tenus à proximité à pied du centre d'Idyllwild. Certains disposent d'une cheminée, de la clim et d'une cuisine.

⛌ Quiet Creek Inn   B&B $$

(📞951-468-4208, 800-450-1516 ; www.quietcreekinn.com ; 26345 Delano Dr ; d 90-160 $; @📶🏊👪). Ces chalets-duplex à la fibre écolo, bâtis au bord de l'eau, comportent des studios et des chambres climatisées, ainsi que des hamacs pour décompresser sur la terrasse en face de la forêt. Pop-corn et location de DVD dans la salle de repos aménagée dans une grange.

Cabazon ❼

⛌ Morongo Casino Resort & Spa   Hôtel $$

(📞951-849-3080, 800-252-4499 ; www.morongocasinoresort.com ; 49500 Seminole Dr ; ch 109-299 $; ❄@📶🏊👪). Plus de 300 chambres interchangeables, réparties dans les étages d'une tour moderne, accueillent les joueurs invétérés et les automobilistes fourbus. Le buffet du casino et le café ouvert 24h/24 pratiquent des tarifs très abordables.

À l'automne, on fête les vendanges à **Temecula**

Temecula, Julian et le désert d'Anza-Borrego

37

Les vignobles du Far West à Temecula, la ville minière de Julian entourée de vergers dans les collines ou Borrego Springs, en plein désert, sont autant de destinations de week-end au départ de San Diego.

TEMPS FORTS

0 mile/0 km

Temecula
Une riche région viticole
à deux pas du désert

1 DÉPART

Palomar
Mountain

Santa
Ysabel

3

85 miles/137 km

Julian
Mines historiques
et excellentes tartes
aux pommes

125 miles/201 km

Borrego Springs
Dormir sous le ciel étoilé
du désert

4

Ocotillo
Wells

6

ARRIVÉE

Ocotillo

Blair Valley
Une paisible vallée
recelant de mystérieux
pictogrammes

210 miles/338 km

3 JOURS
300 MILES/483 KM

PARFAIT POUR…

LE MEILLEUR MOMENT

De février à avril pour
admirer les fleurs
sauvages sans qu'il
fasse trop chaud.

LA PHOTO SOUVENIR

Font's Point au Anza-
Borrego Desert State
Park.

EN FAMILLE
Dévorer des tartes
aux pommes à Julian et
visiter des mines d'or.

383

Temecula, Julian et le désert d'Anza-Borrego

En toute saison, ces routes du sud de la Californie ont l'attrait de paysages incroyables. Au printemps, un festival de fleurs sauvages et d'ocotillos (*Fouquieria splendens*) aux fleurs écarlates réveille le désert. À l'automne, place à la cueillette des pommes dans les vergers de Julian et à la fête des vendanges à Temecula. L'hiver, venez vous réchauffer dans les hôtels de Borrego Springs, et l'été, vous rafraîchir dans les montagnes autour de Julian.

TEMPS FORT

❶ Temecula

Baptisée *temecunga* ("terre du soleil") par les Luiseño, un peuple déjà présent à l'arrivée du premier missionnaire espagnol en 1797, Temecula devint un avant-poste de la mission San Luis Rey vers 1820 puis une étape pour la diligence Butterfield et le chemin de fer en Californie du Sud. Les façades d'époque de Front St dans **Old Town** cachent désormais des boutiques

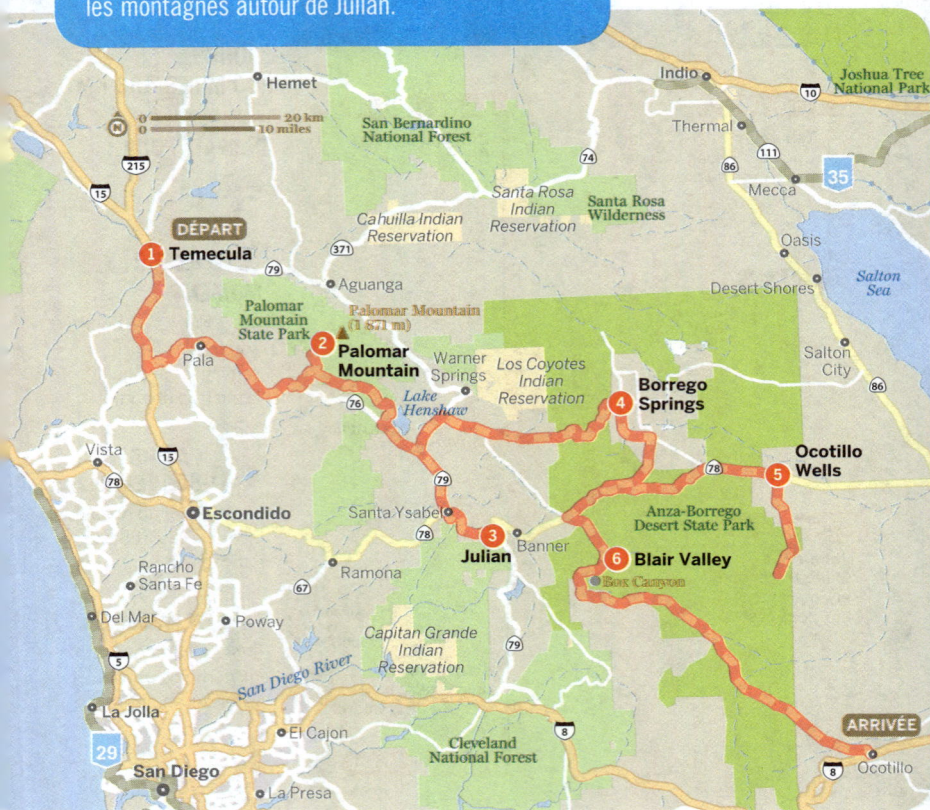

d'antiquaires et des bars à vins. La **Temecula Olive Oil Company** (www.temeculaoliveoil.com ; 28653 Old Town Front St ; ⊙10h-17h) propose des dégustations gratuites de ses huiles aux herbes et aux agrumes, parfois issus des mêmes variétés d'olives cultivées par les prêtres espagnols des missions californiennes au XVIII⁰ siècle.

Malgré l'omniprésence du désert, Temecula est tout juste à 20 miles (32 km) du Pacifique. La nuit, la brume côtière et la brise océanique viennent rafraîchir les plantations d'agrumes et le vignoble de la vallée, abondant, surtout les cépages méditerranéens avides de soleil.

À COMBINER AVEC

29 **La divertissante côte de San Diego**

Les belles plages de San Diego ne sont qu'à une heure de route au sud-ouest des vignes de Temecula.

35 **Les oasis de Palm Springs et de Joshua Tree**

De Borrego Springs, rejoignez le lac salé de Salton Sea à l'est puis les palmeraies de la Coachella Valley au nord, à 50 miles (80 km).

À 10 minutes de route à l'est d'Old Town par Rancho California Rd, les **exploitations vinicoles** (www.temeculawines.org) les plus connues ménagent une vue sur les coteaux de vignes. Pour éviter la foule, partez tôt, surtout le week-end, et privilégiez les exploitations familiales moins fréquentées en suivant le **De Portola Wine Trail** (www.deportola winetrail.com).

✕ 🛏 p. 389

La route ▶▶ De Temecula, empruntez l'I-15 vers le sud sur 11 miles (18 km) et prenez la sortie pour Pala sur la gauche. La Hwy 76 traverse vers l'est de larges vallées verdoyantes bordées de plantations d'agrumes ou de proteas et de montagnes. Après 20 miles (32 km), un panneau indique sur la gauche County Rd (CR) S6, dite aussi South Grade Rd, qui grimpe sur 11,5 miles (18,5 km) jusqu'à Palomar Mountain.

- - - - - - - - -

2 **Palomar Mountain**

Géré par le prestigieux Institut de technologie de Californie (CalTech) de Pasadena, le **Palomar Observatory** (☎760-742-2119 ; www.astro.caltech.edu/palomar ; 35899 Canfield Rd ; ⊙9h-16h, 9h-15h début nov à mi-mars), un observatoire au dôme blanc coiffe la Palomar Mountain. Le week-end, des visites guidées s'intéressent à l'histoire de l'observatoire et aux recherches scientifiques en cours. On peut aussi jeter un œil au télescope Hale de

5 mètres, le plus grand au monde avant que le Keck I du Mauna Kea à Hawaï l'ait détrôné. Emportez un pull : les températures à l'observatoire frôlent les 0°C certains mois. Renseignez-vous par téléphone sur les conditions de circulation et les heures d'ouverture avant de prendre la route, longue et sinueuse. Science mise à part, la vue dégagée sur l'arrière-pays de San Diego du haut du sommet vaut le déplacement. Le tout proche **Palomar Mountain State Park** (☎760-742-3462 ; www.parks.ca.gov ; près de CR S7 ; 8 $/véhicule ; ⊙aube-crépuscule) permet de se dégourdir les jambes en forêt sur des sentiers panoramiques où les fleurs sauvages éclosent au début de l'été.

La route ▶▶ Redescendez sur 4,5 miles (7 km) la CR S6 et prenez à gauche la CR S7 qui descend en lacets la montagne sur 11 miles (18 km) puis encore à gauche la Hwy 76. Dépassez l'aire de loisirs du Lake Henshaw jusqu'à la Hwy 79 sur la droite. Roulez vers Santa Ysabel au sud, où vous pourrez grignoter (voir p. 389) avant de prendre à gauche la Hwy 78 pour Julian.

- - - - - - - - -

TEMPS FORT

3 **Julian**

La route longe en zigzag des montagnes couvertes de pins et traverse des vallées ombragées jusqu'à Julian, où s'établirent d'anciens soldats confédérés après

la guerre de Sécession. La découverte de particules d'or dans la rivière en 1869 y déclencha une flambée spéculative de courte durée. À l'**Eagle and High Peak Mine** (📞760-755-0036 ; au bout de C St ; adulte/enfant 10/5 $; ⏰10h-14h lun-ven, 10h-15h sam-dim ; 🚻), des guides racontent les piètres conditions de vie des pionniers et font visiter les tunnels souterrains d'une authentique mine en roche dure du XIXe siècle.

Si peu de minerai fut extrait des collines autour de Julian, leurs sols fertiles abritaient d'autres richesses plus durables. Aujourd'hui, des pommiers couvrent la campagne environnante. **Apple Days**, la fête de la récolte des pommes, se tient début octobre, mais il y a du monde toute l'année dans la modeste **Main St** de Julian. Les fausses enseignes à l'ancienne donnant sur un trottoir en bois se réclament toutes de la meilleure tarte aux pommes. À vous de juger !

🍴 🛏 p. 389

La route » Revenez sur vos pas (7 miles ; 11 km) par la Hwy 78 pour reprendre la

Anza-Borrego Desert State Park

Hwy 79 vers le nord via Santa Ysabel en direction de Warner Springs. Prenez la CR S2 sur la droite, puis après 5 miles (8 km), la CR S22 (Montezuma Valley Rd) sur la gauche. Cette route zigzague jusqu'à Borrego Springs, ménageant une vue panoramique sur le désert.

④ Borrego Springs

Isolée et battue par les vents, Borrego Springs est la seule ville de l'**Anza-Borrego Desert State Park** (☎760-767-4205 ; www.parks.ca.gov ; Visitors Center 200 Palm Canyon Dr ; ◷24h/24, Visitors Center 9h-17h tlj oct-avr, sam-dim et jours fériés mai-sept ; 🚻), le plus grand parc d'État en dehors de celui d'Alaska. Englobant près d'un cinquième du comté de San Diego, ce parc s'étend presque jusqu'au Mexique.

Renseignez-vous sur les sentiers de randonnée et l'état des routes au centre d'informations.

Au nord-est de Borrego Springs, là où la CR S22 fait un coude vers l'est, un tas de pierres au nord de la route signale le **Peg Leg Smith Monument** érigé en l'honneur de Thomas Long Smith : un trappeur des montagnes, voleur de chevaux, menteur et

387

LA FLORAISON DES FLEURS SAUVAGES

En fonction des pluies hivernales, la flamboyante mais courte saison des fleurs sauvages dans l'Anza-Borrego Desert State Park débute fin février. Les fleurs créent un contraste saisissant avec les habituelles tonalités ocre subtiles du désert. Appelez la **Wildflower Hotline** (☎760-767-4684) ou renseignez-vous sur le **site Web du parc** (www.parks.ca.gov) pour connaître les périodes de floraison.

légende du Far West. Le premier samedi d'avril a lieu un concours hilarant, le Peg Leg Smith Liars Contest, couronnant le meilleur affabulateur.

À l'est de Borrego, une piste de 4 miles (6,5 km) pas toujours praticable sans 4x4 (renseignements au centre d'informations) relie la CR S22 à **Font's Point,** au sud. Le désert à vos pieds, vous aurez vue sur toute la Borrego Valley à l'ouest et les *badlands* érodés du parc au sud.

La route » De Christmas Tree Circle (Borrego Springs), Borrego Springs Rd conduit au sud à Yaqui Pass Rd. La route descend abruptement en lacets via un col étroit jusqu'aux *badlands* dans le désert. Des sentiers de randonnée et des campings la jalonnent. Prenez la Hwy 78 sur la gauche et roulez 16 miles (26 km) jusqu'à Ocotillo Wells. Au niveau de l'aéroport, tournez à droite et descendez Split Mountain Rd vers le sud.

⑤ Ocotillo Wells

Pour échapper au vrombissement des véhicules tout-terrain près d'Ocotillo Wells,

regagnez le parc par Split Mountain Rd. À 6 miles (10 km) au sud de la Hwy 78, l'**Elephant Trees Discovery Trail** doit son nom à des arbres odorants de la famille des myrtes que l'on pensait absents du désert du Colorado jusqu'à ce que des recherches soient entreprises en 1937. Aujourd'hui, il en reste bien peu, mais vous découvrirez une grande variété de plantes du désert le long de ce sentier faisant une boucle de 2,5 km. À 4 miles (6,4 km) plus au sud, une piste relie Split Mountain Rd au camping spartiate de Fish Creek. Une route praticable en 4x4 mène 6 miles (10 km) plus loin à la **Split Mountain** dont les parois de près de 200 mètres sont le fruit de séismes et de l'érosion. À l'extrémité sud de la gorge, un sentier raide conduit à des grottes creusées dans le grès.

La route » Reprenez Split Mountain Rd pour revenir sur la Hwy 78, tournez à gauche et parcourez 7 miles (11,2 km) vers l'ouest après l'embranchement de Yaqui Pass jusqu'à Scissors Crossing. Prenez à gauche

dans CR S2 vers le sud. Après un trajet de 6 miles (10 km) au milieu des ranchs, Blair Valley est indiquée sur la gauche.

TEMPS FORT

⑥ Blair Valley

Cette paisible vallée désertique recèle de nombreux pictogrammes et *morteros* (trous dans la roche utilisés pour piler les graines) amérindiens visibles le long des sentiers de randonnée qui partent de la piste faisant le tour de la vallée à l'est de la CR S2. Un sentier abrupt de 1,6 km mène à la **Ghost Mountain** et aux vestiges d'une ferme où vécurent l'écrivain Marshal South et sa famille pendant la Grande Dépression. Dans le nord de la vallée, au Foot et Walker Pass, un monument au bord de la route signale un passage particulièrement difficile pour les diligences de la Butterfield Overland Mail Route. À quelques kilomètres plus au sud, sur la CR S2 à **Box Canyon,** on peut encore voir les traces laissées sur la roche par les convois pour élargir le passage ouvert par les pionniers mormons.

La route » Continuez à traverser le parc en suivant la CR S2 vers le sud qui descend en lacets dans les vallées verdoyantes d'Oriflamme Canyon aux allures d'oasis en dépassant des campings et des parcs gérés par le comté. À 26 miles (42 km) de Box Canyon, le parking du Carrizo Badlands Overlook se situe sur votre gauche. De là, comptez 13 miles (21 km) jusqu'à l'I-8 au sud qui permet de rallier San Diego.

Se restaurer et se loger

Temecula ❶

✖ **Restaurant at Ponte** Californien $$$
(☎951-262-1770 ; www.pontewinery.com ; Ponte Family Estate, 35053 Rancho California Rd ; plats 12-34 $; 🕑11h-15h lun-jeu, 11h-20h ven-sam, 11h-17h dim). Des recettes à base de produits frais fermiers côtoient des saveurs italiennes au restaurant du domaine. Le brunch du week-end dans le patio a du succès.

✖ **Swing Inn Cafe** Diner $$
(www.swinginncafe.com ; 28676 Old Town Front St ; plats 7-14 $; 🕑5h-21h ; 🖵). Une fierté locale depuis 1927 avec ses banquettes rouges en skaï et ses baies vitrées avec vue. On y propose trois repas complets, mais l'on y vient pour le petit-déjeuner, servi toute la journée !

🛏 **South Coast Winery Resort & Spa** Hôtel $$$
(☎951-587-9463 ; www.wineresort.com ; 34843 Rancho California Rd ; ch 199-329 $; ❄🏊🛜). Les chambres, dont certaines avec cheminée à gaz et baignoire Jacuzzi, occupent des villas en bordure du vignoble. La clef de la chambre s'accompagne d'un glossaire œnologique et les tarifs incluent une bouteille de vin et des dégustations.

Santa Ysabel

✖ **Dudley's Famous Bakery** Épicerie fine $
(http://dudleysbakery.com ; 30218 Hwy 78 ; en-cas et sandwichs 3-8 $; 🕑8h-17h jeu-dim, parfois 9h-13h lun ; 🖵). Des générations d'habitants de San Diego sont venus chez Dudley's faire provision de paniers pique-nique et choisir parmi plus d'une douzaine de variétés de pain frais.

✖ **Round Up BBQ Grill** Barbecue $$
(www.roundupbbq.com ; 26439 Hwy 76 ; plats 9-23 $; 🕑11h-21h lun-jeu, 7h-22h ven-dim ; 🖵). Reprenez des forces après une virée à Palomar Mountain en commandant une copieuse assiette de grillades de l'Ouest. En face du lac Henshaw.

Julian ❸

✖ **Julian Pie Company** Boulangerie $
(www.julianpie.com ; 2225 Main St ; en-cas et tartes 3-15 $; 🕑9h-17h ; 🖵). Une boulangerie familiale spécialisée dans les beignets au cidre saupoudrés de cannelle ainsi que les feuilletés et les tartes aux pommes.

🛏 **Julian Gold Rush Hotel** B&B $$
(☎760-765-0201, 800-734-5854 ; www.julianhotel.com ; 2032 Main St ; d avec petit-déj 135-210 $; 🛜). Mobilier victorien, édredons moelleux et thé gratuit l'après-midi caractérisent cette institution ouverte en 1897 par un ancien esclave.

Borrego Springs ❹

✖ **Carlee's Place** Américain $$
(660 Palm Canyon Dr ; plats 7-23 $; 🕑11h-21h, bar nocturne). Malgré une décoration figée dans les années 1970, la clientèle locale plébiscite cet établissement pour ses hamburgers, ses pizzas et ses steaks. Le billard met de l'ambiance au bar.

🛏 **Borrego Palm Canyon Campground** Camping $
(☎réservations 800-444-7275 ; www.reserveamerica.com ; empl tente/camping-car 25/35 $; 🖵🐾). Proche du centre d'informations du parc, ce camping possède des emplacements rapprochés, des toilettes de luxe (primées !), et un amphithéâtre dévolu à l'histoire naturelle.

🛏 **Borrego Valley Inn** Boutique-hôtel $$$
(☎760-767-0311, 800-333-5810 ; www.borregovalleyinn.com ; 405 Palm Canyon Dr ; ch avec petit-déj 190-275 $; ❄🛜🏊). Cet hôtel-spa intimiste en adobe à la décoration typique du Sud-Ouest (tissus indiens) est réservé aux adultes. Les chambres possèdent pour la plupart une cheminée à gaz et une kitchenette. Maillot de bain facultatif dans une des piscines.

Les parcs du Sud-Ouest

LES PAYSAGES DU SUD-OUEST SEMBLENT SORTIS D'UN RÊVE. Les canyons couleur de feu fendent des plateaux millénaires, les cheminées de fée complotent en groupe sur des pentes retirées, les dunes de sables vaporeuses scintillent à l'horizon et les fleurs sauvages, saguaros et pins ponderosa semblent vous faire signe.

Ces itinéraires vous entraîneront des déserts broussailleux au majestueux Grand Canyon, des néons de Las Vegas aux contreforts en grès creusés par les vents des plaines. Sur la route, se dévoilent des horizons saisissants, dignes des films les plus épiques. Le voici, le road-trip par excellence. Alors, faites le plein, ajustez vos lunettes de soleil et mettez le cap au Sud-Ouest !

Las Vegas (itinéraire 38)

Les parcs du Sud-Ouest

Route Mythique
38 **10 jours**

La traversée des Four Corners

Un circuit dans les parcs et paysages les plus vastes et sauvages du Sud-Ouest. (p. 395)

Route Mythique
39 **4-5 jours**

Voyage au Grand Canyon

Bottes et chapeaux à Wickenburg, panoramas de Jerome et conquête du Grand Canyon. (p. 409)

40
Les parcs nationaux de Bryce et Zion **6 jours**

Les formations rocheuses de deux parcs nationaux inoubliables. (p. 421)

41
Monument Valley, sur les pas des Amérindiens **5 jours**

Dans le sillage des populations amérindiennes d'hier et d'aujourd'hui. (p. 431)

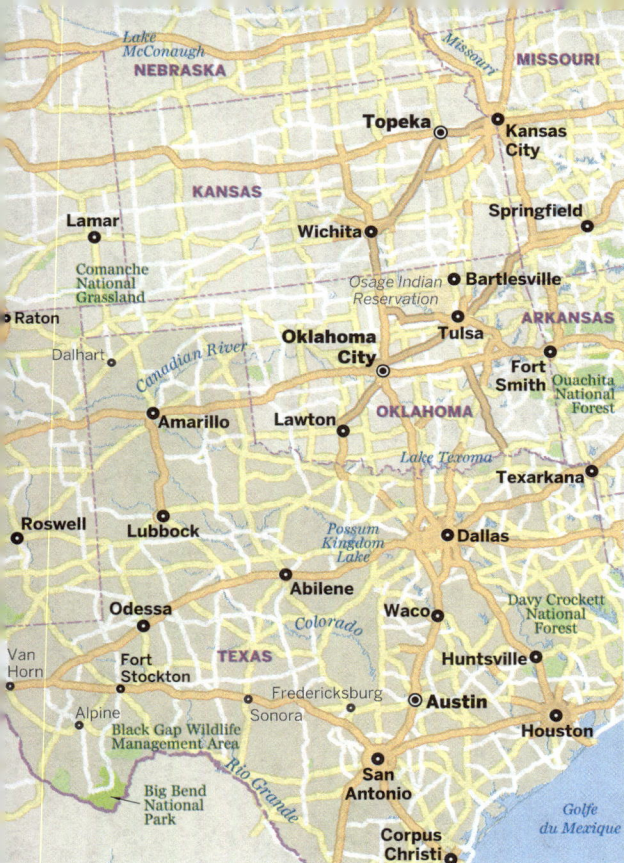

Horseshoe Bend

Prêt à tout pour une vue ébouriffante ? Longez ce promontoire à pic surplombant le Colorado, 330 m plus bas, pendant l'itinéraire 38.

Santuario de Chimayó

Ses guérisons miraculeuses font de cette église d'adobe de 1816 le premier lieu de pèlerinage catholique des États-Unis. Découvrez-la durant l'itinéraire 42.

Canyoning

Escaladez les parois puis descendez en rappel d'étroits ravins, lors de l'itinéraire 40.

Airport Mesa

Un court chemin mène à un panorama balayant les roches rouges de Sedona, à la faveur de l'itinéraire 39.

---

42 Taos par les High et Low Roads
2-4 jours

Du sommet des montagnes au creux des canyons, une boucle aux étapes emblématiques. (p. 439)

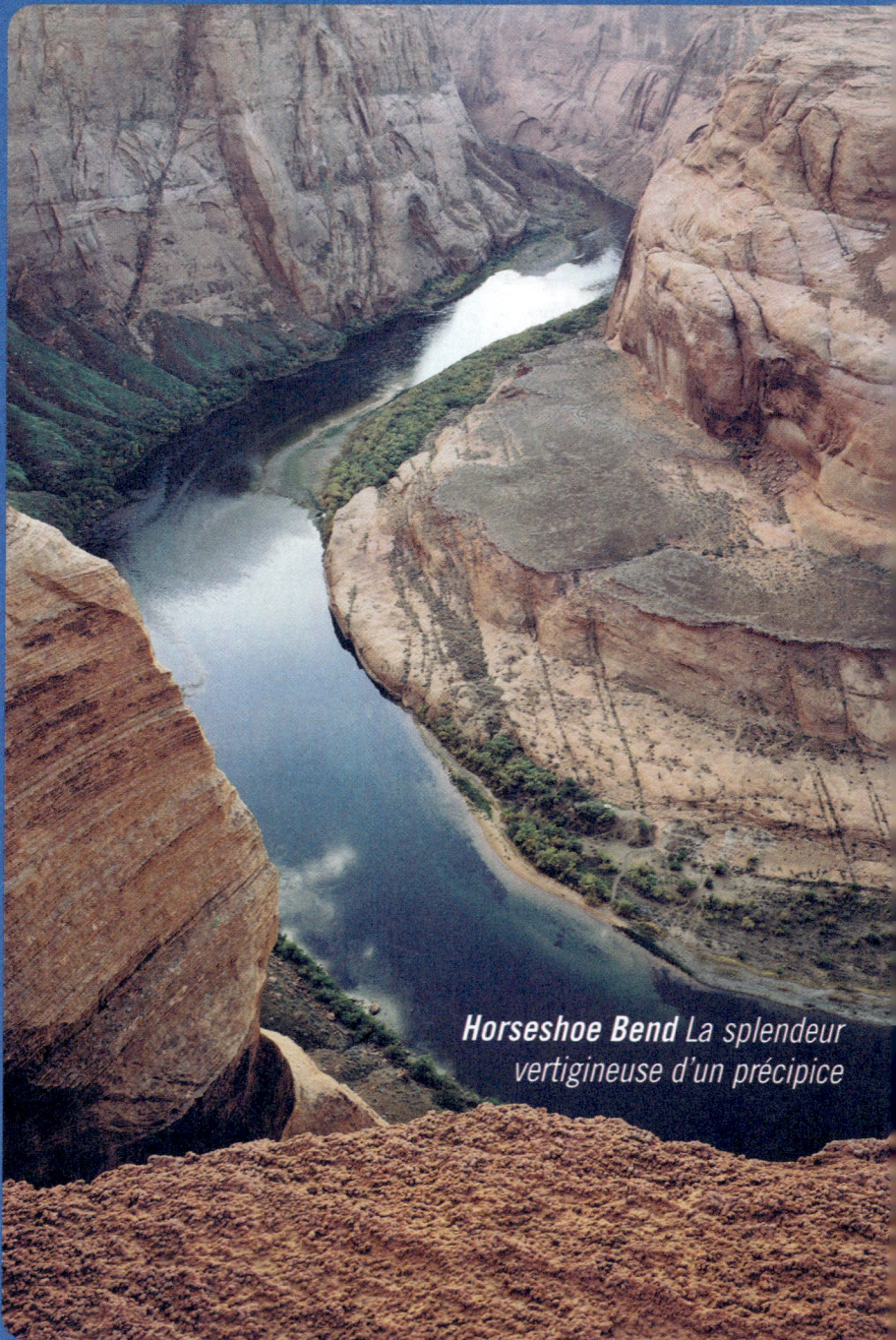

Horseshoe Bend *La splendeur vertigineuse d'un précipice*

Route Mythique

La traversée des Four Corners

38

Conçu pour les intrépides, cet itinéraire inclut les sites les plus riches en sensations du Sud-Ouest : de Las Vegas au Grand Canyon, en passant par Zion et au-delà.

TEMPS FORTS

**10 JOURS
1 850 MILES/
2 980 KM**

195 miles/314 km

Zion National Park
Gravir le Walter's Wiggles
jusqu'à Angels Landing

425 miles/684 km

Horseshoe Bend
Un précipice donnant
sur un remarquable méandre
de la Colorado River

St George — 3

6

7

Las Vegas

13

Williams

Santa Fe

DÉPART/
ARRIVÉE

Kingman

Albuquerque

1 355 miles/2 181 km

**Grand Canyon
South Rim**
Au fil du Rim Trail,
les paysages portent
l'empreinte du temps

525 miles/845 km

Monument Valley
Observer les Three
Sisters depuis la route
panoramique

PARFAIT POUR...

LE MEILLEUR MOMENT
Moindre affluence
et températures plus
douces au printemps et
à l'automne.

LA PHOTO SOUVENIR
Le Grand Canyon depuis
Mather Point sur le
South Rim.

RANDONNÉE
L'Angels Rest Trail
du Zion National Park.

38 La traversée des Four Corners

Au loin, les monticules accidentés de Monument Valley évoquent les décombres d'une forteresse immémoriale riche de secrets d'une autre ère. Leur majesté est sublimée par la lumière du soleil et, de près, leurs parois captivent le regard. De ces figurants de maints westerns, nulle caméra ne parvint à capturer la grandeur et leurs teintes perpétuellement changeantes participent de l'énigme de ces silhouettes. L'envoûtement est à la mesure de ces incroyables paysages du Sud-Ouest.

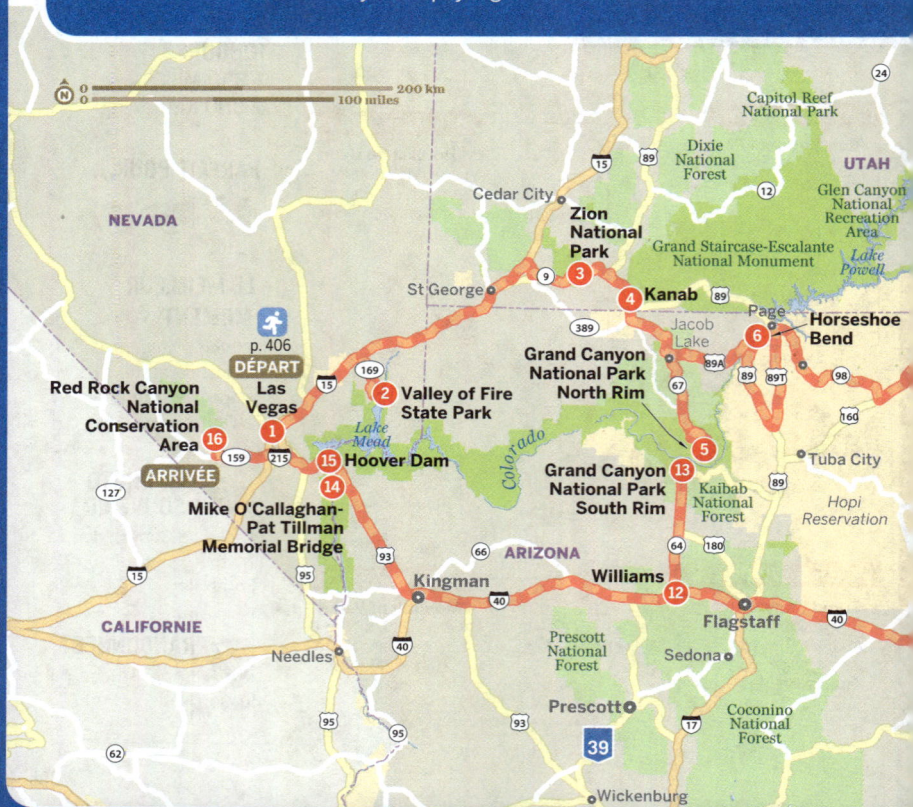

❶ Las Vegas

Sous les néons du Strip (voir p. 406), le "terrain de jeu de l'Amérique" en met plein les yeux avec ses spectacles de fontaines, son volcan en éruption ou sa tour Eiffel reconstituée. Mêlez-vous aux fêtards et aux joueurs : la ville s'apprécie la nuit.

Le matin, rendez-vous au nouveau **Mob Museum** (www.themobmuseum.org ; 300 Stewart Ave ; adulte/enfant 20/14 $; 🕐10h-19h dim-jeu, 10h-20h ven et sam), dédié au crime organisé et au passé mafieux de Las Vegas. Un *block* au sud, vous pourrez descendre en tyrolienne depuis le 11e étage de Slotzilla et survoler **Fremont St** (www.vegasexperience.com). La nuit, joignez-vous à une balade guidée du **Neon Museum** (📞702-387-6366 ; www.neonmuseum.org ; 770 Las Vegas Blvd N ; jour adulte/enfant 18/12 $, nuit 25/22 $; 🕐10h-14h et 18h30-20h30 ttes les demi-heures, 14h-16h ttes

---

À COMBINER AVEC

39 Voyage au Grand Canyon

À l'assaut des roches vermillon et du passé minier, descendez l'I-17 vers le sud depuis Flagstaff jusqu'à la Hwy 89A.

42 Taos par les High et Low Roads

Art, nature et histoire se mêlent le long de ces deux routes reliant Santa Fe à Taos.

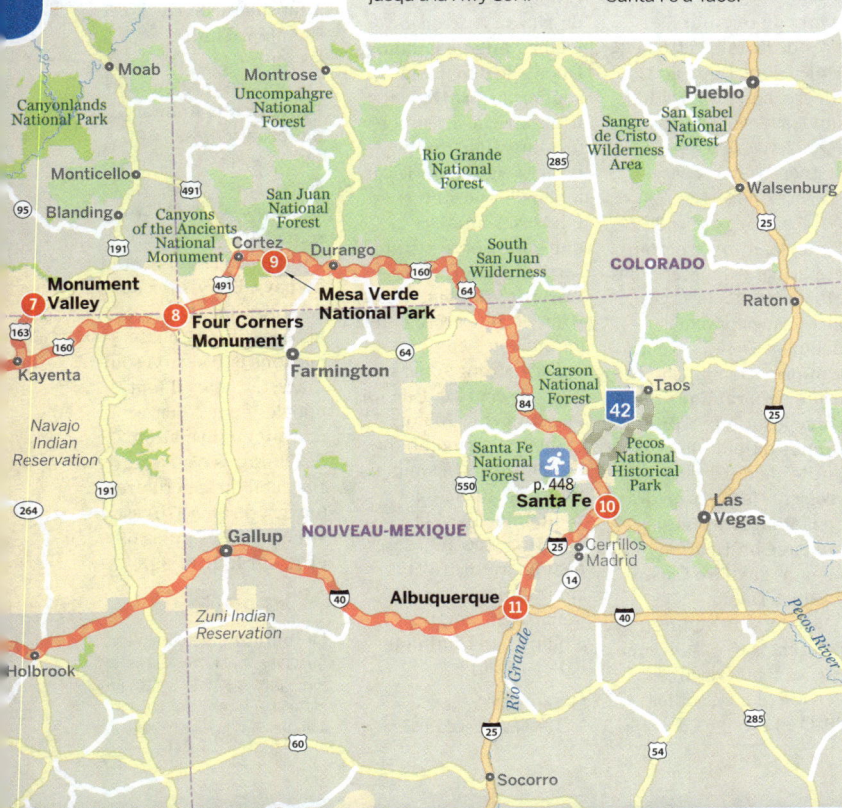

les heures). Un billet à 30 $ combine les accès au Mob Museum et au Neon Museum.

✕ 🛏 p. 405

La route ≫ Remontez l'I-15 au nord pendant 37 miles (60 km) puis prenez la sortie n°75. D'ici, la Hwy 169/Valley of Fire Hwy poursuit pendant 15 miles (24 km) jusqu'au parc.

- - - - - - - - - -

② Valley of Fire State Park

Avant de rejoindre le grès de l'Utah, cette belle vallée désertique mérite un crochet. La Hwy 169, qui traverse le **parc** (📞702-397-2088 ; www.parks. nv.gov/parks/valley-offire-state-park ; 10 $/véhicule ; ⏰ centre d'information 8h30-16h30), facilite ce détour et permet d'approcher les affleurements orangés aux formes psychédéliques. Depuis le centre d'information, une petite route panoramique sinue jusqu'aux **White Domes** (circuit de 18 km). Sur le chemin, vous croiserez les grès colorés de la **Rainbow Vista**, puis une bifurcation menant aux **Fire Canyon** et **Silica Dome**.

Mieux vaut venir au printemps et à l'automne, car les températures dépassent souvent les 38°C en été.

La route ≫ Reprenez l'I-15 vers le nord pour traverser l'Arizona et pénétrer en Utah. La sortie n°16 débouche sur la Hwy 9 à suivre vers l'est pendant 32 miles (51 km).

- - - - - - - - - -

TEMPS FORT

③ Zion National Park

Les montagnes rouges du **Zion National Park** (www.nps.gov/zion ; Hwy 9 ; 7 jours 25 $/véhicule ; ⏰24h/24, Zion Canyon Visitor Center 8h-19h30 juin-août, fermeture avancée reste de l'année) recèlent bien des trésors, parmi lesquels ce qui est peut-être la meilleure randonnée d'Amérique du Nord : l'ascension jusqu'à **Angels Landing**. Depuis le départ du sentier du **Grotto**, cet itinéraire de 5,4 miles (8,7 km) aller-retour traverse la Virgin River, longe d'imposantes falaises, s'immisce dans une gorge étroite, serpente jusqu'au **Walter's Wiggles**, puis franchit une crête effilée où quelques chaînes constitueront votre seul filet de sécurité. Une fois au sommet (1 765 m), la vue en surplomb du Zion Canyon récompense tous ces efforts. La randonnée livre la quintessence du parc : beauté, aventure et communion avec la nature. Comptez 5 heures au total pour l'aller-retour.

La route ≫ Suivez la Hwy 9 vers l'est pendant 25 miles

(40 km), puis prenez la Hwy 89 vers le sud jusqu'à Kanab.

- - - - - - - - - -

④ Kanab

À équidistance de Zion, du Grand Staircase-Escalante et du North Rim du Grand Canyon, Kanab se révèle un bon camp de base. Des dizaines de westerns y furent tournés entre les années 1920 et 1970, et maints acteurs hollywoodiens, dont John Wayne, Maureen O'Hara et Gregory Peck, participèrent au renom de la ville. Les lieux ont par ailleurs conservé leur atmosphère de Far West.

Aujourd'hui, les amis des animaux la connaissent pour son **Best Friends Animal Sanctuary** (📞435-644-2001 ; www.bestfriends.org ; Angel Canyon, Hwy 89 ; entrée libre ; ⏰9h30-17h30 ; 🐾), refuge animalier anti-euthanasie le plus grand du pays. Les visites de l'établissement (qui héberge chiens, chats, cochons et oiseaux) sont gratuites, mais il faut appeler pour réserver et avoir confirmation des horaires d'ouverture. L'accueil du sanctuaire (ouvert de 8h à 17h) est situé entre les miles 69 et 70 sur la Hwy 89.

✕ 🛏 p. 405

La route ≫ Pénétrez en Arizona – sur la Hwy 89A cette fois – puis gravissez le Kaibab Plateau. À Jacob Lake, tournez à droite dans la Hwy 67 et roulez

44 miles (71 km) jusqu'au Grand Canyon Lodge.

- - - - - - - - - - - - - -

❺ Grand Canyon National Park North Rim

Au fil du chemin, la forêt de pins ponderosa s'ouvre sur les prairies vallonnées du Kaibab National Forest. Ouvrez l'œil aux abords du **parc** (25 $/ véhicule ; ⊘fermé l'hiver) car les cerfs mulets abondent. Riche en renseignements, le **North Rim Visitor Center** (☎928-638-7864 ; www.nps.gov/grca ; ⊘8h-18h mi-mai–mi-oct, 9h-16h du 16 au 31 oct), adjacent au Grand Canyon Lodge, propose des promenades guidées par des rangers et activités nocturnes. Pour décompresser, rien ne vaut un cocktail sur la terrasse du **Roughrider Saloon** avec vue sur l'horizon.

Randonnée aisée de 4 miles (6,5 km), le **Cape Final Trail** aboutit à un panorama sur le Grand Canyon. Comptez de 2 à 3 heures. Plus corsé, le **North Kaibab Trail** de 14 miles (22,5 km) est l'unique sentier entretenu descendant jusqu'à la rivière. Près de Phantom Ranch, il rejoint des itinéraires conduisant au South Rim. Le départ est à 2 miles (3 km) au nord du Grand Canyon Lodge.

Pour marcher dans le canyon, rejoignez le belvédère du **Coconino Overlook** (0,75 mile ;

1,2 km) ou le **Supai Tunnel** (2 miles ; 3,2 km).

La route » Lors de notre passage, la Hwy 89 était fermée entre Bitter Springs et Page en raison d'un glissement de terrain. Sa réouverture est prévue pour 2015 et la Hwy 89T est la déviation désignée. Prenez à droite sur la Hwy 89A et allez vers l'est jusqu'à Jacob Lake. En descendant le plateau de Kaibab sur la Hwy 89A, dépassez Lee's Ferry, puis tournez à gauche dans la déviation Hwy 89T. Page est au nord.

- - - - - - - - - - - - - -

TEMPS FORT

❻ Horseshoe Bend

À la fois somptueux et terrifiant, le panorama à flanc de falaise de Horseshoe Bend est inoubliable. Des millénaires durant, le Colorado y a creusé le grès, dessinant un U parfait 300 m en contrebas. Il n'y a pas de barrières, aussi évitez d'y laisser vos enfants sans surveillance. Depuis le parking, une marche de 1 km mène au précipice et la randonnée mérite largement d'affronter le passage abrupt et le manque d'ombre.

Le départ se situe sur la Hwy 89 au sud de Page et du mile 541.

La route » Depuis le parking, allez à gauche sur la Hwy 89 et roulez au nord jusqu'à la Hwy 98. Prenez-la à droite et suivez le sud-est jusqu'à la Hwy 160. Tournez à gauche et continuez pendant 32 miles (51 km) ; vous dépasserez le Navajo National Monument. À Kayenta, empruntez la Hwy 163 à gauche et poursuivez au nord pendant 24 miles (39 km) pour arriver à Monument Valley.

- - - - - - - - - - - - - -

TEMPS FORT

❼ Monument Valley

Si la beauté revêt de nombreuses formes dans l'immense réserve des Navajo, sa plus légendaire manifestation reste la Monument Valley, ponctuée de majestueuses aiguilles rocheuses. Pour admirer ces formations de plus près, pénétrez le **Navajo Tribal Park** (☎435-727-5874 ; www. navajonationparks.org/htm/ monumentvalley.htm ; adulte/ enfant 5 $/gratuit ; ⊘route 6h-20h30 mai-sept, 8h-16h30 oct-avr, centre d'information 6h-20h mai-sept, 8h-17h oct-avr) et suivez la piste qui décrit

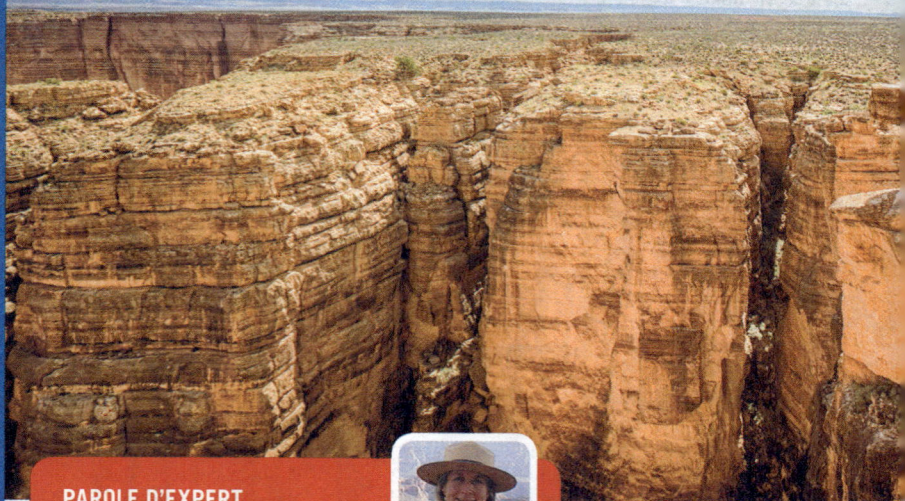

PAROLE D'EXPERT
ROBIN TELLIS, RANGER
EN CHEF AU NORTH RIM

Le Cape Final constitue une
excellente randonnée à la journée.
Le sentier est magnifique et
les panoramas à l'arrivée sont extraordinaires.
La hauteur des arbres et l'immensité de la forêt
de pins ponderosa attestent de son excellente santé
et contribuent à la qualité de cette promenade.

À gauche : Grand Canyon National Park
À droite : Plaque du Four Corners Monument

une boucle panoramique
de 17 miles (27 km) autour
des monticules les plus
spectaculaires, comme les
East & West Mitten Buttes
ou les Three Sisters.
Pour une visite guidée
(1h30/2h30 75/95 $)
des zones fermées aux
véhicules privés, adressez-
vous à l'un des kiosques
du parking avoisinant
le View Hotel.

p. 405

La route » Revenez à Kayenta sur la Hwy 163, puis allez à gauche et suivez la Hwy 160 vers l'est pendant 72 miles (116 km) jusqu'à Tee Noc Pos. Ici, tournez à gauche : la Hwy 160 mène au monument après 6 miles (10 km).

- - - - - - - - - - -

8 Four Corners Monument

Perdu au milieu de nulle part, le **Four Corners Monument**

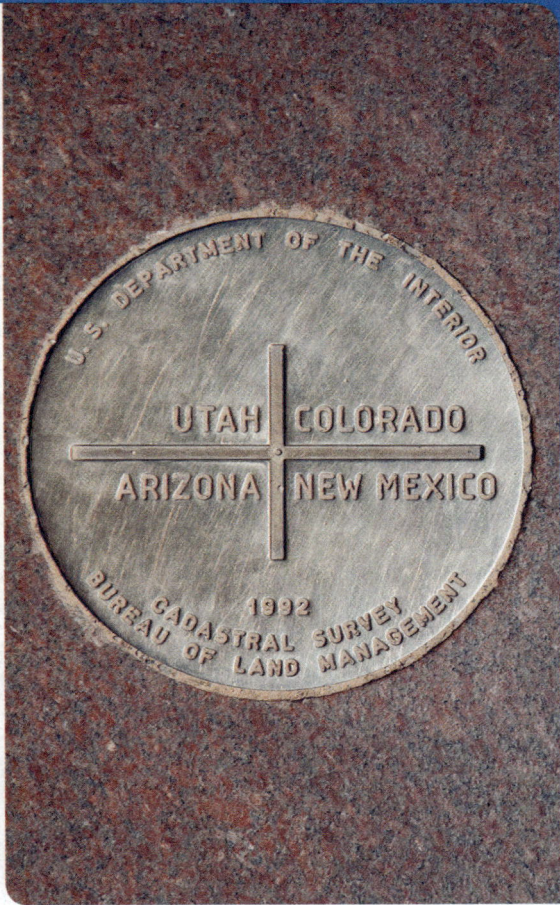

(📞928-871-6647 ; www. navajonationparks.org ; 3 $; 🕐8h-19h mai-sept, 8h-17h oct-avr) est tout simplement incontournable. S'il fait encore figure de frontière officielle, l'emplacement de la plaque n'est pas exact : en avril 2009, des représentants gouvernementaux ont admis que le quadripoint se trouvait 600 m trop à l'est. Sur place, ne soyez pas timide : un pied

en Arizona, l'autre au Nouveau-Mexique, une main en Utah, l'autre au Colorado et vous voilà prêt pour la photo. Les contorsions des visiteurs font d'ailleurs elles-mêmes une bonne partie de l'intérêt du site.

La route » Reprenez la Hwy 160 et tournez à gauche. Une route de 50 miles (80 km) mène du Nouveau-Mexique au Colorado.

401

❾ Mesa Verde National Park

Dispersés parmi les mesas et canyons de **Mesa Verde** (📞970-529-4465 ; www.nps.gov/meve ; permis 7 jours voiture/moto 15/8 \$ juin-août, basse saison 10/5 \$; 🅿🚹), les sites anasazi sont perchés sur un haut plateau au sud de Cortez et Mancos. Selon les autorités du parc, les ascendants des Pueblos n'auraient pas "disparu" il y a 700 ans, mais simplement migré vers le sud, devenant les ancêtres d'Amérindiens actuels. Si vous manquez de temps, rendez-vous au **Chapin Mesa Museum** et traversez la **Spruce Tree House**, où une échelle en bois conduit jusque dans une *kiva* (pièce religieuse).

Mesa Verde mérite largement d'y passer plus d'une journée. Tours de **Cliff Palace** et **Balcony House** organisés par des rangers, découverte de **Wetherill Mesa** (rive la plus paisible du canyon), visite du musée, feux de camp préparés par le **Morefield Campground** (📞970-529-4465 ; www.visitmesaverde.com ; North Rim Rd ; 🕐mai-début oct ; 🎯), mais aussi randonnées, ski, raquettes et VTT composent le large choix d'activités praticables ici. On peut y camper ou préférer le confort de l'hôtel.

La route ≫ Suivez l'US 160 pendant 35 miles (56 km) vers l'est jusqu'à Durango, puis encore 60 miles (97 km) jusqu'à l'US 84 S. Au Nouveau-Mexique, cette route passe par Abiquiú, fief de l'artiste Georgia O'Keeffe de 1949 à 1986. Une fois à Santa Fe, sortez sur la N Guadalupe St menant à la Plaza.

❿ Santa Fe

Fondée voici quelque 400 ans, cette ville tient d'un sympathique mélange de cultures amérindiennes, hispaniques et anglo-saxonnes, où voisinent pueblos, vieilles haciendas et édifices modernes.

L'artiste la plus renommée du Nouveau-Mexique, Georgia O'Keeffe, incarne à merveille le charme de la région. Le **Georgia O'Keeffe Museum** (📞505-946-1000 ; www.okeeffemuseum.org ; 217 Johnson St ; adulte/enfant 12 \$/gratuit ; 🕐10h-17h, jusqu'à 19h ven) constitue la plus importante collection de ses œuvres, aux couleurs lumineuses et aux aplats épais. L'église baptiste espagnole qui sert d'écrin au musée a été réaménagée pour inonder de lumière les 10 galeries.

Cœur de Santa Fe, la Plaza marquait, dès 1822, l'achèvement du Santa Fe Trail, important axe commercial qui fut supplanté en 1880 par une voie de chemin de fer. Pour une promenade au cœur de Santa Fe, reportez-vous p. 448.

🍴 🛏 p. 405

La route ≫ Route historique conduisant à Albuquerque, la Turquoise Trail traverse Cerillos et Madrid. Suivez la Hwy 14 vers le sud pendant 50 miles (80 km) ou l'I-25, si vous êtes pressé.

⓫ Albuquerque

La plupart des sites intéressants d'Albuquerque sont concentrés dans le quartier historique, aux maisons en pisé séculaires, à l'ouest de Nob Hill et de l'University of New Mexico (UNM) sur Central Ave.

Le téléphérique du **Sandia Peak Tramway** (www.sandiapeak.com ; Tramway Blvd ; accès 1 \$/véhicule, remontée adulte/13-20 ans/enfant 20/17/12 \$; 🕐9h-20h mer-lun, à partir de 17h mar sept-mai, 9h-21h juin-août) offre la plus belle ascension du Sandia Crest (3 163 m). Délaissant les cactus, ce téléphérique rejoint, 2,7 miles (4,3 km) plus loin, les sommets envahis de pins. Pour le retour, le beau sentier **La Luz Trail** (8 miles ; 13 km) mène au **Tramway Trail** (2 miles ; 3,2 miles), qui se termine au parking. Sur le trajet se succèdent une petite cascade, des forêts de pins et d'époustouflants panoramas. Commencez tôt : la chaleur devient vite pénible.

Depuis l'I-25, prenez Tramway Blvd vers l'est pour trouver le tramway.

🍴 p. 405

La route ≫ D'Albuquerque à Williams, l'I-40 longe ou se confond avec la Route 66 sur 355 miles (571 km).

- - - - - - - - - - - - - -

12 **Williams**

Passionnés de trains, nostalgiques de la Route 66 et vacanciers en route pour le Grand Canyon se rencontrent à Williams, petite ville charmante et authentique. Si vous n'avez qu'une journée pour visiter le parc, le train du **Grand Canyon Railway** (☎800-843-8724, 928-635-4253 ; www.thetrain. com ; Railway Depot, 233 N Grand Canyon Blvd ; aller-retour adulte/enfant à partir de 75/45 $; 🚻) est un moyen amusant et reposant de s'y rendre et revenir. Après un spectacle inspiré de la conquête de l'Ouest, le train s'élance pour une balade de deux heures vers le South Rim, que vous pourrez explorer à pied ou en navette. De fin mai à début novembre, les passagers peuvent monter dans une **voiture ouverte** (adulte/enfant 59/29 $).

Sur la Route 66, le **Sultana Bar** (☎928-635-2021 ; 301 W Rte 66 ; ⏱10h-2h, à partir de 12h l'hiver) – ancien bar clandestin – vient de fêter ses 100 ans.

La route ≫ Empruntez la SR 64 vers le nord sur 60 miles (95 km).

TEMPS FORT

13 **Grand Canyon National Park South Rim**

À **Grand Canyon Village**, le **Rim Trail** alterne vues mémorables sur le **Grand Canyon** (www. nps.gov/grca ; 25 $/véhicule, 12 $/pers arrivant à pied, vélo, moto, permis valable 7 jours ; ⏱centre d'information 8h-17h), édifices historiques et centres présentant des expositions sur la géologie ou l'artisanat amérindien.

Au départ du **Bright Angel Trail** sur la Plaza, suivez le Rim Trail vers l'est jusqu'au **Kolb Studio**, qui renferme une petite librairie et une galerie d'art.

Juste à côté, le **Lookout Studio**, imaginé par l'architecte Mary Colter afin de rappeler les habitations troglodytes des Anasazi, abrite une

boutique et accueille les très appréciés **Condor Talks**, animés par des rangers.

Entrez dans l'hôtel **El Tovar** pour admirer ses vitraux, les trophées, et les reproductions de bronzes de Remington, ou simplement pour contempler la vue du canyon depuis son porche. Les rénovations n'ont rien ôté à la patine raffinée de cet immense édifice en bois, inauguré en 1905.

À côté, la **Hopi House** vend des bijoux et pièces d'artisanat amérindien de qualité depuis 1904. À l'est, les expositions du **Trail of Time** retracent l'histoire de la formation du canyon. Pour finir, le **Yavapai Museum** présente de remarquables expositions géologiques.

🛏 p. 405

PHOTO FINISH : LE KOLB STUDIO

Bien avant l'essor du numérique, les frères Ellsworth et Emery Kolb prenaient en photo les visiteurs du Grand Canyon sur une mule alors qu'ils entamaient leur descente du Bright Angel Trail, puis leur vendaient les tirages à leur retour en fin de journée. Pourtant, le South Rim n'avait pas encore l'eau courante – nécessaire à l'obtention des tirages –en ce début des années 1900… alors, comment procédaient-ils ?

Après avoir photographié les touristes à travers la fenêtre donnant sur un virage du sentier, l'un des frères courait 7 km jusqu'aux eaux de l'Indian Garden avec les négatifs, tirait les photos dans le laboratoire qui s'y trouvait, puis revenait prestement avec les tirages ou rejoignait les visiteurs sur le Bright Angel Trail.

Route Mythique

La route » Reprenez l'I-40 vers l'ouest pendant 116 miles (187 km) jusqu'à la sortie n°48. Suivez alors l'US 93 vers le nord pendant 72 miles (116 km) jusqu'au Nevada, puis empruntez la sortie n°2 qui débouche sur la Hwy 172.

14 Mike O'Callaghan-Pat Tillman Memorial Bridge

Inauguré en 2010, ce pont doit son nom à Mike O'Callaghan, gouverneur du Nevada de 1971 à 1979, et à la star de la NFL Pat Tillman, un défenseur des Arizona Cardinals qui s'enrôla dans l'armée après les attentats du 11-Septembre et fut abattu en 2004 en Afghanistan.

Une voie piétonne, isolée de la Hwy 93, permet d'emprunter ce pont s'élevant à 275 m au-dessus du Colorado. Il est le deuxième plus haut des États-Unis et jouit d'une vue aérienne sur le Hoover Dam et le Lake Mead juste derrière.

La route » Tournez à droite sur la bretelle d'accès : le barrage est tout près.

15 Hoover Dam

Les statues en bronze qui se dressent sur ce **barrage** (☎866-730-9097, 702-494-2517 ; www.usbr.gov/lc/hooverdam ; Hwy 93 ; centre d'information 8 $, avec visite de la centrale adulte/enfant 11/9 $, visite tout inclus 30 $; ◷9h-18h, fermeture des guichets 17h15) commémorent les constructeurs de cette structure en ciment de 221 m, figurant parmi les plus hauts barrages du monde. Emblématique des grands travaux du New Deal, le chantier employa jusqu'à près de 6 000 ouvriers, dans des conditions parfois rudes qui firent une centaine de victimes. Premier barrage sur le Colorado, il fut achevé en avance (1936) à un coût inférieur aux prévisions.

La visite guidée commence au centre d'information où est projetée une vidéo incluant des séquences d'époque. Un ascenseur descend ensuite jusqu'aux colossaux générateurs du barrage ; chacun est en mesure d'alimenter une ville de 100 000 habitants. Parking 7 $.

La route » Suivez l'US 93 vers le nord, puis l'I-515. Prenez la sortie n°61 et continuez au nord sur l'I-215. Après 11 miles (18 km), l'I-215 devient la Clark Country 215. 13 miles (21 km) plus loin, empruntez la sortie n°26 pour Charleston Blvd/Hwy 159 et poursuivez vers l'ouest.

16 Red Rock Canyon National Conservation Area

Cette **zone protégée** (☎702-515-5350 ; www.redrockcanyonlv.org ; permis voiture/vélo 7/3 $; ◷circuit panoramique 6h-20h avr-sept, début oct-mars, centre d'information 8h-16h30) est en soi une merveille naturelle. Sur cette vallée, les collisions des plaques tectoniques ont fait surgir d'une pièce un massif de roche rouge de 914 m, voici 65 millions d'années.

À sens unique, la route panoramique de 13 miles (21 km) dessert les zones du canyon les plus extraordinaires d'où l'on accède à des sentiers de randonnée et des parois propices à l'escalade. Sur une boucle de 2,5 miles (4 km), le sentier menant à **Calico Tanks** gravit les falaises de grès pour s'achever à pic, dévoilant un vaste horizon englobant le désert, les montagnes et les gratte-ciel de Las Vegas.

Les permis du parc national sont acceptés à l'entrée.

Se restaurer et se loger

Las Vegas ●1

✘ Gordon Ramsay Steak
Steakhouse $$$
(☎877-346-4642 ; www.parislasvegas.com ;
3655 Las Vegas Blvd S, Paris ; plats 32-63 $;
🕙16h30-22h30, bar jusqu'à minuit ven et sam).
Rehaussé de rouge et dominé par l'Union Jack,
le nouveau steakhouse du chef Gordon Ramsay
est l'une des meilleures adresses de la ville.

✘ Lotus of Siam
Thaïlandais $$
(☎702-735-3033 ; www.saipinchutima.com ;
953 E Sahara Ave ; plats 9-30 $; 🕙11h30-14h30
lun-ven, buffet jusqu'à 14h, 17h30-22h tlj).
Le meilleur restaurant thaïlandais des États-
Unis selon *Gourmet magazine*. Une bouchée
d'un pad thaï ou de toute spécialité de la
Thaïlande du Nord suffira à vous en convaincre.

🛏 Vdara
Hôtel $$
(☎702-590-2767 ; www.vdara.com ;
2600 W Harmon Ave ; ch 159-196 $; 🅿🏊✈).
Élégance informelle et hospitalité caractérisent
le Vdara, un hôtel récent du centre-ville, sans
casino et ne disposant que de suites.

Kanab ●4

✘ Rocking V Cafe
Américain $$
(☎435-644-8001 ; www.rockingvcafe.com ;
97 W Center St ; plats midi 9-14 $, soir 15-29 $;
🕙11h30-22h ; 🍴). Les ingrédients frais
composent ici des plats comme le filet de
buffle et ses courgettes au feu de bois et curry
de quinoa. Les œuvres d'art locales décorant
la devanture en brique de 1892 sont aussi
inventives que la cuisine. Les horaires hors
saison varient.

🛏 Quail Park Lodge
Motel $$
(☎435-215-1447 ; www.quailparklodge.com ;
125 N 300 W ; ch 115-159 $; ❄@🏊✈🐾).
Dans ce motel de 1963 rénové, les 13 chambres
tout confort sont décorées dans un style rétro
original. Micro-ondes et réfrigérateurs inclus.

Monument Valley ●7

🛏 View Hotel
Hôtel $$$
(☎435-727-5555 ; www.monumentvalleyview.
com ; Hwy 163 ; ch 209-265 $, ste 299-329 $;
❄@🏊). Le décor des chambres est plaisant,
mais c'est surtout la vue imprenable sur les
buttes mythiques qui séduit. Wi-Fi dans le hall.

Santa Fe ●10

✘ Horseman's Haven
Nouveau-Mexique $
(☎505-471-5420 ; 4354 Cerrillos Rd ; plats
8-12 $; 🕙8h-20h lun-sam, 8h30-14h dim ; 🐾).
Le piment vert le plus fort de la ville – mieux
vaut le demander à part ! Les énormes burritos
rassasient pour la journée. Service cordial
et efficace.

🛏 El Rey Inn
Hôtel $$
(☎505-982-1931 ; www.elreyinnsantafe.com ;
1862 Cerrillos Rd ; ch avec petit-déj 105-165 $,
ste à partir de 150 $; 🅿❄@🏊✈). Cet
hôtel sur cour aux superbes chambres possède
une belle piscine, un bain à remous et des
jeux pour les enfants. Clim dans la majorité
des chambres.

Albuquerque ●11

✘ Flying Star Café
Américain $
(www.flyingstarcafe.com ; 3416 Central Ave SE ;
plats 6-12 $; 🕙6h-23h dim-jeu, 6h-minuit ven-
sam ; 🏊🍴🐾). Sept succursales très populaires
imposent le Flying Star comme la référence
du *diner* innovant. Des soupes aux desserts,
tout est préparé à partir d'ingrédients locaux.

Grand Canyon ●13

🛏 El Tovar
Lodge $$$
(www.grandcanyonlodges.com ; d 178-273 $,
ste 335-426 $; 🕙toute l'année ; ❄🏊).
Les chambres standard étant un peu étroites,
préférez les deluxe pour plus de place. Dans
les deux cas, chic informel au rendez-vous.

SE DÉGOURDIR LES JAMBES
LAS VEGAS

Départ/arrivée Bellagio	
Distance 2,9 km	
Durée 4 heures	

Avec ce circuit, vous découvrirez le Strip dans toute son excentrique splendeur : les canaux de "Venise", une réplique à échelle réduite de la tour Eiffel, la grande roue la plus haute du monde, ou encore un lustre de trois étages. Sur ce boulevard du paroxysme, l'horizon semble, comme la curiosité, n'avoir pas de limites.

Compatible avec l'itinéraire :

38

Bellagio

Le hall d'entrée de l'indépassable **Bellagio** (www.bellagio.com ; 3600 Las Vegas Blvd S) est orné d'une sculpture de Dale Chihuly composée de 2 000 fleurs en verre multicolore soufflé à la bouche. Le **Bellagio Conservatory & Botanical Gardens** (accès libre ; ⊙24h/24) offre au regard des compositions florales saisonnières, moins pérennes mais également splendides. Si vous préférez les beaux-arts, rendez-vous à la **Bellagio Gallery of Fine Art** (adulte/étudiant/enfant 16/11 $/gratuit ; ⊙10h-20h), qui reçoit des expositions temporaires majeures.

La promenade ≫ Remontez au nord du Las Vegas Blvd S et traversez E Flamingo Rd. Le Caesars Palace est devant, sur votre gauche.

Caesars Palace

On perd vite son chemin dans ce délirant **labyrinthe gréco-romain** (www.caesarspalace.com ; 3570 Las Vegas Blvd S) où les plans sont rares et n'indiquent pas la sortie. L'intérieur est néanmoins fascinant, avec ses reproductions en marbre de statues classiques et son autel votif à Brahma de 4 tonnes, près de l'entrée principale. Fontaines colossales, serveuses déguisées en déesses et haute couture dans les boutiques participent de cette débauche d'extravagance. Pour déjeuner, le fantastique **Bacchanal Buffet** (www.caesarspalace.com ; 3570 Las Vegas Blvd S) célèbre la gastronomie dans les grandes largeurs.

La promenade ≫ Poursuivez vers le nord de Las Vegas Blvd S et passez devant le Mirage. La nuit, son "volcan polynésien" entre en éruption. Au nord, empruntez la passerelle enjambant Las Vegas Blvd S.

Venetian

Le **Venetian** (www.venetian.com ; 3355 Las Vegas Blvd S ; tour en gondole adulte/privé 19/76 $) se veut une réplique du palais des Doges et s'inspire de la splendeur de Venise. Au programme : mimes et ménestrels itinérants en costume d'époque, fresques peintes à la main aux plafonds et reproductions grandeur nature des monuments légendaires de la Sérénissime. Canaux en circuit fermé, piazzas animées et trottoirs pavés sont autant d'évocations de la Cité des Doges. Faites donc un **tour en gondole** ou déambulez dans le **Grand Canal Shoppes**.

La promenade » Paris est à 1 km à pied, mais les curiosités abondent au fil du trajet. Ouvert en 2014, le LINQ est un centre de loisirs et de commerces à 550 millions de dollars. Il accueille la High Roller, la plus haute grande roue à ce jour au monde.

Paris-Las Vegas

Calqué sur la "Ville lumière", **Paris-Las Vegas** (www.parislv.com ; 3655 Las Vegas Blvd S) s'évertue à recréer l'essence de la capitale française en dupliquant ses monuments. Des imitations assez réussies de l'Opéra, de l'Arc de Triomphe, des Champs-Élysées, de la tour Eiffel et même de la Seine entourent le casino. Le clou du spectacle est évidemment l'**Eiffel Tower Experience** (☎702-946-7000 ; adulte/enfant à partir de 11,50/7,50 $; ⊘9h30-12h30 lun-ven, 9h30-1h sam et dim, selon la météo) : un ascenseur de verre rejoint une plate-forme d'observation embrassant le Strip, notamment les fontaines dansantes du Bellagio.

La promenade » Marchez un peu vers le sud sur Las Vegas Blvd S, puis traversez-le sur Paris Dr.

Cosmopolitan

Le scintillant lustre de 3 étages à l'intérieur de ce nouveau venu sur le Strip n'est pas purement décoratif. On peut y pénétrer, siroter un cocktail et épier les passants, le tout dans un cadre féerique. Comme partout à Vegas, la découverte du **Cosmopolitan** (www.cosmopolitanlasvegas. com ; 3708 Las Vegas Blvd S ; ⊘24h/24) est une évasion garantie.

La promenade » D'ici, continuez au nord de Las Vegas Blvd S pour assister au ballet chorégraphié des fontaines du Bellagio.

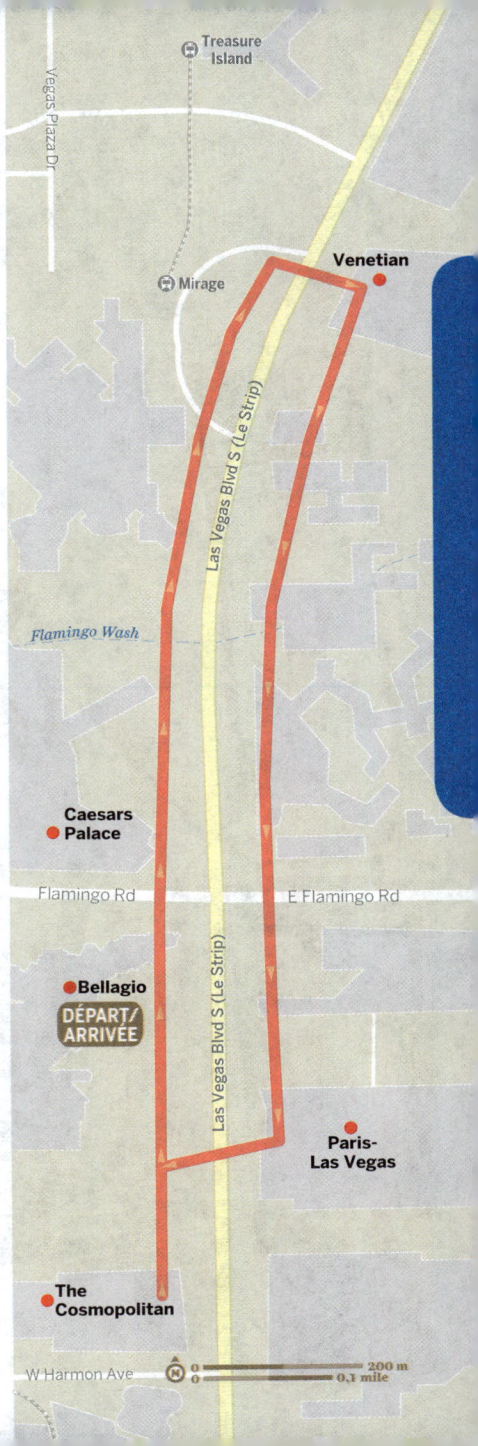

Treasure Island

Vegas Plaza Dr

Venetian

Mirage

Las Vegas Blvd S (Le Strip)

Flamingo Wash

Caesars Palace

Flamingo Rd

E Flamingo Rd

Las Vegas Blvd S (Le Strip)

Bellagio

DÉPART/ ARRIVÉE

Paris-Las Vegas

The Cosmopolitan

W Harmon Ave

0   200 m
0   0,1 mile

Jerome L'âge d'or de l'exploitation minière avait fait d'elle la "ville la plus folle de l'Ouest"

Route Mythique

Voyage au Grand Canyon

39

Tradition et modernité se confondent sur cette route panoramique qui serpente de la terre des cow-boys aux villes minières, longeant cépages et roches carmin jusqu'au Grand Canyon.

TEMPS FORTS

235 miles/378 km

Bright Angel Trail
Une descente facile au panorama exceptionnel (mais gare au retour !)

ARRIVÉE
Grand Canyon Village
14

130 miles/209 km

Arizona Stronghold
De bonnes dégustations de vins

Flagstaff

9
7
3

115 miles/185 km

Audrey Headframe Park
Une vue vertigineuse sur une mine profonde de 580 mètres

Yarnell
Congress
Wickenburg
DÉPART

Prescott
Sur les pas des cow-boys dans les bars du Whiskey Row

90 miles/145 km

**4-5 JOURS
235 MILES/378 KM**

PARFAIT POUR…

LE MEILLEUR MOMENT

L'automne et le printemps permettent d'éviter les foules et la chaleur estivale.

LA PHOTO SOUVENIR

Le Grand Canyon depuis le Mather Point.

LA LEÇON D'HISTOIRE

Les villes authentiques de Wickenburg, Prescott et Jerome.

39 Voyage au Grand Canyon

Ce parcours remporte la palme toutes catégories confondues, et respire l'histoire tumultueuse de l'Arizona. Puits de mine, balades à cheval et tournées des saloons ramènent au temps de l'Ouest sauvage... Mais une scène viticole bourgeonnante et des brasseries dynamiques ajoutent un zeste de modernité bienvenu après les magnifiques randonnées parmi les buttes de grès, les pins ponderosa et les gorges.

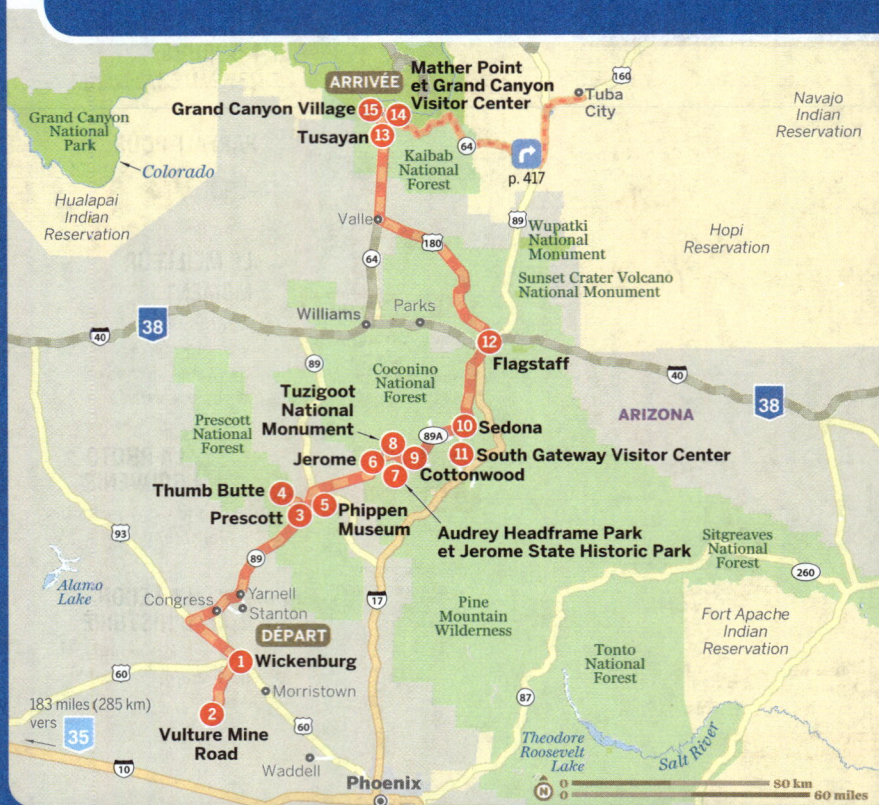

❶ Wickenburg

Avec ses selliers et ses devantures de type western, Wickenburg semble tout droit sortie des années 1890. Récemment agrandi, le **Desert Caballeros Western Museum** (📞928-684-2272 ; www.westernmuseum.org ; 21 N Frontier St ; adulte/senior/enfant 9/7 $/gratuit ; ⏱10h-17h lun-sam, 12h-16h dim, fermé lun juin-août) est dévolu au grand Ouest. Avec ses fusils, selles et autres lassos, la collection *Spirit of the Cowboy* revient sur la réalité derrière le mythe. En mars et avril, l'exposition-vente *Cowgirl Up!* rend un hommage non dénué d'humour aux artistes féminines de l'Ouest.

À COMBINER AVEC

38 La traversée des Four Corners

Troquez les merveilles naturelles pour la frénésie de Vegas en prenant l'I-40 vers l'ouest puis la Hwy 93 au nord.

35 Les oasis de Palm Springs et de Joshua Tree

Envie de déserts et d'activités en plein air ? Depuis Wickenburg, suivez la Hwy 60 vers l'ouest, puis l'I-10 jusqu'à Palm Springs.

Des statues des fondateurs de la ville et de personnages singuliers en parsèment le centre. L'une des plus récentes est celle de George Sayers, un "bandit imbibé" qui fut enchaîné au **Jail Tree** de Tegner St à la fin du XIXᵉ siècle. Appuyez sur le bouton pour écouter son histoire. À proximité, le délicieux **Chaparral** (45 N Tegner St ; 1 boule 3,50 $; ⏱11h-19h mar-sam, 12h-17h dim et lun) vend des glaces maison.

Attention : l'été, Wickenburg peut devenir une fournaise – on dépasse parfois les 40°C.

La route ❯❯ Dirigez-vous vers l'ouest sur la Hwy 60 et tournez à gauche dans Vulture Mine Rd, à 12 miles (19 km) de la mine. Seuls saguaros et gardiens de bétail ponctuent cette route déserte.

❷ Vulture Mine Road

Poussiéreuse et reculée, la **Vulture Mine** (www.vultureminetours.com ; 36610 N 355th St, à hauteur de Vulture Mine Rd ; don suggéré 10 $; ⏱visite 8h30-10h30 sam début mai à mi-oct, 10h-12h reste de l'année) fit la fortune de l'Autrichien Henry Wickenburg. Le site comprend le puits de la mine d'où fut extrait pour 30 millions de dollars d'or, l'échoppe du forgeron, quelques autres vieux bâtiments décrépis et le Hanging Tree, un Olneya Tesota vieux de plus de 200 ans.

Depuis le changement de propriétaire, une visite guidée est proposée le samedi matin.

De retour en ville, une nuit au rustique mais huppé **Rancho de Los Caballeros** (📞928-684-5484 ; www.ranchodeloscaballeros.com ; 1551 S Vulture Mine Rd ; ch 3 repas inclus 485-660 $; ⏱oct à mi-mai ; ❄️) vous permettra d'effectuer une randonnée équestre (50-60 $/demi-journée).

La route ❯❯ Du centre de Wickenburg, prenez la Hwy 93 vers le nord pendant 5 miles (8 km) jusqu'à la 89N. En poursuivant au nord, la route quitte le désert de Sonora pour les Weaver Mountains et monte 760 m sur 4 miles (6 km). Au sommet, la minuscule Yarnell fut durement touchée par les incendies de forêt de juin 2013, durant lesquels 19 pompiers des Granite Mountain Hotshot périrent.

TEMPS FORT

❸ Prescott

Le 14 juillet 1900, des incendies ravagèrent Whiskey Row, au centre de Prescott, mais, dans leur clairvoyance, les habitants parvinrent à sauver le trésor de la ville : un bar de 7 m, pièce maîtresse du Palace Saloon ! Ils se remirent d'ailleurs à boire joyeusement, aussitôt le comptoir en chêne traîné sur la Courthouse Plaza. Cette impérissable convivialité confère encore à la ville son atmosphère chaleureuse.

Donnant sur une place ombragée, le **County Courthouse** est le cœur du **centre historique**. À l'ouest s'étend **Whiskey Row**, où 40 bars accueillaient jadis cow-boys et autres mineurs. L'incendie de 1900 détruisit 25 saloons, 5 hôtels et le quartier rouge, mais quelques bâtiments d'époque subsistent. Reconstruit en 1901, le **Palace Saloon** expose photos et objets historiques, notamment le fameux comptoir sauvé des flammes.

Pour mieux connaître Prescott, capitale originelle de l'Arizona, faites un tour au **Sharlot Hall Museum** (📞928-445-3122 ; www.sharlot.org ; 415 W Gurley St ; adulte/enfant 7/3 $; 🕐10h-17h lun-sam, 12h-16h dim mai-sept, 10h-16h lun-sam, 12h-16h dim oct-avr), fondé par la pionnière et journaliste Sharlot Hall en 1928. La ville est aussi célèbre pour

le **World's Oldest Rodeo** (www.worldsoldestrodeo.com), institué en 1888, qui se tient la semaine précédant le jour de l'Indépendance.

🍴 🛏 p. 419

La route ❯❯ Depuis le County Courthouse, suivez Gurley St vers l'ouest puis Thumb Butte Rd pendant 3,5 miles (5,5 km).

4 Thumb Butte

Prescott est en plein milieu de la Prescott National Forest, un terrain de 500 000 ha riche en montagnes, lacs et pins ponderosa. Le **Prescott National Forest Office** (📞928-443-8000 ; www.fs.fed.us/r3/prescott ; 344 S Cortez St ; 🕐8h-16h30 lun-ven) vous informera sur les randonnées, routes, aires de pique-nique et campings du parc. La plupart des départs de sentiers permettent de s'acquitter du droit d'accès (5 $/jour).

Pour une courte balade, rendez-vous à l'immanquable **Thumb Butte**. Relativement aisé, le **Thumb Butte Trail #33** (🕐7h-19h) est un sentier

de 1,75 mile (2,8 km) donnant sur la ville et les montagnes. Chiens en laisse autorisés.

La route ❯❯ Quittez Prescott sur la Hwy 89N. Sur 7 miles (11 km), la route borde les formations rocheuses des Granite Dells. La Granite Dells Rd accède à un chemin parmi les blocs de granit qui dépend du Mile High Trail System (http://cityofprescott.net/services/parks/trails).

5 Phippen Museum

Avec des expositions valorisant les peintres et l'art de l'Ouest sauvage, le **Phippen Museum** (📞928-778-1385 ; www.phippenartmuseum.org ; 4701 Hwy 89N ; adulte/enfant 7 $/gratuit ; 🕐10h-16h mar-sam, 13h-16h dim) rencontre un tel succès qu'il s'est agrandi récemment. C'est à George Phippen, artiste autodidacte de la région et promoteur de l'art de l'Ouest américain, que le musée doit son nom. En le visitant, vous découvrirez les différentes facettes de ce genre.

La route ❯❯ Au nord, quittez la Hwy 89 pour la Hwy 89A. Attention, la route vers Jerome, petite ville à flanc de coteau nichée dans les Mingus Mountains, n'autorise aucune imprudence. Un coup d'œil vers l'est permettra toutefois d'apprécier l'horizon sur la Verde Valley.

6 Jerome

La route sinuant jusqu'au bas de Cleopatra Hill est

L'ÉTRANGE GRENOUILLE DE CONGRESS

Vous saisirez le sens de cette histoire de batracien lorsque vous aurez quitté le village de Congress, à l'embranchement de la Hwy 71 et de la Hwy 89N. Sur votre gauche, vous apercevrez la **grosse grenouille verte**, un rocher peint en 1928 et entretenu depuis lors par les habitants.

bordée de bâtisses dont on ne sait si elles remporteront ou non leur combat contre la gravité. Certaines l'ont déjà perdu, ainsi la **Sliding Jail**, qui gît en contrebas de la route.

Ville fantôme ressuscitée au chic suranné, Jerome était jadis surnommée "ville la plus folle de l'Ouest". C'était à la fin des années 1800, lorsque l'exploitation du cuivre y était florissante et qu'elle pullulait de maisons closes, de saloons et de fumeries d'opium. Mais, en 1953, les filons s'épuisèrent et la population s'effondra... jusque dans les années 1960 où des hippies rachetèrent les édifices décrépis pour quelques dollars, les restaurèrent et redonnèrent à la ville un certain dynamisme.

Mêlez-vous à la fête en explorant les galeries, boutiques indé, maisons d'époque et salons de dégustation disséminés à flanc de colline. Les artistes locaux vendent leurs œuvres à la **Jerome Artists Cooperative Gallery** (📞928-639-4276 ; www.jeromeartistscoop.com ; 502 N Main St ; 🕙10h-18h), tandis que les motards se réunissent au **Spirit Room Bar** (📞928-634-8809 ; www.spiritroom.com ; 166 Main St ; 🕙10h30-1h).

🍴🛏 p. 419

La route ▶▶ Quittez la ville sur la Main St/Hwy 89A puis tournez à gauche dans Douglas Rd.

❼ Audrey Headframe Park et Jerome State Historic Park

La vitre recouvrant le puits de mine de l'**Audrey Headframe Park** (55 Douglas Rd ; entrée libre ; 🕙8h-17h) a de quoi donner le vertige, et pour cause : le fond se trouve 580 m en contrebas.

Une fois repu de sensations fortes, reprenez vos esprits dans l'excellent **Jerome State Historic Park** (📞928-634-5381 ; www.azstateparks.com ; adulte/enfant 5/2 $; 🕙8h30-17h), qui revient sur le passé minier de la ville. Le musée occupe un manoir de 1916, autrefois habité par l'excentrique magnat des mines Jimmy "Rawhide" Douglas. Avant d'explorer le musée, jetez un œil au pittoresque film introductif.

La route ▶▶ La Hwy 89A descend jusqu'à la petite Clarkdale. Au rond-point, prenez la deuxième sortie puis Clarkdale Pkwy jusqu'en ville. Suivez alors Main St vers l'est jusqu'à S Broadway et tournez à gauche dans Tuzigoot Rd.

❽ Tuzigoot National Monument

Au sommet d'une crête, le **Tuzigoot National Monument** (📞928-634-5564 ; www.nps.gov/tuzi ; adulte/enfant 5 $/gratuit, billet combiné pour le Montezuma Castle National Monument 8 $/gratuit ; 🕙8h-17h) est un ancien pueblo sinagua, comme son voisin Montezuma. On estime qu'il fut occupé entre 1000 et 1400 et qu'à son apogée, quelque 225 personnes y vivaient dans 110 pièces. En gravissant un court sentier escarpé (impraticable en fauteuil roulant), vous aurez une vue imprenable sur la Verde River Valley. Outils, poteries et têtes de flèche sont exposés au centre d'information.

La route ▶▶ Reprenez la S Broadway puis suivez-la vers le sud sur 1,5 mile (2,5 km) jusqu'à Old Town Cottonwood.

❾ Cottonwood

Cottonwood est de plus en plus agréable à vivre, notamment le quartier piéton et décontracté d'Old Town, riche en bons restaurants et boutiques indé. L'**Arizona Stronghold** (www.azstronghold.com ; 1023 N Main St ; dégustation 9 $; 🕙12h-19h dim-jeu, jusqu'à 21h ven-sam) a l'attrait de ses salles de dégustation de vin, d'un personnel accueillant et de banquettes confortables. Concerts le vendredi soir.

Juste en face, la **Pillsbury Wine Company** (www.pillsburywine.com ; 1012 N Main St ; 🕙11h-18h dim-jeu, 11h-20h ven) permet de goûter d'autres cépages

PAROLE D'EXPERT
AMY BALFOUR,
AUTEUR

Vous savez que vous empruntez une route de légende lorsque, dans votre rétroviseur, surgit une horde de motards. Cela arrive tout le temps sur la Hwy 89/89A et j'adore ça ! Les somptueux paysages de roche rouge et la Verde Valley se succèdent le long de ce parcours riche en aventures se terminant en apothéose au Grand Canyon.

Ci-dessus : Vue depuis la Desert View Watchtower
À gauche : Bienvenue à Cottonwood
À droite : Jerome

mais aussi du chocolat. En manque d'action ? **Sedona Adventure Tours** (☎928-204-6440 ; www.sedonaadventuretours. com ; 2020 Contractors Rd ; 🚻) propose un circuit de dégustation de vin en kayak (97,25 $) : le Water to Wine descend la Verde River jusqu'aux vignes d'Alcantara.

La route » Prenez Main St vers le sud pour rejoindre la Hwy 89A N et empruntez-la jusqu'à Sedona. Au carrefour de la Hwy 89A et de la Hwy 179, suivez Uptown Sedona. Le centre d'information se trouve à l'intersection de la Hwy 89A et de Forest Rd.

- - - - - - - - - - - - - -

🔟 Sedona

Les magnifiques roches vermillon de Sedona fascinent le voyageur. Certains visiteurs New Age croient d'ailleurs que ces formations de grès dissimulent des vortex de puissante énergie spirituelle... Si c'est le cas, **Airport Mesa** serait le vortex le plus proche du centre-ville. Là-bas, une courte marche mène à un panorama surplombant ces monolithes qui se parent d'inimaginables teintes rouge orangé au coucher du soleil.

Située à 3 miles (5 km) au sud de la ville, l'étonnante **Chapel of the Holy Cross** (☎928-282-4069 ; www. chapeloftheholycross.com ;

Route Mythique

780 Chapel Rd ; ☺9h-17h lun-sam, 10h-17h dim), une spectaculaire église prise en étau entre deux éminences rouges conçue par Marguerite Brunwig Staude dans la lignée des travaux de Frank Lloyd Wright.

La route ❯❯ En suivant la Hwy 179 vers le sud, vous passerez par Bell Rock et le village d'Oak Creek.

⓫ South Gateway Visitor Center

Les amateurs d'aventures raffolent des randonnées et descentes de VTT spectaculaires de Sedona. Le *Recreation Guide to Your National Forest* mis à disposition par l'US Forest Service présente de brèves descriptions des itinéraires les plus populaires et une carte indiquant leur tracé et point de départ. Retirez-en une auprès de l'**USFS South Gateway Visitor Center** (☎928-203-2900 ; www.redrockcountry.org ;

8375 Hwy 179 ; ☺8h-17h) au sud du village d'Oak Creek. Le personnel pourra vous désigner les parcours correspondant à vos centres d'intérêt.

La route ❯❯ En remontant la Hwy 89A, vous traverserez la végétation ripicole du pittoresque Oak Creek Canyon et longerez ses falaises cramoisies. Au nord du canyon, poursuivez dans cette direction sur l'I-17. Sedona est à 30 miles (48 km) de Flagstaff.

⓬ Flagstaff

Entre centre historique piétonnier et activités

Sedona L'embrasement des roches au coucher du soleil

d'altitude comme le ski ou la randonnée, Flagstaff ne manque pas d'atouts. Point culminant de l'Arizona, le Humphrey's Peak y compose une toile de fond de premier ordre. Au **Visitor Center** (centre d'information ; ☎800-842-7293 ; www.flagstaffarizona. org ; 1 E Rte 66 ; ⏰8h-17h lun-sam, 9h-16h dim), des brochures répertorient les promenades touristiques, parmi lesquelles un guide des lieux hantés de Flagstaff.

Élevé en 1894 sur une colline à la sortie de la ville, le **Lowell Observatory** (☎928-233-3212 ; www.lowell.edu ; 1400 W Mars Hill Rd ; adulte/enfant 12/5 $; ⏰9h-22h juin-août, horaires réduits sept-mai) fut celui où Clyde Tombaugh découvrit Pluton en 1930. Une visite guidée est possible en journée. Le soir, les conditions climatiques permettent parfois de s'essayer à l'astronomie.

Les microbrasseries de Flagstaff forment le **Flagstaff Ale Trail** (www. flagstaffaletrail.com) que l'on peut aussi parcourir en **Alpine Pedaler** (☎928-213-9233 ; www.alpinepedaler. com ; 25 $/pers), sorte de trolley à 15 passagers s'interrompant à divers bars et brasseries.

✕ 🛏 p. 419

**La route ›› ** Le matin suivant – les matins sont idéaux pour une route de 90 miles

VAUT LE DÉTOUR
DESERT VIEW DRIVE

Point de départ : 🔵14 **Mather Point et Grand Canyon Visitor Center**

Cette route panoramique de 25 miles (40 km) serpente le long de la Hwy 64 jusqu'à l'East Entrance et dessert certains des meilleurs points de vue, coins pique-nique et sites historiques du parc. Le **Grand View Point** marque le départ du sentier où le mineur Peter Berry édifia le Grand View Hotel en 1897. D'autres horizons extraordinaires vous attendent au **Moran Point**, nommé d'après le paysagiste Thomas Moran dont les œuvres participèrent à faire du Grand Canyon un "monument national" en 1908. Plus loin, le **Tusayan Ruin & Museum** permet d'explorer les vestiges d'un village pueblo datant de 1185. Enfin, au bout de la route se dresse la **Watchtower**, créée par l'architecte Mary Colter, inspirée des tours de guet des pueblos. À l'intérieur, l'escalier en colimaçon agrémenté de fresques hopi conduit, au dernier étage, à une terrasse bénéficiant d'une vue à 360° sur le canyon et la rivière.

(145 km) –, prenez la Hwy 180 vers l'ouest. Au loin, les San Francisco Peaks transpercent la forêt. Arrivé sur la Hwy 64 à Valle, tournez à droite et poursuivez au nord sur le vaste Coconino Plateau.

🔴13 **Tusayan**

Située sur la Hwy 64 à 1 mile (1,6 km) au sud de la Grand Canyon's South Entrance, cette petite ville consiste essentiellement en une rue de 800 m encadrée d'hôtels et de restaurants. Un arrêt au **National Geographic Visitor Center & IMAX** (☎928-638-2468 ; www. explorethecanyon.com ; 450 Hwy 64 ; adulte/enfant 13/10 $; ⏰8h-22h mars-oct,

10h30-18h30 nov-fév) permet d'acquérir le permis du parc (25 $/véhicule) et d'éviter ainsi une longue attente à l'entrée. L'IMAX projetait lors de notre passage un formidable film de 34 minutes intitulé *Grand Canyon – The Hidden Secrets*. On y dévale des rivières et chute de hautes falaises en réalité virtuelle et on découvre aussi des détails historiques et géologiques du canyon à travers les yeux d'Amérindiens, de l'explorateur John Wesley Powell et d'un aigle en vol.

L'été, vous pouvez déposer votre voiture ici et prendre la navette Tusayan jusqu'au parc.

Route Mythique

La route » Suivez la Hwy 64 au nord sur 1 mile (1,6 km) jusqu'à l'entrée du parc. L'accès pour 7 jours coûte 25 $ en voiture et 12 $ à pied, à vélo ou à moto.

- - - - - - - - - - - - -

TEMPS FORT

🕙 Mather Point et Grand Canyon Visitor Center

Garez-vous au centre d'information, mais ne vous ruez pas tout de suite à l'intérieur. Rendez-vous plutôt au **Mather Point**, premier point de vue après la South Entrance. Il est souvent bondé de touristes qui prennent des photos au coude-à-coude, mais une sorte d'émerveillement général règne ici, instaurant un respect mutuel. L'immensité du canyon est saisissante et l'on se trouve vite absorbé dans la contemplation des détails les plus bouleversants : plateaux accidentés, aiguilles escarpées et autres falaises multicolores...

Environ 250 m derrière Mather Point se trouve le **Grand Canyon Visitor Center** (www.nps.gov/grca ; 🕙8h-17h), qui comprend un cinéma et une librairie. Sur la place, panneaux et kiosques affichent des renseignements sur les visites, les randonnées, les prévisions météo et les activités organisées par les rangers. À l'intérieur se trouve une réception tenue par des rangers et une salle de conférences accueillant des présentations quotidiennes sur différents sujets. Toutes les heures et demie, le cinéma projette le documentaire de 20 minutes *Grand Canyon: A Journey of Wonder*.

D'ici, on peut arpenter le parc en navette, à **vélo** (📞928-638-3055 ; www.bikegrandcanyon.com ; 10 S Entrance Rd, Grand Canyon Visitor Center ; adulte/enfant 40/30 $/jour ; 🕙8h-18h mai-oct, 10h-16h mars, avr, oct et nov), ou en voiture. En été, se garer peut s'avérer problématique.

La route » La Village Loop Rd mène au Grand Canyon Village. Dépassez les hôtels El Tovar, Kachina, Thunderbird et Bright Angel Lodge. Le Bright Angel Trail débute à l'ouest de ce dernier.

- - - - - - - - - - - - -

🕙 Grand Canyon Village

En 2013, une place et un parking ont été construits au départ du **Bright Angel Trail**. Cette magnifique randonnée, la plus appréciée de toutes, est une descente abrupte de 8 miles (13 km) jusqu'au Colorado. Elle est ponctuée de quatre étapes autorisant un demi-tour : Mile-and-a-Half Resthouse, Three Mile Resthouse, Indian Garden et Plateau Point.

La chaleur est suffocante en été et le chemin escarpé. Une promenade d'une journée force à faire demi-tour à l'une des deux "resthouse" (pour un circuit de 3 ou 6 miles ; 5 ou 10 km).

Si vous préférez l'histoire et la géologie à une marche éprouvante, optez pour le **Rim Trail** juste à l'est (voir p. 403). Ce parcours plus facile dessert chacun des magnifiques panoramas sur le chemin de **Hermits Rest**. On peut s'arrêter à tout instant pour monter dans la navette circulant, parallèle au sentier, entre le départ et l'arrivée. Quoi qu'il arrive, ne manquez pas le coucher de soleil depuis **Hopi Point** (très fréquenté) ou **Pima Point**.

🛏 p. 419

Se restaurer et se loger

Prescott ③

✕ Iron Springs Cafe — Café $$

(☎928-443-8848 ; www.ironspringscafe.com ;
1501 Iron Springs Rd ; plats brunch 10-13 $, midi
10-15 $, soir 10-21 $; ◷8h-20h mer-sam, 9h-14h
dim). Ce café, qui occupe une ancienne gare,
est spécialisé dans une savoureuse cuisine
cadienne et du Sud-Ouest, souvent relevée.

✕ Lone Spur Cafe — Café $

(☎928-445-8202 ; www.thelonespur.com ;
106 W Gurley St ; petit-déj et plats midi 8-17 $,
soir 14-24 $; ◷8h-14h tlj, 16h30-20h ven).
Les portions sont larges et les saucisses en
sauce excellentes. Animaux empaillés, attirail
de cow-boy et lustres en bois de cervidé
décorent le lieu.

⊨ Motor Lodge — Bungalows $$

(☎928-717-0157 ; www.themotorlodge.
com ; 503 S Montezuma St ; ch 99-119 $, ste
149 $, app 159 $; ❄🛜). Cet établissement
loue 12 bungalows de standing, à la literie
confortable.

Jerome ⑥

✕ Grapes — Américain $$

(☎928-639-8477 ; www.grapesjerome.com ;
111 Main St ; midi et soir 9-17 $; ◷11h-21h). Ce
restaurant chic mais animé sert pizzas, pâtes
et steaks de qualité. Un vin est suggéré pour
chaque option du menu.

⊨ Jerome Grand Hotel — Hôtel $$

(☎928-634-8200 ; www.jeromegrandhotel.
com ; 200 Hill St ; ch 120-205 $, ste 270-460 $;
❄🛜). Ce bâtiment robuste de 1926 est
un ancien hôpital construit pour la communauté
de mineurs. De l'incinérateur aux signaux
d'appel lumineux des patients, l'hôtel joue de ce
passé singulier ; une soirée fantôme est même
proposée aux clients (20 $) ! On peut déguster
une cuisine gastronomique en profitant du
panorama sur la vallée à l'**Asylum Restaurant**,
juste à côté (plats midi 10-16 $, soir 20-32 $).

Flagstaff ⑫

✕ Beaver Street Brewery — Pub-brasserie $$

(☎928-779-0079 ; www.beaverstreetbrewery.
com ; 11 S Beaver St ; plats midi 8-13 $, soir
10-20 $; ◷11h-23h dim-jeu, jusqu'à minuit ven-
sam ; 🖥). Cet estaminet rassemble familles,
guides, fondus de ski et hommes d'affaires.
Le menu est dans la tradition des pubs : pizzas,
hamburgers et salades, sans compter 5 bières
maison à la pression.

⊨ Hotel Monte Vista — Hôtel $$

(☎928-779-6971 ; www.hotelmontevista.com ;
100 N San Francisco St ; d 65-110 $, ste 120-
140 $; 🛜). Wi-Fi gratuit dans cet établissement
central. Demandez une chambre tranquille si
vous craignez d'être dérangé par les concerts
au rez-de-chaussée.

Grand Canyon Village ⑮

⊨ Bright Angel Lodge — Lodge $$

(www.grandcanyonlodges.com ; ch avec/sans
sdb privée 94/83 $, ste 185-362 $, chalets 120-
340 $; ◷tte l'année ; ❄@🛜). Les chalets
sont très convoités, mais les chambres
classiques (certaines avec sdb commune) sont
aussi propres et douillettes. Le **Bright Angel
Bar** est idéal pour se détendre avec une bière et
un hamburger.

⊨ El Tovar — Lodge $$$

(www.grandcanyonlodges.com ; d 178-273 $,
ste 335-426 $; ◷tte l'année ; ❄🛜). À la fois
décrépi et élégant (oui, c'est possible !), le
El Tovar, fondé en 1905, est un monument
historique. Les chambres standard sont parfois
petites : optez pour les deluxe si vous avez
besoin d'espace. La salle à manger en pierre et
en chêne s'enorgueillit de l'un des plus beaux
panoramas de l'État.

Bryce Canyon National Park
Forteresses de pierre

Les parcs nationaux de Bryce et Zion

40

Des promontoires à flanc de falaise aux profondeurs des canyons, les roches écarlates de l'Utah du Sud-Ouest raviront vos yeux et mettront votre corps à l'épreuve.

TEMPS FORTS

0 mile/0 km

Kolob Canyon
Une route panoramique jusqu'au point culminant du Zion National Park

160 miles/260 km

Bryce Canyon National Park
Aiguilles rocheuses et cheminées de fée multicolores

8 Tropic
ARRIVÉE

DÉPART **1**

Virgin **5**

Glendale

St George

Zion Canyon
Une belle journée de balade dans des paysages enchanteurs

82 miles/130 km

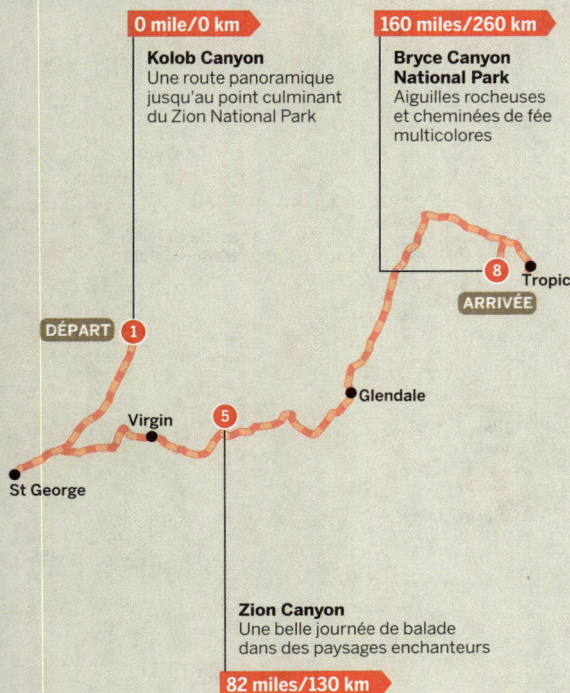

6 JOURS
178 MILES/286 KM

PARFAIT POUR...

LE MEILLEUR MOMENT
D'avril à septembre, la température est douce quelle que soit l'altitude.

LA PHOTO SOUVENIR
Le flamboiement d'un lever de soleil sur Fairyland Point.

ACTIVITÉS DE PLEIN AIR
Promenades au bord de l'eau et randonnées du Zion Canyon.

40 Les parcs nationaux de Bryce et Zion

Depuis Observation Point (1 980 m), le Zion Canyon s'offre au regard. En contrebas, la rivière ressemble à un serpent d'émeraude sinuant entre d'immenses falaises parcourues de quelques fourmis — les randonneurs arpentant Angels Landing. Si vous avez vaincu le sentier de 4 heures et ses 655 m de dénivelé depuis le creux du canyon, félicitations ! Pour un panorama tout aussi enchanteur, et plus facile d'accès, suivez le sentier de l'East Mesa Trail.

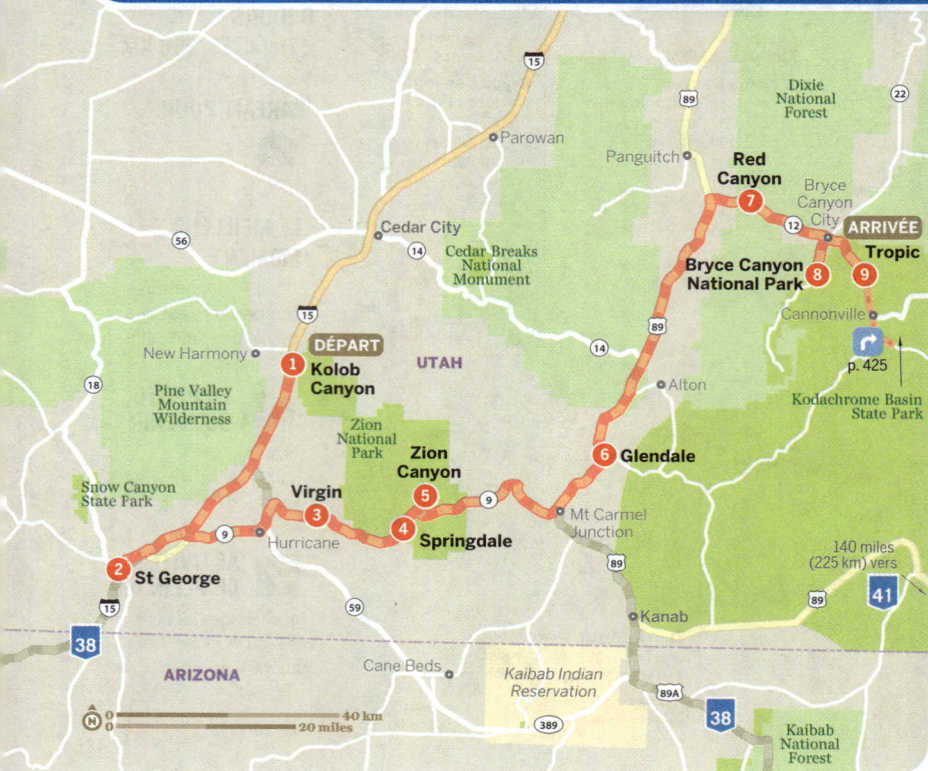

Dixie National Forest

Parowan

Panguitch

Red Canyon 7

Bryce Canyon City

ARRIVÉE Tropic

Cedar City

Cedar Breaks National Monument

Bryce Canyon National Park 8

9

Cannonville

p. 425

Kodachrome Basin State Park

DÉPART

New Harmony

Kolob Canyon 1

UTAH

Pine Valley Mountain Wilderness

Zion National Park

Zion Canyon

Alton

Glendale 6

Snow Canyon State Park

Virgin 3

5

9

Mt Carmel Junction

St George 2

4

Springdale

Hurricane

140 miles (225 km) vers 41

ARIZONA

Cane Beds

Kaibab Indian Reservation

Kanab

Kaibab National Forest

38

40 km
20 miles

1 Kolob Canyons

Accessible par l'I-15, le **Kolob Canyons Visitor Center** (☎435-586-0895 ; www.nps.gov/zion ; Kolob Canyons Rd, Zion National Park ; permis véhicule 7 jours 25 $; ⊗parc 24h/24, centre d'information 8h-18h juin-sept. 8h-16h30 oct-mai) est au seuil d'une zone plus élevée, mais moins visitée du **Zion National Park**. Même en haute saison, peu de voitures parcourent la **Kolob Canyon Rd** où, sur 5 miles (8 km), se succèdent d'impressionnants paysages de canyons et de pâturages. Arrivé au **Kolob Canyons Overlook** (1 890 m), le sentier de **Timber Creek** (circuit de

S
À COMBINER AVEC

38 **La traversée des Four Corners**

Depuis Zion, prenez à l'est sur la Hwy 9, puis suivez la Hwy 89 et la Hwy 89A vers le sud jusqu'au Grand Canyon North Rim.

41 **Monument Valley, sur les pas des Amérindiens**

Empruntez la Hwy 9 et la Hwy 89 vers le sud-est et, arrivé à Page, suivez la Hwy 98 et la Hwy 160 vers l'est, puis la Hwy 163 vers le nord.

1,6 km) gravit 30 m et rejoint un pic dévoilant une vue imprenable sur les Pine Valley Mountains. L'endroit est tapi de fleurs sauvages au début de l'été. Attention : la partie supérieure de cette route est parfois fermée de novembre à mai en raison des chutes de neige.

Parmi les meilleures longues randonnées de cette partie du parc, le **Taylor Creek Trail** (boucle de 5 miles ; 8 km) traverse les vestiges de villages pionniers et un ruisseau sans trop grimper.

La route » La descente de l'I-15 sur 41 miles (66 km) jusqu'à St George est ponctuée de formations rocheuses.

2 St George

La cité mormone de St George donne au milieu du Zion National Park. La **Chambre de commerce** (☎435-628-1658 ; www.stgeorgechamber.com ; 97 E St George Blvd ; ⊗9h-17h lun-ven) vous fournira des renseignements sur le centre historique, composé d'un temple et de quelques bâtiments d'époque. Seule ville (75 560 habitants) de tout le circuit, elle tient surtout lieu d'étape de ravitaillement. À 11 miles (18 km) au nord, le **Snow Canyon State Park** (☎435-628-2255 ; http://stateparks.utah.gov ; 1002 Snow Canyon Dr, Ivins ; 6 $/véhicule ; ⊗6h-22h ; ♿) donne un aperçu sur 3 000 ha des merveilles naturelles de l'Utah du

sud-ouest. Étroits canyons, cônes volcaniques, tunnels de lave et dunes pétrifiées sont accessibles via des randonnées faciles, à la portée des enfants.

✕ ⊨ p. 429

La route » Depuis l'interstate, la Hwy 9 conduit au canyon. Après le village d'Hurricane, les amples lacets cèdent la place à des virages plus serrés forçant à ralentir. Virgin est à 27 miles à l'est de St George.

3 Virgin

Baptisée d'après la rivière voisine, cette petite bourgade de quelque 600 âmes se distingue d'une étrange façon. En 2000, le conseil municipal a voté une loi, essentiellement symbolique, obligeant chaque foyer à posséder une arme à feu.

Reconstitution d'un village de l'Ouest, le **Virgin Trading Post** (☎435-635-3455 ; 1000 W Hwy 9 ; village 2 $; ⊗9h-19h) vend des caramels mous maison, des glaces et des souvenirs façon Western. Vous pourrez aussi vous faire tirer le portrait à la "Virgin Jail" ou au "Wild Ass Saloon".

La route » Springdale est 14 miles (22 km) plus loin sur la Hwy 9 (à 55 minutes de St George).

4 Springdale

Le **Watchman** (1 998 m) et d'autres montagnes ocre forment le cadre de ce parfait village de parc. La longue rue principale est bordée de galeries, boutiques d'artisanat, motels, hôtels et B&B, mais aussi de cafés et restaurants éclectiques privilégiant les ingrédients locaux. Trois nuits ici permettent de bien explorer le Zion Canyon et ses alentours. Les magasins **Zion Rock & Mountain Guides** (☎435-772-3303 ; www.zionrockguides.com ; 1458 Zion Park Blvd ; ☺8h-20h mars-oct, horaires variables nov-fév) et **Zion Adventure Company** (☎435-772-1001 ; www.zionadventures.com ; 36 Lion Blvd ; ☺8h-20h mars-oct, 9h-12h et 16h-19h nov-fév) organisent canyoning, escalade, et circuits en

4x4 à l'extérieur du parc. Ils sauront vous équiper pour une randonnée dans les Narrows. Le second loue des bateaux gonflables, idéals pour une excursion d'été.

Trois fois par jour, le **Zion Canyon Giant Screen Theatre** (www.zioncanyontheatre.com ; 145 Zion Park Blvd ; adulte/enfant 8/6 $) projette *Zion Canyon: Treasure of the Gods*, un documentaire de 40 minutes assez superficiel mais riche en belles séquences.

🍴 🛏 p. 429

La route » L'accès au Zion Canyon n'est qu'à 2 miles (3 km) à l'est de Springdale. Vous êtes ici à l'endroit le plus bas (1 188 m) et le plus chaud du parcours.

PAROLE D'EXPERT
EAST MESA TRAIL

Il y a quelque chose de grisant à fendre tranquillement une forêt de pins ponderosa jusqu'à l'Observation Point au lieu de monter la pente abrupte depuis le creux du Zion Canyon. Grâce à l'**East Mesa Trail** (boucle de 10 km de difficulté modérée), vous confiez le plus dur de l'ascension à votre voiture. La North Fork Rd commence à environ 2,5 miles (4 km) après l'entrée est du parc. Suivez-la, puis prenez la Hwy 9 vers le nord pendant 5 miles (8 km). Selon les saisons, un 4x4 peut être nécessaire pour accéder au départ du sentier : adressez-vous au Zion Canyon Visitor Center (voir ci-contre) pour connaître les conditions routières. À côté, le **Zion Ponderosa Ranch Resort** (☎800-293-5444, 435-648-2700 ; www.zionponderosa.com ; N Fork Rd, depuis Hwy 9 ; chalets 70-160 $, empl tente 10 $, empl caravane avec électricité 49 $; @🛜🏊) propose un service de navettes aux randonneurs. Attention : ces routes et le chemin peuvent être fermés pour cause de neige de novembre à mai.

TEMPS FORT

❺ Zion Canyon

Plus de 100 miles (160 km) de sentiers émaillent cette partie du Zion National Park. Étonnamment bien irriguées, les gorges de la Virgin River sont couvertes d'arbres à feuilles caduques. Élaborez votre itinéraire au **Zion Canyon Visitor Center** (☎435-772-3256 ; www.nps.gov/zion ; Hwy 9, Zion National Park ; permis 7 jours 25 $/véhicule ; ☺8h-19h30 fin mai-début sept, 8h-17h fin sept-début mai), puis empruntez la **route panoramique** de 6 miles (10 km) pénétrant au cœur du parc. D'avril à octobre, vous devrez recourir à la navette gratuite, mais il est possible de descendre et monter à chacun des points de vue et départs de randonnée.

Au bout de la route, le **Riverside Walk** est un paisible chemin goudronné d'un mile (1,6 km). Rendu à son terme, vous pourrez continuer à suivre la Virgin River sur 5 miles (8 km). Autrement, une marche de 800 m (aller) rejoint la base des **Emerald Pools** où l'eau, teinte par la terre du désert, chute depuis un promontoire à pic.

L'**Angels Landing** est un harassant circuit de 4 heures grimpant 426 m en 5,4 miles (8,7 km). Ses précipices de 600 m et ses bords étroits garantissent

des sensations fortes.
Depuis l'**Observation
Point** (boucle de 8 miles ;
12,9 km, 654 m de
dénivelé), plus haut, la
vue sur le canyon est
encore plus fabuleuse.

Pour effectuer
l'incroyable excursion de
16 miles (25,7 km, aller)
traversant les **Narrows**
– ces canyons en fente
de la Virgin River
(*narrow* signifie "étroit"
en anglais) –, recourir à
une agence est inévitable.
Navette, équipement
(voir Springdale, p. 423)
et permis hors piste sont
obligatoires. Réservez
bien en avance sur le
site Internet du parc.

🛏 p. 429

La route » À l'est, la Hwy 9
franchit quelques ponts
puis 3,5 miles (6 km) de
lacets serrés avant d'arriver
à l'impressionnant Zion-
Mt Carmel Tunnel. Jusqu'à
l'entrée est du parc, les parois
du canyon sont constituées
d'une roche claire et burinée,
y compris à Checkerboard
Mesa. Glendale est à 32 miles
(51 km), soit 50 minutes au
nord-ouest du Zion Canyon.

- - - - - - - - - - - -

⑥ Glendale

Plusieurs hameaux
bordent la Hwy 89 au
nord de l'intersection
avec la Hwy 9. Vous
remarquerez sûrement
quelques comptoirs
géologiques, galeries et
cafés avenants. Parmi
eux, Glendale est un
village mormon fondé
en 1871. Avec sa terrasse
aérée et son grill, le

↱ **VAUT LE DÉTOUR
KODACHROME BASIN
STATE PARK**

Point de départ : ⑨ Tropic

Des dizaines d'aiguilles de grès rouges, roses et
blanches parsèment le **Kodachrome Basin State
Park** (📞435-679-8562 ; www.stateparks.utah.gov ; près de
Cottonwood Canyon Rd ; permis véhicule 6 \$/jour ; ⊙permis
6h-22h), baptisé ainsi par la National Geographic
Society en 1948 pour son attrait pictural. Relativement
simple, la boucle de 3 miles (4,8 km) du **Panorama
Trail** donne un aperçu des formations féeriques.
Ne manquez pas l'**Indian Cave** dont les parois
arborent des empreintes de main, ni le **Secret
Passage**, courte bifurcation à travers un étroit
canyon en fente. **Red Canyon Trail Rides** (📞800-
892-7923 ; www.redcanyontrailrides.com ; Kodachrome Basin
State Park ; balade 1 heure 40 \$; ⊙mars-nov) propose
des balades à cheval au Kodachrome.

Le parc est à 26 miles (42 km) au sud-est du Bryce
Canyon National Park, sur Cottonwood Canyon Rd,
au sud de Cannonville.

Buffalo Bistro (📞435-648-
2778 ; www.buffalobistro.net ;
305 N Main St ; hamburgers
et plats 8-24 \$; ⊙16h-21h30
jeu-dim mi-mars à mi-oct)
transpire l'Ouest comme
on l'imagine. Le menu,
éclectique, comprend
côtes de sanglier et
hamburgers de wapiti.
Mieux vaut réserver.

🛏 p 443

La route » La Hwy 89 fend
les terres de pâturage d'un
trait. Sortez-en pour prendre
la Scenic Byway 12, cernée
par les roches rouges. Le Red
Canyon est à 41 miles (66 km)
au nord-est de Glendale.

- - - - - - - - - - - -

⑦ Red Canyon

D'incroyables monolithes
rouges ponctuent
l'approche du **Red Canyon**

(📞435-676-2676 ; www.
fs.usda.gov/recarea/dixie ;
Scenic Byway 12, Dixie National
Forest ; accès libre ; ⊙parc
24h/24, centre d'information
9h-18h juin-août, 10h-16h mai
et sept). Ici, les formations
rocheuses sont aisément
accessibles. Diverses
randonnées assez faciles
débutent à proximité du
centre d'information ;
faites-y un tour pour
admirer ses excellentes
expositions géologiques
et vous munir de plans.
L'**Arches Trail** qui ondule
dans un canyon sur
0,7 mile (1 km, aller) passe
sous 15 arches. Sentier
difficile de 8,9 miles
(14 km), le **Cassidy Trail**
doit son nom au bandit
Butch Cassidy qui aurait
fréquenté les environs.

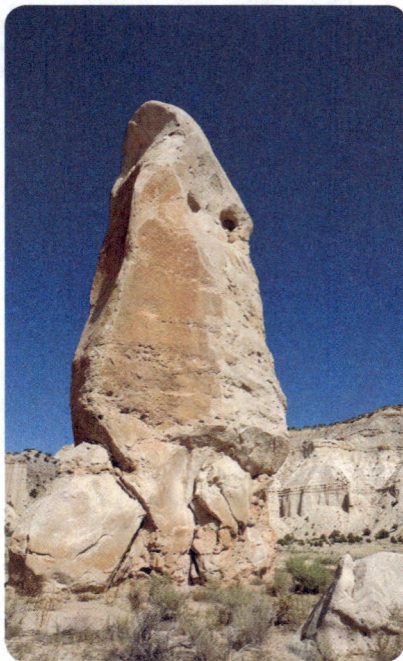

ROBERTO SONCIN GEROMETTA / GETTY IMAGES ©

PAROLE D'EXPERT
LYMAN HAFEN, DIRECTEUR DE LA ZION NATURAL HISTORY ASSOCIATION

La première semaine de novembre est ma période préférée au Zion. À l'occasion du Zion National Park Plein Air Art Invitational, 24 artistes remarquables viennent y peindre. Le temps, froid mais supportable, les couleurs automnales, la faible affluence, les interactions avec les artistes et les expos-ventes donnent un nouveau regard sur le parc.

Ci-dessus : Enjamber la Virgin River, Zion National Park
À gauche : Aiguille rocheuse, Kodachrome Basin State Park
À droite : Les Narrows, Zion National Park

La route » Sur votre route, vous passerez par deux tunnels creusés dans la roche, très photogéniques. Le Bryce Canyon National Park n'est qu'à 9 miles (14,5 km).

- - - - - - - - - - - - -

TEMPS FORT

8 Bryce Canyon National Park

Les aiguilles, flèches, tours rocheuses aux couleurs variées et cheminées de fée du **Bryce Canyon National Park** (☎435-834-5322 ; www.stateparks.utah.gov ; Hwy 63 ; permis 7 jours 25 $/véhicule ; ⏱24h/24, centre d'information 8h-20h mai-sept, jusqu'à 16h30 oct-avr) forment un incroyable ensemble résultant de l'érosion de falaises. La **Rim Road Scenic Drive** (18 miles ; 29 km aller), qui longe approximativement le bord du canyon, dessert le centre d'information (2 450 m), le lodge, des points de vue remarquables (comme l'immanquable Inspiration Point) et des sentiers de randonnée, pour s'achever au **Rainbow Point** (2 778 m). De début mai à début octobre, une navette gratuite (8h-au moins 17h30) part d'une aire de repos située au nord du parc.

Le parcours le plus simple est probablement le **Rim Trail** qui contourne le **Bryce Amphitheater** de Fairyland Point à Bryce Point (jusqu'à 5,5 miles ;

427

8,8 km aller). Plusieurs portions goudronnées sont accessibles en fauteuil roulant, les plus planes étant les 800 m séparant Sunrise Point et Sunset Point.

Plusieurs chemins de difficulté modérée descendent depuis le bord jusqu'à un désert d'altitude et un dédale de genévriers odorants. De Sunset Point, la boucle de la **Navajo Loop** dévale 158 m. Pour éviter une remontée plutôt abrupte, bifurquez sur le **Queen's Garden Trail** qui rejoint le Sunrise Point (dénivelé de 97 m). D'ici, prenez la navette ou retournez à votre voiture par le Rim Trail (circuit de 2,9 miles ; 4,6 km).

À noter : avec une moyenne de 27°C en juillet, il fait plus frais ici qu'au torride Zion National Park, situé plus bas.

🛏 p. 429

La route ▶▶ À seulement 11 miles (18 km) de Bryce Canyon, Tropic est aussi 600 m plus bas : il y fait donc plus chaud.

- - - - - - - - -

❾ Tropic

Principalement fermière, Tropic dispose de quelques infrastructures pour les visiteurs : un magasin d'alimentation, un petit nombre de restaurants et de motels. S'y loger deux nuits reviendra bien moins cher que dormir dans le parc. Attention : la ville vit au rythme des saisons et beaucoup d'établissements ferment d'octobre à mai.

🛏 p. 429

Se restaurer et se loger

St George 2

✕ Painted Pony   Américain moderne $$$

(📞435-634-1700 ; www.painted-pony.com ;
2 W St George Blvd, Ancestor Sq ; sandwichs
9-12 $, plats soir 24-35 $; 🕐11h-22h). De bons
plats gastronomiques roboratifs, tels le pain
de viande cuit au porto et sa purée au romarin.

🛏 Seven Wives Inn   B&B $$

(📞800-600-3737, 435-628-3737 ; www.
sevenwivesinn.com ; 217 N 100 West ; ch et ste avec
petit-déj 99-185 $; ❄@🛜🚭). Cette ravissante
auberge est dotée d'une petite piscine et de
chambres à l'aménagement distinct, réparties
dans deux bâtiments du XIXᵉ siècle.

Springdale 4

✕ Bit & Spur Restaurant
& Saloon   Sud-Ouest $$

(📞435-772-3498 ; www.bitandspur.com ; 1212 Zion
Park Blvd ; plats 16-28 $; 🕐17h-22h tlj mars-oct,
17h-22h jeu-sam nov-fév). Tamales à la patate
douce et faux-filet au piment comptent au nombre
des spécialités de ce restaurant. Bar très fourni.

🛏 Canyon Ranch Motel   Motel $$

(📞866-946-6276, 435-772-3357 ; www.
canyonranchmotel.com ; 668 Zion Park Blvd ;
ch 99-119 $, app 120-140 $; ❄🛜🚭). Entourant
une pelouse, les maisonnettes de ce motel
de 1930 respirent une atmosphère rétro qui
contraste avec l'intérieur rénové.

🛏 Red Rock Inn   B&B $$

(📞435-772-3139 ; www.redrockinn.com ;
998 Zion Park Blvd ; cottages avec petit-déj 127-
132 $; ❄🛜). Cinq cottages modernes dispersés
sur une colline, pour commencer la journée avec
un petit-déjeuner sur sa terrasse privée.

Zion Canyon 5

🛏 Zion Lodge   Lodge $$

(📞435-772-7700, 888-297-2757 ; www.
zionlodge.com ; Zion Canyon Scenic Dr ;

ch 185 $, chalet 195 $, ste 225 $; ❄@🛜).
Moins sensationnel que d'autres logements de
parc, le Zion Lodge dispose toutefois de chalets
et d'hébergements en motels sis en plein milieu
du parc et de ses fantastiques falaises.

Glendale 6

🛏 Historic Smith Hotel   B&B $

(📞800-528-3558, 435-648-2156 ; http://
historicsmithhotel.com ; 295 N Main St ; ch avec
petit-déj 79-89 $; ❄). Si petites qu'elles soient,
les 7 chambres de cet hôtel se révèlent très
confortables. Les gérants sont irréprochables
et, au petit-déjeuner, la grande table favorise
les rencontres entre voyageurs.

Bryce Canyon
National Park 8

🛏 Bryce Canyon Lodge   Lodge $$

(📞877-386-4383, 435-834-8700 ; www.
brycecanyonforever.com ; Hwy 63 ; ch et chalets
175-200 $; 🕐avr-oct ; @). Cheminée en pierre
et poutres apparentes, depuis les années 1920,
le Bryce Canyon Lodge est une ode à la montagne.
On dort dans l'une des annexes en bois sur
2 étages ou dans des chalets voisins.

🛏 Ruby's Inn   Motel $$

(📞866-866-6616, 435-834-5341 ; www.rubysinn.
com ; 1000 S Hwy 63 ; ch 135-180 $; ❄@🛜🚭).
Le Ruby's tient plus du hameau que du complexe
hôtelier. Large choix d'hébergements, balades
en hélicoptère, rodéos, épicerie, galerie d'art
western, station-service mais aussi restaurants
et poste font partie des infrastructures.

Tropic 9

🛏 Bryce Country Cabins   Chalets $$

(📞888-679-8643, 435-679-8643 ; www.
brycecountrycabins.com ; 320 N Main St ;
chalets 99-139 $; 🕐fév-oct ; ❄🛜). Murs
et lits en pin ajoutent au charme de ces chalets
d'une ou deux chambres en périphérie de
la ville.

Moki Dugway *Des épingles à cheveux à faire frémir*

Monument Valley, sur les pas des Amérindiens

41

Les déserts de l'Arizona et du sud-est de l'Utah foisonnent de merveilles naturelles rocheuses et de sites anasazi préservés par leur isolement.

TEMPS FORTS

210 miles/338 km

Moki Dugway
Épingles à cheveux
et dénivelé impressionnant

● Blanding

Hovenweep
National
Monument

⑧

②

ARRIVÉE

**Goosenecks
State Park** ●

46 miles/74 km

Bluff
Une base confortable
au sein d'un paysage
aride et cahotique

DÉPART
①

Monument Valley
Les monolithes et les mesas
emblématiques du Sud-Ouest
désertique

0 mile/0 km

**5 JOURS
262 MILES/422 KM**

PARFAIT POUR...

LE MEILLEUR MOMENT
D'octobre à avril pour
esquiver les chaleurs
écrasantes.

LA PHOTO SOUVENIR
Un lever de soleil sur
Monument Valley.

LA LEÇON D'HISTOIRE
Découvrir, grâce à
un guide, l'art rupestre
et les ruines que recèlent
Bluff et Monument Valley.

431

41

Monument Valley, sur les pas des Amérindiens

Retranscrire en photo la démesure de Monument Valley relève de l'impossible… Sur les meilleurs clichés se dessinent les nuages ou la lune en toile de fond, ou parfois la silhouette d'un cactus ou des genévriers au premier plan. Pour saisir la variété des teintes de ces formations rocheuses, évitez l'éblouissant soleil de midi et recourez à un filtre polarisant ou ajustez votre balance des blancs en conséquence.

TEMPS FORT

1 Monument Valley

Les monolithes et autres titanesques mesas multicolores de Monument Valley semblent familiers, tant ils apparaissent dans nombre de films. Les plus célèbres formations sont visibles depuis la boucle panoramique de 17 miles (27 km) sillonnant le **Monument Valley Navajo Tribal Park** (☎435-727-5874 ; www.navajonationparks.org/htm/monumentvalley.htm ; adulte/enfant 5 $/gratuit ; ☺route 6h-20h30 mai-sept,

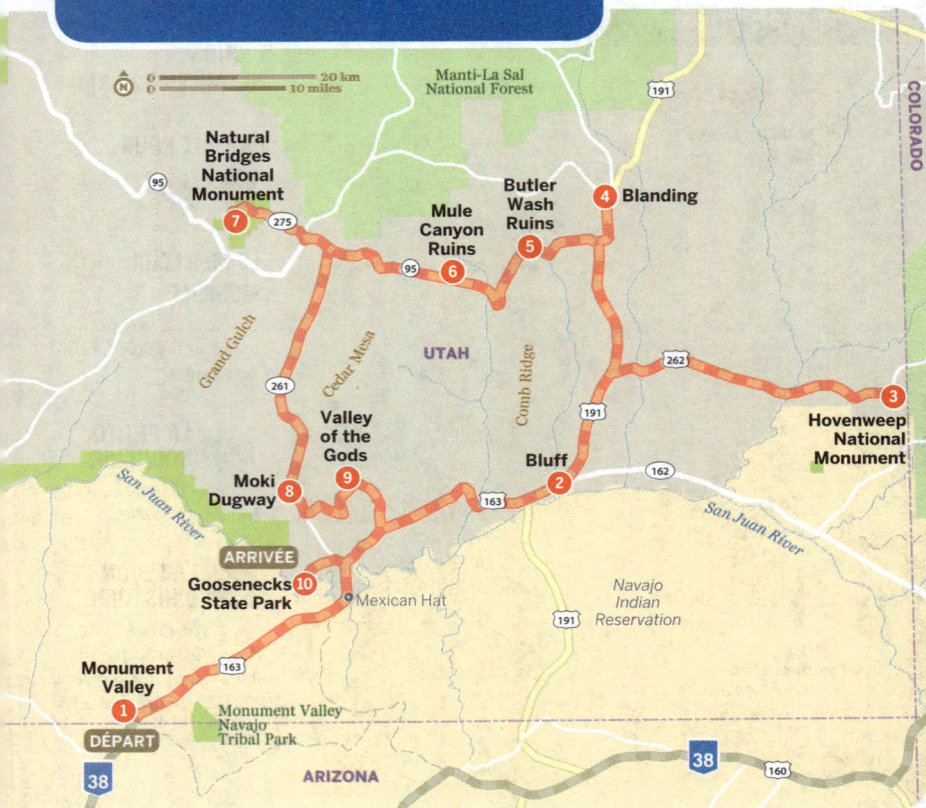

8h-16h30 oct-avr, centre d'information 6h-20h mai-sept, 8h-17h oct-avr). On rejoint cette piste de terre par une intersection à 4 miles (6,5 km) au sud du **Goulding's Lodge** (📞435-727-3231 ; www.gouldings. com ; Hwy 163 ; ch 180 $), qui dispose d'un petit musée et propose divers circuits. Le parc chevauche la frontière Utah-Arizona.

L'unique moyen de pénétrer ces terres pour en contempler les arches, mais aussi les peintures rupestres, est de participer à une visite guidée par un Navajo. Vous découvrirez ainsi la culture dineh et la vie dans la réserve. Certains possèdent un stand sur le parking près du centre d'information.

✕ 🛏 p. 437

La route ›| Les mesas monumentales s'évanouissent dans votre rétroviseur alors que vous roulez vers le nord, franchissant la San Juan River et longeant sa vallée jusqu'à Bluff (Utah) pendant 45 miles (72 km).

À COMBINER AVEC

38 **La traversée des Four Corners**

Les Mitten Buttes dans le dos, dirigez-vous vers le sud sur l'US 163, puis vers l'est sur la Hwy 160.

TEMPS FORT

❷ Bluff

Ce hameau (260 âmes) n'a pas grand intérêt, mais ses quelques bons motels et sa poignée de restaurants en font une base commode pour explorer les environs. L'itinéraire prévoit deux nuits à Bluff près de Monument Valley et une à Mexican Hat ou plus loin dans la vallée ; les distances sont cependant suffisamment courtes pour dormir toutes les nuits à Bluff.

Le **Bluff Fort** (www.hirf. org/bluff.asp ; 5 E Hwy 191 ; entrée libre ; ⊙9h-18h lun-sam) est un groupement de cabanes en rondins à l'identique de celui des fondateurs de la ville. À 3 miles (5 km) au sud, les **pétroglyphes de Sand Island** (www.blm.gov ; Sand Island Rd, sortie de la Hwy 191 ; accès libre ; ⊙24h/24) sont ouverts à tous. Ces pétroglyphes ont entre 800 et 2 500 ans.

Plusieurs prestataires permettent d'admirer l'art rupestre et les ruines. **Far Out Expeditions** (📞435-672-2294 ; www.farout expeditions.com ; demi-journée à partir de 125 $) organise des randonnées d'un ou plusieurs jours ; **Wild Rivers Expeditions** (📞800-422-7654 ; www.riversandruins. com ; 101 Main St ; circuit 1 jour adulte/enfant 175/133 $) élabore une excursion historique et géologique descendant la San Juan en raft et **Buckhorn Llama** (📞435-672-2466 ; www.

---

llamapack.com ; 400 $/jour) encadre des treks de 5 à 6 jours convoyés par des lamas.

✕ 🛏 p. 437

La route ›| La Hwy 262 est le meilleur chemin vers Hovenweep. Après Hatch et Trading Post, prenez la Hwy 191, puis suivez les indications. L'entrée principale est à 42 miles (67 km) de Bluff (1 heure 15 de route).

---

❸ Hovenweep National Monument

Dans la langue des Utes, Hovenweep signifie "la vallée désertée" et c'est effectivement loin de tout que subsistent les sites archéologiques de **Hovenweep National Monument** (📞ext 10 970-562-4282 ; www.nps.gov/hove ; Hwy 262 ; permis 7 jours 6 $/véhicule, empl tente et caravane 10 $; ⊙parc aube-crépuscule, centre d'information 8h-18h juin-sept, 9h-17h oct-mai). Proche du centre d'information, le **Square Towers Group** comprend huit tours et habitations pour la plupart édifiées entre 1230 et 1275. Ces hautes structures de glaise s'élevaient autrefois, intactes, sur les roches affleurantes. On peut passer au moins une demi-journée à arpenter ces ruines. D'autres sites, dans le Colorado, imposent de longues randonnées.

La route ›| Bluff est l'unique base dans la région et il faut donc faire l'aller-retour vers Hovenweep dans la journée. Blanding est à 28 miles (45 km) au nord de Bluff, sur la Hwy 191, petite route sans difficulté notable.

GIORGIO FOCHESATO/GETTY IMAGES ©

❹ Blanding

Son musée original fait de la petite ville agricole de Blanding une étape plus intéressante qu'escompté. Riche de joyaux archéologiques exhumés dans le sud-est de l'Utah, l'**Edge of the Cedars State Park Museum** (www.stateparks. utah.gov ; 660 W 400 N ; adulte/enfant 5/3 $; ⊙9h-17h lun-sam) permet d'en apprendre davantage sur les anciens habitants de la région. À l'extérieur, une échelle descend jusque dans la pénombre d'une *kiva* (salle de cérémonie religieuse des Anasazi) élaborée vers 1100. Malgré la rumeur qui sourd au-dehors, l'endroit dégage encore une aura mystique.

Blue Mountain Artisans (www.facebook.com/pages/ Blue-Mountain-Artisans ; 215 E Center St ; ⊙11h-18h mer-sam) vend des photographies professionnelles de sites archéologiques et géologiques ainsi que des bijoux.

🍴 p. 437

La route » En direction de l'ouest, sur la Hwy 95, s'ouvrent de fabuleux paysages. Butler Wash n'est qu'à 14 miles (23 km), suivez les indications.

❺ Butler Wash Ruins

Nul besoin d'arpenter l'arrière-pays pendant des heures pour contempler les **Butler Wash Ruins**. Ouvertes au public, ces constructions troglo-dytes datant de 1300, ne sont qu'à 800 m à pied de la route. Frayez-vous un chemin parmi les rochers en suivant les cairns afin d'aboutir aux *kivas*, greniers et habitations de 20 pièces où vivaient des Anasazi de Kayenta (nord de l'Arizona).

La route » Continuez vers l'ouest sur la Hwy 95. Guettez le panneau indiquant d'autres ruines. Elle sont localisées environ 10 miles (15 km) plus loin.

❻ Mule Canyon Ruins

Ni spécialement évocatrices, ni bien conservées, les **Mule Canyon Ruins** rejoignent presque le bas-côté.

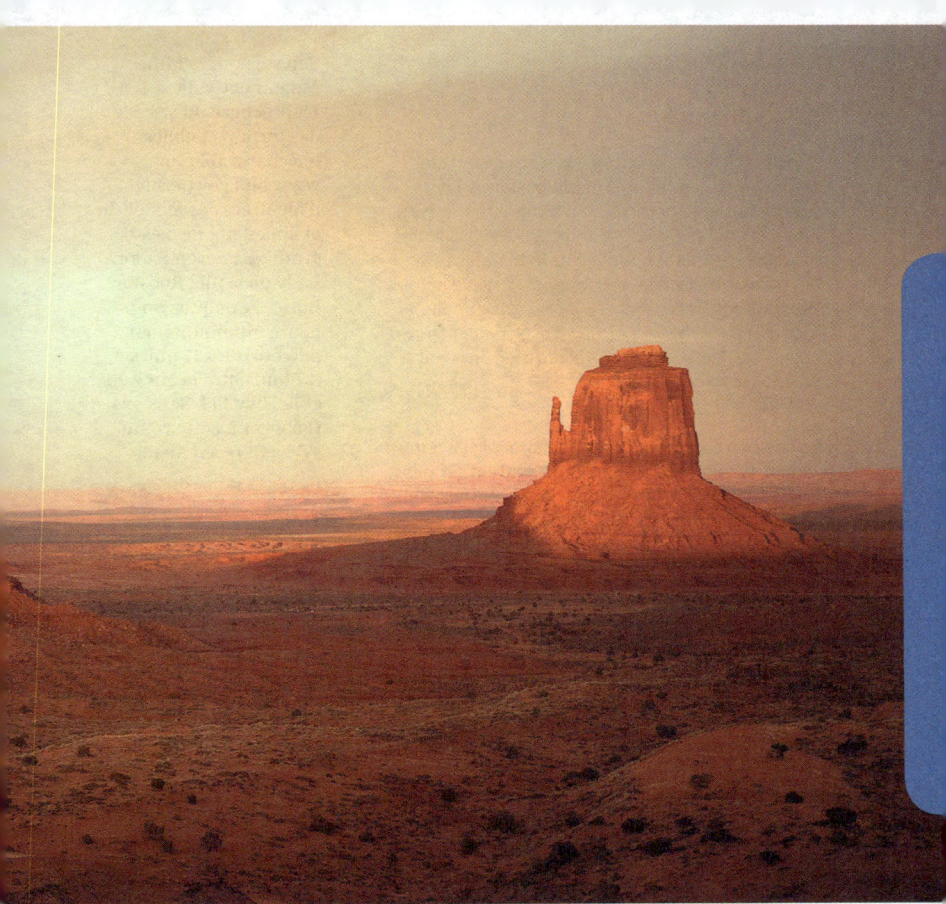

Monument Valley

Les poteries trouvées parmi cet ensemble de 12 habitations relient leurs occupants (vivant ici de 1000 à 1150 environ) à ceux de Mesa Verde dans le sud du Colorado.

La route » Suivez la Hwy 95 à travers les falaises et canyons puis bifurquez sur la Hwy 275, encore plus petite. Les Natural Bridges sont à 15 miles (25 km) à l'ouest de Mule Canyon.

─ ─ ─ ─ ─ ─ ─ ─ ─ ─

❼ Natural Bridges National Monument

Les **Natural Bridges** (www.nps.gov/nabr ; Hwy 275 ; permis 7 jours 6 \$/véhicule, empl site et caravane 10 \$; ◷24h/24, centre d'information 8h-18h mai-sept, 9h-17h oct-avr) se distinguent par la couleur blanche de leur grès. Ces trois ponts impressionnants sont visibles depuis une **boucle panoramique** ondulant sur 9 miles (14 km) et desservant différents points de vue. L'**Owachomo Bridge** est le plus ancien et le plus proche. Un sentier de 800 m mène à cette arche délicate, large de 9 m et enjambant 55 m. Les ponts Kachina et Siapu sont à proximité, mais les atteindre requiert de gravir des

435

PRENEZ DES PHOTOS, RIEN D'AUTRE

Maints sites archéologiques de la région ont été saccagés par des pillards de circonstance. En escaladant les habitations troglodytes ou en emportant "seulement" un tesson de céramique, les visiteurs causent eux-mêmes des dégâts irréparables. Il faut le dire et le redire : prenez des photos, rien d'autre. Il est interdit de toucher, de déplacer et de prélever des objets. Le meilleur moyen d'explorer ces lieux anciens et isolés est de s'y rendre avec un guide responsable et bien informé.

portions très escarpées et quelques échelles. En fin de parcours, un chemin de 600 m conduit à un panorama embrassant les habitations troglodytes de **Horsecollar Ruin.**

La route » Sur la Rte 261 vers le sud, les canyons de grès virent du rouge-orangé à l'ocre jaune. Sur votre droite, la Cedar Mesa-Grand Gulch Primitive Area est un environnement particulièrement sauvage. Effectuer les 36 miles (58 km) jusqu'à Moki Dugway vous prendra au moins une heure.

TEMPS FORT

8 Moki Dugway

Portion de route grossièrement bitumée, la **Moki Dugway** descend 335 m sur 5 km en enchaînant les épingles à cheveux. Les mineurs aménagèrent ces lacets serrés dans les années 1950 pour

transporter l'uranium. Si la route n'est pas large, certaines zones permettent de s'y arrêter. On ne sait pas toujours ce que cache le prochain virage, mais la perspective du précipice est assez claire. Victimes de vertiges et conducteurs de caravane de plus de 7 m, passez votre chemin.

La route » Au pied du Moki Dugway, une autre épreuve de conduite vous attend : l'intersection pour la Valley of the Gods est à moins de 5 miles (8 km) sur votre gauche.

9 Valley of the Gods

Afin de visualiser la piste traversant la vallée des Dieux, imaginez un grand huit improvisé dans un cadre fabuleux, tout en crêtes escarpées et virages serrés.

Son surnom ? "Mini-Monument Valley" ! La brochure du service des terrains publics téléchargeable sur www.blm.gov permet d'identifier ces monolithes et cimes aux formes si étranges : Seven Sailors, Lady on a Tub, Rooster Butte... Comptez une heure minimum pour parcourir les 17 miles (27 km) entre la Hwy 261 et la Hwy 163. Sans 4x4, renoncez à cette route s'il a plu récemment.

La route » Une fois sorti de la vallée, suivez la Hwy 163 vers l'ouest et prenez la Hwy 261 jusqu'à l'embranchement avec la Hwy 316 et le Goosenecks State Park. Comptez 8 miles (13 km) en tout.

10 Goosenecks State Park Overlook

La route de 4 miles (6 km) jusqu'au **Goosenecks State Park** (http://stateparks.utah.gov ; Rte 261 ; accès libre ; ⊘24h/24) conduit à un panorama enchanteur. À 300 m de haut, se découpent des arabesques lentement creusées dans la roche par la San Juan River, dessinant parfois le cou d'un cygne, les fameuses "goose necks". Un peu abandonné, le parc en lui-même n'a que ces belles vues à offrir.

Se restaurer et se loger

Monument Valley ❶

✕ Stagecoach Dining Room   Nouveau-Mexique $$

(☎435-727-3231 ; www.gouldings.com ; plats 8-27 $; ☻6h30-21h30, horaires restreints l'hiver). Le restaurant est une reconstitution d'un décor du western culte de John Ford, *La Charge héroïque* (1949). Au menu, steaks et tacos navajos au piment et au fromage.

🛏 Goulding's Lodge   Lodge, camping, bungalows $$

(☎435-727-3231 ; www.gouldings.com ; ch 205-242 $, bungalow 92 $, empl tente/caravane 26/5 $; ❄🤖🐕🐾). Situé à seulement quelques miles à l'ouest de Monument Valley, cet hôtel loue des chambres modernes, dont beaucoup donnent sur les formations rocheuses au loin. Emplacements de camping et bungalows sont également proposés.

🛏 View Hotel   Hôtel $$$

(☎435-727-5555 ; www.monumentvalleyview. com ; Hwy 163 ; ch 209-265 $, ste 299-329 $; ❄@🤖). Sans doute l'hôtel le mieux nommé d'Arizona. Les chambres dont le suffixe dépasse 15 (la 216 par exemple) ont l'attrait d'un horizon dégagé sur Monument Valley, en contrebas. Wi-Fi dans le hall seulement. Restaurant sur place.

Bluff ❷

✕ San Juan River Kitchen   Nouveau-Mexique $$

(☎435-672-9956 ; www.sanjuanriverkitchen. com ; 75 E Main St ; plats 14-20 $; ☻17h30-22h mar-sam). La cuisine mexicano-américaine inventive de cet établissement recourt autant que possible à des ingrédients locaux et biologiques. La glace maison chocolat-chipotle vaut le détour.

✕ Twin Rocks Cafe & Trading Post   Amérindien $$

(☎435-672-2341 ; www.twinrockscafe.com ; 913 E Navajo Twins Dr ; plats 6-18 $; ☻7h-21h). Un menu "*diner*" est disponible, mais nous recommandons le pain frit au petit-déjeuner, en sandwich ou enroulé dans un taco navajo.

🛏 Desert Rose Inn   Motel $$

(☎888-475-7673, 435-672-2303 ; www. desertroseinn.com ; Hwy 191 ; ch 105-119 $, chalets 139-179 $; ❄@🤖). Une terrasse encercle ce splendide édifice en bois sur 2 niveaux sis à l'extrémité de la ville. Les duvets couvrant les lits en pin ajoutent au confort des chambres et chalets très spacieux.

🛏 Recapture Lodge   Motel $

(☎435-672-2281 ; www.recapturelodge. com ; Hwy 191 ; ch avec petit-déj 70-90 $; ❄@🤖🐕). Cet hôtel rustique dispose d'un personnel très renseigné qui vous aidera à organiser vos randonnées. La petite piscine est ombragée et le domaine inclut plus de 5 km de sentiers.

Blanding ❹

✕ Fattboyz Grillin   Américain $$

(www.facebook.com/pages/Fattboyz-Grillin ; 164 N Hwy 191 ; plats 7-18 $; ☻12h-21h lun-sam). Côtes, sandwichs et hamburgers préparés au barbecue. Steak, porc grillé, fromage et piment : le Brian Kirby Burger saura vous rassasier.

Mexican Hat

✕ Old Bridge Grille   Diner $$

(☎800-447-2022 ; www.sanjuaninn.net ; Hwy 163 ; plats 7-15 $; ☻7h-21h). Au menu : cuisine traditionnelle du Sud-Ouest et quelques plats navajos.

🛏 San Juan Inn   Motel $

(☎800-447-2022, 435-683-2220 ; www. sanjuaninn.net ; Hwy 163 ; ch 85-100 $; ❄). Ce motel à flanc de colline domine la San Juan River. Ses chambres, quoique rudimentaires, sont les meilleures de la ville. Comptoir commercial avec artisanat navajo sur place.

Taos Pueblo
*Le pow-wow
se tient chaque
été en juillet*

Taos par les High et Low Roads

42

Santa Fe, Taos, le Rio Grande, les Sangre de Cristo… et la succession de villages en adobe, de galeries d'art et de stands de burritos font de ce circuit un incontournable.

TEMPS FORTS

76 miles/122 km

Taos
Panoramas de montagne, couchers de soleil rubescents et pueblo spectaculaire

Dixon

Peñasco

Truchas

Española

28 miles/45 km

Chimayó
En pèlerinage jusqu'à la terre sainte du *santuario*

0 mile/0 km

Santa Fe
Architecture en adobe et musées de renommée internationale

DÉPART/ ARRIVÉE

2-4 JOURS
150 MILES / 241 KM

PARFAIT POUR…

LE MEILLEUR MOMENT

De juin à mars.

LA PHOTO SOUVENIR

Gorge et montagnes réunies sur le même cliché, depuis la Hwy 68 près de Taos.

LE DÉTOUR CULTUREL

L'église "miraculeuse" – et le piment – de Chimayó.

PREMIUM UIG/GETTY IMAGES ©

439

42 Taos par les High et Low Roads

Depuis la ville historique et raffinée de Santa Fe, vous traverserez par la High Road un désert de broussailles et de grès, s'ouvrant sur des forêts de pin ponderosa. Vous sinuerez parmi les villages au pied des Sangre de Cristo (3 960 m) et parviendrez au plateau de Taos, qui a drainé nombre d'artistes, d'écrivains et de hippies au cours du XXe siècle. Enfin, vous reviendrez par la Low Road, dans le sillon de la rivière, fendant la gorge accidentée du Rio Grande.

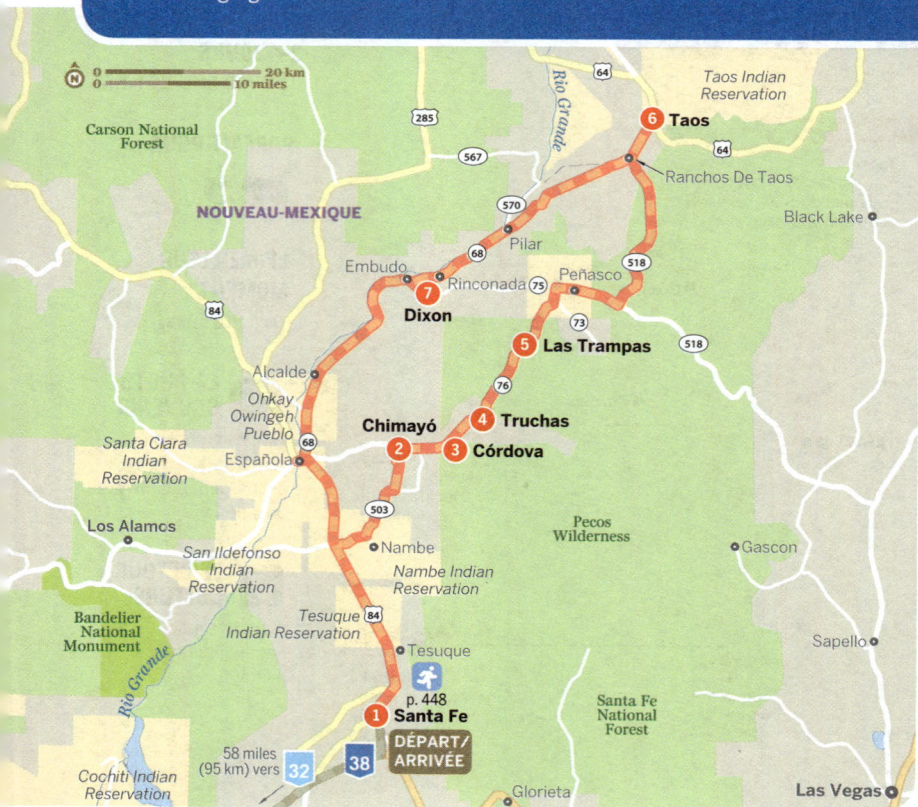

❶ Santa Fe

Des maisons d'époque en adobe à la Plaza bondée de touristes, Santa Fe, fondée voici 400 ans, demeure empreinte d'une intemporelle simplicité, et relève d'un délicat mélange de styles passés et contemporains. Cette ville, la deuxième plus ancienne des États-Unis, est aussi la plus vieille capitale d'État et celle dont la fête annuelle (Fiesta) est la plus enracinée... mais elle se targue aussi du deuxième marché d'art du pays, d'une multitude de restaurants gastronomiques, de

À COMBINER AVEC

38 La traversée des Four Corners

Depuis Santa Fe, rejoignez la frénésie de Vegas en prenant l'I-25 vers le sud, via Albuquerque.

32 Cheveux au vent sur la Route 66

Au départ de Santa Fe, empruntez l'I-25 vers le sud jusqu'à Albuquerque, où vous attendent les roches gravées du Petroglyph National Monument.

💬 PAROLE D'EXPERT
L'APPEL DE LA NATURE

Vous voudriez admirer le paysage sans qu'une vitre ne se dresse devant vous ? Depuis la High Road, suivez donc le **Santa Barbara Trail**. Relativement plat et aisé, ce sentier longe un ruisseau sinuant dans la forêt jusqu'à la Pecos Wilderness. Le départ est indiqué sur la Hwy 73 depuis Peñasco.

Sur la Low Road, empruntez la Hwy 570 à Pilar et rejoignez l'**Orilla Verde Recreation Area** (permis 3 $/jour, empl tente/caravane 7/15 $) où l'on se promène et campe le long du Rio Grande – également ouvert à la pêche et aux activités aquatiques. L'ascension de l'**Old 570**, une piste fermée suite à un glissement de terrain, promet un horizon dégagé sur le plateau de Taos et les Sangre de Cristo.

Certains des plus beaux panoramas de l'État se découpent au sommet du **Lake Peak** (3 782 m). En partant du Santa Fe Basin, une randonnée à la journée suffit à le rejoindre.

Le toit du Nouveau-Mexique, le **Wheeler Peak** (4 013 m), est également accessible en un jour de marche au départ de la Taos Ski Valley. Pour des cartes des sentiers et d'autres renseignements, adressez-vous à la librairie de Santa Fe **Travel Bug** (www.mapsofnewmexico.com ; 839 Paseo de Peralta ; 🕐7h30-17h30 lun-sam, 11h-16h dim ; 📶) ou au **centre d'information de Taos** (📞575-758-3873 ; Paseo del Pueblo Sur, Paseo del Cañon ; 🕐9h-17h ; 📶).

grands musées, d'un opéra, ou encore de spas... À 2 130 m d'altitude, la plus haute capitale d'État constitue également une base idéale de randonnées, descentes en VTT et ski. Si le quartier de la Plaza concentre le plus de monuments, Museum Hill est inévitable pour visiter les excellents **Museum of International Folk Art** (www.internationalfolkart.org ; 706 Camino Lejo ; adulte/enfant 9 $/gratuit, gratuit 17h-20h ven l'été ; 🕐10h-17h, fermé lun sept-mai) et **Wheelwright Museum of the American Indian** (www.wheelwright.org ; 704 Camino Lejo ; entrée libre ; 🕐10h-17h lun-sam, 13h-17h dim).

🍴 🛏 p. 447

La route » Pour cette étape de 27 miles (43 km), suivez la Hwy 84/285 vers le nord, puis la Hwy 503. Tournez à gauche sur Juan Medina Rd et continuez jusqu'au Santuario de Chimayó.

❷ Chimayó

Niché dans ce petit village, se trouve l'un des sites culturels majeurs du Nouveau-Mexique. Parfois surnommé la "Lourdes américaine", **El Santuario de Chimayó** (www.elsantuariodechimayo.

us ; ⊙9h-17h oct-avr, 9h-18h mai-sept) est une chapelle en adobe à deux tours, édifiée au-dessus d'une parcelle de terre parée de vertus thérapeutiques miraculeuses. Aujourd'hui encore, les croyants affluent jusqu'à un trou laissé à nu dans une salle à part de

l'église pour appliquer la *tierra bendita* – "terre bénite" – sur leur corps endolori, tandis que d'autres la dissolvent dans l'eau pour l'ingurgiter. Aux murs de cette salle, sont accrochées des béquilles, laissées là par ceux que la terre aurait guéris. Pendant la Semaine sainte, environ 30 000 pèlerins marchent jusqu'à Chimayó depuis Santa Fe, Albuquerque et au-delà, formant le premier pèlerinage catholique des États-Unis. Les œuvres du *santuario* méritent le détour à elles seules.

Chimayó est aussi forte d'une tradition séculaire dans l'art du tissage et compte une poignée de galeries familiales. Irvin Trujillo appartient à la septième génération d'une lignée de tisseurs, dont les tapis figurent parmi les collections de la Smithsonian de Washington et du Museum of Fine Arts de Santa Fe. Sa galerie est la **Centinela Traditional Arts** (www.chimayoweavers.com ; NM 76 ; ⊙9h-18h lun-sam, 10h-17h dim) où vous pourrez acheter couvertures, gilets et oreillers teints naturellement et voir les artistes sur leurs métiers à tisser.

✕ p. 447

La route » Suivez la Hwy 76 vers l'est, puis tournez à droite pour rejoindre Córdova.

SPORTS D'HIVER

En hiver, ski et snowboard sont des activités phares dans cette partie du Nouveau-Mexique et la **Taos Ski Valley** (www.skitaos.org ; forfait demi-journée/journée 64/77 $) constitue une destination de choix parmi les domaines skiables. La neige, les pistes stimulantes et l'atmosphère détendue font de cette montagne un véritable éden hivernal, au dénivelé de 1 000 m.

Comptant certaines des pistes les plus corsées des États-Unis, voici l'endroit rêvé pour laisser ses traces dans la poudreuse. Les skieurs chevronnés seront aux anges, puisque plus de la moitié des 70 pistes de la Taos Ski Valley sont noires. Débutants, pas d'inquiétude : l'école de ski, plusieurs fois primée, garantit une forte progression. Le sommet de la vallée culmine à 3 600 m et reçoit 7 m de neige minimum par an. La station dispose enfin d'un parcours de ski cross intégré à son populaire parc d'obstacles.

Le domaine skiable de **Ski Santa Fe** (☎505-982-4429, météo des neiges 505-983-9155 ; www.skisantafe.com ; forfait adulte/enfant 66/46 $; ⊙9h-16h fin nov-avr) n'est pas pour autant à sous-estimer. À moins de 30 minutes de la Plaza, il se pique de la même poudreuse (quoique moins abondante), d'une base plus haute (3 154 m) et de télésièges au dénivelé encore plus important (arrivée à 3 680 m). Admirez les montagnes et ce fantastique désert blanc, puis fendez la neige fraîche, franchissez les murs de bosses et descendez les longs schuss. La station ravira aussi bien les familles que les skieurs expérimentés grâce à un large éventail de pistes. La qualité et la durée de la saison varient grandement d'une année à l'autre, selon l'importance et la fréquence des chutes de neige (on peut presque toujours compter sur une tempête fin mars).

③ Córdova

Cette bourgade, au creux de la Rio Quemado Valley, est réputée pour ses très épurés *santos* (saints) sculptés dans le bois par des artistes locaux appartenant à la même famille : George Lopez, Jose Delores Lopez et Sabinita Lopez Ortiz. Vous pourrez contempler leur travail au **Sabinita Lopez Ortiz Shop** (☎505-351-4572 ; County Rd 9 ; ⏱horaires variables) – une des rares galeries des environs.

La route » De retour sur la Hwy 76, montez vers le nord dans les Sangre de Cristo pendant 4 miles (6 km).

④ Truchas

Fondée par les Espagnols au XVIIIᵉ siècle, Truchas représente l'essence même du terroir du Nouveau-Mexique. Les rues étroites, rarement goudronnées, y cernent des bâtisses en adobe centenaires que Robert Redford choisit comme décor pour tourner *Milagro* (tiré d'un livre de John Nichols). Les champs de luzernes s'étendent jusqu'au bord des précipices caractéristiques du flanc ouest des Truchas Peaks. Parmi les habitations délabrées se cachent de remarquables galeries d'art, dont dépendent des ateliers de tisseurs, peintres et sculpteurs

FESTIVALS LE LONG DES HIGH ET LOW ROADS

Les festivals rythment les High et Low Roads : essayez de vous synchroniser avec l'un d'eux ou évitez-les si la foule vous rebute. Dates précises sur leurs sites Internet respectifs.

» **Pâques** (Chimayó) – mars/avril

» **Taos Solar Music Festival** (www.solarmusicfest.com) – juin

» **Taos Pueblo Pow-Wow** (www.taospueblopowwow.com ; adulte/enfant 10 $/gratuit) – juillet

» **International Folk Art Market** (www.folkartmarket.org ; Santa Fe) – juillet

» **Spanish Market** (www.spanishcolonial.org ; Santa Fe) – juillet

» **Indian Market** (www.swaia.org ; Santa Fe) – août

» **Santa Fe Fiesta** (www.santafefiesta.org) – septembre

» **High Road Art Tour** (www.highroadnewmexico.com ; Hwy 76 vers Peñasco) – septembre

» **Dixon Studio Tour** (www.dixonarts.org) – novembre

» **Veille de Noël, Canyon Rd** (Santa Fe) – 24 décembre

locaux. Pour un aperçu de leur travail, rendez-vous directement au **High Road Marketplace** (www.highroadnewmexico.com ; 1642 Hwy 76 ; ⏱10h-17h, jusqu'à 16h l'hiver), une galerie coopérative.

La route » Poursuivez au nord pendant 8 miles (13 km) sur la Hwy 76 qui traverse les petites vallées d'Ojo Sarco et de Cañada de los Alamos.

⑤ Las Trampas

Achevée en 1780 et inlassablement défendue contre les raids apaches, la **Church of San José de Gracia** (Hwy 76 ; ⏱9h-17h ven et sam), classée National Historic Landmark, figure parmi les églises américaines du XVIIIᵉ siècle les plus élaborées. Ses peintures et gravures originales demeurent en excellent état. On y distingue même encore les marques de sang laissées par les flagellations que s'infligeaient les pénitents des Los Hermanos Penitentes (ordre religieux du XIXᵉ siècle très suivi dans les montagnes au nord du Nouveau-Mexique) ! En quittant la localité, admirez l'incroyable aqueduc creusé dans les troncs d'arbre sur votre droite.

PAROLE D'EXPERT
MICHAEL BENANAV, AUTEUR

Ce circuit via les
High et Low Roads est
une plongée dans la quintessence
même du Nouveau-Mexique,
mêlant campements historiques,
monuments sacrés, cimes
démesurées, cuisine savoureuse...
et le Rio Grande ! Des galeries
et musées d'envergure aux
villages bucoliques où les chevaux
paissent et les vergers sont
entrelacés d'*acequias* (canaux),
voici le Nouveau-Mexique comme
vous l'imaginiez. En mieux.

Ci-dessus : Église, Taos Pueblo
À gauche : Travail du bois de Gloria Lopez
Cordova, Santa Fe Spanish Market
À droite : Guirlandes de piments
et fleurs séchées

ANN CECIL/GETTY IMAGES ©

La route ›› Vers le nord, la Hwy 76 traverse la charmante Chamisal. À l'intersection, tournez à droite sur la Hwy 75 et passez Peñasco et Vadito. Arrivé sur la Hwy 518, allez à gauche vers Taos, puis, au bout de la route, prenez à droite sur la Paseo del Pueblo Sur/Hwy 68 qui conduit à Taos. Ce parcours dure 32 miles (51 km).

- - - - - - - - - - - - - - - -

TEMPS FORT

❻ Taos

Difficile de nier l'influence de la nature toute-puissante sur Taos. Souvent enneigés, des pics de 3 700 m surplombent la ville et, à l'ouest, un plateau parsemé de sauge s'étire jusqu'à une falaise plongeant de 240 m dans le Rio Grande. Quant aux cieux d'un bleu éclatant, ils disparaissent parfois derrière de menaçants cumulonimbus... sans parler des couchers de soleil.

La communauté pueblo inscrit la ville dans l'histoire du Sud-Ouest par son riche héritage culturel lié aux conquistadores, au catholicisme et aux cow-boys. Devenu au XXe siècle le rendez-vous des artistes, des écrivains et des esprits créatifs, le lieu a conservé sa tranquillité et son excentricité, avec son architecture en adobe classique, ses galeries d'art, ses cafés originaux et ses excellents restaurants.

Le meilleur moyen d'apprécier la ville est d'en arpenter la Plaza pour s'imprégner de son atmosphère. Ne ratez pas non plus le **Taos Pueblo** (☎505-758-1028 ; www.taospueblo.com ; Taos Pueblo Rd ; gratuit, permis photo ou vidéo 6 $; ☺8h-16h30) construit en 1450 et habité sans interruption depuis lors. Il s'agit du plus grand pueblo sur plusieurs étages encore debout aux États-Unis et l'un des meilleurs exemples de construction en adobe traditionnelles. Le **Millicent Rogers Museum** (www.millicentrogers.org ; 1504 Millicent Rogers Rd ; adulte/enfant 10/2 $; ☺10h-17h, fermé lun nov-mars) vaut aussi le coup d'œil. Sa collection – l'une des meilleures d'art colonial espagnol et indien du pays – comprend poteries, bijoux, paniers et autres textiles. Tous appartenaient à une icône de la mode et héritière d'un magnat du pétrole qui emménagea à Taos en 1946.

✕ 🛏 p. 447

La route ❯❯ Suivez la Hwy 68 vers le sud pour rejoindre Santa Fe par la Low Road. Avant que la route ne descende, une aire aménagée offre un point de vue remarquable sur ce que vous quittez. Poursuivez néanmoins la descente dans la gorge du Rio Grande et tournez à gauche dans la Hwy 75 rejoignant Dixon. Cette étape compte 26 miles (42 km).

- - - - - - - - - - - - -

❼ Dixon

Cette petite communauté agricole et artistique s'étend le long de la magnifique Rio Embudo Valley. Si elle est reconnue pour ses pommes, nous l'apprécions pour ses raisins utilisés par deux viticulteurs primés : **Vivac** (www.vivacwinery.com ; ☺10h-18h lun-sam, à partir de 12h dim) et **La Chiripada** (www.lachiripada.com ; NM 75 ; ☺11h-18h lun-sam, à partir de 12h dim) disposant tous deux de salles de dégustation. L'été et l'automne, un marché fermier proposant des produit frais est organisé tous les mercredis après-midi. Notre galerie d'art préférée se trouve en fait à Rinconada, sur la Hwy 68, juste au nord de la Hwy 75. La **Rift Gallery** (www.saxstonecarving.com ; Hwy 68 ; ☺10h-17h mer-dim) présente des céramiques et sculptures remarquables. Le premier week-end de novembre, dans le cadre du plus ancien festival artistique du Nouveau-Mexique, les artistes ouvrent les portes de leurs résidences et ateliers au public. L'été, demandez à la coopérative alimentaire régionale de vous indiquer les chutes d'eau accessibles via une piste voisine.

✕ p. 447

La route ❯❯ De retour sur la Hwy 68, suivez le fleuve vers le sud et traversez Embudo pour sortir de la gorge. Après Española, la Hwy 84/285 vous ramène à Santa Fe. Ces deux villes sont parfaites pour une pause déjeuner (voir ci-contre). Dixon est à 47 miles (76 km) de Santa Fe.

Se restaurer et se loger

Santa Fe ❶

✖ Harry's Roadhouse
Américain, Nouveau-Mexique **$**

(☎505-989-4629 ;
www.harrysroadhousesantafe.com ;
96 Old Las Vegas Hwy ; petit-déj 5-8 $, plats
midi 7-11 $, soir 9-16 $; ⏰7h-22h ; ♿). Dans
cette institution du sud de Santa Fe aux airs de
cottage, tout est bon. Surtout les desserts !
L'ambiance est détendue et le bar bien fourni.

🛏 El Paradero
B&B **$$**

(☎505-988-1177 ; www.elparadero.com ;
220 W Manhattan Ave ; ch 110-200 $; P ❄
@ 🛜). À quelques pâtés de maisons de la
Plaza, ce B&B en adobe de 200 ans compte
parmi les plus vieilles auberges de Santa Fe.
Chaque chambre est unique et pleine de
caractère. Notre favorite ? La n°6.

Chimayó ❷

✖ Rancho de Chimayo
Nouveau-Mexique **$$**

(☎505-984-2100 ; www.ranchodechimayo.
com ; County Rd 98 ; plats 8-18 $; ⏰8h30-10h30
sam-dim, 11h30-21h tlj, fermé lun nov-avr).
Cuisine du Nouveau-Mexique traditionnelle
et flamboyantes margaritas servies dans
une chaleureuse ambiance.

Taos ❻

✖ El Gamal
Moyen-Orient **$**

(☎575-613-0311 ; 12 Doña Luz St ; plats 7-12 $;
⏰9h-17h dim-mer, 9h-21h jeu-sam ; 🛜 ✏ ♿).
Ce restaurant végétarien qui sert de bons
falafels propose des jeux pour enfants dans
l'arrière-salle, ainsi qu'un billard. Wi-Fi gratuit.

✖ Michael's Kitchen
Nouveau-Mexique **$$**

(☎575-758-4178 ; www.michaelskitchen.com ;
304C Paseo del Pueblo Norte ; plats 7-16 $;
⏰7h-14h30 lun-jeu, 7h-20h ven-dim ; ♿).

Habitants et touristes se réunissent dans
ce restaurant apprécié des enfants au menu
aussi bon que varié. Meilleur petit-déjeuner
de Taos, les pâtisseries disparaissent à toute
vitesse.

🛏 Historic Taos Inn
Hôtel historique **$$**

(☎575-758-2233 ; www.taosinn.com ; 125 Paseo
del Pueblo Norte ; ch $75-275 ; P ❄ 🛜).
Hall confortable, restaurant de premier ordre,
cheminée encastrée, position idéale et nombreux
concerts au célèbre Adobe Bar : le Taos Inn,
c'est tout ça et bien plus encore. Les meilleures
chambres sont les plus anciennes (certains
bâtiments datent du XIXᵉ siècle).

Dixon ❼

✖ Zuly's Cafe
Café **$**

(☎505-579-4001 ; http://zulyscafe.org ;
234 Hwy 75 ; plats 5-11 $; ⏰7h30-15h mar-jeu,
7h30-20h ven, 9h-20h sam). Les burritos,
enchiladas ou hamburgers de bison préparés
dans cet excellent café régional sont garnis,
selon nous, des meilleurs piments verts et
rouges du Nouveau-Mexique.

Embudo

✖ Sugar's BBQ
Grill **$**

(☎505-852-0604 ; 1799 Hwy 68 ; plats 5-12 $;
⏰11h-18h jeu-dim). Ce stand de bord de route
sert de délicieux hamburgers et grillades.
Ses burritos à la poitrine de bœuf sont
inégalables.

Española

✖ El Parasol
Nouveau-Mexique **$**

(☎505-753-8852 ; ww.elparasol.com ;
603 Santa Cruz Rd ; plats 2-5 $; ⏰7h-21h).
Difficile de faire plus typique que cette caravane
préparant tacos (prenez-en au moins deux)
poulet-guacamole et burritos à la *carne
adovada* (porc au piment rouge). On déguste
ces spécialités délicieusement grasses
aux tables de pique-nique ombragées.

SE DÉGOURDIR LES JAMBES
SANTA FE

Départ/arrivée Santa Fe Plaza

Distance 4 km

Durée 2-4 heures

La seule manière de découvrir le meilleur de Santa Fe est de le faire à pied, en arpentant son cœur en adobe et en visitant ses musées, ses églises, ses galeries d'art et ses édifices historiques.

Compatible avec les itinéraires :

38 42

New Mexico Museum of Art

Dans l'angle nord-ouest de la Plaza, le **Museum of Art** (www.nmartmuseum.org ; 107 W Palace Ave ; 🕐10h-17h, fermé lun sept-mai) renferme notamment des œuvres Taos Society of Artists et Santa Fe Society of Artists, donnant ainsi un aperçu des artistes qui sublimèrent la ville.

La promenade » Traversez Lincoln Ave.

Palace of the Governors

Érigé en 1610, le **Palace of the Governors** (📞505-476-5100 ; www.palaceofthegovernors. org ; 105 W Palace Ave ; adulte/enfant 9 $/ gratuit ; 🕐10h-17h, fermé lun oct-mai) est l'un des plus anciens bâtiments publics des États-Unis. Il expose une poignée de pièces historiques, mais l'essentiel de son patrimoine a été déplacé dans une galerie adjacente : le **New Mexico History Museum** (113 Lincoln Ave), une extension de 29 000 m² ouverte en 2009.

La promenade » Les artisans sont à votre écoute pour aiguiller votre choix de poterie et bijoux. Après vos emplettes, traversez Palace Ave.

Shiprock

À l'étage, à l'angle nord-est de la Plaza, **Shiprock** (www.shiprocktrading.com ; 53 Old Santa Fe Trail, Plaza) abrite une collection extraordinaire de tapis navajos, gérée par le descendant de quatre générations de marchands d'art amérindien. Les pièces d'époque sont une réelle affaire.

La promenade » Un pâté de maisons au sud, prenez à gauche dans l'E San Francisco St. Si vous avez faim, le Plaza Café est une adresse décontractée.

St Francis Cathedral

Jean-Baptiste Lamy fut envoyé par le pape à Santa Fe dans le but d'apaiser, par la culture et la religion, ce poste-frontière du grand Ouest. Persuadé que la ville manquait d'un pôle encadrant la vie religieuse, l'émissaire entreprit, dès 1869, la construction de la **St Francis Cathedral** (www.cbsfa.org ; 131 Cathedral Pl ; 🕐8h30-17h), dont une chapelle renferme la plus ancienne statue de la Sainte Vierge conservée en Amérique du Nord.

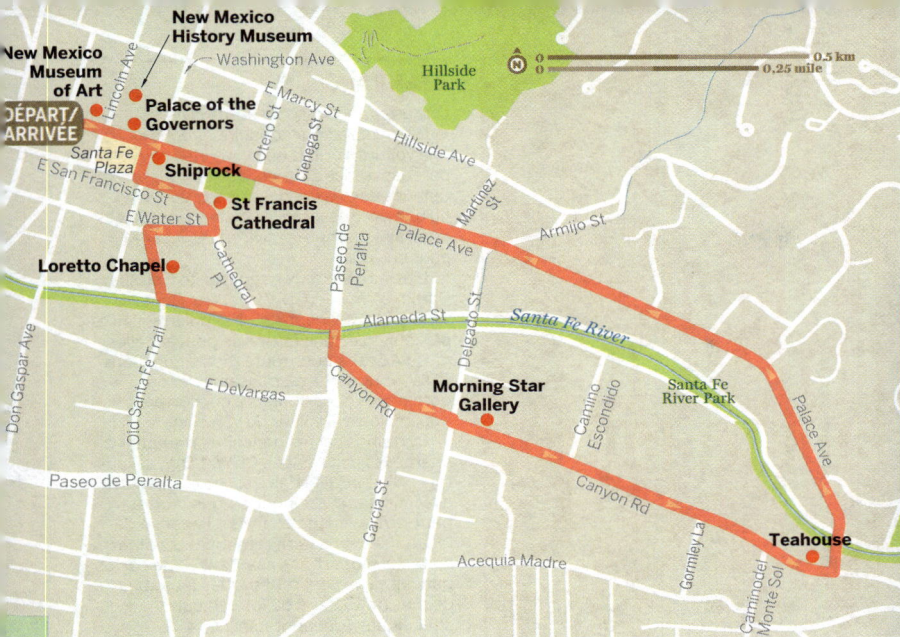

New Mexico History Museum
New Mexico Museum of Art
DÉPART/ARRIVÉE
Washington Ave
Hillside Park
Palace of the Governors
Santa Fe Plaza
Shiprock
E San Francisco St
E Water St
St Francis Cathedral
Loretto Chapel
Hillside Ave
Palace Ave
Alameda St
Santa Fe River
Morning Star Gallery
Santa Fe River Park
Canyon Rd
Paseo de Peralta
Acequia Madre
Teahouse
0   0.5 km
0   0.25 mile

La promenade ›› Au sud de la cathédrale, prenez Water St à droite et poursuivez jusqu'à croiser l'Old Santa Fe Trail.

Loretto Chapel

Bâtie entre 1873 et 1878 d'après la Sainte-Chapelle à Paris, la **Loretto Chapel** (www.lorettochapel.com ; 207 Old Santa Fe Trail ; 3 $; 9h-17h lun-sam, 10h30-17h dim) hébergea les premières nonnes venues au Nouveau-Mexique : les Sisters of Loretto. Aujourd'hui, c'est un musée dont la curiosité principale est le **St Joseph's Miraculous Staircase** – un escalier prodigieux qui semble tenir sans support.

La promenade ›› Dirigez-vous vers le sud et tournez à gauche dans E Alameda St, à droite dans Paseo de Peralta et à gauche sur Canyon Rd – le cœur des galeries d'art de Santa Fe.

Morning Star Gallery

Morning Star (www.morningstargallery.com ; 513 Canyon Rd ; 9h-17h lun-sam) se distingue de toutes les autres boutiques d'antiquités amérindiennes de Canyon Rd. Tapis, bijoux, perles,

poupées *kachinas* (esprit hopi) et quelques dessins originaux comptent parmi les pièces maîtresses de cette impressionnante galerie, spécialisée dans l'artisanat des Indiens des Plaines pré-1940. Parmi ces objets, certains surpassent ceux de nombreux musées et se vendent des centaines de milliers de dollars.

La promenade ›› En déambulant sur Canyon Rd, n'hésitez pas à passer la porte des galeries qui vous interpellent.

Teahouse

Préparez-vous à un choix difficile : à la **Teahouse** (www.teahousesantafe.com ; 821 Canyon Rd ; plats 8-17 $; 9h-19h ;), le menu compte 150 thés différents. Mais on peut aussi y boire du café. Cuisine savoureuse : salade de saumon grillé, paninis garnis de polenta, œufs pochés et cèpes sauvages... sans parler des desserts du jour ! Bref, c'est un parfait épilogue à Canyon Rd.

La promenade ›› Tournez à gauche sur Palace Ave et remontez-la jusqu'à la Plaza.

Conduire dans l'Ouest américain

Avec ses paysages magnifiques et l'un des réseaux routiers les plus denses des États-Unis, l'Ouest américain est une destination de rêve pour prendre la route à tout moment de l'année.

En bref

➡ **Gauche ou droite ?** On roule à droite aux États-Unis.

➡ **Âge minimum du conducteur** 16 ans (25 ans pour une location).

➡ **Vitesse maximale autorisée** 70 miles (112 km)/h sur certaines autoroutes.

ASSURANCE

Une assurance responsabilité civile est indispensable pour conduire. Si vous louez une voiture, vérifiez que vous êtes couvert par l'assurance automobile que vous détenez dans votre pays (le cas échéant) ou par votre assurance voyage. Dans le cas contraire, comptez environ 20 $ par jour pour une police.

L'assurance tous risques, dite Collision Damage Waiver (CDW) ou Loss Damage Waiver (LDW), coûte 20 $ supplémentaires par jour, avec une franchise pouvant aller jusqu'à 500 $ pour toute réparation. Sans CDW, vous serez responsable de tous les dommages occasionnés à concurrence maximale de la valeur du véhicule.

Certaines cartes bancaires prennent en charge les assurances CDW/LDW, si vous réglez l'intégralité des frais de la location avec. En cas d'accident, il vous faudra peut-être avancer les frais à l'agence de location et vous faire rembourser par la suite. La plupart des assurances de cartes bancaires ne couvrent pas les locations de plus de 15 jours ou les véhicules spécifiques (décapotables, 4x4...).

CARBURANT

➡ Vous trouverez des stations-services partout, sauf dans les parcs nationaux et quelques zones reculées désertiques ou en montagne.

➡ Presque toutes sont en self-service, hormis dans l'Oregon, où les conducteurs ne sont pas autorisés à faire le plein eux-mêmes.

➡ L'essence est vendue au gallon (1 gallon = 3,78 l), en moyenne entre 3,75 et 5 $ le gallon.

CARTES ET PLANS

Les centres d'information et les offices du tourisme fournissent des cartes gratuites (souvent rudimentaires). Le GPS n'est pas toujours entièrement fiable, surtout dans les zones reculées désertiques ou de montagne. Si vous comptez rouler beaucoup, il vous faudra investir dans un carte routière plus détaillée ou un atlas. Rolls-Royce de la cartographie, le très complet *California Road & Recreation Atlas* (25 $) de Benchmark Maps mentionne les campings, les aires de loisirs et la topographie. Il se révèle toutefois moins utile en milieu urbain.

Distances routières (en miles*)

	Anaheim	Arcata	Bakersfield	Death Valley	Las Vegas	Los Angeles	Monterey	Napa	Palm Springs	Redding	Sacramento	San Diego	San Francisco	San Luis Obispo	Santa Barbara	Sth Lake Tahoe
Arcata	680															
Bakersfield	135	555														
Death Valley	285	705	235													
Las Vegas	265	840	285	140												
Los Angeles	25	650	110	290	270											
Monterey	370	395	250	495	535	345										
Napa	425	265	300	545	590	400	150									
Palm Springs	95	760	220	300	280	110	450	505								
Redding	570	140	440	565	725	545	315	190	650							
Sacramento	410	300	280	435	565	385	185	60	490	160						
San Diego	95	770	230	350	330	120	465	520	140	665	505					
San Francisco	405	280	285	530	570	380	120	50	490	215	85	500				
San Luis Obispo	225	505	120	365	405	200	145	265	310	430	290	320	230			
Santa Barbara	120	610	145	350	360	95	250	370	205	535	395	215	335	105		
Sth Lake Tahoe	505	400	375	345	460	480	285	160	485	260	100	600	185	390	495	
Yosemite	335	465	200	300	415	310	200	190	415	325	160	430	190	230	345	190

*1 mile = 1,6 km

Les membres de l'American Automobile Association (AAA) ou d'automobiles-clubs internationaux affiliés peuvent obtenir des plans gratuits dans les bureaux de l'AAA à travers tout le pays.

CODE DE LA ROUTE

➡ L'utilisation des téléphones portables textos compris) est interdite au volant.

➡ Le port de la ceinture de sécurité est obligatoire à l'avant et pour les moins de 16 ans.

➡ Les sièges enfant et bébé sont obligatoires pour les moins de 8 ans, sauf s'ils mesurent plus de 1,50 mètre.

➡ Indiquées par un losange, les voies HOV (*High-occupancy vehicle*) sont réservées aux voitures contenant plusieurs passagers – parfois à certains horaires uniquement.

➡ Sauf indication contraire, la limitation de vitesse est de 65 miles (105 km)/h sur les autoroutes (*freeways*), 55 miles (88 km)/h sur les routes à double sens sans séparation, 35 miles (56 km)/h en agglomération, 25 miles (40 km)/h dans les quartiers commerçants et résidentiels et 15 miles/h (24 km/h) à proximité des écoles. Il est interdit de dépasser un bus scolaire lorsque ses feux clignotent.

➡ Sauf indication contraire, les demi-tours sont autorisés aux croisements mais la règle varie d'un État à l'autre – c'est interdit en Oregon par exemple.

➡ Sauf indication contraire, on peut tourner à droite à un feu rouge après avoir marqué l'arrêt et laissé la priorité aux véhicules qui ont le feu vert.

➡ Au carrefour, les voitures ont la priorité selon leur ordre d'arrivée. Si deux voitures arrivent en même temps, il y a priorité à droite. En cas de doute, laissez passer l'autre conducteur.

➡ À l'approche d'un véhicule d'urgence (police, pompiers, ambulance), rabattez-vous prudemment sur le côté.

➡ Si un véhicule de police est arrêté sur le bas-côté, les automobilistes roulant sur la file de droite doivent se rabattre sur la gauche s'ils en ont la possibilité.

→ Nombre d'États interdisent de transporter une bouteille d'alcool ouverte, même vide, dans un véhicule – mettez-la dans le coffre.

→ Jeter des ordures par la fenêtre est passible d'une amende de 1 000 $.

- - - - - - - - - - - - - - - - - - -

ÉTATS DES ROUTES

La route américaine n'est pas toujours un long fleuve tranquille : nids-de-poules, chutes de pierres, coulées de boue, inondations, animaux sur les voies, embouteillages et conducteurs distraits sont plus ou moins fréquents.

Pour obtenir des informations sur l'état des routes, y compris les fermetures et les travaux, contactez le ☎800-427-7623 ou consultez le site www.dot.ca.gov.

Dans certaines régions soumises aux aléas de l'hiver, les pneus neige et les chaînes sont parfois obligatoires, notamment en montagne. Mieux vaut emmener vos propres chaînes et apprendre à les mettre avant de prendre la route. Sinon, vous en

trouverez (à un prix élevé) sur l'autoroute, dans les stations-services ou les villes à proximité. La plupart des agences de location n'autorisent pas l'utilisation des chaînes. De même, elles interdisent souvent la conduite hors piste et les routes non goudronnées.

En zone rurale, le panneau "Open Range" surmonté d'un panneau avec un bœuf signale la présence de bétail en liberté près de la route. Un panneau avec la silhouette d'un cerf indique le passage fréquent de cerfs ou d'autres animaux sauvages en bordure de route. Redoublez de prudence, surtout la nuit ou en cas de brouillard.

Sur la côte, le brouillard épais peut gêner la conduite : ralentissez et, s'il devient trop dense, renoncez à conduire. Le long des falaises côtières ou sur les petites routes de montagne, prenez garde aux chutes de pierres, aux coulées de boue et aux avalanches pouvant endommager ou immobiliser votre voiture.

Les autoroutes, grandes routes et pont peuvent être payants. On peut régler les péages en liquide, mais il arrive qu'un système de capteur électronique soit

En cas de problème

- -

Que faire en cas de panne ? Appelez le numéro d'assistance d'urgence de l'agence de location de voiture ou, si vous conduisez votre propre véhicule, votre automobile-club. Autrement, appelez les renseignements (☎411) pour connaître le dépanneur ou le garagiste le plus proche.

Que faire en cas d'accident ? Si la manœuvre ne présente pas de danger, garez-vous sur le côté. Pour les petits accrochages sans blessures ou dommages importants aux véhicules, échangez, avec l'autre conducteur, les coordonnées de vos assurances respectives, et faites une déclaration à votre assureur dès que possible. En cas d'accident important, appelez le ☎911 et attendez l'arrivée de la police et des secours.

Que faire en cas de contrôle de police ? Si la police vous arrête, restez courtois. Ne sortez pas du véhicule sans autorisation. Gardez vos mains à un endroit visible par l'agent de police (sur le volant par exemple). Pour les infractions au Code de la route, l'amende doit généralement être payée sous 30 jours ; le plus souvent, par courrier. La police peut faire passer des tests de sobriété pour savoir si le conducteur a bu ou consommé des stupéfiants.

Que faire en cas d'enlèvement de mon véhicule ? Appelez le poste de police de la ville où vous vous trouvez pour savoir où aller récupérer votre voiture. La mise en fourrière et la garde (à l'heure ou à la journée) peuvent vite revenir à des centaines de dollars.

Que faire si je n'ai pas de point de chute pour la nuit ? L'été et/ou en période de vacances, réservez toujours votre hébergement car les chambres partent vite. Si vous êtes coincé et qu'il se fait tard, mieux vaut ne pas rouler sans but. Arrêtez-vous dans l'un des nombreux motels ou hôtels de chaîne omniprésents au bord des routes.

requis. Si vous n'en possédez pas, la plaque minéralogique de votre véhicule sera photographiée et vous serez facturé plus tard, souvent à un tarif plus élevé. Renseignez-vous en prenant votre voiture de location afin d'éviter les suppléments désagréables.

LOCATION

Si la plupart des agences exigent d'avoir au moins 25 ans, un certain nombre acceptent les 21-24 ans moyennant un supplément de 25 $/jour environ. Un permis de conduire valide et une carte bancaire sont indispensables.

Le tarif comprend souvent le kilométrage illimité. En revanche, des frais supplémentaires s'appliquent pour enregistrer un deuxième conducteur ou rendre la voiture à un autre endroit. Les agences des aéroports affichent généralement des tarifs plus bas, mais des frais plus élevés. Si vous optez pour une formule "avion + voiture", il vous faudra parfois verser des taxes régionales lors du retrait de votre véhicule. Les sièges enfant et bébé sont obligatoires ; faites-en la demande lors de votre réservation (environ 10 $/jour ou 50 $ par location).

Certaines grandes agences de location proposent des véhicules "écologiques" (hybrides ou roulant au biocarburant), mais la demande est forte. Réservez longtemps à l'avance et attendez-vous à payer nettement plus pour ces modèles. Nombre de compagnies louent des véhicules à commandes manuelles et des vans avec rampe pour fauteuil roulant sans supplément, à réserver bien à l'avance.

Principales agences de location :

Alamo (www.alamo.com)

Avis (www.avis.com)

Budget (www.budget.com)

Dollar (www.dollar.com)

Enterprise (www.enterprise.com)

Fox (www.foxrentacar.com)

Hertz (www.hertz.com)

National (www.nationalcar.com)

Thrifty (www.thrifty.com)

Agences de location indépendantes :

Simply Hybrid (www.simplyhybrid.com). Voitures hybrides à Los Angeles.

Zipcar (www.zipcar.com). Voitures en auto-partage dans plus d'une vingtaine de villes californiennes.

Play-list spéciale road-trip

Born to Be Wild Steppenwolf

California Lenny Kravitz

California Dreamin' The Mamas & the Papas

Crazy for you Best Coast

California Love 2Pac et Dr Dre

(Get Your Kicks On) Route 66 Bobby Troup reprenant le standard de Nat King Cole

I've Been Everywhere Johnny Cash

Life is a Highway Tom Cochrane

Runnin' Down a Dream Tom Petty & the Heartbreakers

Road Trippin' Red Hot Chili Preppers

Surfer Girl Beach Boys

(Sittin' on) The Dock of the Bay Otis Redding

This Land Is Your Land Woody Guthrie

Car Rental Express (www.carrentalexpress.com). Site de comparaison d'agences indépendantes.

Rent-a-Wreck (www.rentawreck.com). Location, y compris à de jeunes conducteurs, principalement à Los Angeles et dans la baie de San Francisco.

Super Cheap! Car Rental (www.supercheapcar.com). Location, y compris à de jeunes conducteurs, à Los Angeles, dans l'Orange County et dans la baie de San Francisco.

Wheelchair Getaways (www.wheelchairgetaways.com). Location de vans accessibles en fauteuil roulant à San Francisco, Los Angeles et San Diego.

Motos

La location et l'assurance moto reviennent très cher. Attention au surcoût si vous souhaitez la rendre dans une autre ville. Des réductions existent pour des locations de 3 jours ou d'une semaine.

Eagle Rider (www.eaglerider.com). LA, baie de San Francisco, San Diego, Orange County, Palm Springs, Fresno et Lake Tahoe.

Dubbelju Motorcycle Rentals (www.dubbelju.com). À San Francisco.

Route 66 (www.route66riders.com). Location de Harley Davidson dans la South Bay de Los Angeles.

Camping-cars

Assez prisés, les camping-cars (RV, pour *recreational vehicles*), difficiles à conduire et énergivores, sont interdits dans de nombreux endroits, comme dans certains parcs nationaux ou certaines routes de montagne.

Réservez ce type de véhicule le plus en amont possible. Le prix de la location varie selon la taille et le modèle. les prix de base n'incluent généralement pas le kilométrage illimité, les draps ou les articles de cuisine, la préparation du véhicule, les frais de ménage et les frais additionnels. Les animaux peuvent être admis, parfois avec supplément.

Quelques grandes agences nationales :

Cruise America (www.cruiseamerica.com). 125 agences de location de camping-cars dans le pays, dont une vingtaine en Californie.

El Monte RV (www.elmontrv.com). Location de camping-cars dans plus de 25 États.

Happy Travel Campers (www.camperusa.com). Loue des *campervans* (camionnettes aménagées) à Los Angeles, San Francisco et Las Vegas.

Jucy Rentals (www.jucyrentals.com). Location de *campervans* à Los Angeles, San Francisco et Las Vegas.

Road Bear (www.roadbearrv.com). Location à San Francisco et Los Angeles.

Vintage Surfari Wagons (www.vwsurfari.com). Véhicules vintage à Los Angeles.

PASSAGE DES FRONTIÈRES

La Californie est un important état agricole. Pour prévenir la propagation d'insectes nuisibles et de maladies, l'importation de certains aliments (dont la viande et les fruits et légumes frais) est interdite. Le pain, les viennoiseries et les fromages à pâte dure ne posent pas de problème. Les conducteurs arrivant du Mexique ou d'États américains limitrophes (Oregon, Nevada, Arizona) doivent parfois se plier à une rapide inspection alimentaire.

Si vous arrivez du Mexique, renseignez-vous sur la législation (elle change fréquemment) concernant les passeports

Mise en garde

En février 2012, le **département d'État américain** (http://travel.state.gov) mettait en garde les voyageurs sur la hausse de la violence liée au trafic de drogue et à la criminalité le long de la frontière entre le Mexique et les États-Unis. La plus grande prudence s'impose à Tijuana : évitez les grands rassemblements et manifestations et ne vous attardez pas dehors la nuit, surtout avec une plaque d'immatriculation américaine.

et les visas auprès du **département d'État américain** (http://travel.state.gov) au préalable. L'**US Customs & Border Protection** (http://apps.cbp.gov/bwt) indique les temps d'attente en cours à tous les postes-frontières. Celui de San Ysidro, entre San Diego et Tijuana, au Mexique, est le plus fréquenté au monde. À moins de passer un certain temps à Tijuana, cela ne vaut pas la peine de franchir la frontière mexicaine en voiture. Il est beaucoup plus simple de prendre le trolley depuis San Diego ou de laisser sa voiture sur le sol américain et de passer la frontière à pied. En voiture, vous devrez vous acquitter d'une assurance auto mexicaine avant ou au passage de la frontière.

Les sociétés de location n'acceptent pas toutes que leurs véhicules sortent des États-Unis.

PERMIS DE CONDUIRE

Les étrangers sont autorisés à conduire en Californie pendant 1 an maximum avec leur permis d'origine. Les ressortissants canadiens ou mexicains arrivant aux États-Unis doivent détenir les papiers de leur véhicule, une assurance valide pour les États-Unis et leur assurance habituelle.

Conformément à la loi, les visiteurs peuvent conduire pendant 12 mois aux États-Unis avec le permis délivré dans leur pays d'origine. Un permis international (International Driving Permit, IDP) s'avère cependant utile car il aura plus de poids aux yeux des policiers américains, surtout si votre permis ne comporte pas de photo ou est rédigé dans une langue autre que l'anglais. À faire établir en préfecture, il est gratuit et valable 1 an.Conservez toujours votre permis national avec l'IDP.

L'American Automobile Association (AAA) a signé des accords de réciprocité avec des automobiles-clubs internationaux (comme le CAA au Canada). Si vous êtes membre, apportez votre carte d'adhérent.

SÉCURITÉ

Les vols à la roulotte, les vols de véhicules et le vandalisme posent principalement problème dans les zones urbaines. Fermez bien la porte de votre véhicule à clé, laissez les fenêtres relevées et utilisez tous les systèmes de sécurité fournis avec la voiture (alarme, etc.). Ne laissez pas d'objets de valeur à l'intérieur : mettez-les dans le coffre avant d'arriver à destination ou prenez-les avec vous une fois garé.

STATIONNEMENT

Si le stationnement est souvent facile et gratuit dans les petites villes et les zones rurales, il est généralement rare et cher dans les grandes villes.

Les parcmètres municipaux et les bornes de paiement acceptent les pièces (ex : les *quarters*) et parfois les cartes bancaires.

Si vous vous garez dans la rue, lisez les consignes et les restrictions (horaires de nettoyage des rues, stationnement résidentiel) et prenez garde aux lignes colorées sur le trottoir, sous peine d'amende et d'enlèvement du véhicule.

Alcool au volant

L'alcoolémie maximale autorisée est de 0,08 %. Les sanctions pour "DUI" ("conduite sous l'emprise de l'alcool") sont sévères et peuvent inclure de lourdes amendes, une suspension de permis, un passage au tribunal et/ou de la prison. La police peut vous imposer divers tests visant à vérifier votre sobriété. Si vous échouez, vous devrez vous soumettre à un alcootest, un examen d'urine ou une analyse de sang. Refuser les tests est passible des mêmes amendes qu'en cas de résultat positif.

Dans les parkings payants, comptez au moins 2,50 $/h ou 25 $/nuit pour un parking en ville. Nombre d'hôtels et de restaurants en ville ont un service voiturier : laissez un pourboire d'au moins 2 $ à la remise des clefs.

SITES INTERNET

Conditions de circulation

➡ **California Department of Transportation** (www.dot.ca.gov/cgi-bin/roads.cgi). Conditions de circulation, travaux et fermeture de routes.

➡ **511.org** (www.511.org). Info trafic dans la baie de San Francisco.

➡ **go511.com** (www.go511.com). Info trafic à Los Angeles et en Californie du Sud.

Automobile Clubs

➡ **American Automobile Association** (www.aaa.com). Assistance d'urgence sur la route (24h/24), cartes gratuites et réductions (voyage) pour les membres.

➡ **Better World Club** (www.betterworldclub.com). Automobile Club écolo, alternative à l'AAA.

Cartes et plans

➡ **Google Maps** (http://maps.google.com). Cartes gratuites en ligne et itinéraires routiers.

➡ **National Park Service** (www.nps.gov/state/ca/index.htm). Liens vers les sites des parcs nationaux pour connaître les conditions de circulation et télécharger des cartes gratuites (PDF).

Code de la route

➡ **California Department of Motor Vehicles** (www.dmv.ca.gov). Code de la route en Californie, permis de conduire et cartes grises.

Voyager dans l'Ouest Américain

DEPUIS/VERS L'OUEST DES ÉTATS-UNIS

Tous les voyageurs étrangers entrant sur le territoire américain doivent être munis d'un passeport valide au moins six mois après la date de la fin du séjour aux États-Unis. Si votre passeport ne répond pas aux normes américaines, vous serez refoulé à la frontière. Indépendamment de ce que votre visa stipule, les officiers de l'immigration sont habilités à vous refuser le droit d'entrer aux États-Unis – produire un itinéraire, un billet de retour ou vers une autre destination et au moins une carte de crédit est utile.

- - - - - - - - - -

AVION

Principaux aéroports internationaux de l'Ouest :
Aéroport international de Los Angeles (LAX ; www.lawa.org/lax). Le plus grand aéroport, et le plus fréquenté. Situé à environ 30 km du centre-ville de LA, près de la côte.
Aéroport international de San Francisco (SFO ; www.flysfo.com). Le principal aéroport de Californie, à une vingtaine de kilomètres du centre-ville, dans la baie de San Francisco.
Aéroport international de Seattle-Tacoma (SEA ; www.portseattle.org/seatac). Surnommé localement le "Sea-Tac".

Principaux aéroports régionaux desservis par quelques vols internationaux :
Aéroport international d'Albuquerque Sunport (ABQ ; ☑505-244-7700 ; www.cabq. gov/airport ; ☎). Dessert Albuquerque et tout le Nouveau-Mexique.
Aéroport international de Denver (DEN ; ☑303-342-2000 ; www.flydenver.com). Dessert le sud du Colorado ; si vous louez une voiture à Denver, comptez 4 heures pour rejoindre le nord-est du Nouveau-Mexique.
Aéroport international de LA/Ontario (ONT ; www.lawa.org/ont). Dans le comté de Riverside, à l'est de Los Angeles.

Aéroport international de Mineta San José (SJC ; www.flysanjose.com). Dans le sud de la baie de San Francisco.
Aéroport international d'Oakland (OAK ; www.flyoakland.com). À l'est de la baie de San Francisco.
Aéroport international de Palm Springs (PSP ; www.palmspringsairport.com). Dans le désert, à l'est de Los Angeles.
Aéroport international de San Diego (SAN ; www.san.org). À environ 6 km au nord-ouest du centre-ville.
Aéroport international de Sky Harbor (PHX ; ☑602-273-3300 ; www.skyharbor.com). Dessert Phoenix et le Grand Canyon ; c'est l'un des 10 aéroports les plus fréquentés du pays.
Aéroport international de Tucson (TUS ; ☑520-573-8100 ; www.tucsonairport.org). Dessert Tucson et le sud de l'Arizona.

Depuis la France

Réserver tôt ! Un vol en milieu de semaine et hors saison – de l'automne au printemps, hors vacances scolaires – sera moins cher, même si la guerre des prix fait rage toute l'année. Les agences en ligne proposent généralement les tarifs les plus bas.

Air France et Delta proposent des vols directs Paris-San Francisco (11 heures). Comptez à partir de 450/680 € en basse/haute saison. Air France effectue également des vols directs Paris-Los Angeles dans le même ordre de prix.
Air France (☑36 54 ; www.airfrance.fr)
Delta (☑0 800 35 40 80 ; www.delta.com)
American Airlines (☑0826 460 950 ; www.americanairlines.fr)
United (www.united.fr)

Depuis la Belgique

Il n'existe pas de vols directs vers l'Ouest américain depuis la Belgique. Toutefois, de nombreuses compagnies proposent des vols avec escale(s). Pour un A/R Bruxelles-San Francisco en basse/haute saison, il vous faudra débourser un minimum de 500/900 €.

Formalités, visas et ESTA

Avertissement : Les renseignements suivants sont facilement sujets à changements. Les formalités d'entrée aux États-Unis ne cessent d'évoluer au fil des règlements en matière de sécurité intérieure. Vérifiez bien les formalités nécessaires *avant* de venir aux USA.

Le **Département d'État américain** (http ://travel.state.gov/visa) donne les informations les plus complètes sur les visas, avec des formulaires de demandes téléchargeables, des listes de consulats américains à l'étranger et le temps d'attente pour un visa, pays par pays.

Lors de nos recherches, les visas n'étaient pas nécessaires pour un séjour de moins de 90 jours (pas d'extension) pour les ressortissants des pays signataires du **Visa Waiver Program** comme la France, la Belgique et la Suisse, tant que leur passeport correspond aux standards américains (passeport MRP, lisible à la machine, ou biométrique s'il a été émis après le 26 octobre 2006). Les ressortissants de ces pays doivent s'enregistrer via l'**Electronic System for Travel Authorization** (ESTA ; https://esta.cbp.dhs.gov/esta/) au moins 72 heures avant le voyage. Une fois approuvé, l'enregistrement ESTA (14 $) est généralement valable jusqu'à deux ans si votre passeport n'expire pas avant.

La plupart des ressortissants canadiens ayant un passeport qui correspond aux lois américaines, ils n'ont pas besoin de visa pour une courte visite aux États-Unis. Pour plus de renseignements, consultez le site du **Western Hemisphere Travel Initiative** (WHTI ; www.getyouhome.gov).

American Airlines (☎070 272 700 ; www.americanairlines.fr)
Delta (☎02 711 97 99 ; www.delta.com)
United (www.united.com)

Depuis la Suisse

La Swiss propose des vols directs pour San Francisco et Los Angeles au départ de Zurich. Un A/R Zurich-San Francisco en basse/haute saison revient en moyenne à 1 300/1 700 CHF.
Swiss (☎0848 85 2000 ; www.swiss.com)
Delta (☎0800 55 20 36 ; www.delta.com)
American Airlines (☎0848 000 730 ; www.americanairlines.ch)
United (www.united.com)

Depuis le Canada

Des vols quotidiens relient Montréal, Vancouver, Toronto et nombre de petites villes canadiennes à toutes les grandes agglomérations des États-Unis. Les meilleures offres comprennent les billets de charters et les forfaits vers les destinations ensoleillées, comme la Californie ou Las Vegas pour lesquelles les prix augmentent pendant la haute saison hivernale.

Il revient beaucoup moins cher de voyager par la route jusqu'à la première ville américaine, puis de prendre un vol intérieur.

TRAIN

Pour les Canadiens vivant près de la frontière américaine, prendre le train peut être une option plus économique et avantageuse, qui permet en outre d'éviter les complications qu'engendre la traversée de la frontière en voiture.

La compagnie nationale des chemins de fer, **Amtrak** (☎800-872-7245 ; www.amtrakcascades.com), assure des liaisons transfrontalières, notamment depuis/vers Toronto, Montréal et Vancouver. Les contrôles douaniers, à la frontière, peuvent retarder les trains.

Au départ de Seattle, le Coast Starlight d'Amtrak relie le Sud et plusieurs destinations en Californie jusqu'à Los Angeles. À l'heure actuelle, il n'existe aucune connexion entre l'Arizona ou la Californie et le Mexique.

VOITURE ET MOTO

Le week-end et les jours fériés, surtout en été, la circulation aux principaux postes-frontières entre les États-Unis et ses pays voisins (Canada et Mexique) peut être dense et l'attente longue. Pour connaître les temps d'attente aux postes-frontières, consultez le site Internet de l'**US Customs & Border Protection** (http://apps.cbp.gov/bwt).

Assurez-vous d'être en possession de tous les documents nécessaires, notamment les papiers de votre véhicule, un document prouvant que vous possédez une assurance responsabilité civile valide et de votre permis de conduire. Il arrive que des voitures soient fouillées à la recherche de produits de contrebande ou soumis à des droits de douanes non déclarés.

INFOS PRATIQUES

ALIMENTATION

Dans la plupart des restaurants, le déjeuner est plus simple et souvent moins cher (parfois jusqu'à moitié-prix) que le dîner. Certains *diners* et cafés servent le petit-déjeuner toute la journée et quelques-uns restent ouverts 24h/24. Le brunch du week-end est généralement servi du milieu de la matinée au milieu de l'après-midi les samedi et dimanche.

Il est interdit de fumer dans la plupart des restaurants ; si vous êtes en extérieur, demandez l'autorisation ou cherchez un cendrier avant d'allumer votre cigarette et ne vous attendez pas à ce que vos voisins de table se montrent ravis.

Beaucoup de restaurants offrent à leurs clients la possibilité d'apporter leur propre bouteille de vin (*Bring your own bottle*, BYOB), mais un "droit de bouchon" allant de 10 à 30 $ peut être pratiqué. Un supplément peut aussi être appliqué si deux clients partagent un même plat. Végétariens et sujets aux allergies alimentaires trouveront plus facilement à se nourrir en ville et dans les lieux très touristiques.

Les enfants sont généralement les bienvenus dans les restaurants, où des chaises hautes, des rehausseurs, des menus spéciaux et des sets de table en papier avec des crayons pour dessiner sont souvent disponibles. Dans ce guide, vous les repérerez à l'icône "famille" (⌘).

ACCÈS INTERNET

Vous n'aurez aucune difficulté à vous connecter à Internet aux États-Unis.

Dans ce guide, le symbole @ indique les établissements qui mettent des terminaux Internet à disposition de leurs clients. Le symbole 🛜 indique que l'établissement dispose d'une connexion Wi-Fi. Elle peut être gratuite (parfois uniquement pour les clients) ou payante (comptez dans ce cas de 6 à 12 $/heure ou 10 $ ou plus par jour pour un accès Wi-Fi illimité).

Dans les grandes villes, vous trouverez aisément des cybercafés ainsi que des *copy centers* comme **FedEx Office** (www.fedex.com/us/office), avec des ordinateurs en self-service et des postes d'impression de photos et de gravage de CD. Les bibliothèques publiques disposent aussi souvent d'ordinateurs avec accès Internet ou proposent une connexion Wi-Fi gratuite ; les ordinateurs doivent cependant parfois être réservés et une somme modique peut être demandée aux personnes ne résidant pas dans l'État.

Vous pourrez également trouver des points Wi-Fi dans les aéroports, les cafétérias, les centres commerciaux, les offices du tourisme, les musées, les restaurants, les bars et dans certains parcs.

ARGENT

Les prix indiqués dans ce guide sont en dollars américains et hors taxe, sauf mention contraire. Peu d'Américains ont recours aux espèces et préfèrent nettement la carte bancaire. Les petits commerces refusent parfois les billets de plus de 20 $.

Les distributeurs automatiques de billets (DAB) sont accessibles 24h/24 et 7j/7 dans la plupart des banques ainsi que dans presque tous les centres commerciaux, aéroports et supermarchés. Attendez-vous à des frais de transaction d'au moins 2 $, sans compter les frais prélevés par votre banque.

Les cartes bancaires sont acceptées presque partout et sont presque obligatoires pour effectuer une réservation en ligne ou par téléphone. Les cartes Visa, MasterCard et American Express sont les plus répandues.

Les taux de change internationaux pour les retraits dans les DAB sont généralement équivalents à ceux que vous obtiendrez auprès des grandes banques, des bureaux de change des aéroports et des sociétés comme **American Express** (www.americanexpress.com). En dehors des grandes villes, il peut être difficile de changer de l'argent. Aussi, assurez-vous d'avoir une carte bancaire et assez de liquide.

Consultez le site **www.xe.com** pour connaître les taux actualisés. Lors de nos recherches, 1 € valait 1,35 $US, et 1 $CA s'échangeait contre 0,90 $US.

Les chèques de voyage deviennent peu à peu obsolètes.

Catégories de restaurants

Dans ce guide, les prix catégories de prix correspondent à un plat principal, sans taxes ni pourboire, sauf mention contraire.

$	moins de 10 $
$$	10-20 $
$$$	Plus de 20 $

DANGERS ET DÉSAGRÉMENTS

Les États-Unis restent un pays assez sûr à visiter et les accidents de la route représentent le principal danger pour les voyageurs (mettez votre ceinture, la loi vous y oblige).

Comme dans beaucoup de pays, les visiteurs s'exposent plus aux petits larcins qu'aux véritables crimes et suivre quelques règles de bon sens devrait vous prémunir contre nombre de désagréments. Retirez de préférence votre argent aux DAB de jour ou dans des zones bien éclairées et fréquentées de nuit. Sur la route, cachez vos effets personnels dans le coffre avant d'arriver à destination et ne laissez pas d'objets de valeur dans la voiture pour la nuit. Utilisez le coffre présent dans nombre de chambres d'hôtel pour ce qui pourrait éveiller les convoitises : certains peuvent contenir un ordinateur portable ou une tablette.

FORMALITÉS ET VISAS

Voir l'encadré p. 457.

HANDICAPÉS

Bien que la situation varie d'une région à une autre, les États-Unis sont assez bien équipés pour accueillir les voyageurs à mobilité réduite ou autre handicap. Certains offices du tourisme publient des guides d'accessibilité très pratiques.

L'Americans with Disabilities Act (ADA) impose à chaque édifice public construit après 1993 et aux transports en commun d'être accessible en fauteuil roulant. Vérifiez-le au préalable par téléphone, notamment dans les sites historiques et les établissements privés, où l'accessibilité n'est pas garantie. Dans les villes, la plupart des croisements sont équipés de trottoirs inclinés et de signaux sonores.

Les grandes compagnies aériennes, les bus Greyhound et les trains Amtrak peuvent accueillir les personnes handicapées si elles sont prévenues 48 heures à l'avance. Les bus, trains et métros locaux sont généralement équipés d'élévateurs et de rampes d'accès. Les sociétés de taxis ont en général au moins un van accessible aux fauteuils roulants, mais il faut habituellement les réserver et savoir être patient. Pour les locations de voitures à contrôle manuel et de vans accessibles, reportez-vous au chapitre *Conduire aux États-Unis*.

Pratique

Tabac Interdit dans les espaces publics dans la plupart des États.

Heure locale Les États-Unis sont divisés en quatre fuseaux horaires : Eastern (GMT -5), Central (GMT -6), Mountain (GMT -7) et Pacific (GMT -8). L'heure d'été (*Daylight Saving Time* ; DST), période à laquelle les horloges sont avancées d'une heure (sauf dans certaines parties de l'Indiana et de l'Arizona), est appliquée du deuxième dimanche de mars au premier dimanche de novembre.

TV et DVD PBS (Public Broadcasting Service) ; principales chaînes câblées : ESPN (sports), HBO (films), Weather Channel (météo). Les DVD sont codés pour la région 1 (États-Unis et Canada).

Poids et mesures 1 mile = 1,6 km, 1 yard = 91,4 cm, 1 foot = 30,5 cm, 1 inch = 2,5 cm ; 1 gallon = 3,8 l, 1 fluid ounce (fl oz) = 0,03 l ; 1 pound = 454 g , 1 ounce (oz) = 28,35 g

Les animaux d'assistance (comme les chiens-guides d'aveugles) sont autorisés dans les transports publics ainsi que dans les bâtiments publics ; n'oubliez pas leurs papiers. La plupart des banques proposent des DAB avec instructions en braille et prise casque. Les sociétés téléphoniques mettent à disposition des opérateurs (711) spéciaux pour les personnes présentant un déficit auditif.

Adresses utiles

Access-Able Travel Source (www.access-able.com). Conseils utiles sur les voyages et liens vers d'autres sites.
Disabled Sports USA (☎301-217-0960 ; www.dsusa.org). Propose activités sportives et séjours pour handicapés.
Flying Wheels Travel (☎507-451-5005 ; http://flyingwheelstravel.com). Agence de voyages consacrée aux voyageurs handicapés proposant toute une gamme de services.
Mobility International USA (www.miusa.org). Informe les voyageurs handicapés sur

les difficultés d'accès et gère un programme d'échanges culturels.

Moss Rehabilitation Hospital (📞800-225-5667 ; www.mossresourcenet.org/travel.htm). Innombrables liens et conseils sur les endroits accessibles aux handicapés.

Travelin' Talk Network (www.travelintalk.net). Géré par la même équipe que Access-Able Travel Source ; réseau mondial d'échange d'informations.

En France, l'**Association des paralysés de France** (APF ; www.apf.asso.fr) et l'association **Handi Voyages** (http://handivoyages.free.fr) peuvent fournir d'utiles informations sur les voyages accessibles. Deux sites Internet, dédiés aux personnes handicapées, mettent régulièrement à jour une rubrique Voyages et constituent une bonne source d'information. Il s'agit de **Yanous** (www.yanous.com) et de **Handica** (www.handica.fr).

HÉBERGEMENT

Les campings, les auberges de jeunesse (*hostels*) et les motels sont les principales solutions qui s'offrent aux voyageurs soucieux de leur budget. Les motels sont omniprésents tant sur les autoroutes que sur les routes secondaires, tandis que les auberges de jeunesse se trouvent essentiellement dans les villes et dans certaines destinations touristiques. Plusieurs sortes de camping sont possibles, des plus rudimentaires aux plus confortables, avec branchements complets pour camping-cars, Wi-Fi et TV par câble.

Les hôtels et motels de catégorie moyenne proposent des chambres propres de taille correcte, avec sdb particulière, téléphone direct, TV par câble et parfois une cafetière, un mini-réfrigérateur et/ou un four micro-ondes. Lorsqu'il est inclus, le petit-déjeuner se limite souvent à un donut rassis et un café sans goût, ou à un buffet. Le Wi-Fi (📶) est généralement gratuit, mais le signal laisse parfois à désirer. Un ordinateur avec Internet (💻) est parfois mis à disposition des clients, souvent dans le hall.

Les hôtels haut de gamme sont, bien entendu, les mieux équipés (piscine, salle de fitness, business centre, restaurants, bars...). Ils jouissent aussi parfois d'un environnement exceptionnel ou d'une décoration particulièrement soignée. Les frais supplémentaires de parking,

d'Internet et de "resort" peuvent alourdir l'addition de 10 à 50 $ par jour. La climatisation (❄) est un standard dans la plupart des chambres, sauf dans certains hôtels historiques ou dans quelques complexes de la côte ou des montagnes.

Plus petits et intimistes, les B&B offrent des niveaux d'équipements très variés. Ils changent agréablement des chaînes, mais il n'y a pas toujours de téléphone, de TV, d'Internet et de sdb particulière. Le nom "bed-and-breakfast" n'implique pas forcément que le petit-déj soit inclus. Certaines propriétés ferment hors saison et beaucoup n'admettent ni animaux ni enfants. En outre, ils exigent presque tous une réservation.

Tarifs et réservations

En principe, les prix sont plus bas en milieu de semaine, sauf dans les hôtels destinés aux voyageurs d'affaires, qui attirent les voyageurs d'agrément par des réductions le week-end. Les tarifs indiqués dans ce guide sont ceux de la haute saison, qui s'étend de juin à août, sauf dans les domaines skiables et les destinations soleil de l'hiver, où elle bat son plein de fin novembre à mars ou avril.

La demande et les prix grimpent encore autour des grandes vacances et des manifestations spéciales. Certains établissements peuvent alors exiger des séjours de plusieurs nuits. Les réservations sont recommandées lors des vacances, des festivals et des week-ends toute l'année, ainsi que les jours de semaine en haute saison. Si vous réservez par téléphone, renseignez-vous sur la politique de l'établissement pour les annulations et demandez un numéro de confirmation de réservation.

Si vous prévoyez d'arriver tard en soirée, appelez l'établissement le jour même pour demander à l'accueil de garder votre chambre. Les hôtels pratiquent fréquemment le surbooking, mais si vous avez garanti votre réservation avec une carte bancaire, ils sont dans l'obligation de vous héberger quoi qu'il arrive. En dehors des périodes de pointe, une négociation polie devrait suffire pour obtenir une chambre même sans réservation.

Certains hôtels et motels affichent que "les enfants dorment gratuitement", mais cela implique généralement de dormir uniquement dans les lits disponibles dans la chambre des parents. Demander un lit supplémentaire ou un berceau comprend souvent un supplément.

Catégories d'hébergement

Dans ce guide, les prix catégories de prix correspondent à une chambre double avec sdb en haute saison et hors taxe, sauf mention contraire.

$	moins de 100 $
$$	100-200 $
$$$	plus de 200 $

Adresses utiles

Airbnb (www.airbnb.com). Locations à la nuit, appartements et chambres de qualités diverses.

BedandBreakfast.com (www.bedandbreakfast.com). Listing en ligne de B&B et d'auberges, avec avis de clients et adresses "Diamond Collection" visitées par des professionnels.

Hostelling International USA (www.hiusa.org). Gère plus de 50 auberges de jeunesse à travers le pays (surcoût pour les non-membres : 3 $/nuit).

Hostelz.com (www.hostelz.com). Moteur de recherche, réservations en ligne et avis sur des auberges indépendantes de tout le pays.

Hotel Coupons (www.hotelcoupons.com). Site Internet et application mobile pour les mêmes réductions disponibles dans les brochures gratuites des offices du tourisme et dans les zones de repos des autoroutes.

Kampgrounds of America (www.koa.com). Réseau de plus de 400 campings et parcs pour camping-cars privés à travers le pays.

Recreation.gov (www.recreation.gov). Réservations pour les campings et bungalows des *federal recreation areas*, y compris dans les forêts et parcs nationaux.

ReserveAmerica (www.reserveamerica.com). Réservations pour les bungalows et campings publics, notamment dans de nombreux parcs d'État.

Vacation Rentals by Owner (www.vrbo.com). Locations d'appartements, de maisons de vacances et autres, le plus souvent privés.

HEURES D'OUVERTURE

Avec quelques variantes régionales – et des horaires réduits en hiver ou hors saison –, les heures d'ouverture standard aux États-Unis sont les suivantes :

Banques 8h30-16h30 lun-ven (parfois jusqu'à 18h ven), 9h-12h30 sam
Bars 12h ou 17h-minuit dim-jeu (parfois jusqu'à 2h ven-sam)
Bureaux de poste 9h-17h lun-ven (parfois 9h-12h sam)
Discothèques 22h-2h ou 4h jeu-sam
Magasins 10h-18h lun-sam, 12h-17h dim (fermeture plus tardive dans les centres commerciaux)
Restaurants 7h-10h30, 11h30-14h30 et 17h-21h tlj (parfois plus tard ven-sam)
Supermarchés 8h-20h tlj, parfois 24h/24

HOMOSEXUALITÉ

Les voyageurs LGBTQ trouveront de nombreuses adresses où ils se sentiront immédiatement à l'aise. Le degré d'acceptation au quotidien varie d'un État à l'autre. Dans les zones très conservatrices, certaines personnes restent attachées au principe du "*don't ask, don't tell*" (ne rien demander, ne rien dire).

Des lois contre l'homophobie ont été votées dans tout le pays et la tolérance est de mise, mais le sectarisme n'a pas entièrement disparu. Aussi bien dans les villes que dans les campagnes, il arrive que les homosexuels soient la cible d'insultes, voire de violences. Pour autant, la plupart des visiteurs ne devraient pas avoir de problèmes.

Adresses utiles

Advocate (www.advocate.com). Journal d'orientation homosexuelle traitant de politique, d'actualité, de voyages, d'art et de spectacles.

Damron (www.damron.com). Publie des guides de voyages pour homosexuels et une application pour portables "Gay Scout".

GLBT National Help Center (☎888-843-4564 ; www.glnh.org ; ☺13h-21h lun-ven, 9h-14h sam). Un numéro national où trouver écoute, conseils et informations.

OutTraveler (www.outtraveler.com). Magazine gratuit en ligne, guide touristique, conseils pour voyageurs et newsletter.

Purple Roofs (www.purpleroofs.com). Listing en ligne d'hébergements et de tour-opérateurs gay-friendly.

JOURS FÉRIÉS

Durant les jours fériés, banques, écoles et administrations (y compris les bureaux de poste) sont fermées. Les transports, musées et autres services adoptent les horaires du dimanche. Quand le jour férié tombe un dimanche, le lundi suivant est généralement chômé.

Nouvel An 1er janvier

Martin Luther King Jr Day 3e lundi de janvier

Presidents' Day 3e lundi de février

Memorial Day dernier lundi de mai

Independence Day (fête nationale) 4 juillet

Labor Day (fête du Travail) 1er lundi de septembre

Columbus Day 2e lundi d'octobre

Veterans Day 11 novembre

Thanksgiving 4e jeudi de novembre

Noël 25 décembre

Durant le Spring Break, qui tombe parfois vers les vacances de Pâques, en mars-avril, les étudiants s'accordent une à deux semaines loin de l'école et des parents pour aller faire la fête dans les stations balnéaires, prises d'assaut. Les vacances scolaires d'été vont de juin à août, ce qui correspond à la saison la plus touristique aux États-Unis.

OFFICES DU TOURISME

Le site de l'office du tourisme américain, **Discover America** (www.discoveramerica.com), est d'un intérêt assez limité pour préparer son voyage. Vous trouverez plus d'informations dans les sites très complets tenus par les offices du tourisme des différents États, dont vous trouverez facilement les liens par une simple recherche sur Internet.

Tout office du tourisme digne de ce nom possède un site Internet avec des guides de voyages téléchargeables. Ils répondent également au téléphone et certains pourront vous aider à trouver un hébergement ou vous fournir la liste des derniers établissements disponibles. Dans tous, vous trouverez une profusion de brochures et de bons de réduction. Certains distribuent même des cartes routières gratuites.

De nombreuses villes entretiennent un Convention and Visitor bureau (CVB) qui peut parfois tenir lieu d'office du tourisme, mais sa vocation première est commerciale. Ces bureaux sont donc moins utiles pour les voyageurs indépendants. Dans certaines grandes destinations touristiques, les "centres d'informations touristiques" (Visitors Centers) ne sont souvent que des vitrines pour des agences de voyages qui souhaitent vendre des chambres d'hôtel, des activités et des circuits avec commission.

SANTÉ

Les soins aux États-Unis sont excellents, mais leur coût exorbitant. De nombreux médecins demandent à être payés sur-le-champ, notamment lorsqu'il s'agit de patients qu'ils ne connaissent pas ou venus de l'étranger.

Sauf en cas d'urgence (vous ferez alors le ☎911 ou irez au service des urgences 24h/24, appelé "ER", de l'hôpital le plus proche), téléphonez à plusieurs médecins pour savoir lequel acceptera votre assurance.

Pourboires

Laisser un pourboire est obligatoire, sauf en cas de service vraiment abominable.

Porteurs dans les aéroports et les hôtels 2 $ par bagage, 5 $ minimum pour un chariot

Barmen 10 à 15% sur l'addition, 1 $ minimum par consommation

Concierges d'hôtel Rien pour un renseignement, jusqu'à 20 $ pour une réservation de dernière minute dans un restaurant, des places pour un spectacle affichant complet, etc.

Femmes de chambre 2 à 5 $ par jour, à laisser sous la carte fournie à cet effet ; plus si vous laissez la chambre très désordonnée

Serveurs 15 à 20% du total, sauf si le pourboire est inclus dans l'addition

Taxis 10 à 15% du prix de la course, arrondis au dollar supérieur

Voituriers Au moins 2 $ sur remise des clés

Gardez tous les reçus et documents délivrés qui serviront à la facturation et à vos remboursements auprès de votre assurance. Certaines polices d'assurance santé exigent que vous receviez une autorisation préalable avant la prise en charge.

Les pharmacies sont bien fournies, mais certains médicaments librement disponibles ailleurs sont parfois soumis à ordonnance aux États-Unis et sans assurance médicale américaine, le tarif d'une prescription peut être particulièrement élevé. Pensez à emporter une ordonnance datée et signée de votre médecin indiquant tous les médicaments que vous prenez régulièrement (avec leurs noms génériques).

- - - - - - - - - - - - - - - - - - -

TÉLÉPHONE

Cartes téléphoniques

Évitez de passer des appels longue distance directs depuis votre chambre d'hôtel ou depuis un téléphone public sans carte téléphonique. Les cartes prépayées sont vendues dans les épiceries, les supermarchés, les kiosques à journaux et les magasins d'électronique. Lisez bien les petites lignes pour être sûr qu'il n'y a pas de coûts cachés, tels que des "frais d'activation", des "frais de connexion" par appel ou autres surfacturations. **AT&T** (www.att.com) vend une carte téléphonique fiable très largement disponible aux États-Unis.

Codes téléphoniques

➡ Les numéros américains se composent d'un indicatif régional à 3 chiffres suivi d'un numéro local à 7 chiffres.

➡ Il n'est pas nécessaire de composer les 3 premiers chiffres pour un appel à l'intérieur d'une même zone. Cependant, si le numéro à 7 chiffres ne fonctionne pas, essayez avec les 10 chiffres.

➡ Pour un appel longue distance vers une autre zone, composez le 1 suivi de l'indicatif régional, plus le numéro de téléphone local.

➡ Les numéros gratuits commençant par 800, 866, 877 et 888 doivent être précédés du 1.

➡ Pour appeler l'étranger en direct, composez le 011, puis le code du pays, l'indicatif régional (généralement sans le "0" initial) et le numéro.

➡ Si vous appelez de l'étranger, le code des États-Unis est le 1 (c'est le même que celui du Canada, mais les appels entre les

Numéros utiles

Code du pays ☏1
Urgences (police, pompiers, ambulance) ☏911
Code d'accès international ☏011
Opérateur international ☏00
Renseignements locaux ☏411
Opérateur local ☏0
Renseignements gratuits
☏800-555-1212

deux pays sont facturés comme des appels internationaux).

Téléphones portables

Vous aurez besoin d'un GSM multibandes pour téléphoner aux États-Unis. Mais plutôt que d'utiliser votre réseau, il est généralement plus avantageux d'acheter une carte SIM prépayée, rechargeable.

Les magasins de télécommunications et d'électroniques comme Best Buy vendent des cartes SIM et des téléphones portables bon marché avec temps d'appel prépayé. Vous trouverez également des cartes SIM et des portables à louer dans les boutiques des terminaux internationaux des principaux aéroports américains.

Langue

En raison de leur histoire – colonisations et vagues d'immigration successives – et de la diversité de leur population, les Américains pratiquent, pour la plupart d'entre eux, plusieurs langues. L'anglais est parlé dans tout le pays, mais n'a pas été désigné comme langue officielle des États-Unis. Du fait de l'importance de la population hispanique, l'espagnol est la deuxième langue la plus parlée dans le pays.

EXPRESSIONS COURANTES

Bonjour.	*Hello.*	hè·lo
Au revoir.	*Goodbye.*	goud·baï
Oui./Non.	*Yes./No.*	yès/neo
Excusez-moi.	*Excuse me.*	ek·skyouz mi
Désolé.	*Sorry.*	so·ri
S'il vous plaît.	*Please.*	pliiz
Merci.	*Thank you.*	sank you

De rien.
You're welcome.   your wèl·komm

Parlez-vous français ?
Do you speak french?   dou you spiik frènch

Je ne comprends pas.
I don't understand.   aï dont eunn·deur·stand

Combien est-ce que ça coûte ?
How much is it?   hao meutch is it

AU RESTAURANT

Que me conseillez-vous ?
What would you recommend ?   wat woud you rè·ko·mènnd

Je voudrais ..., s'il vous plaît.
I'd like ..., please.   aïd laïk ... pliiz

Je suis végétarien(ne)/végétalien(ne).
I'm vegetarian/ vegan (m/f)   aïm vegetarian/ vegan

Apportez-moi l'addition, s'il vous plaît.
Please bring me the bill.   pliiz brinng mi zeu bil

Pour aller plus loin

Indispensable pour mieux communiquer sur place, le *Guide de conversation Anglais*, de Lonely Planet. Pour réserver une chambre, lire un menu ou faire connaissance, ce guide permet d'apprendre les rudiments de l'anglais. Inclus : un mini-dictionnaire bilingue.

HÉBERGEMENT

Avez-vous une chambre (double) ?
Do you have a (double) room?   dou you hav eu deubl roum

Quel est le prix par nuit/personne ?
How much is it per night/person?   hao meutch is it pèr naït/peur·sonn

ORIENTATION

Pouvez-vous m'indiquer (sur la carte) ?
Can you show me (on the map)?   kann you choo mi (onn zeu map)

Où est ... ?
Where's ...?   wèrz ...

SUR LA ROUTE

Je voudrais louer ...
I'd like to hire   aïd laïk tou haï·eur ...

un 4×4   *a jeep*   eu djip

pare-brise
windscreen
winnd·skrinn

essence
petrol
pè·trol

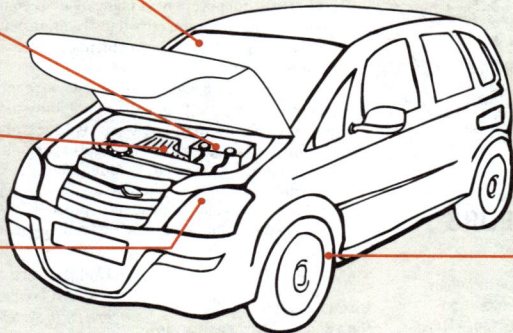

batterie
battery
ba·tri

moteur
engine
ènn·djinn

phare
headlight
hèd·laït

pneu
tyre
taï·eur

Signalisation

Give Way	Cédez la priorité
No Entry	Sens interdit
Entrance	Entrée
Toll	Péage
One Way	Sens unique
Exit	Sortie

une voiture automatique
an automatic eun o·to·ma·tik·
une voiture manuelle
a manual eu ma·nou·eul
une moto *a motorbike* eu mo·to·baïk

Quel est le prix par jour/semaine ?
How much for daily/ hao meutch for déï·ly
weekly hire? wik·li haï·eur

L'assurance est-elle comprise ?
Does that include daz zat inn·kloud
insurance? inn·chour·ranns

Le kilométrage est-il compris ?
Does that include daz zat inn·kloud
mileage? maï·lidj

Quelle est la vitesse maximale autorisée ?
What's the speed wats zeu spiid
limit ? limit

Est-ce la route pour ... ?
Is this the road to ...? iz zis zeu rood tou ...

Puis-je me garer ici ?
Can I park here? kann aï pàrk hiir

Où puis-je trouver une station-service ?
Where's wèrz eu pè·trol
a petrol station? stéï·chonn

Le plein, s'il vous plaît.
Please fill it up. plizz fil it eup

Je voudrais (20) litres.
I'd like aïd laïk
(twenty) litres. (twènn·ti) li·teurz

Pouvez-vous contrôler l'huile/l'eau, s'il vous plaît ?
Please check pliiz tchèk
the oil/the water. zi oïl/zeu wo·teur

J'ai besoin d'un mécanicien.
I need a mechanic. aï niid eu mè·ka·nik

La voiture/moto est tombée en panne.
The car/motorbike zeu kâr/mo·to·baïk
has broken down. haz bro·keunn daonn

J'ai eu un accident.
I had an accident. aï had eun ak·si·dènnt

URGENCES

Au secours !
Help! hèlp

Je suis perdu(e).
I'm lost. aïm lost

Je suis malade.
I'm sick. aïm sik

Appelez la police !
Call the police! kool zeu po·liis

Appelez un médecin !
Call a doctor! kool eu dok·teur

EN COULISSES

VOS RÉACTIONS ?

Vos commentaires nous sont très précieux et nous permettent d'améliorer constamment nos guides. Notre équipe lit toutes vos lettres avec la plus grande attention. Nous ne pouvons pas répondre individuellement à tous ceux qui nous écrivent, mais vos commentaires sont transmis aux auteurs concernés. Tous les lecteurs qui prennent la peine de nous communiquer des informations sont remerciés dans l'édition suivante, et ceux qui nous fournissent les renseignements les plus utiles se voient offrir un guide.

Pour nous faire part de vos réactions, prendre connaissance de notre catalogue et vous abonner à notre newsletter, consultez notre site Internet : **www.lonelyplanet.fr**

Nous reprenons parfois des extraits de notre courrier pour les publier dans nos produits, guides ou sites web. Si vous ne souhaitez pas que vos commentaires soient repris ou que votre nom apparaisse, merci de nous le préciser. Notre politique en matière de confidentialité est disponible sur notre site Internet.

UN MOT DES AUTEURS

SARA BENSON

Sans toute l'équipe de Lonely Planet et mes coauteurs en Californie, ce livre n'aurait pas été une si grande partie de plaisir. Un grand merci à mes amis et à ma famille de Californie, tout particulièrement aux Pickett pour leur hospitalité. PS à MSC Jr : seulement 185 000 miles ?!

NATE CAVALIERI

Merci beaucoup à Suki Gear et à l'équipe éditoriale d'Oakland, avec qui j'ai grande joie à travailler, et à tous les collègues de l'entrepôt Lonely Planet d'Oakland qui ont toujours l'amabilité de me laisser farfouiller.

BETH KOHN

Un merci tout particulier à Sara Benson et à Suki Gear. Je remercie aussi Laura Stansfeld, la reine de la cartographie Alison Lyall et mon coauteur Nate Cavalieri. Mes remerciements à Alexis Averbuck, Dominique Channell, John Vlahides et Ryan Ver Berkmoes pour leur travail sur la précédente édition. Toute mon affection à Claude.

REMERCIEMENTS

Les cartes climatiques sont adaptées de Peel MC, Finlayson BL & McMahon TA (2007) 'Updated World Map of the Köppen-Geiger Climate Classification', *Hydrology and Earth System Sciences*, 11, 163344.

Photos de couverture (dans le sens des aiguilles d'une montre de haut en bas) : le Golden Gate Bridge depuis Marshall Beach, San Francisco, Californie, Tono Balaguer/age fotostock ; le long de l'US-163, Monument Valley, Arizona, Andy Selinger/age fotostock ; Chevrolet Fleetmaster Woody Wagon de 1948/Corbis. Photos de quatrième de couverture : Yosemite Falls, Yosemite National Park, Californie Radius Images/ Lonely Planet Images.

À PROPOS DE CET OUVRAGE

Cette première édition française de *Sur la route de l'Ouest américain* est tirée de la 2e édition anglaise de *California's Best Trips* rédigée par Sara Benson, Nate Cavalieri et Beth Kohn. Ryan Ver Berkmoes, Alexis Averbuck et Amy C Balfour ont aussi participé à l'écriture. Ce guide est une commande et une réalisation du bureau Lonely Planet d'Oakland.

Certaines sections de l'édition française sont tirées de l'édition anglaise *USA's Best Trips*.

Traduction
Nathalie Berthet, Yann Champion, Julie Marcot, Karine Thuillier et Pierre-Yves Raoult

Direction éditoriale
Didier Férat

Coordination éditoriale
Juliette Stephens

Responsable prépresse
Jean-Noël Doan

Maquette
Sébastienne Ocampo

Cartographie Adaptées en français par Martine Marmouget (AFDEC)

Couverture Adaptée par Annabelle Henry pour la version française

Merci à Olivier Cirendini, Jean-Victor Rebuffet et Jacqueline Menanteau pour leur travail précieux sur le texte, ainsi qu'à Nicolas Benzoni pour son aide et ses apports éclairés tout au long de cette longue route. Merci à Julie-Pomme Séramour pour les renvois de pages, ainsi qu'à Dominique Spaety pour son soutien et ses petits pains. Nos remerciements à Darren O'Connell, Chris Love, Sasha Baskett, Angela Tinson, Jacqui Saunders, Ruth Cosgrave et Glenn van der Knijff du bureau de Melbourne, ainsi qu'à Clare Mercer, Joe Revill et Luan Angel du bureau de Londres.

INDEX

O

P

Q

T

U

V

INDEX **V-Z**

NOS AUTEURS

LES GUIDES LONELY PLANET

Une vieille voiture déglinguée, quelques dollars en poche et le goût de l'aventure, c'est tout ce dont Tony et Maureen Wheeler eurent besoin pour réaliser, en 1972, le voyage d'une vie : rallier l'Australie par voie terrestre via l'Europe et l'Asie. De retour après un périple harassant de plusieurs mois, et forts de cette expérience formatrice, ils rédigent sur un coin de table leur premier guide, *Across Asia on the Cheap*, qui se vend à 1 500 exemplaires en l'espace d'une semaine. Ainsi naquit Lonely Planet, dont les guides sont aujourd'hui traduits en 12 langues.

Sara Benson Après un cursus universitaire, Sara saute dans un avion pour la Californie avec une seule valise et 100 $ en poche. Depuis, elle a bourlingué dans toute la Californie, notamment dans la Sierra Nevada où elle a travaillé comme ranger en saison. Auteur de plus de 50 guides et ouvrages, Sara a aussi coordonné le guide *California* de Lonely Planet. Suivez ses aventures en ligne sur www.indietraveler.blogspot.com, www.indietraveler.net et @indie_traveler sur Twitter.

Ma route préférée `23` **Ruée vers le Gold Country par la Highway 49** J'ai exploré les derniers tronçons isolés de grande route californienne qu'il me manquait.

Retrouvez Sara sur : www.lonelyplanet.com/members/Sara_Benson

Nate Cavalieri Originaire du Michigan rural, Nate Cavalieri a un faible pour les verts pâturages, les points de vue politiques tranchés et les petites villes assoupies du nord de la Californie. L'un de ses itinéraires favoris suit la remarquable Feather River jusqu'à l'extrémité nord-est sauvage de l'État. Auteur pour les guides Lonely Planet sur les États-Unis, l'Amérique centrale et les Caraïbes, il est aussi critique musical et gère plusieurs comptes Twitter sur le cyclisme professionnel. Il vit à Oakland. Plus d'infos sur : www.natecavalieri.com.

Ma route préférée `32` **Cheveux au vent sur la Route 66** Parcourir la mère de toutes les routes de Californie, vitres baissées, radio à fond et sous un ciel bleu infini, c'est le plus mythique des *road-trips*.

AUTEURS (SUITE)

Sur la route de l'Ouest américain
1re édition
Traduit et adapté de l'ouvrage *California's Best Trips, 2nd edition, February 2013*
© Lonely Planet Publications Pty Ltd 2014
© Lonely Planet et Place des éditeurs 2014
Photographes © comme indiqué 2014

Dépôt légal Mai 2014
ISBN 978-2-81614-227-3
Imprimé par Grafica Veneta, Trebaseleghe, Italie
Réimpression 03, novembre 2015

En Voyage Éditions

place des éditeurs

FSC MIXTE
Issu de sources responsables
www.fsc.org FSC® C003309

Beth Kohn Heureuse habitante de San Francisco de longue date, Beth aime s'amuser au grand air et se baigner. Elle conserve toujours, niché dans son pick-up rouge, un atlas routier de Californie au cas où une route secondaire aurait l'air particulièrement intéressante. Beth a participé à la rédaction des guides Lonely Planet *Yosemite, Sequoia & Kings Canyon National Parks, California* et *Mexique*. Pour en savoir plus sur son travail : www.bethkohn.com.

Ma route préférée `22` **Eastern Sierra Scenic Byway** Qui pourrait se lasser de ces sources chaudes et de ces paysages montagneux ?